"十二五"国家重点图书出版规划项目

中国隧道及地下工程修建关键技术研究书系

地下工程建设预报预警北京市重点实验室

运营隧道管养指南

Tunnel Operation Management and Maintenance Guide

叶 英 ◎ 编著

内 容 提 要

本书从我国铁路与公路隧道的运营管理出发,系统地介绍了隧道管理"巡、检、诊、养"的内容、方法及技术措施。全书共分9章,从运营隧道结构、养护机制、安全评估、病害分类、巡检诊养、寿命预测及病害预防等方面,详细介绍了隧道工程的管理和养护方法与手段,核心是对运营隧道健康状态的掌控,实质是通过全寿命分析反馈预防病害的发生。书中按照铁路隧道和公路隧道的不同特点分别讨论,地铁隧道和城市隧道可相应参考。

本书可供从事隧道工程运营管理的工程技术人员参考,亦可作为相关从业人员及高等院校本科生、研究生的培训学习用书。

图书在版编目(CIP)数据

运营隧道管养指南/叶英编著. —北京:人民交通出版社,2013.5
ISBN 978-7-114-10384-1

I.①运… II.①叶… III.①公路隧道—运营管理 ②公路隧道—公路养护 ③铁路隧道—运营管理 ④铁路隧道—铁路养护 V.①U459.2 ②U459.1

中国版本图书馆 CIP 数据核字(2013)第 035356 号

书　　名	运营隧道管养指南
著 作 者	叶　英
责任编辑	王　霞　温鹏飞
出版发行	人民交通出版社
地　　址	(100011)北京市朝阳区安定门外外馆斜街3号
网　　址	http://www.ccpress.com.cn
销售电话	(010)59757973
总 经 销	人民交通出版社发行部
经　　销	各地新华书店
印　　刷	北京市密东印刷有限公司
开　　本	787×1092　1/16
印　　张	31.25
字　　数	722 千
版　　次	2013 年 5 月　第 1 版
印　　次	2013 年 5 月　第 1 次印刷
书　　号	ISBN 978-7-114-10384-1
定　　价	118.00 元

(有印刷、装订质量问题的图书由本社负责调换)

运营隧道管养指南

前　言

当今，人类正在向地下、海洋和宇宙开发。向地下开发归结为地下资源、地下能源和地下空间开发三个方面，其中地下空间的利用也正由"线"向"空间"的利用进展。这种开发一方面方便了民众，推动了科技进步，另一方面也带来了许多问题。

20世纪90年代以来，我国修建的大量隧道工程，由于各种病害的不断显现，已逐步步入维护、修缮期。隧道运营后出现病害是正常现象，所有的运营隧道都会出现或多或少的病害，只是不同的气候条件、围岩构造、水文地质条件、设计结构及施工水平等出现的病害不同而已。隧道都有其自身特定的结构体系，以抵抗围岩的地质构造活动，而实际上这种结构体系很难处处都与围岩相协调，即使是现在相协调，也不能保证将来协调，不协调就要发生病害，因此，隧道出现病害是必然的。只是设计施工精细了，出现的病害会少些，使用寿命更长些。

隧道建成后，衬砌结构在运营期通过不断地改变自身以适应围岩地质条件的改变，这个过程很漫长，也称为隧道建成后的调整期。围岩条件越差、施工质量越差，调整期就越短，也就是说隧道进入运营期后很快（3~5年）就出现大量的病害；围岩条件越好、施工质量越好，调整期就越长（20~30年），也即隧道建成后进入运营期早期病害较少，运营20~30年才陆续出现集中式病害。调整期满后，大多运营隧道进入相对稳定期，即人工构筑物与围岩已基本适应，隧道病害有规律地减少。稳定期完成后进入老化期，随后大量结构性病害再次出现，结构性大修在所难免。

在隧道管养问题上要把运营隧道当作一个生命体来看待。首先，隧道工程经过规划、设计孕育，通过建设出生，出生后即进入运营期。在运营期内，运营的安全问题主要与管养有关，隧道工程结构健康问题与其孕育、成长、发展、灭亡全过程有关。因此，运营隧道的管养对隧道的整个生命期至关重要——管养到位，施工过程的部分质量问题都可在管养期间得到改善；管养不到位，可使先天的小缺陷变成大病害。

说到隧道管养，可以参考现代的综合医院，病人到医院挂号、检查、诊断、治疗一系列流程都在医院完成。而隧道医院可以是一个集巡查、检测、诊断、养护功能于一体的隧道移动医院。设想可以通过一辆平台车对隧道进行日常、定期、特殊、专项检查与养护服务。作者通过"隧道健康诊断、评价及快速修复成套技术研究"项目研制了一台"隧道移动医院"一体化工程车。同时，从我国铁路与公路隧道的运营管理出发，系统地研究了隧道工程的"生、老、病、死"以及与本身构造、环境、运营体制的关系。

任何一个活的生命体都有结构体系和运营系统，这种体系和系统的不断调整、动态变化以适应周围环境的更替，但在与自然抗争的过程中不可避免要面临两个问题——一个是安全问题，另一个是健康问题。当然，健康是安全的一部分，不健康本身就存在安全隐患。生命体是这样，隧道工程也一样。

安全问题通常都要涉及生命体本身的结构健康、运营体制机制、周围环境、运营主体行为等。而健康问题主要涉及生命体自身的结构，包括结构在长期的运营过程中的磨损和消耗程度。运营隧道工程的首要问题是安全，它包括人、车、环境的因素，也有隧道本身管理方面的因素。人是影响交通安全最关键的因素；车辆是保证安全行驶的前提；隧道环境是安全行车的重要基础。

本书围绕运营隧道基本构造、功能特点与养护管理，介绍了运营安全的主要影响因素、具体的风险评估方法。健康状态是隧道运营的一个重要方面，而在隧道结构和运营机制下，隧道常见的病害分类方法、成因和危害，也是隧道日常管理的重要环节。

任何活的生命体在不同的生命周期任何时刻都有自身的安全和健康状态。这个状态是随着时间动态变化的，前一状态到这一时刻的状态再到下一时刻的状态如何变化，为什么是这样变化而不是那样变化，其决定因素是调节反馈机制。这里笼统地说状态是指生命体的安全和综合健康状态，当然这个状态是由一系列描述状态的指标体系和评价标准组成的。只有科学合理的评价或评估的指标体系，才能准确把握所要掌握生命体的准确状态。这个状态朝着什么样的趋势发展决定于调节反馈机制所采取的方法和措施。运营隧道的巡、检、诊、养关键在诊，诊即是对隧道工程当前状态的把握，其次在养，养是调节反馈机制以及应对措施，它决定隧道工程的健康状态朝什么方向发展。

本书针对病害如何发现，介绍了隧道病害的检查内容、方法与具体技术，分别从日常、定期、特殊、专项检查介绍了具体内容，从不同病害的测试手段介绍了相应的仪器、具体操作、注意事项等；对发现病害后的诊断，介绍了针对病害的单项诊断、安全性验算方法、综合诊断（层次分析法、模糊集综合判断）方法。

在对病害判断时，介绍了隧道各具体检测指标的健康标准以及最近一些研究成果。在准确诊断后，介绍了具体的养护加固方法（治疗处方、药剂）和各种病害处治措施。

最后从运营隧道全寿命的角度进行健康状态的分析，对健康状态的掌握和对隧道寿命的预测，以及介绍如何对隧道病害进行预防。通过运营管养机构反馈对隧道的规划、设计、建设的建议，打通规划—设计—建设—运营建设体系的循环，力图通过运营来提升规划与设计的水平。

本书的研究得到以下研究项目的经费支持：①交通运输部联合攻关、北京市交通委、北京市政路桥集团科技项目"隧道健康诊断、评价及快速修复成套技术研究"；②北京市路政局科技项目"北京市城市隧道养护管理标准及政策研究"；③北京市交通委"北京地铁隧道健康情况调查"；④北京市政路桥集团科技项目"隧道病害定期快速调查新技术研究"。

作者也有幸参加了雁门关公路隧道、太行山铁路隧道衬砌质量检测、山西省长治—晋城高速公路隧道的病害检测、大连椒金山隧道病害检测与评价、大连石门山市政隧道的质量检测、北京地铁2号线、5号线、10号线及北京平谷黄土梁等隧道工程检测与评价工作。期间得到交通、铁路、市政、地铁系统多位同行的协助和支持，在此表示感谢。

在本书的编写中，作者曾多次得到恩师王梦恕院士的创新性启迪。在漫长的研究期间，得到过北京市路政局刘长革副局长、科技处张丽宾副处长、城市道路管理养护处侯小明处长、周宏亮副处长、殷远飞工程师、北京交通大学赵伯明教授、张成平教授、北京工业大学陶连金教授、中国铁道科学研究院徐祯祥研究员、北京市勘察设计研究院有限公司陈昌彦副总工、中铁六局集团杨会军副总工、北京市政路桥集团张汎总工、孙文龙副总工、北京市政路桥养护集团任明星总工的合作与交流。得到北京市政路桥集团公司、北京市市政工程研究院的各位领导对研究工作的大力支持。

书中的内容得到北京市市政工程研究院、地下工程建设预报预警北京市重点实验室项目组成员的多方协助与合作，尤其是夏春蕾、王晓亮、杨新锐、张智明、祁曚、张鹏、代昱昊、侯伟清等做了大量的基础工作，这里表示感谢。

作者于北京
2013年1月

目　录

1　隧道基本构造与养护管理 ·· 1
 1.1　隧道概况 ··· 2
 1.2　隧道主体构造 ··· 6
 1.3　隧道附属构造物 ··· 23
 1.4　铁路隧道的养护管理 ··· 53
 1.5　公路隧道的养护管理 ··· 64
 参考文献 ·· 76

2　隧道运营安全风险评估 ··· 77
 2.1　隧道运营安全事故概述 ··· 77
 2.2　隧道运营事故分类、成因与特点 ······································· 91
 2.3　隧道安全设防等级 ··· 103
 2.4　隧道运营安全评估方法 ··· 109
 2.5　隧道运营安全管理对策 ··· 140
 参考文献 ·· 146

3　隧道常见病害分类、成因与危害 ··· 147
 3.1　隧道病害现状 ··· 147
 3.2　渗漏水 ··· 165
 3.3　衬砌裂损 ··· 177
 3.4　衬砌冻害 ··· 189
 3.5　衬砌腐蚀 ··· 196
 3.6　洞口病害 ··· 202
 3.7　道床病害 ··· 204
 3.8　有害气体（通风） ··· 205
 3.9　照明病害 ··· 209

- 3.10 地震引起的病害 ········· 211
- 3.11 火灾引起的病害 ········· 219
- 参考文献 ········· 223

4 隧道检查的内容、方法与技术 ········· 224
- 4.1 隧道检查要求及信息内容 ········· 224
- 4.2 主体结构检查方法 ········· 235
- 4.3 机电设施 ········· 276
- 4.4 震后安全检测 ········· 280
- 4.5 火灾发生后的检测 ········· 282
- 参考文献 ········· 286

5 隧道健康状态评价方法 ········· 288
- 5.1 隧道病害诊断概述 ········· 289
- 5.2 隧道健康状态定量化评价 ········· 302
- 5.3 隧道病害结构计算 ········· 307
- 5.4 综合评判方法 ········· 339
- 5.5 评价报告内容 ········· 350
- 参考文献 ········· 359

6 隧道健康诊断的评价标准 ········· 360
- 6.1 隧道健康诊断结果判定 ········· 360
- 6.2 渗漏水的判定标准 ········· 366
- 6.3 衬砌裂损的判定标准 ········· 370
- 6.4 冻害 ········· 384
- 6.5 衬砌腐蚀 ········· 385
- 6.6 基底翻浆冒泥 ········· 387
- 6.7 隧道通风照明相关标准 ········· 387
- 6.8 震害损伤分级 ········· 389
- 6.9 火灾损伤评定标准 ········· 390
- 参考文献 ········· 392

7 隧道养护与加固方法 ········· 393
- 7.1 隧道养护与维修要求 ········· 394
- 7.2 隧道渗漏水整治 ········· 407
- 7.3 衬砌裂损的整治 ········· 418
- 7.4 冻害的整治 ········· 434

7.5 隧道衬砌腐蚀整治 436
7.6 隧道洞口病害整治 436
7.7 道床病害整治 437
参考文献 439

8 运营隧道全寿命分析 440
8.1 混凝土结构物的寿命设计的基本观念 440
8.2 隧道结构寿命分析 441
8.3 混凝土结构耐用年限的预测方法 444
8.4 隧道衬砌破坏标准的确定 446
8.5 安全度的检算 447
8.6 隧道衬砌耐久性的影响因素 448
参考文献 459

9 隧道病害预防 461
9.1 隧道渗漏水预防技术 461
9.2 衬砌裂损的预防技术 470
9.3 隧道冻害预防 471
9.4 隧道衬砌腐蚀防治技术 475
9.5 衬砌老化的预防 477
9.6 隧道洞口病害预防 484
9.7 道床病害预防 484
9.8 隧道震害的预防 485
9.9 隧道火灾的预防 489
参考文献 490

1 隧道基本构造与养护管理

20世纪80年代国际隧道协会(ITA)提出"大力开发地下空间,开始人类新的穴居时代"的口号。顺应时代的潮流,许多国家将地下开发作为一种国策,如日本提出了向地下发展,将国土扩大十倍的设想。从某种意义上来讲,地下空间的利用历史是与人类文明史相呼应的,它可以分为四个时代:

第一时代:从出现人类至公元前3000年的远古时期。原始穴居、天然洞窟成为人类防寒暑、避风雨、躲野兽的处所。

第二时代:从公元前3000年至5世纪的古代时期。埃及金字塔、古代巴比伦引水隧道均为此时代的建筑典范。我国秦汉时期的陵墓和地下粮仓,已具有相当技术水准和规模。

第三时代:从5世纪至14世纪的中世纪时代。世界范围矿石开采技术出现,推进了地下工程的发展。

第四时代:从15世纪开始的近代与现代。欧美产业革命,诺贝尔发明黄色炸药,成为开发地下空间的有力武器。日本明治时代,隧道及铁路技术开始引进并得到发展。

我国地下空间的开发和利用始于20世纪60年代。1965年北京建设地下铁道,一期工程自北京站至苹果园,全长24.17km,采用明挖法施工;二期工程为环线,于老城墙下修建,全长16.1km,采用浅埋明挖法施工。复兴门地铁车站及折返线,位于建筑物与地下管线密集的街区,采用了浅埋明挖法施工。60年代,上海修建打浦路水底城市隧道。70年代,我国修建了大量地下人防工程,其中相当一部分目前已得到开发利用,改建为地下街、地下商场、地下工厂和贮藏库。80年代上海建成延安东路水底城市隧道,全长2261m,采用直径11.3m的超大型网格水力机械盾构掘进机施工,自1984年开工,于1989年5月竣工通车,建成了当时世界第三条盾构法施工的长大隧道。同一时期,上海还建成电缆隧道及其他市政公用隧道等20余条,总长达30余公里。1985年至1987年,上海建成黄浦江上游引水隧道一期工程,日引用量达230万吨,社会效益十分显著。上海人民广场地下车库建成,其平面尺寸达176m×146m,深11m。广州地铁、南京地铁等在这一时期进入设计与施工准备阶段,宁波开始了水底城市隧道的修建工作。90年代以来,我国加快了城市地下交通与市政设施的修建速度。上海地铁1号线、地铁2号线已相继开通。我国地下空间开发利用的网络体系已开始建设,多在地表至-30m以内的浅层修筑地下工程。可以预见随着经济的发展,我国地下工程将进入蓬勃发展的时期。

现代地下工程发展迅速,各种典型工程数不胜数,其中著名的隧道有:英法海底隧道,长50km,海底长度37km,历时7年建成;穿越阿尔卑斯山,连接法国和意大利的勃朗峰隧道,连通日本群马县和新潟县的关越隧道,它们的长度均超过10km。各类地下电站修建数量迅速增长,全世界已有超过400座地下水利发电站,其年发电量达45亿瓦以上。

当前隧道除用于铁路、公路交通,以及水力发电、灌溉等工程外,也可用于上下水道、输电线路等大型管路的通道,另外还将过去理解为地下通路的隧道概念,扩大到地下空间的利用方面,包括诸如地下发电变电所、地下汽车停车场、大型地下车站、地下街道等使用隧道工程技术的建筑物。

1.1 隧道概况

隧道在山岭地区可以克服地形或高程障碍,改善线形,提高车速,缩短里程,节约燃料,节省时间,减少对植被的破坏,保护生态环境,还可克服落石、坍方、雪崩、雪堆等危害。在城市可减少用地,构成立体交叉,解决交叉路口的拥挤阻塞,疏导交通。在江河、海峡、港湾地区,可不影响水路通航。修建隧道既能保证路线平顺、行车安全,提高舒适性和节省运费,又能增加隐藏性,提高防护能力,同时使交通不受气候影响。

隧道是地下工程建筑物,为保持坑道岩体的稳定,保证行车安全,通常需要修筑主体建筑物和附属建筑物。前者包括洞身衬砌和洞门,后者包括通风、照明、防排水、安全设备等。

洞身衬砌的作用是承受围岩压力、结构自重及其他荷载,防止围岩风化、岩塌,确保洞内的防水、防潮等。洞门的主要作用是防止洞口坍方落石,保持仰坡和边坡的稳定。通风照明、防排水、安全等设施的作用是确保行车安全舒适。

隧道衬砌在结构计算理论和施工方法两方面与地面结构相比有很多不同之处。最主要的是埋置在地层内的衬砌结构所承受的荷载比地面结构复杂。所以在设计衬砌时除计算复杂多变的围岩压力外,还要考虑衬砌与围岩的相互作用。隧道的优点和缺点见表1-1。

隧道的优点和缺点   表1-1

优　点	缺　点
1. 恒温,能较好地绝热和蓄热。 2. 抗震性能强。 3. 隐蔽性好,能经受和抵御武器的破坏。 4. 气密性、遮蔽性、隔音性均良好。 5. 具有良好的地下水保持性。 6. 节约用地。 7. 空间开挖有很大的灵活性。 8. 可综合利用	1. 见不到阳光、温差小、湿度大。 2. 空气封闭压抑,不易流通。 3. 人员活动不自在。 4. 环境噪声级增强。 5. 微生物繁殖快

1.1.1 隧道的分类方法

1970年经济合作与发展组织(OECD)的隧道会议对隧道所下的定义为:以某种用途,在地面下用任何方法按规定形状和尺寸,修筑的断面积大于$2m^2$的洞室。目前隧道的分类方法有

多种,具体如下:

(1)按照所处的地质条件分为土体隧道和岩体隧道。

(2)按照隧道的长度分为短隧道($L \leqslant 500m$)、中长隧道(铁路:$500m < L \leqslant 3000m$;公路:$500m < L < 1000m$)、长隧道(铁路:$3000m < L \leqslant 10000m$;公路:$1000m \leqslant L \leqslant 3000m$)和特长隧道(铁路:$L > 10000m$;公路:$L > 3000m$)。

(3)按照国际隧道协会(ITA)定义的隧道横断面大小分类:极小断面($2 \sim 3m^2$)、小断面($3 \sim 10m^2$)、中等断面($10 \sim 50m^2$)、大断面($50 \sim 100m^2$)和特大断面($> 100m^2$)。

(4)按照隧道所在位置分为山岭隧道、水底隧道和城市隧道,城市隧道分类具体见表1-2。

城市隧道分类(《建筑设计防火规范》(GB 50016—2006))　　　表1-2

用　途	隧道封闭段长度 $L(m)$			
	一类	二类	三类	四类
可通行危险化学品等机动车	$L > 1500$	$500 < L \leqslant 1500$	$L \leqslant 500$	—
仅限通行危险化学品等机动车	$L > 3000$	$1500 < L \leqslant 3000$	$500 < L \leqslant 1500$	$L \leqslant 500$
仅限人行或通行非机动车			$L > 1500$	$L \leqslant 1500$

(5)按照隧道埋深分为浅埋隧道和深埋隧道。

(6)按照隧道用途分为铁路隧道、公路隧道、地铁隧道、城市隧道、市政隧道(煤气、暖气、电力、给水、排水等)、水工隧道(引水、导流、泄洪等)和矿山隧道。

(7)按施工方式、方法分为盾构法隧道、沉管法隧道、明挖法隧道、暗挖法隧道等。

(8)隧道技术,对应于修筑隧道过程的各个阶段,可以大致分为:调查技术(有关地质、水文等的调查和预测、测量等)、设计技术(指岩石力学、土力学和结构力学、材料等)、施工技术(指开挖、运输、支撑衬砌的施工、地基改良、为改善施工条件而采用的特殊施工方法、安全卫生等)、运用技术(指照明、通风、维修管理、防灾等)。

1.1.2　衬砌内轮廓线及几何尺寸

隧道衬砌是一种超静定支护结构。通常的衬砌断面设计主要解决内轮廓线、轴线和厚度三个问题。

衬砌内轮廓线:衬砌的完成线。在内轮廓线之内的空间,即为隧道的净空断面。该线应满足所围成的断面积最小,适合围岩压力和水压力的特点,以既适用又经济为目的。

衬砌外轮廓线:为保持净空断面的形状,衬砌必须有足够的厚度(或称最小衬砌厚度)的外缘线。为保证衬砌的厚度,侵犯该线的山体必须全部除掉,木质临时支撑或木模板等也不应侵入,所以该线又称为最小开挖线,如图1-1所示。

实际开挖线:为保证衬砌外轮廓,开挖时往往稍大,尤其用钻爆法开挖时,实际开挖线不可避免地成为不规则形状。因为它比衬砌外轮廓线大,所以又称为超挖线,超挖部分的大小叫超挖量,一般不应超过10cm。实际上凸凹不平,这样10cm的限制线只能是平均线,它是设计时进行工程量计算的依据。施工中,尤其是用钻爆法施工时,很难掌握刚好达到平均线,常常比它还要大,这就造成了不必要的工程量,如何控制它,至今仍为一个难题。按设计要求所有超挖部分,都要用片石回填密实,由于施工上的困难,不容易做到密实,但这是设计及施工中都应着重强调的问题。

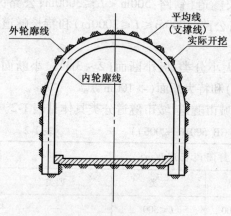

图1-1 隧道断面轮廓线

设计内轮廓线的原则:衬砌的内轮廓线应尽可能地接近建筑限界,力求开挖量和衬砌的数量最小。衬砌内表面力求平顺,还应考虑衬砌施工的简便。

隧道衬砌断面的轴线:应当尽量与断面压力曲线重合,使各截面主要承受压应力。为此,当衬砌受径向分布的水压时,轴线以圆形最好;当主要承受竖向压力或同时承受不大的水平侧压力时,可采用三心圆拱和直墙式衬砌;当承受竖向压力和较大侧压力时,宜采用五心圆曲墙式衬砌;当有沉陷可能和受底压力时,宜加设仰拱的曲墙式衬砌。

隧道衬砌厚度:随所处地质条件和水文地质条件不同而有较大变化,并且与隧道的跨径、荷载大小,衬砌材料以及施工条件等有关。根据以往经验,拱圈可以采取等截面,也可采取在拱脚部分加厚20%~50%的变截面。仰拱厚度一般略小于拱顶厚度。

从衬砌质量要求出发,一般不应小于规范规定的最小厚度,其值见表1-3。

截面最小厚度(cm) 表1-3

建筑材料种类	隧道和明洞衬砌			洞门端墙、翼墙和洞口挡土墙
	拱圈	边墙	仰拱	
混凝土	20	20	20	30
片石混凝土		50	50	50
浆砌粗料石或混凝土块	30	30		30
浆砌块石		30		30
浆砌片石		50		50

1.1.3 隧道横断面设计

隧道净空:隧道衬砌的内轮廓线所包围的空间,包括通风、照明、消防、通信等设备所占空间。

隧道建筑限界:为保证隧道内各种交通的正常运行与安全而规定在一定宽度和高度范围内不得有任何障碍物的空间限界。

隧道行车限界:为保证隧道中行车安全,在一定高度和宽度范围内任何物体不得侵入的限界。

墙效应:隧道边墙给驾驶员造成危险的心理影响,行车偏左减少行车道。

加宽带:大于2km的隧道,设紧急停车带,宽2.5m,长25~40m,间隔750m;大于10km的隧道设U形回车道;

图 1-2 为铁路隧道(单线、双线)横断面示意,图中所示断面形状和尺寸应根据围岩压力求得最经济值。

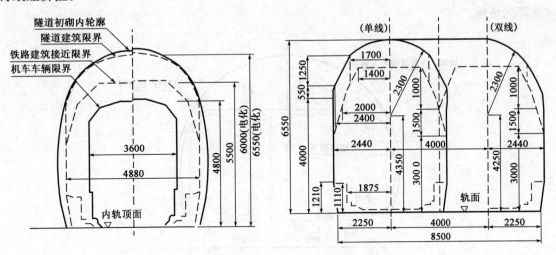

图 1-2　铁路隧道(单线、双线)横断面示意(尺寸单位:mm)

图 1-3、图 1-4 为公路隧道横断面示意。

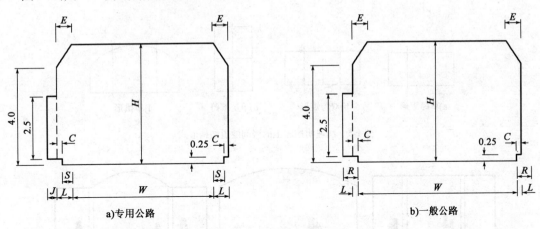

a)专用公路　　　　　　　　　　b)一般公路

图 1-3　隧道建筑限界(尺寸单位:m)

图中:W——行车道宽度;
　　　S——行车道两侧路缘带宽度;
　　　C——余宽,当计算行车速度 >100km/h 时为 0.50m,计算行车速度 <100km/h 时为 0.25m;
　　　H——净高,汽车专用公路、一般二级公路为 5m,三、四级公路为 4.5m;
　　　E——建筑限界顶角宽度,当 L≤1m 时,E = L;当 L>1m 时,E = 1m;
　　　L——侧向宽度,高速公路、一级公路短隧道,其侧向宽度宜取硬路肩宽度;
　　　R——人行道宽度;
　　　J——检修道宽度。

图 1-5 为浅埋明挖施工的区间隧道结构形式。

深埋隧道多采取暗挖施工,用圆形盾构开挖和钢筋混凝土管片支护。结构上覆土的深度要求应不小于盾构直径。从技术和经济观点分析,暗挖施工时,建造两个单线隧道比建造将双线放在一个大断面的隧道里的做法合理，因为单线隧道断面利用率高，且便于施工。

图1-6为地下站台的结构形式。站台是地铁车站的最主要部分，是分散上下车人流，供乘客乘降的场地。

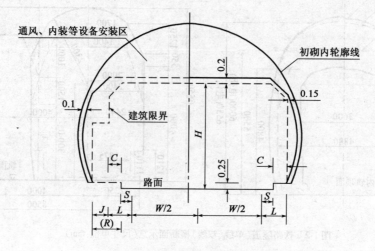

图1-4　公路隧道横断面示意（尺寸单位：m）

a)单跨矩形　b)双跨矩形　c)单层双跨　d)单拱形

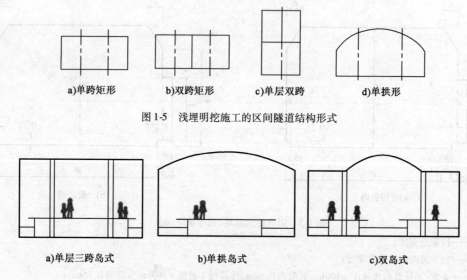

图1-5　浅埋明挖施工的区间隧道结构形式

a)单层三跨岛式　b)单拱岛式　c)双岛式

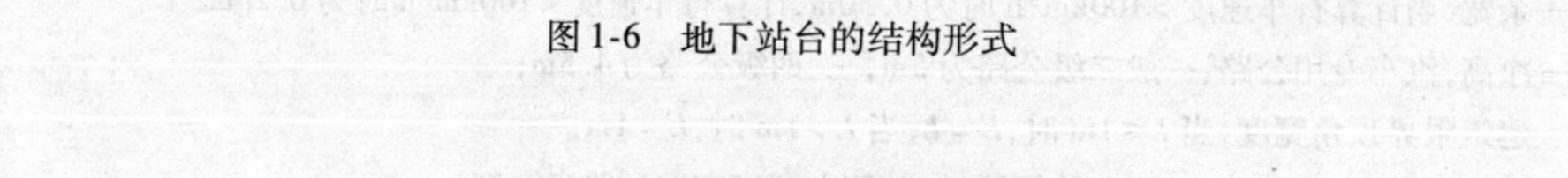

图1-6　地下站台的结构形式

1.2　隧道主体构造

隧道结构构造，由主体构造物和附属构造物两大类组成，如图1-7所示。主体构造物通常指洞身衬砌和洞门构造物。洞身衬砌的平、纵、横断面的形状由隧道的几何设计确定，衬砌断面的轴线形状和厚度由衬砌计算决定。

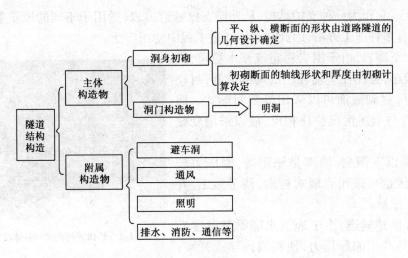

图1-7　隧道结构构造

1.2.1　洞身

为了适应各种不同的地质条件,支护结构主要有:整体式衬砌、装配式衬砌、复合式衬砌和锚喷衬砌。

1.2.1.1　支护结构

在隧道及地下工程中,支护结构通常分为初期支护(一次支护)和永久支护(二次支护、二次衬砌)。一次支护是为了保证施工的安全、加固岩体和阻止围岩的变形。二次支护是为了保证隧道使用的净空和结构的安全而设置的永久性衬砌结构。常用的永久衬砌形式有整体式衬砌、装配式衬砌、复合式衬砌和锚喷衬砌四种。

隧道衬砌是永久性的重要结构物,应有相当的可靠性和保证率,一旦破坏,运营中很难恢复。因此要求衬砌密实、抗渗、抗侵蚀,不产生病害,衬砌能够长期、安全地使用。

当地质条件较好,围岩稳定,地下水很少,有场地,施工单位又有制造、运输和装配式衬砌的设备,并在控制开挖和拼装工艺方面有一定的经验时,可采用装配式衬砌。当采用盾构施工,又考虑二次衬砌时,也宜采用拼装式衬砌,快速形成一次衬砌的强度。在山岭隧道建设中,很少采用装配式衬砌。

洞口一般较洞身围岩条件差,节理裂隙发育,风化严重,再加上隧道埋置浅薄,受地形、地表水、地下水、风化冻裂影响明显,容易形成偏压,甚至受仰坡后围岩纵向推力的影响,围岩容易失去稳定,使衬砌产生病害。故洞口一般采用加强的衬砌形式,包括复合式衬砌,而不采用锚喷衬砌。

1)整体式衬砌

整体式衬砌是传统衬砌结构形式,在新奥法(NATM)问世前,广泛地应用于隧道工程中,目前在山岭隧道中还有应用。该方法不考虑围岩的承载作用,主要通过衬砌的结构刚度抵御地层的变形,承受围岩的压力。

整体式衬砌采用就地整体模筑混凝土(见图1-8),其方法是在隧道内支设模板、拱架,然后浇筑混凝土。它作为一种支护结构,从外部支撑隧道围岩,适用于不同的地质条件,易于按需成型,且适合多种施工方法,因此在我国隧道工程中使用广泛。

Ⅲ级及以下围岩,由于围岩稳定或基本稳定,拱部围岩荷载较小,且往往呈现较小的局部荷载;衬砌工作条件较好,衬砌截面可以采用等截面形式。而Ⅱ级以上围岩与上述情况往往相反,故以采用变截面形式为宜。

对Ⅱ级及以下围岩,墙部是稳定的,侧压力较小,故一般地区也可采用直墙式衬砌,便于施工,并可减少墙部开挖量。

严寒地区修建隧道,由于地下水随季节温度发生变化,围岩易产生冻胀压力,使侧墙内移或开裂;

图1-8 整体式衬砌采用整体模筑混凝土

曲墙式衬砌其抗冻胀能力较强,墙部破坏的情况远小于采用直墙式衬砌的隧道,故严寒地区隧道,不管围岩等级如何,只要有地下水存在,衬砌形式仍应采用曲墙式衬砌。严寒地区隧道衬砌施工特别要强调根据情况设置伸缩缝,防止或减少衬砌因温度降低而收缩,引起衬砌开裂和破坏,造成病害。

Ⅳ级及以上围岩,地基松软,往往侧压力较大,故宜采用曲墙带仰拱的衬砌。设置仰拱不仅是满足地基承载力的要求,更重要的是使结构及时封闭,提高结构的整体承载力和侧墙抵抗侧压力的能力,抵御结构的下沉变形,达到调整围岩和衬砌应力状态的目的,使衬砌处于稳定状态。

为了避免围岩和衬砌产生应力集中,造成围岩压力的增加和衬砌的局部破坏,应注意衬砌内外轮廓的圆顺,避免急剧弯曲和棱角。

2)装配式衬砌

将衬砌分成若干块构件,这些构件在现场或工厂预制,然后运到坑道内用机械将它们拼装成一环接着一环的衬砌,如图1-9、图1-10所示。拼装成环后立即受力,便于机械化施工,改善劳动条件,节省劳力。目前多在使用盾构法施工的地铁隧道中采用。

缺点:接缝多,整体性差;抗渗性差,防水困难;需要足够的拼装空间;制备构件尺寸要求精准。

图1-9 装配式衬砌现场施工

图1-10 装配式衬砌拼装完成后效果

3) 复合式衬砌

复合式衬砌由初期支护和二次衬砌组成。初期支护是为了限制围岩在施工期间的变形,使围岩暂时稳定;二次衬砌则是提供结构的安全储备或承受后期围岩压力。因此,初期支护应按主要承载结构设计。二次衬砌在Ⅲ级及以下围岩时按安全储备设计;在Ⅳ级及以上围岩时按承载(后期围压)结构设计,并均应满足构造要求。图1-11、图1-12分别为常用公路隧道Ⅳ级围岩复合式衬砌结构和铁路隧道复合式衬砌结构。

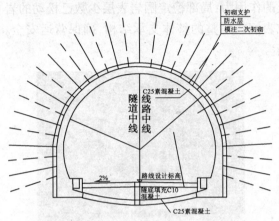

图1-11 常用公路隧道Ⅳ级围岩复合式衬砌结构

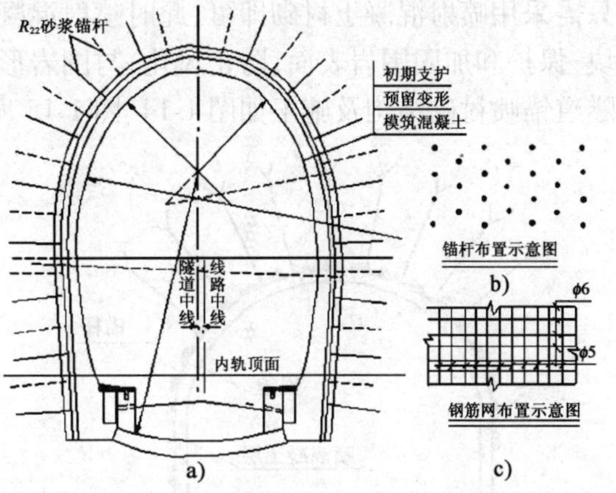

图1-12 铁路隧道复合式衬砌结构

复合衬砌的设计,目前以工程类比为主,理论验算为辅。结合施工,通过测量、监控取得数据,不断修改和完善设计。复合衬砌设计和施工密切相关,应通过量测及时支护,并掌握好围岩和支护的形变和应力状态,以便最大限度发挥由围岩和支护组成的承载结构的自承能力。通过量测,掌握好断面的闭合时间,保证施工期安全。确定恰当的支护标准和合适的二次衬砌时间,使得作用在承载结构上的形变压力最小,且又十分安全和稳定。

Ⅳ级及以上围岩可能出现偏压时,应设置仰拱。仰拱不仅起到解决基础承载力不够,减少下沉,防止底鼓的隆起变形,调整衬砌应力的作用,更重要的是封闭围岩,制止围岩产生过大的松弛变形,将围岩塑性变形和形变压力控制在允许范围,还增加底部和墙部的支护抵抗力,防止内挤而产生剪切破坏。

两层衬砌之间宜采用缓冲、隔离的防水夹层(见图1-13),其目的是:当第一层产生形变及形变压力较大时,仍给予极少量形变的可能,可降低形变压力;而当一次衬砌支护力不够时,可将少量形变压力均匀地传布到二次衬砌上,并依靠二次衬砌进一步

图1-13 隧道复合式衬砌结构防水板施工

制止继续变形,且不使一次衬砌出现裂缝时,二次衬砌也出现裂缝。由于二层衬砌之间有了隔离层(即防水夹层),防水效果良好,且可减少二次衬砌混凝土的收缩裂缝。

在确定开挖尺寸时,应预留必要的初期支护变形量,以保证初期支护稳定后,二次衬砌的必要厚度。当围岩呈"塑性"时,变形量是比较大的。由于预先设定的变形量与初期支护稳定

后的实际变形量往往有差距,故应经常量测校正,使延续各衬砌段预留变形量更符合围岩及支护变形实际。

4) 锚喷衬砌

锚喷支护作为隧道的永久衬砌,一般考虑是在Ⅲ级及以下围岩中采用,在Ⅳ级及以上围岩中,采用锚喷支护经验不足,可靠性差。按目前的施工水平,可将锚喷支护作为初期支护配合第二次模注混凝土衬砌,形成复合衬砌。当在围岩良好、完整、稳定地段,如Ⅱ级及以下围岩,只需采用喷射混凝土衬砌即可,此时喷射混凝土的作用为:局部稳定围岩表层少数已松动的岩块;保护和加固围岩表面,防止风化;与围岩形成表面较平整的整体支承结构,确保营运安全。隧道锚喷衬砌结构及施工如图1-14、图1-15所示。

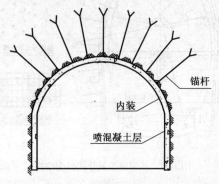

图1-14 锚喷衬砌结构示意

图1-15 隧道锚喷衬砌施工

在层状围岩中,应加入锚杆支护,通过联结作用和组合原理保护和稳定围岩,并通过喷射混凝土表面封闭和支护的配合,使围岩和锚杆喷射混凝土形成一个稳定的承载结构。锚杆应与稳定围岩联结,与没有松动的较完整的稳定的围岩体相联结;锚杆应有足够锚固长度,伸入松动围岩以外或伸入承载环以内一定深度。

当围岩呈块(石)碎(石)状镶嵌结构且稳定性较差时,锚喷混凝土的主要作用原理是整体加固。依靠锚杆和钢筋网喷混凝土的支护力和锚杆的联结及本身的抗剪强度,提高围岩承载圈的抗压强度和抗剪强度,对围岩进行整体加固,使围岩和锚喷支护共同成为一个承载结构。

锚喷衬砌的内轮廓线,宜采用曲墙式的断面形式,是为了使开挖时外轮廓线圆顺,尽可能地减少围岩中的应力集中,减小围岩内缘的拉应力,尽可能消除围岩对支护的集中荷载,使支护只承受较均匀的形变压力,使喷层支护都处在受压状态而不产生弯矩。锚喷衬砌外轮廓线除考虑锚喷变形量外宜再预留20cm。其理由是:锚喷支护作为永久衬砌目前在设计和施工方面都经验不足,需要完善的地方还很多,锚喷支护作为柔性支护结构,厚度较薄,变形量较大,预留变形量能保证以后有可能进行补强和达到应有的补强厚度而留有余地;另外,还估计到当锚喷衬砌改变为复合衬砌时,能保证复合衬砌的二次衬砌最小厚度20cm。

采用锚喷衬砌后,内表面不太平整顺直,美观性差,影响驾驶员在行车中的视觉感观。在高等级道路或城镇附近的隧道,应根据需要考虑内装,以消除上述缺点,也便于照明、通风设施的安装,提高洞内照明、防水、通风、视线诱导、降低噪声等的效果。

在某些不良地质、大面积涌水地段和特殊地段,不宜采用锚喷衬砌作为永久衬砌。大面积涌水地段,喷射混凝土很难成型且即使成型,其强度及与围岩的黏结力无法保证;锚杆与围岩的黏结,锚杆的锚固力也极难保证,难于发挥锚喷支护所应有的作用。膨胀性围岩和不良地质围岩,如黏土质胶结的砂岩、粉砂岩、泥砂岩、泥岩等软岩,开挖后极易风化、潮解,遇水易泥化、软化、膨胀,产生较大的围岩压力,稳定性极差,以致流坍。堆积层、破碎带等不良地质条件下往往有水,施工时缺乏足够的自稳能力并且没有足够的稳定时间。锚杆无法同膨胀性围岩和有水堆积层、破碎带形成可靠的黏结,喷射混凝土与围岩面也很难形成良好的粘贴。因此,锚喷支护就难于阻止围岩的迅速变形和通过锚喷支护形成可靠、稳定的承载圈。

不宜采用锚喷支护作为永久衬砌的情况还包括:对衬砌有特殊要求的隧道或地段,如洞口地段,要求衬砌内轮廓很整齐、平整;辅助坑道或其他隧道与主隧道的连接处及附近地段;有很高的防水要求的隧道;还有围岩及覆盖太薄,且其上已有建筑物,不能沉落或拆除者;地下水有侵蚀性,可能造成喷射混凝土和锚杆材料的腐蚀的地段;寒冷和严寒地区有冻害的地方等。

1.2.1.2 衬砌形式

1) 直墙式衬砌

直墙式衬砌通常用于岩石地层垂直围岩压力为主要计算荷载,水平围岩压力很小的情况。一般适用于Ⅱ、Ⅲ级围岩,有时也可用于Ⅳ级围岩。对于公路隧道,直墙式衬砌结构的拱部,可以采用割圆拱、坦三心圆拱或尖三心圆拱。三心圆拱指拱轴线由三段圆弧组成,其轴线形状比较平坦($r_1 > r_2$)时称为坦三心圆拱,形状较尖($r_2 < r_1$)时称为尖三心圆拱,若$r_1 = r_2 = r$时即为割圆拱(见图1-16)。

在围岩完整性比较好的Ⅰ~Ⅱ级围岩中,边墙可以采用连拱或柱,称为连拱边墙或柱式边墙,如图1-17所示。

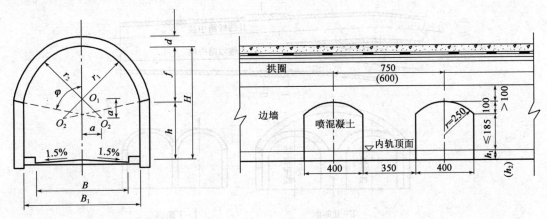

图1-16 直墙式衬砌　　　　图1-17 连拱边墙或柱式边墙(尺寸单位:cm)

2) 曲墙式衬砌

通常在Ⅳ级以上围岩中,水平压力较大,为了抵抗较大的水平压力把边墙也做成曲线形状。当地基条件较差时,为防止衬砌沉陷,抵御底鼓压力,使衬砌形成环状封闭结构,可以设置仰拱,如图1-18、图1-19所示。

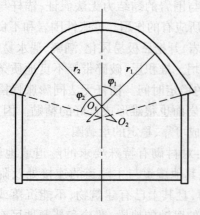
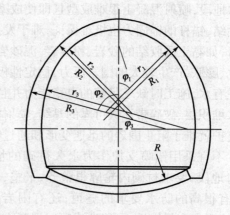

图 1-18 大拱脚薄边墙衬砌　　　　　　　图 1-19 曲墙式衬砌

3）偏压衬砌

当山体地面坡度大于 1:2.5，线路外侧山体覆盖较薄，或由于地质构造造成的偏压，为承受这种不对称围岩压力而采用偏压衬砌，如图 1-20 所示。

4）喇叭口隧道衬砌

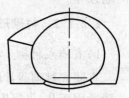

图 1-20 偏压衬砌示意

在山区双线隧道，有时为绕过困难地形或避开复杂地质地段，减少工程量，可将一条双幅公路隧道分建为两个单线隧道或两条单线并建为一条双幅的情况。另外车站隧道中的渡线部分，衬砌也产生一个过渡区段，这部分隧道衬砌的断面及线间距均有变化，相应成了一个喇叭形，称为喇叭口隧道衬砌，如图 1-21 所示。

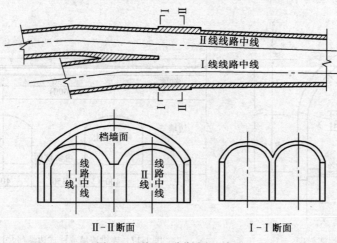

图 1-21 喇叭口隧道衬砌示意图

5）圆形断面隧道（装配式）

为了抵御膨胀性围岩压力，山岭隧道也可以采用圆形或近似圆形断面，因为需要较大的衬砌厚度，所以多半在施工时进行二次衬砌。对于水底隧道，由于水压力较大，采用矿山法施工时，也多采用二次衬砌，或者采用铸铁制的方形节段。水底隧道广泛使用盾构法施工，其断面为全圆形(见图 1-22)。水底隧道的另一种施工方法是沉管法,有单管和双管之分,其断面可以是圆形,也可以是矩形。

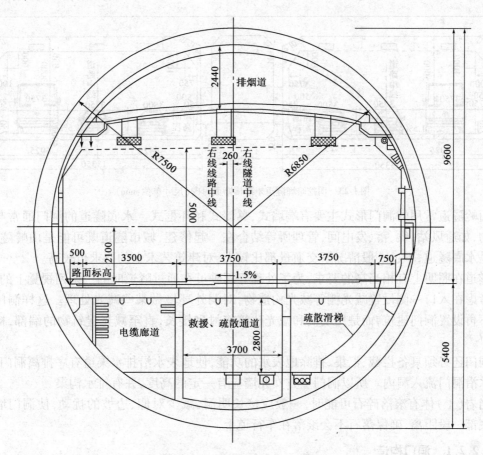

图 1-22　盾构隧道横断面(尺寸单位:mm)

岩石隧道掘进机是开挖岩石隧道的一种机械化切削机械,其开挖断面常为圆形,开挖后可以采用喷混凝土衬砌、喷锚衬砌或拼装预制构件衬砌等多种形式。

6)矩形断面衬砌

用沉管法施工时,其断面可以用矩形形式。用明挖法施工时,尤其在修筑多车道隧道时,其断面广泛采用矩形。这种情况,回填土厚度一般较小,加之在软土中修筑隧道时,软土不能抵御较大的水平推力,因而不应修筑拱形隧道;另一方面,矩形断面的利用率也较高,如图 1-23 所示。城市中的过街人行地道,通常都在软土中通过,其断面也是以矩形为基础组成的。

1.2.2　洞门

洞门是隧道两端的外露部分,也是联系洞内衬砌与洞口外路堑的支护结构,其作用是保证洞口边坡的安全和仰坡的稳定,引离地表流水,减少洞口土石方开挖量。洞门也是标志隧道的建筑物,因此应与隧道规模、使用特性以及周围建筑物、地形条件等相协调。

洞门附近的岩(土)体通常都比较破碎松软,易于失稳,形成崩塌。为了保护岩(土)体的稳定和使车辆不受崩塌、落石等威胁,确保行车安全,应该根据实际情况,选择合理的洞门形式。洞门是各类隧道的咽喉,在保障安全的同时,还应适当进行洞门的美化和环境的美化。

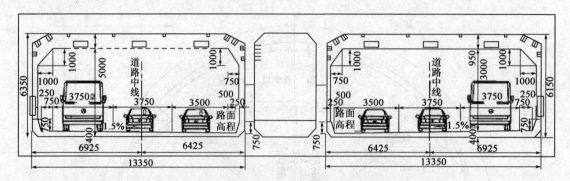

图1-23 明挖暗埋隧道矩形横断面衬砌(尺寸单位:mm)

山岭隧道常用的洞门形式主要有端墙式、翼墙式和环框式。水底隧道的洞门通常与附属建筑物,如通风站、供、蓄、发电间,管理所等结合在一起修建,城市隧道既可能是山岭隧道,也可能是水底隧道,不过一般情况下交通量都比较大,对建筑艺术上的要求也较高。

隧道在照明上有相当高的要求,为了处理好驾驶员在通过隧道时的一系列视觉上的变化,有时考虑在入口一侧设置减光棚等减光构造物,对洞外环境做某些减光处理。这样洞门位置上就不再设置洞门建筑,而是用明洞和减光建筑将衬砌接长,直至减光建筑物的端部,构成新的入口。

洞门还必须具备拦截、汇集、排除地表水的功能,使地表水沿排水渠道有序排离洞门,防止地表水沿洞门流入洞内。所以洞门上方女儿墙应有一定的高度,并有排水沟渠。

当岩(土)体有滚落碎石可能时,一般应接长明洞,减少对仰、边坡的扰动,使洞门墙离开仰坡底部一段距离,确保落石不会滚落在车行道上。

1.2.2.1 洞门构造

洞口仰坡地脚至洞门墙背应有不小于1.5m的水平距离,以防仰坡土石掉落到路面上,危及安全。洞门端墙与仰坡之间水沟的沟底与衬砌拱顶外缘的高度不应小于1.0m,以免落石破坏拱圈。洞门墙顶应高出仰坡脚0.5m以上,以防水流溢出墙顶,也可防止掉落土石弹出。水沟底下填土应夯实,否则会使水沟变形,产生漏水,影响衬砌强度。

洞门墙应根据情况设置伸缩缝、沉降缝和泄水孔,以防止洞门变形。洞门墙的厚度可按计算或结合其他工程类比确定,但墙身厚度最小不得小于0.5m。

洞门墙基础,必须置于稳固地基上,这是因为通常洞口位置的地形地质条件比较复杂,有的全为松散堆积覆盖层,有的半软半硬,有的地面倾斜陡峻,为了保证建筑物稳固,应视地形及地质条件,洞门墙基础埋置足够的深度。基底埋入土质地基的深度不应小于1m,嵌入岩石地基的深度不应小于0.5m。

地基强度偏小时,可根据情况采用扩大基础、换土、桩基、压浆加固地基等措施。地基为冻胀土层时,冻结时土隆起、膨胀力大,而解冻时由于水融作用,土变软后沉陷,建筑物相应下沉,产生衬砌变形。根据公路工程一般设置基础的经验,要求基底设在冻结线以下不小于0.25m(所指的冻结线为当地最大的冻结深度)。如果冻结线较深,施工有困难,可采取非冻结性的砂石材料换填,也可采用设置桩基等办法。不冻胀土层中的地基,例如岩石、卵石、砾石、砂等,埋置深度可不受冻结深度的限制。

1.2.2.2 洞门结构形式

常见洞门形式有:端墙式、翼墙式、环框式、遮光棚式、柱式、台阶式、斜交式、削竹式、突出式、景观式、弧形式等。

1)端墙式洞门

端墙式洞门适用于岩质稳定的Ⅲ级以下围岩和地形开阔的地区,是最常使用的洞门形式,如图1-24、图1-25所示。

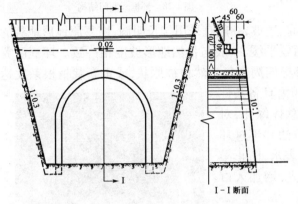
图1-24 端墙式洞门结构(尺寸单位:cm)

图1-25 端墙式洞门施工现场

2)翼墙式洞门

翼墙式洞门适用于地质较差的Ⅳ级以上围岩,以及需要开挖路堑的地方。翼墙式洞门由端墙及翼墙组成。翼墙是为了增加端墙的稳定性而设置的,同时对路堑边坡也起支撑作用。其顶面通常与仰坡坡面一致,顶面上一般均设置水沟,将端墙背面排水沟汇集的地表水排至路堑边沟内,如图1-26、图1-27所示。

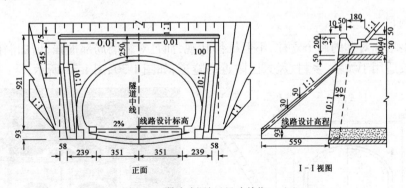
图1-26 翼墙式洞门(尺寸单位:cm)

3)环框式洞门

洞口岩层坚硬,整体性好,节理不发育,路堑开挖后仰坡极为稳定,并且没有较大的排水要求时采用。环框与洞口衬砌用混凝土整体浇筑,如图1-28、图1-29所示。

图 1-27　翼墙式洞门施工现场

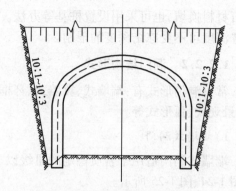

图 1-28　环框式洞门结构

当洞口为松软的堆积层时,应避免大刷仰、边坡,一般宜采用接长明洞,恢复原地形地貌的办法。此时,仍可采用洞口环框,但环框坡面较平缓,一般与自然地形坡度相一致。环框两翼与翼墙一样能起到保护路堑边坡的作用。环框四周恢复自然植被原状,或重新栽植根系发达的树木等,以使仰、边坡稳定。在引道两侧如果具备条件可以栽植高大乔木,形成林荫大道,这样的总体绿化,对洞外减光十分有益,是一个值得推荐的好方法。不过环框上方及两侧仍应设置排水沟渠,以排除地表水,防止漫流。倾斜的环框还有利于向洞内散射自然光,增加入口段的亮度。

4) 遮光棚式洞门

当洞外需要设置遮光棚时,其入口通常外伸很远。遮光构造物有开放式和封闭式之分,前者遮光板之间是

图 1-29　环框式洞门实物

透空的,后者则用透光材料将前者透空部分封闭。但由于透光材料上面容易沾染尘垢油污,养护困难,所以很少使用后者。形状上又有喇叭式与棚式之分。除上述基本形式外,还有一些变化形式。

5) 柱式洞门

在端墙上增加对称的两个立柱,不但雄伟壮观,而且对端墙局部加强,增加洞门的稳定性。此种形式一般适用于城镇、乡村、风景区附近的隧道,如图 1-30、图 1-31 所示。

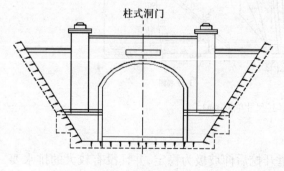

图 1-30　柱式洞门结构

图 1-31　柱式洞门效果图

1 隧道基本构造与养护管理

6) 台阶式洞门

为适应山坡地形,在沿线傍山隧道半路堑情况下常采用这种形式,将端墙做成台阶式,如图1-32、图1-33所示。

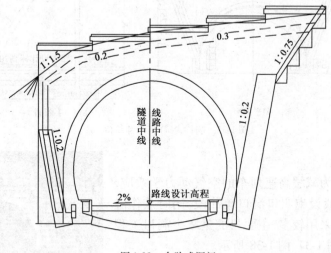

图1-32 台阶式洞门

7) 斜交洞门

适用于线路方向与地形等高线斜交时。将洞门做成与地形等高线一致,使洞门左右可以保持近似对称,但衬砌洞口段和洞门相对于线路呈斜交形式,如图1-34所示。

8) 削竹式洞门

适用于洞口段有较长的明洞衬砌。由于洞门背后一定范围内是以回填土为主,山体的推滑力不大,地形相对比较对称和不太陡峻,如图1-35、图1-36所示。

图1-33 台阶式洞门实物

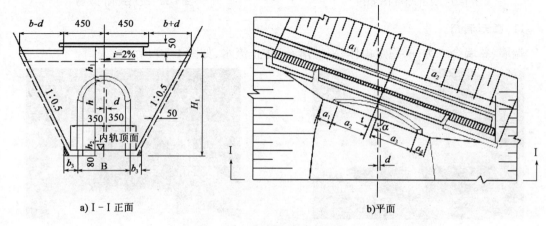

图1-34 斜交洞门(尺寸单位:cm)

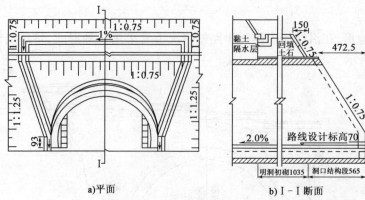

图 1-35 削竹式洞门（尺寸单位：m）

9）突出式洞门

高速铁路隧道为减缓高速列车的空气动力学效应，在单线隧道洞，一般设喇叭口洞口缓冲段，同时兼作隧道洞门。公路隧道采用较多，主要目的是减少洞口工程量和装饰洞口，如图 1-37、图 1-38 所示。

10）景观洞门

装饰洞口，美化环境，多在城市近郊或重大工程中采用，如图 1-39 所示。

图 1-36 削竹式洞门模拟图

图 1-37 突出式洞门模拟图

图 1-38 突出式洞门实物

11）弧形洞门

端墙、翼墙合二为一，稳定山体、阻挡落石、防止流水，如图 1-40 所示。

图 1-39 景观洞门

图 1-40 弧形洞门

1.2.3 明洞

当隧道埋深较浅,上覆岩(土)体较薄,难采用暗挖法时,则应采用明挖法来开挖隧道。用这种明挖法修筑的隧道结构,通常称明洞,如图1-41、图1-42所示。

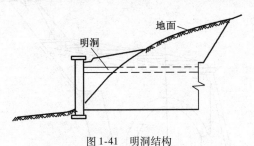

图1-41 明洞结构

图1-42 明洞实物

明洞具有地面、地下建筑物的双重特点,作为地面建筑物用以抵御边坡、仰坡的坍方,落石、滑坡、泥石流等病害。

明洞净空必须满足隧道建筑限界要求,洞门一般做成直立端墙式洞门。

明洞的结构形式,应根据地形、地质、经济、运营安全及施工难易等条件进行选择,采用最多的是拱形明洞和棚式明洞。

1.2.3.1 拱形明洞

隧道进出口两端的接长明洞或在路堑边坡不稳定地段修建的独立明洞等,多采用拱形明洞的形式。拱形明洞整体性好,能承受较大的垂直压力和侧压力。其形式有以下四种:

(1)路堑对称型

这类形式适用于洞顶地面平缓,路堑两侧地质条件基本相同,原山坡有少量坍塌、落石以及隧道洞口岩层破碎,洞顶覆盖较薄,难以采用暗挖法修建隧道的地段,如图1-43所示。

(2)路堑偏压型

适用于两侧山坡高差较大的路堑,高侧边坡有坍塌、落石或泥石流,低侧边坡明洞墙顶以下部分为挖方,且能满足外侧边墙嵌入基岩要求的地段,如图1-44所示。

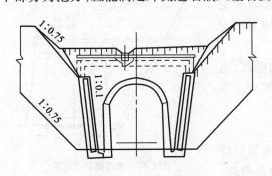

图1-43 路堑对称型明洞示意图

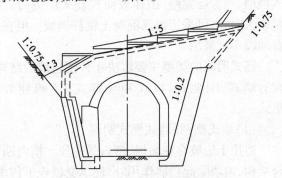

图1-44 路堑偏压型明洞示意图

(3)半路堑偏压型

适用于半路堑靠山侧边坡较高,有坍塌、落石或泥石流等不良地质现象,而外侧地面较为宽敞和稳定,上部填土坡面线能与地面相交以平衡山侧压力的地段,如图1-45所示。

(4) 半路堑单压型

适用于靠山侧边坡或原山坡有坍塌、落石等情况,外侧地形陡峻无法填土地段,如图1-46所示。

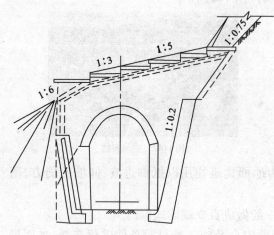

图1-45 半路堑偏压型明洞示意图

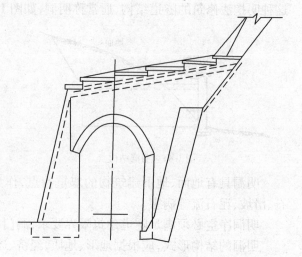

图1-46 半路堑单压型明洞示意图

拱形明洞的边墙,一般采用直墙。当半路堑型单压明洞外墙尺寸较厚(可达3～5m)时,为节省圬工量,通常在浆砌片石的外墙上每隔3～4m开设孔洞一个。

采用偏压拱形明洞时,要特别注意处理好外墙基础,以防止因外墙下沉而引起拱圈开裂。故外墙必须设置于稳固地基上,如有困难,则可用桩基(或加深基础)及加固地基等方法进行处理。

1.2.3.2 棚式明洞

当山坡坍方,落石数量较少,山体侧压力不大,或因受地质、地形条件的限制,难以修建拱形明洞时,可采用棚式明洞。

棚式明洞顶板为梁式结构。内侧边墙一般采用重力式挡墙,当岩层完整,山体坡面较陡采用重力式挡墙开挖量较大时,也可采用钢筋混凝土锚杆挡墙。但在地下水发育地段不宜采用。

棚式明洞的类型主要取决于外侧边墙的结构形式,通常有墙式、刚架式、柱式和悬臂式(不修建外墙时)等形式。

(1) 墙式棚洞(墙式棚式明洞)

适用于边坡存在坍塌、落石的地段。横向断面类似桥跨结构,内墙除起挡墙作用外,还承受顶板下传垂直荷载,外墙只承受顶板下传垂直荷载,如图1-47所示。

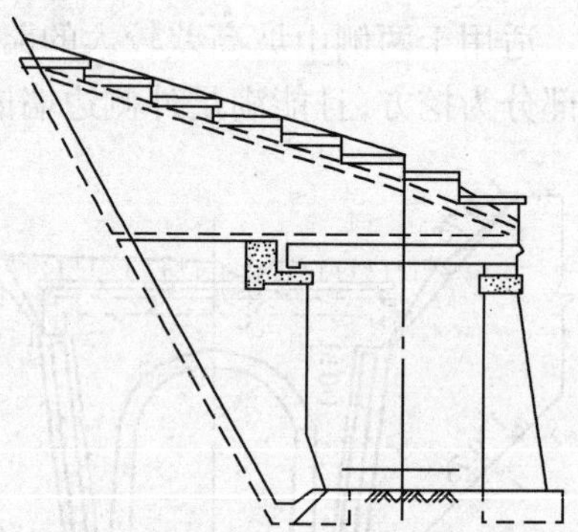

图1-47 墙式棚洞示意图

(2) 刚架式棚洞

适用于边坡有少量落石的地段,或者用于连接两座隧道的明洞,以改善隧道通风条件。外墙结构为连续框架,因此对地基承载力要求较高,如图1-48、图1-49所示。

(3) 柱式棚洞

适用于少量落石,地基承载力高或基岩埋藏浅的地段。外墙采用独立柱和纵梁方式,结构简单,预制吊装方便,但整体稳定性较差,如图1-50所示。

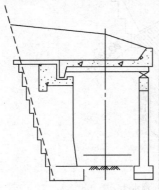

图1-48　刚架式棚洞示意图

图1-49　刚架式棚洞实物图

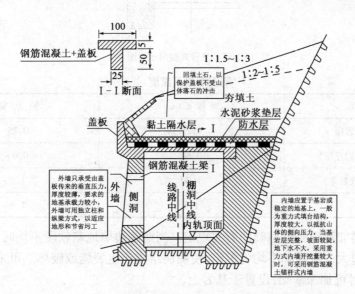

图1-50　柱式棚洞示意图(尺寸单位:cm)

(4) 悬臂式棚洞

当山坡较陡,坡面有少量落石,且外侧地基不良或不宜设基础时,可采用悬臂式棚洞,如图1-51所示。

根据山侧岩层的具体条件,内侧可选用重力式边墙或锚杆挡墙等形式。悬臂式棚洞由于结构不对称,抗震性能差,施工要求较高,选用时应慎重。

1.2.3.3　明洞基础

明洞基础应置于稳固的地基上。当基岩埋深较浅时,基础可设置于基岩上;当基础位于软弱地基上时,基础可采用仰拱、整体式钢筋混凝土底板等结构。外墙基础趾部应有一定的嵌入深度并应设在冻结线以下0.25m,且保证一定的护基宽度,见表1-4。

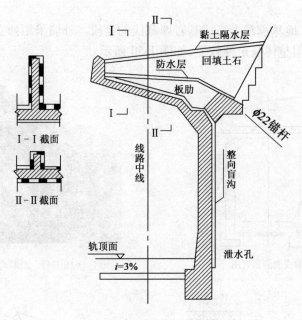

图 1-51 悬臂式棚洞示意图

明洞墙嵌入深度 表 1-4

岩层种类	埋深 K (m)	护基宽 L (m)
较完整的坚硬岩层	0.25	0.25~0.5
坚硬岩层（如砂页岩互层）	0.60	0.6~1.50
松软岩石（如千枚岩等）	1.00	1.0~2.0
砂夹砾石	1.5	1.5~2.5

明洞基础，应遵守隧道衬砌基础的有关规定。当两侧边墙地基软硬不均时，应采取措施加以处理，以免引起过大的沉降和不均匀沉陷，使明洞结构产生裂缝或破坏。可采取以下措施：

(1) 基岩不深时可加深基础，设置于基岩上。

(2) 采用钢筋混凝土或混凝土仰拱。

(3) 采用钢筋混凝土底板，修筑整体式基础。

(4) 亦可采用桩基或加固地层等措施。

当地基为完整坚固的岩体时，基础可切割成台阶；台阶平均坡度不陡于 1∶0.5；坡度线与水平线的夹角不得大于岩层的内摩擦角；台阶宽度不小于 0.50m，最低一层基础台阶宽度不小于 2m。当基础外侧受水流冲刷影响时，为了使基础外侧护基部分岩土稳定或防止河岸冲刷的影响，应另采取挡墙、护岸、边坡加固等防护措施。

明洞外边墙、棚洞立柱基础埋置位置在路面 3m 以下时（一般是指半路堑单压式明洞的外侧边墙及立柱），应在路基处设置钢筋混凝土横向水平拉杆或锚杆，或给立柱加设横撑和纵撑，以减小墙底转角，改善结构受力条件，增加墙柱约束，减小其长细比的影响，以确保整个结构的整体性，外侧边墙及立柱的局部及整体稳定性。

1.2.3.4 明洞填土

明洞顶设计填土厚度,应根据山坡病害的情况,预计明洞顶可能出现的坍塌量及将来明洞所要起的作用来确定。

在1975年以前,铁路隧道规范曾规定明洞填土厚度为3.0m,经过大量的实际调查,新规范确定为1.50m。公路隧道跨度一般比铁路单线隧道跨度大,公路系统设计施工经验少,养护力量弱,故规定不小于2.0m。明洞顶填土横坡以能顺畅排除坡面水为原则,不小于2%。但山坡崩落的石块、边坡冲刷的泥石、坡面坍塌多堆积于坡脚附近,因此设计填土坡应较实际填土坡适当加大,作为安全储备。一般只考虑边坡的少量坍塌,故明洞顶设计填土坡度可为1:5~1:3。1:5是对称式明洞边坡基本稳定的情况,实际填土坡度可为1:10~1:5。

当边坡有病害,未来可能发生较大的坍塌,而该隧道又处于地震烈度8度以上地区时,地震增大了坍塌的可能性和剧烈程度,应酌情增加填土厚度,如洞顶设计填土厚度可采用2.50~3.0m,设计填土坡度可为1:3~1:2,实际填土坡可为1:3~1:5。

当洞顶填土的目的主要是为了支挡边坡的滑坍和防护山坡可能发生的大量坍方、泥石流时,则应将边坡的稳定情况、刷坡情况结合设计回填坡度,综合分析确定回填厚度,确保边坡和明洞的稳定与安全。一般设计回填坡度为1:3~1:1.5,实际填土坡度为1:5~1:3。

当明洞是为了保护洞口自然环境而设置时,则应将明洞完全伸出自然山坡坡面,以不破坏自然地面及其景观为原则。开挖部分回填至原自然地面坡度,必要时可在其上采取植保等措施。

明洞应重视拱背和墙背的回填,其中重视拱背的回填是为了保护拱背及拱脚,增强拱脚的固结,增加其稳定性,起加强的作用。墙背回填质量的好坏,直接影响到墙背岩土的稳定、侧压力的大小,也影响到墙背抗力的大小。实际采用回填措施时,应根据明洞类型、山坡岩土类别、设计要求、施工方法确定。一般Ⅱ~Ⅳ级围岩其回填要求用片石混凝土或浆砌片石回填密实,并与围岩面接合良好。对Ⅴ级及Ⅵ级围岩,墙背回填料的内摩擦角也应高于围岩的内摩擦角,如浆砌片石、干砌片石回填。

计算明洞墙背围岩主动土压力时,是按围岩计算摩擦角计算的,所以墙背回填料的内摩擦角应不低于围岩的计算摩擦角,不然的话,实际墙背的侧压力较计算的要大。另外,较好的围岩与衬砌之间有低摩擦角的回填"软弱夹层",徒然增加土压力和减小弹性抗力,技术和经济效益方面都是不适宜的。因此,要提高回填的质量。另外,墙背回填料的内摩擦角,应不低于设计回填料计算的摩擦角,表示设计、施工措施应符合(或高于)设计要求,使之可靠。否则,墙背侧压力将比设计侧压力大,影响结构安全。

1.3 隧道附属构造物

附属构造物是主体构造物以外的其他建筑物,是为了运营管理、维修养护、给水排水、供蓄发电、通风、照明、通信、安全等而修建的构造物。

1.3.1 通风设施

隧道通风的方式很多,按送风形态、空气流动状态、送风原理等划分为自然通风和机械通风。

1.3.1.1 自然通风

这种通风方式不设置专门的通风设备,是利用存在于洞口间的自然压力差或汽车行驶时活塞作用产生的交通风力达到通风目的。但在双向交通的隧道,交通风力有相互抵消的情形,适用的隧道长度受到限制。由于交通风的作用较自然风大,因此单向交通隧道,即使隧道相当长,也有足够的通风能力。

1.3.1.2 机械通风

机械通风分为纵向式通风和横向式通风。纵向式通风又分为射流式、风道式、喷嘴式和竖井式通风。横向式通风又分为全横向式和半横向式通风。

1) 纵向式通风

风流沿着隧道轴线方向流动的通风方式称为纵向式通风。纵向式通风是从一个洞口直接引进新鲜空气,由另一洞口排出污染空气的方式。射流式纵向通风是将射流式风机设置于车道的吊顶部,吸入隧道内的部分空气,并以 30m/s 左右的速度喷射吹出,用以升压,使空气加速,达到通风的目的。射流式通风经济,设备费少,但噪声较大。

(1) 洞口风道式通风

把通风机设置在隧道洞口处,将通风道连通至洞内,如图 1-52 所示。

(2) 喷嘴式通风

在隧道洞口处的衬砌上方建造一个汇集新鲜空气的空气室,室内尽端在衬砌周边上做成环形喷嘴通向洞外,如图 1-53 所示。

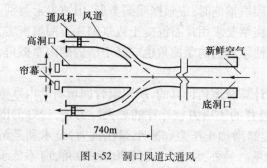

图 1-52 洞口风道式通风　　图 1-53 喷嘴式通风

(3) 竖井、斜井

在隧道施工中,为增加开挖工作面而设置竖井或斜井作为辅助坑道时,利用这些辅助坑道作为通风道,把通风机置于竖井或斜井处,借助于通风机和竖井的换气作用,可以把污浊空气吸出,或把新鲜空气吸入,如图 1-54 所示。

(4) 射流式通风

射流式通风是在隧道内安设射流通风机,用以升压,进行通风的方式。

2) 全横向通风

全横向通风是在通风机的作用下,风流的方向与隧道轴线方向成正交。横向通风能将新鲜空气沿隧道全长范围内均匀吹入,而污浊气体无需沿隧道全长范围流过,就地直接被进风口吸出。占用了隧道的净空面积,结构上比较复杂,适宜在公路隧道中使用,如图 1-55 所示。

横向式通风的特点是风在隧道的横断面方向流动,一般不发生纵向流动,因此有害气体的浓度在隧道轴线方向均匀分布。该通风方式有利于防止火灾蔓延和处理烟雾,但需设置送风道和排风道,增加建设费用和运营费用。

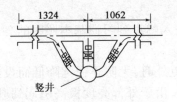

图1-54　竖井、斜井通风(尺寸单位:cm)

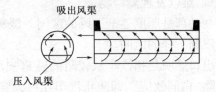

图1-55　全横向通风

3)半横向通风

在隧道的顶部设置进风管,并在进风管的下部,沿隧道的长度方向每隔一定距离开一通风口,气流则沿通风口流向隧道内,然后隧道内的空气在新鲜气流推动下,沿隧道的纵向排出洞口。

半横向式通风的特点是新鲜空气经送风道直接吹向汽车的排气孔高度附近,直接稀释排气,污染空气在隧道上部扩散,经过两端洞门排出洞外。半横向式通风,因仅设置排风道,所以较为经济,如图1-56所示。

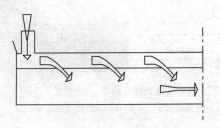

图1-56　半横向通风

4)混合式

根据隧道的具体条件和特殊需要,由竖井与上述各种通风方式组合成为最合理的通风系统。例如,有纵向式和半横向式的组合,以及横向式与半横向式的组合等各种方式。

5)通风及其控制系统

通风系统由风机、通风控制器等组成,通风方式采用纵向通风,系统实行分级控制,以一氧化碳浓度、烟雾(VI)浓度作为通风控制的主要参数。

环境信息检测系统:系统由一氧化碳浓度探头、烟雾浓度探头、交通参数等检测设备组成,为交通控制、通风控制提供依据。

1.3.2　照明设施

隧道照明与一般道路照明不同,其显著特点是昼间需要照明,防止驾驶员视觉信息不足引发交通事故,应保证白天习惯于外界明亮宽阔环境的驾驶员进入隧道后仍能认清行车方向,正常驾驶。隧道照明主要由入口部照明、基本部照明、出口部照明和接续道路照明构成。

入口照明是指驾驶员从适应野外的高照度到适应隧道内明亮度,所以必须保证充足的照明。它由临界部、变动部和缓和部三个部分的照明组成。

临界部是为消除驾驶员在接近隧道时产生的黑洞效应所采取的照明措施。所谓"黑洞效应"是指驾驶员在驶近隧道,从洞外看隧道内时,因周围明亮而隧道像一个黑洞,以致发生辨认困难,难以发现障碍物。

变动部是照度逐渐下降的区间。缓和部为驾驶员进入隧道到习惯基本照明的亮度,适应亮度逐渐下降的区间。

出口照明是指汽车从较暗的隧道驶出至明亮的隧道外时,为防止视觉降低而设的照明。应消除"白洞效应",即防止汽车在白天穿过较长隧道后,由于外部亮度极高引起驾驶员因眩光作用而感不适。

隧道照明按区段可分为引入段、适应段、过渡段、中间段和出口段,各区段应根据不同位置上的亮度检测器的实测值设计合适的长度和亮度值以满足人眼的视觉特性。其中,按照人眼适应曲线,调节隧道过渡段、出口段亮度是隧道照明设计的关键,见图1-57。

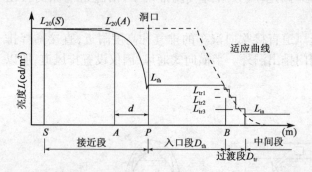

图1-57　各照明段亮度与长度

P-洞口;S-接近段起点;A-适应点;d-适应距离;$L_{20}(S)$-洞外亮度;$L_{20}(A)$-适应点亮度;L_{tr1}、L_{tr2}、L_{tr3}-过渡段亮度;L_{in}-中间段亮度;D_{tr1}、D_{tr2}、D_{tr3}-过渡段1、2、3分段亮度

(1)引入段 $L_{20}(S)$

驾驶员驶向隧道时,引入段亮度决定了隧道内入口段的亮度要求,在实际取值中存在一定难度,即用哪一点的亮度代表引入段亮度,同时在隧道施工前后,洞口环境往往变化很大。在隧道照明设计中,可参考实测资料。

(2)适应段 L_{th}

为使驾驶员维持良好的视觉状态,确保安全,在隧道入口段的开头需要相对较高的亮度。在开始部分时亮度要求保持不变并跟此处所设置的亮度检测器的亮度值检测值有关。

(3)过渡段 L_{tr}

驾驶员进入长隧道后需要一段时间将人眼调节到能适应中间段较低亮度水平,过渡段亮度从最高到最低的变化必须逐步进行,这也是过渡段照明的目的。因此,过渡段是人眼能否适应隧道中间段亮度的关键,这一区域亮度不断下降直到跟中间段相同为止。

中间段的照明无需任何变化,只要提供均一的稍高于普通开放式道路照明水平的亮度即可。除了高亮度使驾驶员感到更安全外,还要考虑路面的反射条件,需要相对较高的亮度主要是因为在隧道内由于污染的影响降低了能见度。这一区域在过渡段和出口段之间,通常是隧道最长的部分。它的亮度水平要求通常决定于车速和交通状况,具体设计,可参考实测值。

实现过渡段亮度调节,有两种控制方法可供选择:一是无级调节法,二是逻辑开关法。无级调节法是由可控硅为基本控制元件的电子控制器完成无级调光的。随着洞外光强的变化,整个照明控制系统会处在动态平衡状态下,从而得到合适的亮度。理论上,无级调光是一种很好的方法,它能得到连续性很好的光,但存在如下弱点:①线路复杂,调试(尤其是现场调试)困难;②故障率高,维修保养不便;③洞内亮度检测器需要量大,工程量大,增加投资;④最适合无级调光系统的执行元件是白炽灯,这种灯的缺点是光线不好,寿命短。因此,目前的隧道照明工程很少采用无级调光。而选择光线较好的照明灯具,利用灯具的不同排列组合和现场控制器提供的数字信号对照明灯进行逻辑控制,使其产生近似的阶跃式的亮度调节,称为逻辑开关法。由于控制程序和线路设计简单,灯具选择灵活,维修保养容易,目前的隧道照明大都采用这种方法。

隧道亮度设计的关键是如何按照人眼适应曲线实现入口、出口段亮度调节的问题。要按照人眼适应曲线实现亮度调节,须在洞外设置亮度检测器,以检测洞外亮度;在入口、出口段分别设置相应数量的亮度检测器检测不同位置上的亮度;也要在隧道内相应位置设置一定数量的光检器检测基础亮度。这样,不仅很好地满足了行车需求,而且大大节省了电能。

(4)照明及其控制系统:系统由道路照明控制柜和光电控制器、时间控制器组成。隧道照明控制采用分级控制。

1.3.3 电力及通信设施

(1)电缆槽

穿越铁路隧道的各种电缆,如照明、通信、信号以及电力等电缆,必须有一定的保护措施,即设置电缆槽来防止潮湿、腐烂以及人为的破坏。

电缆槽用混凝土浇筑,可与水沟同侧并与水沟平行,或设置在水沟的异侧。槽内铺以细砂作垫层,低压电缆可直接放在垫层面上,高压电缆则吊在槽边预埋的托架上。槽顶设有盖板防护,盖板顶面应与避车洞底面或道床顶面齐平。当电缆槽与水沟同侧平行时,应与水沟盖板齐平。通信、信号电缆可设在一个电缆槽内,也可以分设。但通信、信号电缆,必须和电力电缆分槽设置。

(2)信号继电器箱和无人增音站洞

通信系统:用于隧道信息检测系统、控制系统、信息提供系统间的数据、图像等信息的传输。

隧道内如需设置信号继电器时,则应在电缆槽同侧设置信号继电器箱洞。根据电讯传输衰耗和通信设计要求,在隧道内设置无人增音站时,其位置可根据通信要求确定,亦可与大避车洞结合使用,如不能结合时,则另行修建。

(3)防雷接地系统:洞内设备遭受雷击的主要原因来自于山顶雷电经山体矿石、水层等泄入隧道,防雷击的主要措施是信号防雷的电源防雷。此外,对于弱电应采取光电隔离,在电源端要加设稳压电源,以保证供电电压的稳定性。

1.3.4 安全设施

保障隧道运营安全首要从规划和设计入手。从规划上讲,尽量避免采用双向隧道,如无法避免,则应采取更严的安全措施,特别可以借鉴的是勃朗峰隧道和圣哥达隧道灾后所采取的安全措施。从设计方面来看，当设计水底隧道时要尽量放缓隧道纵坡，避免长、大坡道。根据国外的统计，公路隧道货车发生火灾及事故的原因之一是制动过热或故障，隧道坡度过大、过长容易引起货车，特别是重载货车，发生制动失灵、过热等问题。据法国的统计，60%~70%的货车火灾事故均由制动过热而引发。隧道线路尽量避免弯道过多，曲率半径过小等容易导致事故的线形。路面设计要考虑到在坡道上的防滑措施，否则易诱发事故，上海延安东路隧道开通初期就因路面过于光滑而导致多起事故，改进后事故率大为降低。

从管理方面来看，首先要加强安全教育，国外很重视对隧道使用者的教育，向使用者普及安全通过隧道的知识，以及事故处理和逃生求救知识。其次要加强危险物品进入隧道的管理，对不良车况车辆的控制。隧道管理者要能及时掌握隧道内的动向，一旦发生事故，能立即作出正确的判断，采取相应的措施。为此要有一套完好的防灾报警系统及相应的处理各类事故的预案和附近消防部门建立紧密的联系，并定期进行消防救灾的演习。

完善的隧道防火设施应由检测设施、通报设施、警报设施、消防设施、诱导设施、逃生设施和其他设施7部分组成。各种设施分工明确、相互配合。防火设施的配置应遵循安全、经济、实用的原则，详见表1-5。

隧道防火安全设施配置表　　　　　　　　　　　　　表1-5

地下立交隧道防火安全设施			地下立交隧道防火安全等级				
			I	II	III	IV	V
检测设施	火灾报警系统	点型感烟报警系统	●	●	●	●	○
		点型感温报警系统	●	●	●	●	○
		线型感温报警系统	●	●	●	○	○
	异常事件视频检测系统		●	●	●	●	●
	限高门架		●	●	●	●	●
通报设施	紧急电话系统		●	●	●	●	●
	手动报警按钮		●	●	●	●	○
	声光报警器		●	●	●	●	●
	移动通信系统		●	●	●	●	●
警报设施	可变情报板(外部)		●	●	●	●	○
	可变情报板(内部)		●	●	●	●	○
	可变限速标志(外部)		●	●	●	●	○
	闪光灯		●	○	○	○	
消防设施	灭火器		●	●	●	●	●
	消防栓		●	●	●	○	
	固定式水成膜泡沫灭火装置		●	●	●		
	消防水源		●	●	●	○	○
	给水栓(外部)		●	●	●		
	给水栓(内部)		●	●	○		
	湿式自动喷水—泡沫灭火系统		●	○	○		

续上表

地下立交隧道防火安全设施		地下立交隧道防火安全等级				
		Ⅰ	Ⅱ	Ⅲ	Ⅳ	Ⅴ
导向设施	疏散指示灯	●	●	●	●	○
	无线广播	○	○			
	有线广播	●	●	●	○	
	逃生通道	●	●	○		
逃生设施	紧急出口	○	○	○	○	○
	避难洞室	○	○	○	○	○
	车行横洞	●	●	●	●	●
	人行横洞	●	●	●	●	●
	紧急停车带	●	●	●	●	
其他设施	交通安全设施	●	●	●	●	●
	应急照明设施	●	●	●	●	
	应急电源设施	●	●	●	●	
	防排烟设施	●	●	●		
	交通信号灯	●	●	●	●	
	防火建筑材料	○	○			
	运营管理中心	●	●	●		

注:"●"为原则上必选设施;"○"为视需要可选设施。

一旦发生事故、灾害,如何降低人员伤亡,减少生产损失有很多措施,现将主要措施描述如下:

(1)凡长大隧道必有中央控制室,不论主动还是被动,发现隧道内发生事故应由值班人员及时查清事故情况和程度,作出正确的判断,通过各种渠道一方面向相关部门通报,一方面向隧道内的人员通报作何动作。如无火灾,则及时排除,通报隧道内人员暂留车内等候;如遇火灾则应按火灾预案处理,一方面组织救灾,一方面通知隧道内无关人员按序尽快撤离现场,避免伤亡。同时,应及时关闭隧道,不可让车辆继续进入,并设法撤退能撤离的车辆,如有旁通道者则从此调头撤离,并引导隧道内人员从此撤到相邻隧道。

(2)公路隧道的通风系统在发生火灾时能否及时排烟至关重要,否则烟气会造成隧道内尚未撤离人员乃至救援人员的伤亡。

当隧道内发生火灾时,横向通风、半横向通风系统显然是排除烟气的最佳方式,可是在长隧道中正常通风如采用全横向或半横向会产生技术上和经济上的问题,所以国外在超过2km的长隧道中采用纵向通风的实例甚多。一般认为当发生火灾时,纵向通风系统可将烟气朝行车方向下游的隧道空间内排放到洞口或排风塔,位于火灾发生点下游的车辆均能在烟气扩散到之前驶出隧道,在火灾发生点上游的车辆和人员则处于新风保护范围,在双向隧道中情况则不同,火灾点的前方和后方均会因火灾而堵住不能行驶的车辆,无论往哪个方向排烟均不合适。在车流量较大的城市隧道中,当火灾和堵车同时发生时情况犹如双向隧道一样糟糕。有些国家因而规定在有可能经常堵车的单向隧道中(见图1-58),如采用纵向通风则在排烟方面应采取和双向隧道同样的措施来保护其他受阻车辆。

当发生火灾时全横向通风或半横向通风在排烟方面有纵向通风无可比拟的优势。因而在长大隧道且采用纵向通风的情况下,应在火灾时具有转为半横向通风的措施,为此国外很多隧道采用了在车道下面设置排烟道的措施。勃朗峰隧道在1999年大火之后,花了两年多时间进行改造,所采取的措施之一就是在车道板下面设置排烟道。为了将通常集聚在隧道上部的烟气排到车道板底下的风道,该隧道每隔100m就设置一个面积为$1.5m^2$,从拱顶通向车道板下通风道的风管。这种排烟系统可在600m范围内产生$150m^3/s$的排烟能力。每个风

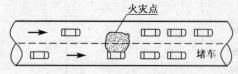

图1-58 经常堵车的单向隧道

管均设有遥控风阀,在发生火灾时由中控室控制,其他国家的隧道,即便不到长隧道的程度,亦多有采用这种设计。日本东京正在建造的中央环状新宿线公路隧道就是采用这种安全设计的例子,该隧道内径13m,为单向双车道双管,车道板下分隔为进风和排风两个风道。

1.3.4.1 监测设施

隧道作为提高路网功能的瓶颈路段,具有安全隐患大、难以管理的特点,因此应给隧道配置相当规模的监控系统,采用现代化、智能化管理手段,为提高隧道的管理水平及路网服务功能提供技术保障。隧道监控系统应具有以下基本特点:安全性、可靠性、可控性、稳定性、便捷性。一般监控系统包括:闭路电视(CCTV)监控系统、环境信息检测系统、交通控制与诱导系统、火灾检测报警系统、消防及其控制系统、照明及其控制系统、通风及其控制系统、紧急电话系统、广播系统、通信系统、防雷接地系统。

1)火灾监测报警系统

火灾监测报警系统由手动报警系统和自动报警系统组成,火灾探测选用感温探测器,每隔30m设置一个,沿隧道边墙每隔50m设手动报警器按钮,在监控中心、洞口两端及隧道内每500m设声光报警器,火灾发生后,按下手动报警按钮,声光报警器发出报警信号。值得注意的是报警系统与闭路电视系统需协调与联动。

近年来,各种新颖、有效的监控设备被广泛应用,最新的监控设施是自动事故诊断系统。该系统通常借助电视摄像头将隧道内交通图像经过数据处理,判断出是正常车速、慢速还是停顿。该系统能及时探查出交通停顿点是否有火情,提醒值班监控人员作出判断,并及时采取必要的、有效的措施。

至于常用的点状或线状火灾探测报警设施,各国的隧道所采用的不尽相同。隧道防灾监控系统的构成如下:

(1)火灾自动报警系统,由监控主机、下位机、探测器、手动报警按钮及总线组成。

(2)监控主机设于监控中心,采用总线形集中式火灾报警控制器,可不间隙、不间断地监测隧道内的温度、温升速率等信息,一旦有火灾、系统故障等异常情况出现,将针对不同情况自动及时发出相应的声、光报警信号。防火监控系统作为隧道监控系统的子系统,通过局域网与其他子系统共享资源和交换信息。

(3)行车隧道内防火分区为22.5m,两个防火分区为一个探测区域。

(4)下位机设于隧道行车方向右测设备洞室,间距为90m。下位机具有信号采集、数据变

换、数据通信和中继放大等功能,每台下位机具有 8 个监测单元,每个监测单元具有独立地址。

(5)行车隧道内缆式感温探测器布置在探测区域的顶部中心位置,每 45m 设一根缆式感温电缆及一个手动报警按钮,感温电缆、手动报警按钮经通信线与下机位连接。

(6)电缆隧道内缆式感温探测器布置于探测区域的顶部中心位置,每 90m 设一根缆式感温电缆,感温电缆经通信线与行车隧道内的下位机连接。

(7)逃逸通道内有害气体探测器布置于通道侧壁距地面 0.5m 处。每 90m 为一个探测区域,该区域内的探测器经通信线串接并与行车隧道内的下位机连接。

综上所述,隧道内防灾是一个系统工程,它与排烟设施、避难设施、诱导设施、闭路电视、应急照明和应急电源设施等相互配合、密切联系。

行车隧道内火灾事故主要以客车火灾事故为主,这种火灾的特点是汽油燃烧产生大量火焰,引起周围环境温度急剧上升,因此主要探测对象为火焰或温度,可选用火焰探测器或感温探测器。火焰探测器通过受光窗探测监视范围内的火灾,该探测器灵敏度高,正常情况下误报率低,但探测火灾的可靠性受受光口污染程度的影响较大。可适用于隧道内的感温探测器主要为缆式感温探测器,这种探测器外护层具有防潮、防腐、防隧道内有害气体凝结物腐蚀的保护层,因而有较强的机械强度和抗腐蚀能力。

从探测原理上来讲,火灾探测器有定温式、差温式、定差温式三种类型。火灾探测器分为双波段火焰探测器、差温探测器、差定温探测器、定温探测器四种,各类优缺点分析见表 1-6。

探测器类型比选　　表 1-6

比较内容	火焰探测器	定差温探测器	定温探测器	差温探测器
可靠性	高	高	低	较高
环境适应性	差	好	较好	好
温度实时监测性	不可监测	可监测	不可监测	不可监测
维护工作量	大	小	较大	小
报警后是否可利用	是	是	否	是

2)异常事件视频监测系统

视频监视设施用于监视隧道交通运行状况并搜集交通信息,提醒管理人员采取交控反应措施,视频监测布置如图 1-59 所示。视频监视系统得到的交通流运行参数、车型、事件、拥挤、图像等信息由视频摄像头传到隧道监控处理中心后,监控处理中心通过对这些数据进行分析,将用于以下管理功能的实现。

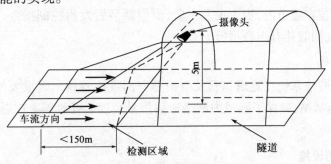

图 1-59　视频监测布置

(1)接受视频监视信息发送的事件、拥挤警告,通过视频图像或闭路电视图像进一步确认事件是否发生及其地点、严重性等,而后采取相应的紧急救援或处理措施。

(2)由监视屏的动态视频图像监视各条路段上的交通流状况。

(3)将视频监测获得的流量、速度、事件、拥挤等信息,通过可变情报板向驾驶员发布。

(4)通过更改视频监测系统的设置参数,控制视频监视系统的工作进程。

(5)用于监视隧道的交通状态,确认是否有阻塞、事故、火灾等异常发生。

1.3.4.2 通报设施

隧道交通控制设施为司乘人员提供实时、充分、有效的交通与环境信息,以确保隧道行车顺畅与安全。交通控制设施的子项目包括交通号志、车道管制号志、固定交通标志、速限可变标志、可变交通标志与信息可变标志等。用于提供隧道内驾乘人员与管理人员之间双向沟通、传递信息的设施,其设施子项目包括紧急电话、扩音器及无线电广播装置。

1) 紧急电话系统

紧急电话系统用于提供异常交通、火灾等语音信息。系统由话机及话机平台组成,控制中心安装一部外线电话,隧道洞口两端及隧道内每隔50m设一部内线电话。隧道内人员通过话机与控制中心联系,解决隧道交通运行的各种问题。

2) 手动报警按钮

火灾报警系统分为中心报警处理系统、本地控制系统和终端设备三级。监控中心的报警处理部分主要由传输设备和火灾报警计算机组成,本地控制系统由火灾报警控制器、编码转接箱(或短路隔离器)和负责协议转换的网关组成,终端设备为综合盘或手动按钮。其中综合盘以总线方式连接至转接箱,再通过转接箱传达至各自隧道内的联动型火灾报警控制器,最后再通过网关转换协议以网络方式连接至中心报警处理系统;所有手动报警按钮通过总线连接至火灾报警控制器,再通过网关转换协议以网络方式连接至中心报警处理系统。

手动报警按钮,它是一种人工启动的火灾报警装置,当目击者观察到有火灾发生时,只要用力压下手动报警按钮上的面板玻璃,即可将火警信号送至报警控制器。手动报警按钮具有防水、防腐蚀、防爆能力,可反复使用。接线通过编址中继器接二总线确定地址编码,另外提供电话接口。将露出型的底盒去掉即为埋入型。

3) 声光报警器

声光报警器安装在隧道内,当火灾发生后,由控制装置发出控制指令,声光报警器接到控制信号后,发出闪光同时伴有声音报警。

4) 移动通信系统

专用数字移动通信系统在隧道运营及维护等方面发挥着越来越重要的作用,在隧道穹顶安装2G和3G通信基站,确保了隧道内网络通信信号全程无缝覆盖。在遇到火灾等灾害时可及时报警。

1.3.4.3 消防设施

隧道灭火作业可分为驾乘人员初期灭火与消防人员灭火两阶段,消防设施是提供两阶段灭火作业所需要的设备,具有迅速、有效灭火或抑制火灾的基本功能。消防设施的子项目,包括灭火器、消火栓与给水栓。

公路隧道消防系统,主要包括移动式和固定式两类灭火系统。目前大都采用固定式,用灭火器、消防水泵灭火。在国外,泡沫灭火系统、移动式灭火系统都已开始试用。消防灭火系统有自动喷水灭火系统、高中低倍数泡沫灭火系统、二氧化碳灭火系统。

根据国际上的习惯做法,当隧道长度超过某一数值时,隧道内必须要有消防设施。这一数值,因地而异,范围较大,从200m到1000m不等,常见的是在隧道内全长铺设消防水管,其最小供水量为1000L/min,最低水压为0.5MPa。水管可以是湿式,也可以是干式,每隔100~200m设消火栓。此外,手提式灭火器也是必备的设施。

1) 灭火器

(1) 干粉灭火器:主要用来扑灭易燃液体或电气用具失火。

(2) 水剂灭火器:主要用来扑灭木材、布料等的失火。严禁用来扑灭未截断电源的电器失火,或易燃液体(如汽油、酒精和食用油)的失火。显像管、电视机或电脑屏幕失火,即使截断电源,也不能使用水剂灭火器。

(3) 二氧化碳灭火器:可用来扑灭各类失火,但不适宜油炉失火或小火。

(4) 泡沫灭火器:专用于扑灭易燃液体失火。

(5) 挥发液体灭火器:主要用于扑灭各种物品上较大的火焰,包括电器失火。使用该种灭火器会挥发出有毒气体,故不宜在不通风处使用。

2) 消火栓

消火栓是带有阀门的接口,安装在消火栓箱内,与消防水带和水枪等器材配套使用,是扑救火灾的重要消防设施之一。

3) 水喷淋系统

设置水喷淋系统目前还有争议,日本自日本坂隧道发生火灾后,规定隧道长度达到一定数值后必须采用水喷淋系统,其理由是水喷淋有明显的降温效果,可以有效地抑制邻近车辆的连环着火,还可降低隧道损伤程度。根据德国的试验证明,当火灾发生后,如采用水喷淋可在短时间内使隧道内温度迅速下降,其效果可从图1-60中横坐标240s水喷淋开始后温度曲线急剧下降得到启示。在美国只有少数运送危险物品的货车通行的隧道中设有该系统。

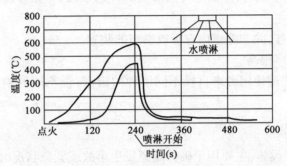

图1-60 着火后水喷淋启动后时间与隧道温度迅速下降的关系

欧洲的隧道不采用水喷淋系统,其理由是:

(1)当车辆内发生火灾时,因有车辆外壳的阻隔水喷淋很难有效将火扑灭。所以扑灭车内着火效果不明显。

(2)当火势较大,酿成大火时,火喷淋的灭火效果不明显。

(3)如果消防水中没有添加剂的话,可能引起汽油或其他化学物品的爆炸。

(4)水喷淋遇热所形成的水蒸气会导致烫伤。

(5)水喷淋会使温度降低而导致烟气下沉,破坏火灾时烟气集中在隧道上部的规律,使整个隧道内弥漫烟气,降低了能见度。

(6)日常维修费用增加。

(7)人工很难控制。

鉴于以上原因,水喷淋系统不能用于人员撤退的途径,只能用于人员撤退后保护隧道、降低隧道损伤程度,所以国际道路常设委员会(PIARC)认为水喷淋系统一般不推荐在公路隧道内采用。

不过在设备及其他相关地方,如人员待避区,仍可设水喷淋系统。

1.3.4.4 导向设施

交通控制与诱导系统:系统由交通信号灯、可变限速标志、可变情报板等组成,通过这些外场控制设施,实现交通流诱导与阻塞排除。交通信号灯、可变限速标志、可变情报板,一般设置于距隧道入口适当距离处,对特长隧道可考虑在洞内设置可变情报板与可变限速标志。

1)疏散指示灯

疏散指示灯是消防通道等场所必备的应急灯具,意外断电时,消防应急照明灯自动点亮,通电时自动熄灭。在灯具内装有蓄电池,在正常供电的情况下给电池充电。消防应急指示灯主要作用是在发生火灾正常照明系统不能提供照明时为人员疏散、特殊岗位坚持工作以及灭火救援行动提供应急照明。

2)广播

广播包括有线广播与无线广播,用于交通信息发布、事故或火灾时现场管理等。

广播系统:系统由扬声器、音响主机、增音器、话筒、控制源组成。音响主机设于控制中心,扬声器沿隧道方向每50m设置一个。监控人员根据控制中心各系统反馈信息,及时播报事故地点、程度及人员疏散方向等信息。

按理在隧道内发生事故时,广播是传播信息的首选手段,但很多隧道都不设广播系统,其理由是:

(1)广播的效果不佳,除非隧道内有吸收噪声的装置。

(2)隧道内本底噪声很高。

(3)在欧洲国家,隧道使用者来自操不同语种的国家,说不同的语言,要使所有的人均能听懂有相当难度。

1.3.4.5 逃生设施

隧道紧急安全逃生设施,主要用于确保隧道发生事故或紧急状况时,给驾乘人员提供必要的保障与协助,并提高事故处理效率,以降低灾害程度。

性能化防火设计,会对人员疏散系统与隧道内烟气控制进行综合考虑。通过对人员疏散及避难途径模拟,对隧道安全系统的作用做出评估,得出有效参数,如果不满足疏散要求,就要对防排烟系统的设计做出改进,对疏散通道设置间距也就是疏散距离相应作出调整,使其满足疏散要求。这样既可以排除疏散距离和疏散时间太长导致人员不能及时疏散的可能,同时避免过度消防而造成的资金浪费。在保证疏散效果的同时,还可以提高资金的利用效率,可谓一举两得。

日本道路公团(Nihon Doro Kodan)隧道防灾等级依交通量及隧道长度划分为 D、C、B、A、AA 级 5 类,如图 1-61 所示,此 5 类等级所规划的隧道紧急安全逃生设施见表 1-7。

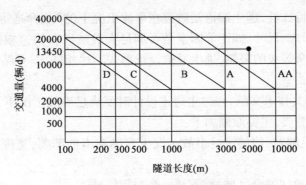

图 1-61 隧道防灾等级分类图

隧道紧急安全逃生设施一览表　　　　　　　　　　　　　　　表 1-7

防灾设施种类		隧道安全等级				
		D	C	B	A	AA
紧急电话		○	○	○	○	○
按钮式通报设备			○	○	○	○
火灾侦测器					○	○
紧急报警设备		○	○	○	○	○
灭火器				○	○	○
消防栓					○	○
诱导指示板				○	○	○
人行及车行横坑					△	○
排烟设备					△	○
给水栓				○	○	○
无线电广播放设备						○
监视设备						○
避车弯						
紧急照明设备						
紧急电源设备	自备					
	发电			○	○	○
	不断电					

续上表

防灾设施种类	隧道安全等级				
	D	C	B	A	AA
无线电通信辅助设备					○
CO(一氧化碳)侦测计					
VI(烟尘浓度)侦测计					
止水阀					

注:○表示原则上需设置的;△表示建议设置。

由于隧道结构的特殊性,逃生通道是隧道在事故工况下的"生命通道"。在逃生隧道设计时,主要考虑其断面形式、尺寸、间距等因素是否满足人员疏散和快速救援的需要。受隧道连接形式、断面形式、安全等级的限制,逃生通道设置形式不尽相同,需要结合工程实际进行研究才能找到最优设置形式。

根据 PIARC 的相关技术文献,在逃生通道设计时要满足事故工况下人员安全逃生及外界救援力量快速介入的需要,主要原则如下:

(1)逃生通道要足够宽,能够满足事故工况下容纳多人的需要,宽度至少 1.5m,可容纳 2 人并排通过。

(2)逃生通道,应通往安全区域,而不是一个封闭区域。

(3)逃生通道在设计时,要考虑通道内人员逃生的安全性,如台阶、门等障碍物不应成为阻碍逃生的危险因素,同时逃生通道不应受到烟雾侵袭。

(4)逃生通道设置间距,要结合人员疏散危险时刻来确定,从而保证人群逃生的安全性。

各国的逃生通道设置间距也不尽相同,具体见表 1-8。在进行逃生通道设置时,还应结合被困人员数量、安全逃生时间、人员组成差异,从疏散安全性角度对其设置尺寸和间距进行研究,使之满足人员疏散安全性要求,同时兼顾考虑残疾人逃生的需要。

各国与 PIARC 逃生通道间距一览表　　　　表1-8

序号	国家	设置紧急逃生通道的隧道长度(m)	最大逃生通道间距(m)
1	德国	400	300
2	法国	500	城市隧道:200;跨国隧道:400
3	英国	500	100
4	日本	300~400	
5	荷兰		100
6	挪威		250
7	PIARC		100~200

逃生救援通道主要设置形式有:服务通道,避难洞室,人行、车行横洞,逃生楼梯,滑梯,逃生竖井,避让设施等。

1)服务通道

为保证隧道内人员逃生的安全性和日常检修及放置电缆、管道的便利,在一些城区隧道左右隧道之间设置服务通道作为逃生救援通道。服务隧道设有独立通风系统,一般采取正压通风方式,可以防止烟雾进入,提高逃生安全性。在海底隧道多采用修建服务隧道的方式作为逃生通道,如青岛胶州湾、厦门翔安、英吉利海峡、日本青函等海底隧道。服务通道设置在施工期间可用于超前地质预报和辅助工作断面,在运营期具有逃生安全性高、便于隧道维护等优点,但由于单独开辟了一个独立逃生空间,增加了工程造价。

2)避难洞室

在一些隧道里程较长、安全性要求较高的隧道救灾洞内,无法利用相邻隧道作为逃生通道,可以设置救援站、避难室。救援站配置消防摩托车等救援工具,在事故发生时可以快速介入,供火灾工况下人员逃生,防止事故演变成恶性事故。如秦岭终南山隧道在 14 号车行横通道设置了消防点,配备了消防摩托等器材,在消防演习和实际事故中效果明显;勃朗峰隧道每隔 600m 设置了一个能提供新鲜风的避难室,可以抵御两个小时的大火。

3)人行、车行横洞

根据《公路隧道设计规范》(JTJ D70—2004)4.4.6 规定"人行横通道的设置间距可取 250m,并不大于 500m","车行横通道的设置间距可取 750m,并不大于 1000m;长 1000～1500m 的隧道宜设一处,中短隧道可不设"。在普通山岭隧道中基本可以通过设置车行、人行横洞作为逃生通道。该形式应用较为普遍,主要适用于单洞双向交通隧道,两孔隧道互为逃生空间,具有结构简单、造价低的优点。但事故下的逃生空间和交通空间混合对交通控制提出了更高的要求。

(1)车行横洞

根据对以往隧道火灾事故的调查情况来看,单洞双行隧道发生火灾的几率较双洞单行隧道要高,长大公路隧道尤甚,而且一旦发生火灾,灭火救援工作难于开展,往往造成严重后果。因此国内外近年新建长大公路隧道大多采用双洞单行形式,两条隧道间采用横通道相连,横通道设门,平时关闭,当发生火灾时,火灾上游横通道门打开,发生火灾的隧道作为排烟通道并实施灭火救援,另一条隧道作为逃生通道。

在一些没有条件设置车行、人行横通道的隧道区段,为了保证事故工况下人员逃生的安全性,就在隧道侧壁修建了连接隧道主洞的逃生口。逃生口直通地面安全区域,有时与避难室合建,装有独立通风系统,从而保证人员逃生的安全性,如武汉长江隧道等在浅埋段设置了逃生出口。这种连接形式一般在浅埋段,且左右线连接较为困难的条件下使用,也可利用施工期的斜井改建而成。

(2)人行横洞

人行逃生横通道的设置与所需安全疏散时间 T_{REAT} 有关。

①所需安全疏散时间 T_{REAT} 的确定。联络横通道的宽度小于地下通道的宽度,当大批人员拥到疏散通道可能会受到阻挡,同时疏散通道口宽度不能完全用于人员通行,有效宽度比实际宽度窄 0.3～0.4m。若地下通道内临危区域人数为 P,单位疏散通道口宽度单位时间通过的人数为 r,疏散通道口宽度为 W,取疏散通道边界厚度为 0.3m,出口数为 n,则人员全部通过疏散横通道口所需的时间可用式(1-1)表示:

$$T_{REAT} = \frac{P}{nr(W - 0.3)} \tag{1-1}$$

式中：$r = 1.2 \sim 1.5$ 人/(m·s)。

②安全疏散的临界时间与临界距离。在疏散过程中，采用纵向排烟方式，能够将烟流限制在火源一侧向行车方向下游蔓延，火源上游的人员疏散不受烟雾、温度、有毒气体的影响，对于人员的顺利逃生极其有利，能够安全地到达安全区域。但人员从着火车辆内疏散至地面后，可能会选择向火源下游方向疏散，如图1-62所示。如果人员从火灾点向下游某一位置 A 点疏散的过程中，可用安全疏散时间 T_{REAT} 始终大于人员所需安全疏散时间 T_{REST}，则人员的疏散很安全。而在行走至某一位置 B 点，并向下游更远的地方疏散时，其 $T_{REAT} < T_{REAT}$，则人员在疏散会出现危险。那么必然在 A 点和 B 点至少存在某一临界点 C，使得人员在疏散过程中 $T_{REAT} = T_{REAT}$。这里把人员在"安全疏散的临界时间"内所能安全疏散的距离定义为"人员安全疏散的临界距离"。

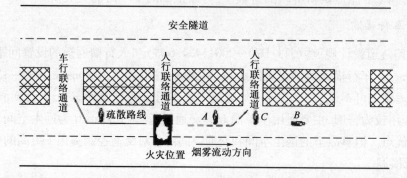

图1-62 人员疏散示意图

4）逃生楼梯、滑梯

当隧道采用上下层结构时，为利用相互分割空间作为紧急状况下的安全空间，可以采用设置逃生楼梯、滑梯的方式连接上下空间，使上下空间互为施工工况的安全空间。这种连接形式的逃生通道多在隧道断面为上下层结构时使用，很多盾构开挖的隧道都采用了这种逃生通道，如崇明岛越江通道、武汉长江隧道、日本东京湾海底隧道等。在火灾工况下，人员可以通过逃生滑梯进入下层空间进行逃生。

5）逃生竖井

对一些单管隧道或双层隧道，由于缺乏人员及车辆的疏散通道建设条件，为实现事故工况下救援的快速介入，就在隧道一侧修建了逃生竖井，利用垂直提升装置帮助救援车辆快速介入及疏散隧道内的人员和车辆。该设置形式可以弥补一些特殊断面形式或单管隧道逃生通道设置困难的不足，在一定程度上可以提高隧道的安全性，但造价较高，且维护成本较高。

6）避让设施

（1）铁路隧道的避车洞

当列车通过隧道时，为了保证洞内行人、维修人员及维修设备（小车、料具）的安全，在隧道两侧边墙上交错均匀修建的用于人员躲避及放置车辆、料具的洞室叫避车洞。避车洞根据其断面尺寸的大小分为大避车洞和小避车洞两种。

大避车洞的净空尺寸为4.0m（宽）×2.5m（深）×2.8m（中心高），如图1-63所示。小避车洞的净空尺寸为2.0m(宽)×1.0m(深)×2.2m(中心高),如图1-64所示。避车洞的衬砌类型应与隧道衬砌类型相适应。

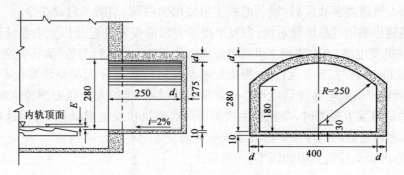

图1-63 大避车洞尺寸(尺寸单位:cm)

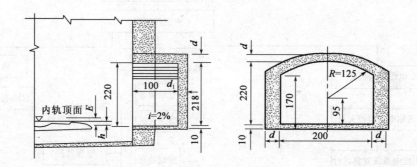

图1-64 小避车洞尺寸(尺寸单位:cm)

(2)公路隧道的紧急停车带及方向转换场

紧急停车带是为故障车辆离开干道提供的专供紧急停车使用的停车位置。为使车辆能在发生火灾时避难和退避还应设置方向转换场。紧急停车带在隧道内的间隔一般取500~800m,有效长度应满足停放车辆进入所需的长度,宽度一般为3m,如图1-65所示。

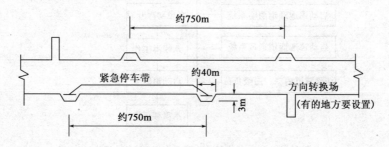

图1-65 紧急停车带及方向转换场设置实例

7)隧道内防灾联动

(1)当行车隧道发生报警,主机根据报警部位,自动将主监视器切换至报警区域,并自动录像;模拟显示屏在隧道报警部位发出声光报警信号;监控中心值班人员根据监视画面、CO和Ⅵ值确认火灾的发生;火灾确认后立即发出火警信号,交通监控主机通过隧道入口处交通信号灯封闭本座隧道,设备监控主机发出排烟机、送风机及逃逸通道照明系统启动指令,并且切断隧道内的二、三级负荷,同时通过消防广播向隧道内发布火灾信息,并指挥疏散隧道内的驾乘人员,驾乘人员撤离事故区后、设备监控主机发出雨淋阀、消防泵启动指令。

(2)电缆隧道采用过热预警系统,当发生报警时根据报警位置及供配电系统图初步确定与预警位置相关的变电站,电力监控主机通过查询相关变电站的运行参数,确认该变电所是否存在异常运行的线路。当存在异常运行时,根据配电系统运行状况合理调整供配电系统,从而消除火灾隐患。当调整供配电系统后或不存在异常运行线路,维护人员应去预警位置进行巡视。

(3)逃逸通道发生报警时,备监控主机向逃逸通道风机发送启动指令,对逃逸通道实施通风换气,确保逃逸通道内的环境时时处于安全状态。

隧道内防火联动控制流程如图1-66所示。

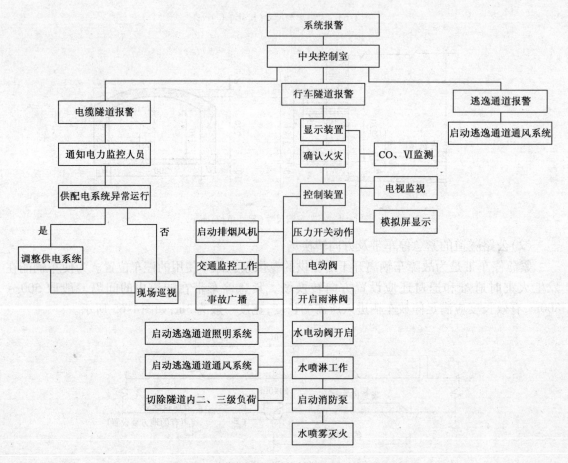

图1-66　隧道内防灾联动控制流程(王青录,2005)

1.3.4.6　应急救援

1)安全设计与运营管理

(1)交通指示与诱导:洞内外设置限速、距离预告、LED诱导、可变信息板等动态与静态标志,准确诱导交通。

(2)交通状态识别:采用直接检测法与间接检测法相结合,提高交通异常检测率,减少误报率。

(3)交通控制:以洞口为目标,以速度为灵魂,根据实时交通量,控制车速,防止洞内阻塞,将问题消灭在洞外。

(4)通风及照明控制:采用三竖井纵向通风,照明采用时序控制,通风按照交通工况,根据交通量、车速进行通风模糊控制。

(5)消防:由于发生火灾后5min车辆燃烧达到最大值,10min左右会发生爆炸。因此,在隧道洞外配置消防车和消防摩托车随时待命以提高消防灭火效率。

(6)运输管理:隧道外设置危险品检查站,禁止危险品车辆进入。

(7)防灾预案:建立了包括隧道异常的类型、隧道运营工况及考虑了交通量、车辆构成、火灾发生位置、横通道的设置之间的关系,防火分区、人员逃生及车辆疏散方法、风流组织方法等内容在内的公路隧道防灾救援预案。

2)突发事件预警

将突发事件发生时对公路隧道交通的影响分为4级预警,分别为Ⅰ级(危险事件)、Ⅱ级(重大事件)、Ⅲ级(一般事件)、Ⅳ级(轻微事件),依次用红色、橙色、黄色和蓝色表示,预警指南见表1-9。

公路隧道突发事件预警　　　　　　　　表1-9

预警等级	事件等级	事件特征	交通控制措施	应急救援单位
Ⅰ级	危险事件	火灾、特大交通事故、危险品大量泄漏、特大自然灾害及严重恶劣气象条件等	隧道完全封闭,实行路段区域交通管制	交警、隧道管理机构、医院、消防等单位,必要时可实行区域应急联动
Ⅱ级	重大事件	重大交通事故、货物大量散落、危险品轻微泄漏、空气污染物浓度严重超标、重大自然灾害及恶劣气象条件等	封闭事故隧道或实施交通管制,并及时发布相关信息,必要时实行路段区域交通管制	交警、隧道管理机构、医院、消防等单位
Ⅲ级	一般事件	一般交通事故、交通严重拥堵、车辆故障、货物散落、空气污染物浓度超标、养护维修、停电等	封闭车道或实施交通管制,并及时发布相关信息	交警、隧道管理机构等单位
Ⅳ级	轻微事件	交通拥堵、车辆故障、养护维修、停电等	封闭车道,并及时发布相关信息	交警、隧道管理机构等单位

3)应急救援资源

隧道内发生火灾的几率与地面车辆发生火灾事故的几率相比要小得多,但隧道内发生火灾后所造成的后果却严重得多。研究如何建立完善的隧道防火灾体系和运营安全管理系统,应该是隧道研究工作的重点方向,加强对隧道使用者有关隧道安全、防灾、消防知识的宣传、教育以及培养熟练的消防队伍等也十分重要。

影响隧道火灾量级并影响生命安全的主要参数是"时间",隧道火灾的初期灭火工作不容忽视。在国内外隧道救援组织设计上,隧道火灾的初期灭火工作一般由发生火灾车辆的驾乘人员(第一梯队)和隧道管理人员、警察(第二梯队)实施,第三救援梯队由地面(或隧道)专业消防人员组成。从一些隧道火灾实例和典型火灾实验的资料来看,专业救援队伍到达火灾现场的时间不宜超过 10min,否则将给救援和灭火工作带来很大的困难。

隧道一旦发生火灾,应尽量在火灾初期灭火,防止隧道内充满烟雾而使避难环境恶化,同时对使用者提供确切的情报,防止车辆驶向火灾现场并对驶向隧道出口的车辆给予正确的引导,使其安全撤离失火隧道。

应急资源包括隧道消防安全设施、隧道运营管理机构、社会应急救援力量等,见表1-10。

应急救援资源分类表　　　　　　　　　　表1-10

资　　源		人　员　与　设　施
自有资源	隧道消防安全设施	消防设备(泡沫消火栓、灭火器、给水栓、泡沫—水喷雾联用系统、气体灭火系统等)、消防水池、消防管道、火灾自动报警系统等配置
	隧道运营管理机构	运营管理人员(监控人员、路政人员、养护人员等)配备以及路政车辆、养护车辆、救援车辆、自备消防车、消防摩托车等配置
社会资源	社会应急救援力量	武警消防队(驻扎地及联系方式)、当地驻军(驻扎地及联系方式)、急救中心(所在地及联系方式)、公安局及交警队(联系方式)、安监局(联系方式)、环保局(联系方式)、其他专业应急救援队(联系方式)等

4) 应急救援原则

防灾是公路隧道减灾的工作核心,公路隧道应急救援应遵循的原则有:

(1) 应事先制订好避难逃生及应急救援线路、预案,引导标志应醒目、简单、明确。

(2) 应急救援作业应以隧道既有设备为主,救援机构装备为辅。

(3) 以人员抢救为第一原则和要务,以人员安全疏散逃生为基本理念。

(4) 应确保应急救援联络通道畅通无阻,并做好应急救援后勤保障工作。

(5) 必须明确各应急救援单位职责,协调联合救援队伍行动。

(6) 发生火灾时,应急救援队必须在8~10min内赶赴事故现场。

(7) 运营管理机构应定期联合交警、路政、消防、急救等单位实施应急救援演习,并针对演习过程中存在的问题不断优化完善应急救援预案,确保应急救援措施安全、高效、可靠。

(8) 运营管理机构具体负责防灾调度指挥及应急救援事宜。

5) 应急救援组织

公路隧道运营管理机构,要按照"集中统一、政令畅通、指挥有力、条块结合、资源共享"的原则,认真负责开展预防、预测、预警和应急处置工作;各部门成员应服从领导,按照既定预案和现场机动处理的原则积极响应,确保在应对突发事件时形成紧密对接、上下贯通、高效有序的应急运作机制。图1-67为公路隧道突发事件应急救援组织体系。

(1) 应急救援指挥部设在隧道监控中心,负责统一指挥各职能小组有序开展工作。隧道发生火灾时,应在现场迅速成立救援指挥部,由消防部队领导担任指挥长。

(2) 综合协调组接到事故报告,负责通知相关单位赶赴现场,并协调其他各职能小组的应急救援工作,保障抢险救援工作通讯畅通。

(3) 对外联络组负责宣传报道工作,向外界及公众实时播报事故抢险救援进展状况以及道路交通信息。

（4）抢险施救组负责研究事故现场情况，提出抢险救援技术方案，提供相关器材及物资，组织各方救援力量，迅速开展抢险救援工作。

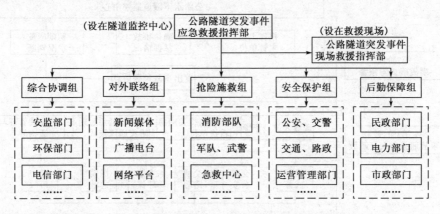

图 1-67　公路隧道突发事件应急救援组织体系

（5）安全保护组负责人员、车辆疏散撤离，对伤亡人员实施救治和转移，对事故现场进行警戒。

（6）后勤保障组负责车辆及抢险物资调配和保障救援道路畅通，并保障电力、水源供应等。

6）应急救援流程

隧道预案要素，主要包括：事故报警与紧急通告、应急预案启动与事故预警、应急救援指挥与抢险救灾、事态发展监测、人员疏散与安置、现场警戒与治安、医疗与卫生服务、抢险救灾人员安全、公共宣传报道及善后处置等。上述要素串行成 5 个阶段应急救援计划，如图 1-68 所示。

7）应急救援措施

良好的自救措施是降低人员伤亡，乃至避免伤亡的重要一环。根据以往隧道发生火灾造成人员伤亡的教训以及大量人员得救的经验，可以得出结论即自救是第一位的，因为当发生火灾时火势蔓延的速度很快，尤其是汽油着火，它所产生的温度使周围气温迅速上升以致可能导致附近车辆连环着火；它所产生的烟雾不仅有毒，而且可致人于死地，亦使能见度降低，增加撤离的难度。此外周围空气中的氧气含量急速下降，隧道内会产生车辆阻塞，也可能在单向隧道内一端阻塞，一端则烟气滚滚，人员无法进入。因而要从相邻（如有）隧道或其他位置到达事故地点，很多隧道都会在车道板底下设置救援通道。如隧道相当长时，该通道中还应配备专用车辆供救援人员在最短时间内到达事故地点，该通道通常可和撤离人员通道合用。

要做到人员安全疏散，隧道内的有关设施必须齐全、完好、管用。据火灾统计资料，即使是训练有素的消防人员，在接警后到达事故点的时间往往比隧道内人员自行撤退的时间要长，因此良好的自救措施是重要的一环。

当然，任何交通事故发生后，外部救援是不可缺少的，外部救援的及时到达、迅速灭火、及时抢救是至关重要的。

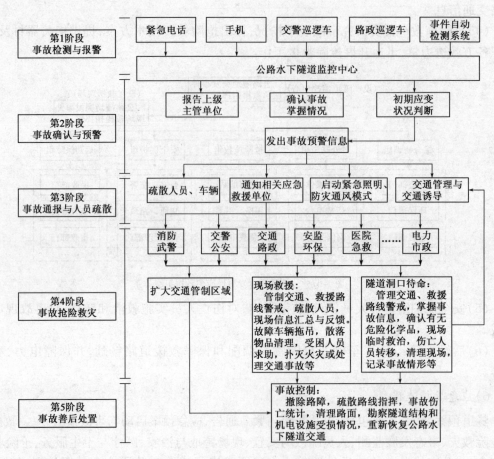

图 1-68　公路隧道应急救援作业流程

图 1-69 为发生火灾时中控室控制情况图，图 1-70 显示日本东京湾公路隧道为应急救援采取的设计。

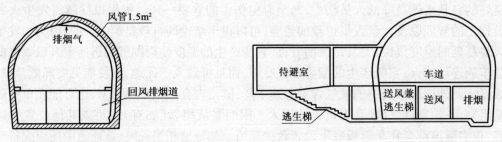

图 1-69　发生火灾时中控室控制　　　　图 1-70　日本东京湾公路隧道采取的设计

公路隧道应急救援措施简述如下：

（1）当确认火灾发生后，立即向监控中心负责人报告，请求发出红色预警并执行火灾应急预案，得到监控中心授权后，值班人员立即执行相应的火灾应急预案。进行通风、照明、交通监控系统联动控制；同时报告交警110、火警119、急救120等相关单位，并请求调派专业人员及设备到现场进行灭火和救援工作。

(2) 关闭隧道,禁止车辆继续驶入,并发布火灾信息。两端洞口交通信号灯均显示"红色",禁止车辆通行,可变限速标志显示为"0",可变情报板显示"发生火灾,禁止通行"。

(3) 按照火灾工况,开启相应风机,进行火灾通风,阻止烟雾逆流;开启隧道内所有照明系统,以便于救火及人员逃生。

(4) 火灾点上游车道指示器正面改显红灯,禁止车辆继续前行;火灾点下游车道指示器不变,引导隧道内车辆驶离隧道。

(5) 通过有线广播提示受困驾驶员弃车,经逃生通道、滑梯等疏散到非火灾隧道或逃生隧道;开启非火灾隧道相应数量的风机,保证紧靠火灾点的两条横通道的风流是由非火灾隧道流向火灾隧道,避免烟雾污染正常隧道环境,从而对人员逃生造成影响;逃生通道照明与逃生通道门联动控制,即"门开灯亮"。

(6) 在人员疏散完毕后,组织相关人员进行灭火,当火势不能控制时,等待专业消防队。

(7) 专业消防队进行灭火作业,救援人员救助伤员。

(8) 交管中心对隧道衔接路段进行区域交通控制。

(9) 火灾事故处理完毕后,恢复正常交通。

1.3.5 防排水设施

水,不仅是影响隧道正常施工的因素之一,也是影响隧道正常运营的重要因素之一。在施工期间,地下水的作用不仅降低围岩的稳定性(尤其是对软弱破碎围岩影响更为严重),增加开挖难度,且增加了支护的难度和费用,甚至需采取超前支护或预注浆堵水和加固围岩。此外,若对地下水处理不当,则可能造成更大的危害。如地下、地上水位下降及水环境的改变,影响农业生产和生活用水;或被迫停工,影响工程进展等。

在运营期间,地下水常从混凝土衬砌的施工缝、变形缝(伸缩缝和沉降缝)、裂缝甚至混凝土孔隙等通道渗漏进隧道中。造成洞内通信、供电、照明等设备处于潮湿环境而发生锈蚀;使路面积水或结冰,造成打滑,危及行车安全;由于结冰膨胀和侵蚀性地下水的作用,不仅使衬砌受到破坏,而且使得以上危害更加严重。总之在隧道工程中,地下水的存在是必然的,但它对工程的危害却是可以避免和减轻的。

为避免或减少水的危害,我国隧道工作者已总结出"截、堵、排相结合"的综合治水原则,并以模筑混凝土衬砌作为防水(堵水)的基本措施。

截,就是在隧道以外将地表水和地下水疏导截流,使其不进入隧道工程范围内。

堵,就是以衬砌混凝土为基本防水层,以其他防水材料为辅助防水层,阻隔地下水,使之不能进入隧道内的防水措施,必要时还可以采用注浆堵水措施。堵水措施可以较好地保护地下水环境。

排,就是人为设置排水系统,将地下水排出隧道。

结合,就是因地制宜、综合考虑,适当选择治水方案,做到技术可行、费用经济、效果良好、保护环境。这要根据围岩的工程地质条件,地下水的水量大小及埋藏和补给条件,工程结构的设计使用要求,施工技术水平及环境保护要求等情况来选择确定。结合的又一层含义是:设计、施工、维修相结合,但以施工为主,充分结合现场实际,实行点面结合,将大面积渗漏水汇集为局部出水,进行有组织排水。应尽可能在施工中就将水治理好,保护地下水及地表水的自然环境,减少对水环境的破坏并尽量恢复其自然环境。下面根据以上原则,介绍治水的常用方法。

1) 截水措施

截水措施有:在地表水上游设截水导流沟;地下水上游设泄水洞或洞外井点降水(见图1-71)。如某隧道在运营十年后,因水害严重影响行车,后又设计施工了上游泄水洞。

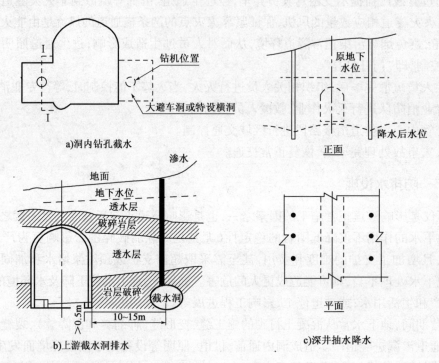

图1-71 截水措施

截水导流沟和泄水洞完成后,即可自行永久发挥作用,而洞外井点降水,则需用水泵抽水,因此它只能解决浅埋隧道在施工期间的降水问题。当隧道埋深较大时,可在洞内设井点降水,以解决洞内局部区段的降水问题。此外辅助坑道中的平行导坑、横洞、斜井、竖井均可以作为泄水洞。

2) 堵水措施

常用的堵水措施有:喷射混凝土堵水、塑料板堵水、混凝土衬砌堵水。当水量大、压力大时,则可采取注浆堵水,注浆既可以堵水也可以起到加固围岩的作用。

应当注意的是,绝对堵死地下水是很困难的,因此要求在设计和施作堵水设施时,就要充分考虑到排水的组织,做到堵排结合、边排边堵。

(1) 喷射混凝土堵水

当围岩有大面积裂隙渗水,且水量、压力较小时,可结合初期支护采用喷射混凝土堵水。但应注意此时需加大速凝剂用量,进行连续喷射,且在主裂隙处不喷射混凝土,使水流能集中于主裂隙流入盲沟,通过盲沟排出。

(2)塑料板堵水

当围岩有大面积裂隙滴水、流水,且水量压力不太大时,可于喷射混凝土等初期支护施作完毕后,二次支护施作前,在岩壁大面积铺设塑料板堵水。

塑料板防水层是近十多年国际上发展起来的一项防水新技术,它具有优良的防水,耐腐蚀性能,在隧道及地下工程中得到了日益广泛的应用。

塑料板铺设固定时不能绷得太紧,要预留一定的松弛度,使得在浇筑二次支护混凝土时,塑料板能向凹处变形、服贴,不产生过度张拉和破坏。

(3)模筑混凝土衬砌堵水

模筑混凝土本身就具有一定的抗渗阻水性能,但普通混凝土的抗渗性较差,尤其是在施工质量不高的情况下,如振捣不密实、施工缝、沉降缝、伸缩缝处理不好,配比不当等,则更易形成水的渗漏、漫流。当地下水有侵蚀性时,对混凝土的腐蚀就更为严重。

如果能保证混凝土衬砌的抗渗防水性能,则不需要另外增加其他防水堵水措施。因此,充分利用混凝土衬砌的防水性能,是经济合算的和最基本的防水措施。工程中,改善和利用混凝土衬砌的抗渗防水性能,可以从以下两个方面来考虑。

一是防水混凝土的抗渗等级及抗压强度应满足设计要求,其配合比选择应注意以下几点:①水灰比不得大于 0.6;②水泥用量不得少于 $280 kg/m^3$;③砂率应适当提高,并不得低于 35%。二是防水混凝土衬砌施工必须采用机械振捣,施工缝、沉降缝及伸缩缝则可以采用中埋式塑料或橡胶止水带,或采用背贴塑料止水带止水。

(4)注浆堵水

注浆在加固围岩的同时,实际上也起到了堵水作用。由此看来,一种方法或措施,其效用有时是多方面的。所以在隧道施工工序安排和方法(措施)选择时,一定要充分考虑到它们彼此之间的相互关系和相互影响。

此外,若二次支护因混凝土质量欠佳而产生渗漏,则可以对其进行结构注浆堵水。在地下水较丰富的地区,衬砌接缝处常用止水带防水。其类型很多,如金属(铜片)止水带、聚氯乙烯止水带、橡胶止水带等。金属止水带已经很少使用了,聚氯乙烯止水带的弹性较差,只能用于相对变形较小的场所,橡胶止水带则可用于变形幅度较大的场合。在水底隧道中,20世纪50年代以后广泛使用钢边止水带,它是在两侧镶有 $0.6\sim0.7mm$ 厚的钢片翼缘的一种橡胶止水带,刚度较高,便于安装。

3)排水措施

"排"水是利用盲沟、泄水管、渡槽、中心排水沟或排水侧沟等将水排出洞外。盲沟是用片石或卵石干砌而成的厚 $30\sim40 cm$,宽 $100\sim150 cm$ 的排水通道,见图1-72。盲沟可以根据需要砌至拱脚或砌至边墙底部,然后用泄水管将水引入隧道的排水沟内。盲沟间距应因地制宜地设置。渡槽是在衬砌内表面设置的环向槽,其尺寸按水量大小确定,其间距一般应与筑拱环节长度配合,施工缝往往是漏水最多的位置。隧道内的排水一般均采用排水沟方式,类型主要有中心排水沟和路侧排水沟,在严寒地区应设置防冻水沟,见图1-73。排水沟断面可为矩形或圆形,通常为矩形,并便于清理和检查。过水面积应根据水量大小确定。沿纵向在适当间隔处应设置检查坑和汇水坑,但不应设在车道中心。

(1)盲沟

盲沟的作用是在衬砌与围岩之间提供过水通道,并使之汇入泄水孔。它主要用于引导较为集中的局部渗流水。

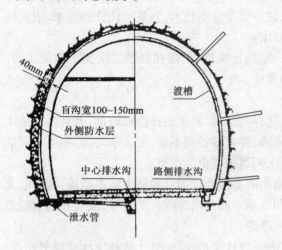 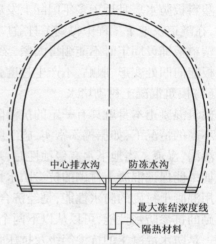

图1-72 排水盲沟、泄水管、渡槽、路侧排水沟　　　　图1-73 中心排水沟、防冻水沟

我国较为传统的盲沟有灌砂木盒、灌砂竹筒。因其加工、安装均较麻烦,且接头处易被混凝土阻塞,所以现在逐步被新型柔性盲沟所替代。

柔性盲沟通常由工厂加工制造,它具有现场安装方便,布置灵活,连接容易,接头不易被混凝土阻塞,过水效果良好,成本也不太高等优点。其构造形式有以下几种:

①弹簧软管盲沟。这种盲沟一般是采用10号铁丝缠成直径5~8cm的圆柱形弹簧或采用硬质又具有弹性的塑料丝缠成半圆形弹簧,或带孔塑料管,以此作为过水通道的骨架,安装时外覆塑料薄膜和铁窗纱,从渗流水处开始沿环向铺设并接入泄水孔(图1-74)。

②化学纤维渗滤布盲沟。这种盲沟是以结构疏松的化学纤维布作为水的渗流通道,其单面有塑料敷膜,安装时使敷膜朝向混凝土一面,可以阻止水泥浆渗入滤布。这种渗滤布式盲沟重量轻,便于安装和连续加垫焊接,宽度和厚度也可以根据渗排水量的大小进行调整,是一种较理想的渗水盲沟(图1-75)。

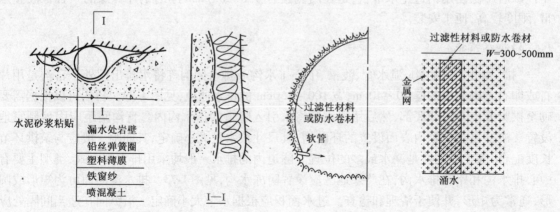

图1-74 弹簧软管盲沟引排局部渗水　　　　图1-75 渗滤布盲沟汇集引排大面积渗透

（2）排水沟

排水沟承接泄水孔泄出的水，并将其排出隧道。隧道纵向排水沟，有单侧、双侧、中心式三种形式。它是根据线路坡度、路面形式、水量大小等因素确定的。洞外排水应根据地形、地质、气象情况，结合农田水利情况全面规划、综合治理，因地制宜地设置疏水、截水、引水设施。

（3）泄水孔

泄水孔是设于衬砌边墙下部的出水孔道，它将盲沟流来的水直接泄入隧道内的纵向排水沟。泄水孔的施作，有两种方法：

①在立边墙模板时，就安设泄水管，并特别注意使其里端与盲沟接通，外端穿过模板。泄水管可用钢管、竹管、塑料管、蜡封纸管等。这种方法主要用于水量较大时。

②当水量较小时，则可以待模筑边墙混凝土拆模后，再根据记录的盲沟位置钻泄水孔。泄水孔的位置应按设计要求设置。

1.3.6　其他（公路隧道内装、顶棚及路面）

1.3.6.1　内装

为了确保行车安全，在公路隧道中必须采取措施，使墙面亮度在长期的运营中保持在必要的水平以上，墙面须用适当的材料加以内装处理。以改善隧道内的环境，提高能见度和吸收噪声。

提高墙面的反射率可以增加照明效果，因此内装材料表面应当是光洁的，颜色应当是明亮的。人眼对波长555nm的黄绿光最为敏感，所以内装材料应尽量采用淡黄和浅绿色，作为背景的墙面，要能衬托出障碍物的轮廓，具有良好的反射率，减少眩光，并使这种反射呈漫反射。

未经内装的混凝土衬砌表面，特别容易吸附汽车引擎排出的废气中的黏稠油分，并与烟雾、尘埃一起沾在表面上。在隧道内潮湿、漏水的情况下，这种污染的过程出人意料的快，能使墙面的反光率降到极低的水平。

经过内装的墙面，污染仍然是不可避免的。但要求装修材料具有不易污染、易清洗、耐刷、耐酸碱、耐腐蚀、耐高温、便于更换或修复等特点，表面应该光滑、平整和明亮。

装修材料还应具有吸收噪声的作用。消除隧道内的噪声是极其困难的课题之一，隧道内噪声源主要来自两方面：通风机产生的噪声和汽车行驶时引擎发出的噪声。

内装的作用包括美化洞室、使隧道漏水不露出墙面、隐藏各种管线、提高照明和通风效果、吸收噪音等。

声波是在三维空间中波动，它与光波一样可以屏蔽、聚焦和定向。在均匀截面的管道中行进的波，常常是平面波，这种波从波源出发，在无阻碍地行进很长一段距离后，仍近似地为平面波，平面波的衰减很慢；由于管径与铺贴吸声材料的吸声效果成倒数关系，在大管道中铺贴吸声材料几乎无效，所以内装材料的消声效果一般不理想。

通常用于隧道的张贴内装材料有：

（1）块状混凝土材料：其表面粗糙，容易污染而且不好清洗，但衬砌表面不需特殊处理即可设置，比较经济。

（2）饰面板、镶板等质地致密材料：不容易污染，清洗效果好，洗净率高。板背后的渗漏水很隐蔽,即使外露也容易洗净。各种管线容易在板背后隐蔽设置,板背后的空间有利于吸收噪声。

(3)瓷砖镶面材料:表面光滑,容易洗净且效果良好;要求衬砌平整,以便镶砌整齐;隧道漏水部位可以考虑用排水管道疏导;镶面后面可以埋设小管线;但这种材料没有任何吸声作用。

(4)油漆材料:比块状混凝土材料容易清洗,但不及其他两种材料,对衬砌表面要求很高,需要压光、平整;隧道不能有漏水现象,浸湿的油漆损坏很快;这种材料也没有吸声作用。

随着建筑材料工业技术的发展,新材料相继出现,许多新型材料都可以使用。但用于内装的新材料应该具有:耐火性,在高温条件下仍能维持原状,不燃烧、不分解有害成分等;耐蚀性,长期在油垢及有害气体作用下不变质,在洗涤剂等化学物质作用下不被侵蚀;不怕水,大多数隧道都存在漏水问题,在水的浸泡下,在潮湿环境中不变质、不霉烂;材料来源广泛,价格相对便宜,隧道是大型构造物,用材量很大,价格高昂的材料不适于用作隧道内装。

1.3.6.2 顶棚

顶棚的反射率对提高照明效果有利,经过顶棚的反射光使路面产生二次反射,能明显地增加路面亮度。顶棚用漫反射材料可以避免产生眩光,其颜色的明亮程度直接影响到路面亮度,所以应该是浅色的,但是又应有别于墙面,在色调和饱和度上可以有所不同。

顶棚是背景的一部分,特别是在有坡度处和变坡点附近对识别障碍物和察觉隧道内异常现象颇有帮助。

美国在改造早期修建的旧隧道时,为了提高隧道内的亮度水平,曾在顶棚上用瓷砖镶面。其结果是一方面产生严重的闪烁现象,另一方面顶棚很快变脏,清洗工作又很不方便。由于脏的过程很快,所以不能获得稳定的反射亮度,这是需要今后进一步探索的问题。

顶棚可以美化隧道,特别是与整齐排列的灯具相互衬托,更可以起到美化的效果,并有明显的诱导作用。

根据实际需要可以把顶棚做成平顶或者拱顶。在自然通风或诱导通风时,可以用拱顶。在半横向或横向通风时可以用平顶。顶棚以上可以作为通风道和供管理人员使用的通道,因此设计荷载可按(据国外资料)10MPa 考虑。

1.3.6.3 路面

对隧道内路面的讨论是在其具有足够强度和耐久性的前提下进行的。作为特殊要求,有以下各点:

(1)路面材料应具有抵御水的冲刷和含有化学物质的水的侵蚀能力。尤其地下水可能为承压水时,更为突出。路面的坡度应能迅速排除清洗用水。

(2)因为车辆在隧道内的减速及制动次数较高,横向抗滑要求更高,以确保车体横向稳定。

(3)容易修补。

(4)路面漫反射率高,颜色明亮,才能获得良好的照明效果。路面作为发现障碍物的背景,比墙面和顶棚有更大的、关键性的作用。

路面材料主要有两种,即水泥混凝土和沥青混凝土。由于水泥混凝土的反射率较沥青混凝土路面高,横向抗滑性好,是过去广泛使用的材料,其最大缺点是产生裂缝时不容易修补,更换时要停止交通。在高寒地区还要受到防滑链的损害,必须考虑设置磨耗层。沥青混凝土路面的反射率较低,为了改善路面亮度,需要在面层加入石英和铝的混合物。有的加入浅色石子和氧化钛作填充料。

路面与车道分隔线等交通标志之间应保证有明显的亮度对比和鲜明的颜色对比。隧道内的路基应具有足够的承载力,尤其要求在有丰富地下水的条件下也能满足要求,这就要求有良好的排水设施。衬砌背后应设置盲沟和导水管,在车道板下面铺设透水性好的路基材料,必要时设置仰拱。在确定隧道纵坡时保证排水沟排水顺畅,保证路面有1%~1.5%的横坡等。

1.3.6.4 伸缩缝与沉降缝

伸缩缝和沉降缝统称为变形缝。

伸缩缝是为了防止结构因热胀冷缩或湿胀干缩产生裂缝而设置的,它保证结构有伸缩的余地。伸缩缝是为了满足结构在轴线方向上的变形要求而设置的。

沉降缝是为了防止结构因局部不均匀沉降引起变形断裂而设置的,它保证结构有上下左右变形的余地。沉降缝是为了满足结构在垂直与水平方向上的变形要求而设置的。

1.3.6.5 噪声的消减

隧道内的混响时间(噪声源发音瞬间的声能衰减到$1/10^6$时所需时间,即衰减60dB所需时间)为洞外的数千倍,达到7~11s,在噪声级相当高的隧道内,使人感到震耳欲聋,难以忍受,而洞外仅为数百分之一秒。对于交通量大的重要隧道,往往需要设置应急电话等安全设备,在这种隧道中,噪声至少应当控制在可以用电话与管理所通话的程度。从表1-11中可以知道,噪声超过65dB时,已经很难利用电话;从使用电话的角度看,噪声水平应保持在60dB以下。

噪声水平(SL)与汽车小时交通量(N)之间的关系可按下式计算:

$$SL = 18\lg N + 13 (\text{dB}) \tag{1-2}$$

式中:N——汽车小时交通量(辆/h)。

噪声水平状况　　表1-11

噪声水平[dB(A)]	状　　　况
40	极安静
45	安静,10m距离可以对话
50	电话无困难,4m距离可以对话
55	电话有时困难,2m可以对话,4m大声讲话
60	电话少许困难,2m大声对话
66	电话很困难

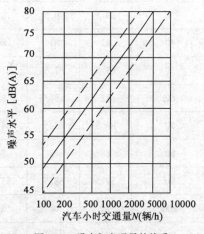

图1-76　噪声与交通量的关系

其关系曲线用图 1-76 表示。

噪声水平也可以从表 1-13 中查得。噪声水平除了受车速与车流组成影响外,交通量、坡度和车辆技术状态的好坏等,对其都有影响。交通条件修正值[dB(A)]见表 1-12。各种类别车辆可以达到的噪声级[dB(A)],见表 1-13。车速与车流组成不同时,其噪声级可参考表 1-14。交通量修正值[db(A)]见表 1-15。

交通条件修正值　　　　　　　　　　　　　　　　　表 1-12

交通条件		修正值[dB(A)]
车行道纵坡每增加 2%		+1
柴油机卡车每加 10%		+1
路面种类	沥青混凝土	0
	混凝土	+2
	碎石	+4

各种类别车辆可以达到的噪声级　　　　　　　　　　表 1-13

车辆类别	噪声级[dB(A)]	车辆类别	噪声级[dB(A)]
大载重量柴油机卡车	92~100	摩托车	88~98
汽油机卡车	82~86	无轨电车	76~90
柴油机公共汽车	90~98	轻型汽车	75~85
汽油机公共汽车	80~86	轻便摩托车	84~102

车速与车流组成不同时噪声级　　　　　　　　　　　表 1-14

平均车速(km/h)	车流组成中货车及公共汽车数量百分比(%)								
	100	90	80	70	60	50	40	30	20
30	80.5	79.5	78.5	77.5	76.5	75.5	74.5	73.5	72.5
40	82	81	80	79	78	77	76	75	74
50	83.5	82.5	81.5	80.5	79.5	78.5	77.5	76.5	75.5
60	85	84	83	82	81	80	79	78	77
70	86.5	85.5	84.5	83.5	82.5	81.5	80.5	79.5	78.5
80	88	87	86	85	84	83	82	81	80
90	89.5	88.5	87.5	86.5	85.5	84.5	83.5	82.5	81.5
100	91	90	89	88	87	86	85	84	83
110	92.5	91.5	90.5	89.5	88.5	87.5	86.5	85.5	84.5

交 通 量 修 正 值　　　　　　　　　　表 1-15

交通量(辆/h)	100	200	300	500	700	1000	2000	3000	4000
修正值	−10	−7.5	−5.5	−3.0	−1.5	±0	±1.5	±2.0	±2.5

1.4 铁路隧道的养护管理

铁路隧道是修建在地下或水下并铺设铁路供机车车辆通行的建筑物。根据其所在位置可分为三大类：为缩短距离和避免大坡道而从山岭或丘陵下穿越的称为山岭隧道；为穿越河流或海峡而从河下或海底通过的称为水下隧道；为适应铁路通过大城市的需要而在城市地下穿越的称为地铁隧道。这三类隧道中修建最多的是山岭隧道。

1.4.1 铁路隧道的发展

伴随着铁路的出现和发展，铁路隧道也逐渐发展起来，但受制于技术条件的限制，在很长的时间内，铁路隧道的规模都很有限。直到 20 世纪，随着人类科技水平和技术装备的进步，才开始出现了一些大型隧道，世界铁路隧道的世界纪录也不断被刷新。世界著名铁路隧道见表 1-16。

世界著名铁路隧道　　　　　　　　　表 1-16

名　称	国家铁路线	长度(m)	建成年代	备　注
戈特哈德铁路隧道	瑞士中部阿尔卑斯山区	57600	2010 年 10 月贯通	1999 年起正式展开
青函海底隧道	日本本州与北海道	53850	1984 年	
英吉利海峡隧道	连接英法两国	51000	1994 年 5 月	耗资约 150 亿美元
勒奇山隧道（Loetschberg）	瑞士	34000	2007 年	1994 年开工
新关角隧道	中国西格(西宁—格尔木)铁路二线	32645	2012 年 11 月	2007 年开工
太行山隧道	中国石太客运专线	27840	2008 年	
天山隧道	中国南疆铁路吐鲁番至库尔勒复线	22452	2012 年	2007 年 4 月开工
大清水隧道	日本上越新干线	22228	1979 年	
乌鞘岭隧道	中国兰武线	20050	2006 年	
新关门海底隧道	日本山阳新干线	18700	1975 年	
亚平宁隧道	意大利	18500	1934 年	
秦岭隧道	中国西康线	18457	1999 年 9 月	
六甲隧道	日本山阳新干线	16250	1972 年	
榛名隧道	日本上越新干线	15350	1982 年	
圣哥达隧道	瑞士、意大利边境上穿过阿尔卑斯山	14980	1981 年	
中山隧道	日本上越新干线	14900	1982 年	
列奇堡隧道	瑞士	14600	1913 年	
大瑶山隧道	中国	14295	1987 年	

据2004年3月出版的《中国铁路隧道史》记载,截至1999年末,我国共建成铁路隧道6877座,计3666.760延长公里(未包括台湾省)。表1-17显示了中国各时期铁路隧道修建数量。

中国各时期铁路隧道修建数量(摘自《中国铁路隧道史》,2004年)　　表1-17

时期 (年)	末年运营铁路里程 (km)	建成隧道数量		平均每座隧道长度 (m)	末年建成隧道累计	
		座数	总延米(km)		座数	总延米(km)
1888—1949	21810	665	156.34	235	665	156.34
1950—1959	33890	1005	306.39	304	1670	462.73
1960—1969	40989	1111	664.03	598	2781	1126.76
1970—1979	49940	1954	1034.67	529	4735	2161.43
1980—1989	53378	319	198.60	624	5054	2360.03
1990—1999	57923	1822	1310.72	720	6877	3666.76

2000—2005年我国建成的铁路隧道数量统计数据,共651座/642.246延长公里,长度逾3km的隧道54座(内含台湾高速铁路隧道5座)。

中国铁路隧道按地区分布,以西南居多,约占70%;华北和东北次之,约占25%;华东和中南较少,约占5%。我国已建隧道密度较大的铁路(长度超过200km)有:西安—安康线,隧道比率为45.9%,居全国之首;其次是襄渝线为33.4%;第三是成昆线31.5%。除此以外,侯月、丰沙、京原、南昆、枝柳等线隧道比率也都在20%以上。

截至2009年底(赵勇,2010年),我国运营线路隧道约8900座、总长度6000km。其中,长度10km以上的特长隧道18座,总长度为276km。

随着我国经济发展和大规模城市群的建设,以地铁、轻轨等为代表的公共轨道交通方式和城市地下空间的开发利用成为解决城市交通、人口、环境问题的重要途径。目前,我国北京、上海、天津、广州、深圳等15个城市已开通了地铁,总长度达800km。而根据各大城市已公布的《城市快速轨道交通建设规划》,到2015年,我国地铁线路将达2100km;到2020年,运营地铁总长度将达3000km。

1.4.2　铁路隧道日常运营管理

我国通常把铁路隧道养护和铁路桥梁养护统称为铁路桥隧建筑物养护。

1.4.2.1　养护管理机构设置

铁路工务段是铁路系统的重要单位之一,专门负责铁路线路及相关设备的保养与维修,包括桥梁、隧道、涵洞、路基、钢轨、道岔、轨枕、道砟等的大、中维修和养护工作和定期维护,另外铁路巡道和铁路道口的看守都属于工务段职责范围。

工务段下辖重点维修车间、线路车间、桥梁车间。重点维修车间:主要负责铁路线路及相关设备的保养与维修。线路车间:负责铁路巡道,铁路道口的看守。桥梁车间:负责桥梁、隧道、涵洞的保养与维修。一般在较大车站附近设有工务车间;较小车站附近设有工务工区。

1)全路工务段概况

目前全路共有18个铁路局(集团公司),下辖118个工务段,具体分布见表1-18。

全路工务段分布情况　　表1-18

铁路局	工务段
哈尔滨铁路局(10个)	哈尔滨工务段、齐齐哈尔工务段、牡丹江工务段、佳木斯工务段、海拉尔工务段、绥化工务段、鸡西工务段、让湖路工务段、加格达奇工务段、根河工务段
沈阳铁路局(15个)	沈阳工务段、锦州工务段、大连工务段、长春工务段、蛟河工务段、通辽工务段、吉林工务段、图们工务段、赤峰工务段、辽阳工务段、四平工务段、丹东工务段、山海关工务段、阜新工务段、白城工务段
呼和浩特铁路局(3个)	包头工务段、集宁工务段、乌海工务段
北京铁路局(9个)	北京工务段、丰台工务段、三家店工务段、天津工务段、秦皇岛工务段、丰润工务段、石家庄工务段、邯郸工务段、衡水工务段
太原铁路局(6个)	太原工务段、原平工务段、侯马北工务段、茶坞工务段、大同工务段、朔州工务段
济南铁路局(7个)	济南工务段、潍坊工务段、淄博工务段、青岛工务段、临沂工务段、兖州工务段、聊城工务段
郑州铁路局(5个)	郑州工务段(桥工段)、新乡工务段、洛阳工务段、宝丰工务段、月山工务段
上海铁路局(8个)	上海工务段、南京工务段、芜湖工务段、蚌埠工务段、合肥工务段、阜阳工务段、杭州工务段、徐州工务段
武汉铁路局(6个)	武昌工务段、襄樊工务段、江岸工务段、信阳工务段、荆门工务段、麻城工务段
西安铁路局(5个)	西安工务段、宝鸡工务段、安康工务段、阎良工务段、略阳工务段
乌鲁木齐铁路局(6个)	乌鲁木齐工务段、哈密工务段、奎屯工务段、库尔勒工务段、阿克苏工务段、喀什工务段
南昌铁路局(8个)	南昌工务段、九江工务段、鹰潭工务(机械)段、赣州工务段、福州工务段、厦门工务段、永安工务段、南平工务段
成都铁路局(9个)	成都工务段、重庆工务段、遂宁工务段、涪陵工务段、西昌工务段、贵阳工务段、绵阳工务段、凯里工务段、六盘水工务段
兰州铁路局(5个)	兰州西工务段、武威工务段、定西工务段、嘉峪关工务段、银川工务段
南宁铁路局(5个)	南宁工务段、柳州工务段、桂林工务段、百色工务段、玉林工务段
昆明铁路局(4个)	昆明工务段、开远工务段、曲靖工务段、广通工务段
广州铁路(集团)公司(6个)	广州工务段、株洲工务段、衡阳工务段、娄底工务段、怀化工务段、张家界工务段
青藏铁路公司(2个)	西宁工务段、格尔木工务段

2)铁路工务系统的单位

工务工种：线路工、桥隧工、巡道工、看守工、道口工、探伤工。

单位级别：铁路局工务处、工务段、线路(桥隧)车间、线路(桥隧)工区。

岗位级别：工务处处长、工务段段长(党委书记)、线路(桥隧)车间主任(党支部书记)、线路(桥隧)工区工长。

职称级别：初级技工、中级技工、高级技工、技师、高级技师以工务处为铁路工务系统最高级单位,下设若干个工务段,工务段下设线路(桥隧)车间,线路(桥隧)车间下设若干个线路(桥隧)工区。线路(桥隧)工区为工务段最基层单位,一般设在车站附近。

3）线路养护组织

中国铁路在工务段设置若干养路领工区，负责组织和监督管内的线路经常维修工作。此外，还设置专业的钢轨检查、钢轨焊补、线路中修及路基工队或工组，在全段范围内流动作业，完成各自的专业工作计划。在养路领工区范围内划分为几个养路工区，具体执行线路维修、巡查和建筑物看守工作。路基特别复杂的地区设路基工区。在实行养路机械化的地区，也有在领工区设机械化维修工队的，专门负责全领工区范围内的轨道计划维修，工区只负责日常的保养、紧急补修和巡守工作。线路大修和中修工作主要由铁路局直辖的专业大修队承担，根据安排在铁路局范围内流动施工。

4）桥隧养护工作的任务

桥隧养护工作按业务范围和工作性质可分为检查、保养、维修和大修等内容。桥隧养护工作，必须确立以"保证行车安全"为主要目标，遵循"设备质量保安全"的指导思想做到每座设备"基础牢固，结构良好，状态均衡，设备改善，保证安全"。桥隧养护的基本任务是：

（1）根据桥隧运营中的状态变化，合理投入人力、物力，适时进行维修养护，预防或延缓设备状态的劣化，经常保持状态均衡完好，以保证列车按规定的速度，安全不间断地运行。

（2）随着铁路运输强度的提高，有计划地加固和改善桥隧设备状态，提高承载能力，满足建筑限界和孔径要求，增强抗洪、抗震能力，充分发挥使用效能。

5）桥隧养护工作的原则

桥隧养护工作要满足铁路运输发展和行车安全的需要，而大部分施工作业又是在行车条件下进行既有设备的拆除、恢复或修理更换。因此，桥隧养护必须讲求科学合理、安全可靠，并遵循以下主要原则，力求在设备结构、作业手段、管理水平等方面有所成效。

（1）全面贯彻铁道部提出的《铁路主要技术政策》和《铁路工务主要技术装备政策》的方针，结合实际需要和具体条件，制订桥隧养护维修工作计划和规划目标。

（2）严格执行《铁路桥隧建筑物大修维修规则》规定的技术条件、技术标准、设备检查和管理制度等要求，同时还应遵照铁道部颁布的《铁路技术管理规程》、《铁路工务安全规则》等其他有关规章、规范、标准的规定，并将它们作为桥隧养护维修的基本法则。

（3）桥隧养护工作，应根据铁路运输需要和设备技术状态，按照"预防为主，预防与整治相结合"的原则进行，有计划地整治重大病害，加固改造设备，防止病害发生和发展，及时消除危及行车安全的处所，保持桥隧设备经常处于均衡完好状态，提高整体结构强度。

（4）桥隧养护工作作业，应特别注意行车和人身安全，正确处理施工与运输的关系，在保证安全和质量的前提下，尽量减少中断行车和限制行车速度的时间。

（5）积极依靠科技进步，全面实行现代管理，大力发展养桥机械化，不断提高工作效率和经济效益，逐步实现结构现代化、管理科学化。

1.4.2.2　桥隧养护工作的管理

桥隧养护工作管理，主要包括两个方面，即对管辖桥隧设备的管理和养护工作生产全过程的管理。若按照业务分工，还有技术、计划、劳力、料具、成本、质量、安全、教育等管理。各项管理工作是由特定的管理体制的运作来实施的，并通过相应的工作制度加以保证。为使桥隧养护工作管理逐步走上标准化、规范化的轨道,为实现管理科学化创造条件,还应建立起行之有效的管理工作体系。

目前,我国桥隧养护工作管理的技术业务领导是铁道部,而在铁路局实行路局—分局—工务段和工务段—领工区—工区两个三级管理。有关桥隧养护工作总的方针、原则和标准,由铁道部制订发布,铁路局按照"路局决策、分局组织、工务段执行"三级管理的职能,有机结合加以实施。

具体的维修工作由工务段下设的桥隧领工区、工区和专职巡守工担任。领工区、工区和巡守工的设立标准是根据管内桥隧建筑物的类型和数量多少来确定的。由于钢桥、圬工桥、涵渠等每年需要花费的维修工作量不一样,而且相差很大,为了便于统计计算和合理配备维修人员,须把各类建筑物按其维修长度换算成统一的桥隧换算米。桥隧换算米是以跨度 40m 以下的钢板梁桥的维修长度为标准,把其他桥涵都换算成钢板梁桥的维修长度,然后根据桥隧建筑物的总换算米的多少来设置领工区、工区和配备生产工人。

工务段根据管辖桥隧设备数量的多少,下设若干个桥隧领工区、工区。每个领工区管理 1500~3000 桥隧换算米,里程以 100km 左右为宜。每个工区管辖 800~1200 桥隧换算米,里程以不超过 50km 为宜。为了加强对重要及长大桥隧设备的管理和维修,可视具体情况设立桥(隧)工段(处)专业机构。根据桥隧设备情况,工务段或领工区设立一个或几个桥隧机械化工队,在段或领工区的统一安排下,与工区密切配合,负责设备的综合维修、单项病害整治和段办桥隧大修工程。有大隧道和隧道较多的工务段,还应设置隧道通风和照明工区。

桥梁的大修改造,另由专业大修部门承担,桥梁动态特性和病害诊断由路局组织桥梁检定队通过试验进行评估,从而实行对桥梁养护工作的全面管理。

随着铁路运输载重增加,列车密度加大,行车速度提高,势必造成设备损耗加剧,养修作业时间减少。由于运输组织的调整,小站慢车的关停,给桥隧养护工作带来了更大的难度。因此,桥隧施工养护的管理,在组织体制、修程修制、养修方式、作业手段等方面进行相应的改革,也是势在必行的。根据国外对桥隧养护工作的管理经验,结合我国的具体实际,将管理基层的工务段作为设备管理部门,注重对桥隧设备的检查、管理和日常养护,实行养修成本控制。桥隧的大修和维修由专业维修部门负责进行,从而将粗放性的管理机制转变为经营性的管理机制,以保证桥隧养护工作管理水平的提高。

1.4.2.3　桥隧养护工作的基本方法

回顾建国以来我国铁路桥隧养护维修的方式,曾经历了以下几个阶段:

(1)解放初期,桥隧养护是附属于线路养护范围而进行的,以养路段的形式。在养护线路的同时兼修桥隧,后来才改变为线路与桥隧分别养护的工作方式。

(2)20 世纪 50 年代,从当时的设备状况和养桥工作的实际情况考虑,参照了前苏联当时推行的"养桥法",建立了"桥隧计划预防性维修工作制度"对维修方针技术标准、检查验收、工区管理、经济核算等的问题,制订了一些规章制度。

(3)在 60 年代末到 70 年代中,一些行之有效的规章制度和工作方法遭到破坏,出现了桥隧养护工作中"以养代修"、"养修不分"的不正常现象。

(4)从 70 年代末期开始,随着工作重点的转移,对桥隧养护方面也做了许多整顿工作,开展了全面质量管理,使桥隧养护工作有所加强。

(5)80年代初铁道部提出了线桥维修改革的意见,突破了一年一遍计划预防维修的模式。实行钢桥1~2年,圬工桥、隧道、涵渠2~3年维修一遍的维修方法,从宏观上对"过剩修"的状况进行了初步的改善。

纵观我国桥隧养护制度的沿革过程,使我们感到,长期以来所采用的养护维修方法,虽然对保证行车安全起到了一定的作用,但依然存在着许多弊端。前期采用的"事后维修"方式,其弊端是"头痛医头,脚痛治脚,治病不治根,治标不治本",其结果是造成设备失修,不能充分保证列车安全平稳地运行。然而,后期采用的"一刀切"的周期性维修制度则是不管设备类型和实际状态,不分运量大小和速度高低统一规定一年或二年做一遍维修的方法,没有考虑各种不同因素,忽视了设备本身的状态变化,没有实行科学的预防,往往由于费用和劳力的限制,富裕多做,紧张少做,不可避免地会造成"养修不分"或"以养代修"。不该修的设备"提前修",急需修的设备没有"适时修"或"简化修",从而带来的后果是故障经常存在,不能做到设备均衡完好。为了改变"事后修"或"一刀切"的维修方法,必须根据桥隧养护工作的特点,按照设备"状态修"的原理,进行维修方式的改革(见图1-77)。

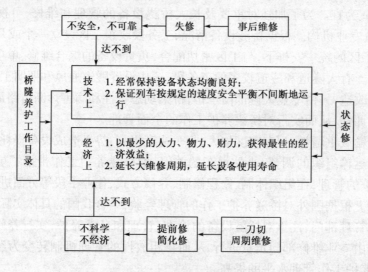

图1-77 养护工作方式改革模式

因此,对于发展过程可以预测的故障,可以通过检测,按预知的状态进行修理,通常称为"状态修",这也是最好的科学预防方法。

要推行桥隧状态修,还必须把状态修理论与行之有效的传统管理有机地结合起来,对现有的管理体制、修程标准、养修方式、工作制度等作相应的改变,才能克服原有方法所存在的弊端,达到养桥工作的真正目的,使状态修的方法有一定的可操作性。

1.4.2.4 桥隧养护维修的方式

按照设备综合工程学的原理,桥隧设备的养护要区别不同的结构类型,选择确切的修理方式、修理点和间隔时间,进行状态临界修或周期预防修。为此,必须合理地划分修程、制订标准、确定周期、建立体系。

1) 划分修程

根据设备状态变化规律和故障特性,把桥梁的整个运用检修过程,划分为经常保养、综合维修和大修三个修程,实行"养修分开"的修理制度。

整座桥梁设备是由多种不同构件组成的,包括桥面、梁、支座、墩台和附属设备等,各个构件相互传递着来自列车的荷载,并保持整体平衡完好。由于各个构件的材质不同、构造不同、功能不同,其自身的状态变化规律也不同,还应根据不同规律和构件特点,区分出保养、维修、大修的不同修程范围,确定不同修程的作业项目和要求。

2) 制订标准

在划分保养、维修和大修三个修程的界限后,还要解决每个修程在什么状态下进行养护,养护到什么状态的问题,制订出相应的状态临界标准、作业质量标准和工作标准,使设备状态、作业质量、养修投入得到有效的控制。

3) 确定周期

为使桥隧养护工作有效运作,必须合理确定"临界修"和间隔时间,也就是要确定合理的周期。由于桥隧设备的结构类型不同,使用条件不同,新旧程度不同,其"临界修"和间隔时间有很大的区别,因此合理确定周期是桥隧养护工作中的一个重要决策问题。

周期的合理确定,应以设备状态变化规律、设备安全可靠程度和总费用最节省为依据,一般取决于设备的变化速率和出现故障的平均间隔。所确定的周期,决不允许设备出现失修状态,以设备的储备能力略有过剩为好。对具体的每座桥梁来说,还要"因地制宜",不能"一刀切",要以状态控制来调整保养、维修或大修的间隔时间。综合维修周期,宏观上应按照不同设备类型控制,即钢梁桥(含混合桥钢梁)2~3年,圬工桥(含混合桥圬工梁)4~5年;隧道、涵渠、框构桥等设备的维修周期,视技术状态而定。

4) 建立体系

为了使"状态修"的原则在维修养护中切实应用,还必须做出实施的具体规定,建立起保养、维修和大修工作管理体系。

(1) 保养体系:

①通过观测分析找出不同部件的变化规律后,要重点找出与行车关系较大的部件的状态变化速率。

②根据变化规律统筹考虑,使每次保养后都要留有一定的储备能力,克服"劳力多、多保养,劳力少、少保养",或追求"格上格"等盲目保养的状况。

③要对状态质量和作业质量实行全面控制。对设备的检查,要根据"状态修"的需要,除做好常规检查外,还需开展全员、全设备、全项目的检查,建立检查负责制和状态分级控制的办法,对作业质量的控制,除强调作业标准化,严格作业纪律外,对关键项目运用质量管理图,实行作业质量控制。

(2) 维修体系:

①根据设备状态变化规律和整体功能的需要,确定维修的控制项目和控制条件,建立状态标准。

②以改善设备状态、均衡质量、延长大维修周期和设备使用寿命为目的,明确维修的项目范围和要求,建立工作标准。

③明确维修在技术上和作业上的要求,也就是养护到什么状态,最终建立作业标准。

(3)大修体系:

①按照桥隧设备整体功能和安全可靠度的需要,根据状态变化规律和故障性,确定大修的修程范围和控制条件。

②以提高质量、均衡状态为目的,通过对更换桥面、钢桥涂装寿命周期、最佳经济效益的分析研究,合理匹配三大修程周期,逐步走上设备良性循环的轨道。

③明确大修工作的技术管理要求,建立作业标准和工作标准。

1.4.3 应急状态下的运营管理

应急状态下的运营管理可以预防和最大程度地减少铁路行车事故造成的人员伤亡、财产损失和对公共安全的影响,及时有效处置铁路行车事故,尽快恢复铁路运输正常秩序,依据《国家处置铁路行车事故应急预案》进行管理。

1.4.3.1 分级响应

按铁路行车事故灾难的可控性、严重程度和影响范围,应急响应级别原则上分为Ⅰ、Ⅱ、Ⅲ、Ⅳ级。当达到本预案应急响应条件时,应启动本预案。

1)Ⅰ级应急响应

(1)出现下列情况之一,为Ⅰ级应急响应:

①造成30人以上死亡(含失踪),或危及30人以上生命安全,或100人以上中毒(重伤)的铁路行车事故。

②直接经济损失超过1亿元的铁路行车事故。

③铁路沿线群众需要紧急转移10万人以上的铁路行车事故。

④铁路繁忙干线遭受破坏,造成行车中断,经抢修在48h内无法恢复通车。

⑤需要启动Ⅰ级应急响应的其他铁路行车事故。

(2)Ⅰ级响应行动:

①Ⅰ级应急响应由铁道部报请国务院启动,或由国务院授权铁道部启动。

②铁道部接到事故报告后,立即报告国务院,同时根据事故情况,通知国务院应急救援领导小组有关成员,组成国家处置铁路行车事故应急救援领导小组。

③铁道部开通与国务院有关部门、事发地省级应急救援指挥机构以及现场救援指挥部的通信联系通道,随时掌握事故进展情况。

④通知有关专家对应急救援方案提供咨询。

⑤铁道部根据专家的建议以及国务院其他部门的意见提出建议,国务院应急救援领导小组确定事故救援的支援和协调方案。

⑥派出有关人员和专家赶赴现场参加、指导现场应急救援。

⑦协调事故现场救援指挥部提出的其他支援请求。

2) Ⅱ级应急响应

(1) 符合下列情况之一,为Ⅱ级应急响应:

①造成 10 人以上、30 人以下死亡(含失踪),或危及 10 人以上、30 人以下生命安全,或 50 人以上、100 人以下中毒(重伤)的铁路行车事故。

②直接经济损失为 5000 万元以上、1 亿元以下的铁路行车事故。

③铁路沿线群众需要紧急转移 5 万人以上、10 万人以下的铁路行车事故。

④铁路繁忙干线遭受破坏,造成行车中断,经抢修 24h 内无法恢复通车。

⑤需要启动Ⅱ级应急响应的其他铁路行车事故。

(2) Ⅱ级响应行动:

①Ⅱ级应急响应由铁道部负责启动。

②铁道部行车事故灾难应急协调办公室立即通知铁道部应急指挥小组有关成员前往指挥地点,并根据事故具体情况通知有关专家参加。

③应急指挥小组根据事故情况设立行车指挥、事故救援、事故调查、医疗救护、后勤保障、善后处理、宣传报道、治安保卫等应急协调组和现场救援指挥部。

④开通与事发地铁路运输企业应急救援指挥机构、事故现场救援指挥部、各应急协调组的通信联系通道,随时掌握事故进展情况。

⑤根据专家和各应急协调组的建议,应急指挥小组确定事故救援的支援和协调方案。

⑥派出有关人员和专家赶赴现场参加、指导现场应急救援工作。

⑦协调事故现场救援指挥部提出的支援请求。

⑧向国务院报告有关事故情况。

⑨超出本级应急救援处置能力时,及时报告国务院。

3) Ⅲ级响应行动

发生Ⅲ级以下应急响应的行车事故,由铁路运输企业按其制订的应急预案启动。

1.4.3.2 信息共享和处理

(1) 铁道部通过现代网络技术,构建铁路行车安全信息管理体系,实现铁路行车安全信息集中管理、资源共享。

(2) 国际联运列车在境外发生行车事故时,铁道部及时与有关部门联系,了解事故情况。

(3) 发生Ⅰ、Ⅱ级应急响应的行车事故时,发生事故的铁路运输企业在报告铁道部的同时,应按有关规定抄报事发地省级人民政府。

1.4.3.3 通信

(1) 铁道部负责组织协调建立通信联系,保障事故现场信息和国务院各应急协调指挥机构的通信,必要时承担开设现场应急救援指挥机动通信枢纽的任务。

(2) 铁路系统内部以行车调度电话为主通信方式,各级值班电话为辅助通信方式。

(3) 行车事故发生后,根据事故应急处理需要,设置事故现场指挥电话和图像传输设备,确定现场联系方式,确保应急指挥联络的畅通。

1.4.3.4 指挥和协调

(1)铁道部指挥协调工作

①进入应急状态,铁道部应急指挥小组代表铁道部全权负责行车事故应急协调指挥工作。

②铁道部应急指挥小组根据行车事故情况,提出事故现场控制行动原则和要求,调集相邻铁路运输企业救援队伍,商请有关部门派出专业救援人员;各应急机构接到事故信息和支援命令后,要立即派出有关人员和队伍赶赴现场。现场救援指挥部根据铁道部应急指挥小组的授权,统一指挥事故现场救援。各应急救援力量要按照批准的方案,相互配合,密切协作,共同实施救援起复和紧急处置行动。

③现场救援指挥部成立前,由事发地铁路运输企业应急领导小组指定人员任组长并组织有关单位组成事故现场临时调查处理小组,按《铁路行车事故处理规则》的规定,开展事故现场人员救护、事故救援,机车、车辆起复和事故调查等工作,全力控制事故态势,防止事故扩大。

④行车事故发生后,铁路行车指挥部门要立即封锁事故影响的区间(站场),全面做好防护工作,防止次生、衍生事故的发生和人员伤亡、财产损失的扩大。

应急状态时,铁道部有关司局和专家要及时、主动向行车事故灾难应急协调办公室提供事故应急救援有关基础资料,以及事故发生前设备技术状态和相关情况,并迅速对事故灾难信息进行分析、评估,提出应急处置方案和建议,供铁道部应急指挥小组领导决策参考。

(2)事发地人民政府指挥协调工作

地方人民政府应急指挥机构根据铁路行车事故情况,对铁路沿线群众安全防护和疏散,事故造成的伤亡人员救护和安置,事故现场的治安秩序以及有关救援力量的增援提出现场行动原则和要求,并迅速组织救援力量实施救援行动。

1.4.3.5 紧急处置

(1)现场处置主要依靠事发地铁路运输企业应急处置力量。事故发生后,当地铁路单位和列车工作人员应立即组织开展自救、互救,并根据《铁路行车事故处理规则》迅速上报。

(2)发生铁路行车事故需要启动本预案时,铁道部、国务院有关部门和地方人民政府分别按权限组织处置。根据事故具体情况和实际需要调动应急队伍,集结专用设备、器械和药品等救援物资,落实处置措施。公安、武警对现场施行保护、警戒和协助抢救。

(3)铁道部应急指挥小组根据现场请求,负责紧急调集铁路内部救援力量、专用设备和物资,参与应急处置;并通过国家处置铁路行车事故应急救援领导小组,协调组织有关部委的专业救援力量、专用设备和物资实施紧急支援。

(4)涉及跨省级行政区域、影响严重的事故紧急处置方案,由铁道部提出并协调实施;必要时,报国务院决定。

1.4.3.6 救护和医疗

(1)行车事发地人民政府负责现场组织协调有关医疗救护工作。

(2)卫生部门根据铁道部应急指挥小组的请求,负责协调组织医疗救护、医疗专家、特种药品和特种救治装备进行支援,协调组织现场卫生防疫有关工作。

(3)事发地铁路运输企业,按照本单位应急预案中确定的医疗救护网点,迅速联系地方医疗机构,配合协助医疗部门开展紧急医疗救护和现场卫生处置。

(4)对可能导致疫病发生的行车事故,铁路运输企业应立即通知卫生防疫部门采取防疫措施。

1.4.3.7 应急人员的防护

应急救援起复方案,必须在确保现场人员安全的情况下实施。应急救援人员的自身安全防护,必须按设备、设施操作规程和标准执行。参加应急救援和现场指挥、事故调查处理的人员,必须配戴具有明显标识并符合防护要求的安全帽、防护服、防护靴等。根据需要,由铁道部应急指挥小组和事发地人民政府具体协调调集相应的安全防护装备。

1.4.3.8 群众的安全防护

(1)凡旅客列车发生的行车事故需要应急救援时,必须先将旅客和列车乘务人员疏散到安全区域后,方准开始应急救援。

(2)凡需要对旅客进行安全防护、疏散时,由铁路运输企业按其应急救援预案进行安全防护和疏散。需要对沿线群众进行安全防护、疏散时,铁路运输企业应立即通知事发地人民政府,由地方人民政府负责进行安全防护和疏散。

(3)旅客、群众安全防护和事故处理期间的治安管理,由公安机关和武警部队负责。

1.4.3.9 社会力量的动员与参与

需社会力量参与时,由铁道部应急指挥小组协调地方人民政府实施,并纳入地方人民政府应急救援预案。社会力量参与应急救援,应在现场救援指挥部统一领导下开展工作。

1.4.3.10 突发事件的调查处理及损失评估

Ⅰ级应急响应的铁路行车事故调查处理,由国务院或国务院授权组织调查组负责。其他铁路行车事故的调查处理,按《铁路行车事故处理规则》有关规定,由铁道部负责。

行车事故的损失评估,按铁路有关规定执行。

1.4.3.11 信息发布

铁道部或被授权的铁路局负责行车事故的信息发布工作。如发生影响较大的行车事故,要及时发布准确、权威的信息,正确引导社会舆论。要指定专人负责信息舆论工作,迅速拟订信息发布方案,确定发布内容,及时采用适当方式发布信息,并组织好相关报道。

1.4.3.12 应急结束

当行车事故发生现场对人员、财产、公共安全的危害性消除,伤亡人员和旅客、群众已得到医疗救护和安置,财产得到妥善保护,列车恢复正常运输后,经现场救援指挥部批准,现场应急救援工作结束。应急救援队伍撤离现场,按"谁启动、谁结束"的原则,宣布应急结束。完成行车事故救援起复后期处置工作后,现场救援指挥部要对整个应急救援情况进行总结,并写出报告报送铁道部行车事故灾难应急协调办公室。

1.5 公路隧道的养护管理

我国是一个多山的国家,75%左右的国土是山地或重丘,为了缩短公路里程,改善路线线形和交通运输条件,保护环境,节约土地,在山区公路建设中已越来越重视隧道方案。

1.5.1 公路隧道的发展

20 世纪 50 年代,我国仅有 30 多座公路隧道,总长约 2.5km;60 年代和 70 年代,我国干线公路上曾修建了百米以上的公路隧道,1964 年修建的北京至山西原平公路(四级公路)的两座 200m 以上的隧道已是非常大的工程;截至 1979 年,我国公路隧道也仅有 374 座,总长为 52km。进入 21 世纪,我国在公路隧道建设领域取得了举世瞩目的重大成就,以秦岭终南山公路隧道为代表的一大批长大隧道的建成通车,标志着我国公路隧道的设计、施工、监理、养护和运营水平达到了一个新的高度。2002 年 11 月 6 日,原交通部副部长胡希捷在北京召开的国际隧道研讨会开幕式上宣布,中国已成为世界上隧道和地下工程最多、最复杂、发展最快的国家;原交通部总工程师凤懋润指出,随着高等级公路向西部延伸,21 世纪前 10 年中,我国将有总长 155km 以上的公路隧道将要投入建设。

我国公路隧道建设情况(2000—2007 年)见表 1-19,部分已建和在建长大公路隧道见表 1-20。此外,公路隧道群亦不断出现,如重庆在建高速公路的桥隧长度占路线比例平均达 50%以上,个别路段高达 90%,特大桥、特长隧道及隧道群之多居全国之冠;陕西西汉高速公路突破了我国的南北分界线——秦岭,是同时期全国高速公路建设一次性投资最大、里程最长、难度最大的工程,全线三分之二都是隧道和桥梁,136 座隧道也构成了世界最大的隧道群;江西省一次性投资额最大的基建项目——武吉高速公路是江西高速公路施工难度最大的项目,桥隧长度占路线的比例达 21%,武吉高速公路也是江西公路隧道群最多、最长的公路项目,共有隧道 24 座,单洞总长近 60km。

我国公路隧道建设情况(2000—2007 年)　　　　表 1-19

年份(年)	特长隧道		长隧道		中隧道		短隧道		总计	
	座	长度(km)	座	长度(km)	座	长度(km)	座	长度(km)	座	长度(km)
2000	15	58							1360	500.5
2001	18	66	155	242	566	281	1043	116	1782	705
2002	21	75.9	194	305.2	657	330.2	1100	123.8	1972	835
2003	27	99.7	242	385.6	746	380.7	1160	134.7	2175	1001
2004	33	126.3	299	493.3	428	297.8	1735	328.1	2495	1245.6
2005	43	165.9	381	625.1	485	341.8	1980	394.3	2889	1527.0
2006	49	191.8	444	723.2	577	409.4	2718	517.5	3788	1841.8
2007	83	361.0	607	1001.1	758	536.8	3225	656.6	4673	2555.5

我国部分已建和在建长大公路隧道一览表（王少飞，2009） 表1-20

隧道名称	位置	长度(m)	竣工时间(年)	车道×车洞	通风方式
秦岭终南山隧道	陕西	18020	2007	2×2	左右洞共用3座斜、竖井，分段纵向通风
西山隧道	山西	13700	在建	2×2	
雪山隧道	台湾	12900	2005	2×2+服务隧道	左右洞各3座竖井，分段纵向通风
大坪里隧道	甘肃	12288	在建	2×2	共设置4座竖井，分段纵向通风
宝塔山隧道	山西	10480	在建	2×2	斜、竖井，送排式纵向通风
翔安海底隧道	厦门	9000	在建	2×2	
龙潭隧道	湖北	8700	在建	2×2	左右洞各2座斜、竖井，送排式纵向通风
括苍山隧道	浙江	7903	2008	2×2	左右洞各1座斜井，送排式纵向通风、顶隔板排烟
苍岭隧道	浙江	7605	2007	2×2	左右洞各1座斜、竖井，送排式纵向通风、顶隔板排烟
方斗山隧道	重庆	7600	2008	2×2	左右洞各1座斜、竖井，送排式纵向通风
雪峰山隧道	湖南	6950	2007	2×2	左洞2座斜、竖井，右洞单斜井送排式纵向通风
秦岭一号隧道	陕西	6144	2007	2×2	上行单斜井送排式纵向通风、下行射流纵向通风
秦岭二号隧道	陕西	6125	2007	2×2	上行单斜井送排式纵向通风、下行射流纵向通风
铁峰山二号隧道	重庆	6025	2007	2×2	近期全射流+远期竖井，分段送排式纵向通风
美菰林隧道	福建	5580	2003	2×2	左右洞各1座斜井，集中排风纵向通风
九岭山隧道	江西	5474	在建	2×2	左右洞共用1座斜井，分段纵向通风
雁门关隧道	山西	5135	2003	2×2	左洞2座斜、竖井，右洞单井排式纵向通风
彩虹岭隧道	广东	5068	2007	2×2	全射流纵向通风

城市隧道是连接公路、城市道路的重要节点，主要指车行或人车混行的地下通道。随着我国大城市工业化、国际化、现代化进程的加快，并为缓解或有效解决日益严重的城市交通问题，城市隧道在我国大城市里如雨后春笋般出现。综观我国，从20世纪70年代上海打浦路隧道投入运行，到目前的上海外环线越江沉管隧道、大连路至延安东路越江隧道、外滩观光隧道、南京玄武湖隧道、宁波甬江隧道等陆续开通，城市隧道工程大量涌现，目前总长度已达数百公里。大型城市隧道基本状况见表1-21。

我国著名城市隧道详细情况说明表 表1-21

序号	隧道名称	所在城市	通车时间（年）	隧道里程	基本情况
1	香港海底隧道	香港特别行政区	1972	全长1.86km	香港海底隧道跨越维多利亚港，将九龙半岛和香港岛两岸独立的道路网络连接起来，北端出入口所在的土地位于红磡以西，亦是填海所得来的，海底隧道南端出入口位于奇力岛，处于香港岛东区。车速限制70km/h。香港海底隧道是世界上最繁忙的4线行车隧道之一，也是香港最繁忙、使用率最高的道路
2	广州珠江隧道	广州市	1993	全长1238.5m，河中段长475m	珠江隧道位于中国广东省广州市荔湾区，是广州市第一条穿越珠江的隧道。隧道呈南北走向，隧道北端出入口位于荔湾区黄沙，连接内环路、六二三路，南端出入口位于上芳村，连接花地大道，是穿越珠江的一条过江隧道，是我国大陆首次采用沉管法设计施工的大型水下隧道

续上表

序号	隧道名称	所在城市	通车时间（年）	隧道里程	基本情况
3	上海外环隧道	上海市	2003	全长 2880m	上海外环越江隧道是上海外环线两个过江段之一，是亚洲目前最大的沉管隧道。它是上海外环线北段的过江咽喉，它东起浦东三岔港，西至浦西吴淞公园附近，距吴淞口约 2km。隧道为双向 8 车道，设计车速 80km/h
4	苏州独墅湖隧道	苏州市	2007	工程全长7.37km，其中高架桥长3.43km，隧道部分长 3.46km，地面辅道长 2.86km	南环路东延独墅湖桥隧工程西接东南环立交，东至园区星湖街，工程采用高架形式从苏嘉杭高速公路下方穿过，向东连续跨越通园路、星港街等城市主干道，然后在金鸡湖高尔夫球场西南侧下穿，以隧道形式穿越独墅湖、星湖街后接地，向东通达昆山、上海。主线采用双向 6 车道，桥梁段宽 26m，隧道段宽 30.2m，设计车速为 60km/h
5	无锡蠡湖隧道	无锡市	2007	全长 1180m，其中穿越湖中暗埋段 880m	蠡湖隧道北接新湖滨路，南面下穿金城西路后进入东蠡湖湖底，然后从南岸金石路出地面。隧道从金城西路起至湖底为暗埋段，隧道南北各有下沉和爬坡的敞开段，两孔双向六车道，设计车速 60km/h
6	上海长江隧道	上海市	2009	工程全长25.5km，隧道长约 8.9km，桥梁长约 10.3km	上海长江隧道工程起于上海市浦东新区的五好沟，经长兴岛到达崇明县的陈家镇。工程采用"南隧北桥"方案，以隧道形式穿越长江口南港水域和以桥梁形式跨越长江口北港水域。工程按高速公路标准，双向六车道，设计荷载公路Ⅰ级，设计车速 80~100km/h
7	南昌青山湖隧道	南昌市	2009	工程全线长 1965m，其中湖底暗埋段为 550m	青山湖隧道是一条东西走向的城市主干道，西起阳明东路京九线隧道，先后穿越文教路、洪都北大道、湖滨南路、青山湖、湖滨东路、国安路，东至国威路和上海北路交叉口。隧道主体工程为双向 6 车道，设计行车速度为 40km/h
8	武汉长江隧道	武汉市	2010	建筑总长度3630m，东线长3295m，西线长3303.6m	武汉长江隧道，位于武汉长江大桥和长江二桥之间，是万里长江上的第一条过江隧道，又称"万里长江第一隧"。隧道起于汉口大智路铭新街平交口，止于武昌友谊大道东侧，与规划的沙湖路衔接。每线各设 2 车道，设计车速 50km/h
9	杭州庆春过江隧道	杭州市	2010	全长 5352m，其中隧道主线全长 3024m	杭州庆春过江隧道北接杭州庆春东路，南连萧山市心北路，东距钱江二桥 2.6km，西距钱江过江隧道三桥 2.5km。隧道分东西两孔，南来车从东孔走，西孔供北往车辆通行，每孔两车道，整条隧道双向四车道，设计车速 60km/h

续上表

序号	隧道名称	所在城市	通车时间（年）	隧道里程	基本情况
10	南京长江隧道	南京市	2010	总长为6042m，左线长3022m	南京长江隧道，是城市过江隧道工程，是江苏省南京市城市总体规划确定的"五桥一隧"过江通道中的隧道工程，位于南京长江大桥和长江三桥之间，南起南京市主城区的滨江快速路，北至江北收费广场连接线，连接河西新城区—江心洲—浦口区，设计为双向6车道，并设有专门的人行道，设计行车时速80km/h
11	青岛胶州湾海底隧道	青岛市	2011	全长7800m，其中陆域段长3850m，海底段长3950m	胶州湾海底隧道，南接黄岛区的薛家岛街道办事处，北连青岛主城区的团岛，下穿胶州湾湾口海域。设双向六车道，设计车速80km/h。路线等级为城市快速路，设计基准期为100年
12	广州洲头咀隧道	广州市	在建	工程全长3253m，江中沉管段长340m	工程位于广州市西南部地区，三江交界处的白鹅潭南端约800m处的珠江主航道上，珠江隧道和鹤洞大桥之间，其上游约1.4km是珠江隧道，下游2.2km是鹤洞大桥。起点为花地大道与花蕾路交点，向东下穿芳村大道后，下穿珠江，分匝道出地面，并设置立交与内环路洪德路立交相连，隧道暗埋段止于洪德路边。按远景规划，隧道主线下穿洪德路后出地面，往东延伸与宝岗路相连。双向六车道。隧道建成后，可缓解珠江隧道、鹤洞大桥等过江通道的交通压力

1.5.2 公路隧道日常运营管理

日常运营管理，即非事故时的运营管理。包括维护设计条件、标准，保证各种功能系统及设备子系统按要求正常运行，确保交通顺畅，满足乘行人员舒适及隧道周边环境保护等要求。加强隧道智能化管理及保养，通过改善隧道运营管理条件，减少事故隐患，防止隧道内安全事故的发生。通过对隧道结构的监测与评估，实施日常的维护与保养，使其处于健康状态。

隧道工程是一个庞大的系统工程，除土建结构外，还包括运营所需的机电、防灾等子系统。同时，拥有众多系统的隧道工程，其运营系统技术先进、结构复杂，运营管理专业性强、技术要求高，对操作、维护人员的技术水平和系统操作维护等熟练程度要求颇高。运营管理中必须熟悉工程设计，明确设计意图。同时，管理过程中，应随时掌握运营条件相对于设计条件的变化情况，并给予必要的控制，以免由此变化而影响隧道的安全。

公路隧道运营管理是一个比较复杂的系统工程，涉及到许多部门、各种型号的设备、先进的技术等多方面的因素。

公路隧道运营管理，主要包括：标志、标线、交通监控、通风与照明控制、紧急呼叫、火灾报警、防灾与避难、供配电和中央控制管理等系统以及相应的管理体制等。这些系统的功能和作用都是为了达到满足公路隧道的基本运行条件、改善隧道内交通环境、提高运营管理的服务水平、降低事故发生的可能性和破坏程度，保证隧道正常运营的目的。

根据目前对许多事故起因、后果的分析发现，隧道运营管理不善是一个重要的原因。公路隧道运营管理工作主要包括以下几方面。

(1)应急救援:应急救援是公路隧道运营管理的重要组成部分,是预防、控制和消除事故与灾害对司乘人员生命和财产安全造成危害所采取的反应行动。应急预案的制订与救援设施的配备是应急救援中的一项重要基础工作。

(2)危险车辆的管理:危险品车辆通过隧道一旦发生事故,后果将极其严重。

(3)机构及岗位设置:隧道应设立专业的管理机构,负责隧道的管理及养护工作。隧道管理机构及岗位的设置不应拘泥于某一种形式,最主要的是符合本单位管理工作的实际需要按精简、高效、协调的原则设立,按精干高效进行定编、定员、定岗,以达到落实责任,分工协作,提高管理效率的目的。

(4)队伍建设:隧道的运营,在很大程度上取决于监测和控制系统以及操作人员的素质。人员素质包括:思想素质,技术业务水平,生理、心理素质及群体素质,且对不同人员,有不同的素质要求。随着隧道管理技术性的日益增强,使得提高管理总体素质显得日益必要,为了高效地利用各种先进管理手段,对管理人员的素质要求越来越高。由于隧道管理工作的特殊性,管理人员应作专门培训,使管理人员熟练掌握应会的业务技能,方可持证上岗,并且要具有相应的应变能力和处置突发事件的能力。

隧道操作人员,应能懂结构、懂原理、懂性能、懂用途、会使用、会维护保养、会排除故障,坚持技术培训教育和岗位练兵。注意调动操作人员和维修人员的积极性,这在努力提高设备完好率,保证设备安全经济运行,起到了积极的作用。

同时,还注意职业道德教育,培养员工敬业精神,加强工作责任心。

(5)规章制度:认真做好适应隧道运行管理的各项规章制度的制订、修改及完善工作。把以安全运行为核心的整章建制工作,层层落实安全责任制,到岗到人;贯彻预防为主的计划,每班应有巡检、有记录,定期组织全面检查,列出隐患问题及整改计划。有效的规章制度有助于及时发现病害和分析病害的原因,以便采取有效的防治措施,积累技术资料,从而消除隐患于萌芽之中,确保隧道安全运行。

(6)宣传教育:隧道安全宣传教育是隧道运营管理工作的一个重要组成部分,宣传教育的主体是隧道管理机构和人员,客体是参与隧道交通的单位和个人。只有广泛深入地开展安全宣传教育,才能提高广大群众对隧道安全的认识和重视程度,对隧道的运行管理有所了解,自觉遵守交通秩序,维护交通安全,协助管理机构做好隧道的运营管理工作,提高隧道的安全等级。

1.5.2.1 各级隧道养护管理机构及职能

(1)高速公路:管养单位为经营管理单位,监管单位为省高管局。

(2)国省干线公路:中、短隧道的管养单位为县级公路管理机构,监管单位为地(州、市)公路管理机构;特长、长隧道的管养单位为地(州、市)公路管理机构,监管单位为省公路局。

(3)农村公路:隧道的管养单位为县级交通主管部门,中、短隧道的监管单位为市(州、地)交通主管部门;特长、长隧道的监管单位为省公路局。

隧道管养单位需组建完善、合理的运营管理架构,确保隧道正常运营。隧道运营管理架构如图 1-78 所示。

运营部的主要职责：监督隧道内车辆通行状况，车辆交通事故状况和地点；监控隧道灾害（如火灾、水灾等）的发生并执行相应的应急预案；对进入隧道内的养护人员发出指示；对隧道内所有设备运营状况进行监督并发出有关指令；指挥应急救援服务中心处理隧道内发生的各类突发事件。

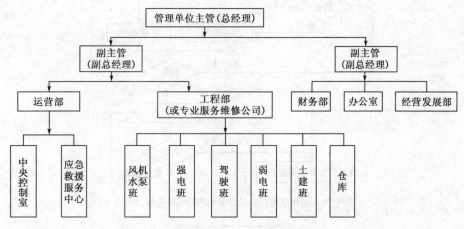

图 1-78　隧道运营管理机构

工程部的主要职责：对隧道内的通风、给排水、消防、供电、照明及监控等系统进行应急情况的维修保养，并指导、联系专业维修服务公司对各设备系统进行常规的维修保养；隧道路面、墙面清洗；泵房井内清淤；隧道路面维修、养护；隧道堵漏；隧道长期沉降测量；管理大楼维修等。

应急救援服务中心主要职责：负责交通事故、车辆故障、隧道火灾、车辆急修、道路排障等救援保障工作；负责隧道的日常巡视、检查以及发生突发事件时的交通管制及先期救援工作。

这种管理模式使各部门之间，既相对独立，又紧密联系；既有分工又有协作，有效地保障了对各种情况的快速反应与处置，保障了机电设备的安全运行，从而有效地实现了隧道管理的最终目标：安全、畅通、经济运行。

1.5.2.2　公路隧道养护管理流程

（1）土建结构定量化评价与养护流程

我国公路隧道现行养护规范根据对检测结果的定性判定，制订了土建结构检查工作流程图（见图1-79）。

（2）机电设施定量化评价及养护流程

机电设施的损坏，将影响到车辆在隧道中的安全行驶和发生突发事件后隧道的消防与救助功能。图1-80反映了公路隧道机电设施病害的养护流程。

（3）其他工程设施定量化评价及养护流程

其他工程设施病害可参照机电设施病害进行定量化判断，周期可在保证设施使用性前提下安排。

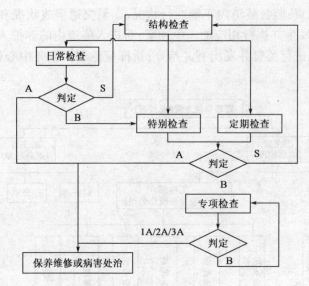

图 1-79　土建结构评价及养护流程图（交通部，2003）

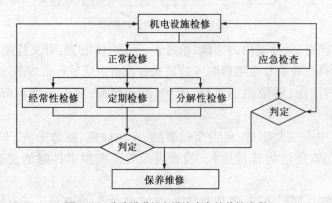

图 1-80　公路隧道机电设施病害的养护流程

1.5.3　应急状态下的运营管理

应急状态下的运营管理，即发生事故时的运营管理。非事故时的运营管理是为了保障车辆运营的安全性，预防或降低事故的发生率；发生事故时的运营管理则是为了在事故发生后尽量将事故的影响降低到最低水平。①确认事故，及时启动相应的应急处理程序，控制事故的发展。②组织隧道内乘行人员疏散及消防人员的救援，尽可能保障乘行人员生命财产和工程安全，将损失降至最低程度。

1.5.3.1　应急救援模式

一个完善合理的隧道运营管理体系，对于确保隧道安全运营，并取得较好的社会效益及经济效益是十分重要的。目前，国内外很多隧道管理部门只负责隧道的日常运营管理，而将技术要求较高的机电设备维护检修等工作通过签订服务合约，委托给相关的专业维修服务公司进行。这就要求管理单位必须总体把关，专业公司要派专人常驻现场，对所有设备故障或损坏都应及时地处理与维护。抗灾分系统功能目标一览见表 1-22，火灾工况应急救援模式如图 1-81 所示。

抗灾分系统功能目标一览表(申伟强,2010)　　　　　　　　　　表 1-22

序号	分系统设施		功能目标
1	通风排烟设施	集中通风机、射流风机、风阀等	控制烟气流向,及时排除烟气
		专用排烟风机、重点排烟口、排烟风阀等	将烟气排离就近的主隧道,减少烟气扩散范围
		加压送风机、风阀等	向疏散通道、疏散楼梯等加压送风,确保疏散通道不受烟气侵袭
2	应急照明、应急标识设施	应急照明灯组;应急电源	确保火灾安全区的能见度
		智能指示标志;安全门疏散指示门框;疏散口使用图示;安全口编号	提高疏散救援路径的辨识度,便于指引
		疏散安全口;安全通道	提供通畅、安全的疏散路径,保证疏散;提供可达性强的救援路径,救援无盲点
3	自动和手动灭火设施	自动灭火系统	灭火或控火;大幅度降低火场温度
		消火栓;室外消火栓;细水雾喷枪	灭火或控火(专业人员使用)
		灭火器	灭火或控火(乘行人员自救使用)
		消防泵房(消防泵组)	为消防人员进攻提供足够的消防水量和水压
4	火灾报警	自动火灾报警器;手动火灾报警器;中控室报警主机	及早报警
5	中央监控设施	应急广播设施:应急广播;中控室	确保疏散启动时间;指导疏散和自救,提高疏散和自救的效率
		事故通信设施:专用漏泄电缆;专用频点;直线对讲设施;中控室	确保救援通信,包括命令发布、信息回馈
		监控设施:CCTV 摄像机;中控室	及时发现火灾;监视、反映疏散状况;不考虑参与救援功能,仅在烟雾较小的情况下,辅助监视救援
		交通监控设施:信号灯;可变情报板;相关路网可变情报板	阻止后续车辆进入隧道;停止疏散方向的所有交通;控制隧道内外救援路线的交通

续上表

序号	分系统设施		功能目标
6	结构防火	顶部防火内衬； 管线防火保护	(1)确保主体结构安全； (2)确保疏散阶段，火灾非安全区的必要的设备运行； (3)确保疏散和救援阶段，火灾安全区的必要设备运行
7	隧道降温	高压水泵组； 高压细水雾喷头； 净化设备、管路及阀件	(1)控制洞内空气温度； (2)必要、可能时亦可辅助火灾工况下的降温

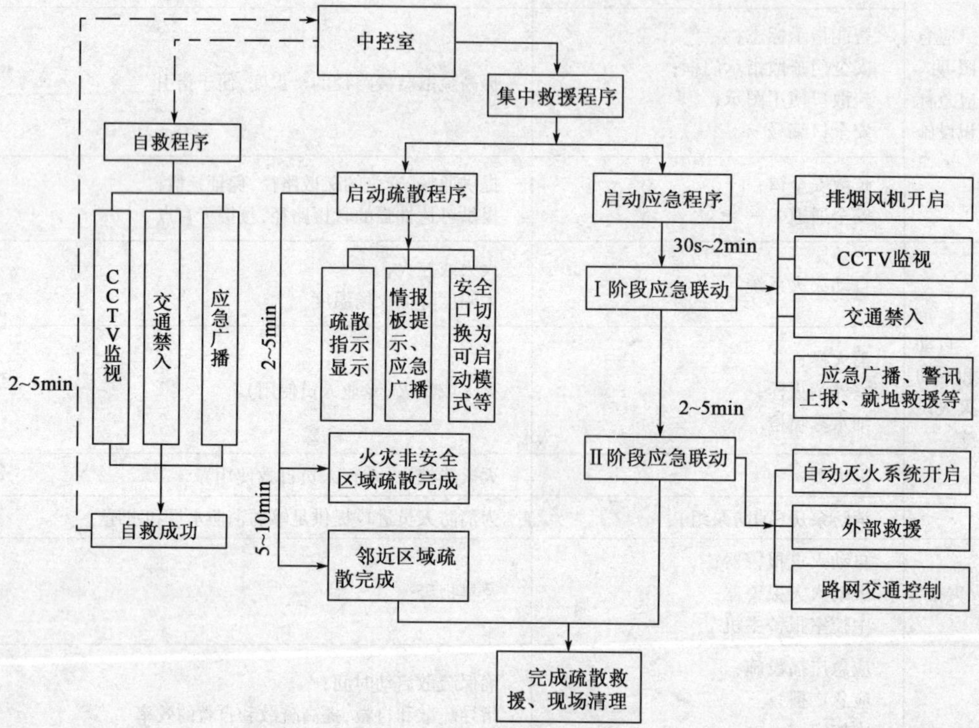

图1-81 火灾工况应急救援模式图

1.5.3.2 应急状态下的工作流程

在公路隧道对路网的完善和社会的发展起到巨大的推动作用的同时，也暴露了不少安全问题。由于隧道是特殊的地下管状构造物，受气候条件、天气情况、隧道内空气质量、路况、车况以及驾驶人员的行为等因素的影响，隧道内存在着发生车辆故障、交通事故、隧道火灾等突发事件的危险性，其中火灾造成的危害最大。故需对隧道有可能出现的突发事件制订各种应急预案。这些应急预案对隧道内发生突发事件时救援人员的工作位置、岗位职责、救援车辆行驶线路、车辆的疏散线路、各类救援人员的配合、事后清场等诸多方面进行详细而明确的规定。

另外，为提高对隧道内突发事件的响应速度，尚需对相关部门的协调配合制订切实可行的规范和制度，形成一个卓有成效的隧道突发事件管理系统。应急救援服务中心应配备专用无线对讲系统、专用内线电话及隧道内紧急电话系统、市网电话及每天24h值班的巡逻车和救援车等。

平时,要求应急救援队伍加强各种应急预案的演练和勤务训练,不断对应急预案进行充实和完善,以求达到最佳实战效果。通过这些措施,可有效预防隧道事故的发生和扩展。一旦发现火灾,应立即按火灾报警及消防灭火控制流程(见图1-82),组织消防救援。

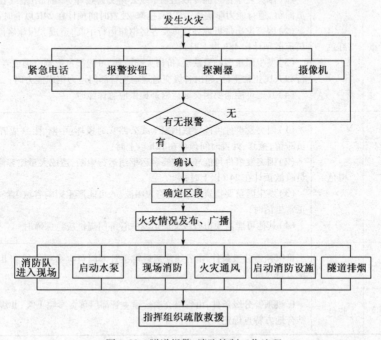

图1-82　隧道报警/消防控制工作流程

1.5.3.3　应急处置

根据突发事件发生时对公路交通的影响和需要的运输能力分为四级预警(见表1-23),分别为Ⅰ级预警(特别严重预警)、Ⅱ级预警(严重预警)、Ⅲ级预警(较重预警)、Ⅳ级预警(一般预警),分别用红色、橙色、黄色和蓝色来表示。

1)分级响应

(1)响应级别

公路交通突发事件,按照其可控性、严重程度和影响范围,分为特别重大事件(Ⅰ级)、重大事件(Ⅱ级)、较大事件(Ⅲ级)和一般事件(Ⅳ级)四个等级。

交通运输部负责Ⅰ级应急响应的启动和实施,省级交通运输主管部门负责Ⅱ级应急响应的启动和实施,市级交通运输主管部门负责Ⅲ级应急响应的启动和实施,县级交通运输主管部门负责Ⅳ级应急响应的启动和实施。

特别重大事件(Ⅰ级):对符合本预案公路交通Ⅰ级预警条件的公路交通突发事件或由国务院下达的紧急物资运输等事件,由应急领导小组予以确认,启动并实施本级公路交通应急响应,同时报送国务院备案。

重大事件(Ⅱ级):对符合本预案公路交通Ⅱ级预警条件的公路交通突发事件或由交通运输部下达的紧急物资运输等事件,由省级交通运输主管部门在省级人民政府的领导下予以确认,启动并实施本级公路交通应急响应,同时报送交通运输部备案。

公路交通突发事件预警级别　　　　　　　　　　　　　　表 1-23

预警级别	级别描述	颜色标示	事 件 情 形
Ⅰ级	特别严重	红色	(1) 因突发事件可能导致国家干线公路交通毁坏、中断、阻塞或者大量车辆积压、人员滞留，通行能力影响周边省份，抢修、处置时间预计在 24h 以上时； (2) 因突发事件可能导致重要客运枢纽运行中断，造成大量旅客滞留，恢复运行及人员疏散预计在 48h 以上时； (3) 发生因重要物资缺乏、价格大幅波动，可能严重影响全国或者大片区经济整体运行和人民正常生活，超出省级交通运输主管部门运力组织能力时； (4) 其他可能需要由交通运输部提供应急保障时
Ⅱ级	严重	橙色	(1) 因突发事件可能导致国家干线公路交通毁坏、中断、阻塞或者大量车辆积压、人员滞留，抢修、处置时间预计在 12h 以上时； (2) 因突发事件可能导致重要客运枢纽运行中断，造成大量旅客滞留，恢复运行及人员疏散预计在 24h 以上时； (3) 发生因重要物资缺乏、价格大幅波动，可能严重影响省域内经济整体运行和人民正常生活时； (4) 其他可能需要由省级交通运输主管部门提供应急保障时
Ⅲ级	较重	黄色	Ⅲ级预警分级条件，由省级交通运输主管部门负责参照Ⅰ级和Ⅱ级预警等级，结合地方特点确定
Ⅳ级	一般	蓝色	Ⅳ级预警分级条件，由省级交通运输主管部门负责参照Ⅰ级、Ⅱ级和Ⅲ级预警等级，结合地方特点确定

较大事件（Ⅲ级）：符合由省级交通运输主管部门确定的公路交通运输Ⅲ级预警条件的公路交通突发事件，由市级交通运输主管部门在市级人民政府的领导下，启动并实施本级公路交通应急响应，同时报送省级交通运输主管部门备案。

一般事件（Ⅳ级）：符合由省级交通运输主管部门确定的公路交通运输Ⅳ级预警条件的公路交通突发事件，由县级交通运输主管部门在县级人民政府的领导下，启动并实施本级公路交通应急响应，同时报送市级交通运输主管部门备案。

(2) 交通运输部负责的其他突发事件

除Ⅰ级预警或应急响应外，交通运输部根据突发事件的严重性、紧急程度、可控性、敏感程度、影响范围等，还负责处置如下突发事件：

①根据路网中心的日常监测或对已启动的Ⅱ级应急响应事件的重点跟踪，已经发展为特别严重事件（Ⅰ级）或已引起国务院和公众特别关注的、交通运输部认为需要在不启动Ⅰ级应急响应的情况下予以协调处置的突发事件。

②根据省级应急管理机构请求，需要交通运输部协调处置的突发事件。

③按照国务院部署由交通运输部负责协助处置的突发事件。

2) 应急响应启动程序

Ⅰ级响应时，交通运输部按下列程序和内容启动响应：

①路网中心提出公路交通突发事件Ⅰ级应急响应启动建议。

②应急领导小组在 2h 内决定是否启动Ⅰ级应急响应。如同意启动，则正式签发Ⅰ级应急

响应启动文件,报送国务院,并于 24h 内召集面向国务院各相关部门、相关地方交通运输主管部门的电话或视频会议,由应急领导小组组长正式宣布启动Ⅰ级应急响应,并由新闻宣传小组负责向社会公布Ⅰ级应急响应文件。

③Ⅰ级应急响应宣布后,应急领导小组根据需要指定成立现场工作组,赶赴现场指挥公路交通应急处置工作。

④Ⅰ级应急响应宣布后,路网中心和各应急工作组立即启动 24h 值班制,根据本预案规定开展应急工作。

各地应急管理机构可以参照Ⅰ级响应程序,结合本地区实际,自行确定Ⅱ、Ⅲ、Ⅳ级公路交通突发事件应急响应程序。需要有关应急力量支援时,及时向上一级公路交通应急管理机构提出请求。

3) 信息报送与处理

建立部际信息快速通报与联动响应机制,明确各相关部门的应急日常管理机构名称和联络方式,确定不同类别预警与应急信息的通报部门,建立信息快速沟通渠道,规定各类信息的通报与反馈时限,形成较为完善的突发事件信息快速沟通机制。

建立完善部省公路交通应急信息报送与联动机制,路网中心汇总上报的公路交通突发事件信息,及时向可能受影响的省(区、市)发布,并提供跨区域出行路况信息服务。

严重以上预警信息发布和应急响应启动后,事件所涉及的省级公路交通应急管理机构,应当将进展情况及时上报路网中心,并按照"零报告"制度,形成每日情况简报。路网中心及时将进展信息汇总形成每日公路交通突发事件情况简报,上报应急领导小组,并通报各应急工作组。

信息报告内容包括:事件的类型、发生时间、地点、影响范围和程度、已采取的应急处置措施和成效。

公路交通运输管理有关单位在发现或接到社会公众报告的公路交通突发事件后,经核实后,应依据职责分工,立即组织调集力量开展应急处置工作,全力控制事态发展,并在 2h 内向交通运输主管部门报告。

4) 指挥与协调

(1) 部省路网协调与指挥机制

当发生Ⅱ级以上公路交通突发事件时,路网中心和事发地公路交通应急管理机构,均进入 24h 应急值班状态,确保部省两级日常应急管理机构的信息畅通。

建立交通运输部与相关省份省级交通运输主管部门之间的定期视频应急会商机制。

路网中心协调各省级公路交通应急管理机构,科学实施跨区域公路网绕行分流措施,同时及时发布路况信息。

(2) 部门间协调机制

当发生Ⅰ级公路交通突发事件时,交通运输部与公安部等部门建立协调机制,按照职责分工,加强协作,共同开展应急处置工作。同时,指导地方公路交通应急管理机构建立与公安交警的联合调度指挥机制,实现路警"联合指挥、联合巡逻、联合执法、联合施救"。

(3) 现场指挥协调机制

现场工作组负责指导、协调Ⅰ级公路交通突发事件现场的应急处置工作,并及时收集、掌握相关信息,根据应急物资的特性及其分布,受灾地点、区域路网结构及其损坏程度,天气条件等,优化措施并研究备选方案,及时上报最新事态和运输保障情况。

5) 国家应急物资调用

当省级应急物资储备在数量、种类及时间、地理条件等受限制的情况下,需要调用国家公路交通应急物资储备时,由使用地省级公路交通应急管理机构提出申请,经应急领导小组同意,由路网中心下达国家公路交通应急物资调用指令,应急物资储备管理单位接到路网中心调拨通知后,应在48h内完成储备物资发运工作。

6) 跨省支援

在交通运输部协调下,建立省际应急资源互助机制,合理充分利用各省级应急物资储备和应急处置力量,以就近原则,统筹协调各地方应急力量支援行动。对于跨省应急力量的使用,各受援地方应当给予征用补偿。

7) 应急响应终止程序

Ⅰ级应急响应终止时,交通运输部采取如下终止程序:

(1) 路网中心根据掌握的事件信息,确认公路交通恢复正常运行,公路交通突发事件平息,向应急领导小组提出Ⅰ级应急响应状态终止建议。

(2) 应急领导小组决定是否终止Ⅰ级应急响应状态,如同意终止,签发Ⅰ级应急响应终止文件,提出应急响应终止后续处理意见,并在24h内向国务院及相关部门报送。

(3) 新闻宣传小组负责向社会宣布Ⅰ级应急响应结束,说明已经采取的措施和效果以及应急响应终止后将采取的各项措施。

Ⅱ、Ⅲ、Ⅳ级应急响应终止程序由各级应急管理机构参照Ⅰ级应急响应终止程序,结合本地区特点,自行编制。

参 考 文 献

[1] 重庆交通科研设计院. JTG D70—2004 公路隧道设计规范[S]. 北京:人民交通出版社,2004.
[2] 铁道第二勘察设计院. TB 10003—2005 铁路隧道设计规范[S]. 北京:中国铁道出版社,2005.
[3] 李炜平. 钱江盾构隧道的火灾安全与逃生救援设计[G]. 2011年公路隧道安全设计与运营管理暨水下隧道建设技术国际会议论文集. 重庆:重庆大学出版社,2011.
[4] 杨秀军,颜静仪,石志刚. 城区水下隧道逃生通道设置形式研究[G]. 2011年公路隧道安全设计与运营管理暨水下隧道建设技术国际会议论文集. 重庆:重庆大学出版社,2011.
[5] 申伟强. 论道路隧道安全运营与科学管理[J]. 地下工程与隧道,2010(2).
[6] 北京市地方标准. DB 11/T718—2010 交通设施养护维修技术规范. 北京:中国铁道出版社,2010.
[7] 中华人民共和国行业标准. JTG H12—2003 公路隧道养护技术规范.[S]北京:人民交通出版社,2003.
[8] 中华人民共和国行业标准. CJJ 45—2006 公路隧道通风照明设计规范[S]. 北京:人民交通出版社,2006.

2 隧道运营安全风险评估

铁路隧道、公路隧道和地铁隧道、城市隧道是现代工业社会重要的高效可靠的交通基础设施。毫无疑问,隧道必须具备高度的安全性和安全使用性,尤其是隧道中要避免火灾事故。隧道是交通的咽喉要道,无论是铁路、公路、地铁、城市隧道火灾都是极其危险的,不仅会对隧道造成严重的破坏,更重要的是危及人身安全。由于隧道和地下建筑结构复杂、环境密闭,加上人员密集,一旦发生火灾,扑救相当困难,往往会造成重大的人员伤亡和经济损失。隧道中有限的空间使逃离和救援更加困难,产生的后果更加严重。

世界上许多国家,如韩国、英国、法国、意大利、日本、奥地利和美国等都发生过严重的隧道火灾事故并造成惨重的人员伤亡事故,我国隧道也发生过重大的火灾事故。因此,必须对隧道灾害的规律和防灾系统设计加强研究,为隧道灾害的防治提供一定的措施。

2.1 隧道运营安全事故概述

通过对大量的公路隧道事故案例研究,可以对隧道交通事故进行全面分析总结,找出隧道交通事故的共同特征,对于交通隧道日常的安全管理以及建立隧道风险管理模型都有非常重要的意义。

众所周知,世界上无论哪种交通方式,绝对杜绝事故,保证百分之百的安全是不可能的,因而安全只能是一个相对的问题。隧道在陆路交通中的安全度很难和其他交通方式作对比。由于我国至今尚无公开发表的公路、公路隧道事故统计数据,更毋论公路隧道中最危险的火灾事故的统计,故只能借鉴国外的学者和国际组织,如国际道路常设会议(PIARC)隧道委员会的统计数据来加以探讨。

公路隧道是公路的衍生物,所以对二者的事故率作一比较,较具说服力且有可比性。可以看出以下三点:

(1)公路隧道的事故率低于公路,财产损失量亦存在同样关系,无论是单向,还是双向均是如此。

(2)有硬路肩的公路隧道的事故率低于无硬路肩的公路隧道,但是无硬路肩的公路隧道事故率还是低于有硬路肩的公路。

(3) 双向公路隧道的事故率要高于单向隧道，德国的统计（见表2-1）亦证明了这一点。

德国的统计数据　　　　　　　　　表2-1

事故原因	双向隧道(%)	单向隧道(%)
驾驶失误	32	17
追尾	34	69
其他	32	13

由以上可知，公路隧道事故率低于公路，换言之，隧道的安全度高于公路。之所以有这样的推论，有其深层次的原因：

(1) 公路隧道，包括高速公路隧道，国外均限速80km/h，低于高速公路的限速值。

(2) 驾驶员驾车进入隧道后，一般注意力相对集中，不易分心，发生事故的概率就低些。

(3) 隧道内不受风、雨、雪、冰、雾等气候影响，路况优于公路。

公路隧道中对安全危害最大的是火灾。车行路上，发生故障是极常见的、极普通的事件。一般故障不会危及安全，发生火灾事故的概率虽然大大低于一般故障概率，但危及安全。当隧道中发生火灾时，如处理不当就会成为重大安全事故。

根据国外的统计，表明发生火情与发生故障的比例一般在1∶100到1∶500之间，而发展成火灾与发生火情的比例一般在1∶10到1∶20之间。发生重大火灾的比例则更小。据上海延安东路隧道的统计，1991—2001年共发生火灾4起，但均因扑灭及时而无人员伤亡；上海打浦路隧道1977—2002年，除所述造成人员伤亡的重大火灾外共发生火灾18起，均因及时扑灭而未造成人员伤亡。

另据瑞士圣哥达隧道在2001年重大火灾之前的统计，以1998年为例，该年隧道的车流量为6500000车次，其中1000000车次为载货汽车（约占15%），其发生事故55起，其中4起为火灾。在隧道火灾中，载货汽车所引起的比例更高于一般车辆，而且一旦发生载货汽车火灾，其危害程度要高得多。据德国汉堡易北河隧道的统计，1990—1999年共发生火灾109起，火灾率为百万分之3.57。由于该隧道是欧洲最繁忙的公路隧道之一，载货汽车通过量占总量的15%，而引发火灾的量却占了25%。圣哥达隧道的统计同样显示载货汽车的火灾率要高出平均值50%。

通过上述分析，尽管隧道安全性高于公路，但隧道确实存在重大安全隐患，特别是重大人员伤亡和财产损失的隐患，对隧道安全问题予以高度重视，研究既有隧道的安全度，对新建隧道采取必要的安全措施，对已建隧道作适当改进增加安全措施。

要保证隧道正常的安全运营，其前提是隧道的各项设施正常运行，隧道内空间狭小，养护不易。如有阻塞，对整个交通的影响极大。所以，做好特大隧道养护工作、机电设备及土建方面的检查与维修是保证特大隧道安全运营的基础和前提保障。机械设备的正确使用和精心维护，是设备现场管理的中心环节，现场管理有序，使用操作正确、合理、维修得当，就能减少非正常磨损，提高设备的完好率。根据特大隧道的机电设备的运行特点，制订设备"巡回检查制度"、"维修保养制度"、"维修质量负责制度"、"机电设备操作程序、步骤"等规章制度，对于维修管理的全面规范。使设备管理做到有章可循有较大的作用。同时建立巡检登记，将巡检中发现的问题及处理结果详细登记，作为设备运行的考核资料。隧道属特殊结构，因此积累隧道数据资料非常重要。同时,通过对隧道资料的分析总结,也可以不断提高特大隧道管理和养护工作的科技含量。根据特大隧道的特点,充分利用隧道设备,结合日常管理工作,坚持对数据资料的采集。定期测试特大隧道路面抗滑构造深度,定期测量隧道烟雾浓度,指定专人跟踪观测各种病害,掌握隧道病害原始数据,对交通流量进行逐日统计分析。通过对数据的积累,有针对性地开展工作,为特大隧道的病害处治及运营管理提供可靠的原始资料。认真做好日常的维修保养工作,有计划地进行设备定期检修,使系统设备处于良好的工作状态。

在长大隧道救援设计中,主要应解决好以下几个问题:救援组织计划、救援设备配套、救援组织布置、救援设备选型、救援性能问题等。其中,防灾救援设备尤其是报警、通信设备和灭火设备的性能、布置对控制火灾范围和灭火效果有直接影响,在防灾救援设计过程中,应予以足够的重视。

在长大隧道中必须制订切实可行的救援组织实施流程,采取安全可靠的消防系统才能防患于未然。在隧道发生火灾时,采取正确的通风方式和通风风速,制订正确的行车组织,才能切实可行地实施救援。

2.1.1 公路隧道运营基本特点

我国公路隧道通常为上、下行分设的单向交通双车道隧道,两洞间隔一般为30m。隧道一般不设交叉路口,属于无交叉路口地段。在公路与隧道相衔接的路段,为正常公路进入隧道的过渡段,也称引线段,应包括在隧道交通信号控制区段内。如果引线段内有平交路口,则在考虑隧道交通流量和速度、密度等参数时,也要将平交路口车流的分流与合流考虑进去,以取得准确的判断依据。公路隧道运营特点包括隧道内交通环境、隧道内行车和洞内路面等特点。

2.1.1.1 隧道交通环境特点

相对于隧道外公路而言,隧道内属于半封闭环境,具有与洞外不一致的环境和行驶条件,这就必然造成了交通状况的差异。在空间上的限制而使隧道内的环境状况具有以下特点。

(1)视觉特点

进出隧道,首先要面对的是隧道的"黑洞效应"和"白洞现象"。高速行驶的汽车穿过长大公路隧道时,生理条件决定了驾驶员的视觉要发生微妙的变化。尤其在白天,汽车接近隧道时,由于环境亮度突然由高变低,所以从隧道外部看照明很不充分的隧道入口时,是一个黑洞(长隧道)或一个黑框(短隧道),导致驾驶员减缓行车速度;出洞时刚好相反,白天在隧道出口因外部亮度很高,驶出隧道时亮度迅速由弱变强,视觉上会出现眩光而倍感不适,也会影响驾驶员的行驶。"黑洞效应"和"白洞现象"对安全行车极为不利,是导致隧道交通事故的一个重要因素。除了通过隧道内照明控制加以解决外,也需要进行交通信号和诱导标志的合理安置与控制,使车流通畅行驶。

此外,隧道内空间狭小,视野范围较窄,废气不易排除,直接或间接地影响了驾驶员的生理和心理感受,从而影响驾驶员驾驶判断的准确性,容易诱发交通事故。目前我国长大隧道一般为单洞双车道,隧道内除了有限的紧急停车带外,一般没有其他车道可供使用,如果交通控制不当或发生事故,容易造成隧道内事故上游车道的堵塞。

(2)环境照度

照度是用来表示被照面上光的强弱,以被照场所光通的面积密度来表示。无眩光条件下,适当提高照度可以使隧道行车感到轻松、舒适。但在隧道照明中,如果照度太亮,不仅不能节能,而且十分刺眼,容易让人疲倦,严重危及行车安全。

如果照度太低,加上车辆排出的烟气受到汽车前灯的照射,光线被烟气吸收而形成光散射现象会降低能见度,影响驾驶人员驾驶判断的准确性,也容易诱发交通事故。此外,隧道照明的效果不仅取决于灯光的亮度,还与背景空间的反射率密切相关。

(3) 环境噪声

隧道内的噪声,主要由射流风机产生的噪声和车辆运行过程中产生的噪声两部分组成,其中车辆产生的噪声是主要的。就噪声源的产生类型来看,由车辆产生的噪声可以分为气体噪声和固体噪声,气体噪声主要来源于汽车与路面作用产生的泵气效应,固体噪声主要来源于路面不平整而引起的轮胎和车体的振动,噪声的大小与汽车发动机类型、车速、隧道内空气、路面的表面构造、路面材料及汽车轮胎有关。

根据声学理论,隧道内的噪声可以看作是扩散声场,是直达声和混响声的叠加,加上隧道壁的反射,其环境噪声非常大,严重影响了驾驶人员的正常思维判断和反应能力,加大了发生交通事故的几率。

(4) 空气质量

在公路隧道特别是长大公路隧道内,由于汽车的频繁来往,汽车排放的尾气严重污染整个隧道空间。在污染空气中,存在来自汽车尾气的多种有毒有害成分,如 CO、SO_2、NO_2、HC(碳氢化合物)、PMI(颗粒状物质)等。此外,还有来自汽车行驶过程中所产生的大量扬尘。隧道是个相对狭小的空间,污染物不易扩散,所以隧道内污染空气的浓度会逐渐积累,当有害成分的浓度增大到一定程度时,会对驾驶人员及乘客的身体健康造成危害,同时也危及行车安全。

(5) 环境湿度

因山体丰富的渐沥水和洞内外温差的作用,而使隧道内常常处于很潮湿的环境中。隧道内潮湿情况一般用相对湿度来衡量,隧道因渗漏水不仅使洞内空气潮湿,恶化洞内环境,还会严重影响路面的质量与寿命;同时,因渗漏水浸湿路面,会使路面的附着系数减小,从而影响行车安全。

另外,由隧道交通特点及实际经验可知,隧道内是发生交通事故和其他突发事件的高发区,一旦隧道内发生事故则容易导致火灾,且不易控制;堵塞车流不易疏散;CO 浓度迅速升高则会产生洞内人员呼吸困难甚至窒息等情况。因此,隧道交通在控制诱导方面不仅要能够提供良好的交通控制方式;在事故发生后,要求交通控制系统判断事故快速准确、反应及时,在这方面控制精度和力度,一般都要高于同里程的高等级公路。

2.1.1.2 运营管理特点

因此,相对洞外路段而言,公路隧道的运营管理有以下其自身的特点。

(1) 养护管理特点

由于隧道内交通繁忙,加上环境恶劣和空间场地的限制,而使设备的日常维护、故障检修工作困难、劳动强度大而效果较差。

(2) 隧道内通信特点

当事故或者火灾发生在隧道内时,滞留的人员、车辆由于各种原因,使隧道内的移动电话信号满荷,造成通信不畅,甚至发生隧道内停电、移动电话无信号、现场施救无法指挥的情况。

(3)施救通道预留及场地特点

大部分隧道设计为双车道,发生险情后,极易造成堵塞,无法预留施救通道供救援车辆进入现场,施救人员往往要步行几公里赶往现场,极大影响了施救时间,对现场的形势也无法快速判断。在翻车或者是火灾事故施救中,在堵车的情况下,大型清障车无法顺利进入隧道内,并且道路宽度无法满足清障车掉头的需要。当施救人员步行至现场后,一般采取交通管制办法封闭道路,清障车需要倒车几公里才能进入现场施救,考虑到安全因素,倒车车辆又要控制速度,因而失去了宝贵的施救时间,且倒车的时间长、里程长,对驾驶员驾驶技术、道路管制能力又有很大的考验。在紧急情况下,因清障车操作的空间不够,无法实施作业。

(4)交通管制特点

隧道内交通管制措施手段极其有限,很容易发生二次事故。隧道内的施救受到场地的制约导致管制时间长。在相关规定中,实施交通管制应该由交警部门负责,但是在高速公路实际工作中,布控的实施是路政部门,路政部门布控主要依靠反光锥桶、标志牌等简易设备,隧道内由于车辆高速行驶,驾驶员素质参差不齐,加上隧道内视线不好,极易引发二次事故。

(5)管理费用特点

相对洞外路段而言,隧道的运营管理费用高,特别是通风与照明的运营费用。隧道内被控设施多,控制方案复杂使得隧道内运营维护工作量大。隧道内发生交通事故尤其是火灾或交通阻塞时疏导与救援等工作困难。

(6)设施管理特点

设施的种类繁多:设施主要包括:隧道照明系统、隧道通风系统、隧道消防灭火系统、火灾自动检测及手动报警系统、紧急电话系统、隧道无线调度对讲系统、隧道有线/无线广播系统、隧道闭路电视监视系统、交通参数检测及交通控制和信号提供系统、隧道环境参数检测及供配电系统等。

许多子系统设备数量大:如照明灯具、自动火灾探测器、摄像机、报警按钮等。

设备价格高,投资大,运营维护工作量大:如能见度仪、照度仪、通风、照明设备等。

环境性能要求高:因山体丰富的淅沥水和洞内外温差的作用,使公路隧道内常常处于很潮湿的环境中。

很多专用设备国内无成熟定型产品,需依赖进口。

2.1.1.3 隧道内行车特点

(1)隧道内车辆的行驶有着不同于洞外公路的特点。在正常隧道运营状态下,隧道所有车辆都必须各行其道,不得变线。除非有事故车占道,并有信号指令方可变线。在隧道内一般没有其他车道可供使用,所以事故发生点的上游会发生拥挤现象或造成阻塞。

(2)隧道内严格禁止汽车蛇行和超车。

(3)除非发生事故,隧道内不允许停车。在紧急情况下,如发生火灾或交通事故,行驶车辆受阻不得不停车时,可以停在划定的紧急停车段内。为了防止后继车辆挤得太密,紧急停车段应间隔划分,使停车数量不超过正常行驶时的交通密度。这种方式可以保证每条车道不会被车辆挤满，还可以腾出一个车道来。

（4）长大隧道通常为单向双洞，一般洞内间隔500m左右设置横通道，包括人行横通道和车行横通道，提供发生事故特别是火灾时汽车和行人的紧急疏散，由发生事故的单洞转移到另一单洞，这也是隧道内交通不同于洞外交通的特点之一。长大隧道与洞外路段行驶不同之处见表2-2。

隧道内与隧道外公路车辆行驶条件对比　　　　表2-2

比较项目	隧道内	隧道外公路
路段	无交叉路口	可能有交叉路口
视野	狭窄	开阔
光线	较暗、眩光效应、黑洞效应	由气候决定
空气	CO、废气等不易排放	由当地空气状况决定
车辆行驶	不允许变线、超车、停车	可以变线、超车
阻塞车辆疏散方式	倒车、横通道、变线、车道反向	无横通道

2.1.1.4 隧道内路面特点

隧道路面是承受车辆长期行驶的基本载体，是公路隧道最重要的部位之一，是保证行车安全、舒适的基本条件。隧道路面与洞外路段相比存在如下特殊性：

（1）隧道为管状构造物，空间狭小，存在汽车废气排放、积聚等现象，这些废气、油烟、粉尘等在路面的黏附比洞外路段大。油渍路面污染、粉尘的黏聚使路面抗滑性能变差，且得不到天然降雨的冲洗，长期影响路面的抗滑性能。

（2）洞内发生火灾时，其温度对路面的影响也比洞外严重。

（3）洞内光线差、视觉环境差对行车不利。洞内路基路面受场地条件影响使得维护条件差，加固难度大。

（4）行车安全受气候影响大。在出现雨天时，多使洞口段冷热空气变换，产生水珠，路面积雾，降低路面抗滑性能。

关于隧道路面，在欧洲几乎均采用沥青混凝土路面，而日本则采用水泥混凝土路面。

我国在普通公路隧道上几乎都采用水泥路面，在一级公路和高速公路隧道也以采用水泥路面为主。但近年某些省份的调查研究表明，在行车速度大于60km/h的高速公路隧道，采用水泥路面的隧道交通事故发生率大大高于采用沥青路面的洞外路段，于是他们采取对水泥路面进行纵向刻纹、人工糙面等措施，但总体上效果不理想。一种有效的措施是在水泥路面上铺设沥青混凝土薄层来提高抗滑能力，目前这种改造措施逐步在浙江等地的隧道中推广。

2.1.2 国外隧道事故

1）勃朗峰隧道火灾事故

（1）隧道概况：勃朗峰隧道（MontBlanc）是意大利和法国之间通过阿尔卑斯山的交通要道，宽8.6m、长11.5km，于1965年7月16日建成通车。该隧道采用全横向通风，送排风道设在隧道底部，实行单洞双向交通。该隧道由法国和意大利共同管理，设有主从式监控中心两个。

(2)事故发生情形:1999年3月24日上午,一辆装黄油的货车自燃引起大火,接着殃及前后车辆。隧道内浓烟滚滚,并传出数声爆炸声。大火持续燃烧了两天,大火燃烧所产生的高温使这个全长近12km的隧道的混凝土穹顶全部沙化,而铺路的沥青则全部被烧成了泡沫翻腾的黏稠浆体(见图2-1)。尽管实施了紧急救援,但仍造成41人死亡、燃毁43辆车、交通中断一年半以上的重大损失。

(3)事故主要原因:
①隧道通风设备不符合要求。
②消防人具缺少救援训练。
③法国和意大利方面缺乏必要的协调。

(4)事后措施
①设置了37个紧急避难室,将避难室数目扩大到事故发生前的2倍。避难室与隧道间设有2道可在1200℃的高温环境下工作2h的空气隔离门。避难室内安装与控制中心相连的视讯电话。

图2-1 勃朗峰隧道(MontBlanc)火灾事故现场

通向地面的楼梯在修改后也向下延伸到隧道旁的疏散竖井。

②每隔100m安装1个抽烟管道,总数共计116个。所有的抽烟管道都有单独的通风井。

③每隔100m的隧道墙上设置安全凹槽,总数共计116个。凹槽内设有紧急电话与消防设施,避车弯道每隔300m设置。

④紧急照明设施每隔300m设置,遥控路障每隔600m设置。

⑤隧道的控制与指挥工作如今由法国和意大利联合组成的独立组织负责。除隧道两端的岗哨之外,在隧道中部还新建了1个紧急救援中心,并安排人员24h值班。

⑥隧道中部的紧急救援中心配备3辆装有特殊灭火装置的消防车。消防车两端均设有驾驶室,以便它们不掉头就可在隧道内朝2个方向行驶。

⑦隧道里安装126台监控摄影机,雷达测速器确保隧道内车辆的时速不超过70km/h,另一套雷达系统则负责侦检车辆间距是否小于150m。

⑧在隧道入口处安装的热感器,可将温度过高的车辆拦截在隧道外。

⑨为预防大货车相撞事故发生,大货车通过隧道时必须由车队护送,且每次只能有1个方向的大货车通过,每天通过隧道的大货车数量被控制在1100辆以内,该数字是1999年发生事故前允许通过量的一半。

2)托恩隧道火灾事故

(1)隧道概况:托恩隧道(Tauern Tunnel)位于奥地利境内,建于1975年,为全横向通风,全长6.4km,纵坡1.5%,每昼夜交通量14300辆,19%为大型载重车。

(2)事故情形:1999年5月29日凌晨4时49分,洞内正在维修作业,局部封闭一个车道。一辆大卡车与4辆小车相撞并引起大火,火灾持续4h,烧死13人,烧毁车辆34辆,如图2-2所示。从火灾发生至报警仅1min,但救援人员赶到时已无法接近现场,火灾发生后45min救援才得以展开。这次火灾烧坏结构长度达600m,估计火灾点附近的温度为1100℃。修复工作共花费1000万奥地利先令,共计3个月,而收费损失达4000万先令,间接损失更加巨大。

(3) 事后措施：

①采用先进的线性火灾检测装置。

②增强隧道排气能力使 2min 内可达到最大，排风能力每千米为 120m³/s，新鲜风的送风能力为每千米 190m³/s。

③采取自勤交通管制，事故发生时应迅速阻止单辆进入，以减小损失。

④设置 30 个紧急电话，间距为 212m。

⑤车行横通道间距由 1600m 调为 800m。

⑥设置 2 个独立的消防水池，分别位于 2 个洞口。

图 2-2　奥地利托恩隧道(Tauern Tunnel)火灾事故现场

⑦每隔 150m 应设置逃离方向的指示标志。

⑧调整火灾排烟口的百叶，使其在火灾排烟时能方便启动。

⑨设立避难室，尺寸 2.2m×2.3m，可保证 5~7 人避难，并按一定间距设置新鲜空气供应站。每站能确保在火灾时为 106 人提供新鲜空气，新鲜空气供应量为 2.75m³/min。

⑩长度大于 100m 的隧道，宜采用混凝土路面。

3) 瑞士圣哥达隧道火灾事故

(1) 隧道概况：圣哥达隧道全长 16.9km，是世界第二长大隧道。穿越海拔 200 多米的阿尔卑斯山连接瑞士南部和意大利北部的主要公路干道。经过 11 年的建设，终于于 1980 年正式通车，每天通过该隧道的车辆成千上万，最多时达 2 万辆。它不仅有一条平行的紧急情况避难隧道，主隧道内还安装了最先进的火灾侦测系统和空调系统。如果发生事故，15min 之内便可将隧道内的有害气体排出。另外，隧道内每隔 250m 修建 1 个避难室，每个避难室可容纳 70 人。即使如此，灾难仍无法避免。

(2) 事故情形：2001 年 10 月 24 日上午 10 点左右，两辆载货汽汽车在瑞士圣哥达隧道南端 1.5km 处相撞并起火。这条最重要的南北通道被迫关闭，交通顿时陷入瘫痪。车祸引发的大火使部分隧道的温度达到了 1000℃，造成出事地段 200m 范围内顶部坍塌，如图 2-3 所示。大火造成的死亡人数达 11 人，128 人失踪。由于车祸引起的大火将隧道内部分路段烧毁，所以该隧道被迫关闭进行维修。

图 2-3　瑞士圣哥达隧道火灾事故现场

(3)事故后采取的措施

日内瓦国际道路联盟在事故后,提出了如下隧道安全改造措施:

①呼吁各国限制载运危险品大货车通过隧道,鼓励铁路运输替代公路运输。

②大货车必须保持前后车距至少 150m。

③限制每天 3500 辆大货车通过,而非过去的 5500 辆。

④建设第 2 隧道以变向交通分离和增设应变避难第 3 隧道。

⑤隧道增设热追踪照相机,并为大货车进行定期监测及检验。

⑥在隧道前,拦截的过热和其他问题的车辆进入。

⑦建议大货车装载少量的燃料。

⑧大货车间距应采取更好的方式控制,建议所有车辆都应该装载灭火器。

公路隧道的安全问题引起欧盟相关部门的重视与反思。随即在 2000 年建立了一个专门机构——EuroTest,负责对现行的欧洲公路隧道风险程度与安全性能进行检查并评价,逐年检测与评价 30~50 座公路隧道,并计划在 2007 年将欧洲现营运隧道评价完毕。

EuroTest 机构的检测结果表明,一般而言,事故发生频率随隧道长度和交通量增加而增加。根据德国 ADAC 机构 1998 年的统计,隧道每千米发生的事故为 18 起,可见隧道发生事故的频率不低;事故频率最高的隧道又多为单洞双向交通或无硬路肩、检修道狭窄的隧道;就避难目的而言,存在无避难隧道、无应急出口、无避难洞室等问题;对于单洞双向交通的公路隧道,由于在隧道两侧没有紧急停车带,致使出现紧急情况或事故时,汽车很难停下来。

国外公路隧道交通事故一览见表 2-3,国外铁路隧道交通事故一览见表 2-4。

国外公路隧道交通事故一览表 表 2-3

序号	年份	隧道名称	长度(km)	事故原因	火灾持续时间(h)	隧道结构破坏程度	火灾损失
1	1949	美国,纽约,Holland 隧道	2.6	货车起火(碳硫化物)	4.00	隧道严重破坏 200m	66 人中毒,损坏汽车 23 辆
2	1968	联邦德国,汉堡-Moorfleet 公路隧道	0.243	载有 14t 聚乙烯的货车刹车失灵	1.50	隧道严重破坏 34m	损坏 1 辆货车,1 辆拖车
3	1974	法国—意大利,MontBlanc 隧道	11.6	货车发动机起火	0.25	—	1 人受伤
4	1975	西班牙,Guadrarroma 隧道	3.345	4 货车、2 轿车相撞	2.73	隧道严重破坏 210m	损坏货车 1 辆
5	1978	荷兰,Velsen 隧道	0.768	汽车相撞	1.30	隧道严重破坏 30m	5 人死亡,5 人受伤,损坏汽车 6 辆
6	1979	日本,Nihonzaka 隧道	2.045	汽车相撞	159.00	隧道严重破坏 1100m	7 人死亡,2 人受伤,损坏汽车 189 辆,关闭 35d
7	1980	日本,Kajiwara 公路隧道	0.740	载有(3600L)油漆的货车倾覆	—	隧道严重破坏 280m	1 人死亡,损坏汽车 2 辆

续上表

序号	年份	隧道名称	长度（km）	事故原因	火灾持续时间（h）	隧道结构破坏程度	火灾损失
8	1982	阿富汗，Salang 隧道	2.700	（33000L）油罐车相撞	—	—	超过700人死亡
9	1982	美国加州 Caldecott 隧道	1.028	货车与油罐车相撞	2.70	隧道严重破坏580m	7人死亡，2人受伤，损坏汽车7辆
10	1983	意大利，Pecorila-Galleria 隧道	0.662	货车追尾	1.83	隧道严重破坏200m	9人死亡，22人受伤，损坏汽车10辆
11	1984	瑞士，圣哥达（St. Gotthard）隧道	12.32	货车燃烧	1.50	隧道严重破坏30m	损坏1辆货车
12	1984	奥地利，Felber-tauernt 隧道	5.130	公交车着火	0.40	隧道顶部内衬及设备100m	损坏1辆客车
13	1986	法国，L'Arme 隧道	0.662	货车追尾	—	隧道内部分设备被破坏	3人死亡，5人受伤，损坏汽车5辆
14	1987	瑞士，Gumefens 隧道	0.343	3货车、5轿车相撞	2.00	轻微破坏	2人死亡，3辆货车损毁
15	1990	法国—意大利，MontBlanc 隧道	11.60	货车发动机起火	—	隧道内部分设备被破坏	2人受伤，损坏汽车1辆
16	1990	挪威，Roldal 隧道	4.656	货车相撞	0.80	轻微破坏	1人受伤
17	1993	意大利，SerraRipoli 隧道	0.442	货车相撞	2.50	轻微破坏	4人死亡，4人受伤，损坏汽车16辆
18	1993	挪威，Hovden 隧道	1.290	摩托车相撞	1.00	隧道严重破坏111m	5人受伤，损失摩托车1辆，汽车2辆
19	1994	南非 Huguenot 隧道	3.914	公共汽车电机故障起火	—	—	1人死亡，28人受伤，1辆公共汽车被毁
20	1995	奥地利，Pfander 隧道	6.719	货车相撞	1.00	严重破坏	3人死，损坏4辆汽车
21	1996	意大利，Femmine 隧道	0.148	油罐车爆炸	—	严重破坏，关闭2.5天	5人死亡，26人受伤，损坏19辆汽车
22	1999	法国—意大利，MontBlanc 隧道	11.60	货车燃烧	55.00	混凝土穹隆全部沙化，火灾蔓延1.2km，最高温度1000℃，关闭近3年	41人死亡，损坏汽车43辆，意大利间接损失3~4.5亿欧元/年

续上表

序号	年份	隧道名称	长度(km)	事故原因	火灾持续时间(h)	隧道结构破坏程度	火灾损失
23	1999	奥地利,Tauem公路隧道	6.401	汽车相撞(1辆货车载有油漆)	17.00	最高温度1200℃,600m隧道坍塌	13人死亡,损坏汽车34辆,修复损失850万欧元,关闭3个月收费损失2000万欧元,最终关闭12个月
24	2000	挪威,Seljestad隧道	1.272	货车相撞	0.75	隧道关闭2d	人受伤,8辆汽车损毁
25	2001	瑞士,圣哥达隧道	16.918	货车相撞	48.00	隧道顶板大块坍塌,火灾蔓延2km,最高温度1200℃,长期关闭	11人死亡,损坏汽车23辆,损失1100万瑞士法郎
26	2001	意大利,Prapontin隧道	4.409	机械故障	—	隧道关闭近10d	19人受伤
27	2001	奥地利,Gleinalm隧道	8.320	货车相撞	0.50	—	5人死亡,损失2辆汽车
28	2001	丹麦 GuldborgSund	0.460	1货车和几辆轿车追撞起火	—	—	5人死亡,4人受伤
29	2003	韩国,汉城弘智门隧道	1.890	汽车相撞	—	—	30多人受伤,损毁1辆客车,1辆汽车
30	2005	法国—意大利,费雷瑞斯公路隧道	12.800	货车燃烧	6.00	关闭14个月	2人死亡,20人受伤,多辆汽车损毁

国外铁路隧道交通事故一览表　　　　表2-4

序号	年份	隧道名称	事故原因	火灾损失
1	1972	日本国铁北陆干线隧道	501次旅客列车餐车起火燃烧	30人死亡,轻重伤人员共715名
2	1979	美国地铁ABRT区	117次列车(7节车)的第五和第六车厢在通过加利福尼亚州奥克兰和旧金山海湾之间的隧道时发生了火灾	一名消防队员死亡,24名消防队员、17名乘客、3名应急人员和12名工作人员因吸入烟气而住院治疗。估计损失为245万美元
3	1996	(英/法)英吉利海峡隧道	列车尾部拖车上运载的一辆重型货车起火	9人中毒,大部分列车及载运的重型货车被毁,中断交通1个月
4	2004	莫斯科地铁	自杀式爆炸	39死,100人伤
5	2003	韩国大邱地铁	蓄意纵火	198死,147伤,50失踪
6	1995	巴库地铁	列车火灾	269死,5581伤

续上表

序号	年份	隧道名称	事故原因	火灾损失
7	1972	日本北陆隧道	列车火灾	30死,715伤
8	1995	东京地铁沙林气体攻击	蓄意施毒	6000人瓦斯中毒
9	1987	伦敦国王十字地铁站	火灾	31死,受伤人数不详
10	1979	旧金山海湾海底隧道	火灾	1死,58伤

2.1.3 国内隧道事故

图2-4 温泉隧道内高温燃烧造成损毁严重

国内隧道事故情况也不容乐观,2006年3月21日下午2时左右,京珠高速北温泉隧道内,一辆大货车自燃,造成隧道内设施严重损毁及道路长时间封闭的交通事故。自燃导致车上的化学品被点燃,并在隧道内燃烧近3h,其中曾一度发生轻微爆炸。据现场勘察,由于货物燃烧时间长,造成隧道内温度较高,近400盏的照明灯被毁370盏,路面凹凸变形,隧道顶部、两侧用于防火的瓷砖材料脱落约200m^2,顶部火烤部位出现碎石松脱现象(见图2-4)。

大量的公路隧道安全事故见表2-5,铁路隧道安全事故见表2-6。

近年国内公路隧道重大事故一览表　　表2-5

时间	隧道名称	事故
1994年	上海延安东路隧道	车辆发动机油管爆裂起火,火灾
1998年	上海延安东路隧道	车辆发动机故障起火,火灾
1998年7月7日	福建盘陀山第二公路隧道	因货车在隧道内起火发生火灾
1999年	甬台温高速公路湖雾岭隧道	一辆装载9t苯乙烯的槽车撞到隧道壁上,造成泄漏,交通堵塞7h
1999年	浙江大溪岭隧道	火灾
2001年	中国琥珀山隧道	满载聚乙烯泡沫方便面碗的大货车,车下电瓶处突然起火,火灾持续1h,严重交通堵塞
2001年	浙江省高速公路隧道	发生交通事故433起,累计死亡12人
2002年1月10日	浙江猫狸岭隧道	因驾驶员不慎点燃发动机造成火灾事故,火灾持续2h,烧坏200m长的隧道
2002年11月	吉林某隧道	因交通事故引发火灾,导致严重的损失
2003年	京珠高速隧道群	发生事故合计340起,死伤人数共计126人,其中死亡人数共15人,受伤人数共111人,损坏车辆共计201辆

续上表

时　间	隧道名称	事　故
2003年7月13日	台湾的北二高北上路段中和隧道口	发生一起10部车辆追撞的连环车祸事故,造成3人不幸身亡
2004年07月10日	云南省昆石高速公路(昆明至石林方向)清水沟二号隧道内	一辆中巴车由于制动总泵推杆与制动踏板连接销脱落,致使车辆失控,尾追前方车辆,致使3人死亡,多人受伤,5车受损的特大交通事故
2005年3月3日	上海外环线越江隧道	发生自通车以来撞车车辆最多的一起连环撞车事故。在浦西往浦东方向的隧道内,包括集装箱重型货车、商务车、轿车在内的多辆汽车撞在一起,导致隧道内交通严重堵塞
2005年	浙江牛廷岭隧道	撞车,多人受伤
2005年10月2日	成渝高速路走马段隧道	一天内发生5起追尾事故
2006年	浙江四角尖隧道	车祸事故
2006年	广东北温泉隧道	货车自燃
2006年	西潼高速公路响河隧道(长0.485km)	汽车相撞,燃烧2h,直接经济损失近100万元,1人死亡,4人受伤,损坏2辆汽车
2007年2月22日	京珠高速靠椅山隧道	发生12车连环相撞事故,约有3000辆汽车因此被困,车龙绵延数千米
2007年2月24日	成渝高速缙云山隧道左洞	一辆面包车发生故障后引起自燃,中断一个多小时交通,隧道两侧被堵车辆长达5km
2007年4月5日	广州北二环高速路往深圳方向的天鹿园隧道口	一辆小轿车为避让前面一辆突然爆胎的桑塔纳小轿车,车头紧急变向,撞上隧道口石基上,当场造成2死3伤
2007年4月8日	成渝高速成都至重庆方向中梁山隧道	一小时之内接连发生5起交通事故,14辆车不同程度受损,堵车长龙长达1.3km
2007年11月8日	深圳塘朗山隧道	发生7车连环追尾事故

近年国内铁路隧道重大事故一览表　　　　　　　　　　表2-6

时　间	隧道名称	事　故
1976年10月18日	宝成线140号隧道	铁路事故造成75死,23伤
1992年9月15日	青藏线岳家村站18号隧道	084次货物列车脱线起火,造成18号隧道重大火灾事故。影响当日旅客列车、货物列车各3列;油罐车报废18辆,中破1辆,合计直接损失费用为132.60万元
1993年6月12日	西安至延安(西延线)的蔺家川隧道	发生了油罐列车重大火灾事故,造成了人员伤亡和巨大的经济损失。此次事故死亡8人,伤10人,中断行车579h。报废机车1辆,报废车辆16辆,损坏轨道250m。损失原油343t,原油污染道砟1933m。严重破坏隧道280m,烧损31.1m钢筋混凝土曲线桥梁1孔。直接经济损失561.42万元

由于隧道特殊的环境,一旦发生交通事故尤其是火灾,将导致人员伤亡、设施毁坏、交通中断甚至造成环境破坏,造成无法估计的经济损失,也对隧道运营管理带来了很大的压力。在2006年的公路隧道运营管理与安全国际学术会议上北京工业大学的段国钦教授对当前国内公路隧道营运管理的现状进行了客观地分析,并指出了以下不足之处:

(1) 管理人员不足,技术水平低。由于环境条件的恶劣性,使得高级隧道管理人才缺位,普遍存在管理能力和技术水平的不足,一定程度上制约了系统功能的正常运转。

(2) 系统设备复杂庞大,控制方案复杂,但功能利用率低。由于建设运营的相对割裂,造成系统设计目标和实际营运需求有所脱节,从而导致系统功能效用不能充分发挥或功能不完善。

(3) 隧道恶劣的环境条件,致使设备故障率高,系统维护难度大,维护成本高,系统故障后难以及时修复。

(4) 隧道交通智能控制系统,实际应用效果差。目前国内隧道还不能实现火灾报警和消防控制的联动,存在照明、通风控制策略和交通运营状态的关联性和互动性不强,信息检测和诱导信息发布的异步等现象。隧道交通营运状况基本上依赖于闭路电视监视,既不能依据交通信息进行车辆状态自动判别与报警,也不能预先诱导、控制交通流,减少阻塞的发生。

(5) 公路隧道养护营运成本高。

可见,我国公路隧道管理的现状迫使我们必须进一步对隧道管理规范化、制度化,系统营运维护管理,防灾管理等方面进行研究,探索建立有利于隧道有效运营的管理机制,建立运营绩效评估体系,从整体上提高管理水平。

2.1.4 隧道运营事故的危害性

在对大量隧道交通事故案例进行研究的基础上,分别从事故时间、事故地点、事故形态、事故车辆类型等几个方面对隧道交通事故研究总结,找出隧道交通事故的共同特征,并对隧道交通事故的危害性进行分析。

公路隧道结构和设施复杂、出入口少、疏散路线长、通风照明条件差,在通风的隧道内一旦发生火灾事故,其危害性极为严重。烟气产生量大,温度高,能见度低,蔓延速度快;车辆多,通道容易堵塞;人员疏散困难,扑救难度大,通信困难,指挥不畅。

公路隧道内部是一个半封闭的空间,除两端的进出口之外隧道内部一般都不再设置与外界连接的出入口。因此,一旦隧道内部发生事故,隧道内被困的人员及车辆只能向隧道两端的进出口逃生,而参与救援的人员、设备也只能够从隧道两端的进出口出入隧道,和一般道路交通事故相比隧道交通事故逃生的难度增大,救援工作开展也很困难,而逃生通道不畅和救援工作不能顺利进行,有可能会增加人员的伤亡和财产的损失,造成恶性灾难事故。

铁路、公路隧道大多位于人烟稀少的山岭之中,不会对周围生活居住的居民造成太大影响,而城市隧道则位于城市内部的主要交通干道上,且一般都处于城市的繁华地带,人流量、车流量都很大,若是城市交通隧道内部发生交通事故,不仅隧道内的人员、车辆不易逃生,救援难以进行,而且极易影响到地面交通的安全顺畅,甚至造成地面交通参与者的人员伤亡与财产损失。因而,城市交通隧道交通事故除具有一般隧道事故的危害性之外,还可能危及到城市居民的生命财产安全,危害城市交通的通畅,影响到城市的社会、经济发展,造成的后果更严重,危害性更大。

2.2 隧道运营事故分类、成因与特点

公路隧道多处于国道干线上,是现代工业社会主要的高效可靠的交通基础设施。毫无疑问,其必须具备高度的安全性和安全使用性,尤其是隧道中要避免火灾事故。

2.2.1 隧道事故分类

公路隧道发生事故的影响、破坏性和危害性较大。公路隧道发生运营事故的影响因素,包括人的因素、车辆因素、道路因素、环境因素、管理因素等。而火灾事故对隧道运营安全威胁极大。图2-5为澳大利亚伯恩利隧道火灾事故示意图。

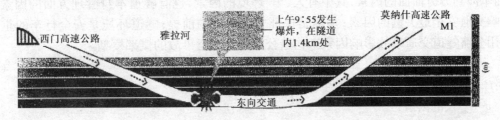

图2-5 澳大利亚伯恩利隧道火灾事故(2007年)示意

通过对公路隧道运营事件统计分析,公路隧道可能发生的事件,主要包括:火灾、交通事故、交通拥堵、车辆事故、货物散落、危险品泄露、空气污染物浓度超标、自然灾害(地震、水淹、恶劣气象等)、养护维修、停电等。公路隧道事件分类见表2-7。

公路隧道事件分类及等级　　　　　表2-7

事件形态 \ 严重等级	A 危险事件	B 重大事件	C 一般事件	D 轻微事件
火灾	☆			
交通事故	●	●	☆	
交通拥堵			●	☆
车辆故障			●	☆
货物散落		●	☆	
危险品泄露	●	☆		
空气污染物浓度超标		●	☆	
自然灾害	●	☆		
养护维修			●	☆
停电			●	☆

注:☆表示事件发生时的等级;●表示事件可能演化成的等级。

隧道灾害按照表现形态可分为5大类:

(1)交通事故(占的比重最高)。

(2)火灾或爆炸事故。

(3)毒气泄漏。

(4)自然灾害(涌水、塌方、岩爆等)。

(5)隐患灾害(发动机和轮毂过热、车辆故障、CO超标、VI超标、抛物、阻塞、土建结构出现沉陷或裂缝)。

2.2.2 隧道运营事故成因

隧道运营事故造成大量人员伤亡、财产损失,所以有必要对隧道的事故进行分析。

2.2.2.1 交通事故影响因素

就统计规律而言,交通环境中发生交通事故是随机性事件,正是由于交通事故发生的随机性,而牵涉到方方面面的因素,其中有人、车、环境的因素,也有隧道本身管理方面的因素。人是影响交通安全最关键的因素;车辆是保证安全行驶的前提;隧道环境是安全行车的重要基础。用公路隧道交通事故影响因素来构造公路隧道交通事故的概率模型。

$$P = f(p,v,t,m) \tag{2-1}$$

式中:P——公路隧道交通事故发生的概率;

p——人的因素;

v——车的因素;

t——隧道条件因素;

m——管理的因素。

1)人的因素

交通事故中的人一般有驾驶员、乘车人、骑车人和行人,而隧道通常采取了全线封闭、全立交等一系列安全措施,从而排除了行人和非机动车辆对交通过程的干扰。因此人的因素主要指的是驾驶人员和隧道管理者。

(1)驾驶人员

我国对公路隧道交通事故进行过统计和分析,驾驶员操作失误是一个重要原因。驾驶人员在高速公路隧道环境中发生行为失误的基本原因是驾驶人员对外界条件有限的适应能力与现代交通工具速度越来越快之间的矛盾,这种矛盾使驾驶人员在高速公路隧道环境中容易出现各种失误。此外,在隧道路段上驾驶员会产生恐慌、烦躁的情绪和压抑的感觉,这些不良的心理反应也很容易导致驾驶员操作失误,从而诱发交通事故。下面对驾驶员在高速公路隧道路段上行车的心理和生理变化进行探讨,以便了解其造成交通事故的真正原因。

①驾驶员的生理特性。当汽车驶近没有适当照明的隧道时,因隧道长度不同,驾驶员会产生不同的反应。一是在通过短隧道(长度<200m)时,车辆刚驶近隧道,就能看到隧道出口及外部的景物,由于隧道出口外的亮度很高,而隧道内的亮度很低,对比度过大会在出口外造成眩光,而在隧道内的周边产生严重的"黑框效应"。如果在"黑框"范围内有障碍物存在,则驾驶员往往难以辨识,甚至不能察觉。二是看不到隧道出口及其洞外景物的较长隧道(长度>200m),车辆驶近隧道口时,在驾驶员视野中的天空、附近建筑物等的亮度远比隧道洞内的亮度高,虽然洞口实际上也有一定的亮度,但在感应现象(即当驾驶员的视野有许多亮度不同的景物同时出现时,因反映到视网膜上的各物像之间亮度差异过于悬殊,而发生的无法详细观察

较低亮度景物的现象)的作用下,驾驶员仍感到洞口很黑,像个"黑洞",以致无法辨认洞口附近的情况,甚至连障碍物也难以发现。这两种效应对汽车在隧道内的安全行驶都带来严重的影响。

由于人眼视网膜锥体细胞和杆体细胞的感光能力存在着差异,使得暗适应与光适应的时间差异较大,驾驶员驾驶车辆从一个亮度很大的视场突然进入一个暗视场中,视觉的暗适应时间一般需要 5~10min,完全适应则需要 30min,特别是在刚开始的数十秒内,驾驶员几乎不能视认视场中的有关障碍物,这对隧道入口区的行车安全影响很大。而在出隧道时,是从一个暗环境进入一个高亮度的视场,这种光适应则时间较短,一般只需要数秒,最长不过 1min,给驾驶造成的视觉障碍相对较轻。因此,影响最大的即为进入隧道的视觉暗适应。

②驾驶员的责任心。主要表现在驾驶员的违章操作和工务人员的严重失职。1976 年宝成线白水江 140 号隧道货物列车起火,就是由于电力机车驾驶员违章超速、制动过猛,使列车脱线、颠覆,而造成的油罐列车爆炸事故。1987 年陇海线兰州十里山 2 号隧道火灾事故的主要原因就在于工务段人员工作严重失职,他们对管辖内线路设备状态心中无数,而且在局轨检车已经检查并提醒 2 号隧道内"曲线钢轨磨损、判断不准,请工区立即检查整修"的情况下,仍未立即检查采取措施并及时更换有伤钢轨。

③消防人员缺乏救护经验。1993 年的勃朗峰隧道火灾,死亡 41 人,烧毁 36 辆汽车。主要原因是法国和意大利官方缺乏必要的协调,消防人员缺少救护训练,救护不力。

另外,驾驶员的技术素质、身体与心理健康不佳及身心疲劳也容易发生事故。

④对隧道设施使用不当。由于驾驶人员可能对隧道内有关安全设施,如标志、标线、交通信号灯、火灾报警、消防与避难等设施,缺乏相应的认识和理解,在发生紧急情况时对出现的某些灯光提示信号、报警声响等信息缺乏理解,以致延误时间、失去求援良机。

(2)隧道管理者

隧道管理者的行为是指隧道管理部门在隧道运营管理过程中因管理不善或操作失误而造成的交通事故。大致可以归纳为以下几个方面:

①隧道内某些附属设施损坏,但隧道管理部门忽视其对隧道运营的影响,未及时进行维修,因此而发生的隧道交通事故,隧道管理部门有着不可推卸的责任。

②在隧道养护作业过程中,养护人员安全意识淡薄,未摆放施工标志或标志不全以及未按安装规定要求摆放安全施工标志,甚至长时间占用行车道,进而导致隧道内运行车辆驶入作业区而引发交通事故。此外,由于养护人员长时间在单一的环境下作业,常常产生麻痹大意、懒惰思想、侥幸心理而不按要求作业,也容易引发交通事故。

③当隧道路段发生交通事故后,路政、交警部门未能迅速赶到事故现场,交通事故得不到及时处理,导致隧道内发生交通拥挤,甚至可能引发二次交通事故。

2)车辆的因素

车辆因素,主要是指机动车的因素,车辆是现代交通工具中的主要元素,车况的好坏是影响道路交通安全的直接因素。而隧道是一个半封闭的管状物,进出口都只有一个,只要车辆进入了隧道内就失去了自主能力。因此,有必要深入分析车辆因素对隧道交通事故的影响。

(1) 车辆的使用性能

车辆的使用性能,主要包括:动力性、制动性、操纵稳定性、可靠性和舒适性等。根据高速公路隧道行车特点,这里主要考虑操纵稳定性和制动性。

①操纵稳定性。车辆稳定性是指车辆在行驶过程中,经受各种外部干扰后尚能保持原来的行驶状态而不致发生失去控制、侧翻和侧滑等现象的能力;而操纵性是指车辆能正确按照驾驶员指令维持或改变原行驶方向的能力。实际中,车辆的稳定性和操纵性是密切相关的,操纵性的丧失将导致车辆的侧翻或侧滑,稳定性的丧失将使车辆失去操纵性而处于危险状态。因此,一般把操纵性和稳定性统称车辆的操纵稳定性。

车辆良好的操纵稳定性,可以保证车辆在各种行驶条件下不会出现失稳现象,从而避免高速行驶时受到来自路面的干扰突然方向失控,使高速行驶的车辆能够按照驾驶员的意图调整方向、转弯以及躲避障碍物。

②制动性。车辆制动性是汽车的主要性能之一,一般来说汽车动力性能越好,其制动性应越可靠。由汽车理论知识可知,汽车的制动性主要由两个方面来衡量:制动效能(包括制动距离、制动减速度、制动力和制动时间)、制动效能的恒定性和制动时汽车的方向稳定性。通过对车辆行驶状况的分析可知,制动系统使用频率不高,则其制动强度较大;制动系统使用频率高,由于刹车片发热而导致制动力不足,容易发生追尾。

(2) 车辆行驶的交通条件

车辆在隧道中行驶的交通条件,主要包括交通组成和车速。在相同道路条件下,交通组成不同会导致交通事故的不同;而行车速度的快慢将直接影响交通事故发生的可能性及事故的严重程度。

①交通组成。高速公路隧道几乎是个半封闭的管状物,基本排除了行人和非机动车辆对交通过程的干扰,但是混合车流的存在会对行车安全产生一定的影响。

混合车流是我国高速公路的基本特征,其车型的组成较为复杂且随时间的变化呈现出随机性。由于混合车流中各车之间车身尺寸和动力性的差异,大型车比小型车占用更多的道路空间,并且运行性能比小型车差,在大多情况下不能与小型车保持紧随状态,因而形成非连续、离散的车队。这就产生了道路空间在使用上的低效性,这种空间损失随车型比例的变化而变化。这种不稳定的交通组成严重干扰了有序的交通流,同时大型车会遮挡紧随其后行驶的小型车驾驶员的视距,这很容易导致交通事故的发生。同理,当交通组成中的货车比例增加时,由于客车与货车的动力性能存在差异,导致车速分布更为离散、车速方差更大,这也容易导致交通事故的发生。

研究表明,车型比例与事故率之间呈现出一种近似抛物线的发展趋势。当小型车比例大于80%,即交通组成以小型车为主时,交通流趋于稳定,同样事故率也趋于稳定;当小型车比例小于80%且大于20%时,此时交通组成比较复杂,大型车与小型车之间的相互摩擦增大,交通参数离散程度增大,事故率增大;当小型车比例小于20%,即大型车比例大于80%时,交通组成以大型车为主,交通流再次趋于稳定,使原来分布比例较离散的交通参数又趋于均匀,相应地事故率也趋于稳定。

②车速。车速越高,发生交通事故的危险性就越大,但是危险性与车速并不成线性关系。澳大利亚RTA(2000年)的研究表明,速度与事故危险性的关系见表2-8。

交通事故与行车速度的关系 表2-8

行车速度(km/h)	相对交通事故危险性	行车速度(km/h)	相对交通事故危险性
60	1.00(基数)	75	10.60
65	2.00	80	31.81
70	4.16	85	56.55

从表2-8可知,速度每增大5km/h,发生交通事故的危险性基本上是原来的两倍,因此,微小的速度变化都将对行车安全带来显著的影响。

此外,车辆的车速与平均车速的差值越大,即车速分布越离散,事故率就越高。1964年Solomon研究了车速和平均车速的差值与事故率的关系,得出一条U形曲线,表明车辆的车速无论是高于还是低于平均车速,其车速差值越大,事故率就会越高,具体关系模型如下:

$$I = 10^{0.000602\Delta v^2 - 0.006675\Delta v + 2.23} \tag{2-2}$$

式中:I——10万车公里事故率;

Δv——车速与平均车速之差。

1993年蒙纳斯大学事故研究中心也对车速和平均车速的差值与事故率的关系进行了研究,结果表明,车速与平均车速的差值越大,事故率越高,这与Solomon的研究结果是一致的,但该研究并没有得出车速低于平均车速时其差值与事故率的关系。关系模型如下:

$$I = 500 + 0.8\Delta v^2 + 0.014\Delta v^3 \tag{2-3}$$

(3)机车

内燃机车因油管和燃油系统漏油、排气系统积炭或故障、驾驶员随意丢弃的油棉丝成为可燃物;电力机车因电网或电气系统故障产生电弧或火花,被润滑油或变压器油污染的部分,又碰到这种点火源,整流器的触头在油中断路、动力电短路等;蒸汽机车因防火装置状态不良,驾驶员随意倾倒灰渣均会引起火灾。

货物列车因车辆整备不良,如罐车破坏造成的油管漏泄与火引燃;货物装卸、调车不符合规定,如货物超限触及接触网,造成接触网损伤短路起火;装易燃货物的车辆门、窗、货口盖板密封不良火种进入起火;热轴高温起火;铸铁闸瓦摩擦火花点燃可燃物等。特别是运输危险货物,违反了危险品运输规程,如押运人员用火不慎,采暖、照明不符合规定,调车作业速度过高以及其他事故,如列车相撞、颠覆等造成火灾。

旅客列车因电气故障、采暖设备状态不良、旅客违章携带危险品以及旅客吸烟不慎等引起火灾。这种火灾又由于车体、车内装饰、家具、卧具以及旅客携带行李物品易燃、车内空间狭小、人员高度密集、列车运行生风、风助火势,若未能及时发现,早期扑灭,往往车毁人亡。所以,旅客列车的防火安全就更为重要。

3)隧道条件因素

(1)公路隧道

隧道条件主要是指隧道主体结构、路面、横洞、水沟以及隧道口、隧道内的安全设施、监控设施等。在隧道事故中,有许多事故是由于隧道硬件配置不合理、不完善引起的。一般有如下原因:特长隧道没有撤离通道、没有通风井、没有避护所;隧道内路面材料不合理,没有考虑到各种环境下的使用情况,如水泥路面,在雨天或水泥路面灰尘多时,路面摩擦系数减小引起交通事故比较多;隧道内避难设置与路线衔接处的棱角易引发撞击交通事故,如路面打滑、刹车失灵等车辆易撞到棱角处;隧道内主体工程的材料使用不正确,如易燃、抗温不高、有毒、抗爆裂不强材料的使用;隧道内坡度过大,对于长隧道或特长隧道而言坡度不易过大、过长,对于上坡段行使的车辆尤其是大货车将释放大量的烟和有毒气体,对于下坡路段的车辆尤其是大货车易造成超速或刹车失灵;横洞、避难通道设施的配套设施不完善,如横洞无防火卷帘门、避难逃生通道无指引设备等;隧道内设备设置位置不合理,如紧急电话应考虑在紧急停车带、摄像机应考虑在横洞、避难逃生通道等处增设。隧道内设施不完善,如横洞指示标志、避难逃生指示标志、紧急情况下需使用的设备的指示标志、安全设施等;隧道内通风、照明设备设置不完善,如风力不够、照明亮度不够等。

（2）铁路隧道

①隧道因接触导线保养不良产生电弧,电缆配置不合理或超负荷供电产生电火花,轨道病害造成列车翻车以及通信、信号故障造成列车冲撞,引起火灾。特别是电缆敷设不当也会引起火灾。

②轨道状态不良或线路维修保养不当,会使列车颠覆引起火灾。1987年陇海线兰州十里山2号隧道火灾事故的直接原因就是隧道内钢轨疲劳断裂,从而引发的火灾事故。

4）运营管理因素

隧道运营管理是一个比较复杂的系统工程,涉及到许多部门、各种型号的设备、先进的技术等多方面的因素。隧道运营管理的好坏对于减少隧道事故发生、防止隧道事故扩大、减少事故损失具有非常重要的作用。目前,我国还没有形成完善、成熟、有效的运营管理办法。一般运营管理导致隧道事故发生的原因如下。

①隧道内引导、指示设备故障引起交通事故;②隧道内检测、消防设备故障、延误使得事故扩大;③消防、抢救、交警等部门协调不及时、响应不快使得事故后果更严重;④运营管理人员在紧急情况下操作不正确（如火灾时通风控制不正确、对车辆人员引导不正确、隧道显示设备控制不正确）引起事故更严重;⑤隧道内照明不够引发事故;⑥有自动灭火消防的隧道使用（如自动水喷雾系统在高温下细小的水滴将产生高温蒸汽对人的危害性将增加等）不正确引发更大的事故。

2.2.2.2 交通事故原因分析

1）公路隧道

引起公路隧道火灾的原因是多种多样的,但概括起来主要集中在:隧道电气线路或电器设备短路起火、汽车化油器燃烧起火、紧急刹车时制动器起火、汽车交通事故起火和车上装载的易燃物品爆炸起火等方面。

随着交通事业的发展,尤其是长大公路隧道数量的增加,隧道火灾事故的频率也呈现出不断上升的趋势,其原因主要如下。

（1）长大隧道行车密度相对较大,隧道内载有各种可燃物质（油、化工原料等）的车辆数量和通过频率相对较大,增加了隧道火灾的可能性。

(2) 行车速度的提高及长大隧道线路维护困难,致使路面质量不断下降,容易造成隧道内交通事故而引发隧道火灾。

(3) 长大隧道内电气设备增多,增加了电气起火的发生频率。

隧道内发生交通事故的原因虽然是复杂的、多样的,但综合抽象出来的原因就是上述四种。实质上,公路隧道事故是人、车辆、隧道硬件、管理四要素之间关系不和谐导致的出乎人们意料的和不希望发生的破坏性事件,四者关系如图2-6所示。

它们是四面体的四个顶点,共同决定着隧道事故的发生。而隧道事故的产生机理可由其所产生的平面投影(见图2-7)来描述。

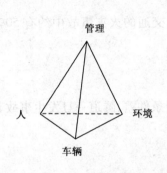

图2-6 公路隧道交通事故管理的基本要素结构　　图2-7 公路隧道交通事故结构模型图

隧道交通事故产生的原因可以由图2-7中的V、H、E、M、A、B、C、D八个区域所示的内容来表示。V区是由于车辆的内在性能缺陷而导致的隧道事故;H区是单纯由于人的因素而造成的隧道事故;E区是单纯由于隧道条件而造成的隧道事故;M区是由于管理不善所带来的隧道事故,管理对象包括对人、车辆和隧道条件以及交叉区域的管理;A区是由于车辆性能的不良和人为操纵错误而导致的隧道事故;B区是由于车辆的因素对隧道条件的破坏以及由隧道条件所造成的隧道事故;C区是由于车辆、人、隧道条件三者综合的因素所导致的隧道事故;D区是由于隧道条件的不良与人错误行为而带来的隧道事故。

从以上分析可看到,隧道交通事故的发生是一个或多个要素共同作用的结果,管理、人、车辆和环境任何一种因素运行受阻,都会引起事故发生。在隧道事故发生的各个因素中,管理要素应是降低隧道事故的重要因素。除了从技术角度提高人的操纵水平、车辆的结构性能和隧道环境的硬件水平之外,隧道安全状况主要取决于对人、车辆和隧道条件要素的管理效果。所以,隧道安全管理的优劣是决定事故多少和事故大小的首要条件。

2) 铁路隧道

根据大量的统计资料,铁路隧道发生火灾的原因主要如下。

(1) 隧道内道路狭小,能见度较差,情况又较复杂,车上装载的易燃物品爆炸起火。

(2) 隧道电气线路或电器设备短路起火、车辆紧急刹车时制动起火等引起火灾。

(3) 隧道内通行的车辆所载货物可能有易燃易爆物品,遇明火或热源发生燃烧或自燃。

(4) 铁路轨道发生故障,列车颠覆(特别是油罐车)引起火灾。

(5)地铁车站由于在装修、设备、办公、生活用具方面存在一定数量的可燃物,如果电气设备发生故障,工作人员违规操作,用电不慎,都可能引发火灾。

(6)隧道施工维修中进行焊接、切割作业,工作人员吸烟用火不慎,以及列车运行时产生的电弧,都可能引燃隧道内的可燃物造成火灾。隧道内安装的电缆、电气设备因潮湿、鼠害、维修使用不当发生故障,也易造成行车隧道火灾。

(7)乘客违反有关乘车规定,擅自携带易燃易爆物品乘车,在车上吸烟用火,或车上电气设备故障,镇流器污垢、氧化而致导电性能降低以及接触不良,兜挂运行线路上的导电体造成短路放弧,都有可能引发火灾。

(8)变配电站的工作环境恶劣、潮湿、多粉尘、通风散热不良,也会导致设备故障而引发火灾事故。

(9)人为纵火和恐怖袭击。目前,发生在德国公共社区交通的火灾事故中约有50%是蓄意造成的。

2.2.3 运营隧道事故特点

隧道结构和设施复杂、出入口少、疏散路线长、通风照明条件差,隧道一旦发生事故其危害性为严重。

2.2.3.1 火灾事故特点

通过对国内外大量交通隧道火灾事故的调研,由于较长隧道近似封闭空间,隧道火灾事故发生、发展的主要特点如下。

(1)隧道火灾一般可分为富氧型和燃料丰富型

两者中,燃料丰富型的火灾会产生浓度很高的CO及造成很高的空气温度。较小的火灾更容易产生大量的烟雾并充满整座隧道,造成烟雾地带长,而烟热容易集中。以至于在使用强力照明(泛光灯)的条件下,能见度也只在1.0m以内。隧道内人员不易辨别方向和路线,影响疏散和灭火速度。同时,有毒烟雾的传播,将使人员中毒而死亡。隧道火灾产生的浓烟和高温是造成人员伤亡的主要原因。火灾时,当CO气体含量升高达到0.5%,热烟温度超过43℃,空气中的氧含量低于18%时,隧道内人员就会有生命危险。

(2)火灾蔓延速度快,不易控制

隧道因车辆事故,汽车相撞等引起火灾后,除本身携带一定数量的燃油外,有时还运载相当数量的可燃品、化学品、危险品,火势蔓延快,很难加以控制。失火爆发成灾的时间一般为5~10min,持续时间与隧道外的环境有关,较大的火灾一般在30min到几个小时之间。隧道内一旦起火,由于烟囱效应,温度和烟会迅速传播,会迅速传播并加热空气,顺风向时空气温度可达1000℃,炽热的空气在它的经过途中可把热传递到任何易燃或可分解的材料上。火能从一个燃料的火源"跳跃"相当的隧道长度,传到下一个燃料点,这样着火点即可从一辆车跳跃到另一辆车。例如:1979年日本坂公路隧道火灾就由于高温烟气在隧道内一上坡处聚集,并引燃了该处的车辆,从而造成二次火灾的发生,火灾中共有189辆汽车相继着火;圣哥达、勃朗峰、托恩隧道火灾中共有100辆汽车烧毁。可见一旦火灾发生时隧道内出现拥堵,很容易出现二次火灾,从而造成火灾规模的扩大。在实验中已观测到这一距离不超过50倍隧道直径。

同时,在隧道拱顶附近会形成一层远离火源的热烟流和气流,而支持燃烧的空气从热烟层下面向火源流动。例如,在同一水平面内,不通风隧道火源发生点如果靠近隧道纵向中点,"浮力效应"将引起一种热烟流从隧道两端排出而外部空气从热烟流下引入的对称循环形式。对纵向式通风系统,如果通风的风量充足,则将使所有的热气流流向下风向;如果风量不足,上层的热气流将相反于压力通风的方向流动,发生"回流现象"。

(3)隧道纵深距离窄长、通道易堵塞

发生火灾时,隧道内大量车辆难以疏散,极易造成堵塞,火势顺着车辆蔓延,扩大损失。①人员从铁路隧道内部到地面开阔空间的疏散和避难都要有一个垂直上行的过程,比下行要耗费体力,从而影响疏散速度;同时,自下而上的疏散路线与内部的烟和热气流自然流动的方向一致,因而人员的疏散必须在烟和热气流的扩散速度超过步行速度之前完成。由于这一时间差很短,又难以控制,故给人员的疏散带来很大的困难;②人的心理恐慌程度大,行动混乱程度高。铁路隧道出入口少,通道狭窄,疏散距离长,人员多,故造成的人员恐慌和行动混乱程度要比在地面建筑物中严重得多,易发生挤踩事故;③火灾发生后,人们情绪紧张,造成拥挤、交通混乱等情况,极易导致发生意外伤亡事故;④障碍物多,疏散速度慢,由于隧道壁上分布有电缆架、消防箱等设备,地面上有排水沟等设施,加上隧道内昏暗,人员疏散速度必然会放慢。

(4)浓烟高温,扑救困难

发生火灾后,由于地下空间限制,又由于浓烟、高温、缺氧、有毒、视线不清、通信中断等原因,救援人员很难了解现场情况;烟雾迅速向双向扩散,虽有通风设备,也难以及时排出烟雾。当隧道内因车辆碰撞等事故引起大火时,油料燃烧,温度很高,往往使灭火人员无法靠近,以致延长灭火时间,加之出口少,环境恶劣受空间限制,通信联络困难,大型的灭火设备无法进入现场,进入人员要特殊防护等特点,因此救人、灭火困难大。隧道火灾将极大地影响隧道内空气压力的分布,而隧道空气压力的变化可导致通风气流流动速度的变化,或加速,或减速,或者完全逆向流动。隧道火灾由于有强烈的热,只能从逆风端去救火。然而,烟的这种逆向流动将会阻碍救火工作的进行。在洞内燃烧过程中,产生大量热量,可燃物质的能量最多有10%以内部能量形式储存在隧道内烟气当中,而大部分能量以热传导的方式传递给隧道衬砌(有时引起衬砌表面混凝土剥落)。根据法国的研究,一辆小汽车的释热速率为2.5MW,一辆装满可燃货物的大型货车释热速率为20~30MW。隧道大多远离城市,隧道灭火条件有限。双向交通隧道、特长隧道内容易产生灭火救援路线与疏散路线、烟气流动路线的交叉,救援面和救援途径有限,火灾扑救难度极大。

(5)供电中断,疏散困难

着火后,可能损毁供电系统,造成供电停止,会给扑救工作带来极大的困难。隧道内通道狭长、照明条件差,着火后能见度低,人员难以及时疏散,从而造成更大的惨祸。

(6)高温有毒烟雾积聚,不易排出

隧道密闭环境,一旦发生火灾,隧道内烟雾大、能见度低、障碍物多、散热慢、温度较高、火灾产生的高温,有毒浓烟迅速积聚,不易排出。这不仅严重危及被困人员的生命,而且使消防队员也难以及时施救。这显然与隧道火灾扑救需要在大范围内排烟灭火和长距离救人相矛盾。另一方面,隧道经长时间的烘烤,辐射出大量的热量,消防人员面临高温考验,射出的水流也会很快气化并形成反扑的热浪,使消防人员极易被熏倒烫伤。铁路隧道内部封闭的环境使物质不易充分燃烧,火灾时可燃物的发烟量很大;而铁路隧道的进排风只靠少量的风口,机械通风系统发生故障时很难依靠自然通风补救,烟雾的控制和排除都比较复杂。浓烟积聚不散,对人员逃生和火灾扑救都将带来很大的障碍。

(7)起火点附近的隧道承重混凝土容易崩落

由于山区高速公路隧道衬层内含有水分,当火灾发生时,衬层中的水变成蒸汽,在衬层内快速膨胀,从而产生巨大的压力,混凝土衬层就会发生爆裂、崩落。

(8)产生浓烟

在多数情况下,空气的供给往往超过所需的数量,于是燃烧时产生的废气和过量的空气混合便成为浓烟。据日本和英国的火灾统计资料,在火灾死亡人数中被烟熏死的占50%以上,有的甚至高达70%。这是由于可燃性物质在燃烧中产生的烟气的流动速度相当惊人,而火灾发生后人员向外疏散的速度大大低于烟气流动速度。

在隧道发生火灾时,着火后很短时间内隧道内即充满浓烟,即使打开车辆前灯,能见度也不到1m,很容易造成碾压和碰撞等二次事故的发生。

(9)成灾时间短、温度高

火场处温度的发展过程并不是按"温度—时间"标准曲线逐渐上升的,而是一开始就有一个急剧增加的过程。即在火灾开始的10min内,温度就可能上升到1000℃以上。公路隧道火灾通常发生于车辆上,这些车辆装有燃油,即使无货物,火灾载荷也很大,燃烧产热量多,火灾规模扩大的较快。隧道内着火后其升温度随时间变化而加快,以德国RABT温升曲线来说,起火后10min即可以发展成灾,顶板处的温度可以达到1200℃左右。同时隧道是封闭环境,燃烧产生的热量难以通过隧道结构散出,使得火灾时整个隧道内温度都很高,且会保持一段时间。又如托恩隧道火灾发生30min后,由于火灾规模的不断扩大,使接近起火点附近的温度达到了1000℃,消防队员不得不撤出隧道,待大火燃烧了5h后,才重新进入隧道。由此可见隧道火灾成灾时间短、温度高的特点,对灭火救灾工作产生较大的障碍。

(10)火灾对人体的影响

火灾对人体产生的影响,起决定作用的并不是当时的温度值,而是人体表面的热负荷。在不同纵向风流情况下,当发生火灾时,人体位于到火场不同距离处所承受的热负荷也不同。当纵向风流在2~4m/s时,热负荷值最高。如果纵向风流能够降低到2.5m/s以下的话,则距火场400m以外,人体可免一度烧伤的威胁。

隧道内出入空间有限,救援队伍不可能在火灾开始时就能马上赶到火场,浓烟和热辐射加剧了灭火的难度,隧道使用者至少在最初5min内进行自救是非常重要的。

2.2.3.2 事故时间分布特点

主要受视觉因素、行车速度因素的影响,隧道发生事故的特点如下:

(1)白天发生的事故明显高于夜间

主要是受视觉因素、行车速度因素的影响,白天进入隧道,由于"黑洞"效应,驾驶人员的眼睛会一度不适应,变得模糊和漆黑,加之高速行驶,易发生交通事故。

(2)恶劣天气事故多

严寒天气易使隧道渗漏水在路面结冰,雾天会影响驾驶人员的视辨能力,大雨会使路面湿滑,还易导致洞口段发生滑坡、泥石流。据调查研究,刚开始下雨时几乎无事故发生,1h 后开始发生事故,雨后 6~10h 形成事故高峰期,而后事故量逐渐下降,16h 后基本不再发生事故。

(3)冬、春季隧道交通事故较多

这主要是由于冬季寒冷地区路面结冰现象严重,而春季雨水较多,路面湿滑,道路附着系数下降而引起的。而且这两季多大雾天气,影响驾驶员视距。

2.2.3.3 事故发生的空间分布特点

隧道灾害既不是均匀分布也非随机分布。交通事故在隧道洞口附近发生的概率较高,主要集中在隧道入口处 200~400m 路段范围内,出口也是隧道交通事故的多发区。事故发生的路段特点如下:

(1)事故集中发生在长隧道内,1000m 以下的隧道少有事故发生。

(2)车辆刚刚进入隧道时,由于路面工况的瞬间改变造成车辆侧滑,驾驶员此时受暗适应的影响尚处于弱视阶段。

(3)事故多集中发生在摩擦系数较低的水泥混凝土路面构造的隧道中,而摩擦系数较高的沥青路面构造的隧道内事故发生概率较低。

把隧道路段分为四个区段,区段 1 为隧道口前 50m,区段 2 为隧道内前 50m,区段 3 为区段 2 的接下来 100m,区段 4 为隧道的剩下区域。

据挪威公路局对隧道事故的研究表明,隧道事故率呈区段分布,其中隧道入口地段(区段 1、区段 2、区段 3)的事故率为 63.7%,为事故多发区段,是隧道事故的一大特点。隧道不同区段的事故严重程度存在较大差异。在隧道入口地段的死亡率比隧道中部地段的死亡率明显要低,而区段 1 则是隧道入口地段中死亡率最高的。

2.2.3.4 灾害形态特点

各类灾害之间存在相互转化的关系。车辆先发生侧滑后造成追尾、碰撞、刮擦的事故形态占了事故总数的绝大部分,而火灾多数是由于交通事故的发生和恶化引起的。另外还有因为车辆装载有易燃易爆危险品或车辆本身原因而引起的爆炸、燃烧等事故形态。

追尾碰撞是公路隧道交通事故的主要事故形态。2001 年台州境内高速公路隧道统计资料表明,车辆碰撞隧道墙壁引发的翻车事故占总数的 32.1%,因制动不及追尾碰撞的事故占 39.5%。这两种事故为隧道内事故的多发形态,其他类型的事故合计占总数的 28.4%。2004 年浙江境内发生的 226 起事故中,有 105 起是追尾事故,占事故总数的 47%,共造成 17 人死亡,88 人受伤。

火灾事故、爆炸事故、毒物泄漏事故、交通事故均具有突发性,这些特征增加了事故应急救援工作的难度,如果事先没有应急救援计划,可能会使事态扩大。

2.2.3.5 车辆类型特点

小型车辆发生的交通事故数最多,占所有交通事故的绝大部分,且发生交通事故的小型车辆中,又以底盘较轻的国产轿车、面包车以及微型车等车型居多;引发毒气泄漏、火灾、爆炸性灾害的以大型、重型货车为主。

由于有些高速公路由众多隧道构成,根据系统相关性和整体性原理,若其中一条隧道发生事故,其事故后果往往呈现区域性、放大性、扩散性。

2.2.3.6 事故救援特点

由于隧道本身具有半封闭性、可达性低、情况不明性高、联络与救援困难等特点,导致发生灾害事故后隧道内烟雾浓度迅速增大,温度升高,疏散避难困难,救灾急迫性强,救援困难,且灾害容易恶化。

发生在隧道区域范围内的重大事故,在处理上具有自身的特点。首先,受隧道封闭、空间狭小、车辆密集、人口集中的制约,使事故的处理有很多的限制条件;其次事故可能涉及多个行业管理部门,救援时需要多个管理部门的共同配合与协调,整合不到位而出现的"群龙无首"或"多头指挥",均有可能使决策失误而延误时机。

指挥决策实施慢:由于隧道线长面广,一旦发生火灾,指挥员靠传统的火场指挥方法难以确定起火点和遇难人员集中点,且火情侦察又非常艰难,加上地下通信联络不便和不易快速集中供水、供电、排烟、防化等方面的工程人员,使灭火准备时间延长。

2.2.3.7 隧道火灾规模

火灾规模的确定,在隧道工程的防火设计中是非常重要的一环。它是制订预防策略、设计防火体系、选用防火设备以及开展相关工作的基础和依据。公路隧道火灾规模的确定应该考虑下列因素:隧道运营管理制度、发生火灾的车辆数、发生火灾车辆的类型、车辆装载货物的种类和数量、燃烧程度。由于确定火灾规模时,要考虑的因素很多,而且大部分是非定量化的,因此要全面地考虑上述因素,准确地预报或设定火灾规模是不容易的。通常是以某一因素为主进行概略划分,如赫塞尔登提出的按起火车辆类型和产热量多少进行划分的办法,见表2-9。

赫塞尔登火灾规模 表2-9

火源	产生热量(MW)
汽车(小客车)	3
运货汽车	10
货车或公共汽车	20
泄漏汽油的油罐车	50~100

统计资料表明,油罐车引发的公路隧道火灾发生率仅占1%左右,而大型货车引发的隧道火灾发生率高达60%。虽然油罐车起火造成的隧道火灾几率较小,但扑救十分困难,封堵往往是最有效的灭火办法。在实际隧道防灾救援体系中,为减少工程投入,一般将大型载货汽车作为防灾救援设计的参考对象。如欧洲一些国家在进行公路隧道防灾设计时,将火灾划分为三种规模,即小型火灾规模(两辆轿车相撞起火)、中型火灾规模(货车着火,例如载有木材或塑料制品,引起大量烟雾)及大型火灾规模(两辆载重货车或两辆公共汽车相撞起火)。对于油罐车一般采取管制通行或限制通行的办法,减少超大火灾的发生,降低工程造价和防灾救援难度。

2.2.3.8 二次事故引发隧道安全

综合国内各高速公路多宗二次交通事故案件,究其原因,主要是在路面发生交通事故后,未及时撤离现场且未设置危险警告标志,后方来车车速过快,从而引发二次交通事故。二次交通事故危害性很大,事故现场范围广,涉及车辆、人员多且容易发生重大交通堵塞,经济损失大,并容易造成人员伤亡。当车流量大或处于交通高峰期隧道内发生火灾或交通事故,由于隧道内能见度低疏散通道有限,加之驾驶员对烟火及事故现场的恐惧,更容易出现慌不择路而造成交通堵塞或新的交通事故。可以说,隧道越长,车辆疏散所需的时间就越长,极容易发生二次灾害。

当一个事故发生之后,可能会产生多米诺骨牌效应,即在极短的时间内产生一连串的影响,衍生出一系列的其他事故。如交通事故,可能会导致泄漏、引起火灾,或因人员疏散不利而导致交通阻塞形成又一波事故等。事故的这种连锁反应特点导致公路隧道在短时间内遭受连续不断的打击,给公路隧道事故预防和控制带来了复杂性。

2.3 隧道安全设防等级

随着公路隧道规模的越来越大,公路隧道的安全设防等级如何划分的问题日显突出。实际中,由于已有规范中关于公路隧道的安全问题涉及不多,特别是专门针对公路隧道运营安全等级问题的研究深入不够,使得设计人员在设计中,要么安全设防过高,造成不必要的浪费;要么虽有设防,但标准又不够,更有甚者是根本不设防,留下事故隐患。国内外情况表明,在运营过程中,由于各种安全原因所引起的公路隧道交通事故屡见不鲜。如由于施工质量不好,隧道内支护塌落,造成交通阻断;隧道漏水引起路面湿滑或结冰,造成洞内撞车;隧道内发生火灾,造成人员伤亡和财产损失等。而对这些安全问题的预防,虽然可通过设计、施工、运营各个环节来实现,但是关于公路隧道安全设防等级的研究必须事先进行。

评价指标是隧道安全性评价递阶分析系统的基础,要对隧道安全性作出评价,首先必须对所拟定的安全性评估指标特性的"优"、"劣"状况作出评价。评价指标特性的"优"、"劣"的概念较为模糊抽象,实际难以操作。因此,需要对评价指标特性的"优"、"劣"作出能进行定量描述的处理,也就是需要将评价指标特性划分为若干个可度量的安全等级,并对每个等级加以说明,即构造一个评价指标及安全等级的集合,然后对集合中的每个元素加以定义。对评价指标特性和最终评价目标的安全等级数量划分目前尚未形成公认准则。评价指标特性和最终评价目标安全性等级数量划分的多少,是涉及到相应规范、已有方法、实践经验及人类心理活动等多方面因素的问题。若等级数量划分得过少,将不利于隧道安全状况真实合理地反映;若等级数量划分得过多,又会加大确定等级间界限的难度和加大计算工作量。

1) 影响隧道安全的因素

影响隧道运营安全的因素非常复杂,主要包括 5 方面内容:公路隧道重要度指标、运营环境指标、土建结构指标、机电系统指标以及运营管理指标。

(1) 公路隧道重要度指标

隧道重要度可以从用途(民用隧道、军民两用隧道)、功能(一般道路、国家主干线)和地理特征(山岭隧道、水下隧道)3 方面来评价。一般来说,国家主干道、水下隧道、军民两用隧道比普通隧道的运营安全设防等级高。

(2) 运营环境指标

反映交通运营环境安全影响水平的指标有动态指标与静态指标。动态指标，主要包括：交通组织、管制速度、交通量、大型车比例、运行速度、运行速度方差以及气候状况共 7 个指标，CO 浓度、照明亮度、可吸入颗粒物 PM10 浓度、等效声级等对安全影响相对较小且一般容易控制，可不予考虑。静态指标，主要包括：道路与隧道洞口接线处运行速度差、道路与隧道洞口的运行速度行程内的线形一致性、道路与隧道洞口接线横断面的过渡、相邻隧道的间距共 4 个指标。

（3）土建结构指标

土建结构指标主要有每一方向隧道孔数、隧道线形、坡度、横通道间距、紧急停车带间距、隧道长度、车道宽度、路面横向摩擦力系数以及路面纵向摩擦力系数共 9 个指标，隧道洞门形式、隧道内壁、防排水系统等指标影响较小且难以量化，可不予考虑。

（4）机电系统指标

机电系统可分为应急救援系统与辅助系统两类，其都可用一定 MTBF（无故障工作时间）下的可靠度来反映。应急救援系统，包括通风及通风控制系统、照明及照明控制系统、供配电系统、消防系统、火灾检测与报警系统以及通信系统共 6 个指标。辅助系统包括闭路电视监视系统、交通与环境检测系统、交通控制与诱导系统、紧急电话系统、广播系统以及防雷接地系统共 6 个指标。总共可用 12 个指标来评价。

（5）运营管理指标

可从安全防范措施、应急预案、危险品运输车辆管理、信息发布、救援设施与队伍、隧道管理人员培训、宣传教育 7 个方面来评价。

综合以上影响因素，还要考虑到安全等级与安全成本间的关系，即进行安全风险评估。因此，在进行公路隧道运营安全设防等级划分时，应重点处理好以下几种关系。

（1）安全设防等级和隧道重要程度的关系。隧道在社会、军事、经济建设中发挥的作用越大，重要度越高，发生灾害后带来的经济损失也越大。因此，其要求的安全设防等级也越高。

（2）安全设防等级和隧道规模的关系。一般地，规模越大、车道数越多、长度越长，同时服务水平越低的隧道，隧道灾害（特别是火灾）对其危害性越大，因此对安全度的要求越高。

（3）安全设防等级和隧道设计交通量、车速、交通组成以及服务水平的关系。隧道设计交通量越大，车速越高，货车比重越高，发生交通事故的几率就越大，其安全设防等级也就应该越高。

对于公路隧道的运营安全等级的划分，要考虑的因素和研究的内容很多。要全面考虑上述所有因素，非常困难，有非常多的不确定性。而且，隧道运营安全设防等级应该是在隧道设计、建设时就必须确定的，而不应该是一个动态的标准。

在综合考虑各分项指标情况下，建议：公路隧道运营安全设防等级的划分应该重点考虑隧道重要度、长度和设计交通量。

2）隧道重要度分级标准

隧道重要度是从隧道在所在路网中的功能、地位、作用、地理环境特征方面隐含描述公路隧道运营管理需求程度的量化指标，主要通过主观评价进行获取，本文用 Z 表示隧道重要度。任何一座公路隧道的重要度，均可从用途、功能、地理特征这 3 方面来考察，且通过这 3 方面组合成以下 8 种类型。

Z_1：一般道路网中的民用山岭隧道。

Z_2：一般道路网中的民用水下隧道。
Z_3：国家主干线网中的民用山岭隧道。
Z_4：国家主干线网中的民用水下隧道。
Z_5：一般道路网中的军民两用山岭隧道。
Z_6：一般道路网中的军民两用水下隧道。
Z_7：国家主干线网中的军民两用山岭隧道。
Z_8：国家主干线网中的军民两用水下隧道。

隧道重要度指标的确定根据其主观特性，应采取专家评议法和层析分析法进行量化。专家组成员总数以20位左右为宜，应由公路隧道土建、公路隧道机电、交通工程、防灾减灾工程、国防科学等领域的资深专家组成。

运营安全度包括两个概念，一是衡量隧道运营单位及其上级交通管理部门通过加大安全投入希望达到的隧道运营安全程度的量化数值，称为期望安全度；二是综合评价隧道在路网中的功能、地位、作用、地理环境特征、土建特征、交通特征、运营管理特征指标测评出的隧道运营安全程度量化数值，称为测评安全度。

为保证隧道设防等级划分更加科学合理并满足实际运营管理需要，应针对隧道重要度、长度和设计交通量3项指标，给出一个合理的分级标准。在隧道运营安全设防的分级过程中，隧道长度和设计交通量在等级划分中都起着重要的作用，不应仅侧重于一方。

(1)对于隧道重要度，参考我国现行规范，将隧道分成3个级别（见表2-10）。

隧道重要度划分　　　　　　　　　　　　　　　　表2-10

级　别	内　容
1级	国家主干道、水下隧道、军民两用隧道
2级	省级主干道、高等级公路
3级	一般道路

(2)对于隧道长度，根据目前我国公路隧道设计规范的特征长度分别为500m、1000m、3000m，将隧道划分为4个等级。

国内公路隧道的修筑虽然才20多年，但发展很快。尤其是近10年来山岭公路隧道和水底公路隧道的建设取得了令世界瞩目的快速发展。全长18.04km双洞四车道的秦岭终南山公路隧道就是其中的代表。为了适应超过10km的超长隧道建设，引入10000m作为一个新的特征长度，最终将隧道划分为5个等级（见表2-11）。

公路隧道长度分类　　　　　　　　　　　　　　　　表2-11

分　类	长　度(m)
超长隧道	$L > 10000$
特长隧道	$10000 \geq L > 3000$
长隧道	$3000 \geq L > 1000$
中隧道	$1000 \geq L > 500$
短隧道	$L \leq 500$

(3)公路隧道运营安全设防等级中考虑的设计交通量参考公路路线设计规范中公路等级、设计服务水平和设计交通量的关系。在此,设计交通量的界限按照高速公路的最低要求,采用对应设计时速80km/h时,高速公路的一级服务水平下的最大服务交通量600pcu/(h·ln)。

据此,将不同安全等级区域划分的函数 F_t 定义为:

$$F_t = C \times N \times L \qquad (2-4)$$

式中:C——隧道重要度系数,对应1、2、3级,C值分别取1.5、1.2、1.0。C值的选取,主要考虑同样隧道运营环境条件下,服务水平提高一个等级,交通量的比值;

N——隧道断面设计单车道交通量[pcu/(h·ln)];

L——隧道设计长度(km)。

根据专家调查的聚类分析,可以将公路隧道运营安全设防等级从高到低划分为Ⅰ、Ⅱ、Ⅲ、Ⅳ、Ⅴ五个等级,如图2-8所示。

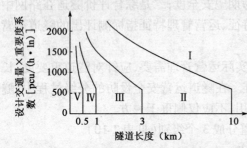

图2-8 隧道的运营安全设防等级标准

Ⅰ级:$F_t \geq 6000$[pcu·km/(h·ln)]或 $L \geq 10$km。

Ⅱ级:6000[pcu·km/(h·ln)] > $F_t \geq 1800$[pcu·km/(h·ln)]或 3km $\leq L < 10$km。

Ⅲ级:1800[pcu·km/(h·ln)] > $F_t \geq 600$[pcu·km/(h·ln)]或 1km $\leq L < 3$km。

Ⅳ级:600[pcu·km/(h·ln)] > $F_t \geq 300$[pcu·km/(h·ln)]或 0.5km $\leq L < 1$km。

Ⅴ级:$F_t < 300$[pcu·km/(h·ln)]或 $L < 0.5$km。

必须要说明的是,隧道运营安全设防等级应该是在公路规划阶段明确的,作为设计、施工、运营管理的依据。实际当中,一条隧道的安全设防等级不可能在建成通车后再做大的调整。因此,由动态交通量变化决定隧道安全等级在实际当中是不可取的。

公路隧道运营安全状况评定对保证隧道安全运营有着重要的意义,公路隧道设防等级的划分又是进行隧道运营安全评价的前提。

3)基于运营安全度的隧道管理分类方法

隧道运营管理分类以传统隧道分类的指标隧道长度和交通量为基本分类指标,考虑隧道重要度、隧道土建特征、隧道交通特征、运营管理特征指标的安全修正系数,综合建立隧道管理分类判别函数。

(1)特征指标权重系数与修正系数

隧道重要度、隧道土建特征、隧道交通特征、运营管理特征指标的权重系数确定与隧道重要度的确定方法相同,如通过专家评议法和层析分析法所得的权重系数:

ω_i = [隧道重要度,土建特征,交通特征,运营管理特征] = [0.35,0.25,0.3,0.1]。

单洞车道数、重型车比例、交通组织、运行速度、危险品车辆的通行方式分类指标安全修正系数的确定参考挪威隧道风险管理中关于风险因素评价中的评估分数取值,并对评估分数进行层次分析,将风险比率与安全系数进行换算而得出的建议值见表2-12~表2-16。

公路隧道单洞车道数安全修正系数　　　表 2-12

车道数类型	安全修正系数
单车道	1.00
2 车道	0.80
3 车道	0.30
4 车道	0.30

交通组织安全修正系数　　　表 2-13

交通形态	安全修正系数
双孔单向	1.67
单孔双向	1.40

重型车比例安全修正系数　　　表 2-14

重型车比例(%)	安全修正系数
<20	1
>80	0.25
20～50	0.6
50～80	0.3

车速安全修正系数　　　表 2-15

平均车速(km/h)	安全修正系数
≤50	0.67
50～60	0.7
60～80	1
80～90	0.8
90～100	0.5
>100	0.3

运营管理安全修正系数　　　表 2-16

危险品运输管理制度	安全修正系数
禁止	1
限时引导通行	0.7
无限制	0.3

(2) 隧道分类判定函数计算

$$F = L \times Q \times \omega_i \times [Z_j, f_n, (f_z \times f_d \times f_v), f_y] T \times 10^{-8} \quad (2-5)$$

式中：F——隧道分类判别函数；

Q——隧道断面交通量(辆/d)；

L——隧道长度(m)；

ω_i——隧道重要度、土建特征、交通特征、运营管理特征的权重系数；

Z_j——第 j 种类型隧道的重要度；

f_n——隧道单洞车道数安全修正系数;

f_z——隧道交通组织安全修正系数;

f_d——重型车比例安全修正系数;

f_v——隧道车速安全修正系数;

f_y——运营管理安全修正系数。

(3)隧道运营管理分类标准确定

通过对典型公路隧道的评估结果验算,从隧道运营管理角度将公路隧道分为3类,安全修正系数见表2-12~表2-16,建议的分类标准阈值见表2-17。更低的设计运行费用和广阔的国内公路隧道市场,这些正是其今后在我国推广应用的趋势所在。

隧道运营管理分类标准 表2-17

隧道类别	判别函数阈值 F
第1类隧道	>0.5
第2类隧道	0.3~0.5
第3类隧道	<0.3

4)运营环境评价

运营环境评价主要分4个阶段进行,通过对运营环境的11个评价指标分别打分,并加以计算进而对整个运营环境作出评价。具体过程如下:

(1)风险潜势(RP)评价,包括交通量、大型车比例、运行速度、运行速度方差、气候状况、道路与隧道洞口接线处运行速度差的评价。

(2)安全潜势(SP)评价,包括交通组织、管制速度、道路与隧道洞口、运行速度行程内的线形一致性、道路与隧道洞口接线横断面的过渡、相邻隧道间距的评价。

(3)计算分级百分比 u:

$$u = \frac{SP}{RRF} \quad (2-6)$$

式中:RRF——风险比率因子,可根据风险分数与风险分级之间的关系换算;

SP——评价所得的安全总分与最高安全分数值比。

5)隧道运营环境等级划分

(1)土建结构评价

采用安全检查表分析法与故障假设分析法相结合。评价过程可以分为以下3步:建立合适的安全检查表;将实际现场测得的评价指标数据值与隧道建设期间的相关设计资料、标准作比较,完成分析;编制分析结果文件。故障假设分析法,鼓励思考潜在的事故和可能导致的后果,可以弥补安全检查表编制时经验的不足;而检查表又可以使故障假设分析法更系统化。因此将两种方法相结合可以互相取长补短,最终得到更合理的评价结果。要求结论文件中列出:土建结构中的不安全指标及相应的整改建议、隧道土建结构的安全等级等。

(2)机电系统评价

公路隧道机电系统规模大而复杂,对该系统的评价是一个典型的多因素、多层次问题。通过层次分析法为机电系统的评价建立评价指标体系并为各指标分配权重,最后结合模糊综合评价方法得出机电系统的安全等级。

(3) 运营管理评价

鉴于运营管理的 7 个评价指标多数属于定性指标，采用专家评议法对隧道运营管理中的不安全因素进行分析、评价。要求专家组评议的结论中包括：运营管理中的不安全指标及相应的整改建议，隧道运营管理的安全等级。

(4) 综合评价

基于以上对隧道重要度、运营环境、土建结构、机电系统、运营管理 5 个专项的评价，公路隧道综合安全等级评价可分为以下 4 个步骤：

① 运用德尔菲法为上述 5 个专项确定相对于隧道综合安全性能这一总体目标的权重 ε_i。

② 计算公路隧道综合安全分数 H：

$$H = \sum_i (h_i \times \varepsilon_i) \tag{2-7}$$

式中：ε_i——第 i 个专项的权重；

h_i——第 i 个专项的安全得分；

i——$i = 1,2,3,4,5$。

③ 研究制定公路隧道安全等级评分标准。

④ 将隧道综合安全得分 H 与公路隧道安全等级评分标准对比，得出隧道的综合安全等级。

近年来公路隧道安全问题日益严峻，而我国在隧道安全评价方面的研究尚属于起步阶段。通过对隧道的安全性进行评价，能够较有效地对运营中的隧道进行全方位的评估，找出隧道安全的薄弱环节，进而防范隧道危险及灾害的发生，提高隧道的运营安全性。

2.4 隧道运营安全评估方法

安全评估是安全系统工程的重要内容之一，目的是实现系统安全。它是运用系统工程的方法对系统存在的危险性进行综合评估和预测，并根据其形成事故的风险大小，采取相应的安全措施，以达到系统安全的过程。安全评估不仅成为现代安全生产的重要环节，而且在安全管理的现代化、科学化中也起到积极的推动作用。

这里需弄清楚两个概念。

(1) 评估：是指依据某种目标、标准、技术或手段，对收到的信息，按照一定的程序进行分析、研究，判断其效果和价值的一种活动，其评估报告则是在此基础上形成的书面材料，对方案进行评估和论证，以决定是否采纳。从这个意义上讲，评估结论是对评估对象的价值或状态的一种意见和判断。这种意见和判断，则是建立在对评估对象的技术可能性、经济合理性的充分地、客观地和科学地分析过程基础上的，因而能给相关部门或单位提供可靠的参考依据。

(2) 评价：本质上是一个判断的处理过程。通过评价者对评价对象的各个方面，根据评价标准进行量化和非量化的测量过程，最终得出一个可靠的并且符合逻辑的结论。评价的程序有：确立评价标准、决定评价情境、设计评价手段和利用评价结果。

评价和评估从确定性程度上并没有什么原则性的区别，两者程度不同，评价要量化，评估不需要;评价要承担相应的责任,包括法律和经济的等,而评估只需承担道义上的责任;一般来说,评价是在评估的基础上做出的,评价和评估是相互交融的。

2.4.1 安全评估概述

2.4.1.1 安全评估的定义

安全评估分狭义和广义两种。狭义指对一个具有特定功能的工作系统中固有的或潜在的危险及其严重程度所进行的分析与评估,并以既定指数、等级或概率值作出定量的表示,最后根据定量值的大小决定采取预防或防护对策。广义指利用系统工程原理和方法对拟建或已有工程、系统可能存在的危险性及其可能产生的后果进行综合评价和预测,并根据可能导致的事故风险的大小,提出相应的安全对策措施,以达到工程、系统安全的过程。安全评估又称风险评估、危险评估,或称安全评价、风险评价和危险评价。

安全评估是以实现系统安全为目的,应用安全系统工程原理与方法,对系统中存在的危险因素、有害因素进行辨识与分析,判断系统发生事故和职业危害的可能性及严重程度,从而为制定防范措施和管理决策提供科学依据。

安全评估、危险源辨识、风险控制是安全系统工程的基本内容,危险源辨识是安全评估和风险控制的基础,三者之间是相互关联、相互渗透的关系。

2.4.1.2 安全评估的目的与意义

安全评估的目的是实现系统安全,即要寻求系统的最低事故率、最少损失和最优的安全投资效益,包括以下四个方面:

(1)从计划、设计、制造、运行、储运和维修等全过程系统地进行安全控制。
(2)对潜在危险进行定量、定性分析和预测,建立使系统安全的最优方案。
(3)为实现安全技术、安全管理的标准化和科学化创造条件。
(4)促进实现本质安全化。

安全评估与日常安全管理和安全监督检查工作不同,安全评估着眼于由技术带来的负效应出发,对产生的损失和伤害的可能性、影响范围、严重程度及应采取的对策措施等方面进行分析、论证和评估。它的重要意义在于:

(1)有助于政府安全监督管理部门对企业的安全生产实行宏观控制。
(2)有助于安全投资的合理选择。
(3)有助于提高企业的安全管理水平。
(4)有助于保险行业对企业灾害实行风险管理。
(5)有助于提高企业安全管理水平。

2.4.1.3 安全评估分类

根据不同的分类标准,安全评估的分类方法有很多种,常见的有以下几种。

(1)按照评估对象的不同阶段可分为:安全预评估、安全验收评估、安全现状综合评估、专项安全评估。
(2)根据安全评估量化程度分为:定性评估和定量评估。

(3)根据安全评估内容分为:工厂设计的安全性评估、安全管理的有效性评估、人的行为的安全性评估、生产设备的安全可靠性评估、作业环境条件评估、化学物质危险性评估。

(4)根据安全评估性质分为:系统固有危险性评估、系统现实危险性评估。

2.4.1.4 安全评级的程序

安全评估包括资料收集、危险辨识、评估过程、提出对策等步骤,一般程序如图2-9所示。

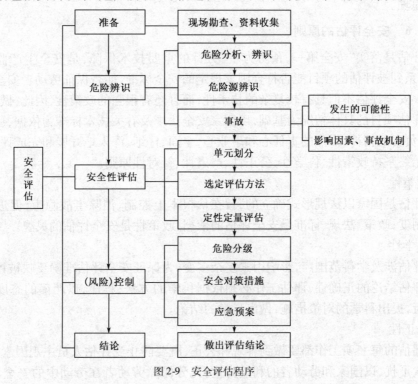

图2-9 安全评估程序

2.4.1.5 安全评估的原理

在进行安全评估时,人们需要辨识系统的危险、有害性及其程度,预测发生事故和职业危害的可能性,掌握其发生、发展的条件、规律,以便采取有效的对策措施来控制和防治事故,减少职业危害,实现安全生产。

安全评估的领域、种类、方法、手段繁多,而且评估系统的属性、特征及时间的随机性千变万化,各不相同,但是其思维方式却是一致的,可归纳出四个原理:

(1)相关性原理

一个系统,其属性、特征与事故和职业危害存在着因果相关关系,这是系统因果评估方法的理论基础。

(2)类推原理

类比推理是根据两个或两类对象之间存在着某些相同或相似的属性,从一个已知对象具有某个属性推出另一个对象具有此种属性的一种推理,在安全生产和安全评估中有着特殊的意义和重要的作用。

(3)惯性原理

任何事物在其发展过程中,从过去到现在一直延伸到未来,都具有一定的延续性,这种延续性即惯性,利用惯性可以研究事物或一个评估系统的未来发展趋势。

(4)量变到质变原理

任何一个事物在发展变化过程中都存在着量变到质变的规律,在一个系统中,有许多与安全有关的因素也都存在着量变到质变的规律。因此,在评估一个系统的安全性时也离不开量变到质变原理。

2.4.1.6 安全评估的原则

安全评估是落实"安全第一,预防为主"方针的重要技术保障,是安全生产监督管理的重要手段,关系到被评估的项目能否符合国家规定的安全标准,能否保证劳动者安全与健康的关键性工作。安全评估不但具有较复杂的技术性,而且还有很强的政策性,因此,做好安全评估,必须以被评估项目的具体情况为基础,以国家安全法规及有关技术标准为依据,用严肃的科学态度,认真负责的精神,强烈的责任心和事业心,全面、仔细、深入地开展和完成评估任务,在工作中必须始终坚持政策性、科学性、公正性、严肃性、针对性原则。

(1)政策性

安全评估是国家以法规形式确立的,旨在从根本上控制、消除事故隐患,促进安全生产的一个有效制度,政策、法规、标准是安全评估的依据,政策性是安全评估的灵魂。

(2)科学性

安全评估涉及学科范围广,影响因素复杂多变,为保证安全评估准确反映被评估项目的客观实际和评估结论的正确性,评估工作必须依据科学的方法、程序,以严谨的态度全面、准确、客观地进行,提出科学的对策措施,做出科学的结论。

(3)公正性

安全评估的每一项工作都要做到客观和公正,既要防止受评估人员主观因素影响,又要排除外界因素干扰,以国家和劳动者的利益为重,充分保障劳动者在劳动中的安全与健康,要依据有关标准法规和经济技术的可行性提出明确的要求和建议,避免出现不合理、不公正。

(4)严肃性

安全评估涉及到国家的利益和声誉,涉及到生产建设单位能否正常运行,涉及到人员的安全、健康以及设备的正常运转,是一项非常严肃的工作。

(5)针对性

进行安全评估,首先要针对被评估项目的实际情况收集资料;其次要针对主要危险、有害因素及重要单元进行重点评估;另外还要有针对性地选用评估方法;同时还必须从实际经济、技术条件出发,提出有针对性的、操作性强的对策措施,做出客观公正的评估结论。

2.4.1.7 评估指标体系建立原则

评估指标体系的制定是一个很困难的问题。一般来说,指标范围越宽,指标数量越多,则方案之间的差异越明显,有利于判断和评估,但确定指标的大类和指标的重要程度也越困难,处理和建模过程也越复杂,因而歪曲方案的本质特性的可能性也越大。评估指标体系要全面地反映出所要评估的系统的各项目标要求,尽可能地做到科学、合理,且符合实际情况,并基本上能为有关人员和部门所接受。为此,制定评估指标体系需在全面分析系统的基础上,首先拟定指标草案,经过广泛征求专家意见,反复交换信息,统计处理和综合归纳等,最后确定系统的评估指标体系。

建立评估指标体系时一般应遵循以下原则:

(1)目的性原则

对公路隧道安全等级评估的目的在于分析公路隧道整体及各子系统的安全性能,从而发现存在的问题与不足,有针对性地提出今后的发展方向与整改措施,最终达到降低隧道运营中的事故发生率,减少事故所造成的损失的目的。

(2)指标间的独立性

为了得到隧道的综合安全等级,需要将各专项指标加权求和;同样为了得到隧道内某专项的安全性能,需要将影响该专项的各指标加权处理。因此各指标间的独立性十分重要,指标间应尽量避免包容、耦合关系,对隐含的相关关系,应在评估中以适当方法消除,否则就会给权重的确定带来不必要的困难,并可能造成综合评估的失真。

(3)指标的可测性原则

选取的指标必须满足可测量的要求,才能在指标体系建立之后有一个客观的测评依据。

(4)可操作性和实用性原则

评估指标应该含义明确,收集评估指标数据、资料方便,便于统计和量化计算。指标值能准确、快速获取且方法易于掌握。

(5)科学性和可靠性原则

评估标准和理论必须建立在科学的基础上,才能反映客观实际并对实践具有指导作用,评估指标必须可靠并起实际作用,才能构成评估标准的基础,如果指标本身很不可靠,那么评估标准就失去了意义。

(6)系统性原则

公路隧道系统是一个复杂的系统,涉及到土建、机电、管理等诸多方面,因而在分析问题时要从全局出发,高屋建瓴,把评估对象当作一个整体或大系统来加以考虑,评估指标应广泛、系统,能充分反映评估对象的优劣水平。不仅要尽可能考虑到每一个要素,而且力求以最少的指标概括系统的全貌,克服片面性。

(7)定性指标和定量指标先后结合使用的原则

定量指标有利于进行准确、科学、合理的评估。对于有些难以量化的内容,采用定性的评估指标,这样既可用数学模型使评估具有客观性,又可弥补单纯定量评估的不足及数据资料本身存在的问题。

(8)评估指标具有可比性

建立评估体系时应考虑到隧道运营管理的发展过程,选取在一段时间内统计上通用的指标,同时指标尽量选用相对值,这样既便于同一隧道不同时期的指标进行比较,又便于同一时期不同的隧道进行比较。

(9)指标设置要有重点、有层次

重要指标可以设置地细密些,次要指标可设置地稀疏些,以简化工作。指标的层次性为衡量方案的效果和确定指标的权重提供方便。指标个数的多少应以说明问题为准,同时保证指标的公正性。

2.4.1.8 安全评估方法

安全评估方法是对系统的危险因素、有害因素及其危险、危害程度进行分析评估的方法，伴随着安全评估的发展，目前应用的安全评估方法已有数十种，各种方法的特点、使用范围和应用条件各不相同，按其特性可分为定性评估和定量评估两大类。

1) 定性评估

定性安全评估是借助对事物的经验、知识、观察及对事物发展变化规律的了解，科学地进行分析、判断的一类方法。定性评估的方法可以找出系统中存在的危险和有害因素，进一步根据这些因素从技术上、管理上、教育上提出对策措施加以控制，达到系统安全的目的。

定性评估方法目前应用较多的有安全检查表（SCL）、事故树分析（FAT）、事件树分析（EAT）、危险度评估、预先危险性分析（PHA）、故障类型和影响性分析（FMEA）、危险性可操作研究（HAZOP）等。

2) 定量评估

定量安全评估是指根据统计数据、监测数据、同类或类似系统的资料数据，按照有关标准，应用科学的方法构造数学模型进行量化评估的方法。定量评估有两种类型，一种以可靠性、安全性为基础，先查明系统中的隐患并求出其损失率，有害因素的种类及危害程度，然后再与国家标准或规定进行比较、量化，常用方法有事故树分析（FAT）、事件树分析（EAT）、模糊数学综合评估、层次分析法等；另一种则是以物质系数为基础，采取综合评估的危险度分级方法，常用方法有美国道化学公司的"火灾、爆炸危险指数评估法"、英国帝国化学公司蒙德部的"ICI/MOND 火灾、爆炸、毒性指标法"、日本劳动省的"六阶段法"等。

在安全评估中，评估方法有多种。其中常用的有安全检查表法、层次分析法、事故树法、道指数法以及模糊数学综合评估法等，它们的应用范围以及优缺点如下：

(1) 安全检查表法

安全检查表法适用于各类型的设计、验收、运输、管理以及事故调查。它的优点突出、明了，现场操作人员和管理人员都易于理解和使用；缺点是只能进行定性的分析，且编制检查表难度及工作量大。

(2) 事故树法

事故树法适用范围比较广，非常适合于重复性较大的系统。它的优点是便于查明系统内固有的或潜在的各种危险因素，使有关人员、作业人员全面了解和掌握各项防灾要点，便于进行逻辑运算，进行定性、定量分析和系统评估。它的缺点是步骤较多，计算复杂，在数据较少的情况下，进行定量分析还需要做大量工作。

(3) 层次分析法适用范围及优缺点

层次分析法适用领域比较广阔，可以分析社会、经济以及科学管理领域中的问题。它的优点是能够有效地处理难以完全用定量来分析的复杂问题；它的缺点是遇到复杂的系统，层次已经不能标明高或低，同时又直接或间接地为其他层次所影响。

(4) 道指数法

道指数法适用于生产、储存和处理燃、爆、化学活泼性、有毒物质的工艺过程及有关其他相关工艺系统。它的优点是简洁明了，参数取值宽；它的缺点是只能对系统进行整体评估。

(5)模糊数学综合评估法

模糊数学评估法适用范围广。模糊数学评估法给出了一个数学模型,它简单且容易掌握,在解决多因素指标综合为一个或若干个指标的评估过程中有着其他方法不可比拟的优势;缺陷是因素权重的定权和变权问题的处理,这是关键问题所在。模糊综合评估模型需要人为解决隶属函数和隶属度的处理和求解问题,这个核心问题的求解目前并没有成功的事例,大多数采用人工确定的方法;至于权重的分配几乎完全依赖于人工方法,在模型中没有根据评估对象和指标因素的客观状态和指标自动调整权重的能力,因此在相当程度上限制了评估方法解决问题的能力。但它是对多因素、多层次的复杂问题评估效果比较好的方法,也是别的数学分支和模型难以取代的方法,其实用性较广。

2.4.1.9 安全评估的限制因素

安全评估是根据经验和预测方法进行的,在理论和实际上都存在很多限制因素,主要有:

(1)评估不完整性

安全评估的不完整性有两方面原因:首先,评估人员不能够保证找出被评估项目的所有危险源;其次,不能够考虑到已找出的危险源可能引发事故的所有原因和事故后果。

(2)评估不一致性

许多安全评估具有高度的主观性,不同的评估人员使用相同的资料评估同一个对象,可能会得出不同的结果。

(3)经验相关性

安全评估在很大程度上取决于评估人员的相关经验,有些评估方法需要依靠评估人员凭经验判定可能导致事故的原因及其产生的后果,评估结果的可靠性与评估人员的经验密切相关,在某种程度上评估人员的经验比评估方法更重要。

(4)应用困难性

过多的假设条件往往与实际情况相差较大,多种不确定因素也往往会导致出人意料的结果,这些对安全评估的实际应用带来困难。

克服安全评估限制因素影响的关键在于不断提高评估人员的素质,要求安全评估人员以认真负责和实事求是的工作态度,认真学习专业知识,努力掌握评估理论,注意收集有关信息,正确使用各种评估方法,积累经验,以期取得较好的评估结果。

2.4.1.10 安全措施分类

为了确定安全措施实施的优先次序,应根据其不同的作用范围来分类,这样才能保证在统一范围内对不同的安全措施进行比较。安全措施分类如下:

(1)安全预防措施:控制或影响隧道营运的交通管理系统,如禁止车辆行驶、关闭隧道、信号灯、控制车辆高度等设备。

(2)安全维护措施:对隧道系统进行维护的安全措施,如提供隧道服务设施,发生交通事故后以最快的速度恢复隧道营运。

(3)事故管理措施:

①检测措施:事故检测措施,如事故自动视频检测、火灾检测、废气检测等。

②逃亡措施：为隧道使用者提供的紧急出口、通风设施、诱导标志、信号控制器等。
③援救措施：为隧道使用者提供的紧急服务设施，如紧急通道、广播通信系统等。
④干预措施：紧急情况下为隧道使用者提供的安全措施，如消防栓、紧急电话等。

2.4.1.11 隧道安全评估步骤

欧洲在公路隧道的安全评估方面走在前列，其研究与应用机构主要有欧洲智能交通委员会和负责对现行欧洲公路隧道风险程度与安全性能进行检查并评估的专门机构 EuroTest。主要成果表现在 EuroTAP（European Tunnel Assessment Program）子计划所提出的隧道内风险与安全分别评估法（见图 2-10），2003 年 S. N. Jonkman 等的论文中提出的概率分析法（或称定量风险分析法 QRA）和确定性分析法（或场景分析 SA），2006 年奥地利提出的综合定量风险分析方法（见图 2-11），这些成果也应用到了相应的规范中。

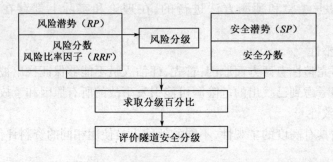

图 2-10　隧道安全评估方式流程

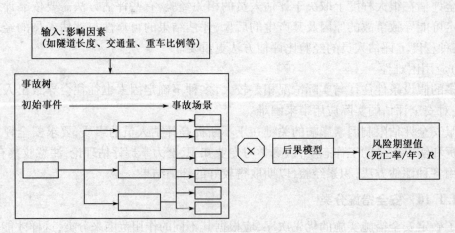

图 2-11　奥地利风险分析流程

2007 年欧盟编写了隧道安全指南。2007 年英国公路隧道安全法规中对隧道的风险分析做了一系列的规定：

(1) 应该由隧道管理者以外的人来进行风险分析。

(2) 进行风险分析时应出示一份报告，报告中应提出降低风险的措施，具体包括下列事项：

①从所有影响安全的设计因素和交通条件方面考虑公路隧道使用者的安全风险，包括：交

通特征和类型、隧道的长度、几何设计及预测每天通过隧道的重型货车的数量。

②评估所建议的改善措施是否能同等程度或更好地保障公路隧道使用者的安全。

③确定因使用所提出的减少风险措施而引发的潜在危险。

④确定可能受到(3)中所涉及的危害影响的公路隧道使用者。

⑤评价(4)中所涉及的使用者发生伤亡的概率。

⑥评价将要被所提出的措施取代的安全要求是否足够。

(3)安全文件中应该包含风险分析。

从欧洲的研究来看,其对与隧道进出口连接的结构物特征,危险品运输的管理,不同隧道由于在运输网络中所处的位置不同(如军事用途、水下隧道)从而重要度不同等方面对安全的影响的研究较少,有待深入。

我国公路隧道安全评估主要分为2步(见图2-12)。

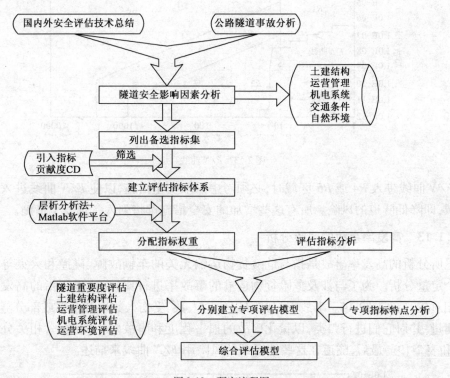

图2-12　研究流程图

第1步是隧道安全现状的评估,包含现有安全措施和规范所要求的安全措施的比较以及风险承受能力的判断。公路隧道安全现状的评估主要包括3部分:

①隧道现状与当前工艺水平的比较。

②危险物品运输的风险分析。

③高发率事故的风险分析。

第2步由2部分组成:根据隧道缺陷的严重程度确定隧道的优劣次序;根据消除某一给定缺陷有效率水平来决定实施安全措施的优先次序。其中第2步是规划过程的决定性阶段。

2.4.1.12 危险货物运输的风险分析

对危险货物运输的风险分析涉及到对道路使用者的风险评估,在风险分析中确定不同情况下火灾、爆炸和有毒气体泄漏的事故发生率和死亡人数,并绘制事故率与死亡人数曲线图(F/N 曲线)。

为了判定隧道的风险承受能力,可以借鉴欧洲的评估标准。为了更方便地描述和比较不同隧道的风险,把 F/N 曲线划分成风险值从小到大的 5 个风险区域 $R1 \sim R5$。隧道风险的高低取决于它的 F/N 曲线所在的最大风险区域,如图 2-13 所示。从图中可知该隧道处在风险区域 $R2$。风险区域的划分有助于区分不同隧道最大和最小的潜在风险能力,并以此为依据确定改善隧道安全的优先次序。

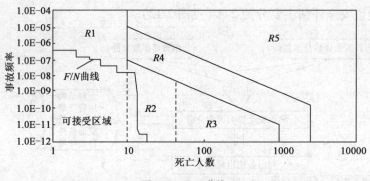

图 2-13 F/N 曲线

当 F/N 曲线进入 $R4$ 或 $R5$ 区域时,必须考虑采取安全措施,以使 F/N 曲线进入可接受的风险区域,即降低隧道的风险。所有这些增加的安全措施都将列入备选安全措施。

2.4.1.13 高发率事故的风险分析

这里所分析的高发率事故是指与危险货物运输无关的车辆故障、碰撞和火灾等不同情况下的一个定量分析。为了与涉及危险货物运输的事故率进行比较,这里所指的高发事故其发生频率相对较高,见图 2-14。事故损失结果以死亡人数、受伤人数以及全部或部分隧道关闭的时间来衡量,并对它们进行归类,以量化事故的损害程度和事故发生的频率,相关分类等级见表 2-18 和表 2-19。最后,隧道在这些情形下的风险用 F/N 曲线来描述。

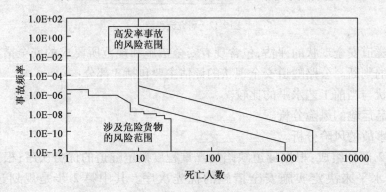

图 2-14 不同工况风险范围的比较

相 关 分 类 等 级　　　　　　　　　表 2-18

损失等级	死亡人数	受伤人数	隧道关闭时间/h
I	0	0	<0.5
II	1~2	1~5	0.5~2
III	3~5	6~10	2~10
IV	6~10	11~20	10~24

事故率等级分类　　　　　　　　　表 2-19

事故率等级	每年事故频率
A	<0.01
B	0.01~0.1
C	0.1~1
D	1~10

2.4.1.14 现有隧道安全水平优先次序确定

在风险分析基础上对现有隧道优先顺序的确定应遵循的原则是："对隧道使用者的风险越大,隧道的优先等级就越高"。优先次序确定步骤如下:

(1)根据 F/N 曲线所在的风险区域从 $R5$ 到 $R1$ 的顺序来排列隧道。

(2)按照输入某一风险区域内的风险总值从大到小对隧道进行排序。

(3)根据事故发生的频率,在同一风险区域内的火灾、碰撞、故障按降序排列。

(4)按照隧道影响区域内所确定的缺陷,按预防—逃生—检测—救援—干预和维护的顺序来排列隧道,见表 2-20。

隧道优先次序确定原则　　　　　　　　　表 2-20

隧道	有危险货物的事故率		高发率事故			影响区域	优先次序
	风险级别	风险总值	火灾	碰撞故障	缺陷		
C	$R5$	—	—	—	—		1
F	$R4$	—	—	—	—		2
A	$R3$	—	—	—	—	1.预防	3
D		↓	↓	↓	↓	2.逃生	4
B	$R2$	—	—	—	—	3.检测	5
G		—	—	—	—	4.救援	6
E		↓	↓	↓	↓	5.干预	7
H	$R1$	—	—	—	—	6.维护	8

注:"↓"表示排序顺序下降。

根据以上排列原则可以很容易确定优先等级最高的隧道,即现有隧道中风险最高、缺陷最严重的隧道。

2.4.1.15 实施安全措施优先次序确定

在确定隧道风险等级后,根据成本与效益比值来确定每座隧道需考虑采取安全措施的效益优先次序。首先,将这些安全措施按照所作用的范围进行分类,确保其在同一作用范围内进行比较。然后,根据成本对这些措施进行排列。这里的成本指使用该措施来减小风险所需要的费用。风险的减小指在同一段时间内没有实施该措施的风险差。最后,根据成本与效益比确定的安全措施先后顺序为预防措施—逃生措施—检测设施—干预措施—安全维护措施。通过该方法能得到改善隧道安全最理想安全措施的排列。

该评估方法为相关部门了解隧道安全现状提供了一个全新的视角,成本低,可操作性强。它不仅能为现有隧道的风险等级作一个排列,还能为改善隧道安全需采取的安全措施做出最优选择。在改善现有隧道以达到当前公路隧道安全标准的规划过程中是一个有力的辅助工具。同时,隧道管理部门也能在最充分利用资源和资金的条件下达到预期目标。

此外,该方法还有以下功能:
(1)为不同等级的隧道工程编制设施指南。
(2)对隧道安全和风险规划的不同设计进行比较。

2.4.2 事故评估的概率模型

对于隧道风险概率的估计需要综合考虑隧道风险出现的概率(风险基础概率)和隧道风险作用下发生损失的概率(损失发生概率),隧道风险概率模型用公式(2-8)表示。在某些评估中,不需要考虑基础概率和损失发生概率,可以直接通过专家经验获得风险概率P(赵峰,2010)。

$$P = p(h)p(C/h) \tag{2-8}$$

式中:$p(h)$——隧道风险事态出现的概率;
$p(C/h)$——隧道风险事态出现并引起事故的概率。

2.4.2.1 事故基础概率

一般交通事故率和交通量、单双向交通、隧道长度等有关,对于交通事故的发生概率,PIARC文件显示隧道的交通事故率见表2-21,火灾的统计数据如下:
(1)公路隧道火灾平均发生频率不超过25次(10^8辆/km)。
(2)城市隧道的火灾发生频率比其他隧道高。
(3)所统计的隧道中只有40%的没有发生过火灾。
(4)只有长隧道或交通量很大的隧道,或两者兼有之的隧道中,事故发生频率会达到1次/月至1次/年不等。
(5)大多数隧道很少发生火灾。

隧道交通事故率(10^{-8}辆/km)表(赵峰,2010)　　　　　表2-21

隧道	事故率(仅损失)	伤亡事故率	伤人率	死亡率
城市隧道	40~150	10~50	10~50	0~3
单向行驶高速公路隧道	30~80	0~15	0~15	0~1
双向行驶乡村隧道	20~100	0~20	0~20	0~2

危险品货物道路运输事故率一般在$10^{-6} \sim 10^{-8}$(辆/km),但相关的数据信息比较缺乏,而且危险品种类繁多,针对某类危险品和具体运输路径特征的历史事故资料很少,因此研究者多

采用道路所有车辆的事故率数据信息作为参考。表2-22为美国三大州的重型车辆运输事故率和危险品运输泄露事故率,可作为危险货物风险事故的基础概率。

美国三大州重型车辆运输事故率和危险品运输泄漏事故率表　　　表2-22

道路类型		重型车辆事故率（次/10^8辆/km）	危险品运输条件泄露概率	危险品运输泄漏事故率（次/10^8辆/km）
村	双车道	1.36	0.086	0.12
	多车道（未划分）	2.79	0.081	0.22
	多车道（已划分）	1.34	0.082	0.11
	高速公路	0.40	0.090	0.04
市	双车道	5.38	0.069	0.37
	多车道（未划分）	8.65	0.055	0.48
	多车道（已划分）	7.75	0.062	0.48
	单车道	6.03	0.056	0.34
	高速公路	1.35	0.062	0.09

2.4.2.2 损失发生概率

对于损失发生概率难以采用统一的计算方法及模型,对于不同问题需要采取不同的求解策略和方法。在实际的应用中,常采用事件树分析方法（Event Tree Analysis）以及基于统计数据和专家经验的方法,如图2-15所示。

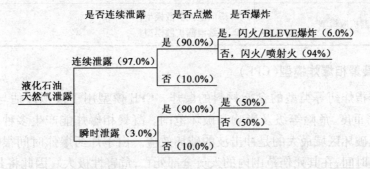

图2-15　液化石油天然气泄露事故事件树图（赵峰,2010）

2.4.3 事故后果模型

隧道运营期事故的后果包括人员伤亡、结构损伤和环境破坏三种。但由于在隧道事故中公众印象最为深刻的主要还是死亡人数,因此目前国外对隧道运营期风险后果分析中主要还是以人员伤亡（主要是死亡人数）作为评估结果。

2.4.3.1 一般事故后果模型

对于一般交通事故,不会引起隧道后续人员和车辆的损伤,因此一般交通事故引起的人员伤亡可以结合事故概率模型中的交通事故率等统计数据来估算。

2.4.3.2 火灾事故后果模型

在隧道火灾事故中,除了由于车辆事故导致直接的人员死亡外,大部分死亡(约85%)都是由于吸入烟尘及有毒气体昏迷后而致死的。估计在火灾中会产生大约20余种有毒物质,这些气体中危害最大的是CO。我国的火灾统计资料表明,在火灾死亡的人员中因CO气体窒息死亡的人员在半数以上,甚至高达70%。隧道火灾的物理后果主要有:温度、高CO浓度、高CO_2浓度、贫氧、直接的热辐射等。

在隧道火灾中导致的人员死亡,主要是受到多种有害气体共同作用的结果。因此,判断逃生人员死亡的标准主要是采用FED模型。但是能够产生严重后果的火灾事故,大多是与危险品有关的重载车运输。

2.4.3.3 危险品运输后果模型

危险货物在公路运输中发生泄漏事故后,通常会发生火灾、爆炸和毒物的泄漏扩散等事故后果,对人员、财产及环境具有不同程度的破坏作用。正确选择事故后果模型对事故后果评估的准确性具有重要的影响。危险品货物常见的后果模型见表2-23。

危险货物的后果模型表(赵峰,2010)　　　　　　表2-23

后 果 模 型	具 体 后 果 模 型
爆炸伤害模型	蒸气云爆炸(VCE)伤害模型
火灾伤害模型	1. 沸腾液体扩展蒸气爆炸(BLEVE)伤害模型; 2. 闪火伤害模型; 3. 喷射火伤害模型
毒物泄漏扩散模型	1. 瞬间泄漏扩散模型; 2. 连续泄漏扩散模型

2.4.3.4 凝聚相爆炸模型(CPE)

凝聚相爆炸指炸药等类型的含能材料的爆炸。CPE模型用于模拟评估与分析凝聚相爆炸事故的后果严重度、危险等级及影响和破坏范围。凝聚相爆炸能产生多种破坏效应,最危险、破坏力最强、破坏区域最大的是冲击波的破坏效应。由于炸药爆炸时间很短,基本上隧道内人员没有逃生时间,在其死伤范围内的人员全部死亡,危害性极大。因此将其从危险品运输中单独列出。

2.4.3.5 恐怖袭击

恐怖袭击的方式主要包括爆炸性袭击、纵火性袭击和生化袭击等几种方式,其后果已在上一节中体现。但由于案例较少,概率较难确定。

2.4.4 疏散模型

在构建疏散模型时,应该考虑到多个因素,比如事故发生地点、应急出口位置、事故两侧的车辆组织情况、烟雾扩散情况、人员的反应等。在这个疏散过程中,影响烟雾扩散和疏散时间的因素必须要考虑进去,如事故警报、人员反应、人员逃生速度、逃生距离、拥堵情况等。

2.4.4.1 疏散时间

疏散时间主要是指隧道人员从被置于一个危险的境地到其逃生到一个安全位置所经历的时间,一般这个过程被分为几个部分:察觉时间、反应时间和逃生时间。一般人员的察觉时间在 1~3min 之间,反应时间在 1~3min 之间,这与乘客和事故地点之间的距离、事故的严重程度以及隧道的警告标志有关。隧道内人员的逃生速度一般在 0.5~1.5m/s 之间。

2.4.4.2 疏散模型

疏散模型的建立与具体的隧道、交通量、事故场景以及通风方式等均有关系。在进行人员疏散时,首先需要通过建立车队模型来确定隧道内车辆数,以及受到事故影响需要逃生的人员数。其次需要计算隧道内人员的位置,需要逃生的距离以及逃生的时间。最后结合隧道内事故的发展,根据逃生条件确定人员是否逃生成功,并以此确定死亡人数。

2.4.4.3 火灾烟气控制

隧道内一旦发生火灾,对于纵向通风的隧道应尽量避免火灾烟气出现回流现象,以使火灾对上游阻滞车辆,人员危害最小化。隧道通风系统提供足够的纵向风流使得火灾回流为零时所需的风速被称之为临界速度。临界速度可采用式(2-9)计算(赵峰,2010)。

$$V_c = K_1 K_2 \left[\frac{gHQ}{\rho_\infty C_P A \left(\frac{Q}{\rho_\infty C_P A V_c} + T_\infty \right)} \right]^{\frac{1}{3}} \tag{2-9}$$

式中:V_c——临界速度;
  K_1、K_2——常数;
  g——重力加速度;
  H——隧道高度;
  Q——火场火灾热释放率;
  A——隧道横断面积;
  C_P——空气比热;
  ρ_∞、T_∞——周围空气的密度与温度。

2.4.4.4 逃生条件

隧道内逃生人员生存与否与其在逃生过程中是否达到死亡标准有关,如果达到死亡标准,则其逃生过程将终止。对于爆炸事故,主要是判断隧道人员受到冲击波压力大小。而对于火灾事故,需要判断其受到温度、有害气体和热辐射的综合效应,逃生标准可以采用 FED 模型(赵峰,2010),见式(2-10),当 FED 值达到 1 时,表示达到了死亡标准。

$$FED = \sum_i \frac{\int C_i \mathrm{d}t}{(Ct)_i} \tag{2-10}$$

式中:C_i——第 i 种气体的浓度;
  Ct——第 i 中气体伤亡标准与时间的乘积。

对 FED 模型进行扩展,可以得到 ISO 13571 推荐的窒息气体的 FED 失能模型,见式

(2-11),以及温度的 FED 失能模型,见式(2-12)。

$$FED_{GASES} = \sum_{t_1}^{t_2} \frac{CO}{35000}\Delta t + \sum_{t_1}^{t_2} \frac{\exp(HCN/43)-1}{220}\Delta t \quad (2-11)$$

式中:CO 和 HCN——时间增量 Δt 内的气体平均浓度。

本式适用于氧气含量<13%,CO_2 含量>2%的情况。

$$FED_{HEAT} = \sum_{t_1}^{t_2} \frac{T^{3.4}}{5\times 10^7}\Delta t \quad (2-12)$$

式中:T——空气温度(℃)。

当 FED=0.3,表明受影响人群失能,失去逃生能力,这个条件可适用于温度和有毒气体;当 FED=0.01 时,表明失能开始,但远低于导致死亡的极限,这个条件仅适用于有毒气体。

2.4.4.5 定量分析结果

结合事故概率估计、后果估计以及疏散模型,对于每种事故场景设计可以计算出其发生概率以及死亡人数,并绘制出隧道的社会风险 F-N 曲线,图 2-16 为 F-N 曲线示例。

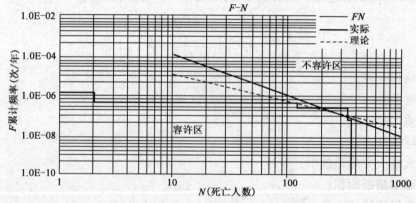

图 2-16 社会风险 F-N 曲线示例图(赵峰,2010)

2.4.5 事故的风险分析

进行隧道安全风险与管理研究的主要目的是为与隧道相关的部门和机构提供安全指导方针,以最大限度地减少一些自然灾害或人为极端事件的破坏潜力,进而保护隧道。

2.4.5.1 风险辨识

风险辨识就是根据隧道运行的自身特点,通过一系列的辨识方法,分析出隧道运行中所有的风险因素,并对这些因素进行归纳整理,找出其中的主要因素和次要因素,辨别重大危险源。影响隧道运行安全的风险因素比较多,从不同的角度可以将安全风险分成几种不同的类型。造成隧道安全事故的原因可能是蓄意行为的,也可能是无意的,从人类对隧道事故主观愿望这个角度,将隧道运行安全风险可以分成两大类(卢浩,2010):无意风险和恐怖风险。

1) 无意风险

无意风险指一些非故意的事件,并且这些事件都有影响隧道安全的潜力,比如设备老化导致的火灾,洪水的突然侵入,隧道内的车辆事故等。无意风险因素导致的安全事故往往和自然事件以及人员的疏忽大意有关,并且可以根据事件发生的频率和量级来估量其大小。无意风险范围比较广,可以归纳为以下几方面:

(1) 自然风险

各种自然灾害,包括地震、火山、洪水等。

(2) 隧道自身风险

由于一些非故意事件导致的隧道结构完整性的损失、隧道运行系统的老化以及隧道维护人员的疏忽大意等隧道自身所具有的风险因素。

(3) 环境风险

除隧道自身风险和自然灾害外,所有影响隧道安全运行的非故意风险因素,包括:周围地理条件的恶化、危险材料的进入、车辆事故等。

2) 恐怖风险

恐怖风险专门针对一些有预谋的行为来说的,并且这些行为都有影响隧道安全的潜力。这些行为不是自然的、偶然的随机事件,它是一些人或组织企图取得一定目的的犯罪活动。

恐怖风险大都是一些人为事件,他们利用一些极端的手段去破坏隧道的正常运行,以达到自己的不法目的。经过对一些实例的分析和一些关于隧道安全的资料收集,根据现阶段隧道建设的特点和这些蓄意行为手段的不同,将恐怖风险大致概括为以下几个方面(卢浩,2010):

(1) 小型、中型、大型临时爆炸性设备的进入。

(2) 化学试剂的进入。

(3) 生物制剂的进入。

(4) 放射性物质的进入。

(5) 计算机病毒的攻击:利用计算机病毒侵入隧道的命令和控制系统,意图使其丧失功能。

(6) 水上事故:主要针对水下隧道,通过载有炸弹的船只对水下隧道的外壳进行破坏。

(7) 火(纵火):有意的纵火,意图造成物理特性的损害或对运行系统的破坏。

(8) 机械、电气和通信系统的破坏:通过对三个系统有意的破坏,以影响隧道系统的安全及有效运行。

风险因素的识别是非常关键的一个步骤,它决定了隧道维护人员所要采取的对策形式。这里还要提醒一点:风险因素是动态的、变化的,随着科技的不断进步,可能会出现新型的隧道建筑结构和运行系统,那么其面临的风险也会随之而改变,比如在计算机控制系统运用到隧道里以后,就要考虑计算机病毒的攻击,而这在计算机出现以前是不存在的。

3) 运营管理安全风险辨识

根据分析,隧道运营管理重大安全风险源辨识见表2-24。

运营管理安全风险源辨识(卢浩,2010) 表2-24

风险源		风险事件	耐久性	结构损坏	渗漏水	交通事故	火灾	设备与设施损失
运营阶段	隧道因素	不良地质水文条件	☆		☆			
		结构方案		★				
		材料性能	★	☆	☆	☆	★	
		施工质量	★	☆	★	☆		
		防排水方案	☆		☆			
		隧道线形					☆	☆
		横通道		☆	★			☆
	运营条件	运营管理						
		监控方案		★		★	★	★
		通风方案					☆	
		防灾求援方案				★	★	
		照明方案				★		
		通讯设施				★	★	
		交通流量控制				★	★	
		隧道维护	★	★	★			
	自然因素	地震		★		★		☆
		暴雨			☆			
	人为因素	违规驾驶				★		
		管理人员违规操作					☆	★

2.4.5.2 风险评估

隧道风险评估是隧道风险管理体系中在完成风险分析后的下一个环节,主要是判定风险分析结果是否可以接受。如果不能接受需要采取适当的措施来降低风险,并达到可接受的目标。因此,判断风险分析结果是否可以接受的前提是确定风险接受标准,目前风险接受准则一般采取的是最低合理可行 ALARP(As Low As Reasonably Possible)风险接受准则。

风险评估是在风险识别的基础上,对已经识别出的风险进行估计和评估。对于每种风险,风险估计的任务主要包括两方面:发生概率估计和后果估计。

1) 概率估计

在隧道运行安全风险发生概率的估计中,针对不同类型的风险采取不同的估计方法。对于无意风险,一般都是偶然的随机事件,应该根据各地隧道建设方法、地理条件,隧道运行系统的相似性,以实验、历史资料以及专家评判为基础进行估计,利用一定的数学方法得到事件发生的频率。

对于恐怖风险,需要采用不同的方法,因为恐怖风险的发生是一些人或组织有预谋的行动,不是随机的,也不是偶然的,并且这些风险因素也很难依照过去的历史资料进行估计。恐怖风险与当地社会状况密切相关。设 x_i 是 n 个已辨识的恐怖风险因素中的第 i 个,$p(x_i)$ 是该风险因素的发生概率,与该风险因素相关的变量是:

Y_1:当地安全状况,也就是社会稳定程度。它可以用许多指标来表示,比如种族矛盾情况,贫富差距情况或者恐怖分子的盛行程度等都会影响社会稳定,继而酝酿一些针对隧道的极端事件。

Y_2:隧道本身的吸引力。如果该隧道在当地起着极为重要的作用,通过破坏隧道可以造成很大的人员伤亡和社会影响,那么该隧道成为极端事件所针对对象的可能性就会加大。隧道吸引力可能和隧道平均货物(人员)流通量,隧道在当地交通网络中的重要度,以及隧道所处的位置有关。比如相同的防卫条件,在地铁实施恐怖威胁的可能性就比在一般运输隧道大。

Y_3:隧道破坏的可行性。即使对于某一隧道的破坏会造成严重的影响,但由于该隧道防卫的严密性,隧道关键部位的不可接近性,从事威胁行动的主体条件的限制以及促使对隧道的破坏难以实现的其他原因,会使得该隧道成为极端事件针对对象的可能性降低。对于每一种恐怖风险的风险因素来说,由于其破坏方式的差异,破坏可行性也是不一样的。比如对于海底隧道,使用载有炸药的船只潜入海底对其外壳进行破坏就是可行的,而对于陆地隧道来说,这种方法显然不可行。

有上述内容可得到恐怖风险与其相关变量之间的函数关系式(卢浩,2010):

$$p(x_i) = f(Y_1, Y_2, Y_3) \tag{2-13}$$

如果将变量 Y_1、Y_2、Y_3 依照其各自的影响因素进行分级,先进行定性分析,在此基础上根据量化的范围进行定值,再乘上各自的权重,就可以得到各种风险因素发生概率的估计值。表 2-25 是对三个变量进行分级的一个简单示例。

影 响 因 素 分 级   表 2-25

安全状况	隧道吸引力	破坏可行性	量化分值
很差	很大	很强	0.8~1
差	大	强	0.6~0.8
一般	一般	一般	0.4~0.6
好	小	弱	0.2~0.4
很好	很小	很弱	0~0.2

2)后果估计

上述的风险因素会对隧道的结构、人员、运行功能等产生一定的破坏,后果估计的任务就是在风险事件发生的情况下,估计出这些结果以及其他次生灾害的大小。不管是恐怖风险因素还是无意风险因素,即使造成安全事故主体的行为方式以及目的和意义不同,但事件造成的结果往往是相似的,所以进行后果估计的时候可以将它们放在一起考虑。

将安全风险事故造成的风险损失分为以下几类,用 c_i 表示各项损失。

c_1:人员伤亡。

c_2:隧道修复所需花费。

c_3：隧道中断时间。

c_4：环境影响。

c_5：社会影响。

总的风险后果：

$$c = c_1 + c_2 + c_3 + c_4 + c_5 \qquad (2-14)$$

在进行风险后果估计时，还要注意两点：

(1)在相同风险因素作用下，具有不同物理特性的隧道可能有着不同的抗破坏能力，这些物理特性也会影响对隧道安全事故后果进行估计的准确性。它们主要是指：隧道建设类型（沉管、盖挖、矿山等）、地层介质、隧道所处位置（水下还是陆地以及埋深）以及隧道结构和衬砌情况，要评估隧道的这些物理特性对风险后果的影响，首先要确定风险事件的类型，不同的风险事件可能会使得这些物理特性表现出不同的作用，下面就以在爆炸的条件下为例，分析这些物理特性对风险后果的影响。

①隧道建设类型：一般来说，沉管法和盖挖法施工的隧道比矿山法隧道更容易受到破坏，因为这些隧道都是浅埋隧道，土壤覆盖厚度小，并且覆盖隧道的都是回填土，它们在爆炸荷载下抵抗能力相对较小。

②地层介质：围岩条件好的隧道对爆炸会有着更高的抵抗力，在这种隧道里，即使发生了很大的爆炸，也可能仅仅带来有限的局部破坏，并且这些破坏也能够在短时期内被修好。建设在土中的隧道比在岩石里的更容易被破坏；而处在软土中的隧道结构在爆炸荷载作用下会产生更大的弯曲和剪切量。

③隧道所处位置：隧道结构破坏会随着隧道埋深的增加而减少。因为深埋的隧道拥有更大的覆盖厚度，这些覆盖在隧道上方的岩土可以在内爆炸或外爆炸作用下为隧道提供更好的保护；处于水下的隧道被破坏的可能性也大于处于陆地的隧道，因为对于水下隧道来说，在爆炸发生的情况下，很有可能会导致水的涌入，这样的破坏比单纯的爆炸破坏要大得多。

④隧道结构、衬砌：有着相对优质结构的、约束力更大的、柔性更高的以及框架设计更好的隧道在极端事件中会有着更好的防护性能，特别是当高外压存在的时候。

(2)一些自然灾难或人为威胁常常是通过破坏隧道的这些关键要素中的一个或几个而造成严重破坏结果的，特别是蓄意的破坏，更是着重于隧道的某些关键要素来谋划。在隧道运行中，有着很多系统在为其服务，譬如通风系统、生命安全系统、电力系统、命令控制系统等。这些系统，对于隧道使用者来说，虽然有很多都是不可见的，但对于隧道安全有效的运行能力来说却是非常关键的。对于相同的隧道，相同的风险因素，如果这些因素作用的位置不同的话，所引发的后果可能就会大相径庭。某些系统的切断对于隧道安全和运行的影响程度可能是非常大的，而某些可能就会比较小，所以对于隧道系统破坏对象的差异也会影响对风险事件的后果估计。

3)风险评估的一些常用方法

随着风险管理的不断发展，各种分析方法迄今为止已经有几十种，适合隧道运行安全风险分析和评估的方法也有很多种，常用的定性评估方法有：专家调查法、头脑风暴法、Multirisk

法、IMS 风险评估体系、幕景分析法。定量评估方法有:模糊数学综合评判法、蒙特卡洛数值模拟法、层次分析法、等风险图法、贝叶斯网络等。定性定量相结合的方法有风险指数法等。在进行隧道运行安全风险分析的过程中,由于一些同类事件的历史统计资料的存在,使得利用一定的资料统计进行定量分析变得可能,但同时还必须清醒地认识到能够利用数据的不完备性,所以定性分析在此也变得比较必要。

为了使风险评估变得更加具体、直观和准确,采取定性定量相结合的方法是一个十分可行的选择。

但就目前而言,无论是哪种评估方法,由于不同隧道自身具有的不同特征以及相应资料的缺乏,在进行风险估计的时候还是依赖专家调查法,虽然专家打分在风险评估中起着非常大的作用,但可以通过形成一套比较客观的评估体系去减少个人的主观影响,提高分析的准确性。考虑开展模糊数学、灰色系统理论、神经网络等理论与传统风险评估方法耦合的研究,以进一步减小风险估计中的不确定性,提高其准确性。

4) 风险应对

风险应对的措施一般有风险减轻、风险转移、风险回避和风险自留或者这些策略的有机组合。

对于隧道运行安全风险管理来说,主要考虑的是风险减轻,因为其他一些措施就风险本身来说是没有减少的,总体风险是不变的。按照在处理风险事件时作用时间的不同,风险减轻的措施可分为:风险预警监测、风险阻断、风险缓解三类。风险预警监测是风险事件发生前对风险的监控;风险阻断是风险事件发生时对各种危险和威胁的及时阻断;风险缓解是风险事件发生后对其影响结果的减轻。

基于当前隧道的建设实际,考虑到对隧道安全进行分析的一般方法并参考了一些关于隧道抗破坏能力的资料,整理出了一些具体的风险应对对策,并将其统编成表,具体见表 2-26。根据需应对风险水平的大小,将对策分为三大类:普通水平措施、中等水平措施和高水平措施。普通水平措施,一般涉及到一些结构措施和临时的操作方法,这些方法在花费上是比较适中的,也是最常用的措施;中等水平措施,只有在遇到较高水平威胁时才使用,所以一般来说,这些对策都是临时的,并且通常都是操作上的方法;高水平措施,一般是固定的或永久性的,包括了所有能够增加隧道安全的结构和系统变更,一般需要很昂贵的费用和大量的时间去设计和建造。

表 2-26 中表示没有相应措施,因为中等水平都是些临时性措施,主要目的是预防和阻断风险,所以其在风险缓解一栏中没有相应措施;而高水平都是些永久性措施,主要是对隧道的预警监测性能的提高和结构的加固,所以在风险阻断一栏中也没有措施。

在使用对策的时候,要依据隧道本身的特点和一定的准则进行科学的选择,这就需要平衡该对策效力与所需花费之间的关系,如果对策所需花费过大,而能够降低的风险值又很小的情况下,就可能有必要放弃该对策而选择其他的种类。举一个简单的例子,设 m_i 为降低第 i 个风险因素采取相应对策所需要的花费,R_i 是花费 m_i 后降低的风险值,n_i 是风险降低前后的后果估计值之间的差,经过一定方法的评估,若 $n_i < m_i$,则可以实施该对策,反之,不实施。

当发生一些无意的风险事件和蓄意的威胁时,除了以上采取的各种结构加固和系统防护对策外,还有一点在隧道安全风险分析中不可或缺,那就是人的因素。在安全风险分析中,涉及到的人员基本可以分为三类:隧道运行安全维护人员、紧急响应人员、公共群众。

对策分类(卢浩,2010)　　　　　表2-26

风险对策	普通水平	中等水平	高水平
风险预警监测	(1)火灾监测系统; (2)闭路电视系统或闭路录像设备; (3)侵入监测系统	(1)监视察看; (2)查弹犬; (3)可移动的爆炸探测器; (4)可移动的生、化、放射性物质探测器	(1)固定的爆炸探测; (2)固定的生、化、放射性物质探测
风险阻断	(1)巡逻; (2)危险物质限制; (3)资质审查; (4)通道控制; (5)反病毒软件; (6)电脑防火墙; (7)雇员辨识系统	(1)入口守卫; (2)岗位证明核查; (3)水上巡逻; (4)船只追踪草案	—
风险缓解	(1)火灾防护系统; (2)人员撤离草案; (3)空气供应口; (4)人工的后备控制系统; (5)定期的数据备份; (6)全面的紧急响应训练; (7)安全教育训练	—	(1)后备通风系统; (2)增加或加厚钢板/混凝土内衬; (3)增加后备墙或后备柱(主要是针对含有墙和柱的隧道,比如多层立交隧道); (4)柱的钢/混凝土外包; (5)设置水闸

(1)隧道运行安全维护人员:隧道运行安全维护人员的训练是保证隧道安全的一个重要组成部分。在安全事故中,隧道人员可以起到探测、阻断并对事故作出快速响应的作用。通过一些必要的训练,隧道人员应能够识别可疑包裹和可疑的举止行为并相应地做出反应。为了贯彻这些要求,隧道人员必须对他们的作用和自身职责有一个基本的理解。除此之外,隧道人员还应该了解一些必要的操作程序。而对于那些位于中心控制位置或负责激活紧急控制系统的人员,应该提供一些特殊的技术训练。

(2)紧急响应者:隧道可以被看作是一个存在危险的场所。隧道安全运行系统的复杂性、事故原因状况的不确定性以及空间的有限性都对紧急响应者提出了挑战。紧急响应者应该进行一些正式的培训和演练,并且分工要明确,以便于在紧急响应时做到很好的协作配合。

(3)公共群众:公共群众是隧道的使用者,在及时报告事故状况方面可以发挥很大的作用。应该进行一些公共安全意识宣传以提高公众的安全意识;还可以鼓励群众去注意周围的一些可疑情况并及时上报。不过在这些过程中,要让群众了解需要注意什么,怎样报告信息,以及隧道中哪些东西是紧急事件中可以利用的。

任何隧道内都不存在绝对的安全,必须将最高的隧道建设优先权赋予安全逃生路线和通道。如果隧道内有紧急设备或构建了防火结构,隧道的抗破坏能力会提高。

2.4.5.3 评估指标体系

由于隧道运营管理系统的诸多不确定因素,需要对影响运营管理效果的因素集进行必要的筛选,采用定性分析和定量分析,通过对影响隧道运营的安全因素的调研,构建隧道安全运营指标体系,从管理体制(包括规章制度、宣传教育、安全应急预案)、隧道结构健康度(结构裂缝、渗漏水、结构材质劣化、结构变形、移动和沉降)、机电设备系统(通风、照明、供电、监控、通信、广播及中央计算机控制系统)等方面来构建隧道运营安全评估指标体系(见图2-17),并完善相应的定性和定量的评估表,以综合规范、控制、提高科学管理水平。

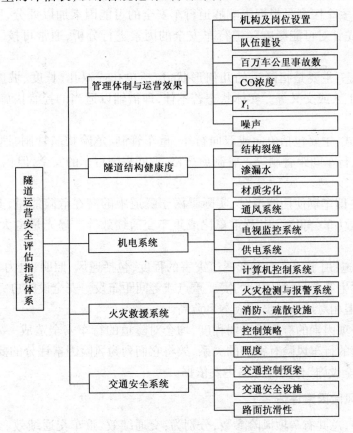

图 2-17　隧道运营安全评估指标体系(卢浩,2010)

对公路隧道的安全性进行评估,是为了分析公路隧道存在的问题与不足,进一步提出今后的发展方向与整改措施。分析的结论正确与否,与评价指标的选取直接相关。评估指标的选择,应遵循目的性原则、系统性原则、可操作性和实用性原则、科学性和可靠性原则、可比性原则、指标之间的独立性原则、相对性原则、导向性原则、直观性原则与可测性原则。

随着我国高速公路、城市道路中的特大超长、多系统复杂隧道工程建设的快速发展,为了完善和提升路网交通能力,改善交通状况,相应的运营管理维护工作也必须及时跟上。只有在不断落实科学发展观的基础上,实行科学管理,构建、完善建设养护为一体的数字化平台,以可视化、数字化的手段对工程勘察、设计、施工、监测与养护数据进行系统的管理与评估,才能及时、快速、简便而又规范地指导隧道管理和养护,确保隧道安全运营,有效维护隧道在设计使用年限内的结构安全。

2.4.6 公路隧道运营安全评估

安全评估流程主要分四个阶段进行,针对待评估隧道的各项安全设施配备与所提供的服务项目,给予分数评判,并加以计算与评估,具体过程:风险因素评估→安全因素评估→计算分级百分比→确定隧道安全等级。

风险因素与安全因素是根据影响隧道行车安全的可能因素加以评分,所以在建立评估方法之前,应该首先针对可能影响隧道行车安全的因素进行分析,通常可按下列四个角度加以考虑:

(1)实体状态:主要是指隧道的几何形状,包括单孔或双孔、长度、坡度、车道数、断面大小、是否有车道汇入或交叉等。实体状态若不佳,即需辅以适当的控管措施,否则会影响到行车的安全。

(2)控管方式:主要包括单向或双向行车、重车管制、危险物品管制、速率限制、禁止变换车道、流量管制、行车间距管制等。管制愈严格,愈能提高行车的安全,但相对地也会降低行车的效率。

(3)曝光量:即车辆使用隧道时,实际曝露于隧道中的潜在危险能量,其计量方式一般有车流量、交通绩效(车公里数)以及重车比或重车交通绩效等。曝光量愈大,隧道发生意外的几率愈高。

(4)安全设施:用于预防或降低隧道灾害的程度,包括通风、照明、电力、消防、交通监控以及紧急与安全逃生等项目,视实际的需要重点或等间距布设。安全设施愈完备,司乘人员所受到的保障愈高,但相对地所付出的成本也愈高。

以上任何一项因素的有无或强弱程度,均会对隧道的行车安全造成一定的影响。因为前三项因素与隧道的行车风险有密切的关系,故将它们列为风险因素评分的要项,而安全因素则是以第四项"安全设施"作为评分的主要依据。

2.4.6.1 风险因素评估

风险因素中,总共有 7 项风险参数,分别为:交通绩效、重车交通绩效、交通形态、交通量、危险物品运送、纵向坡度、其他。

各项风险参数的解释与分配方式见表 2-27。

RCM 与传统维修观念的差异 表 2-27

风险参数	说 明	最高风险分数值	影 响
交通绩效	每年使用隧道的总车公里数	0~8	肇事几率
重车交通绩效	重车绩效占总绩效的百分比	0~8	肇事几率、肇事严重程度
交通形态	单向或双向通行	1 或 8	肇事几率
交通量	每日每车道的车辆数	0~5	肇事几率
危险物品运送	允许或禁止	0~5	肇事几率、肇事严重程度
纵向坡度	纵向最大坡度	0~3	肇事几率
其他	车道汇入、交叉路口、长路段大坡度	0~3	肇事几率

其中评分依据主要是受到肇事几率与肇事严重程度大小的影响,各项风险参数的计算方式、单位与对应的评分方式如下:

(1)交通绩效

表2-28 为交通绩效处分对照表。

交通绩效评分对照表 表2-28

风 险 分 数	交通绩效(百万车公里/年)
0	0~1.0
1	1.01~2.0
2	2.01~5.0
3	5.01~10.0
4	10.01~20.0
5	20.01~40.0
6	40.01~70.0
7	70.01~100.0
8	>100

注:1.计算方式为单向每日交通量×365×隧道长。
  2.单位:车辆×公里/天×365。
  3.以百万车公里来进行评分。
  4.风险分数范围:0~8分。

(2)重车交通绩效

表2-29 为重车交通绩效评分对照表。

重车交通绩效评分对照表 表2-29

风 险 分 数	重车交通绩效(车辆×公里/天×365)
0	0
1	1~500
2	501~1000
3	1001~2000
4	2001~4000
5	4001~8000
6	8001~20000
7	20001~40000
8	>40000

注:1.计算方式为单向每日交通量×365×隧道长。
  2.单位:车辆×公里/天×365。
  3.以车公里来进行评分。
  4.风险分数范围:0~8分。

(3)交通形态

表2-30 为交通形态评分对照表。

交通形态评分对照表　　　　　　　　　　　　　表 2-30

风 险 分 数	交 通 形 态
1	单孔单向
8	单孔双向

注:1. 此类型主要是区分单孔隧道内的行车方向是单向还是双向。
　　2. 风险分数范围:1 或 8 分。

(4) 交通量
表 2-31 为交通量评分对照表。

交通量评分对照表　　　　　　　　　　　　　表 2-31

风 险 分 数	交通量(车辆/天×车道)
0	0～2000
1	2001～4000
2	4001～8000
3	8001～15000
4	15001～25000
5	>25000

注:1. 单位:车辆/天×车道。
　　2. 风险分数范围:0～5 分。

(5) 危险物品运送
表 2-32 为危险物品运送评分对照表。

危险物品运送评分对照表　　　　　　　　　　　表 2-32

风 险 分 数	危险物品运送
0	禁止
5	允许

注:风险分数范围:0 或 5 分。

(6) 纵向坡度
表 2-33 为纵向坡度评分对照表。

纵向坡度评分对照表　　　　　　　　　　　　表 2-33

风 险 分 数	纵向坡度(%)
0	<0.5
1	0.5～1.5
2	1.5～3.5
3	>3.5

注:1. 单位:百分比(%);
　　2. 风险分数范围:0～3 分;
　　3. 坡度为纵向最大坡度。

(7) 其他
表 2-34 为其他项评分对照表。

其他项评分对照表 表2-34

风 险 分 数	其 他
0	
1	隧道内是否有车道合并
2	隧道内是否有交叉路口
3	隧道内是否有陡坡度区段

注:风险分数范围:0~3分。

2.4.6.2 隧道风险分级与换算风险比率因子

根据以上风险因素的评估方法进行计算,可以得出公路隧道最低风险分数值1分,最高风险分数值为40分。计算出来的风险分数可以将其转换成为风险率因子(Risk Rating Factor,RRF),如图2-18所示。由图中可以看出风险分数值与隧道风险分级的关系,可以界定出五个隧道风险区间,具体风险分级方式见表2-35。

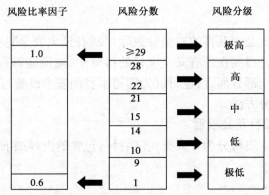

图2-18 风险分数值、风险比率因子与风险分级的关系

隧道风险分级表 表2-35

风 险 分 数	风 险 分 级
≥29	极高
22~28	高
15~21	中
10~14	低
1~9	极低

风险比率因子的换算,除了如图2-19的示意外,在风险分数介于1至29之间的转换关系如图2-19所示:

$$RRF = 1/70 \times RP + 41/70 \tag{2-15}$$

式中:RRF——风险比率因子;

RP——风险分数。

风险分数与风险比率因子之间的转换关系,在风险分数等于或高于29时为1.0,而在风险分数在1~29的范围内时,风险比率因子与风险分数之间的关系是依照线性递增,斜率为1/70,截距为41/70。风险比率因子是一个介于0.6~1.0之间的无单位系数。

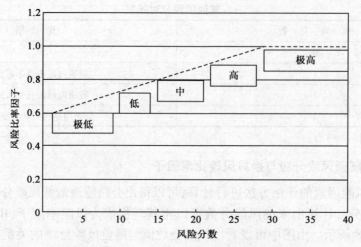

图 2-19 风险分数值与风险比率因子转换关系

1) 安全因素评估

安全因素的评估方式是用获得的安全分数除以所有最大安全总分数来确定的,单位为百分比的形式。主要目的是得到在所有安全项目的得分中,隧道能够获得多少安全评分与其相对的安全百分比。就安全部分而言,也可以为隧道本身的安全设施与措施,进行安全评比。以下说明各安全参数与评分方法。

(1) 安全因素评估项目及其权重

安全因素评估项目主要可分为 8 大类,各项目与包含的内容如下所示:

① 隧道系统:

a. 隧道孔数。

b. 单孔内的行车方向。

c. 紧急车道与紧急停车带的布设。

d. 隧道内的车道宽。

② 照明与电力:

a. 照明。

b. 区域断电时维持电源供应。

③ 交通与交控:

a. 最大交通量。

b. 对于危险物品运送的限制与自动侦测。

c. 重车特殊侦测方式。

d. 速度限制。

e. 交通管制。

f. 自动侦测系统。

g. 具备行车控制中心。

h. 关闭隧道的机械式路障。

i. 标志。

④通讯:
a. 隧道内扩音器。
b. 隧道内广播频道信息。
c. 紧急电话。
d. 闭路电视。
e. 与行车控制中心的紧急联络频道。

⑤逃生与救援路径:
a. 清楚标明逃生路径。
b. 紧急照明。
c. 防烟与防火的紧急逃生门。
d. 救援人员的救援通道。

⑥火灾防护:
a. 火警设备。
b. 灭火器。
c. 自动与手动的警报系统。
d. 全隧道充足的加压供水系统。
e. 消防队抵达的时间与距离。
f. 消防队的训练。
g. 危险液体的下水道排放系统。
h. 防火电缆。

⑦通风系统:
a. 火灾通风策略。
b. 控制气流与抽风、送风。

⑧紧急事件管理:
a. 紧急应变计划。
b. 定期紧急演习。
c. 安全设备定期检查。
d. 自动启动火灾通风。
e. 自动警告转换紧急应变并关闭隧道。

各项目的配分与权重见表2-36。

在安全因素评估项目8大类中,各大类有不同特性的安全参数项目,总共172项,每个安全参数各有不同的配分最高安全分数(Max Safety Points,MSP),表2-37提供了部分安全参数的最高安全分数(MSP)。

(2)安全参数评分

安全参数评估方式主要分为设备状态有无评估与物理参数评估两大类,如下所述:

①设备状态有无评估:

设备状态有无评估主要的评分方式是以形态作为区分,若符合情况的安全参数将获得所有的安全分数,若不符合情况则无法获得任何安全分数,安全分数为0,如下几项都属于设备状态有无评估参数：
  a. 路面是否为良好状况。
  b. 备用的电源供应。
  c. 封闭隧道的路障。

各大类安全因素总分及其权重   表 2-36

安 全 因 素	最 大 安 全 分 数	权　重(%)
隧道系统	230	14.4
照明与电力	125	7.8
交通与交控	260	16.3
通讯	170	10.7
逃生与救援路径	220	13.8
火灾防护	300	18.8
通风系统	180	11.3
紧急事件管理	110	6.9
总的安全分数	1595	100

各项安全参数的最高安全分数   表 2-37

安 全 参 数	最高安全分数(Max Safety Points)
紧急出口的布设间距	60 分
车道宽； 停车带布设间距； 通风区段长度/排烟时的排风量	40 分
局部故障时确保电源的供应； 提供隧道监控中心； 隧道全线无线电交通广播； 紧急电话设置间距/灭火器布设间距； 通风设备具有抗高温能力	20 分
其余相关参数	10 分

  设备状态有无评估参数个数约占所有安全参数个数的 88%，属于较为直观的评分项目，不用如同物理性参数那样需再经过分数与物理性质的转换，如果隧道拥有此项目参数即加上其配分即可。
  ②物理参数评估：
  物理性参数为可数量化的参数，如长度、距离、宽度、时间、流量等，评分方式为设定上下限值所获得的安全分数，超过上限值则获得所有安全分数，低于下限值则得不到安全分数，安全分数为 0，介于上下限值间，则依照各项物理性参数的配分以等比例来给定安全分数。下面以停车带、紧急电话两项的相关对应图与所对应的分数比例来求取安全分数为例：
  a. 停车带间距安全分数评分。

图 2-20 说明了停车带间距的换算依据,间距与分数的对应为:当间距等于或超过 1400m 的下限值以后安全分数为 0 分,间距等于或低于 600m 的上限值时为 40 分,而间距在 600m 至 1400m 之间的安全分数值是以线性方式由 40 分递减至 0 分。

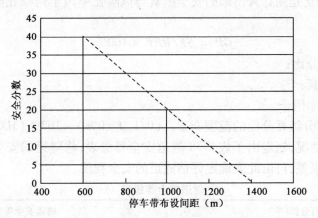

图 2-20 停车带间距与安全分数对应图

b. 紧急电话安全分数评分。

图 2-21 表明了紧急电话布设间距的换算依据。间距与分数的对应为:当间距等于或超过 350m 后的下限值安全分数为 0 分,间距等于或低于 50m 时的上限值为 20 分,而间距在 50m 至 350m 之间的安全分数值是以线性方式由 20 分递减至 0 分。

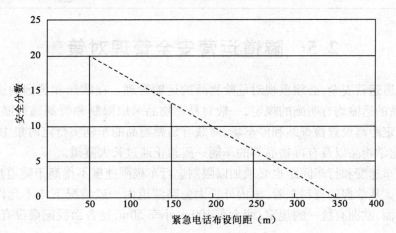

图 2-21 紧急电话间距与安全分数对应图

(3)安全因素计算

安全因素是用隧道获得的总的安全分数(Total Safety Points, TSP)所占最高总的安全分数(Total Max Safety Points, $TMSP$)的比值计算得到的,即安全防护达到的程度,单位为百分比的形式。应用式(2-16)计算安全因素:

$$SF = TSP/TMSP \times 100\% \tag{2-16}$$

式中:SF——安全因素;

TSP——安全分数;

$TMSP$——最高总的安全分数。

2）计算隧道分级百分比及确定安全等级

隧道的分级百分比是用计算出来的安全因素与风险比率因子两项相除得到的，具体计算如式(2-17)所示：

$$GP = SF/RRF \times 100\% \qquad (2-17)$$

式中：GP——分级百分比；

SF——安全因素；

RRF——风险比率因子。

计算得到的隧道分级百分比的范围介于。（0/1.0＝0%）～167%（100%/0.6＝167%）之间，结合我国的实际情况，制定出了表2-38 隧道安全等级表，将隧道的安全分为五个等级，分别为优、良、可、差与极差，可由此表确定评估隧道的安全程度。

隧道安全等级表　　　　　　　　　　　表2-38

分级百分比(%)	隧道安全等级
≥90	优
≥80	良
≥70	可
≥60	差
<60	极差

2.5 隧道运营安全管理对策

为保证隧道运营安全，必须重视对危险物品的运输管理。在欧洲和美国的道路管理条例中，对危险物品的运输均有明确的规定，一般对易燃物品采取限制和管制通行隧道的办法，即在隧道前方一定距离设置检查站和停车场，对载有易燃物品的车辆实行定时集中通过；而对于载有核物品、化学物品以及有毒物品等的车辆一般禁止通过长大隧道。

隧道内行车速度和行车间距也必须加以限制。行车极限速度不得高于隧道规划中近期目标和远期目标。从掌握的资料来看，国内外长大公路隧道内一般情况下均不允许超车。隧道内行车间距方面，欧洲有统一的规定，即大车100m、小车50m，这方面我国尚没有现行的规定。

2.5.1 运营安全管理

高速公路隧道的特殊性和复杂性要求高速公路运营管理公司要加强社会联动、互动、齐抓共管，提高事故快速反应能力，降低数据处理的时间。加强预防，才能确保高速公路的安全畅通，获得经济效益和社会效益。具体措施如下：

1）建立健全完善的隧道管理机构

对于特长隧道，隧道群路段应设立专业的管理机构——隧道管理所，负责隧道的管理养护工作。隧道管理所应设土建养护班、机电维修班、监控班、安全消防班、土建养护班负责隧道土建结构日常检修保养及病害处置工作；机电维修班负责隧道机电设施检修工作，监控班负责监视控制隧道运行,对通风、照明、无线电、交通信号、诱导紧急避难设施等系统进行有序的监控,及时向上级主管单位报送隧道运行状况;安保消防班负责隧道内消防安全及紧急救援工作,其重点预防事故发生和处理潜在安全隐患,以确保隧道运营安全。

2)充分认识隧道安全生产的严峻性,要完善隧道安全设施建设

隧道安全直接涉及高速公路运营管理的兴衰成败,隧道养护者、管理者要牢固树立保护好隧道安全是保护高速公路"心脏"的意识。要确保隧道管理的资金、技术、人力资源有效到位。

(1)加强隧道警示标志、标牌的建设。行驶在高速公路上的驾驶员一般都是通过标志、标牌获取前方路面状况信息。因此,高速公路管理者要加强对隧道路段的标志、标牌、标线规范,为广大司乘人员提供了良好的安全行车通行环境。尤其是隧道内的反光立柱、轮廓标等,要定时进行清洁,保证标志标牌的清晰度,使反光设施充分发挥其警示作用。此外,对于隧道内被损坏的设施,管理部门应及时安排修缮,保证隧道内标志标牌设施完好。

(2)加强隧道信息化、数据化硬件的建设,提高高速公路隧道的通行能力。目前我省的高速公路在隧道管理中都拥有实时图像监控和信息诱导系统,基本实现隧道区域无盲区监控。但是,对隧道通行车辆的通行速度,排气污染车辆等情形还没有明确的约束。改进隧道通行环境,更应该优化隧道内车辆的安全行驶,优化车辆行驶速度,管控进入隧道的车流量。达到提高道路通行质量,减少交通事故,缩短由于交通事故(包括车辆故障)所引起的延误。

(3)维护保养好隧道及机电设备设施。有效维持、保障甚至延长隧道、设备正常使用寿命,是高速公路隧道长期有效运行的关键。预防和减少因为缺乏日常养护或养护不当而产生的高速公路病害、设备故障,是确保高速公路车辆通行畅通的基本所在。因此,日常工作中,隧道管理部门要定期保养,预防隧道病害,避免机电设备突发故障影响日常工作,使隧道硬件设施始终保持良好的运行状态,最大限度地优化有限的隧道养护预算并节约养护成本。

3)隧道火灾处置的战术要点、灭火措施和行动要求

(1)隧道发生火灾时,隧道管理部门要坚持"救人第一"的指导思想,正确处理救人与灭火的关系,一般情况下,救人与灭火同步实施。积极疏散,抢救被困人员,隔离或封洞灭火,有效地控制火势,消灭火灾。

(2)火情侦察。率先抵达现场的人员,要查明火势发展情况及其危害程度,调查起火燃烧的物质、性质,起火部位,是车辆起火还是货物或油箱燃烧,有无爆炸可能。

(3)灭火措施。查明灭火路线方向和堵截阵地后,扑救人员要采取不同措施进行扑救。

①直接灭火法。当隧道内失事汽车火势较小或处于阴燃状态,且隧道内无爆炸、倒塌危险时,灭火人员可在做好个人防护、照明、通信联络等各项准备工作后,携带灭火器材深入隧道内灭火。

②转移处置法。当失事车辆位于隧道深处,灭火救援行动无法开展,且有爆炸、倒塌危险时,要采用机车、拖车等将正在燃烧或泄漏的车辆牵引出洞,置于安全地带而后采取灭火堵漏等措施。

③封洞窒息法。当隧道内发生火灾时,内部人员已全部撤出,且无法采取进洞或牵引至洞外灭火时,即可采取封堵隧道进出口及其他相关孔洞,断绝空气,窒息灭火。

(4)火场排烟

①利用隧道内的固定排烟设施排烟。
②利用公安消防队的排烟装备排烟。
③利用喷雾水枪排烟。

(5)积极抢救人员

①抢救的途径是隧道两侧的人行道。
②抢救的重点是已经中毒或受伤的人员,对其他人员,应引导通过横洞疏散到紧急避难场所或安全地点。
③如果是载客车辆,要立即打开车门疏散乘客,在紧急情况下,打碎玻璃,从窗口疏散。
④隧道倒塌,有人员被困,可选择距被困人员最近,构筑物较为薄弱的部位,打洞或破拆救人;如果隧道倒塌严重,一时难以打通,应设法先向隧道输送空气。

4)加强隧道路段突发事件的交通管制工作,防止二次事故的发生

(1)"隧道事故无小事"。隧道路段发生的事故都可能是重大的、恶性的事故。因此,隧道管理部门要经常加强对隧道路段突发事件防患,做到"隧道安全生产警钟长鸣"。

(2)责任。发生突发事件或交通事故时,要根据事件的情况、事故特性,有关单位要正确履行好自身职责,各司其职,各行其政,及时抵达现场或采取有效避免二次事故发生的措施,率先抵达现场的人员,要按相关规定将事故的性质、时间、地点等及时通知社会联动单位,并由相关部门根据职责实行交通管制。

(3)为避免二次事故,交通管理有关责任单位还要做好交通管制工作,摆放好警示标志、标牌,引导过往车辆安全通行。疏散救护工作要有条不紊、责任到人,要将现场人员通过横洞向安全区疏散。

5)建立隧道管理数据库,提升隧道管理规范化水平

在日常管理中,隧道管理部门要结合实际,详细记录发生在隧道路段的各类事件、事故,不断总结经验。建立起隧道管理信息数据,将发生在高速公路隧道路段的重大、有代表性的各类事故进行归类,汇编成易于一般工作人员理解的工作手册或操作规程,指导实际工作,同时不断更新数据的数量和可靠性。或者可以将数据纳入计算机及其他隧道管理系统,使其具有良好的人机界面,便于总结、推广。平时,高速公路隧道管理部门要定期组织学习隧道区域突发事件的应急演练,设想隧道区域可能发生的突发事件,并制订预防措施,分析一般事故现场的容易忽视的细节,熟练掌握处理事故的要领,提高处理事故的能力。建立起高速公路隧道、隧道群联动应急预案。

隧道不同于一般的地面建筑,隧道地形复杂、结构封闭、交通拥挤,一旦发生火灾或交通事故会给人民生命财产造成严重危害。对现有的隧道安全管理和事故预防,我国在这方面所开展的工作还很不够,人力物力投入严重不足。因此,在国家、行业隧道工程建设、管理尚没有完备的技术标准的情况下,制订一部隧道运营安全管理、消防安全专项工程建设、验收等方面的标准,对于高速公路隧道安全管理,保护人身和财产安全,是十分必要的,也是势在必行的。

2.5.2 安全管理的要点

1)应以设计方提供的运营须知为准则

每个隧道工程的建设条件、环境保护要求、施工方法各异,而且伴随着集约化理念的拓展,

隧道的功能也日趋多样化。大部分隧道都包括了通风、给排水、消防、供配电、照明、综合监控、长隧道降温等多个功能子系统。因此，隧道的运营、养护管理绝不是简单的物业管理。如何保证隧道正常运营期间的交通功能，确保对隧道事故快速而有效的处理以及隧道自身的安全，是我们亟待解决的一个难题。

鉴于隧道工程多系统运行的复杂性及每条隧道自身的特点，运营管理人员除了要具备基本的专业技术外，还必须充分了解并掌握所管理的隧道的工程设计技术标准、总体设计条件及保护要求；熟知设备系统布置、操作要点；掌握各分系统维护、管理的重点。

2) 掌握工程设计技术标准

隧道工程的设计标准是运营管理所必须遵循的，如上海长江隧道的总体设计技术标准为：

(1) 采用全封闭、全立交双向6车道高速公路标准。

(2) 隧道计算行车速度：80km/h。

(3) 隧道建筑限界（除防撞侧石外，所有设备、装修或设施均不得侵入）：净宽：12.75m（0.75m + 3 × 3.75m + 0.75m）；净高：5.20m。

(4) 车辆荷载：公路5级。

(5) 隧道最大纵坡2.97%，最小转弯半径4000m。

(6) 隧道防灾设计以防火灾为主，同一隧道按同一时间内发生一次火警且相邻隧道孔关闭交通进行控制设计。

(7) 隧道设计起点（里程K0 + 175.33）与A30立交相接，设计终点（里程K8 + 787.45）与长江大桥接线道路相连。

此外，还有土建结构；防水、耐久性；建筑防火（隧道防火等级、防火分区）、安全疏散；通风系统（通风卫生标准、空气温度、换气量、防排烟和交通阻滞标准、噪声标准、环境空气质量、主要风速标准）；给排水、消防系统；照明亮度、民防设防等各分系统的具体设计技术标准。

3) 维护隧道的总体设计条件及保护要求

在隧道正常运营工况下，必须满足工程总体设计条件方能达到预期的设计效果。如有较大的变动，应及时与相关方面取得联系，妥善协调处理。例如：隧道内最大服务交通量、服务水平；工程沿线地形、地貌及高程控制；消防水源、供电电源、隧道安全保护及要求等。

保护要求：在安全保护区范围内新建或拆除建（构）筑物，平行或交叉新建隧道工程；打桩、挖掘、爆破、架设、降水、地基加固以及其他大面积的堆载、卸载（包括江中大面积取砂）及有碍本工程安全的活动，应征得相关管理单位同意，并采取有效的安全保护措施。

4) 熟知和掌握设备系统布置情况和操作要求

隧道运营管理中，可根据《隧道运营须知》设计条件、设计标准中对隧道通风系统、给排水及消防系统、照明系统、综合监控系统、供电系统及抗灾系统提出的各系统的组成、布置、控制方式、操作重点等进行学习和掌握。

其中，隧道的防灾系统综合了建筑、结构、设备等各分系统的防灾职能，以确保隧道运营安全、可靠。目前，一般隧道抗灾系统以火灾为主要防灾对象。多功能隧道如兼有公路交通、轨道交通隧道的防灾系统应综合考虑。同时，按隧道同一时间内仅一处发生火灾设计。火灾工况时，同一管控隧道内各层均需按"指令"同时停止运营，进行防灾联合调度，以便更好地组织疏散、救援,确保安全。

5)充分掌握各分系统维护、管理要点,按要求进行隧道结构健康监测与评估

2.5.3 防患于未然

首要的问题是隧道的规划和设计。从规划上讲,尽量避免采用双向隧道,实在避免不了,则应采取更严的安全措施,特别可以借鉴的是勃朗峰隧道和圣哥达隧道灾后所采取的安全措施。从设计方面来看,当设计水底隧道时要尽量放缓隧道纵坡,避免长、大坡道。根据国外的统计,公路隧道卡车发生火灾及事故的原因之一是刹车过热或故障,隧道坡度过大、过长容易引起卡车,特别是重载大货车,发生刹车失灵、过热等问题。据法国的统计,60%~70%的卡车火灾事故均由刹车过热而引发。隧道线路尽量避免弯道过多,曲率半径过小等容易导致事故的线型。路面设计要考虑在坡道上的防滑措施,否则易诱发事故,上海延安东路隧道开通初期就因路面过于光滑而导致多起事故,改进后事故大为降低。

从管理方面来看,要加强安全教育,国外很重视对隧道使用者的教育,使他们掌握如何通过隧道的知识,掌握如果发生事故,特别是火灾时如何处理、如何逃生的知识。要加强对危险物品进入隧道的管理,对不良车况车辆的控制。隧道管理要能及时掌握隧道内的动向,一旦发生事故,能立即做出正确的判断,采取相应的措施。为此要有一套完好的防灾报警系统及相应的处理各类事故的预案,和附近消防部门建立紧密的联系,并定期进行消防救灾的演习。

1)尽量避免单洞隧道的建设,控制隧道坡度

通过对欧洲地区火灾事故的总结分析,提出了一系列提高隧道安全的建议,其调研结果显示:

(1)单洞双向隧道事故发生率比双洞单向隧道要高出40%以上。单孔隧道发生火灾时,由于是双向交通形式,难以通过控制通风模式来控制火势的蔓延,逃生条件要比双洞单向隧道差,因而如果条件允许应尽量避免使用该种隧道形式。

(2)隧道纵向坡度也是影响隧道安全水平的因素,欧洲在进行隧道火灾安全评估时,将隧道坡度列为影响火灾风险的评估项。英国公路隧道设计导则中,要求公路隧道的坡度低于5%,对于坡度大于3%的隧道则需利用其他措施改善隧道安全水平。这样既可减少交通事故的发生,又可降低火灾频率。

2)加强行车安全管理

人为因素与行车间距是引起交通事故火灾的主要因素。因而改善隧道安全条件的首要工作就是加强对驾乘人员的安全教育及制定适于隧道使用的交通规则。欧洲国家制定了多项措施来改善隧道内行车安全条件,部分规则如下:

(1)若隧道行车方式是单车道,禁止超车。

(2)不经隧道管理人员的许可,是不能在隧道内转向或调头的。

(3)即使隧道有照明设施,车辆的前灯也要打开。

(4)除非是在紧急状况下,禁止倒车。

保持车辆行车距离同样可以降低隧道火灾风险。因此应对行车间距提出合理的要求,以减少事故的发生。如英法海底隧道要求大车的间距不应小于100m,小车的间距不小于50m。表2-39是一些条例、规范对高速公路行车间距的要求,通常城市隧道中对行车间距的要求比

高速公路高,车距也应相应地加大。若在隧道中通过设置车距监视仪可以及早发现事故隐患,做到防患于未然。

一些条例规范对行车间距的要求　　　　表 2-39

条例、规范及一些隧道	要	求
安徽省高速公路管理条例	时速 100km/h 以下	行车间距不得少于 50m
	时速 100km/h 以上	行车间距不得少于 100m
江西省高速公路管理条例	时速在 70km/h 以下的	行车间距不得少于 70m
	时速在 70km/h 以上的	行车间距不得少于 100m
欧洲一些国家规范	小车	间距不应小于 50m
	大车	间距不应小于 100m

3)加强对货车与载有危险物品车辆的管理

货车与载有危险物品的车辆一旦发生火灾,损失将相当严重。早在 1995 年欧洲国家就在研究限制或禁止载有危险物品的车辆进入公路隧道,这样既可降低隧道事故与火灾风险,又可减少发生火灾事故时的危害。勃朗峰隧道在恢复通车以后,对通过隧道的车辆采取了限行措施,限制每天通过隧道货车的数量。这样的措施对于加强隧道安全水平十分有利。

4)严格设置防烟分区,并要有防、排烟措施

当火灾发生时,要关闭正常的送、回、排的通风系统,启用防排烟系统。通过防烟分区内的排烟口用排烟风机强制性地将烟气排至室外,限制及改变烟气扩散方向,防止烟气任意蔓延扩大,为人员疏散创造安全条件或争取时间。防烟分区的面积,排烟口的位置以及排烟风机风量的选择,要按规范规定的要求设计,确保排烟措施的有效。防排烟措施是地下空间火灾中解决人员疏散难问题的一条十分重要的保障措施。

5)增加监控设施提高运营的安全性

增加了火灾报警系统和闭路电视系统。闭路电视系统能实时、直观、准确地监视和记录隧道内的交通运行状况、各种信号状态、车流密度,以及发现隧道中发生的异常情况,对隧道内的火灾报警信息、交通阻塞、事故信息予以确认,并为监控中心的指挥调度人员提供直观的现场情况,有效指挥异常状况的处理和交通疏导,并为值班人员事后分析、处理各种异常事故提供直接可靠的依据。火灾报警系统主要由中心火灾报警监测器、自动火灾检测器、手动报警按钮构成,自动火灾检测器及手动报警按钮设在隧道内,划分为不同的报警区段,区段的划分与电视摄像机的监视范围相匹配。在接受到火灾信息后,可联动火灾发生区段的摄像机进一步确认灾情并自动录像;手动报警时可在消防报警计算机上显示发生火灾的区段,并通过音响装置告知值班人员,采取相应的对策;中控系统根据该火灾信号快速启动火灾应急预案,自动改变交通信号灯,引导车辆安全疏散。通过增加监控设施,更进一步地提高了隧道运营安全性和通行质量。

6)逐年测评改善隧道安全水平

欧洲国家从 1999 年就开始对其境内的 229 条隧道分批逐年进行安全评估,期望以评估所得数据为依托,对已建隧道安全系统进行改造完善,对新建隧道提出更合理的安全防护方案。

图 2-22 是对 1999—2006 年评估结果所做的统计分析。通过对比 2000 年和 2006 年的结果,可以看出,2000 年共对 25 条隧道进行了测评,没有一条隧道达到"非常好"的标准,其中被

评为"好"的隧道占该年测试总数的32%,不能达标的同样占到32%;而2006年共对52条隧道进行了评估,其中达到"非常好"标准的隧道占评估总数的43%,"好"及其以上的隧道数占到59.6%,不达标隧道的数量仅为15.4%。

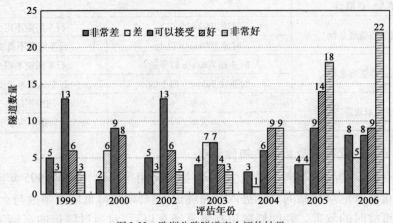

图2-22 欧洲公路隧道安全评估结果

可见,随着隧道安全评估工作的逐年展开,欧洲隧道整体的安全水平有了很大的提高。因此,通过长期对隧道进行安全评估的措施,寻求隧道火灾安全隐患与解决途径的共性因素,可有效提高隧道火灾安全水平。

参 考 文 献

[1] 王振信.公路隧道安全问题初探[J].地下工程与隧道,2003(1).
[2] 王青录.公路隧道防灾设置[J].科技交流,2005(3).
[3] 朱秀莲.公路隧道火灾特性及其防治初探[J].国防交通工程与技术,2004(3).
[4] 申伟强.论道路隧道安全运营与科学管理[J].地下工程与隧道,2010(2).
[5] 赵峰,周勇狄,夏永旭.公路隧道运营期风险定量分析模型研究[J].西部交通科技,2010(5).
[6] 卢浩,王德荣,谢东升.隧道运行安全风险与管理初探[J].地下空间与工程学报,2010,6(4).
[7] 王少飞,涂耘,程崇国.公路水下隧道应急救援对策[G].2011年公路隧道安全设计与运营管理暨水下隧道建设技术国际会议论文集.2011.
[8] 王云.城市交通隧道安全评价体系及方法研究[D].成都:西南交通大学,2003.
[9] 刘洪亮.长大公路隧道运营事故分析及安全评价研究[D].长沙:中南大学,2009.
[10] 康晓龙,王伟,等.公路隧道火灾事故调研与对策分析[J].中国安全科学学报,2007,17(5).
[11] 唐有能,谢丽霖,方正,等.自动喷水灭火系统在隧道中的应用与发展趋势[J].中国给水排水,2007,23(18).
[12] 于福华,贺昱曜,王利民.特长高速公路隧道运营管理评价[J].武汉理工大学学报,2010,32(11).
[13] 周胤德,忻元发,张世忠.由近年国际重大公路长隧道事故检讨隧道安全设施[J].岩石力学与工程学报,2004,23.
[14] 戴学臻,邢磊.公路隧道运营安全设防分级标准的研究[J].中外公路,2010,30.
[15] 陈晓利,郭兴隆.公路隧道运营管理分类方法研究[J].公路交通技术,2010(5).

3 隧道常见病害分类、成因与危害

隧道病害指由物理或化学等原因引起隧道衬砌、路面、洞门以及附属结构破坏或故障,导致隧道美观、结构承载、使用功能受到损坏或影响的现象。病害涵盖的范围十分广泛,它既包括轻度病害如隧道通风、排水、照明等辅助设施的功能降低与破坏,也包括重度病害如隧道衬砌裂损、掉块以及隧道围岩与衬砌结构坍塌等。一般隧道病害主要指自然与人为因素作用导致隧道结构无法正常行使结构承载功能的现象,所以也被称为"隧道衬砌病害"。隧道病害研究包括病害检测、病害表观特征分析、病害成因分析、病害数据统计与分析、病害分级与量化、病害结构承载能力分析和安全性验算、带病害隧道健康状态诊断等多项内容,隧道病害研究通过评判衬砌结构存在病害时的安全性能和健康状况,为隧道病害维修管理、加固处置方法和对策提供依据。

隧道病害是一个世界性的难题,任何隧道随着运营时间的变化都会或多或少出现病害,许多国家和地区的隧道都存在着不同程度的病害。相当一部分的隧道都存在衬砌结构裂缝和渗漏水等病害现象,威胁到行车的安全,并会缩短公路隧道的使用寿命。

3.1 隧道病害现状

隧道竣工验收后,由于其自身的构造特点和运营期的巡养问题,出现病害在所难免。事实上,隧道病害存在于其使用的全过程,有些隧道在使用之前病害就已存在,形成的原因很复杂,对隧道使用寿命的影响也存在较大差异。为此,国内外对隧道病害及安全性问题都进行了大量的研究工作。国外主要侧重于隧道的定期养护,而国内则偏重于防治方面的研究。已有的研究工作也大多是局限于某一类具体的病害及某一类具体的工程条件,而且对隧道病害机理的认识不够深入,因此整治措施的可靠性和可操作性均不够理想。此外,研究工作也没有从隧道检测评估出发,缺乏系统性和完整性,研究深度不够,使得病害整治技术还比较落后。

3.1.1 国外隧道病害现状

在国外,隧道建设以欧美和日本发展较早、较快。

3.1.1.1 欧美国家隧道病害现状

在欧美国家,工业化进程较早,许多国家自19世纪中后期就开始了地下空间的开发,到了20世纪60年代,这些国家的隧道建设已经达到了一个鼎盛的时期。这些早期修筑的隧道由于老化、冻融破坏、碳酸盐化、施工等多方面的原因,基本都存在着不同程度的病害。

在意大利,大多数隧道是20世纪60年代建造的,由于老化、冻融破坏、氯离子侵入、碳酸盐化、施工等多方面的原因,许多隧道都存在着不同程度的病害。在德国、法国、英国、瑞士等欧洲国家和北美等地区,许多隧道的运营时间也比较长,一些隧道甚至是在19世纪中后期修建的,由于多方面的原因,很多隧道也出现了不同程度的病害。

3.1.1.2 日本公路隧道的恶化状况分析

日本是隧道较多的国家之一,日本于1979年对3807座铁路隧道进行调查统计,渗漏水的有2135座,占56%,漏水长度占总长度的70%,其中冬季造成冻害的隧道占30%。对于公路隧道,日本北海道土木工程师协会公路隧道分会调查表明(代高飞,2004),截至1986年12月,北海道使用中的公路隧道有302座,其中包括国道、城市道路,调查发现141座隧道出现了衬砌及路面损坏,占隧道总数的46.7%,隧道的主要病害表现为:衬砌开裂、沿裂缝处渗漏水及冬季结冰,且这几种病害交叉出现的情况较多。

1986年,日本北海道土木工程师协会公路隧道分会的调查结果显示,在北海道302座公路隧道中有141座出现衬砌裂缝、渗漏水及冬季结冰等病害,具体见图3-1～图3-4。

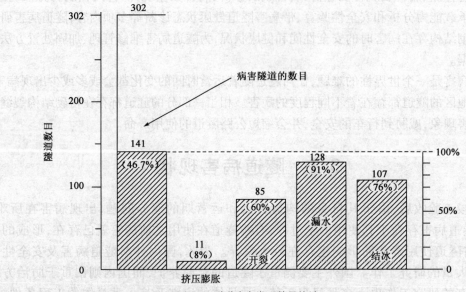

图3-1 隧道病害类型数量统计

从图中可以看到:①隧道病害发生的频率很高,约占调查隧道总数的46.7%,且病害主要类型为漏水和结冰和开裂,且这几种病害交叉出现的情况较多。②各种病害不仅与地质条件有关,而且与施工年代和结冻指数有关。

日本公路隧道截至1990年有6705座,总长1970km,其中几乎所有的隧道都施作有衬砌,新的隧道还在继续修建。日本铁路隧道截至1993年约有4000多座,总长达2000km。1990年,日本公路协会对4307座正在使用的公路隧道(高速公路,都、道、府、县公路上的隧道)进行了现场调查,大约有60%的运营公路隧道存在渗漏水病害,除去渗漏水以外,还有24%的隧道存在其他类型的病害,其中衬砌开裂是最常见的病害形式。1979年,日本原国铁的漏水实际情况调查结果表明,发生漏水的隧道占隧道总数的60%,冬季发生冻害的隧道占30%。虽然自1979年以来,采取了相应的各种对策,上述比例有所改善,但目前运营的约4000多座铁路隧道中,由于其中半数以上是战前修筑的,因此既有铁路隧道发生病害的情况也较多。

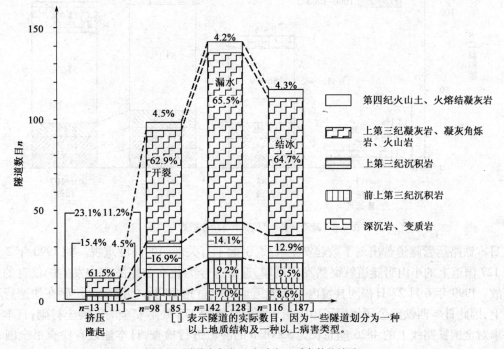

图 3-2　隧道病害类型、频率与地质条件的关系

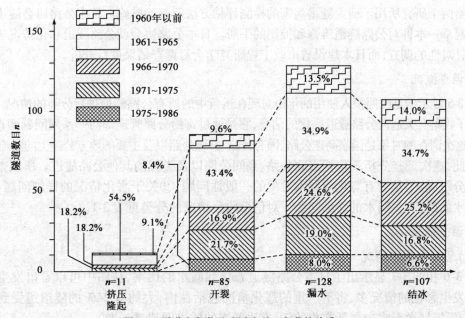

图 3-3　隧道病害类型、频率与施工年代的关系

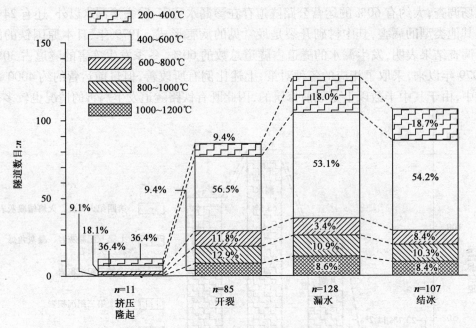

图 3-4 隧道病害类型、频率与结冻指数的关系

日本铁路运营隧道曾出现了数起安全事故,引起了有关部门的高度重视。如 1990 年 2 月千叶县 127 国道上的小山野隧道就突然发生倒塌,这是迄今为止在公路隧道中发生的仅有的一起大事故。1999 年 6 月 27 日福冈县境内一座隧道边墙上重达 200kg 的混凝土块砸在快速行驶的列车上,因此日本西铁路公司加固了山阳新干线上发现的 377 处不安全的混凝土衬砌;日本运输省要求对全国铁路线上的 4826 座总长为 3360km 的隧道进行检查,日本建设省检查了全国 3529 座公路隧道,发现 60% 以上的隧道都存在着不同程度的病害。为此,日本政府已提供 520 万美元的经费给两个研究所用于研究隧道病害的检测评估方法及整治措施。日本公路协会隧道委员会正准备起草一本针对公路隧道维修和控制的手册。日本公路协会就公路隧道恶化情况进行了一系列有针对性的调查,而日本建设省市政工程研究学会对调查结果进行分析。

1)调查概况

图 3-5 显示的是按照投入使用的年份对现在运营中的所有公路隧道进行分类的情况。这次调查是为了收集有关运营公路隧道恶化的信息,它是通过寄给公路管理部门一系列问题调查表来进行的。这次调查的对象是国家高速公路、国有公路、县级公路以及主要的地方公路上的隧道。

因此,这次调查分析不包括市政公路、乡间公路以及类似的其他公路隧道。所调查的问题由三部分组成:①是否有恶化或漏水发生的一般性问题;②关于恶化情况的详细问题;③如果存在漏水的话,有关漏水的详细问题。对信息收集情况的分类见表 3-1。

2)调查结果

(1)恶化和漏水情况

图 3-6 和图 3-7 显示出了日本公路隧道恶化和漏水的比率,从图中可以看出发生漏水的情况比发生恶化的情况多,将不严重的恶化情况包括在内,大约有 24% 的隧道遭受到了某种恶化,如果把轻微漏水也包括在内的话,发生漏水的隧道则超过一半。

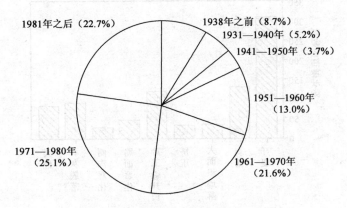

图 3-5　所有公路隧道开始投入使用的年份

问题调查表的返回数目　　　　　　　　　　　　　表 3-1

调查类型	问题调查表返回的数目
一般性的调查	4307
有关恶化的调查	501
有关漏水的调查	1690

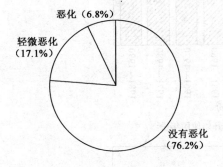

图 3-6　隧道发生恶化的情况

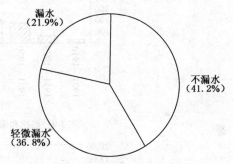

图 3-7　隧道发生漏水的情况

（2）恶化类型

隧道恶化有多种形式，概括起来可分为衬砌内部的恶化和路面的恶化。图 3-8 显示的是各类恶化的情况，这是根据问题调查结果得出来的。从图 3-8 中可以看出衬砌开裂的情况最多，其次是衬砌剥落、施工缝的开口以及石灰的脱落。相反，路面变形、衬砌大面积塌落、挤压以及路边侧沟变形则相对较少。

（3）开始使用的年份

图 3-5 显示的是以年份为组而列出的近来投入使用的隧道数量，不包括那些没有被调查的公路隧道。投入使用的隧道数量从 20 世纪 50 年代就开始迅速增加。这些统计数据引自于原建设部关于公路的年度统计报告（原建设部公路局，1992 年）。

根据图 3-9 的数据而得出的恶化隧道与各年新建的隧道总数的比率，恶化隧道的数量和新建隧道的总数如图 3-10 所示。从图中可以看出在 1930 年以前和 1981 年以后修建的隧道中恶化的比率相对来说比较小，小于 5%。

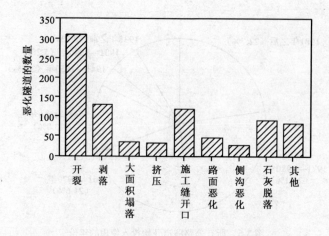

图 3-8　恶化类型(1990 年)

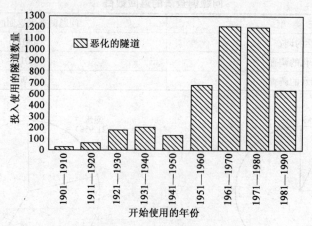

图 3-9　恶化和未恶化隧道的开始使用年份

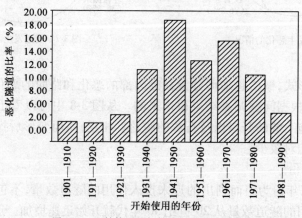

图 3-10　开始使用的年份及恶化隧道的比率

从另一方面来看,在 1930 年和 1980 年间修建的隧道中大约有 10%~18% 的隧道表现出某种形式的恶化。因此,使用了 60 年以上的隧道恶化的比率比使用了 10~60 年的隧道要小。可见,在日本,如果使用年限小于 60 年的话,那么隧道使用年数与恶化比率之间不存在明显的相互关系。

在20世纪40年代,虽然很少地方修建隧道,但是隧道恶化的比率却较高。之所以会这样,是因为40年代日本陷于战争中,国家缺乏修建隧道的物质和技术人员。

(4)隧道恶化前的使用年数

图3-11显示出了新建隧道开始恶化的时间,即从隧道开始使用到隧道恶化产生为止所经历的时间。

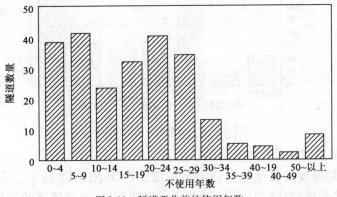

图3-11 隧道恶化前的使用年数

使用时间在0～30年之间的隧道,其使用的时间与恶化的数量之间没有表现出明显的相互关系。虽然出现了一些波动,但是从总的趋势来看,0～30年之间的恶化隧道的数量还是比较高的。相反,使用30年以上的隧道出现恶化的情况比较少。图3-11表明了隧道在0～30年的初期使用阶段内常常容易产生恶化,而随着使用年数的增加其恶化的情况就逐渐减少。

图3-11的数据说明了将所有恶化隧道作为总体而得出的隧道恶化前使用年数的累积率。从图3-12中可以看出,在0～30年期间,隧道恶化的比率几乎呈直线上升,以后就逐渐减慢。大约有90%的隧道恶化,其恶化开始于建成后的30年内,也就是说大约有10%的隧道在30年以后才开始恶化。

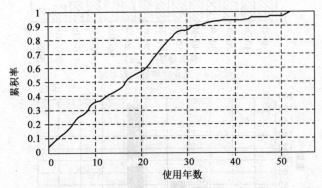

图3-12 隧道恶化前的使用年数和恶化累积率

但还应注意到,正如图3-9所示,只有少部分隧道的使用年数超过了30年。

(5)恶化隧道所用的原始支护构件

恶化隧道所用的原始支护构件如图3-13所示。从图中可以看出钢构件用得最多,其次是木制构件、木材以及喷混凝土,后三者之间没有明显的区别,岩石锚杆用得较少。关于公路隧道采用喷混凝土和锚杆作为标准支护构件的技术标准修正案于1989年才开始实施。调查结果表明,在恶化隧道中较少使用喷混凝土和锚杆,这是因为在1989年的修正案之前并没有作为标准来使用喷混凝土和锚杆。

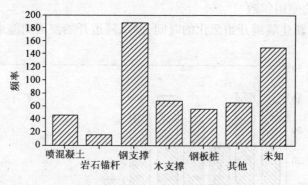

图3-13 各种支护构件的使用频率

(6)恶化处的覆盖层厚度及典型的岩石类型

恶化处的覆盖层厚度及典型的岩石类型如图3-14和图3-15所示。从图3-14中可以看出,覆盖层越薄的地方越容易产生恶化,随着覆盖层的加厚,恶化隧道的数量就减少。在覆盖层小于20m的地方,恶化包括隧道入口处的一些问题。在所有岩石类型中,第三系岩石最容易引起恶化。然而对其中每一个因素来说,没有发生恶化的隧道的地质条件难以统计,所以这些因素与总数的比率就无法具体估算出来。

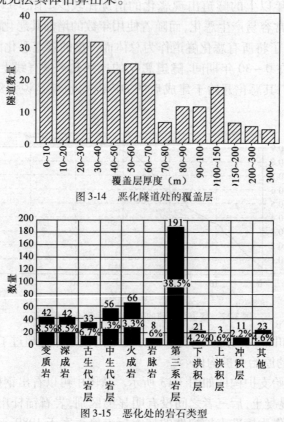

图3-14 恶化隧道处的覆盖层

图3-15 恶化处的岩石类型

3）恶化原因分析

(1) 恶化的原因,从广义上来说可分为两种类型:

①由外部压力包括土压力和冻结压力所引起。

②由材料如衬砌混凝土的破坏所引起。

根据前面那组问题的调查结果绘出了图3-16,它显示出了恶化的各种原因。从图中可以看出漏水和冻害是最普遍的,其次是老化。而不对称土压力以及常常因为漏水而使衬砌背后出现孔隙也是比较普遍的。

图3-17以百分比的形式给出了三种主要的恶化原因在各个地区所占的比例。从图中可以看出在不同地区隧道恶化的原因不同,在北海道和中部地区,恶化的许多情况都属于漏水或冻害,而在关东、北陆、近畿和九州岛地区,材料老化则是主要原因。在中部地区,由不对称土压力所引起的恶化比其他任何地区都普遍。

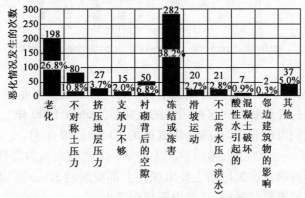

图3-16　各种恶化原因的比率

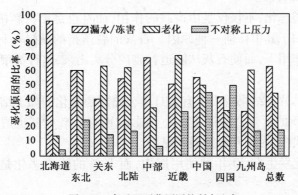

图3-17　各地区恶化原因的所占比率

(2) 隧道恶化前的使用年数及恶化类型

图3-18显示出了不同恶化类型发生前隧道使用年数的比率随病害类型的不同而不同。隧道的恶化表现除了挤压、公路路面变形或者是路边侧沟变形,一半以上的隧道在投入使用后的10年内就发生了变形,显示出了早期恶化。从另一方面来看,在前10年中有不到20%的隧道会因剥落或大块塌落而开始出现恶化,而超过半数以上的隧道至少在20年以后才会出现这些类型的恶化。

（3）外部压力所引起的恶化

由于土压力这类荷载的作用而使隧道产生的恶化往往表现为某个薄弱环节出现路面隆起或路肩侧沟出现某个问题。这种恶化产生的趋势比其他类型的恶化要早。另一方面，像片块剥落和大块塌落这类恶化倾向于隧道使用许多年以后才出现。

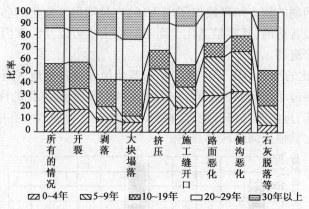

图 3-18　各种恶化类型发生前隧道使用年数

虽然在许多恶化情况中能观察到隧道发生大塌方之前的某些征兆，但在少数情况下，当隧道突然发生大块塌落时，却观察不到这种明显的征兆（Inokuma，1990 年）。这种塌落的内部原因至今尚不清楚，但我们可以假想，在隧道建成后的 10 年或 20 年时，主要是由于漏水而使隧道衬砌内部逐渐形成了一个大空洞，随后空洞上的某一大块岩石与岩层分离、脱落并与隧道衬砌发生撞击，最终损坏衬砌。这类坍塌主要出现在上部空洞约 30cm 高以及隧道衬砌约 30cm 厚的地方，当隧道衬砌足够厚的时候，这类坍塌很少发生。

（4）有关材料破坏的问题

像开裂和剥落这类恶化，不仅仅是由荷载的作用，而且也是由材料破坏所引起的，所以我们不能把这类恶化只归于其中任何一种原因。石灰的脱落指的就是一种材料破坏，这是因为在有害水或碳酸水的作用下，而使石灰从隧道衬砌内分离出来，这种类型的恶化需要相当长的一段时间。

根据一系列问题的调查结果得出了有关日本公路隧道恶化的如下结论：

①目前大约有 60% 的运营公路隧道发生了漏水，而有 24% 的隧道遭受到了其他类型的恶化。在所有的恶化形式中，衬砌开裂是最常见的。

②90% 的隧道恶化发生在 30 年的使用期内，而 10% 的隧道恶化是在 30 年以后才开始发生。

③现场人员指出漏水和冻害以及老化是隧道恶化产生的最常见的原因。

④隧道建成后，挤压、路面变形以及路边侧沟变形的产生相对快些，而剥落、大块塌落以及石灰脱落则倾向于许多年以后才发生。

3.1.2　国内铁路隧道运营病害现状

据原铁道部资料统计，1999 年铁路运营隧道失格率为 65.2%，2000 年隧道失格率为 65.7%。有些隧道的病害还相当严重，甚至已危及到行车安全。如 2000 年 9 月兴安岭隧道出现的衬砌掉块和 2001 年 10 月达成铁路出现的大范围掉块以及 2001 年 12 月宝中线清凉山隧道衬砌掉块都险些造成严重的行车事故。铁路部门每年都投入大量的人力、物力和资金用于隧道病害的维修和整治,但隧道的状况仍然没有根本好转(万德友,1998;吴江滨等,2003)。

3.1.2.1 病害现状

1972 年我国铁道部工务局及基建总局对全国 20 世纪 30 年代到 70 年代在不同地质(坚硬、软岩、黄土)条件下修建的不同类型(单心圆拱、三心圆拱、直边墙和曲边墙、单线和双线断面)隧道进行了调查分析,共调查隧道 94 座,总长 80.7km,约有 93.2% 的隧道衬砌开裂,裂缝长度占隧道总长的 19.2%(李治国,2002)。到 1994 年,我国属于严寒地区的铁路隧道有 70 多座,由于气候影响和隧道防排水处理不当,不少隧道冬季存在积水结冰、衬砌胀裂变形等病害,严重威胁行车安全,有些虽多次进行整治,但难以根治。根据 1997 年隧道技术状态检查统计,我国运营铁路隧道有 5000 余座,总延长 2500km 左右,这些隧道大部分存在不同程度的病害,有的还相当严重,失格隧道达 3270 座,占运营隧道总数的 65%。表 3-2 和图 3-19 分别是根据铁道部秋检资料统计的 1995—2000 年铁路运营隧道病害状况和铁路隧道失格率(铁路养护部门把病害严重须进行大修的隧道称为"失格"隧道)。而截至 2005 年,我国的失格隧道总数已达 4587 座,约占运营隧道总数的 60%。其中主要的失格状态为严重漏水、衬砌严重腐蚀裂损、仰拱或铺底变形损坏和塌方落石,各种失格状态的数量及比例可见图 3-20。

不同的隧道所处的工程地质条件不同,病害产生的原因也各不相同,根据相关调查,引起隧道病害的原因主要是漏水、冻害,其次是材料老化、偏压和衬砌背后空洞,具体可见图 3-21。

铁路运营隧道病害状况(单位:座) 表 3-2

项目 年度	严重漏水	衬砌裂损	仰拱损坏	整体道床损坏	通风不良	照明不良	塌方落石	限界不足
1995	1428	677	212		112	817		2546
1997	1502	710	318				404	
1999	1709	778	359	48	122	787	438	2657
2000	1625	794	636	45	116	678	453	2612

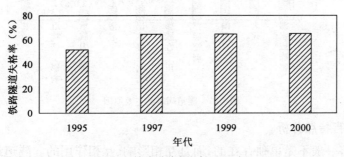

图 3-19 铁路隧道失格率(2000 年)

改革开放以来,随着我国国民经济的快速稳定发展,我国基础设施建设得到迅速发展,交通运输的需求量和等级要求越来越高,高等级公路、铁路的建设蓬勃发展,修建的隧道数量越来越多,工程的规模也日趋增大。但是由于设计、施工、材料、地质条件、气候环境条件等各方面因素的影响,导致一些运营隧道产生结构变形、开裂、混凝土掉块、错台、衬砌腐蚀和渗漏水等病害,大大降低了线路的级别,减少了工程的使用寿命,并威胁到安全运营,情况严重的使隧道失去使用功能,给国民经济带来巨大损失。

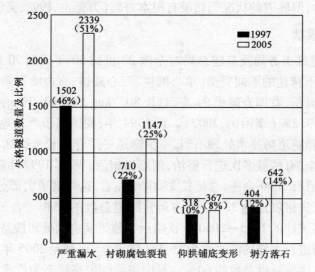

图 3-20　运营铁路隧道失格状态分布图(2005 年)

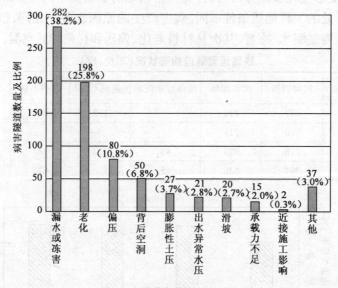

图 3-21　隧道病害的主要原因

3.1.2.2　病害特点分析

隧道内的病害一般不是单独存在的,而是互相影响、互相作用的。隧道结构自施工起始直至竣工后的长期运营,始终处于特性复杂多变的岩土地层中,与周围环境不断存在着物质、能量等的交换,具有较强的开放性特征;同时,该系统由位移形变、隧道内的静荷载和动荷载、隧道上部的荷载变化和隧道结构的应力应变以及周围地质环境荷载等诸多子系统组成,是巨系统,其子系统种类繁多,彼此相关,又是一个极其复杂的开放系统。

(1)病变因素的不确定性

由于隧道结构所处地质环境易受地表气候和人类活动以及地区水系变化的影响,隧道结构也相应产生了较为敏感的应变状况。随着时间的推移,在这些复杂因素的累积性与综合性影响下,隧道结构病变呈现着不可预见性发展态势,病变因素也存在着较大的不确定性。

(2) 病变的渐变性

隧道结构在众多复杂因素综合作用下,随着时间的推移和隧道运行时间的增加,不可避免地产生裂缝、形变位移、漏水涌沙等病变,若不及时处理,病变会逐渐累积,以至于影响隧道运营甚至导致事故的发生。隧道结构病变的渐变性解决,需采用快速、自适应的方法,及时发现病变并找出病因,提出相应的控制措施。

(3) 结构的不确定性

与大多数复杂构筑物系统一样,隧道结构系统中同样存在着大量的不确定性,这种不确定性在客观和主观上均有体现。客观上的不确定性主要体现在隧道结构所处的地质条件参数、隧道本身的施工质量和较难测算的荷载等。主观上的不确定性则主要体现在由客观不确定性所影响的计算模型、计算参数的选取、计算条件的假定和信息描述等。隧道结构中这种客观不确定性和主观不确定性共存的情况决定了在解决全局性、综合性的问题(如隧道病变诊断、健康评价等)过程中必须要充分运用已有信息(如知识、数据、信息等)并借助人类或计算机等智能思维作出系统性的分析。

(4) 土体环境的多样性

虽然隧道结构相对较为简单,但由于其整体位于地质环境复杂的土层中,且易受地面人类活动影响,整个土体环境呈现出复杂多样性,如土体环境在隧道施工前后以及长期运营过程中的渐变性,不同地段不同水文地质条件下的土体环境蠕变状况,临近施工导致的土体环境的扰动等,使得隧道土体环境较为复杂。隧道结构土体换背景的多样性导致了在对其进行病变分析诊断和健康评价时,难以应用较为精确的算法进行求解。

3.1.2.3 存在的主要问题

目前我国铁路运营隧道存在的主要问题是:

(1) 隧道病害数量大而且类型多,整治难度大,所需费用多,周期长,而且修理投资缺口较大。

(2) 由于年代不同,基础资料不完整,管理手段落后。

(3) 对隧道病害检查和检测手段落后而且不够规范,早期病害难以发现,使某些可以早期整治的病害得以发展成严重的病害,彻底整治更加困难。

(4) 受施工环境恶劣及材料耐久性差的影响,一些隧道病害的整治效果不明显。

(5) 新建隧道的设计和施工遗留问题较多,某些隧道的问题还相当严重。

由于上述种种原因,致使病害隧道的数量逐年增加,又加之投入不够,致使隧道病害的状况进一步恶化。

3.1.3 国内公路隧道运营病害现状分析

我国公路隧道正处在一个大规模新建时期,由于公路隧道断面大,衬砌结构形式种类多,地质条件和施工技术复杂,设计计算理论和方法还不成熟,运营管理和养护技术较为落后。所以,我国公路隧道的病害也比较严重。

我国公路隧道病害十分普遍,也相当严重。如成渝高速公路龙泉山隧道衬砌混凝土纵向及斜向裂缝发育(严重地段衬砌变位错台),渗漏水十分严重,衬砌拱部背后普遍存在空隙,部分路面板已破损,衬砌边墙脚及路面底板下有不同程度的风化松散层(向晓军,2005);贵州大纳公路山王庙隧道、晋阳高速公路上的5座隧道、云南省4条高速公路上的连拱隧道、重庆大娅口隧道等都出现了不同程度的渗漏和衬砌开裂(金育衡,2003;刘庭金等,2004;朱常春,2005);319国道福建坂寮岭隧道、107国道广东焦冲隧道、312国道宁夏境内某公路隧道等都出现了不同程度的渗漏水(蒲春平,夏才初,1999;唐健,2000;孙展或等,2002);浙江省道里王隧道、湖南茶城隧道等都出现了不同程度的衬砌开裂(赵纪平,2003;彭召明,朱益湘,2004);湖南永浏公路蕉溪岭3号隧道6号出口明洞严重沉降、开裂、失稳(刘海鸿,2003)。

而且我国公路隧道出现的病害从施工到出现问题的时间更短,占相当比例的公路隧道在竣工和运行后即有衬砌裂缝和渗漏水等病害产生,如四川巴彭公路铁山隧道通车不到一个月即出现衬砌开裂、错台、钢筋弯曲、剪断,水沟边墙出现断裂、渗水,某段二次衬砌出现三角形掉块(李治国,曹祯楹,2000;吴焕通等,2000);沈丹高速公路大峪隧道运营当年即出现洞壁渗水,之后又发生严重冒水结冰、基础部位局部开裂和混凝土脱皮现象(王晓明等,2003);浙江省道洋条隧道和金丽温高速公路牛庭岭隧道竣工验收时已出现衬砌开裂(徐发俊,1995;许维青,2003)。

有的公路隧道甚至在施工过程中即产生衬砌开裂、山体整体滑动等病害,如福建漳龙高速公路龙门隧道在施工中即发生了衬砌变形侵限、大面积渗漏水、喷射混凝土大面积开裂,虽进行了治理,但竣工验收时隧道内仍出现了许多裂纹(陈永明,2002);在任胡岭隧道施工中,由于隧道开挖引起大型山体滑坡,造成了隧道二次衬砌破裂和大面积塌方(曲学兵,2003)。

隧道病害直接影响了隧道的使用性能,导致隧道未达到设计基准期而急需维修,既浪费了大量资金,还影响了隧道的正常使用,缩短了隧道的维护周期和使用寿命。有些隧道的病害还相当严重,甚至已经危及到行车和行人安全。

3.1.4 隧道病害研究中存在的问题

隧道病害相关研究已经初步开展,并取得了许多有益的研究成果与经验。但由于隧道病害研究处于初级阶段,研究方法、程序等各方面都不太成熟,部分方法和认识可能存在缺陷与不足,很多方面的问题需要进一步查明、研究和商榷。隧道病害研究思路如图3-22所示。

(1)隧道病害检测技术、方法、程序与制度的研究

深入的病害研究,离不开准确、有效的病害检测技术与方法,也离不开详细、严格的病害检测程序与制度,所以首先需要进一步发展隧道病害检测技术、仪器、方法,以准确、详细测量隧道病害特征。隧道属于地下工程,具有半隐蔽性,病害检测仪器受到地下水、单面测量等不利因素的影响,检测精度不高,所以应结合隧道病害检测基本特征,发展新的病害检测仪器,或进一步提高现有仪器的检测精度,规范病害检测方法与程序,为病害成因分析、健康诊断奠定基础。此外,隧道围岩与衬砌相互作用情况比较复杂,衬砌围岩压力是决定结构安全性的决定性因素之一,但是难以通过相关的试验测得,亦需展开相关研究。

(2)隧道病害成因研究

隧道病害表观特征与病害成因具有紧密联系，但是由于隧道病害成因复杂，具有多样性和不确定性，尚需要根据病害现场分析结果或利用模型试验，进一步研究病害成因的基本规律。此外，还应结合目前实际病害检测结果和模型试验的结果，建立病害数据库与专家系统，进一步查明病害成因与病害现象之间的关系，并展开病害成因与病害现象的模式化研究。

（3）病害分类方法与分级方法、分级标准的研究

病害分类与分级方法、分级标准是隧道健康诊断的基础。但是，目前的分级方法和标准发展尚不够完善，多种病害尚无法利用现有的方法加以有效的描述与表征，譬如，钢筋腐蚀、衬砌剥落剥离等病害分级方法需要进一步研究。

（4）病害健康诊断方法的研究

隧道病害健康诊断方法在日本开展较早，国内铁路隧道部门也有相关研究，但多数研究是利用层次分析法和模糊数学方法进行的，是基于经验的方法。实际上，隧道健康诊断中一般应包含两个主要内容，一是隧道结构安全性能的诊断与研究，另外一个方面是隧道使用性能的诊断与研究。其中前者是后者的前提和基础，但是目前病害健康诊断大多缺乏隧道结构安全性分析与研究，所以病害健康诊断应综合结构安全性和使用性能两个方面的研究结果，然后通过病害分级方法，进行结构健康诊断。

（5）隧道安全性分析和计算模型的研究

病害的安全性研究应根据病害的几何与物理、力学性质，从病害的作用机理入手，建立隧道病害力学模型，在此基础上分析病害对于衬砌结构承载特征，并进一步计算病害对于隧道结构安全性能的影响。值得注意的是，并非所有病害都与结构的安全性能相关，所以应该根据病害安全分析需要，重新对病害进行分类与量化，以进行结构安全性分析。此外，病害安全性力学分析方法属于量化的方法，所以病害量化的参数应该能够准确表示病害特征，为建立力学模型奠定基础。

（6）隧道养护与加固技术研究

为了研究结构性病害力学机理，以及病害对于衬砌承载的影响，并为病害维修加固提供依据，目前国内外已经针对具体病害开展了若干病害模型试验研究和病害补强试验，也取得了卓有成效的结果。但是，目前隧道病害维修与补强技术研究相对比较独立，缺乏与病害检测、分类量化、健康诊断等相关研究的联系，且病害方法、技术、材料等具体措施尚需进一步更新与改进，补强效果的评价也缺乏相关的研究。

综合上述分析，可以看出病害检测、病害成因分析、病害分级与量化、病害安全分析、病害

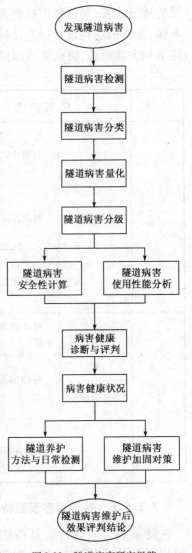

图3-22 隧道病害研究思路

健康诊断、病害补强与加固等各个方面都是隧道病害研究的重要内容,各方面内容之间紧密关联,所以应加强各个研究方向的联系,相互促进。

3.1.5 隧道病害常见的分类方法

隧道衬砌结构的病害一般分为表面病害,和非表面病害两种。所谓表面病害即指肉眼可见的隧道病害,包括隧道衬砌开裂、掉块、严重错台及渗漏水等非表面病害,一般包括衬砌厚度不够、强度未达到设计标准及衬砌背后空洞等病害成因。浅析隧道病害成因非常复杂,根据以往工程实践经验,将病害成因简单总结见表3-3。

隧道病害分析表　　　　　　　　　　表3-3

序号	病害类型	病害类型	成因简单分析
1	表面病害	衬砌开裂	(1)未能预料的外力作用造成开裂; (2)施工方法不适当造成开裂; (3)混凝土收缩开裂
1	表面病害	衬砌混凝土渗漏水	(1)喷混凝土厚度不够,防水板破损; (2)衬砌混凝土密实度不够; (3)排水盲沟管堵塞或失效
1	表面病害	道床翻浆冒泥	(1)仰拱、铺底时虚渣、积水未清理干净; (2)仰拱或铺底混凝土厚度不足; (3)隧道水沟底部混凝土厚度不足或未铺底
2	非表面病害	衬砌混凝土厚度不够	(1)欠挖; (2)超挖未按照规范要求回填
2	非表面病害	衬砌混凝土强度不足	(1)砂石料不合格,粗细骨料级配不合理; (2)未严格按照混凝土配合比施工; (3)施工中试件取样不规范
2	非表面病害	衬砌背后严重空洞	(1)超挖回填不够或未回填; (2)坍方过大造成空洞; (3)混凝土捣固不实

3.1.5.1 基于病害表观特征的病害分类方法

隧道病害表观特征是指能够通过观察、量测获得的病害特征信息,通过获得的数据可以重新构建隧道病害的数学力学模型,是隧道健康诊断和计算模型的基础。基于隧道病害表观特征的分类方法中,最重要的是分类标准,隧道的外观几何特征与物理特征,隧道表观特征形式各异,研究者根据研究目的和分类标准的不同提出了不同的病害分类方法。

可以看出,基于表观特征的病害分类方法与研究目的具有紧密关系,分类方法相对具有任意性,文献以病害形态特征作为标准将病害分为7类,具体的分类标准与分类方法见表3-4。

按形态病害分类表　　　　　　　　　　表3-4

病害类型	分类标准	病害子类
裂缝	裂缝形态	规则裂缝
		不规则裂缝
	病害部位	1.裂缝和各种施工缝隙;2.双跨连拱隧道中隔墙;3.隧道明洞段及塌方加固段;4.衬砌蜂窝、麻面、空洞部位;5.预埋件部位;6.管道穿墙部位
渗漏水	大小、流速	1.干;2.湿;3.渗;4.滴;5.漏;6.涌
	渗漏的区域	1.点渗漏;2.线渗漏;3.面渗漏
	有害成分	1.火山地区常有的强酸性温泉水;2.通过矿床涌出的地下水;3.水中溶有CO_2气泡的地下水;4.植物的腐殖质产生锈蚀酸地下水
底板隆起	地板隆起表象特征	1.直线型;2.折曲型;3.弧状型
路面翻浆	—	—
冻害	冻害表观形态	1.挂冰;2冰塞;3冰湖;4冰楔
混凝土剥落离	水泥砂浆流失程度	1.轻度剥落;2中度剥落;3.重度剥落;4.严重剥落
断面变形侵限	变形方向	1.纵向;2.横向
衬砌错台错缝	错台方向	1.凸出错台;2.凹进错台
	错台形态、成因	1.弯曲受剪错台;2.直接受剪错台
外观病害	病害形态	1.蜂窝;2.麻面;3.空洞;4.缺棱掉角;5.露筋;6.缝隙夹层;7.混凝土强度不足;8.直曲墙歪斜凹凸;9.白花;10.保护层厚度不足

3.1.5.2 按照病害产生的部位属性分类

日本铁路隧道病害专家系统根据病害发生的位置属性对铁路隧道的病害进行分类。具体的做法是将病害分为四类,分别为发生在衬砌上的病害、发生在路基的病害、发生在洞门的病害和发生在围岩的病害。其中衬砌病害包括开裂、接触开裂、错动、剥落脱落、变形、边墙下沉、材料劣化、砂土流失和结冰;路基病害包括轨道变形、混凝土道床开裂等;洞门病害包括开裂、错动、前倾;围岩病害包括下沉、坍塌和滑动。这样划分病害的优点在于便于根据病害发生的位置为病害的专项整治提供便利。

日本铁路隧道病害专家系统按照病害发生位置将病害分为按照隧道衬砌、路基、洞门、围岩四类,并分为若干子类,具体分类见表3-5。

铁路隧道病害分类　　　　　　　　　　表3-5

病害类型	衬砌	路基	洞门	围岩
病害子类型	开裂接触、开裂错动、剥离、脱落变形、边墙下沉、材料劣化、砂土流失、结冰	轨道变形、混凝土道床开裂、侧沟开裂、中央通道开裂	开裂、错动、前倾	下沉、坍塌、滑动

根据病害按产生位置将公路隧道病害分为洞身衬砌病害、洞门病害、内装饰板病害、顶板病害、路基病害、路面病害、排水设备病害七类,不同类型病害的具体特征见表3-6。

公路隧道按照病害产生的部位属性分类　　　　　　　　　　　　表 3-6

病害发生部位	病害特征
洞身衬砌	裂缝、错台错缝、剥落剥离、掉块、断面变形侵限、挤出、边墙下沉、渗漏水、土砂流入、结冰（如冰柱、侧冰）、材料老化（如水泥流出、钢筋变色、龟裂）、凹凸部（断面变更、突起、欠缺）、接缝与混凝土施工缝张开、石灰析出、蜂窝麻面
洞门	起鼓、裂缝、错台、前倾、下沉、沉陷、钢筋露出变色
内装饰板	破损、裂缝
顶板	破损、漏水
路基	底板开裂变形、侧沟开裂变形、中央通道开裂变形、塌陷或鼓起、基底翻浆冒泥、路基水平移动
路面	落下物、滞水、冰盘、路面底鼓、路面和路肩错台、路面与路两侧开裂、路两侧沟槽开裂变形
排水设备	滞水、排水过多、砂堆积过多、侧沟破损与变形

可以看出这种分类方法是在日本铁路隧道专家系统的分类方法上又考虑了非影响结构安全性病害对于隧道健康的影响。

3.1.5.3 基于病害成因的病害分类方法

隧道病害研究中，只有明确隧道病害主要成因，才能采取有效的病害处置方法与对策，所以病害成因分析历来是隧道病害研究的重点内容。

关宝树根据病害成因将病害分为外力引起病害、材料劣化病害、其他病害三大类，并根据形成机理将每类病害细分为若干小类，并对每小类病害的病害特征、形成机理、病害具体形态等进行了详细的定性说明。代高飞、郑立煌对目前隧道常见病害调查的病害成因、特征都做了详细的综述与说明。佘健，何川等根据关宝树文献，将隧道病害分成了竖直荷载、塑性荷载、偏压坡面蠕动三类，并将该三类病害分成了四个等级，并提出了不同等级的病害处治措施，并利用有限元方法对竖直荷载的治理方法进行了验证。黄镇南通过对隧道的选址、地质条件所致病害以及隧道遗留病害的成因分析，提出病害的预防和整治措施。杜世回通过从软质岩石成分、力学性质、变形特征、地下水作用等方面分析了软岩地层的地质特征，推测了软岩区域隧道可能的病害成因、病害类型和病害特征。

《公路隧道养护技术规范》(JTG H1Z—2003)将病害成因划分为松弛土压、偏压、地层滑坡、膨胀性土压、承载力不足、静水压、冻胀力、材质劣化、渗漏水、衬砌背面空隙、衬砌厚度不足、无仰拱等 12 大类。

我国铁道部 1998 实施的《桥隧建筑物劣化评定标准》(TB/T 2820.1~2820.8)将隧道病害分为隧道衬砌裂损、衬砌结构渗漏水、衬砌劣化等 3 大类病害，并将铁路隧道病害分为 A、B、C、D 四级，同时给出了不同类型病害劣化标准和等级评定方法。

3.1.5.4 基于结构健康状态的分类方法

考虑到隧道病害信息特征与时间的相关性、隐蔽性、出现的频度、部分病害难以定量及信息量大等特点，从综合全面地考虑隧道土建结构的健康状态出发，作者基于结构健康状态的分类见表 3-7。

基于结构健康状态的分类 表3-7

病害类型			病害子类描述
1. 渗漏水			隧道漏水和涌水(渗、滴、淌、涌)、隧道衬砌周围积水、潜流冲刷
2. 衬砌裂损		衬砌变形	整体变形(竖向压扁、横向压扁);局部变形(拱顶下弯、仰拱上拱、边墙内鼓;拱顶上拱、仰拱下弯、边墙外鼓)
		衬砌移动	转动(倾斜)、平移和下沉(或上抬)等变化
		衬砌开裂	张裂、压溃和错台
	衬砌缺陷	衬砌厚度不足	建成隧道衬砌厚度未达到设计要求厚度,导致衬砌结构承载力无法达到设计值,直接危害到结构的安全性
		衬砌背后空洞	衬砌与围岩之间没有回填密实,出现脱空,与出现的位置、大小相关
		不均匀沉降	地质条件与地质活动引发衬砌结构不均匀沉降
		内空侵限	隧道内设备或衬砌结构侵入隧道建筑限界内时,将对隧道的运营产生严重的安全隐患
3. 冻害			拱部挂冰、边墙结冰隧道漏水冻结;围岩冻胀破坏;衬砌发生冰楔;洞内网线挂冰
4. 衬砌腐蚀			物理性侵蚀和化学性侵蚀
5. 洞口病害			崩塌、落石、滑坡、流泥漫道、洞口路基冲毁及洞门各种病害等
6. 道床病害			下沉裂损型、上隆裂损型、其他
7. 有害气体			NO_x、CO、CO_2、SO_2、瓦斯、H_2S、碳氢化合物和悬浮颗粒等几种
8. 照明病害			黑洞、黑框
9. 地震引起的病害			拱部和边墙坍塌、衬砌开裂和变形错动、洞门破坏等
10. 火灾引起的病害			高温对隧道结构的破坏,烟气对隧道内人员安全的危害

3.2 渗漏水

隧道施工过程中可能穿越地下水丰富的区域,破坏地下水循环的平衡,使隧道成为附近地下水聚集的通道,当隧道围岩与含水地层连通,而衬砌的防水及排水设施不完善时就会引起隧道渗漏水病害。

隧道围岩的地下水或洞顶地表水直接地(无衬砌)和间接地(通过衬砌的薄弱环节)以渗、滴、漏、淌、涌等形式进入隧道内所造成的危害叫漏水或涌水。这是隧道中最常见的一种病害;隧道建成后,地表水或地下水向隧道周围渗流汇集,如不能及时排走将引起隧道出现病害就称为积水;由于地下水渗流和流动对隧道衬砌或围岩产生的冲刷和溶蚀作用而引起的隧道病害就叫潜流冲刷;围岩中地下水因含有盐类、酸类和碱类等化学成分,对混凝土衬砌起腐蚀作用而形成的病害叫侵蚀性水对衬砌的侵蚀,也称水蚀病害。

隧道水害是指在隧道修建和运营过程中遇到水的干扰和危害,是最常见的隧道病害,如图3-23所示。隧道渗漏水(水害)对隧道稳定、洞内设施、行车安全、地面建筑和隧道周围水环境产生诸多不良影响甚至威胁、影响内部结构及附属设施，降低使用寿命，严重时将危害到隧道及地下工程的运营安全。轻则造成洞内空气潮湿，影响施工人员身体健康，造成机械设备锈蚀，绝缘设备失效，电路短路，漏电伤人；重则威胁人员安全，冲毁洞内机械设备，造成塌方，淹没隧道，造成重大经济损失，危害环境。

图 3-23　隧道衬砌渗漏水病害

3.2.1　渗漏水的分类

隧道的水害包括：隧道漏水和涌水，隧道衬砌周围积水，潜流冲刷。

3.2.1.1　隧道漏水和涌水

按其发生的部位和流量不同可分为：拱部有渗水、滴水、线性漏水和成股射流四种，边墙有渗水、淌水两种，少数隧道有涌水病害。它受漏水、涌水规模以及隧道结构、牵引类型、地质条件等的影响。

（1）隧道渗漏水按水源补给情况，又分为地下水补给和地表水补给两种。地下水补给有稳定的地下水源补给，其流量四季变化不大；地表水补给，其流量随地表水季节性变化而变化。同一渗漏水处也可能有两种补给水源。

（2）它受漏水、涌水规模以及隧道结构、牵引类型、地质条件等因素的影响。根据水量、水压的大小不同，隧道衬砌的漏水现象一般表现为渗、滴、淌、涌几种：

"渗"是指地下水从衬砌外向内润湿，使衬砌内出现面积大小不等的渗润，但水仍附着在衬砌的内表面；衬砌表面呈湿润状态，并像冒汗一样出现水珠。

"滴"是指水滴间断地脱离衬砌落入隧底，有时连续出水，也称作滴水成线；拱部漏水成为水滴，不断下滴。

"淌"是指漏水现象在边墙的反映，水连续顺边墙内侧流淌而下；漏水呈明显水流从裂隙中流出或拱部滴水成线。

"涌"是指有一定压头的水外冒，水从衬砌裂隙中喷出。

以上四种漏水现象，其出露部位与水量不同，对隧道产生的危害也不同。

（3）隧道渗漏水类型多种多样，按渗漏形式可分为点渗漏、缝渗漏和面渗漏三种。

3.2.1.2　隧道衬砌周围积水

运营隧道中地表水和地下水向隧道周围渗流汇集，水压力较大时会导致衬砌破裂和拱脚下沉，使围岩的结构面软化或泥化，使膨胀性围岩体积膨胀。在寒冷地区造成冰胀和围岩冻胀。在黄土隧道衬砌周围的水还会离析土中的胶体并带出黄土，使周围的衬砌变成空洞。

3.2.1.3　潜流冲刷

潜流冲刷主要是指由于地下水渗流和流动而产生的冲刷和溶蚀作用，使得隧道衬砌基础下沉。它可使边墙开裂或者仰拱、隧道内路基下沉开裂；围岩滑移错动可导致衬砌变形开裂；

对超挖回填不密实或未全部回填者,引起围岩坍塌,导致衬砌结构破坏。

3.2.2 渗漏水的成因

漏水的原因:

(1)除地下水丰富外,主要是由隧道设计与施工不当造成的。如设计时对衬砌周围地下水的水源、水量、水质调查分析不足,对防排水考虑不周,对结构防蚀、耐冻、抗渗也未做专项设计。

(2)隧道穿过含水的地层。如穿过砂类土和漂卵石类土含水地层;断层带节理及裂隙发育,含裂隙水的岩层;石灰岩、白云岩等可溶性岩层,有充水的溶洞或暗河等与隧道相连通时;浅埋隧道地段,地表水沿覆盖层的裂缝渗到隧道内。

(3)隧道衬砌综合治水设施不完善或年久失效。如原建隧道衬砌防排水设备不全,隧道衬砌背后存在积水或承压水;混凝土衬砌施工质量差,孔隙裂缝多,自身防水能力差;防水层(内贴式、外贴式或中间夹层)施工质量不良,或材质耐久性差;混凝土的工作缝、伸缩缝、沉降缝等接缝处理不当,或未做好防水处理;衬砌变形、腐蚀后产生的裂缝渗漏水;既有排水设备,如衬砌背后的暗沟、盲沟,无衬砌的辅助坑道,排水孔等年久失修阻塞。

下面结合地质原因、设计、施工、材料和运营维护等方面详细分析。

3.2.2.1 地质原因

(1)隧道穿过含水的地层,如:

①砂类土和漂卵石类土含水地层。

②节理、裂隙发育,含裂隙水的岩层。

③石灰岩、白云岩等可溶性地层,当有充水的溶槽、溶洞或暗河等与隧道相连通时。

④浅埋隧道地段,地表水可沿覆盖层的裂隙、孔洞渗透到隧道内。

(2)隧道开挖引起围岩应力的释放和重分布,改变围岩的力学特性和水的径流路线,使周围的水向隧道内汇集和积聚,隧道处于地下水的包围中,给隧道渗漏水创造了条件。

(3)隧道周围地下水渗流场的改变,进一步引起应力场的不断调整,可能引起的局部应力集中、地层不均匀沉降或滑移面活动都将对隧道结构造成破坏,使得衬砌结构出现裂缝等,形成渗漏水通道,使隧道产生渗漏水。

(4)隧道开挖可能引起的古滑坡复活或产生新滑坡、或矿产采空区失稳、或大的塌方、或大量失水后的地面沉陷以及地震或人为诱发地震等都会破坏隧道衬砌结构,引起隧道渗漏水病害。

3.2.2.2 设计原因

排水设计不合理、不完善,这是隧道水害的主要原因。虽然各种隧道工程都有相应的防水要求、防水等级,但是现有资料表明,我国已建隧道的防水都是根据现有的各种技术规范、规程,借鉴国外成熟的技术方法来进行的。尽管一些设计规范对各种隧道的防水作出了相应的规定,但这些规定仍然存在很多不足,主要有以下几个方面:

(1)隧道的防水等级不明确。相对于国外的隧道防水规范,例如英国的隧道防水规范将防水等级分为7个等级,0级代表无可见的渗水,A级最大渗水量为$1L/(d \cdot m^2)$等。我国各种隧道的防水要求和等级都不明确,定性而不定量。由于许多国标没有定量指标,过于笼统,执行起来很困难。

(2)隧道防排水的设计依据不充分。由于地质情况复杂,勘探费用昂贵,因此很难仅通过局部勘探来掌握隧道详细的地质条件,对衬砌周围地下水源、水量、流向及水质了解不全面,所以当前的隧道防水设计及规定仍缺乏可靠的理论依据。

(3)在工程防水设计中。缺乏反映防水材料性能的室内试验数据,对于结构抗渗、抗腐蚀未作具体的要求。

对于公路隧道复合式衬砌来说,目前的防水设计一般采用单层防水注浆系统,这种系统一旦发生漏水,难以发现漏水位置,维修非常困难;若要通过注浆补漏来维修就会消耗大量的水泥浆或化学浆,造成浪费。

同时,二衬混凝土自防水也是隧道防水中重要的一环,但在实际工程中却难以做到,主要原因是片面强调混凝土抗压强度和抗渗等级,而忽略了防止混凝土产生裂缝的各种措施。通常表现为混凝土强度等级及抗渗等级越高,单位水泥用量则越多,混凝土收缩越大,从而导致混凝土裂缝产生,破坏了混凝土结构自防水的完整性。

此外,结构细部(施工缝、变形缝等)防水设计不当,也会成为隧道渗漏水的主要隐患。

3.2.2.3 施工原因

在隧道工程的施工过程中,以下几种原因可能会造成隧道发生渗漏水的情况。

1)隧道防水的施工做法不规范

尽管规范对不同隧道的防水进行了规定,但国内对不同的防水措施没有从经济上、技术上以及社会效益上进行系统的研究,对防水施工措施缺乏规范。通常是不同的工程根据不同的要求,按照已有的经验来实施防水,没有统一的评价标准,在细部做法方面更是如此。因此,施工单位对采取哪种防水方法,如何实现防水措施,主要还是参照已往的经验和国外的做法,仍然存在很大的盲区。许多隧道经过运营证明,常常出现防水措施不防水或不经济的两种极端情况。因此,对于隧道防水方法的优化、整体防水与细部防水相结合、防水体系的经济性和合理性等方面,都有待于进一步的研究。

2)隧道排水形不成体系

隧道与地下工程防水原则是:"防、排、截、堵相结合,因地制宜,综合治理"。因此有限制地排出衬砌背后的地下水,减小地下水对衬砌的压力,也是结构防水的关键所在。但目前隧道施工中,虽也建立了排水体系,但排水效果仍不理想,其主要原因有:

(1)在二衬混凝土或注浆施工中,由于对排水盲管未进行有效的保护,砂浆、浆液堵塞了盲沟、盲管,起不到排水作用。

(2)中隔墙竖向排水管设置不合理,有些水不能通过竖向排水管流入盲沟,而从衬砌质量不良之处流入隧道内。

(3)隧道排水设施不力,目前隧道内常设单侧排水沟,而当地下水流量很大时隧道单侧水沟不能满足排水要求。

3)防水板施工问题

防水板防水是隧道复合式衬砌防水层中一道重要的防线。设在初期支护与二衬混凝土之间的全封闭的防水板,材料选型时要求防水板具有较高的抗拉强度、断裂伸长率及耐腐蚀性等物理力学性能,铺设方式要求无钉铺设。理论上,防水板防水的效果应该是很好的,但是实际上,防水板的防水效果受到施工工艺、施工质量等一些因素的制约,往往效果不理想。其原因主要有:

(1)喷射混凝土表面凹凸不平未经处理,导致防水板在施工过程中破损。

(2)防水板铺设不当造成二衬混凝土施工过程中破坏。

(3)拱顶混凝土未及时注浆产生缺陷,导致防水板在水压力作用下拉坏。

(4)防水板施工过程中焊缝不够严密,质量不能达到密封要求,导致防水板防水失效。

(5)对铺设好的防水板保护不够。

(6)忽视下锚段、洞室等断面变化部位防水板的搭接质量,造成该部位的渗漏。

(7)挂设过紧,混凝土压力使局部凹陷处的防水板产生拉力,当拉力过大超过防水板的变形极限时,会导致防水板拉裂,失去防水作用。锚杆头等凸出物处理不好也会在灌注后戳破防水板,影响防水效果。

(8)对防水板的挂设、焊接、搭接和破损修补不够重视,有的挂设时使用铁钉穿透,焊缝搭接长度不足、焊穿、漏焊现象经常出现,不注意挂设好的防水板的成品保护,刮破后随意修补。防水板挂设是高空作业,施工条件较差,不容易保证质量。

(9)结构变形过大或裂缝过宽,超过了材料的延伸性,以致防水膜断裂。这类问题多见于变形缝处。

(10)防水层的完整性有缺损,致使地下水通过缺损部位渗入结构内部。在铺设防水层时,存在一个防水膜的搭接问题,这是防水层施工中的薄弱环节,也是关键环节。如果搭接不良就会给地下水提供渗漏通道。另外,喷射混凝土基面不平整以及基面上外露的锚杆、钢管等尖锐物也是造成防水层破损的重要原因。

(11)防水层与基面粘接不良,在浇注二次混凝土衬砌时造成防水层的空鼓、脱落等问题,并由此导致了防水层的破损。

4)中隔墙处防水失效极易发生渗漏水现象,主要原因有:

(1)受墙顶空间限制,中隔墙顶部平整度及纵坡偏差较大,使中隔墙顶部纵向排水盲管很难起到排水作用。

(2)中隔墙顶部止水带的埋设质量不易控制,止水带的埋设深度、水平位置及平整度很难达到设计要求。

(3)中隔墙内部竖向排水管高程易出现偏高或偏低现象,在浇注混凝土过程中和中隔墙顶部喷射混凝土回填时易堵塞,不能起到排水作用。

(4)中隔墙预埋背贴式止水带与主洞二衬防水板不能较好地连接。

(5)Ⅴ、Ⅵ级围岩段的中隔墙钢筋比较密集,在二衬混凝土施工时影响排水盲管与止水带的安装,且在衬砌钢筋与中隔墙预留钢筋焊接时容易造成止水带和防水板受热破损。

5)施工缝、变形缝处防水失效

为便于施工而设置施工缝,为适应结构变形的需要以及防水混凝土避免超过允许的拉应力而设置变形缝,而地下工程最令人头痛的渗漏部位正是变形缝和施工缝。目前国内既有隧道的渗漏水有70%以上表现在衬砌结构的"三缝"上,即伸缩缝、沉降缝、施工缝。施工缝和结构裂缝一样,一旦出现渗漏,处理起来还比较容易,一般采用注浆就可堵漏。可是变形缝的渗漏就很难根治,用常见的化学注浆治理在短期内可以见效,但时间久了,又旧病复发,究其原因,关键在于结构仍在温度、沉降等因素的变化下产生相对运动,而浆体不能适应,所以堵水也不能长久。

(1)公路隧道的变形缝为保险起见,通常设有三道防线,即迎水面处缝内嵌有弹性密封膏,中间是中埋式止水带,结构内面又是弹性密封膏嵌缝。尽管设了三道防线,变形缝的渗漏机会仍然很高,究其原因有以下两个方面:

①弹性密封膏普遍不易做好。原因之一是支承面不平整,弹性密封膏在承受外水压力下由于无可靠的支承而超出了其弹性范围;原因之二是粘接面没有处理好,密封膏未与结构基面较好粘接,浇注下一阶段的混凝土时很容易使其松动脱落。

②中埋式止水带与防水夹层一样也存在搭接问题,不易形成一个封闭的防水圈。另外,止水带破损、位置设置不正以及止水带周围混凝土未能振捣密实,尤其是在拱部止水带的下侧会疏松和积聚相当多的气泡以致形成水的通路,这些都是造成变形缝渗漏的重要因素。

(2)施工缝、变形缝处理不当也是防水混凝土漏水的重要原因。施工缝,也称冷接缝,是在施工过程中,由于混凝土一次性连续浇筑不能过长或必须分部施工而设置的施工接缝,是防水层防水的薄弱环节。导致施工缝漏水的施工原因主要有:

①施工缝处先浇混凝土表面未清理,导致施工缝处新旧混凝土结合面不紧密,产生渗漏。

②止水带固定不正确,导致移位或出现卷边,导致施工缝处漏水。

③施工缝处混凝土振捣不密实,导致止水带与混凝土粘结不牢,造成渗漏。

(3)隧道工程混凝土结构为适应变形(温度应力及沉降等)需要设置变形缝。导致变形缝渗漏水的原因主要有以下几点:

①变形缝处防水板未做加强层。

②止水带固定不正确,导致移位或出现卷边,浇注两侧混凝土时,任意碰撞,形成止水带偏斜、搭接不良而造成渗漏。

③止水带接头处理不合适,导致止水带与混凝土结合欠密实,出现缝隙而导致渗漏水。

④中置式止水带施工时常发现止水带的埋设位置不准确,严重时止水带一侧往往折至缝边,根本起不到止水的作用。

(4)施工缝位置。

铁路隧道是长筒形地下结构。混凝土结构包括仰拱、二次衬砌和仰拱填充。施工顺序为:先施工仰拱及少量填充,超前二次衬砌不少于3倍的二次衬砌节段长度,然后施工二次衬砌,最后施工仰拱填充混凝土。施工顺序决定了隧道内必须有纵向施工缝和环向施工缝。其中,环向施工缝也起到了变形缝和沉降缝的作用。纵向施工缝分布于仰拱与边墙基础间,环向施工缝位于每节段仰拱和二次衬砌间。

(5)纵向施工缝设计上一般考虑设纵向排水管,也有从防水板背后设排水管连通洞内水沟的措施,因其位置较低,出现问题时处理相对容易,不是影响运营的主要因素。

(6)环向施工缝设计上一般考虑设置中埋式止水带(见图3-24)。施工时,将橡胶止水带半幅弯折固定于仰拱或二次衬砌端模上,另外半幅伸入即将浇筑的混凝土中。从理论上讲,如果混凝土质量较好,止水带固定位置准确牢固,是能够保证防水效果的。

目前二次衬砌和仰拱端模主要采用木模或钢模。现场立设时,止水带固定困难,在浇筑混凝土过程中经常出现止水带应深入混凝土的半幅脱出,失去止水效果,而且难以处理。

(7)施工缝对应问题。铁路隧道二次衬砌施工一般采用模板台车浇筑混凝土。模板台车一般约为12m,因此决定了沿隧道二次衬砌纵向约12m处必须设置一道环向施工缝。采用栈桥施工的仰拱每节段为6~9m,仰拱的施工缝与二次衬砌的施工缝多数不对应。仰拱填充每施工节段长度约10m,与仰拱施工缝和二次衬砌施工缝均未对应。这样有两个弊端:第一是在仰拱沉降缝处的仰拱填充混凝土容易因沉降变形而拉裂,形成渗水通道,一旦仰拱施工缝发生渗漏水,水将沿着仰拱表面渗流,至二次填充施工缝或拉裂处流出,甚至还可能连带将沟槽拉裂;第二是难以查找准确的渗漏源头即发生渗漏的仰拱施工缝,使整治难度加大。图3-25所示隧道渗水点实际为仰拱施工缝渗水,经仰拱与仰拱填充界面流至仰拱填充混凝土拉裂处,从混凝土裂缝处涌出。图3-25所示白色塑料管为施工单位自行埋设的剖开的塑料管,处理不符合要求。查明原因后,采用高压注浆止水工艺进行了彻底整治。

图3-24　中埋式橡胶止水带　　　　　图3-25　仰拱、仰拱填充施工缝不对应导致的渗漏水

(8)意外施工缝。混凝土浇筑过程中因设备故障、停电等原因导致的施工缝,一般应采用膨胀橡胶止水条。膨胀橡胶止水条本身止水效果是可以保证的,实际使用中止水效果差的原因是:第一,在安装止水条前没有对旧混凝土面进行凿槽处理,在凸凹不平的混凝土表面安装止水条,使止水条膨胀后难以压紧混凝土面,止水效果变差;第二,施工组织不合理,经常出现止水条安装较长时间,已经吸湿膨胀,而此时后续混凝土尚未浇筑,止水条失去止水效果。

6)初期支护防水失效

初期支护防水失效主要有两个方面的原因,具体如下:

(1)初期支护同围岩接触情况不良造成初期支护防水失效。岩石隧道光面爆破效果不好,使得初期支护同围岩接触情况不良,不仅恶化了衬砌的受力条件,造成围岩的进一步松动,而且还会在衬砌背后造成存水空间,造成地下水的渗入。

(2)恶劣的施工环境造成初期支护防水失效。设计要求初期支护应有一定的抗渗性,但实际施工难以做到这一点。工程实践表明,喷射混凝土普遍强度不稳定,离散性较大,根本无法确保混凝土的密实度和抗渗性。地下水通过长期的浸渗必然可以通过初期支护的薄弱点充满初期支护与防水板之间的空隙。

7)二衬混凝土防水失效

二衬混凝土的防水质量受施工工艺、养护条件等施工因素的影响很大,现实中二衬混凝土防水效果都不理想,究其原因,主要有以下几个方面:

(1)二衬混凝土养护时间不够。一般规定防水混凝土养护时间不得小于14d,在实际施工时养护时间一般不会超过7d,甚至很多根本不养护。使得实际中或多或少的会漏水。

(2)施工单位对施工管理不严。施工中可能存在对混凝土配合比和浇捣顺序等把关不严、未按操作规程浇筑混凝土造成混凝土离析、混凝土没有分层分段浇筑、振捣不实或振捣配合不好、因漏振而造成混凝土不密实等情况,造成混凝土质量欠佳,导致隧道底板和墙体的混凝土不密实,成为渗漏水孔道。

①混凝土浇筑时水灰比过大,形成开放性毛细泌水管路。

②混凝土拌合物和易性不佳、混凝土质地不够均匀、水泥浆未能与骨料表面很好黏结,未能很好灌满捣实,产生疏松层或留下各种形状的缝隙与孔洞,形成透水缝隙。

③衬砌混凝土材料中有杂物,腐烂后形成缝隙或孔洞。特别是在两环混凝土接缝部位,由于挡头板未拆除干净,腐烂后形成缝隙而漏水。

④"三缝"处理不当,产生的漏水缝隙。

⑤防水板安装不规范,未处理好防水板的接缝和破损部位,导致渗水,排水管路堵塞等。

8)混凝土施工中易出现的问题

(1)衬砌混凝土结构自防水失效

钢筋混凝土结构既能承载又能防水,称之为结构自防水。防水混凝土根据其配制方法的不同,可分为三类,即普通防水混凝土、外加剂防水混凝土和膨胀水泥防水混凝土,目前公路隧道上应用较多的是后两类。衬砌混凝土结构自防水是公路隧道防渗漏的第二道防线,也是最后一道防线。尽管采用了种种方法和措施配制了防水混凝土,但是最终混凝土结构还是出现了渗漏,究其原因主要有以下几个方面:

①对混凝土结构自防水的认识有些片面。在工程实际中,往往只侧重于混凝土的抗渗等级,认为混凝土的抗渗等级越高结构越能自防水,而忽视了施工与养护的重要性。其实,结构自防水并非单纯提高混凝土的抗渗等级就能做到,后面的原因就说明了这一点。

②混凝土结构本身存在缺陷,如混凝土表面呈蜂窝麻面。防水混凝土必须认真施工,才能防水,加泥夹杂、振捣不够、漏振、走模、漏浆等因素都有可能导致自防水失效。

③衬砌混凝土结构出现裂缝。公路隧道衬砌混凝土的裂缝一般表现为拱部、墙部的环向裂缝、纵向裂缝以及各种乱向裂缝。如果衬砌结构一旦出现贯穿裂缝,那么抗渗等级再高的混凝土也做不到自防水,所以从某种意义上说抗裂比抗渗更为重要。至于裂缝产生的原因,除结构设计原因外,还有以下几个方面:

a. 混凝土水灰比过高，养护不当，使得混凝土中的水泥在硬化过程中体积收缩引起干缩裂缝。

b. 施工中较大的温差导致了混凝土的收缩裂缝。由于混凝土的早期抗拉强度很低，因此，如果混凝土的水泥用量、入模温度、水泥强度等级过高就会导致混凝土的早期温度过高，随着混凝土温度的下降，裂缝也就随之产生。

(2) 混凝土防水的基础在于密实

混凝土施工最容易发生质量问题。施工缝处理、浇筑振捣质量等都影响混凝土的整体密实性。混凝土不密实，防水效果就会受到很大影响。混凝土防水失效时，直接表现为表面出现洇湿、渗水、滴水、淌水等情况。实际混凝土出现不密实的原因包括：

①拱顶空洞。对二次衬砌混凝土拱顶空洞没有很好的解决措施。泵送二次衬砌混凝土时，由于浇筑拱顶时封闭了部分空气，导致混凝土无法泵入，产生了空洞部位。如果施工时没有预留注浆孔，注浆施工时可能打穿防水板，使注浆孔部位成为漏水点。

②超挖回填不密实。围岩开挖特别是拱部出现超挖是比较常见的情况，按照验收标准应该回填密实。

施工时如果用木板、铁皮等挡住超挖部位后直接在其上喷射混凝土，使超挖部位表面上看很平整，实际背后不密实。二次衬砌完成后，在隧道地质雷达扫描检测时，可以探出未回填密实的部位。在注浆回填时，必须打穿防水板才能注浆回填密实。打穿防水板的位置就是可能发生渗漏水的位置。

③二次衬砌和仰拱端模密封不好，出现漏浆现象，使止水带两侧混凝土出现蜂窝，形成天然的漏水通道。中埋式橡胶止水带安装工艺多数不过关，定位不牢、不准，有的使用铁钉、铁丝等穿孔定位，破坏了止水带的防水效果。

9) 施工质量控制不严，可能存在以下几种情况：

(1) 局部超欠挖严重，回填不密实。

(2) 铺底或施作仰拱前未认真清理底部，留有浮渣、泥沙及施工用杂物。

(3) 混凝土衬砌存在蜂窝、孔隙、裂缝等。

(4) 防水材料与基面黏结不良或不适应。

(5) 防水板接缝不均匀、不牢固，使得防水板容易产生空鼓开裂。

(6) 混凝土工作缝、伸缩缝、沉降缝"三缝"等未按要求设置柔性嵌缝膏、弹性材料或橡胶止水带等，甚至不认真用砂浆填塞，导致其出现渗漏水的情况。

(7) 防水材料及防水设施未严格按照设计要求施作。

隧道复合式衬砌防水层施工阶段失效原因主要有防水板防水失效、中隔墙处防水失效和施工缝、变形缝处防水失效等几个方面的原因。

10) 防排水工程施工管理中存在的问题

(1) 当前施工单位普遍雇用外协队伍一线施工，作业人员水平参差不齐，管理不到位。施工队伍一般只施工，不处理渗漏。施工人员对防排水工程施工质量问题造成的后果没有重视。

(2) 部分施工单位管理人员没有意识到工程出问题后，必须由施工单位承担整治责任并承担大部分费用,对一些设计没涉及到但现场又必须认真处理的特殊部位不肯投入,或对一些施工完成后发现的问题简单处理,无法确保长期处理效果,最终导致出现渗漏问题。

(3)施工工艺较粗糙,对混凝土施工缝处理、止水带安装、防水板挂设和修补等与防水效果密切相关的工序质量通病不采取根治措施。

(4)对防排水工程的系统性重视不够。防水板作为第一道屏障,应该做到全隧密封;防水混凝土作为第二道屏障,应该均匀密实、施工缝封闭严密;排水盲沟、泄水孔、排水沟应连接完好通畅;寒冷地区洞外排水沟应埋深足够,排水口应有防冻措施等等。排水通畅则不容易渗漏,排水不畅必然把水压转移到防水层和防水混凝土上,一旦存在薄弱环节,即形成渗漏水点。

3.2.2.4 材料方面的原因

选用的防水产品质量差,没有达到国家防水标准要求,也会导致隧道的渗漏水。材料方面的因素包括混凝土材料和防水板材料两个方面。

(1)混凝土材料

随着商品混凝土的推广应用,防水混凝土配制难以实现。特别是泵送混凝土坍落度较大,水灰比往往超过限值,有的则以增加水泥用量的方法来满足大坍落度的要求,对施工要求更高。从大量工程实例来看,防水混凝土衬砌,由于水泥水化热引起的体积膨胀与降温后的收缩、沉缩及干缩引起的变形作用,不可避免地会出现裂缝,从而造成渗漏。

另外如果对新型防水材料的性能、作用和应用认识不清可能会导致不能达到预期效果。而工程所用材料若没有达到设计要求,同样会造成隧道的渗漏水。

(2)防水板材料

近几年隧道与地下工程防水材料迅速发展,防水板、防水注浆材料、混凝土外加剂、止水带、止水条、嵌缝防水腻子、渗透结晶型材料等,应有尽有。产品质量也千差万别,如果不认真鉴别,一旦使用,将后患无穷。

即使选用的防水板材料不是伪劣产品,但如果选用防水板不当,也容易使防水失效,因为材料选型时要求防水板具有较高的抗拉强度、断裂伸长率及耐腐蚀性等物理力学性能,而一般的防水板质量欠佳,主要包括抗拉强度低、断裂伸长率低、柔性差,容易破损,起不到防水的作用。比如现在国内的高速公路隧道防水层常用的 EVA 防水板,该材料存在柔韧性差,安装不方便,尤其是防水板搭接缝焊接不牢、不密实,焊缝质量差,焊缝检测标准低,同时该防水板的悬挂工艺落后等特点,使用中难以保证质量,防水效果差。

3.2.2.5 运营维护的影响

对于运营隧道,其防水层失效的原因主要是隧道衬砌混凝土产生裂缝导致防水失效。混凝土是由粗骨料和细骨料组合而成的材料,而细骨料中的水泥在硬化过程中,存在气穴、微孔和微裂缝。由于混凝土组成材料和微观构造及硬化过程所受影响不同,产生裂缝的原因主要有:基础不均匀沉陷引起的裂缝,地质条件恶化引起的裂缝,钢筋锈蚀引起的裂缝,模板支撑不良造成混凝土塑性塌落引起的裂缝,排水盲管被泥沙封堵引起水压升高而导致的裂缝等。此外,由于喷射混凝土基面过于粗糙或者防水板垫层较薄会导致防水板在运营期间破损,致使水害的发生。

(1)工程验收的原因

工程竣工后,从衬砌表面往往看不出什么问题,管理单位缺乏有效的检验手段,有时又接近运营期限,往往对交验前渗水情况缺少进一步查验,只好按竣工报告及施工总结勉强验收,导致运营后渗漏水逐渐严重。

(2)运营隧道的既有排水设施,如衬砌背后的暗沟、盲沟,无衬砌的辅助坑道、排水孔、暗槽等,年久失修阻塞,也会引起隧道水害的发生。

(3)综合以上描述,由于各种主客观原因的存在,隧道渗漏水现象屡屡发生,成了普遍存在的隧道病害,并以此为源,引发隧道其他病害的发生,严重危害着隧道结构和运营安全。在运营中出现涌漏水,如不及时处理或处理方法不当,病害将会更加严重。

3.2.3 渗漏水的危害

渗漏水病害包含衬砌的涌水和漏水、衬砌周围积水、潜流冲刷。隧道水害不仅增加隧道内湿度,造成电路短路等事故,危及运输安全,而且还引发其他病害。隧道由于渗漏水、积水,将会造成衬砌开裂或使原有裂缝发展变大,加重衬砌裂损;当地下水有侵蚀性时,会使衬砌混凝土强度降低或软化,钢筋也会发生锈蚀变形。此外,寒冷地区水是引起隧道围岩冻胀的重要因素,衬砌渗漏水严重必然导致冻害产生。

(1)隧道渗漏水和涌水危险:隧道渗漏水对隧道稳定、洞内设施、行车安全、地面建筑和隧道周围水环境产生威胁。

(2)衬砌周围积水。主要指运营隧道中地表水或地下水向隧道周围渗流汇集,如果不能及时排走,可能引发的危害有:

①水压较大时导致衬砌破裂。

②使原来完好的围岩及围岩的结构面软弱夹层因浸水而软化或泥化,失去承载力,对衬砌压力增大而导致衬砌破裂。

③膨胀性围岩体积膨胀,导致衬砌开裂。

④寒冷地区引发冻胀病害。

(3)潜流冲刷主要指由于地下水渗流和流动而产生的冲刷和溶蚀作用,可能造成的危害有:

①衬砌基础下沉,边墙开裂或仰拱、整体道床下沉开裂。

②围岩滑移错动导致衬砌变形开裂。

③超挖围岩回填不实或未全部回填者,引起围岩坍塌,导致衬砌破坏。

④围岩有地下水并具有侵蚀性的情况下,对衬砌与隧道内的设备的腐蚀会更加严重。

综合以上关于水害的论述,可以看出,水害对隧道的危害很大,其中衬砌的裂损破坏是水害作用的主要结果,而衬砌的裂损又会给漏水、涌水提供更多的通道,使得水害更加严重,形成恶性循环。同时衬砌裂损对隧道结构的稳定性造成一定程度的影响,使衬砌的有效厚度减小,安全可靠性降低,最终可能会导致衬砌结构的失稳破坏。

3.2.3.1 铁路隧道

隧道漏水和涌水对隧道稳定、洞内设施、行车安全、地面建筑和隧道周围水环境产生诸多不良影响甚至威胁，隧道漏水恶化洞内养路环境，影响一些技术设备的正常使用。危害如下：

（1）在电力牵引区段，拱部漏水，会造成接触网跳闸、放电漏电，影响安全运营，造成人身伤害。

（2）在寒冷和严寒地区，隧道漏水会造成边墙结冰、拱部挂冰，侵入限界，影响隧道正常使用，还会造成衬砌冻胀裂损和洞内线路冻胀起伏不平等病害。

（3）在洞内线路排水不良地段，造成土质和软岩地基的基床翻浆冒泥，整体道床下沉裂损病害，导致道床不稳固，线路轨距水平变形超限，影响运输及安全，增加养护维修工作量。导致铁路线路轨距水平变形超限，冻胀引发洞内线路起伏不平，以及洞内漏水潮湿降低轮轨黏着力，均会影响行车安全；渗漏水使电绝缘失效、短路、跳闸，影响安全运营，引发漏电伤人事故；少数隧道，暴雨后隧道铺底破损涌水，造成淹没轨道，冲空道床，影响行车安全。

（4）洞内漏水潮湿，降低轮轨黏着力，加速钢轨扣件和管线的锈蚀，加速木枕和胶垫腐朽，缩短线路设备使用寿命。

（5）一些隧道，环境水中含有侵蚀性介质，造成衬砌混凝土和砂浆腐蚀损坏，降低衬砌的支承能力，增加大维修费用。

（6）少数隧道暴雨后隧道衬砌或铺底破损涌水，淹没轨道，冲空道床，危害更严重。

（7）衬砌混凝土出现风化、腐蚀、剥落等情况，造成衬砌结构破坏，软化围岩，引起围岩变形。

（8）影响养护人员的身体健康，加快洞内设备（通讯、照明、钢轨等）锈蚀，影响设备的正常使用，缩短线路设备的使用寿命，增加维修费用。

（9）对于岩溶发育地区的隧道，如果有大量的涌水，会引起线路被掩埋，运输中断。而且，对于长大越岭隧道，一般水量较大，危害也更加严重。

（10）严重渗漏水可能会引发地面和地面建筑物的不均匀沉降和破坏。

（11）隧道渗漏造成地表水和含水层大量流失，破坏周围水环境，造成环境灾害。

3.2.3.2 公路隧道

公路隧道渗漏水对隧道稳定、洞内设施、行车安全、地面建筑和隧道周围水环境产生诸多不良影响甚至威胁，主要表现在下面几个方面：

（1）在渗漏水的长期作用下，可能造成隧道的侵蚀破坏。

（2）围岩有地下水并具有侵蚀性的情况下，对衬砌与隧道内的设备的腐蚀更严重。

（3）路面积水，行车环境恶化，降低了轮胎和路面的附着力。恶化隧道的营运条件，危及行车安全。

（4）寒冷地区，反复的冻融循环，在衬砌内部造成衬砌混凝土冻胀开裂破坏；在衬砌和围岩之间，造成冻胀，引起拱墙变形破坏。

（5）拱墙上悬挂冰柱、冰溜，侵入净空；在隧底，易形成冰坡、冰锥，使行车滑溜；渗漏水滴至路面，则易形成"冰湖"，威胁行车安全。

(6)渗漏水促使混凝土衬砌风化、剥蚀,造成衬砌结构破坏。

①渗漏水还会软化围岩,引起围岩变形。

②有些隧道渗漏水中还有侵蚀性介质,造成一般的衬砌混凝土和砌筑砂浆腐蚀破坏,降低衬砌的承载能力。

③在寒冷和严寒地区,隧道渗漏水还会造成边墙结冰、拱部挂冰,侵入隧道建筑限界,还会造成衬砌冻胀裂损。

(7)渗漏水加快内部建设(通讯、照明等)锈蚀,影响设备的正常使用,缩短线路设备的使用寿命,增加维修费用。

(8)渗漏水引发路基下沉、基地裂损、翻浆冒泥和下沉等病害,造成路面开裂下陷而引起水沟路面变形等问题。

(9)严重渗漏水引发地面和地面建筑物的不均匀沉降和破坏。

(10)隧道渗漏造成地表水和含水层水大量流失,破坏周围水环境,造成环境灾害。

(11)隧道渗漏水是隧道病害中最常见的病害形式,危害极大。比如,渗漏水的长期作用,特别是当水质具有侵蚀性,如含盐、含碱、含硫、含硫酸根等离子时,可能造成隧道侵蚀破坏,危害隧道结构的耐久性。

(12)渗漏水使隧道内表面浸迹斑斑,由于车辆尾气和行车产生的尘土附着于湿润的隧道表面而形成"花脸"隧道,影响隧道美观。

(13)隧道渗漏水还将极大地降低隧道内各种设施的使用功能和寿命。

3.3 衬砌裂损

隧道衬砌部位划分将隧道衬砌的拱部分为左右两半,边墙分左右两边,仰拱作为一个部位,整个隧道衬砌共分五部分。每一部分依其内缘周长再划分为四个等分,将全断面分为14个部位(见图3-26)。

衬砌裂损是指衬砌表面出现裂纹(龟裂)和裂缝(宽度较大)或贯通衬砌全部厚度的裂纹的总称,主要包括张裂、压溃和错台3种类型,见图3-27。其中张裂是衬砌弯曲或偏心受拉引起的裂损,裂缝、裂面与应力方向正交,缝宽由表及里逐渐变窄。压溃是衬砌弯曲或偏心受压引起的衬砌裂损,裂缝边缘呈压碎状,严重时受压区表面产生碎片剥落、掉块等现象。错台是衬砌受剪引起的裂损,裂缝宽度表里大致相同,当衬砌在裂缝两侧沿剪切方向有错动时,即形成错台。

衬砌裂损描述分别从裂缝宽度与分级、错距、间距、密度等方面描述。

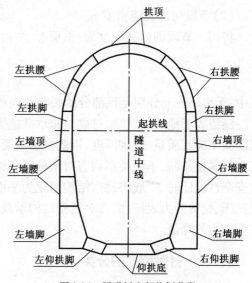

图 3-26 隧道衬砌部位划分段

1)裂缝宽度

裂缝开裂宽度在缝口处沿垂直裂面方向量取。缝宽按大小分为四级：毛裂缝($\delta<0.3\text{mm}$)、小裂缝($0.3\text{mm}\leqslant\delta<2.0\text{mm}$)、中裂缝($2.0\text{mm}\leqslant\delta<20.0\text{mm}$)、大裂缝($\delta\geqslant20.0\text{mm}$)。

2)裂缝错距

衬砌出现错牙，用裂缝错距表示。错距沿垂直方向和水平方向量取，前者叫垂直错距，后者叫水平错距，如图3-27c)所示。

3)裂缝间距

具有走向大致相同的相邻裂缝间距，用以表述衬砌破碎程度，一般宜取每一个节段单位来分析。

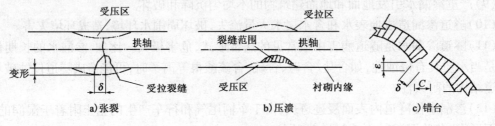

图3-27 衬砌裂损示意图

4)裂缝密度

裂缝密度是表述衬砌裂损的另一种形态指标，分为节段裂缝密度和节段局部裂缝密度。

(1)节段裂缝密度

$$\eta_\text{d} = \sum S_\text{d}/S \tag{3-1}$$

式中：$\sum S_\text{d}$——该节段内所有裂缝的总面积，等于各裂缝长度与裂缝宽度乘积的总和(m^2)；

S——该节段衬砌的内缘表面积(m^2)。

(2)节段局部裂缝密度 η_b

将同一节段的衬砌划分为：拱顶部、左边墙、右边墙、仰拱等几个部分，分别统计其裂缝密度 η_b。

$$\eta_\text{b} = \sum S_\text{d}/S \tag{3-2}$$

式中：$\sum S_\text{d}$、S——分别是该部分的裂缝总面积及衬砌表面积(m^2)。

隧道属于地下构筑物，衬砌结构承载能力与衬砌的几何、物理力学性质紧密关联，例如衬砌混凝土施工质量、衬砌厚度、钢筋衬砌混凝土劣化程度、衬砌裂损程度等因素都与衬砌结构安全性紧密关联，不同类型病害对结构安全性造成的影响也不尽相同。隧道力学或隧道结构的安全性设计时，一般将衬砌结构简化为平面梁单元模型，结构的承载能力利用截面的抗弯、抗拉压、抗剪能力表征，病害对衬砌结构承载能力的影响也可归结为病害对结构抗弯、抗拉压、抗剪能力的降低。

3.3.1 衬砌裂损的分类

隧道衬砌是承受地层压力、防止围岩变形坍落的工程主体建筑物。地层压力的大小主要取决于工程地质、水文地质条件和围岩的物理力学特性,同时与施工方法、支护衬砌是否及时和工程质量的好坏等因素有关。由于形变压力、松动压力作用、地层沿隧道纵向分布及力学形态的不均匀作用、温度和收缩应力作用、围岩膨胀性或冻胀性压力作用、腐蚀性介质作用、施工中人为因素、运营车辆的循环荷载作用等,使隧道衬砌结构物产生裂缝和变形,影响隧道的正常使用,统称为隧道衬砌裂损病害。衬砌裂损是隧道病害的主要形式,它的类型主要有衬砌变形、衬砌移动、衬砌开裂、衬砌缺陷4种。

3.3.1.1 衬砌变形

衬砌变形主要是指衬砌发生收敛变形,造成隧道净空减小,或侵占预留加固的空间,主要有横向变形和纵向变形两种,其中横向变形是主要的形式。横向变形是指衬砌由于受力原因而引起拱轴形状的改变,具体的变形特征见表3-8。

表3-8 衬砌横向变形特征

变形种类		变形特征
整体变形	竖向压扁	1.隧道内轮廓高度减小,宽度增大; 2.有对称变形和非对称变形两种; 3.可能出现部位对称、变形大小不等的情形
	横向压扁	1.隧道内轮廓高度增大,宽度减小; 2.有对称变形和非对称变形两种; 3.可能出现部位对称、变形大小不等的情形
局部变形	拱顶下弯、仰拱上拱、边墙内鼓	1.隧道内净高或净宽变小; 2.有对称变形和非对称变形两种; 3.除拱顶墙腰外,其他部位都可能发生
	拱顶上拱、仰拱下弯、边墙外鼓	1.隧道内净高或净宽变大; 2.有对称变形和非对称变形两种; 3.除拱顶墙腰外,其他部位都可能发生

衬砌的变形也包括断面变形、错台错缝、边墙下沉等,主要是由于外力变化引起。

衬砌断面变形是指衬砌由于受力而引起拱轴形状的改变。

错台错缝按错台方向有凸出错台和凹进错台,一般发生在隧道起拱线或施工缝处。产生的主要原因是隧道起拱线或施工缝处较为薄弱,受剪切应力作用而出现错台错缝。

边墙下沉,通常伴随着隧道底板的变形。隧道底板隆起会造成隧道底上抬和整体下沉,从而使隧道衬砌发生变形和破坏。严重时,有可能导致隧道失稳,危及运行安全。它是一个极其复杂的物理、力学过程,与隧道围岩性质、应力状态及维护方式密切相关。按表象特征分有直线型、折曲型、弧状型3种,其中直线型又可分为均匀型和倾斜型,折曲型又可分为三条破断线型和多条折线型。

3.3.1.2 衬砌移动

衬砌移动是指衬砌的整体或其中一部分出现转动(倾斜)、平移和下沉(或上抬)等变化,也有纵向与横向移动之分,对于大多数发生裂损的衬砌,往往是纵向与横向移动同时出现。

1)纵向移动的基本形态有

(1)节段转动:隧道纵轴出现转角,节段接缝处上、下宽度不等。

(2)节段平移:隧道节段发生沿轴向的移动,隧道纵轴不转动,节段竖向接缝上、下同时变宽,变化量相等。

(3)节段下沉或上抬:隧道某节段整体沉降或抬升。

2)横向移动的基本形态有

(1)整体转动:隧道整体发生一定角度的转动。

(2)整体平移:隧道整体发生横向的移动,隧道竖轴产生平移。

(3)整体下沉或上抬:隧道横轴产生垂直位移。

(4)局部转动:隧道竖轴没动,仅衬砌一部分(半侧拱墙)发生转动,可能一侧发生,也可能两侧发生。

(5)局部平移:隧道竖向无转动,或拱部发生平移,或墙体单独平移,或两者兼有。

(6)局部下沉或上抬:隧道横轴没动,仅衬砌一部分(半侧拱墙)发生垂直位移。

3.3.1.3 衬砌开裂

衬砌裂缝是常见的衬砌病害类型,该类病害主要包括在不利荷载、温度等条件下产生的衬砌裂缝、错台,以及伸缩缝、沉降缝、施工缝产生的变形和错台。裂缝会引起结构的承载力急剧下降,导致衬砌结构突然失稳和垮塌。由于衬砌裂缝病害所占的比例较高,且裂缝具有不同于其他混凝土病害的几何特征和力学性质,这里将裂缝作为一种独立病害类型加以分析。铁道部工务局按裂缝的成因将裂缝分为弯张型裂缝、剪切型裂缝、扭弯型裂缝、收缩型裂缝和压剪型裂缝5类。

隧道施工或运营过程中,由于各种因素的影响,隧道衬砌出现裂缝现象,从而直接影响了隧道的正常运营。

不同情况下的衬砌裂缝会出现在不同的位置,对部分运营和新建隧道所进行的衬砌裂缝调查表明,在中等强度岩层的隧道,衬砌拱部的开裂,以拱顶内缘压裂、拱腰内缘拉裂为主,且在尖拱形衬砌较为明显。在边墙部位,则以边墙中部以上拉裂为主。在傍山(偏压)隧道中以靠山侧拱腰拉裂为主,这与围岩压力的分布不均匀有关。

隧道衬砌裂缝根据裂缝走向及其和隧道长度方向的相互关系,分为纵向裂缝、环向裂缝和斜向裂缝三种。环向工作缝裂纹,一般对于衬砌结构正常承载影响不大。拱部和边墙的纵向和斜向裂纹,破坏结构的整体性,危害较大。

(1)纵向裂缝

纵向裂缝平行于隧道轴线(图3-28),其危害性最大,发展可引起隧道掉拱、边墙断裂甚至整个隧道塌方。

纵向裂缝分布具有拱腰部分比拱顶多,双线隧道主要产生在拱腰,单线隧道主要产生在边墙的规律。从受力分析来看,拱顶混凝土衬砌一般是内缘受压力形成内侧挤压衬砌开裂、剥落掉块;拱腰部位主要是混凝土内缘受拉力张开;拱脚部位裂缝则会产生衬砌错动,导致掉拱;边墙裂缝常因混凝土衬砌内缘受拉张开而错位,会使整个隧道失稳。

(2)环向裂缝

环向裂缝(见图3-29),主要由纵向不均匀荷载、围岩地质变化、沉降缝等处理不当所引起,多发生在洞口或不良地质地带与完整岩石地层交接处。环向裂缝约占裂缝总长的30%~40%。

(3) 斜向裂缝

斜向裂缝一般和隧道纵轴成45°左右夹角(见图3-30),也常因混凝土衬砌的环向应力和纵向受力组合而成的拉应力造成,其危害性仅次于纵向裂缝,也需认真加固。

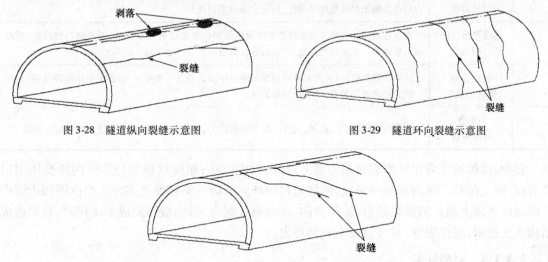

图3-28 隧道纵向裂缝示意图　　　　　图3-29 隧道环向裂缝示意图

图3-30 隧道斜向裂缝示意图

有关部门曾对我国铁路88座典型隧道,全长78km,裂纹总长度32482延米的裂损情况进行了调查统计。纵向裂纹、斜向裂纹及环向裂纹三种类型情况见表3-9。

隧道混凝土衬砌裂缝情况调查统计表　　　　　表3-9

顺　序	裂缝种类	占裂缝长度的比例(%)	部　位	占裂缝长度的比例(%)
1	纵向裂缝	79.3	拱腰纵裂	64.7
			边墙纵裂	19.9
			拱脚纵裂	12.2
			拱顶纵裂	3.22
2	斜向裂缝	4.9	拱部、边墙	—
3	环向裂缝	14.1	拱部、边墙	—

按衬砌受力变形形态和裂口特征分类,主要分为衬砌受弯张口型裂纹[见图3-31a)]、内缘受挤压闭口型裂纹、衬砌受剪错台型裂纹[图3-31b)]、收缩性环向裂纹等四种,见表3-10。

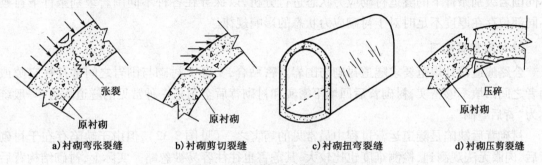

a) 衬砌弯张裂缝　　b) 衬砌剪切裂缝　　c) 衬砌扭弯裂缝　　d) 衬砌压剪裂缝

图3-31 衬砌裂损受力特征示意图

按隧道衬砌受力变形形态和裂纹特征分类 表 3-10

顺序	裂纹种类	隧道混凝土衬砌受力变形形态和裂口特征
1	衬砌受弯张口型裂纹	常见在拱腰部位,边墙中部,衬砌承受较大的地层压力作用,衬砌受弯向内位移,内缘拉应力超过混凝土的极限抗拉强度,而发生张口型裂纹
2	内缘受挤压闭口型裂纹	常见在对应于两拱腰发生较严重的纵向张裂内移地段的拱顶部位,出现闭口型纵裂,衬砌向上型位移。其中较严重处,拱顶内缘在高挤压应力作用下发生剥落掉块
3	衬砌受剪错台型裂纹	偶见拱腰部位衬砌,在其背后局部松动滑移围岩的推力作用下,沿水平工作缝较薄弱处,有一侧的衬砌变形突出,形成错台型裂纹
4	收缩性环向裂纹	多见在隧道靠洞口地形,受气温变化影响较大,混凝土衬砌环向施工缝出现收缩性裂纹

其中,以拱腰受弯张口型裂纹最为常见,衬砌向内位移;相应拱顶部位发生内缘受压闭口型裂纹,向上位移。纵向和斜向裂纹,使隧道衬砌环向节段的整体性遭破坏。当拱腰和边墙中部出现两条以上粗大的张裂错台,并与斜向、环向裂纹配合,衬砌被切割成小块状时,容易造成结构失去稳定,发生坍落,对运营安全威胁最大。

3.3.1.4 衬砌缺陷

隧道可能存在的衬砌厚度不足、衬砌背后严重空洞、衬砌背后回填不密实等缺陷,也会使得衬砌结构的稳定性和可靠性受到影响,而且这些缺陷在外界各种因素的影响下继续发展,就会进一步引起隧道发生开裂变形等各种形式的破坏。

1) 衬砌厚度不足

隧道厚度不足也是一种常见的隧道病害。隧道建设过程中,部分施工单位偷工减料或未按照设计方法进行施工,建成隧道衬砌厚度未达到设计要求厚度,导致衬砌结构承载力无法达到设计值,直接危害到结构的安全性。值得指出的是,早期隧道衬砌拱顶常常因施工工艺等问题无法达到设计的厚度。

当衬砌存在厚度不足的情况时,衬砌的位移场必然也随之发生变化。通过变形协调方程的传递,衬砌与围岩间相互作用力必将随之发生改变,从而也就使得衬砌的应力状态发生变化。另外,不同的围岩级别其应力释放率有所差别,故而变形协调条件也就不同,由此计算得到的围岩三次应力场、位移场及衬砌的应力场、位移场自然也就有所差别。所以,有必要针对不同围岩级别条件下的隧道衬砌应力状态进行分析,以探寻在各种不同围岩级别条件下衬砌不同部位存在厚度不足时对于衬砌应力状态的影响规律。

2) 衬砌背后空洞

公路隧道设计规范要求隧道衬砌与围岩紧密贴合,实际上衬砌与围岩之间常存在空隙或两者之间回填不够密实,衬砌背后回填不密实和衬砌背后空洞是一种常见的隧道病害,一般统称为"背后空洞"。

衬砌背后缺陷是隧道运营过程中最常见的病害之一(见图 3-32),但由于缺陷存在于衬砌背后,肉眼无法观测到,检测难度也比较大,其危害也往往容易被忽略。实际上,衬砌结构背后存在的缺陷,对隧道承载特性有不可忽视的影响。

衬砌背后空洞既与隧道施工工艺、工法有关,又与隧道周围地质水文条件、隧道防排水方式相关。隧道施工过程中,由于施工工艺与工法等原因很难确保衬砌背后回填密实,衬砌背后大多存在空洞或回填不密实,一般来讲拱顶与拱腰等部位极易产生该类施工问题;隧道运营过程中,衬砌背后回填物中可能存在松散土体或易腐蚀分解、溶解物质,施工结束后,在地下水的腐蚀和冲刷作用下,冲走衬砌背后承受、传递荷载的松散岩土体与细小颗粒而产生空洞,此外隧道围岩中包含易溶成分,在地下水溶解与冲蚀作用下也可能产生空洞。

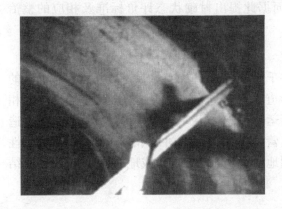
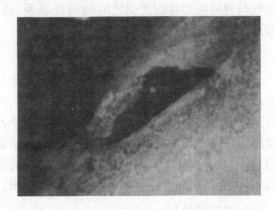

图 3-32　衬砌背后大型缺陷

衬砌背后回填不密实或空洞属于隧道病害,衬砌背后空洞会影响衬砌结构与围岩之间的相互作用,结构的承载状态会受到影响。隧道衬砌背后空洞可能会造成应力集中,形成偏压效应导致衬砌受力不均衡或局部承载,引发或加剧其他类型的衬砌病害。譬如衬砌裂损,不利于结构的承载与安全。

另外,发生超挖或塌方后,如没有严格按规范要求做好回填或注浆工作,将造成初期支护与围岩之间有较大范围的空洞或不密实区。在二次衬砌浇筑过程中,混凝土振捣或灌注不密实,易使拱部或拱腰出现局部脱空现象。这种拱背空洞或不密实区的存在,一方面易形成积水空间,使隧道出现渗漏水,也可能会造成围岩软化和衬砌混凝土腐蚀,在寒区则可能造成衬砌冻害裂缝;另一方面使隧道与围岩不能形成一个整体,不能很好地发挥围岩的弹性抗力作用,在垂直荷载作用下两侧边墙向外扩张导致拱顶拉应力增加,使拱顶出现纵向裂缝。近年修建的隧道未进行压浆处理前一般拱顶脱空(空洞)占拱顶测线长度的 3% ~ 5%,拱腰脱空(空洞)占测线长度的 0.3% ~ 0.5%。目前衬砌背后空洞相关的机理研究较少,缺乏系统深入的分析和科学的认识。

衬砌背后缺陷产生的原因主要包括 2 方面,即自然因素和人为因素。人为因素一般指的是在施工过程中施工人员的操作不当,如超挖处理不当、溶洞等处理不当、混凝土施工质量控制不严格、混凝土模板支架疏松导致拱顶混凝土下沉产生缺陷等。自然因素一般多产生在运营过程中,多是由水导致的冲刷、腐蚀。在实际的隧道开挖过程中,由于各种原因会不可避免地出现超挖现象,其他一些原因也可能导致衬砌与围岩之间出现接触非密实的情况,甚至会出现衬砌后空洞的极端情况。

一般来说,衬砌作为隧道内主要的支护结构起着调整开挖面四周围岩应力场和位移场的作用，空洞的出现使得开挖轮廓线发生变化，这显然将直接影响到围岩的二次应力场和位移场；同时在衬砌施作以后，由于在空洞段衬砌与围岩间没有任何相互作用力，使得空洞的存在将直接影响到围岩三次应力场和衬砌内应力场的分布，从而导致衬砌与围岩内出现不同于衬砌后接触状态为密实理想状态的应力集中。

实践证明，隧道衬砌与围岩之间并非连续接触，尤其是拱部。鉴于这种衬砌后的非密实接触对于围岩和衬砌的应力状态都有一定影响，因此首先必须从理论上深入研究各种空洞存在情况与衬砌应力状态变化之间的内在联系，进而据此提出衬砌状态评价标准及相应的整治措施。

3) 不均匀沉降

山岭隧道穿越崇山峻岭，穿越区段地质条件千差万别，隧道赋存区域围岩可能存在大量的节理、溶洞、大的裂隙与断层等不良地质构造，隧道施工期间的扰动往往加剧了地层之间的相互运动或地层内部变形，同时地质体是处于不断运动中，不同区域地层变形的不一致则可能造成隧道发生不均匀变形和承受不利荷载；隧道运营过程中，地下水冲刷、溶洞、围岩物理力学性质不均匀、各向异性等因素都可能造成隧道周围地层发生不均匀变形或地层运动，引发衬砌结构不均匀沉降，导致隧道衬砌结构变形与裂损。

4) 内空侵限

隧道内设备或衬砌结构侵入隧道建筑限界内时，将对隧道的运营产生严重的安全隐患。内空侵限的主要原因有：

(1) 围岩后期沉降过大

围岩后期沉降引起衬砌结构变形过大，从而使衬砌结构侵入建筑限界内。这一般多发生于膨胀性围岩或软质岩等大变形地段。

(2) 施工原因

施工过程中，由于施工放样误差可能引起隧道断面内空不足；同时，二次衬砌混凝土浇筑过程中，如发生跑模等情况时也可能导致隧道断面内空不足。为了避免因施工原因而引起的内空侵限问题，施工中必须加强测量放样工作，开挖与喷射混凝土施工后应复核断面内空尺寸，并须验算模板台车的整体刚度，防止模板变形等问题的发生。

3.3.2 衬砌裂损的成因

隧道衬砌结构破损是指隧道衬砌开裂变形、片块剥离以及大块坍落。其原因概括起来有地质原因（如软弱围岩、地层偏压及山体滑坡等）、设计不完善、施工原因和其他人为因素（如在隧道附近取土、采矿等）。其中反映在施工方面的问题比较普遍，如强度不足、厚度不够、模板变形、拆模过早及浇筑时机不合适等。但地质原因在衬砌结构破损成因方面起主要作用，尤其是地基不均匀沉陷和山体滑移错动。

衬砌混凝土裂损的原因非常复杂，往往是多种不利因素综合作用的结果，据有关统计，施工不规范造成的衬砌裂损占80%左右，材料质量差或配合比不合理产生的裂损占15%左右，设计不当引起的裂损可能占5%。分析隧道衬砌的变形特征及其病害产生的原因至关重要，这样便于做出较合理的改进或整治措施，保证隧道工程的建设质量。

3.3.2.1 地质原因

隧道施工中的地质问题主要有：软弱破碎围岩、岩溶、暗河、流沙、滑坡、膨胀性围岩、岩堆体、高应力、偏压、高水位、煤层瓦斯、石油天然气、高地温、地基不均匀沉降等，这些因素往往导致隧道支护结构变形、破坏、渗漏水或坍塌，尤其在深埋、高水位、富水区、岩溶隧道施工方面应引起高度重视。

地质因素对隧道衬砌裂缝的产生有很大影响，如果隧道所处的地质水文条件发生变化，就会使得隧道的结构受力状态发生改变，从而导致隧道发生一定程度的破坏。地质因素是一些纵向裂缝和斜向裂缝产生的主要因素。地质因素包括水的作用、复杂地质条件，如地震带、断裂带、松弛地压、膨胀性土压、坡面蠕动、滑坡及偏压等。纵向裂缝和斜向裂缝大多数出现在进出口处，进出口处衬砌裂缝主要是由于偏压、滑坡、水的作用等地质因素产生的。

在隧道开挖施工和运营过程中，隧道出现变形开裂是常见的现象，而引起隧道变形开裂的原因则是多方面的。

1）选线不当

在选线过程中，由于对隧道穿越区域的工程地质和水文地质条件掌握不准，使隧道选线不当，为隧道运营埋下安全隐患。如隧道穿越滑坡、堆积体、回填土等不良地质体时，可能会出现隧道的整体滑移、承载力不足或不均匀沉降引起衬砌结构开裂、变形等病害。这类由于选线不当而造成的隧道病害，彻底处治非常困难，要消除（减少）由选线引起的病害，只有把地质工作做好，严格按设计规范要求进行隧道位置的选择。

2）围岩压力类病害

隧道衬砌受力状态与安全特征不仅与衬砌结构自身的几何形态、物理力学性质相关，还有围岩物理力学性质、地质构造、气候水文状况、地形等赋存环境有关，自然和人为因素的差异造成衬砌围岩压力千差万别，难以利用理论公式或方法进行准确计算。隧道围岩压力过大、围岩压力不均衡往往是造成隧道结构性病害的主要原因。根据围岩压力类病害的形成原因，将该类病害分为以下四个子类。

(1) 偏压与滑坡

位于河侧山体过薄的隧道，长期受偏压作用，当偏压过大时，常导致隧道衬砌开裂。其变形特征主要有：拱顶下沉、挤疏掉块，山侧破损程度大于河侧，拱部及边墙均有纵裂，且有错台，山侧边墙倾伏，隧道净空收敛变小，隧道整体向河侧倾斜等。隧道无整体外移和纵向弯曲变形。

山岭隧道穿行于崇山峻岭之间，地形地貌变化复杂，多数隧道洞口穿越的都是边坡区域，浅埋隧道穿越地层上表埋深差异较大，会导致隧道围岩压力分布不对称，结构承受偏压荷载，此外隧道周围围岩力学性质各向异性、回填不密实、地下水冲刷、不均匀沉降都可能造成结构承受荷载不对称，即存在偏压现象。隧道构筑区域存在边坡，在自然因素与人为因素的影响下可能会发生滑坡，滑裂面产生在隧道周围区域，会造成衬砌结构承载状态发生变化，造成结构性破坏；如果隧道滑裂面通过隧道所在区域，则隧道结构可能发生较大变形，对结构稳定产生较大危害，直至导致隧道彻底破坏。衬砌压裂见图 3-33。

(2) 当围岩压力过大或分布不均超过衬砌的实际承载能力时，衬砌就会产生裂缝、变形或位移,严重时,会形成局部掉块、失稳,甚至拱坍、边墙倾倒。

(3)地形的影响:隧道在傍山靠水时容易产生偏压,当洞顶覆盖层较薄时,往往会造成衬砌开裂。

图3-33　衬砌压裂照片

(4)地下水影响:地下水的动静压作用,也可将衬砌压裂,严寒地区的冻胀也是衬砌开裂的重要原因之一。

3)膨胀性围岩引起的隧道变形

在膨胀性围岩区,围岩具有遇水膨胀的特性,由此产生的膨胀压力直接作用在隧道衬砌上,围岩压力大大增加。当围岩压力超过了衬砌的承载能力后,隧道衬砌即出现变形开裂。由于膨胀压力一般较为均匀,具有对称性,因此隧道变形有如下特征:衬砌断面收敛缩小,两侧边墙出现对称性裂缝,无仰拱时拱脚内挤错位,在竖向膨胀力作用下,出现底鼓、仰拱开裂等,隧道无整体倾伏、外移。

4)松散地层引起的隧道变形

位于松散地层中的隧道,由于围岩破碎、整体性差、松动圈较大,导致隧道拱部长期受松散体压力影响。在这种情况下,隧道变形特征主要为:边墙下沉并沿沉降缝错开,拱顶压裂呈龟裂状,一般多横裂,少纵裂且延伸性差,边墙鲜见纵裂及错台。有时拱脚错动内移。隧道无整体外移和纵向弯曲变形。

5)腐蚀性地下水引起的隧道变形

腐蚀性地下水对衬砌混凝土的作用主要表现为:混凝土表面出现起毛、酥松、蜂窝麻面、起鼓剥落,常有白色沉淀物,混凝土内呈多孔状,出现孔洞露石、骨料分离等,导致衬砌强度降低,衬砌变薄,渗、漏水严重。一般很少出现剪性、张性及挤压性裂缝,而且裂缝延伸性差。

3.3.2.2　设计原因

(1)隧道设计时,因围岩级别划分不准、衬砌类型选择不当,造成衬砌结构与围岩实际荷载不相适应引发裂损病害。

客观上,因隧道穿越山体的工程地质和水文地质条件复杂多变,受勘测设计工作的数量、深度所限,大量的隧道都只有较少的地质钻孔,在设计阶段难以取得完整准确的地质资料,可能出现一些地段的围岩级别划分不准,衬砌类型选择不当的情况,如果在施工中,误判或漏判都会造成这些地段的衬砌结构与围岩实际荷载不相适应。例如:

①对一些具有膨胀性围岩地段,未采取曲墙加仰拱衬砌。

②偏压地段未采用偏压衬砌。

③断层破碎带、褶皱区等局部围岩松散压力或构造应力较大地段,衬砌结构未能相应采取加强措施。

④对基底软弱和易风化、泥化地段,未设可靠防排水措施,混凝土铺底厚度及强度不足,使得隧道发生不均匀沉降。

衬砌结构形式的影响：由于衬砌计算时的假定与实际受力状态有一定的差异，当相差较大时，容易引起衬砌开裂。

（2）设计参数不合理。公路隧道作为地下工程，设计应按新奥法原理进行，而动态设计和信息化施工是新奥法原理的精髓所在。通常意义上的施工图设计事实上仅仅是"预设计"，在施工过程中须根据围岩实际地质情况与监控量测结果进行动态调整。而由于我国建设管理体制等原因，在施工中出现的设计参数动态调整属于设计变更范畴，手续比较复杂，导致了该变而未变的情况发生。另外，由于各种原因，对设计参数的动态调整多数仍依据围岩级别进行，而少有根据监测数据进行的。这样导致了隧道部分地段的设计参数不尽合理，从而引起隧道病害出现。

3.3.2.3 施工原因

施工时，受技术条件限制，方法不当，管理不善，造成工程质量问题。

（1）先拱后墙法施工时，拱架支撑变形下沉，造成拱部衬砌产生不均匀下沉，拱腰和拱顶发生施工早期裂缝。对Ⅲ级以下的围岩，过去通常采用先拱后墙（上下导坑）施工方法，由于工序配合不当、衬砌成环不及时、落中槽挖马口时拱部衬砌悬空地段过长、拱架支撑变形下沉等原因，都容易造成拱部衬砌产生不均匀下沉，导致拱腰和拱顶衬砌发生施工早期裂缝。

（2）拱顶与围岩不密贴，在"马鞍形"受力作用下，拱腰内移张裂，相应拱顶上移，内缘受挤压。模筑混凝土衬砌拱背部位常出现拱顶衬砌与围岩不密贴的空隙，由于不及时压浆回填密实，就形成拱腰承受围岩较大荷载，而拱顶一定范围空载，这种常见的与设计拱部荷载不相符，对拱部衬砌不利的"马鞍形"受力状态正是病害产生的荷载条件。

（3）由于施工测量放线发生差错、欠挖、模板拱架支撑变形、坍方等原因，而在施工中又未能妥善处理，造成局部衬砌厚度偏薄或衬砌结构受力不对称，降低了衬砌承载能力。

（4）过早拆除模板支撑，使衬砌承受超容许的荷载，易发生裂损。

（5）施工质量管理不善，混凝土材料检验不利，施工配合比控制不严，水灰比过大，混凝土捣实质量不佳，拱部浇注间歇施工形成水平状工作缝等，造成衬砌质量不良，降低承载能力。

（6）隧道施工工序的设计存在一定问题。现阶段的一般施工工序都是先易后难，先修建山坡外的隧洞，然后是修建山坡内的隧洞，这样当修建完山坡外的隧洞再修建山坡内的隧洞时，扰动产生的荷载都由中隔墙承担，这样对中隔墙的受力不利，所以中隔墙出现的裂缝较多。

（7）施工时应处理好的施工缝、变形缝（温度缝、沉降缝），因施工质量问题没有处理好而出现裂缝，它们主要表现为平行于隧道衬砌环，产生的主要因素是施工质量与混凝土结构本身等因素。

3.3.2.4 运营维护的影响

隧道经过长期的运营，若养护工作跟不上，就会造成施工中发生的裂损继续发展，整治达不到应有的效果，而原来没有裂损的衬砌也可能产生新的病害。环境影响因素很多，主要表现在以下三个方面：

（1）地下水的侵蚀，主要是受地下水的物理或化学作用，导致混凝土碱度降低，水化产物分解或体积膨胀，从而引起混凝土强度降低或开裂、破坏。地下水侵蚀主要有溶出性侵蚀、酸性侵蚀、盐类析晶侵蚀等。

（2）空气的影响,主要表现在混凝土的碳化。由于空气中的二氧化碳和混凝土的碱性成分氢氧化钙、硅酸三钙、硅酸二钙等水化产物相互作用,形成碳酸盐,降低混凝土碱度,破坏钢筋表面的钝化膜,使混凝土失去对钢筋的保护作用,加快钢筋锈蚀;同时碳化还会加剧混凝土的收缩,导致混凝土结构产生裂缝和破坏。

（3）混凝土在寒冷气候和地下水的共同作用下,易引起结构冻融破坏。主要是由于在一定的冻结温度下,在混凝土内部或外部形成结构冰或过冷的水,水结冰产生体积膨胀,过冷的水发生迁移,当温度升高到一定程度时,冰又融化为水,这样引起了混凝土外部压力和内部应力的变化,使混凝土内部出现空隙和微裂隙;当达到产生裂缝的条件时,混凝土内部孔隙及微裂缝增大、扩展,并互相连通,出现裂缝,严重时混凝土发生剥落或破坏。

3.3.2.5 材料方面的原因

在地下水有腐蚀性的地段,设计时如未充分考虑混凝土的防腐蚀性,则在地下水的长期腐蚀下,将造成混凝土强度和承载力的下降。同样,在隧道运营过程中,行车振动、烟雾侵蚀等将加速混凝土的老化,使衬砌混凝土强度和承载能力降低,从而引起衬砌裂损病害的发生。

混凝土是由粗骨料、细骨料和水泥浆构成的,混凝土骨料与集料界面强度较低,在混凝土浇注过程中,界面上不可避免的存在大量的毛细孔、微空隙和微孔洞,即所谓的初始损伤。衬砌混凝土在荷载、空气、温度以及季节性地下水反复作用下,微孔洞和裂隙不断联合、扩展,导致混凝土材料各项物理力学性能降低,即形成所谓的材料劣化。

材料劣化也是一种常见的衬砌病害,它主要包括隧道施工引起的混凝土材料不合格和隧道运营期间的材料劣化两类。隧道施工过程中混凝土材料的配比、拌和、运输、捣固以及养护不当,会引发混凝土异常凝结、膨胀、开裂、蜂窝麻面等问题,导致建成衬砌混凝土质量不合格,混凝土强度和结构承载能力无法达到设计值;隧道运营过程中,在外界的温度、水文、地质环境和荷载共同作用下,混凝土碱性骨料可能与地下水、空气发生物理或化学变化作用,混凝土碱度降低、水化产物分解或体积膨胀,引起混凝土开裂、剥落剥离、掉块,诱发钢筋锈蚀,使混凝土失去对钢筋的保护作用,降低衬砌结构的承载能力,导致运营隧道衬砌材料质量与承载能力达不到设计值而导致安全事故发生。

综合分析材料劣化病害力学的特征可以发现,材料劣化对结构的力学性能影响主要体现在两个方面,一方面为混凝土材料劣化引起混凝土材料的强度降低,从而引起结构的承载能力降低,无法达到设计承载能力要求;另一方面,隧道混凝土在腐蚀性环境下除了材料强度降低,同时会引起材料腐蚀、软化、脱落,引起衬砌结构的局部刚度下降,造成荷载转移周围部位结构承受荷载过大,引起衬砌破坏。

3.3.2.6 其他因素

（1）行车荷载或地震荷载,主要受交变应力和震动作用,混凝土发生疲劳破坏,产生裂缝。

（2）相邻洞室的开挖或其他临近构筑物的修建对已建隧道的影响,主要是改变了隧道的受力状况,出现应力重分布或局部应力集中、偏压等,导致结构开裂和破坏,根据病害在隧道二次衬砌上的表现形式和出现的部位等,结合地质、地形、环境以及衬砌结构形式,可推知产生病害的荷载。

（3）塑性荷载、偏压、坡面蠕动或垂直荷载。

(4)隧道年代久远、结构老化、年久失修。
(5)隧道附近大型爆破及深基坑开挖的影响。
(6)战争引起的隧道和地下工程的破坏。
(7)其他因素的影响,诸如山体采空区、泥石流、洪水、滑坡等自然灾害也会引起隧道不同程度的开裂。

3.3.3 衬砌裂损的危害

衬砌裂损是隧道病害的主要形式,隧道衬砌裂损破坏了隧道结构的稳定性,降低了衬砌结构的安全可靠性,因影响隧道的正常使用,甚至危及行车安全。衬砌裂损变形的主要危害有:
(1)降低衬砌结构对围岩的承载能力。
(2)使隧道净空变小,侵入建筑限界,影响车辆安全通过。
(3)拱部衬砌掉块,影响行车和人身安全。
(4)裂缝漏水,造成洞内设施锈蚀,道床翻浆,严寒和寒冷地区产生冻害。
(5)铺底和仰拱破损,基床翻浆、线路变形、危及行车安全,被迫降低车辆运行速度,大量增加养护维修工作量。
(6)在运营条件下对裂损衬砌进行大修整治,施工与运输互相干扰,费用增大。

3.4 衬 砌 冻 害

隧道冻害是寒冷地区和严寒地区(统称寒区)的隧道内水流和围岩积水冻结,引起隧道拱部挂冰、边墙结冰、洞内网线设备挂冰、围岩冻胀、衬砌胀裂、隧底冰锥、水沟冰塞、线路冻起等影响到隧道安全运营和正常使用的各种病害。寒冷地区指最冷月平均气温为 -5℃ ~ -15℃地区,严寒地区指最冷月平均气温低于 -15℃地区。

我国幅员辽阔,冻土地区分布广泛(其中多年冻土占整个陆地面积的1/5),现有的铁路、公路隧道相当一部分处于冻土分布地区。随着铁路和公路交通的进一步发展,在寒冷地区特别是西部地区修建的隧道不断增多,隧道冻害问题会随之增多,已建成通车的青藏铁路格尔木到拉萨段有多座隧道在高原多年冻土区,青藏公路也有多座隧道位于高原多年冻土区。

寒区隧道衬砌层后面的围岩,一般情况下每年均要发生冻结,若是含水围岩,则冻结后就要产生冻胀,当冻胀受到衬砌层与围岩自身的约束就要发生冻胀力。

研究实践表明:在相似含水条件与冻结条件下,冻胀力随围岩与衬砌层的刚度增大而增大;在其他条件相似时,冻胀力随围岩的冻结深度增大而增大。

冻结围岩的含水度对冻胀力影响极大,冻胀力值几乎以等同于围岩含水率所增加的倍数而增加;总体来看,围岩含水且呈封闭、半封闭状态时,其冻结时的冻胀力是较大的,可以达到 1~10MPa 或更大。虽然多数隧道围岩属于岩质,孔隙度小于松散土质,但是冻结时发生的冻胀力仍是很大的,这也是寒区含水围岩衬砌层大量遭受破坏的原因。因为隧道属地下工程,均在一定深度上穿越,含水围岩多具有一定水头压力,再加上混凝土衬砌圈的封闭作用,因此含水围岩中的地下水一般呈封闭、半封闭状态,特别在隧道上覆地层为多年冻土或深季节冻土时,产生后封闭作用。因此,隧道围岩中地下水呈承压状态是普遍存在的现象。一些良好岩质含水围岩上的衬砌层因冻胀力作用也会大量发生破裂。

3.4.1 冻害概述

隧道冻害会导致衬砌冻胀开裂,甚至疏松剥落,造成隧道衬砌结构的失稳破坏,降低衬砌结构的安全可靠性,严重影响交通的安全和正常运行。寒区隧道的分类如下:

(1)按多年冻土分布分类(见图3-34)

①全多年冻土隧道。即隧道通过的围岩均属多年冻土,这是一种典型的但较为少见的类型。这类型隧道分布要具备如下条件:在大片分布多年冻土区,且隧道为中、深埋深,即仅在多年冻土中穿越。按我国多年冻土分布特点,隧道埋深一般只有浅于80m,才可能遇此情况。在岛状冻土分布区,冻土厚度较薄,一般在40~50m之间,隧道最大埋深在这深度之内,也属全冻土隧道,这在中重丘地形地段可能遇到。

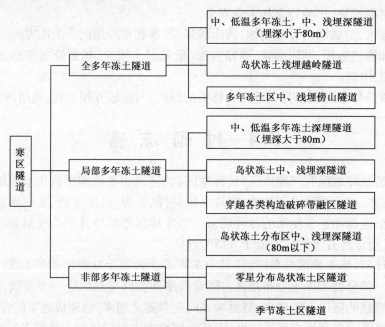

图3-34 寒区隧道按多年冻土分布分类

②局部多年冻土隧道。这是指隧道围岩进出口段为多年冻土,或仅某一侧为多年冻土,即隧道沿线多年冻土与非多年冻土并存,此类型隧道在多年冻土区内有广泛分布。

③非多年冻土隧道。这是指隧道沿线均没有多年冻土,此类隧道分布在岛状冻土区与季节冻土区。在我国寒区隧道中这是分布最为广泛的一种。

(2)按地下水赋存与补给条件分类(见表3-11)

①含冰围岩隧道。即全多年冻土隧道,均分布于重冻害区。隧道穿越含冰围岩,与全多年冻土隧道相同,只能为大片连续分布的中、低温多年冻土内的中、浅埋隧道,片状、岛状分布多年冻土的浅埋越岭隧道和大片分布多年冻土的浅埋傍山隧道等。

②"封闭"、"半封闭"含水围岩隧道。指围岩中的水为与区域含水层没有直接联系,上部

又被多年冻土封闭的冻土层下水，一般具有承压作用，水温接近0℃。主要分布在多年冻土较发育的中、低温多年冻土，尤其是低温冻土区内。

③开放的深层含水围岩隧道。这是指没有直接大气降水垂直渗入补给（即在隧道上部没有地表水直接渗入补给通道）的深含水层围岩隧道，地下水与区域（或隧道附近区间）深含水层有水力联系，因此此类隧道仅接受水平方向地下水补给。

寒区隧道按地下水赋存与补给条件分类　　　　表3-11

序号	地下水赋存与补给形式	主要分布地区	地下水渗入隧道情况	可能发生冻害分级
I	含冰围岩隧道	大片连续分布中、低温多年冻土区	开挖过程由人为影响或暖季促使围岩融化，有少量滴水现象	轻
II	"封闭"、"半封闭"含水围岩冻土隧道（地下水与区域地下水没有联系）	大片连续分布中、低温多年冻土区	开挖过程有渗漏水现象，随时间而减小直至消失	中
III	开放的深层含水围岩冻融土隧道（基本没有垂直补给）	大片连续分布多年冻土区，岛状分布多年冻土区、中、深季节冻土区	施工开挖和运行过程均有地下水涌入，水量稳定、持续	重
IV	开放的垂直与水平混合补给	大片连续分布多年冻土区，岛状分布多年冻土区、中、深季节冻土区	开挖与运行过程均有大量地下水渗入、涌入，出水点多，出水量大，一般水温较低，常年性出水，但波动性较大	严重
V	干燥围岩隧道	在各类冻土分布区均有分布，特别是干旱地区、黄土地区的中、浅埋深隧道	开挖和运行基本不存在渗漏水问题	微

④开放的垂直与水平混合补给含水围岩隧道。主要出现于多年冻土区，特别是岛状分布多年冻土区和中、深季节冻土区。隧道围岩既接受大气降水、地表水的直接垂直渗入补给，同时有稳定的深部地下水补给（水平补给），在我国寒区这是一种最为常见的隧道。

⑤干燥寒区隧道。无含水围岩隧道，基本不存在冻害问题。

3.4.2 冻害的分类

隧道常见的冻害种类有：拱部结冰、边墙结冰、围岩冻胀破坏、衬砌发生冰楔、洞内网线挂水等，如图3-35所示。

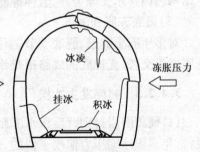

图3-35　冻害发生模式

3.4.2.1 拱部挂冰、边墙结冰、道底结冰

渗漏的地下水通过隧道衬砌混凝土裂缝逐渐渗出，在渗水点出口处受低温影响在拱部形成挂冰，不断增长变粗；边墙积成冰柱，多条相近的冰柱连成冰侧墙；尤其在施工接缝处渗水点多，结冰明显，累积10～n×10cm厚的冰溜子（又称为挂冰）。如不清除，挂冰、冰柱和冰侧墙越积越大，侵入限界危及行车安全。公路隧道排水沟相关设施，保温不良引起冰冻称冰塞子。水沟因结冰堵塞，使地下排水困难，水沟（管或槽）冻裂破损。隧道衬砌周边因水结冰而冻胀，致使隧道内各种冻害接踵而至，特别是路面结冰严重危及汽车的安全行驶。

3.4.2.2　围岩冻胀破坏

Ⅴ～Ⅵ级围岩和风化破碎、裂隙发育的Ⅲ级围岩,在隧道冰结圈范围内含水量达到起始冻胀含水量以上(见表3-12),并具有水分迁移和聚冰作用条件下,围岩产生强烈的冻胀,抗冻胀能力差的直墙式衬砌产生变形,限界缩小,衬砌裂损;洞门墙和翼墙前倾裂损;洞口仰拱坍塌。

各类土的起始冻胀含水量　　　　　　　　表3-12

土的类别	黏土、砂黏土		砂黏土		粉砂细砂	中砂、粗砂、砾砂、卵石、砾石	
	一般的	粉质的	一般的	粉质的		一般的	含粉黏粒
起始冻胀含水量W_0(%)	18～25	15～20	13～18	11～15	10～15	5～8	5～15

(1)隧道拱部发生变形与开裂

拱部受冻害影响,拱顶下沉内层开裂,严重时有错牙发生,拱脚变形移动。冻融时又有回复,产生残余裂缝,多次循环危及结构安全。

(2)隧道边墙变形严重

边墙壁后排水不畅,积水成冰,产生冻胀压力,造成拱脚不动,墙顶内移,有的是墙顶不动,墙中发生内鼓,也有墙顶内移致使断裂多段。

(3)隧道内线路冻害

线路结构下部排水技术,在地下水丰富地区,水在冬季就冻结,道床隆起,在水沟处因保温不好,与线路一样有冻结,这样水沟全长也会高低不平。冻融使线路和道床翻浆冒泥,水沟断裂破坏。水沟破坏后排水困难,水渗入线路又加大了线路冻害范围。

(4)衬砌材料冻融破坏

隧道混凝土设计强度等级较低,抗渗性差,在富水区域水渗入混凝土内部。冬季混凝土结构内冻胀,经多年冻融循环使结构变酥,强度降低,造成冻融破坏,洞口段冻融变化不大,衬砌除结构内因含水受冻害外,岩体冻胀压力传递等破坏,促使衬砌发生纵向裂纹和环向裂纹。

(5)隧底冻胀和融沉

对多年冻土隧道,隧底季节融化层内围岩若有冻胀性,而底部没有排水设备,每年必出现冻胀融沉交替,无铺底的线路很难维持正常状态,有时铺底和仰拱也发生隆起或下沉开裂。

3.4.2.3　衬砌发生冰楔

(1)硬质围岩衬砌背后积水冻胀,产生冰冻压力(称为冰劈作用),传递给衬砌。经缓慢发展,常年累积冰冻压力像楔子似的,使衬砌发生破碎、断裂、掉块等现象。已裂解为小块状的拱部衬砌混凝土块,在冰劈作用下,可能发生错动掉块。

(2)衬砌的工作缝和变形缝充水冻胀,经多次冻融循环,使裂缝不断扩大,引起衬砌裂开、疏松、剥落等病害。

3.4.2.4　洞内网线挂冰

隧道漏水落在铁路电力牵引区段的接触网和电力、通讯、信号架线上结冰。如不及时除掉,会坠断网线,使接触网短路、放电、跳闸,中断通讯、信号,危及行人和人身安全。

3.4.3 冻害的成因

冻害形成的主要原因有:寒冷气温的作用和季节冻结圈的形成(如果隧道的排水设备在隧道的冻结圈内,冬季易发生冰塞;在冻结圈内如果围岩的岩性是非冻胀性土,则不会发生冻胀性病害)。

3.4.3.1 隧道衬砌冻胀变形破坏机理

引起隧道变形破坏的外力很多,有塑性压力、松弛压力、偏压和冻胀压力等,更多的是以上几种外力的复合作用。但在寒冷地区,隧道因围岩冻胀而变形破坏的原因较为普遍和显著,围岩的冻胀现象是隧道产生变形的主要外力来源。

由于围岩冻结仅发生在冬季,当然这是可以预测的,而且变形的过程通常显示出很大的季节性,变化幅度也很大。隧道因冬季围岩冻结所引起的变形,即使在夏季也并不能完全恢复,通常是残余变形累积而成为大的变形,并最终导致隧道衬砌的失稳破坏。

围岩的冻胀导致隧道衬砌的失稳破坏体现在以下两个方面。

1)围岩的冻融循环是造成隧道衬砌失稳破坏的基本因素

有关试验表明,岩石在较低温度下的抗压强度与抗拉强度比正常温度下有所增加,然而强度一般随温度下降而增加,而且这种趋势在潮湿的岩石中比干燥的岩石中要显著得多。在低温下岩石强度增加的原因有两点:

(1)由于孔隙中水的冻结减少了有效孔隙率而导致表观强度增加。

(2)由于表面张力和冰的强度随温度降低而增加,在孔隙中某些部位的水甚至在0℃以下也没有冻结。然而,围岩在反复的冻融循环下对岩石物性与隧道衬砌的影响非常大。

①岩石在反复的冻融循环下其物性有较大的变化,表现在岩石的有效孔隙率和超声波速的变化上。试验中以片岩和流纹岩为试样,经过300个冻融循环后的结果表明,片岩孔隙率增加20%,而流纹岩增加10%。而且不论何种岩石,潮湿试样总比干燥试样显示出有稍高的孔隙率增长。岩石的超声波速由于孔隙率的增加而降低,同孔隙率变化一样,潮湿试样显示出比干燥试样稍大的超声波速变化。那么在冻融循环作用下造成岩石孔隙率增加和超声波速降低的根本原因是岩石内矿物之间的边界,因受压和受拉破坏,也即每种矿物成分在热膨胀系数上有差异而产生微裂缝。

②正是上述原因同时也说明了岩石抗拉强度经反复的冻融循环后有所降低,并在地下水的不断侵蚀下造成隧道衬砌背后围岩严重风化,使节理裂隙不断扩展,导致围岩的自承能力越来越差,最终使隧道衬砌在反复的冻胀压力和由于围岩冻融循环而产生的塑性压力、松动压力的复合作用下失稳破坏。日本曾对根室本线古獭隧道衬砌背面采用岩芯钻探和在衬砌中设置检查窗的方式进行调查,结果发现在拱部至边墙一带有20cm厚的黄褐色风化带,并且在风化带中均出现了冰镜。

2)隧道围岩在冻胀过程中的水分迁移增强了冻胀的破坏性

冻胀现象并不单纯是随着隧道衬砌背后围岩所含水分的冻结而使体积增加,而且还有水分从未冻结部分向冻结面的移动以及由这些水所形成冰的成长。关于水分迁移的理论及成冰机制在冻土力学上已研究较多。由于水分迁移一方面增加了围岩的冻胀量,另一方面增大了围岩的冻胀强度,因此也就增强了冻胀对隧道衬砌的破坏性。

3.4.3.2 隧道衬砌冻胀机理

根据冻胀作用机理和水体尺度的不同,将隧道衬砌的冻胀现象分为三类:微观冻胀、细观冻胀和宏观冻胀。下面从冻胀产生的机理及其对衬砌混凝土的危害进行分析和探讨。

（1）微观冻胀

微观冻胀是指水分在较大压力的作用下或在毛细水压力的作用下渗入衬砌混凝土内部而发生的冻胀现象。通过电镜可以看到,混凝土内部充满了各种各样的孔隙,之间通过不同的方式互相连通。如果混凝土周围有水,并且水压较大,这时水就可以渗至混凝土内部,这与混凝土抗渗试验时看到的渗水现象是相同的。另外,在周围有水的情况下,毛细水压力也可将水引入混凝土内部一定深度。若混凝土内部的水分不能及时排出,到了寒冬季节,混凝土内部的水分因结冰而使混凝土胶结体施加冻胀力,在冻胀力作用下,一些薄壁结构胶结体遭到破坏(见图3-36),渗水通道扩展,从而使更多的水分进入混凝土内部,或使水分进入混凝土更深部位,使冻胀破坏强度加大,范围扩展。如此反复冻融循环,混凝土强度降低。若不采取补救措施,衬砌结构便会由局部破坏开始,最终发展到整体失稳。

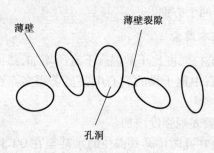

图3-36 微观冻胀破坏示意图

（2）细观冻胀

细观冻胀是指地下水在衬砌的渗漏通道上结冰而发生的冻胀现象。这些渗漏通道可能是衬砌的各种裂缝或振捣不密实以及发生漏浆的混凝土衬砌部。细观冻胀的特点是冻胀发生在衬砌的渗漏通道上。由于种种原因,在衬砌混凝土内部常出现各种裂缝,若衬砌内防水夹层失效,衬砌外存在较为丰富的地下水时,地下水可能走捷径从裂缝排出。当气温降低,衬砌温度低于0℃时,渗漏水开始在裂缝内结冰、冻胀,使衬砌裂缝扩展(见图3-37)并使相邻裂缝连通,对结构稳定构成较大的威胁。衬砌混凝土在施工过程中振捣不密实和局部漏浆时有发生,在这种情况下混凝土内粗骨料之间有较大的孔隙,它们为渗漏水提供了方便的通道。到了冬季渗漏水便会在这些孔隙内结冰,尤其在春融期反复的冻融循环会破坏脆弱的胶结结构,使骨料间胶结结构松散,影响衬砌结构的整体强度。

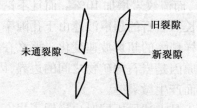

图3-37 细观冻胀破坏示意图

（3）宏观冻胀

宏观冻胀是指浅部围岩含水在冬季结冰而引发的冻胀现象,其特点是范围大,增加衬砌上的荷载。据吉林省既有小盘岭公路隧道的温度测试,寒冷地区公路隧道内冬季负温可深入围岩近2m。受其影响,隧道的排水系统不能正常发挥作用,造成围岩,尤其是浅部围岩的含水量增加,含水范围扩大,并由于水结冰而体积膨胀,给衬砌结构施加压力,影响衬砌的稳定。

3.4.3.3 气温的作用

隧道冻害与所在地区的气温(低于零度或正负交替)直接相关,气温的变化所导致的冻融交替是冻害形成的主要因素。

3.4.3.4 季节冻结圈的形成

季节性冻害隧道中,衬砌周围冬季冻结、夏季融化范围的围岩,沿衬砌周围各最大冻结深度连成的圈称为季节冻结圈。当衬砌周围超挖尺寸不等,超挖回填用料不当及回填密实不够产生积水,就会形成冻结圈。修建在多年冻土中的隧道,衬砌周围夏季融化范围的围岩,成为融化圈。

在严寒冬季,较长的隧道,两端各有一段会形成冻结圈,成为季节冻结段。中部的不会形成季节冻结圈的一段,称为不冻结段。隧道两端冻结段不一定相等,同一座隧道内,季节冻结段的长度小于洞内季节负温段的长度,隧道的排水设备如果处在冻结圈内,在冬季就易发生冰塞。

3.4.3.5 围岩的岩性对冻胀的影响

在隧道的季节冻结圈内,如果是非冻胀性土,不会发生冻胀性病害。因此,围岩的冻胀性和隧道病害的发生有着极为密切的联系。

3.4.3.6 隧道设计、施工及其他因素的影响

水害和冻害密切相关,寒冷地区的水害就会导致冻害的发生。如隧道在设计和施工时,对防冻问题没有考虑或考虑不周,造成衬砌防水能力不足,洞内排水设施埋深不够、治水措施不当,或者施工有缺陷,都会造成和加重运营阶段隧道的冻害。

3.4.4 冻害的危害

我国冻土地区分布广泛,其中多年冻土占整个陆地面积的1/5,在冻土地区修建的公路隧道易产生冻害现象,例如新疆的天山二号隧道因渗漏水侵蚀和冻胀破坏而报废,青海的大阪山隧道成为"冰河",甘肃的七道梁隧道因渗漏水和冰冻而被迫向隧道送暖气,辽宁的八盘岭隧道和吉林的密江隧道因渗漏水而被迫在混凝土衬砌内加复衬。

在寒冷地区,隧道渗漏水会进一步引发冻害,而且冻害也会加剧隧道渗漏的发生,使隧道的运营环境更加恶化。从冻害的外观来看,表现为洞顶吊冰柱,边墙挂冰溜和路面变冰湖等,直接影响行车安全。从冻害对衬砌结构的破坏情况来看,表现为衬砌混凝土表面风化严重,拱顶开裂、侧壁挤出等,对衬砌结构的长期稳定构成潜在的威胁。

寒冷地区隧道多数存在隧道冻害,过低的温度会造成混凝土内部、混凝土与衬砌之间、围岩内的水分冻结,从而造成巨大的冻胀力,围岩压力的增加造成衬砌结构破坏,同时会引起围岩和混凝土体积膨胀、碎裂和强度下降,导致衬砌结构承载能力降低;此外冻害作用往往伴随冻融作用会造成衬砌结构材料力学性质的劣化。

隧道冻害会导致衬砌冻胀开裂,甚至疏松剥落,造成隧道衬砌结构的失稳破坏,降低衬砌结构的安全可靠性,严重影响运输的安全和正常运行。

3.5 衬砌腐蚀

铁路、公路线分布广，隧道所接触的地质条件千差万别，其中有些地区富含腐蚀性介质。衬砌背后的腐蚀性环境水，容易沿衬砌的毛细孔、工作缝、变形缝及其他孔洞渗流到衬砌内侧，成为隧道渗漏水，对衬砌混凝土和砌石、灰缝产生物理性或化学性的侵蚀作用，造成衬砌腐蚀。

隧道衬砌腐蚀使混凝土变酥松，强度下降，降低隧道衬砌的承载能力，还会导致钢轨及扣件腐蚀，缩短使用寿命，危及行车安全。产生腐蚀的三个要素是：第一，腐蚀介质的存在；第二，易腐蚀物质的存在；第三，地下水的存在且具有活动性。为确保隧道建筑物的安全使用，应积极对衬砌腐蚀病害进行防治。

3.5.1 衬砌腐蚀分类

隧道衬砌腐蚀分为物理性侵蚀和化学性侵蚀两类。隧道衬砌腐蚀的主要影响因素有：衬砌施工质量和水泥的品种，渗流到衬砌内部的环境水含侵蚀性介质的种类和浓度，环境的温度和湿度等自然条件。

（1）衬砌遭受物理性侵蚀：冻融交替部位的冻胀性裂损；干湿交替部位的盐类结晶性胀裂损坏。

（2）衬砌遭受化学性腐蚀：硫酸盐侵蚀、镁盐侵蚀、软水溶出性侵蚀、碳酸性侵蚀、一般酸性侵蚀（分为硫酸根离子、镁离子、碳酸根离子，按 pH 值的大小，分为弱、中、强侵蚀）。

一般混凝土具有较好的耐久性、耐腐蚀性和较高的强度。但是，一旦地下水侵入，地下水接触部位的衬砌混凝土受到侵蚀介质作用，就会出现起毛、酥松、蜂窝麻面、起鼓剥落、孔洞漏石、骨料分离等材质破坏，导致材料的强度降低，衬砌厚度变薄，渗、漏水严重，降低衬砌结构的承载能力，缩短其使用寿命，危及行车安全。同时，在寒冷地区，混凝土衬砌由于冻融交替也将产生侵蚀。衬砌混凝土中的粗、细骨料中含有遇水溶解和膨胀的材料，在遇水时也会对衬砌造成侵蚀。

3.5.1.1 隧道衬砌物理性腐蚀

物理侵蚀的种类主要有：冻融交替部位的冻胀性裂损和干湿交替部位的盐类结晶性胀裂损坏。

（1）冻融交替冻胀性裂损的产生条件：隧道在寒冷和严寒地区衬砌混凝土充水部位。

（2）干湿交替盐类结晶性胀裂损坏的产生条件：隧道周围有含石膏、芒硝和岩盐的环境水。

3.5.1.2 隧道衬砌化学性腐蚀

隧道衬砌混凝土的化学侵蚀是一个很复杂的物理化学过程。对于地处腐蚀性化学介质含量较高，特别是位于水下或处于海洋环境的隧道来说，化学腐蚀对于隧道性能有很大的影响。综合国内外目前研究成果，根据主要物质因素和腐蚀破坏机理，分为硫酸盐侵蚀、镁盐侵蚀、软水溶出性侵蚀、碳酸盐侵蚀、一般酸性侵蚀、氯盐侵蚀等几种。

3.5.1.3 环境水对隧道衬砌的腐蚀

化学性腐蚀按程度不同,分为弱侵蚀、中等侵蚀和强侵蚀三种。

(1)遭受弱侵蚀部位,表现为隧道边墙脚附近(季节性潮湿部位)表面起白斑、长白毛,表层 1cm 以内疏松剥落或混凝土内部被渗透进去的酸性环境水、软水、侵蚀性 CO_2 等分解溶出部分氢氧化钙后,结构强度降低,其外观尚完整。但用地质锤敲打表面有疏松感。

(2)受中等侵蚀部位,表现为隧道拱部、边墙混凝土表层疏松剥落厚 1~2cm,强度显著降低。

(3)受强侵蚀部位,表现为隧道拱部、边墙、侧沟等渗水(干湿交替)硫酸盐结晶腐蚀处,沿裂缝呈条带状或分散的渗水点呈蜂窝洞穴状,析出芒硝、石膏结晶,结构进一步疏松、溃散、露石、脱落;或混凝土内部大量分解溶出 $Ca(OH)_2$,胶结力逐步减弱,强度严重降低,结构逐步溃散。

3.5.2 衬砌腐蚀成因

衬砌腐蚀与地下水流经地层的岩性及所含侵蚀性离子有关。在某些环境地质条件下,溶解于环境水中的一些侵蚀性介质,对衬砌混凝土和砌石、灰缝产生物理性或化学性的侵蚀作用而形成腐蚀病害。

环境水对混凝土和水泥砂浆的侵蚀作用主要可归纳为三种:溶出性侵蚀(即非结晶性侵蚀)、结晶性侵蚀和复合性侵蚀(溶出性和结晶性两种侵蚀同时作用或交替作用)。对溶出性侵蚀,只要能解决衬砌的渗漏水问题,彻底治理好水,就能达到防蚀的目的。对于结晶性侵蚀,由于侵蚀是因水泥中的化合物与水作用后的新生成物或水中盐类介质析出结晶,发生体积膨胀而导致材料破坏,而析出结晶的条件是混凝土中的干湿变化,干湿变化越频繁,侵蚀速度越快。因此对这类侵蚀,只防止渗漏而不防止混凝土充水是不行的,即不仅要防渗漏,还要防止混凝土浸水,避免侵蚀水与混凝土发生作用。复合性侵蚀包含了上述两种侵蚀的特性。

3.5.2.1 物理性腐蚀机理

隧道衬砌受到物理性侵蚀的种类主要有:冻融交替部位的冻胀性裂损,干湿交替部位的盐类结晶性胀裂损坏两种。

(1)冻融交替冻胀性裂损的侵蚀机理

普通混凝土是一种非均质的多孔性材料,其毛细孔、施工孔隙和工作缝等易被环境水渗透。充水的混凝土衬砌部位,受到反复的冻融交替冻胀破坏作用,产生和发展冻胀性裂损病害,造成混凝土裂损。

(2)干湿交替盐类结晶性胀裂损坏的侵蚀机理

渗透到混凝土衬砌表面毛细孔和其他缝隙的盐类溶液,在干湿交替条件下,由于低温蒸发浓缩析出白毛状或棱柱状结晶,产生胀压作用,促使混凝土由表及里,逐层破裂疏松脱落。常见边墙脚高 1m,混凝土沟壁,起拱线和拱部等处裂缝呈条带状,局部渗水处呈蜂窝状,腐蚀成孔洞、露石、骨料分离,疏松用手可掏渣。

干湿交替盐类结晶性胀裂损坏会造成混凝土或不密实的砂石衬砌和灰缝起白斑、长白毛,逐层疏松剥落。沿渗水的裂缝和局部麻面处,呈条带状和蜂窝状腐蚀成凹槽和孔洞,深

10~25mm。

3.5.2.2 化学性腐蚀机理

衬砌混凝土化学腐蚀是很复杂的过程。简述如下：

1）硫酸盐侵蚀

（1）腐蚀机理：主要原因是水中 SO_4^{2-} 的浓度过高。

SO_4^{2-} 浓度高于 1000mg/L 时，能与水泥石中的 $Ca(OH)_2$ 起反应，生成石膏。

$$Ca^{2+} + SO_4^{2-} = CaSO_4 \tag{3-3}$$

石膏体积膨胀 1.24 倍，形成混凝土物理性的破坏。

（2）当 SO_4^{2-} 浓度低于 1000mg/L 时，铝酸三钙与 $Ca(OH)_2$、SO_4^{2-} 起反应共同作用，生成硫铝酸盐晶体。

$$3CaO \cdot Al_2O_3 \cdot 6H_2O + 3CaSO_4 + 25H_2O = 3CaO \cdot Al_2O_3 \cdot 3CaSO_4 \cdot 31H_2O \tag{3-4}$$

体积较原来增大 2.5 倍，产生巨大的内应力，破坏混凝土。

2）镁盐侵蚀

腐蚀机理，主要原因是水中含有 $MgSO_4$、$MgCl_2$ 等镁盐与水泥石中 $Ca(OH)_2$ 发生反应。

$$MgSO_4 + Ca(OH)_2 + 2H_2O = 3CaSO_4 \cdot 2H_2O + Mg(OH)_2 \tag{3-5}$$

$$MgCl_2 + Ca(OH)_2 = CaCl_2 + Mg(OH)_2 \tag{3-6}$$

$CaSO_4$ 产生硫酸盐侵蚀，$CaCl_2$ 遇水而流失，$Mg(OH)_2$ 胶结力很弱，易被渗透水带走。

3）溶出性侵蚀（软水侵蚀）

腐蚀机理：主要原因是水中的 HCO_3^- 含量过少，在渗透水的作用下，混凝土中的 $Ca(OH)_2$ 随水陆续流失，使得溶液中的 CaO 浓度降低。当浓度低于 1.3g/L 时，混凝土中的晶体 $Ca(OH)_2$ 将溶入水中流失，C_3S 和 C_3A 的 CaO 也陆续分解溶于水中。使混凝土结构变得松散，强度渐渐降低。

鉴于在完全水化的水泥石中 $Ca(OH)_2$ 是基本成分之一（约占 25%），故溶出性侵蚀有一定的危害性。$Ca(OH)_2$ 被溶解的程度取决于周围环境水的流动状态。在静水和水压力极小的情况下，由于周围的环境水易于被 $Ca(OH)_2$ 饱和，使溶解作用易于中止，影响仅限于表层；但在流动水或压力水作用下，$Ca(OH)_2$ 将不断溶解和流失，进而造成混凝土中其他化合物也被溶蚀，使水泥石结构破坏，从而导致整个隧道衬砌发生破坏。渗水隧道中常在衬砌表面出现的薄层白色物质，一般都是在压力水作用下，透过衬砌的软水在溶解一定数量的 $Ca(OH)_2$ 后，与大气中的 CO_2 发生反应生成的 $CaCO_3$ 沉淀。显而易见，溶出性侵蚀的危害性在很大程度上取决于水泥石及混凝土材料的孔隙结构和密实性。

4）碳酸盐侵蚀

腐蚀机理：主要原因是水中的 CO_2 含量过高，超过了与 $Ca(HCO_3)_2$ 平衡所需的 CO_2 数量。

在侵蚀性 CO_2 的作用下，混凝土表层的 $CaCO_3$ 溶于水中。

$$CaCO_3 + CO_2 + H_2O = Ca^{2+} + 2HCO_3^-$$

混凝土内部的 $Ca(OH)_2$ 继续与 CO_2 作用。如 CO_2 含量较多,这种作用将继续下去,水泥石因 $Ca(OH)_2$ 流失而结构松散。

5) 一般酸性侵蚀

腐蚀机理:主要原因是水中含有大量的 H^+,各种酸与 $Ca(OH)_2$ 作用后,生成相应的钙盐。比如:

$$Ca(OH)_2 + 2HCl = CaCl_2 + 2H_2O \tag{3-7}$$

$$Ca(OH)_2 + 2HNO_3 = Ca(NO_3)_2 + 2H_2O \tag{3-8}$$

$$Ca(OH)_2 + H_2SO_4 = CaSO_4 + 2H_2O \tag{3-9}$$

由于生成物溶于水的程度不同,侵蚀影响也不同,$CaCl_2$、$Ca(NO_3)_2$、$Ca(HCO_3)_2$ 等易溶于水,随水流失,$CaSO_4$ 则产生硫酸盐侵蚀。

在复杂的地质水文条件下,以上几种腐蚀可能是同时发生的。

3.5.2.3 混凝土中钢筋腐蚀机理

对于钢筋混凝土结构来说,钢筋的性能如何将直接影响到结构的承载力状况,而混凝土中的钢筋腐蚀是造成混凝土结构耐久性损伤的最主要因素,它造成结构破坏的原因主要表现为三个方面:一是钢筋腐蚀引起截面减少和强度降低;二是钢筋腐蚀将产生体积膨胀(约 2~4 倍),导致混凝土保护层沿筋开裂、甚至脱落,从而使混凝土截面产生损伤;三是钢筋腐蚀将使混凝土和钢筋之间的黏结性能退化。

1) 混凝土中钢筋腐蚀的机理

能造成钢筋腐蚀的因素很多,主要有自然环境因素,如潮湿的空气、含侵蚀性介质的地下水、海洋环境等;工业生产中产生的气态、固态、液态的酸、碱、盐污染;应力腐蚀、电腐蚀等。根据钢筋腐蚀的不同机理,钢筋腐蚀一般可分为电化学腐蚀、化学腐蚀、应力腐蚀和氢脆腐蚀等四种形式。

(1) 电化学腐蚀

当钢筋在强碱性环境中(pH 值为 12.5~13.2),表面会生成一层致密的厚为 0.2~1μm 的水化氧化物($Fe_2O_3 \cdot nH_2O$)薄膜,薄膜呈钝化状态保护钢筋免受腐蚀。通常周围混凝土对钢筋的这种碱性保护作用在很长时间内也都是有效的。然而一旦钝化膜遭到破坏,钢筋就处于活化状态,就有受到腐蚀的可能性。

使钢筋的钝化膜破坏的主要因素有四点:①当无其他有害杂质时,由于碳化作用破坏钢筋钝化膜;②由 Cl^- 作用破坏钢筋钝化膜;③由离子或其他酸性介质侵蚀而使混凝土碱度降低、钝化膜破坏;④混凝土中掺加大量活性混合材料或采用低碱度水泥,导致钝化膜破坏或根本不生成钝化膜。

(2) 杂散电流腐蚀

杂散电流腐蚀是由于漏电引起的,一般发生于电解车间,在其他厂房中由于在结构上违章接电或天车系统绝缘不良等也会出现漏电现象。在地铁工程中,由于轨道在地铁运行过程中始终处于带电状态,虽然在轨道与混凝土底板之间有绝缘层的存在,但也可能导致底板混凝土中的钢筋发生杂散电流腐蚀。直流电解系统漏泄到地下的电流,对钢筋混凝土结构所造成的腐蚀破坏,其实质是一种电解作用。根据杂散电流流动方向和路径的不同,可以分为阳极腐蚀和阴极腐蚀。

当混凝土中的钢筋处于阳极时,就发生氧化而出现阳极腐蚀、钢筋锈蚀膨胀、混凝土开裂。当钢筋处于阴极时,根据阴极保护理论,当阴极电流较小时,一般不会发生腐蚀。而当阴极电流较大时,钢筋表面阴极反应速度加快,氧化反应产生大量OH^-,使钢筋表面的混凝土过度碱化,并导致大量氢气析出,破坏钢筋与混凝土的黏结力,使混凝土开裂。钢筋表面尽管轻度锈蚀,但会增加氢脆的危险。

在杂散电流作用下,混凝土中电位发生大幅度变化。阳极部位电位正向变化且腐蚀速度较大,在短期内就可能造成危险性破坏;阴极部位的电位负向变化。遭受杂散电流作用的钢筋产生局部缩颈,在锈蚀处呈针尖状的锈蚀状态。

(3) 应力腐蚀

应力腐蚀是一种在腐蚀和拉应力共同作用下钢筋产生晶粒间或跨晶粒断裂现象。随着预应力钢筋混凝土结构的采用,高强钢筋出现的一种特殊形式的腐蚀就是应力腐蚀。应力金属的普通腐蚀,比非应力金属更快。应力状态下高强钢材腐蚀断裂过程产生局部的电化学腐蚀,然后钢筋产生横向裂缝,其方向垂直于主拉应力。裂缝的形成与均匀腐蚀或抗腐蚀的发展无关,当表面只有轻微损害或根本看不出损害就出现应力腐蚀。随着裂缝的发展最后钢筋产生脆断。

(4) 氢脆

钢材的氢脆具有与应力腐蚀开裂相同的外表,也是形成横向裂缝,并且使应力状态的试件脆性、无缩颈地断裂,但是其破坏机理却不相同。氢脆是由于某些本身并不具备危险性的表面腐蚀过程产生了氢原子造成的。由于硫化氢(H_2S)与铁作用以及杂散电流的阴极大电流腐蚀产生氢原子或放出氢气,氢原子渗入钢材内部并重新结合成分子,失去了能溶于钢中的能力并形成很大的内应力。而此相当大的局部应力与高强钢材的低变形性能及高拉应力等因素组合在一起,使钢筋裂缝迅速发展,最后导致脆断。

钢筋混凝土结构中的钢筋腐蚀一般为电化学腐蚀,应力腐蚀和氢脆一般出现在预应力混凝土结构中。

2) 影响混凝土中钢筋锈蚀的因素

混凝土中钢筋的腐蚀一般为电化学腐蚀。根据电化学腐蚀的机理可知,空气的湿度、钢筋表面的溶解度、混凝土的碳化情况、混凝土中氯盐的含量等对钢筋的腐蚀有影响。

(1) 湿度的影响

混凝土中的水分越多,混凝土的导电性能越好,图3-38给出了混凝土电阻率随混凝土含水率的变化规律。因此,空气的相对湿度越高,混凝土中的水分越多,钢筋的电化学腐蚀越快。对于混凝土中的钢筋来说,空气湿度达到50%~60%时就能使金属表面发生电化学腐蚀。

钢筋发生电化学腐蚀的另一个必要条件是钢筋表面的水膜中必须有氧气。水中溶解的氧气多,钢筋的腐蚀速度就快。但当氧浓度超过一定限度(大约15ml/L,25℃)后,钢筋表面也会因生成氧化铁薄膜而呈钝化状态,其锈蚀速度减慢。

在高密实性的混凝土(如水灰比小于0.5)中,即使空气的相对湿度大于85%,锈蚀也非常缓慢。

湿度不仅直接影响钢筋的电化学腐蚀速度,而且湿度还影响混凝土的碳化速度,从而间接地影响钢筋的腐蚀。混凝土的湿度大时,其自由水含量高,对空气的渗透性低,碳化慢,完全饱和的混凝土不可能碳化,但是完全干燥(相对湿度不大于25%)的混凝土一般也不会碳化。

(2)保护层厚度的影响

在相同的环境下,保护层越厚,保护层完全碳化所需的时间越长,钢筋的腐蚀程度越轻。图3-39为钢筋腐蚀与保护层厚度的关系。

根据实验结果分析,保护层厚度对钢筋腐蚀的影响系数为:

$$\varphi_a = 1.48 - 0.25a \tag{3-10}$$

式中:φ_a——钢筋腐蚀厚度影响系数;

a——混凝土保护层厚度,由式(3-10)可见,保护层对钢筋腐蚀的影响呈线性关系。

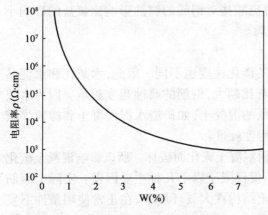

图3-38 混凝土电阻率与含水率的关系　　　　图3-39 钢筋腐蚀与保护层的关系

钢筋保护层厚度除了能延长钢筋开始腐蚀的时间外,增加保护层厚度还能提高混凝土抵抗钢筋腐蚀膨胀引起混凝土开裂的能力。

混凝土结构在施工和使用中,可能由于各种因素使混凝土的保护层受到破坏,而使钢筋腐蚀加速。施工中的因素主要有钢筋的位置不当使钢筋的保护层厚度减少;钢筋排列过密导致钢筋处的混凝土不密实;混凝土振捣不密实、养护不好等。使用中的因素主要有混凝土由于收缩、徐变、荷载或其他因素形成的裂缝等。

(3)裂缝对钢筋腐蚀的影响

混凝土结构的裂缝与钢筋的腐蚀相互作用,可以加剧混凝土结构中钢筋的腐蚀破坏。一方面,混凝土结构的裂缝会增加混凝土的渗透性,加速混凝土的碳化和侵蚀,使钢筋的腐蚀加重;另一方面,钢筋的腐蚀膨胀又会造成混凝土的进一步开裂,从而进一步加重钢筋的电化学腐蚀。以上过程恶性循环作用,使混凝土结构的耐久性大大降低。

裂缝对钢筋腐蚀的影响与裂缝的宽度、裂缝的形式、裂缝的分布、环境条件等有关。暴露实验表明,裂缝宽度越宽,腐蚀程度越重。对于宽度较小的裂缝(小于0.1mm),腐蚀初期1~2年裂缝宽度对腐蚀的发展有很小的影响,后期则无影响;较宽的裂缝,其初期对腐蚀发展的影响非常明显,直到10年后这种影响才变得很小。

裂缝的形式对钢筋的腐蚀也有重要影响。沿钢筋的纵向裂缝腐蚀严重,而垂直于钢筋的裂缝,只能在局部区域加重钢筋的腐蚀,对钢筋腐蚀的影响较小。因此,钢筋混凝土结构中一且由于钢筋腐蚀而引起混凝土出现顺筋开裂,会严重降低结构的使用寿命。

裂缝对钢筋腐蚀的影响程度又与环境条件有关。处于露天或潮湿的环境下,腐蚀严重;而处于室内干燥的条件下,即使有裂隙,钢筋也基本无腐蚀或腐蚀较轻。

(4)氯化物对钢筋腐蚀的影响

氯化物对混凝土中钢筋的腐蚀有明显的加速作用。施工中使用外加剂的混凝土结构、表面使用除冰盐的混凝土结构、沿海或海洋环境中的混凝土结构等都存在氯化物的侵蚀问题。有资料研究,当混凝土中氯离子和氢氧根离子之比大于0.6时,混凝土中的钢筋就会被腐蚀。而且当混凝土中掺入较多的氯化物时,增加保护层并不能减少钢筋的腐蚀。

(5)硫酸盐对钢筋腐蚀的影响

硫酸盐中的硫酸根离子也会对钢筋产生腐蚀。所以当混凝土中掺加过多的硫酸盐类外加剂时也会加速钢筋腐蚀。淡水浸烘实验表明,尽管硫酸盐对钢筋的腐蚀影响比氯盐的影响小得多,但掺2%以上的硫酸盐有加速钢筋腐蚀的危险。

(6)水灰比和水泥品种的影响

混凝土的水灰比不同,水泥品种不同,混凝土的碳化速度也不同。因此,水灰比和水泥品种对混凝土中钢筋的腐蚀也有影响。混凝土的水灰比越大,钢筋的腐蚀程度越重。因为水灰比越大,混凝土的氧向混凝土越容易渗透;含碱量低的混凝土,如矿渣水泥混凝土和掺粉煤灰混凝土,由于混凝土碳化速度快,因此钢筋腐蚀的程度就重。

由于电化学腐蚀的前提是钢筋表面的钝化膜因混凝土碳化而破坏。所以影响混凝土碳化速度的因素都要影响钢筋腐蚀的速度和程度,而不仅仅限于以上几种主要因素。实际上钢筋混凝土中钢筋的腐蚀与混凝土的碳化是钢筋混凝土结构在大气环境下,在正常使用条件下发生损伤破坏过程的两个不同阶段。

3.5.3 衬砌腐蚀危害

隧道内混凝土衬砌的腐蚀按其种类不同,可分为水蚀、烟蚀、冻蚀及骨料融胀等。隧道衬砌侵蚀,使衬砌出现起毛、酥松、蜂窝麻面、起鼓剥落、孔洞露石、骨料分离、衬砌厚度变薄、结构强度及承载能力降低等破坏,还会导致衬砌内的钢筋腐蚀,使得衬砌结构强度减小,降低隧道衬砌的承载能力,缩短使用寿命,危及行车安全。还会导致钢轨及扣件腐蚀,缩短使用寿命。

3.6 洞口病害

洞口病害主要发生在山区隧道进出口附近仰坡、路堑边坡及自然山坡上。

3.6.1 洞口病害分类

隧道洞口段地质情况一般较差,且多为偏压、浅埋,在开挖过程中容易产生各种风险事故。根据一般隧道洞口处工程与地质特征及工程实例的调查分析,在安全和环境方面,山岭隧道洞口施工潜在风险主要有以下几方面。

(1)地表下沉、开裂变形

隧道洞口段一般位于围岩软弱段,在开挖过程中洞口山体地表极易下沉、开裂变形,如未及时采取措施，雨季雨水容易沿裂缝侵入，使围岩强度降低，甚至造成洞口段坍塌。

(2) 洞口段坍塌、冒顶

隧道洞口由于覆盖层很薄，围岩软弱松散，开挖时岩土很难形成自承体系，施工过程中如果对变形控制不当，围岩会产生松弛破坏，导致直达地表面的塌陷。

(3) 边仰坡失稳

隧道洞口边仰坡开挖时，破坏了边仰坡岩土体原始应力平衡状态，在受到开挖、爆破振动等施工活动和地表水、潜在结构面综合影响时，极易使边仰坡岩体松弛引起表层剥落或滑坡。

(4) 洞口山体整体滑移

隧道洞口段围岩一般存在土层和岩层的交界面，受隧道开挖、爆破及雨季地表水等影响时，土层与岩层的沉降变形量不一致，易在掌子面前方沿土层与岩层交界面产生张拉裂缝，随着裂缝的横向发展，在整个坡体上形成椭圆弧线圈滑移。

(5) 支护结构开裂变形

隧道洞口段围岩自稳性差，在支护承载力不足或施工质量不合格的情况下，支护极易开裂变形。特别是由于有些洞口偏压甚至一侧临空，易造成进洞时该段围岩外扩，造成初支开裂、围岩失稳。

(6) 落石伤人危及施工安全

隧道洞口一般边仰坡较陡，地表截水沟开挖后，坡顶存在松散岩体和散石，容易发生小型坍塌或落石，危及洞口人员和机械进出安全。

(7) 弃渣不仅直接影响该地区的地下径流，开挖出的弃渣大部分就地堆放在附近山沟或空地，在雨季雨水的冲刷作用下，容易堵塞灌溉水渠和其他地表水系、破坏农田，甚至引起泥石流。

(8) 其他特殊地形与地质条件引起的风险

隧道洞口施工风险涉及到多方面的因素，如水文和地质条件、地形地貌和周围环境、开挖方式、支护措施及参数、施工质量与管理、结构设计形式、施工扰动、水等影响因素，隧道洞口施工风险是开挖时各个因素的相互作用下产生的。

3.6.2 洞口病害成因

产生洞口病害最主要的原因，多为设计不当或施工质量不良。

(1) 隧道晚进早出。新建铁路或公路为节约投资，缩短隧道长度，进出口处深堑高坡，切割山体坡脚，山体失去平衡，这是造成山区铁路或公路隧道洞口病害的根本原因。

(2) 隧道洞口工程地质及水文地质条件较差，山体覆盖层薄，岩质松软，挡墙基础未落到完整的基岩上；或隧道洞口排水不良，基底土壤浸水软化，造成基础承压能力不足，致使洞门及洞口段衬砌下沉开裂。

(3) 明洞结构设计不当，抗滑力不足。隧道洞口地段有滑坡、崩塌时，山体偏压大，易使洞门及洞口段衬砌开裂下沉。

(4) 在仰坡及自然山坡上，开荒种地，水土流失严重，堵塞洞口排水设备，经常造成山坡坍塌、流石流泥等洞口病害。

(5)隧道与小桥涵常紧密相连,桥涵设计孔径不足,洪水倒灌隧道,造成隧道内线路翻浆冒泥严重。

(6)对隧道洞口地段病害性质认识不足,整治不彻底,造成一座隧道向外接长多次。

3.6.3 洞口病害危害

于1952—1956年修建的中国山区铁路——宝成铁路,洞口病害远较其他山区铁路如成昆线(1965—1970年修建)、襄黔线(1970—1973年修建)要多,尤以略阳工务段管辖内最为严重。宝成线运营后,洞口病害不断发生,其中略阳工务段管内逐年增建和接长的明洞至1981年止共计67座,总长6553m。由于崩塌、落石、滑坡三种原因而增设和接长的明洞约占90%(其中主要是落石病害占70%),1981年前该段线路长度167km,隧道、明洞140座,计35100m。1981年后不少洞口病害仍继续发生发展,更有甚者,由于崩塌、滑坡产生洞口病害严重无法就地整治而被迫改线绕避。如该段管内桑树梁隧道(进)洞口,1992年雨季,发生崩塌性滑坡,先后中断行车3次计726小时,经全力就地抢修,整治无效,最后被迫改线,改线长5km,4次跨嘉陵江,修建了4座桥梁,4座隧道,改线施工历时一年,经验教训深刻。

因此,洞口病害的主要危害有:崩塌、落石、滑坡、流泥漫道、洞口路基冲毁等危及行车安全。

3.7 道 床 病 害

隧道路面大多为水泥混凝土路面,当隧底浮砟未清理干净就浇筑仰拱或垫层混凝土,或隧底承载力不够时,易造成隧底下沉、翻浆冒泥冒水、面板断板与下陷等病害。当路面出现以上病害情况时,说明隧道路面已基本破坏,对行车安全存在较大的隐患。

3.7.1 道床病害的分类

病害类型分为以下几种:

(1)下沉裂损型。整体道床与人行道分离纵裂、中心水沟纵裂、错台;道床横裂;道床下沉。列车通过时,道床裂缝处冒水、冒泥、冒砂。轨距、轨平不能保持,线路纵坡坑凹不平。产生原因:地下水位高,整体道床基面软弱松散层被水浸泡;列车动载重复作用,使道床基面浮砟层细粒被挤出,形成淘空、翻浆冒泥、下沉、裂损等病害。

(2)上隆裂损型。整体道床上隆、横裂、纵裂;轨距、轨平发生变化,线路纵坡隆起不顺。产生原因:地基局部含膨胀性岩层,如硬石膏、蒙脱土、黏土质页岩等吸水膨胀,未设抗上胀仰拱,整体道床上隆裂损。

(3)其他。支承块松动及挡肩破损;螺旋道钉锈蚀拧断;垫板及弹条断裂。产生原因:支承块下部道床混凝土振捣不密实;施工中操作不当;材质不良;支承块或铁垫板表面不平、受力不均、扭矩过大。

3.7.2 道床病害的成因

隧底破损一般是由于以下原因造成的:

(1) 仰拱及铺底施工时虚砟和积水未清理干净。
(2) 拱及铺底厚度严重不足。
(3) 洞内水沟未铺底或铺底混凝土厚度不够。

前两种情况往往在隧道运营中,经列车反复碾压后,形成道心翻浆冒泥。第三种情况下虽然仰拱、铺底质量较好,但由于水沟未铺底,沟内流水常年侵蚀道床,加之列车反复碾压,最终也会造成道床侧向翻浆冒泥。影响因素包括:水文地质因素、施工因素和其他因素。

3.7.2.1 水文地质因素

地下水是造成隧道各种病害发生的主要诱导因素之一,也是造成道床翻浆冒泥和使整体道床破损的重要条件。如果排水流入水沟破损部位,水全部渗入沟底和道床底部,而从坡度下降方向的另一破损水沟处流出。加上地下水的渗透作用、水在道床和仰拱之间的细缝中流动,就会导致把混凝土中的 $Ca(OH)_2$ 带走,破坏了水泥水化产物稳定存在的平衡条件,导致道床及仰拱混凝土性能下降,时间越长,对道床的破坏越大。如果基底为软弱层,如风化的基岩、断层破碎带、超挖部分为浮砟填充层等,由于其强度低、结构松散,更容易被水浸泡软化或被水冲刷流失,车辆动载的反复作用使基底泥水多沿边墙缝、人行道与道床的接缝或其他薄弱环节(如中心及侧水沟)等处涌向道床,形成翻浆冒泥,进而使基底局部淘空,造成道床断裂。另外,还有软岩膨胀底鼓等原因。

3.7.2.2 施工因素

施工中对接触基面处理不到位,道床和结构底板之间很容易形成施工裂缝,在其他因素的作用下就可能导致道床和结构底板的剥离甚至大面积的"吊空"。同时在交通荷载反复作用下,使道床和仰拱间空隙面积越来越大,道床出现上下浮动致使道床横向断裂、两侧水沟与道床剥离形成空隙、翻浆冒泥等病害。

3.7.2.3 其他因素

道床的病害除上面因素引起外,还有很多别的原因,从材料上讲有水泥的水化热、水泥的非正常膨胀、骨料中含泥土、使用了反应性骨料等;从施工上讲有混凝土搅拌不均匀、泵送时改变了配合比、浇注速度太快、振捣不足等,经验表明加强振捣,不允许出现漏振、过振、振捣不足是保证混凝土强度,防止裂缝的重要措施;从使用环境上讲有构件湿温度的变化、酸和盐类的化学作用等。

3.7.3 道床病害的危害

隧道的道床常因隧道基底病害和渗漏水等引起路面的开裂、起拱、仰拱破碎、路面下沉、翻浆冒泥、边沟开裂等现象,且容易导致线路几何形态变化,制约列车提速,危及行车安全,严重时能造成列车在隧道内脱轨倾覆。

3.8 有害气体(通风)

目前在我国因隧道内通风不良引起的隧道内空气污染问题普遍存在。

3.8.1 有害气体分类

国内外的研究表明,运营隧道空气中的主要有害物质一般包括 NO_x、CO、CO_2、SO_2、瓦斯、H_2S、碳氢化合物和悬浮颗粒等几种,下面简要介绍几种有害物质的危害。

3.8.1.1 NO_x

氮氧化物(NO_x)主要是指 NO 和 NO_2,是一种红棕色有毒的恶臭气体,对人的眼、鼻、呼吸道有刺激作用,特别是对呼吸系统有危害。他们进入人体的呼吸道缓慢地溶于肺泡中,与水化合形成硝酸和亚硝酸,对肺组织产生剧烈的刺激与腐蚀,使肺毛细血管通透性增加,导致肺水肿。NO 的毒性不大,低浓度的 NO 对人体的危害不大,但高浓度 NO 会造成人体神经中枢障碍。一般认为 NO 比 NO_2 毒性低 4～5 倍。在大气环境中,NO 易被氧化成剧毒的 NO_2,它可造成呼吸系统失调。另外,它可与人体血红蛋白结合破坏血液的携氧能力,对人体的心、肝、肾也有一定的影响。

当 NO_x 中以 NO_2 为主时,对肺的损坏明显;当 NO_x 中以 NO 为主且浓度较高时,产生高铁血红蛋白症并对中枢神经损坏明显。

3.8.1.2 CO

CO 是一种无色、无味、无臭的气体。燃烧时火焰呈黄色,相对密度为 0.967。由于与空气重量相近,易均匀散布在空气中,微溶于水。CO 是一种性质极毒的气体,日常生活中的煤气中毒,就是 CO 中毒。

CO 之所以有害于人体健康,是因其与血液中的血红蛋白 Hb 结合成 CO-Hb 的结合力特强,是 O_2 与血红蛋白结合成 O_2-Hb 的结合力的 300 倍。一旦 CO 进入人体过多,O_2 在血液中的输送量就不足,使人患缺氧症。若血液中 CO 达到饱和时,就会引起死亡。

CO-Hb 饱和度(即 CO-Hb 取代 O_2-Hb 的百分率)超过 10% 后,就会引起程度不同的症状,饱和度为 10%～20% 时,将会引起轻度头疼,饱和度达到 20%～30% 时,将会引起剧烈头痛。CO 的毒性与其浓度的关系见表 3-13。

不同浓度 CO 对人体的危害 表 3-13

中毒程度	CO 浓度(ppm)	对人体的危害
慢性中毒	100	长期接触(每天数小时)使人头痛、乏力、记忆力减退、失眠
	160	数小时后感觉轻度喘息、心跳
轻度中毒	400	1h 后出现头晕、头痛、心跳、疲倦、恶心、理解力迟钝
中度中毒	600	1h 后出现心悸、呼吸困难,甚至昏厥
	800	0.5～1h 后,呼吸困难,反应迟钝,晕厥、抽搐
重度中毒	1000	出现昏迷、阵发性抽搐
	4000	很快昏迷、抽搐,不及时抢救会发生死亡
	10000	短时间就失去知觉,几分钟可能造成死亡

3.8.1.3 CO_2

CO_2 对衬砌结构的破坏主要是由碳化引起的,具体反应机理及危害情况在衬砌腐蚀章节已详细介绍,这里不再论述。

3.8.1.4 SO_2

SO_2 是一种无色、具有强烈硫酸味的气体,并有强烈的刺激性,不助燃也不自燃,易溶于水。由于 SO_2 与呼吸道潮湿的表皮接触后能形成硫酸,对呼吸道器官有腐蚀作用,使喉咙及支气管发炎,呼吸麻痹,甚至引起肺气肿。

机动车尾气中含有一定量的 SO_2,它与隧道内潮湿空气中的水分接触而化合成亚硫酸或硫酸,对隧道内运营设备的腐蚀很严重。同时,对隧道衬砌长时间的腐蚀,也是比较严重的。

3.8.1.5 瓦斯

瓦斯主要成分是沼气,即甲烷(CH_4),其他还有 CO_2 和 N_2,有时还有微量的 H_2、C_2H_6(乙炔)、H_2S、SO_2、CO 等。

瓦斯无色无味,本身无毒性,但当含量达到一定程度时能够使人窒息。瓦斯不能自燃,但极易燃烧,与火源接触即点燃,因此对于瓦斯含量较高的隧道,发生火灾或爆炸等灾难的可能性会大大增加,从而给隧道运营带来潜在的危险。

3.8.1.6 H_2S

目前,隧道已广泛应用于城市的污水排放领域,隧道内由于污水而产生的气体有 CH_4、CO_2 及 H_2S 等,主要以 H_2S 气体为主。H_2S 作为污水道中的主要有害气体,对混凝土侵蚀起主要作用,H_2S 对隧道钢筋混凝土衬砌腐蚀机理为:

H_2S 气体对隧道结构的侵蚀作用表现在混凝土和钢筋的破坏上。H_2S 气体渗入混凝土孔隙时,溶解在液相中与水泥石中的氢氧化钙、铝酸盐及其他化合物发生反应生成相应的钙盐、铝和铁的水化物,其中以 CaS 变成 $CaSO_3 \cdot 2H_2O$ 为主。

钙盐的主要特点是可溶性、吸湿性、对钢筋的侵蚀性以及当其与水泥石液相及矿物进行化学反应时,使固相体积改变。研究表明,当氢氧化钙变成石膏时,固相体积增大到 2.2 倍,使混凝土密实度大大增加。由于这个原因,气体在密实的混凝土中的渗透过程实际上已经停止,但同时增大了混凝土酸化层的内应力,最终引起混凝土结构自表面开始分层破坏。

钢筋锈蚀产物的体积是整个锈蚀层体积的 2~2.5 倍,因而压迫其周围已被破坏的混凝土并产生超过混凝土抗拉强度的拉应力,结果使保护层沿着锈蚀的钢筋形成裂缝。这些裂缝又成为 H_2S 气体渗入混凝土的通道,因而加速钢筋的锈蚀。若不采取措施,则钢筋的锈蚀会进一步发展直至保护层完全剥落。这时,钢筋与混凝土之间的黏结遭到破坏,致使结构承载能力急剧下降。

3.8.1.7 碳氢化合物

碳氢化合物是刺激性的气体,可引起结膜炎、鼻炎、支气管炎等症状,人体吸入较多碳氢化合物会破坏造血机能,造成贫血、神经衰弱,并会降低肺对传染病的抵抗力。

碳氢化合物包括醛、烷烃、烯烃和芳香烃,其中对人类危害最大的是环芳烃,吸入后不仅破坏肺组织、引起哮喘,更是强致癌性物质。

3.8.1.8 悬浮微粒

柴油机动车燃烧不完全排出的黑烟中含有大量微小的球状碳粒,它们漂浮在空气中,很容易随着呼吸进入人体肺部,直径 3μm 以下的粒子可沉积在肺泡内,引起病变;碳烟颗粒除了对人体健康不利以外,还是一种肉眼可见的黑色物质,悬浮在空中,既影响能见度,又对环境有极大危害。

使用含铅汽油的机动车,尾气中含有铅微粒,人吸入后,铅微粒能积蓄在人体中,它可损害人体的神经系统、生殖系统和骨髓的造血功能。

尾气中的碳氢化物,尤其是环芳烃中的苯并芘是强致癌性物质,它主要吸附在飘尘、炭烟等微粒物上,然后通过呼吸道进入肺组织。这些碳氢化物吸入人体后,在人体内具有长期积累效应。

3.8.2 有害气体产生原因

隧道在运营过程中,交通车辆、电器设备、抛弃的废弃物等释放出多种有害气体。以机动车辆为主,车辆在通过隧道时排放的气态及游离固态微粒混合成的有害废气和车辆携带的尘土及卷起的尘埃构成了隧道内主要的空气污染。瓦斯隧道本身还会释放出瓦斯气体,因隧道内特有的闭塞空间限制,一般只有进出口与大气相通,虽然车辆通过隧道能产生活塞效应,有害气体不能很快消散,隧道内的废气仍然会不断积累,废气含量增加,严重污染洞内空气,影响行车环境。如果隧道内通风不良,有害气体不能及时稀释出洞外,当积累的浓度超过一定值时,会引起严重的不良影响。

国外研究表明,电气机车通过的隧道中 SO_2 往往是主要有害物;国内研究表明,铁路隧道内粉尘污染较严重。

对铁路隧道来讲,污染物来源主要有三:第一是机车,内燃机车、蒸汽机车、电力机车(电力牵引 25~27.5kW 高压供电、电磁场)、车辆;第二是瓦斯(瓦斯隧道);第三是抛弃的废弃物、排出的粪便和牲畜、禽车通过时散发的臭气,这对长、特长隧道影响尤其严重。

3.8.3 有害气体危害

这些有害气体的影响是多方面的,主要表现在:

(1)危害养护维修人员和机车车辆乘客人员的身体健康,有害气体浓度积累过高时,导致人急性中毒。

(2)腐蚀隧道内的结构物、钢轨、扣件等设备。

(3)降低隧道内能见度,妨碍行车安全和维修工作的正常进行。

隧道通风就是采用自然或机械方式在隧道内形成风流,解决隧道运营环境中有害气体造成的空气污染问题。选择合理的通风方式和参数,需要对隧道内有害物质及浓度分布范围、洞内空气的污染影响因素、有害物的允许浓度标准、有害气体对人体健康的影响和改善洞内空气环境质量的措施等问题进行深入的研究。

3.9 照明病害

隧道照明的目的是创造洞内良好的工作视觉环境质量,确保在白天和夜间行驶的车辆以设计速度能够安全地接近、穿越和通过隧道。就目前国内而言,公路隧道的飞速发展与照明技术研究极不适应。对隧道照明分析技术、隧道配光合理形式以及逆光照明技术效果影响因素研究,在国内还是空白。

公路隧道照明在设计上不仅需要考虑路面应具有一定的亮度水平,而且还应考虑隧道墙壁也应有一定的亮度水平;同时,还应进一步考虑设计车速、交通量、路线线形等诸多影响因素,并从行车安全性和舒适性等方面综合确定照明水平,特别是隧道入口段、出口段等处都需考虑人的视觉适应性。

3.9.1 照明病害分类

隧道照明中需要面对的问题完全不同于那些普通道路照明中的问题,其主要问题并不是夜间照明,而是白天的照明。

(1)黑洞效应

驾驶者通常以较高速度驶入长长的隧道,他们必须在从白天环境进入隧道的情况下保留视觉能力,而这些隧道如果不照亮的话,则完全是个"黑洞",即黑洞效应(见图3-40)。

(2)黑框效应

驶出隧道时,出口处的耀眼强光也会妨碍驾驶者的视辨能力,造成一种黑框效应(见图3-41)。

对于由明到暗或者由暗到明的过程需要一个适应过程,在这适应过程中,司机很难辨认洞内外路面目标或物体,因而产生视觉或心理障碍,使行车显得不安全。

图3-40 黑洞效应　　　　　　　图3-41 黑框效应

3.9.2 照明病害成因

隧道照明质量不高的表现主要有以下几点:

(1) 亮度不均匀

当路面亮度分布明显不均匀时,往往影响到对障碍物的辨认,人眼的视觉效果和视觉疲劳会明显变差和加重。隧道路面亮度总均匀度 U_0 和路面纵向亮度均匀度 U_1 应不低于表 3-14 所示值。其中,路面亮度总均匀度(U_0)为路面上最小亮度和平均亮度之比;路面纵向亮度均匀度(U_1)为通过驾驶员所在位置平行于路轴的直线上(即车道中心线上)最小亮度和最大亮度的比值。

路面亮度总均匀度 U_0 和亮度纵向均匀度 U_1　　表 3-14

设计交通量 N(辆/h)		U_0	U_1
双车道单向交通	双车道双向交通		
≥2400	≥1300	0.4	0.6~0.7
≤700	≤360	0.3	0.5

(2) 眩光

眩光是由于视野内亮度对比过强或亮度过高形成的。眩光会使人产生不舒适感或使可见度降低。

眩光可分成两类,失能眩光(生理眩光)和不舒适眩光(心理眩光)。失能眩光损害视看物体的能力,即导致可见度的损失,直接影响到驾驶员觉察物体的可靠性;不舒适眩光通常会引起不舒适的感觉和疲劳,直接影响到驾驶员的舒适程度。

眩光还有直接眩光与反射眩光之别。直接眩光是由灯具、灯泡、窗子等高亮度光源直接引起的;反射眩光是由高反射系数表面(如镜面、光泽金属表面或其他表面)反射亮度造成的。朝眼睛方向的规则反射产生的眩光叫作反射眩光,这些光反射到眼睛时掩蔽了作业体,减弱了目标体与周围物体的对比,产生视觉困难,称为光幕反射。

眩光极易使眼睛发生调节痉挛,危及行车安全。隧道照明灯具应采用截光型,采取消去直射和反射眩光的特殊技术措施,形成漫反射,使光线十分柔和地进入人的视野。

决定眩光强弱的因素主要有以下四个:

①光源亮度越高、面积越大,眩光越严重。
②周围环境背景越暗,眩光越严重。
③光源越靠近眼睛,眩光越严重。
④光源位置越靠近视线,眩光越严重。

(3) 照度不够

照度是用来表示被照面上光的强弱,以被照场所光通的面积密度来表示。无眩光条件下的适当高照度,可使隧道行车感到轻松。当然,在公路隧道照明中,还要走出"越亮越好"的大误区,太亮不仅不能节能,还十分刺眼,容易让人疲倦,严重危及行车安全。隧道中间段、入口段、过渡段、出口段的照度要求都不一样。同时还需综合考虑隧道的环境条件、土建结构物的设计方案、通风方式、交通状况等因素,确定隧道的照度水平。

3.9.3 照明病害危害

"暗适应"是指人从亮处到暗处,需经过一段时间后,视力才能恢复。"暗适应"状况都发生在入隧道瞬间。"暗适应"持续时间跟车速和隧道外光线成正比。而"暗适应"持续时间越长,发生事故的概率就越大。夜间入隧道车辆受隧道内灯光影响,还会遭遇"明适应",根本原因也是驾驶人员入隧道瞬间迅速适应光线变化有困难。

随着隧道照明设施的规模及数量越来越大,隧道运营电力费也越来越高,目前大多数隧道当车流量减少时,往往是采取交错间隔开灯或只开启单侧灯,这样就造成隧道内亮度均匀度不够,使隧道照明水平达不到设计要求或形成严重的"斑马纹",影响行车安全。

3.10 地震引起的病害

世界上由地震造成的隧道破坏实例很多,如1923年日本东京8.3级大地震损坏了东京附近25座隧道,其中洞身破坏14座;1952年美国加州克恩郡7.6级地震,使位于南太平洋铁路线上的四座隧道受到严重破坏;1999年台湾集集地震后,对总共57座隧道作出的系统调查发现,49座隧道受到了衬砌混凝土块龟裂、掉落,甚至钢筋弯曲等不同程度的破坏;2008年5月12日,中国四川汶川发生了8级大地震,导致了大量铁路公路隧道不同程度的破坏,其中宝成铁路109隧道内接触网断电,洞内一片漆黑,山体塌方后的巨石堵在洞口,在隧道内行驶的21043次列车撞上了巨石,相撞产生的火花引燃了机车头,紧接着12节装满汽油的油罐车燃起熊熊大火,宝成铁路中断。隧道内部因地震造成部分地段出现裂口,有碎石掉落将车体埋压,个别车体损坏变形,隧道被堵,造成了巨大的破坏与损失。

地震引起的隧道损坏是隧道灾害的一种。由于隧道和其他地下建筑物的震害远不如地面建筑严重,因而人们对隧道抗震问题的重视程度也低于地面建筑物。然而,事实上在一些大地震中隧道遭受严重破坏的例子很多,至于洞口被滑坡埋没、洞门裂缝变形、衬砌裂损和剥落则更多,强地震往往造成隧道和围岩特殊与有缺陷地段的严重破坏,而且一旦被震坏,修复相当困难,特别是对于一些重要路段上的隧道,因震害造成管制通行或禁止通行及由此造成的经济损失远远超过隧道本身的修复费用。

3.10.1 隧道震害主要特征

3.10.1.1 表现形式

隧道震害造成的隧道的破坏形式主要表现为:隧道变形、隧道移动、衬砌破损开裂(纵向裂损、横向裂损、斜向裂损、底板裂损)、衬砌的剪切移位、边坡破坏造成的隧道坍塌、边墙变形、路基底鼓、土砂流入等。

(1)地震时,隧道和其周围介质一起产生运动,当结构存在明显惯性或周围介质与结构间的刚度失配时将会产生过度变形而破坏。

(2)隧道震害多发生在地层条件有较大变化的区域,在这些区域内,地质条件或地形的变化导致地层振动及位移响应也有较大不同,从而在其中产生大的应变,致使隧道结构遭受破坏;而在地层较为均匀地区,即使地震烈度较大,隧道结构也较安全。

(3)在结构断面形状和刚度发生明显变化的部位容易发生破坏如隧道进出口、转弯部位及两洞相交部位均为抗震的薄弱环节。

(4)隧道与断层、软弱带相交部位等均易遭受地震破坏。隧道如果穿过断层、沙土液化区等不良地质地带易遭受地震破坏。

3.10.1.2　空间位置

地震对隧道处于以下情况的位置和结构不利。

(1)地震震级高,隧道距地震断裂带距离近的隧道。

(2)隧道洞口

①表面有岩石滑下危害的洞口。

②有泥石流危险的洞口。

③洞口段为断层破碎带或第四纪风化层且属浅埋地段。

④洞口段衬砌为直墙拱且未设仰拱。

⑤洞口端墙是立柱式洞门。

⑥洞口路堑挡墙过高,仰坡陡峭,时有坍塌落石危害。

⑦洞口端墙出现裂缝。

(3)特殊地层条件下的隧道

①断层地带或隧道与断层、软弱带相交的部位。

②地层易发生液化地带。

③地层条件变化较大的区域,如地层由硬质到软质的过渡地带,或由挖土到填土的过渡地带。在这些区域内,由于区域、地质条件的变化或地形的变化,地层振动及位移响应也有较大不同,因而在其中产生大的应变,使隧道遭受破坏;相反,若某一地区地层较为均匀,即使地震中的烈度较大,其中的隧道也往往较为安全,这一点不同于地面结构。

④施工中曾发生围岩塌方,衬砌上部山体已松动。

(4)衬砌有缺陷的地段和部位

①衬砌质量不好,衬砌背后有空洞,衬砌与围岩结合不好的地段,衬砌接缝处理不好,冻害、腐蚀导致衬砌强度降低。

②隧道衬砌已出现纵横向裂缝。

③没有衬砌或衬砌很薄。

④隧道断面形式的影响,圆形比矩形好,对称结构对抗震有利,曲墙带仰拱优于直墙拱(不带仰拱)。

⑤在结构断面形状和刚度发生明显变化的部位也容易发生破坏。墨西哥地震中发生的盾构法隧道与竖井连接部的环间螺栓被剪断,即是由于结构断面的急剧变化而使不同断面处产生了不同的响应的结果。因此,地下结构与竖井、楼房等的结合部,地下结构断面发生突变处,地下与地面结构的交界处如隧洞的进出口部位,隧洞的转弯部位及两洞相交部位,均为抗震的薄弱环节。

⑥正在施工的隧道。

(5)有山体崩毁、流沙历史的区间以及随喷水而有泥沙流出的区间。

(6)20世纪六七十年代修建的隧道。早期隧道修建多用矿山法施工,拱顶与围岩间回填不实。

3.10.1.3 影响因素

(1)地震烈度。隧道承受地震大小与隧道距断层错动区、震中(或震源)、地表(或附近边坡)的距离有关。大量震害资料表明:当地震烈度达 7 度时,隧道可能产生裂缝甚至坍塌封闭,可见地震烈度和震中对地下结构的震害有显著影响,在相同的场地条件下平均震害率随地震烈度的增加而增加。

(2)地质条件。地质条件直接影响地震作用时隧道周围介质对隧道作用力的大小和方式,而作用于隧道上力的方式对隧道的破坏形式有决定性的作用。

(3)埋深。一般情况下,隧道因地震受到的破坏随埋深增加而降低。据国外统计资料:埋深小于 50m,隧道发生破坏的几率很大;深度大于 50m,破坏程度明显降低;超过 300m 则不会发生严重破坏。

(4)隧道结构抗震能力。隧道是否有衬砌、衬砌是否异常、衬砌是否有钢筋等均会反映隧道的抗震能力。抗震能力越强,可以承受的地震能量越大。

3.10.2 隧道震害类型

最常见的地下工程震害有:洞口滑坡、崩塌、地基砂土液化、地面沉降等导致洞口或洞口附近浅埋地段损坏;其次是地下工程扭曲变形、衬砌脱落、围岩松动以及由此导致的洞内崩塌、涌水、岩爆和诱发地震等次生灾害。

震害分为两种:第一种是由于围岩变位而在地下结构中产生强制变形所引起的破坏,如衬砌的剪切移位;第二种是结构在地震惯性力作用下而产生的破坏。其中,第一种类型的破坏多数发生在岩性变化较大、断层破碎带、浅埋地段或隧道结构刚度远大于地层刚度的围岩中,这是目前公认的主要破坏形式;第二种类型的破坏多数发生在洞口附近,这时地震惯性力的作用表现的比较明显。有时,在地下结构的洞口附近和浅埋地段可能还会受到上述双重类型的破坏作用。主要灾害类型有:洞口边坡崩塌与滑塌、洞门裂损、衬砌及围岩坍塌、衬砌开裂及错位和底板开裂及隆起。

3.10.2.1 洞口边坡崩塌与滑塌

这类震害多发生在全强风化的坚硬岩体构成的高陡斜坡隧道洞口,在洞口边坡未作防护、防护范围不足或防护力度偏弱的洞口发生频率高,以高位的崩塌、落石和滑塌为主,往往造成隧道洞门砸坏、部分掩埋,甚至全部掩埋(李天斌,2008)。

例如,位于映秀的龙溪隧道出口边坡(高达)坡顶花岗岩在地震中崩落,砸坏仰坡框架梁,巨石堆积于洞口(见图 3-42)。

5.12 地震中右洞坡顶岩体受一组缓倾坡外结构面控制产生规模较大的滑塌,堆积物将洞口掩埋(见图 3-43),其周围风化破碎岩体产生崩塌,目前边坡顶部仍然有许多危岩。

3.10.2.2 洞门裂损

隧道洞门的破裂与毁损主要发生在端墙式和柱墙式洞门结构中,削竹式洞门基本未见破损现象(李天斌,2008)。

洞门震害主要表现为端墙、拱圈、翼墙和伸缩缝开裂,拱圈与端墙松脱,以及帽石掉落等。

图3-44为都汶二级路桃关隧道圆弧形端墙严重拉裂和端墙与拱圈松脱现象,裂缝宽50cm,端墙与衬砌之间未见连接钢筋。图3-45为福堂隧道右侧翼墙开裂现象。

图3-42　龙溪隧道出口高陡边坡崩落

图3-43　龙洞子隧道出口边坡崩滑与崩塌

图3-44　桃关隧道圆弧形端墙开裂与松脱

图3-45　福堂隧道右侧翼墙开裂(据四川交通设计院)

3.10.2.3　衬砌及围岩坍塌

这类震害主要发生在距离震中较近的软弱围岩隧道中,主要表现为衬砌与围岩同时坍塌引起的坍方以及二次衬砌坍落两种形式,其中前者往往导致隧道封洞,是汶川地震隧道最严重的一种震害。隧道坍方主要发生在龙溪隧道进口端的以炭质泥岩、泥岩为主的围岩中(见图3-46),左右洞洞口地段共有5处地震坍方。二衬坍落主要发生在拱腰以上部位(见图3-47),支护结构为素混凝土,混凝土断裂面有张性和剪性两种,这种震害发生在龙溪隧道进口和龙洞子隧道中(李天斌,2008)。

3.10.2.4　衬砌开裂及错位

在汶川地震中,隧道衬砌开裂及错位是隧道震害最常见的现象,都汶公路11座隧道中8座隧道出现了不同程度的衬砌开裂。这种类型的衬砌破坏可进一步分为纵向破裂(见图3-48)、横向破裂(见图3-49)、斜向破裂(见图3-50)以及横向或斜向破裂贯通形成的环向破裂(见图3-51)等。调查发现,衬砌的开裂以横向、斜向和环向破裂为主,纵向破裂相对较少,在映秀震中附近的烧火坪隧道也发现有纵横裂缝交叉形成的网状裂缝。横向和环向破裂包括施工缝张裂与错台(最大可达20cm)、二衬混凝土中的裂缝等。斜向破裂主要发育在拱腰和边墙的素混凝土或者钢筋混凝土中,以剪切和剪张裂缝为主。

图 3-46　龙溪隧道 K21+575～K21+580 拱部地震坍方

图 3-47　龙溪隧道进口拱顶二衬坍落

3.10.2.5　底板开裂及隆起

这类震害也是都汶公路隧道较为常见的变形破裂迹象,尤其是在震中附近的龙溪隧道和烧火坪隧道的底板开裂和隆起现象最为明显。底板开裂及隆起的表现形式主要为:横向开裂(见图 3-49)、纵向排水沟轻度隆起张裂、仰拱强烈隆起张裂(见图 3-52)、底板地基隆起(见图 3-53)等,龙溪隧道的最大隆起高度达到 120cm(李天斌,2008)。

图 3-48　龙溪隧道出口左洞左拱肩纵向裂纹

图 3-49　龙溪隧道出口端横向破裂及错位

图 3-50　龙溪隧道出口端右洞斜向破裂带

图 3-51　龙溪隧道出口端左洞环向剪张破裂带

3.10.3　震害的破坏机理

从建筑工程的观点,有实际意义的地震波是传播绝大部分地震能量的横向剪切波。它在同一介质中通常要比纵波的振幅大 50%～100%。

1) 地震波

地震波在隧道边墙中传播时,产生压应变和张应变的交替循环。这些应变叠加在隧道衬砌和围岩的静态应变上。

隧道衬砌中,原先存在的应变状态通常是压应变。当遇地震波碰撞而使压应变增加,衬砌即可能局部弯曲,并导致衬砌的脱落;如果增加的张应变大于现有压应变,则由此产生的张应变状态可能导致衬砌开裂;如果没有衬砌,洞顶岩石块体就会松动,也可能产生掉块。

图 3-52　龙溪隧道进口仰拱隆起张裂

图 3-53　龙溪隧道进口底板地基强烈隆起

根据 Owen 等人的看法,由地震波对隧道建筑的作用而引起振动的结果,确定了如下三种主要的变形机制:

①轴向变形。

②弯曲变形(下沉)。

③环形变形(呈椭圆形)。

任何给定的建筑物所显现的变形类型都是随波的传播轴相对于隧道轴的方位而变的。轴向变形和弯曲变形是波平行于隧道轴线或是斜交于隧道轴线传播所引起的。在轴向变形中,如果地震波沿着隧道轴线传播,便在边墙上产生交替的压应变和张应变区。

弯曲变形产生沿着隧道方向的正、负弯曲交替区。在无衬砌的岩石隧道或有柔性衬砌的隧道中,就正弯曲而言,隧道顶板承受张应变,底板承受压应变;如果隧道衬砌的刚度比围岩大,则正好相反,例如在很软的土层中的隧道。

环形变形是地震波波阵面与隧道轴线垂直或近于垂直地传播的结果,会产生如下两种可能的效应:一种是隧道横断面的畸变,这发生在地震波长约为隧道直径的一半时;第二种是瞬变,是地震波能量在隧道周围的截留与循环引起的,如果波长小于隧道半径,这就有可能发生。

由于具有显著振幅的那种地震波波长几乎总是比隧道横断面的尺寸大——是地震波的频率和速度的函数,而且这种波的频率低、速度高,故上述两种效应都不是普遍现象。

地震对地下结构的影响是施加一种任意的变形,它不能通过加强地下结构加以改变。因此,抗震设计的目标是制作一种有足够韧性而又不降低承受静荷载能力的结构来缓冲施加的弹性变形,而不是能抵抗某一单位应力下的惯性荷载的结构。

评价拟建隧道衬砌的静态或动态特性的关键在于与周围介质(土或岩石)相比较的相对刚度,该刚度可以划分为两种:

(1)延展性刚度。

它是隧道衬砌不改变形状时产生一个单位径向应变所需要的周围均匀压力的量度。与周围介质相比衬砌的这种相对刚度用压缩比 C 表示：

$$C = \frac{E_m(1-v^2)R}{E \cdot t(1+v_m)(1-2v_m)} \tag{3-11}$$

式中：E——围岩的弹性模量；
  E_m——衬砌的弹性模量；
  R——衬砌的半径；
  v_m——围岩的泊松比；
  v——衬砌的泊松比；
  t——单位长度衬砌的平均厚度。

然而，值得注意的是，地震荷载包括了剪切波，在改变地面形状时，剪切波实际上并不改变平均主应力。因此，压缩比对隧道的特性影响很小。

(2)抗挠刚度

抗挠刚度是衡量对纯剪切荷载作用所引起形状改变(环形变形)的阻力的量度，故抗挠刚度更为重要。衬砌和围岩介质的相对抗挠刚度用挠曲比 F 表示：

$$F = \frac{E_m(1-v^2)R^3}{6EI(1+v_m)} \tag{3-12}$$

式中：I——隧道单位长度衬砌横断面的惯性矩，其余符号同前。

如果 F 值大于20，衬砌结构挠性良好，衬砌承受的扭曲变形可以通过计算自由场扭曲来加以计算。

实践中，最常用的 F 值往往超过20，因此衬砌和周围介质之间的相互作用可以忽略不计。当然也有例外，例如一条大型钢筋混凝土沉管周围为很软的土时，其挠曲比将是相当低的，该种隧道势必起着一种弹性梁的作用，就不得不考虑其相互间的作用问题。

2)硬岩

在地震活动方面，在硬岩中掘进隧道时，没有穿过活动断层时，存在的困难是最少的。特别是当隧道的埋深大于2~3倍隧道直径时，因在这些环境中，挠曲比高，隧道将随着地面做简单的摇动，只经受很小的损坏或不遭受损坏。

在地下结构的软弱部位，由于应力集中，仍然可能会产生一些问题，总的来说岩石中的地下建筑物对地震破坏的反应远远没有地面建筑物那样灵敏，而且在地表以下至500m深以内，破坏程度随着深度按指数规律减小；深度大于500m以后，破坏程度便极其轻微并保持恒定不变。一般是在隧道与隧道间的交叉部位或者在隧道形状或结构材料突变的地方，这是由于应力集中的结果。这些因素会引起建筑物的不同部位对岩土移动具有不同的动力反应，于是由于相互间的相对位移，便在它们的交界处产生断裂现象。

这类问题中的一个很好的例子是一条比较柔性的地下铁道运行隧道与一个比较刚性的车站建筑物之间的对比。为了防止它们在交界处由于不同变形而产生断裂，常常要求某种形式的柔性联结。在隧道和车站之间采用的是聚氯丁橡胶衬垫，为这两种建筑物之间的相对位移提供必要的柔性。

3) 软土与沉管

隧道修建在软土中,这时与地震振动有关的最大问题往往会发生。沉管是在海、河或湖底修建的隧道的一般项目,它是在海、河或湖底沿着设计隧道轴线挖一条沟,将预制的隧道部件下沉至沟中来完成该隧道的。

一般来说,需要考虑的问题,例如高而持续的水压力,在定位过程中需要的正浮力,以及与此相反的将隧道固定在海底所必需的负浮力等,对隧道横断面设计的影响要比对地震需要考虑的问题更大。然而,纵断面的设计是可能要受地震方面需要考虑问题所影响的。其理由包括修筑沉管的地方是海湾、码头处于相当软弱的海底,而且那里的地形、地质上的不连续性和因沿着隧道长度方向上的且通常是相当大的土体运动。

4) 断层

断层包括基岩直接产生的原始剪切位移,它可以穿过覆盖层到达地表。场地的这种有形的剪切通常被限制到地震活动断层周围一个狭窄的范围,可能通过突然位移的方式引起的破坏会是很严重的。

对于处理穿过活动断层的隧道问题的最好办法是不通过它。如果完全可能的话,在规划阶段就对可能的断层交叉点给予判定并避开。要修建一条有足够强度的隧道约束断层运动而起"销钉"作用,一般来说是很难做到的。因此,如果与断层的交叉不能避开,那么就必须查明发生事故的可能性和可能遇到的位移,并得到确认。对可能的破坏必须加以限制,使其尽量减少,并提出检修的方法。

5) 液化

液化,即固态的土变成一种悬浮状的泥浆"汤",是沉管施工所关心的,但归根结底是这种土具有相当软且固结很差的性质,而沉管又不可避免地要置于这种土中。水泥熟料具有胶结作用的优点,也能使在地震情况下的液化风险减少至最小的程度。

6) 隧道震害与支护的关系

一般认为隧道是抗震性能较好的结构,然而在强烈地震作用下或者隧道在一定的结构状态下仍然会造成隧道破坏,隧道震害的原因主要有:

(1) 外因

由地震引起的隧道病害,外因方面除了震动的影响以外,还有下列两个条件:

①隧道贯穿的围岩发生坡体滑动、崩塌、断层错动,处于易产生变异的地质条件下。

②隧道虽然没有因为地震而发生坡面灾害,但可能处于产生若干流变的不稳定坡面之下。

(2) 内因

从静力条件看,在已经产生隧道病害或结构本身有潜在的缺陷时,地震灾害引发的后果会比较严重。隧道震害的内因包括:

①由于偏压、膨胀压力等因素的作用,使结构的受力状态发生改变,已经引发衬砌裂损等病害的发生。

②隧道无衬砌或衬砌厚度不足。

③施工质量不良、冻害作用或材料年久劣化等使衬砌强度显著降低。

④施工中曾经发生围岩流失、崩坍,使得上部围岩呈松弛状态。

⑤地震给衬砌强加的剪切位移是地震对衬砌的主要作用方式。而结构与地层大致上一致而又不尽相同的运动,则产生地震对衬砌的附加应力。当围岩不失去稳定时,衬砌只要能与围岩保持大致一致的变形,即不致产生严重的震害。

⑥支护与围岩密贴对隧道抗震十分重要。围岩与支护共同承载才能形成更有效的抗震结构,所以推广新奥法施工、采用喷锚衬砌及复合衬砌、衬砌背后压浆、减少围岩扰动均有利于隧道抗震。地震时隧道围岩产生松动,引起衬砌应力集中,衬砌背后若有空洞就会在其背面产生不同约束的振动导致剪切及拉力过大产生拉裂。

⑦从结构抗震角度出发,要求地下结构具有适应地层变形的能力,应在保持必要的强度和稳定条件下适当减小结构的刚度。传统的增加衬砌厚度、加大配筋率的方法既增加成本又不能得到好的抗震效果。中国铁道科学研究院的模型试验和数值分析结果表明,隧道衬砌的刚度的减小有利于抗震。因为,第一,薄圆结构中产生的弯矩,无论是静载还是地震动载作用,均比厚圆结构弯矩小得多;第二,跨度、高度较大而刚度相对减小的双线隧道衬砌中的弯矩,并不比单线隧道衬砌中弯矩大很多。

⑧曲墙式衬砌优于直墙式衬砌,封闭式衬砌优于未封闭式衬砌。

⑨隧道结构出现裂缝的部位,单线隧道结构的裂缝出现在仰拱、拱顶内侧以及仰拱拱趾的外侧。

综上,地震灾害的严重程度不仅与地震规模、距震中的距离有关,而且与隧道本身的弱点密切相关。

7)地震对隧道的影响规律

岩体隧道震害的形式主要有裂纹、剥落、底部隆起或倾斜,破坏程度主要取决于地震作用力方向及现场地质条件,一般发生于存在破碎带的地层中。

对于土体隧道,土体对地震的响应要明显强于岩体,所以隧道破坏的可能性也更大。又由于土体隧道多用于城市地铁、车站较多,整体结构形式不均一,容易产生应力集中,使破坏多集中在车站上。

3.10.4 地震对隧道结构的危害

隧道震害的后果有:
①隧道洞口边坡、仰坡因地震造成地层断裂、滑坡和崩塌落石,破坏和封堵洞门。
②地震荷载引起隧道侧压增大,导致衬砌拱部上凸、塌落。
③地层横向剪切运动导致隧道横向错位。
④衬砌受纵横向地震力作用,衬砌开裂、剥落。
⑤浅埋地段的软岩因震动使围岩失去拱效应而塌落。
⑥地震引发泥石流掩埋洞口。

3.11 火灾引起的病害

随着地下空间开发利用力度的加大,作为主要利用形式之一的交通隧道在穿越障碍、解决城市交通压力、节约城市用地、加强城市防护等方面发挥了重要的作用。但是,在其给人们生产、生活带来便利,越来越多被使用的同时,作为主要灾害的火灾也频繁发生。

图 3-54 隧道衬砌管片的高温爆裂

由于隧道火灾升温速度快、达到的最高温度高(1000℃以上)、持续时间长、温度在隧道断面上分布不均匀,大量的火灾事故表明,大火除了对隧道内的人员、设备造成巨大伤害外,还对衬砌结构产生了不同程度的损伤(见图3-54),严重降低了衬砌结构的安全性,还可能导致隧道密封及防水失效,使得隧道发生渗漏、涌水,对隧道造成毁灭性的灾害。

目前,随着大量隧道工程,特别是越江跨海隧道工程的建设以及对隧道安全运营的重视,研究隧道衬砌结构在火灾高温下的力学行为及其火灾安全性成为了一项重要的工作,这对于提高隧道衬砌结构的火灾安全及防火能力具有重要的理论价值和实用意义。

3.11.1 火灾概述

铁路隧道发生火灾的特点是:比较突然、持续时间长、着火范围大、温度高、消防扑灭存在极大困难,以致对隧道衬砌产生的破坏也最为严重。目前,人们对这种灾害的发生还无法完全控制,但灾害的损失程度却取决于人们对它的预测、预防和重建能力。所以,除了加强对隧道的报警、防灾和消防的措施之外,在火灾后及时对衬砌结构的受损程度作出合理的判定,并提出恰当的加固补强措施,对保证隧道的营运安全有着很实际的工程经济意义。但隧道火灾的发生是一个随机事件,火灾过程、火温下衬砌结构性能的变化规律均受到许多不确定因素的影响或制约,即可视隧道的火灾事故为一随机过程。这就要求我们在对衬砌结构的火灾损伤状况、耐火性能以及灾后结构的可靠性进行评估时,应采用概率的方法来研究。

3.11.2 火灾破坏规律

3.11.2.1 温度场的分布规律

公路隧道一旦发生火灾,隧道内温度不是呈线性逐渐增加,而是有一个剧增的过程,一般在起火后的 5~10min 内,温度即达到最高。其温度的最高值与燃料种类、数量、燃烧延续时间、燃烧速度以及隧道本身的特性有关。

(1)隧道纵向温度场的分布

由于燃烧引起的冷热空气对流和隧道壁面对于流经其中的高温火烟的冷却作用,使得热烟气流的热量被空气及非燃烧物质(主要是隧道壁面)所吸收而使其温度沿线下降。大量的试验表明,隧道风速和火灾规模对温度的纵向分布有很大影响。在相同条件下,随着风速的增大,火区附近的温度下降而火区下游隧道沿线温度上升;当其他条件不变时,随着火灾规模的增大,温度场纵向影响范围相应增加。由于火灾是一个动态发展过程,因此其纵向温度分布也随着时间的发展不断地变化。发生火灾后,随着时间的推移,隧道内各点的温度都不断上升,当火灾点温度达到最高时,各点温度也基本达到最高,之后温度逐渐下降。在整个火灾过程中,火灾点的温度梯度最大,随着逐渐远离火区,温度梯度逐渐减小。

(2)隧道横断面上温度场的分布

从隧道的横断面来看,断面的上部为高温烟气流向外流出,断面的下部则是外界新鲜空气向内流入补充,而断面的中部则为高低温气流进行热传导和热对流的紊流层。由于高温热烟较轻上升,隧道底部相对有较冷的空气补充和隧道壁面吸收部分热烟气流的热量。因此,在隧道横断面方向,温度场的分布规律是:拱顶处温度最高。拱腰次之,边墙和底部最低。其中,火场附近,洞内地表最高温度在300℃左右,在人体高度处大约350℃,而在隧道顶部则可达800~1000℃,通风对温度扩散过程具有重要的影响。因而,在不同的通风条件下,隧道纵断面温度场的分布也不尽相同。

(3)温度随时间的变化规律

隧道火灾过程分为三个阶段:①火灾发展阶段,此时火势不断增大,烟流温度不断增高;②火灾稳定阶段,此时火势基本稳定,烟流温度波动较小;③火灾衰减阶段,此时火势逐渐减小,烟流温度不断下降。

图3-55给出了隧道拱顶温度随时间变化的典型曲线。由试验可以看出,发生火灾时,隧道内温度的变化,并不是按照标准温度—时间曲线逐渐上升,而是有一个急剧增加的过程。一般在起火后的4~10min内,温度即达到最高。由于从起火到爆发成灾经历的时间最多只有10min,这就要求隧道内的报警、消防设施要有很快的响应速度。报警设备要在很短的时间内探测到火灾,并发出警报信息;消防设备则需要在火灾未充分发展时,对其予以扑灭。同时,车辆和人员也要充分利用这宝贵的时间逃生和避难。

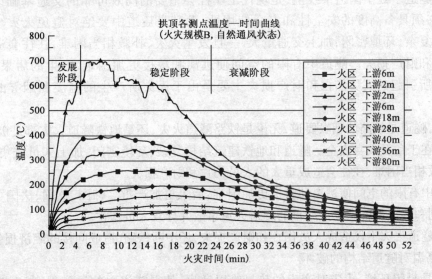

图3-55　隧道拱顶温度随时间的变化曲线(王明年,2003)

火灾进入稳定燃烧阶段后,其持续时间随火灾规模、通风风速以及燃料自由表面积的大小而变化。在同等条件下,火灾规模越大,火灾的持续时间越长。同样,在同等条件下,燃料的自由表面积越大,燃烧速度越快,则火灾的持续时间越短。同时,在同等条件下,随着通风风速的增大,火灾的持续时间缩短。

3.11.2.2 压力场的分布规律

压力场的分布主要受火风压的影响。隧道中发生火灾时,通风网路中出现的附加自然风压称作火风压。火风压相当于在隧道中安设了一系列具有相同能量的辅助通风机。在水平隧道内,火风压很小。

在倾斜或垂直的坑道内,将出现明显的火风压。由于火风压的作用,会导致通风系统的紊乱,致使灾害扩大。对于长大公路隧道由于结构和洞内排水的需要,往往造成隧道出入口间存有较大高差,因此发生火灾后火风压的作用不可忽视。

影响火风压的因素主要有下列几个方面:流向火源的风量,火源处空气的温度,火源所在位置,隧道周围岩体被加热过程等。

由于隧道壁面和对流空气的冷却降温作用,离火源越远,温度升高梯度越小,受火风压的影响也就越小。火风压沿线按以 e 为底的指数函数(其指数为绝对值大于1的负数)变化规律而减少,说明距起火点较远的隧道空间受高温烟流的热污染和烟毒污染也迅速降低。同时,国内外大量试验结果表明,在同一断面,拱顶的火风压要比底部的大,可见其压力场分布也与隧道断面的高度有关。

综上所述,隧道火灾压力场的分布规律是:在同一隧道断面中,顶部的压力最大,拱腰和拱脚次之,边墙和底部则较低。对于隧道纵向来说,越靠近火区的温度越高,压力变化较大,反之越远离火区越靠近隧道洞口压力变化越小。

3.11.3 隧道火灾的危害

公路隧道多处于国道干线上,是现代工业社会主要的高效可靠的交通基础设施。毫无疑问,其必须具备高度的安全性和安全使用性,尤其是隧道中要绝对避免火灾事故。由于隧道结构复杂、环境密闭,加上交通量大,一旦发生火灾,扑救相当困难,往往会造成重大的人员伤亡和财产损失。隧道中有限的空间使逃离和救援更加困难,产生的后果更加严重。隧道火灾所引起的人员伤亡和财产损失主要是由于火灾所产生的温度和烟雾的扩散而造成的。

同样,隧道是铁路的咽喉要道,无论是铁路隧道火灾,还是地铁隧道火灾都是极其危险的,其危险性在于危及人身安全。隧道和地铁建筑结构复杂、环境密闭,加上人员密集,一旦发生火灾,扑救相当困难,往往会造成重大的人员伤亡和财产损失。

隧道中有限的空间使逃离和救援更加困难,后果更加严重。韩国、英国、法国、意大利、日本、奥地利和美国都曾发生过严重的隧道火灾事故并导致人员伤亡。

另外隧道火灾不仅造成人员伤亡和财产损失,还中断铁路,造成间接的经济损失。

(1)高温对隧道结构的破坏

隧道是封闭环境,火灾时产生的热量难以散出,使得隧道内的温度很高,有时可能达到1200℃。如此高温使隧道结构遭受严重破坏。隧道运营单位不但要承担修复所需费用,还要承受维修间由隧道封闭带来的收入损失,通常封闭隧道带来的收费损失要高于维修隧道的费用。托恩隧道火灾,造成 600m 隧道坍塌,修复费用 850 万欧元,而关闭 3 个月的收费损失高达 2000 万欧元;勃朗峰隧道火灾,隧道因此关闭近 3 年,意大利间接损失

3.0~4.5亿欧元/年。

(2) 烟气对隧道内人员安全的危害

隧道发生火灾时消耗的氧气难以迅速补充,因而多数隧道火灾是缺氧燃烧,这种燃烧方式会产生大量的CO及烟雾等有害气体,而人的安全逃生要求O_2的浓度不低于10%,同时要求CO的浓度不高于0.12%。一旦O_2与CO浓度不满足要求,人就会丧失部分判断及行为能力,从而失去逃生的机会。如著名的英法海底隧道火灾、圣哥达隧道、勃朗峰隧道和托恩隧道火灾就有许多人由于缺氧或CO中毒而失去了生命。其中勃朗峰隧道火灾,许多人死在自己的车内,他们的死亡原因是有毒气体中毒或缺氧窒息。

参 考 文 献

[1] 刘会迎.公路隧道病害成因机理及防治措施研究[D].成都:西南交通大学,2007年.
[2] 唐亮.隧道病害调查分析及衬砌结构的风险分析与控制研究[D].杭州:浙江大学,2008.
[3] 刘海京,夏才初,朱合华,等.隧道病害研究现状与进展[J].地下空间与工程学报,2007,3(5).
[4] 吴江滨,张顶立,王梦恕.铁路运营隧道病害现状及检测评估[J].中国安全科学学报,2003,13(6).
[5] 刘海京.公路隧道健康诊断计算模型研究[D].上海:同济大学,2007.
[6] 王春梅.日本公路隧道的恶化状况及防治对策[J].世界隧道,1997(6).
[7] 吴梦军,张永兴,刘新荣.公路隧道病害处治技术研究[J].地下空间与工程学报,2007,3(5).
[8] Robert Rowe,Meng(Hons)ARSM.地震带的隧道开挖[J].地下空间,1994,14(2).
[9] 李天斌.汶川特大地震中山岭隧道变形破坏特征及影响因素分析[J].工程地质学报,2008,16(6).
[10] 贺志勇,兰衍亮,戴少平.震后公路隧道工作状态诊断评估技术[J].中外公路,2009.29(1).
[11] 朱秀莲.公路隧道火灾特性及其防治初探[J].国防交通工程与技术,2004(3).
[12] 王明年,杨其新,袁雪戡,等.公路隧道火灾温度场的分布规律研究[J].地下空间,2003.23(3).

4 隧道检查的内容、方法与技术

隧道的检查和检测对隧道的养护和维修有重要意义。全面细致地对隧道进行检查,可以发现隧道存在的病害和及病害的程度,从而为隧道的养护和维修提供依据,以延长隧道的使用寿命,避免过早地进行改建和重建工作。

4.1 隧道检查要求及信息内容

《铁路桥隧建筑物大修维修规则》、《铁路桥隧建筑物劣化评定标准》和《公路隧道养护技术规范》(JTG H12—2003)对隧道的具体检查有相应的技术要求,介绍如下。

4.1.1 铁路隧道检查

1997年铁道部编制发布了《铁路桥隧建筑物劣化评定标准》(TB/T 2820.2—1997),2004年铁道部又发布了铁运函[2004]174号文《铁路运营隧道衬砌安全等级评定暂行规定》,专门针对铁路隧道的检查和养护作了规范性的说明。

1) 检查制度

(1) 检查制度包括:水文观测、经常检查、定期检查、临时检查、专项检查、检定试验等。各项检查必须建立相应的责任制和考核制度,保证各项检查工作的落实。

(2) 各有关单位应建立检查登记簿,并按规定认真填写,保证数据准确可靠,为状态分析评定和编制大维修工作计划提供依据。

(3) 为保证检查的精度,应配备必要的检测工具和仪器、仪表,并定期标定,统一计量标准。

2) 经常检查

(1) 对隧道设备状态变化较快和直接影响行车安全的部位应经常检查。长大隧道由巡守工负责,其他设备由工区组织进行。

(2) 对钢轨伸缩调节器应每日检查两次,并记录好气温、轨温、伸缩量及轨距、轨向、水平变化情况。

(3) 工长每月应对重要隧道设备(由工务段规定)检查一遍;每季至少对工区管内设备检

查一遍;在每座隧道维修时,应组织工人进行一次全面检查。

(4)领工员每季应有计划地对管内隧道设备进行检查,做到每半年全面检查一遍。

(5)对使用年久及有严重病害的隧道建筑物,应按规定指定人员进行定期检查,并作好记录,建立观测台账。

(6)工长、领工员对每次检查情况,应认真填写"隧道检查记录簿"。发现重要病害或病害发展较快时,应及时逐级上报,必要时绘制病害示意图,记入隧道登记簿或隧道专卷内。

(7)工务段长应有计划地检查长大、技术复杂及有严重病害的隧道设备。

3)定期检查

(1)春融及汛前,应对隧道的排水、泄洪及度汛防护的设施进行一次检查。秋季(三季度),应对隧道设备进行全面检查,据以拟定病害整治措施,安排设备改善计划,确保行车安全。

(2)检查工作由工务段根据铁路局的要求组织进行。长大隧道及重要设备,工务段长必须亲自检查,分局和铁路局派员重点参加。

(3)对设备各部分的技术状态,隧道应按规定进行全面细致的检查,必要时用仪器检测或试验,以查明各种病害情况及发生原因。

(4)工务段根据秋季检查结果,对每座设备填写"铁路桥隧建筑物秋检评定记录表"(工桥-2),凡Ⅱ级失格桥隧建筑物应填写"失格桥隧建筑物明细表"(工桥-3),并汇总填写"桥隧建筑物状态报告表"(工桥-4),提出病害发生原因、增减情况等状态分析报告,铁路局审查汇总后于10月底报铁道部。

4)临时检查

临时检查是当设备遭受地震、洪水、台风、火灾及车船撞击等紧急情况或发生突发性严重病害时,为及时得到结构物状态的信息而进行的检查。临时检查由工务段组织进行,必要时由分局或路局组织进行。

5)专项检查

对隧道工程主要是限界检查,要求:

(1)重要线路的桥隧限界每五年、其他线路的桥隧限界每十年检查一次,应根据检查结果绘出每座桥隧综合最小限界图。铁路局并应绘制管内各区段桥隧综合最小限界图,报铁道部。当发现建筑物有变形或被修理加固后,应立即检查该建筑物的限界。如影响原有最小尺寸时,应修正限界图并报铁道部。

(2)测量隧道各段衬砌的纵断面和平面,一般可在拱顶及边墙(轨面上约1m处)的固定测点下进行水准测量,并测量两边墙上相同高度固定测点间和拱脚水平线上的宽度。有变形的隧道各段衬砌的横断面可安设单点锚杆式位移计定期进行测量。

6)检查重点

(1)隧道衬砌的检查,可使用分格检查方法。发现衬砌腐蚀、裂纹或变形时,应安设测标,定期观测。

(2)隧道内的漏水涌水,应查明水源,仅在每年流量最大的月份和地点,测量水的流量和水温(严寒地区冬季最冷月份应增测水温)。必要时,须取样化验水质,了解其对衬砌是否有侵蚀作用。

（3）隧道内整体道床，应重点检查支承块松动和损坏，道床基底沉陷，承轨台与人行道交界处、中心水沟、伸缩缝等部位的裂纹、变形。

（4）有明显偏压的隧道或明洞，应检查山体动态和衬砌有无变形裂纹等，明洞洞顶上岩土的厚度和坡度是否符合要求。

（5）对运营中应按规定设置机械通风及通风不良的隧道，铁路局应组织工务、卫生等有关部门，每年进行一次抽取空气试验，测定有害气体的浓度，找出最大浓度及降至容许浓度的时间，必要时应进行通风试验，同时测定自然风和活塞风的情况。

4.1.2 公路隧道检查

1）日常检查

（1）当日常检查的判定结果为B时，应进行监视、观测或做特别检查；当特别检查或定期检查的判定结果为B时，应做专项检查。

（2）日常检查是对土建结构的外观状况进行的日常巡视检查。通过日常检查，应及时发现早期破损、显著病害或其他异常情况，并确定对策措施。

①检查的频度应不少于1次/月，高速公路隧道应不少于1次/周。在雨季或冰冻季节，应加强日常检查工作。

②检查宜采用目测方法，配合以简单的检查工具进行。

③检查结果应及时填入"日常检查记录表"，详实记述检查项目的破损类型，估计破损范围和程度以及养护工作量，作出判定分类，并采取相应的对策措施。

2）定期检查

定期检查是按规定周期对土建结构的基本技术状况进行全面检查。通过定期检查，应系统掌握结构基本技术状况，评定结构物功能状态，为制订养护工作计划提供依据。

（1）检查的周期宜1次/年，高速公路隧道应不少于1次/年。检查宜安排在春季或秋季进行。新建隧道应在交付使用1年时进行首次定期检查。

（2）检查宜采用步行方式，配备必要的检查工具或设备，进行目测或量测检查。检查时，应尽量靠近结构，依次检查各个结构部位，注意发现异常情况和原有异常情况的发展变化。对于有异常情况的结构，应在其适当位置作出标记。检查结果宜尽可能量化。

（3）检查结果应及时填入"定期检查记录表"，将检查数据及病害绘入"隧道展示图"，应详细、准确地记录各类结构的基本技术状况，分析病害的成因，给出判定结论。

（4）定期检查完成后，应提出土建结构定期检查报告，内容应包括：

①对土建结构的技术状况和功能状态的评价。

②对土建结构的养护维修状况的评价及建议。

③需要实施专项检查的建议。

④需要采取处治措施的建议。

此外，检查报告还应附上检查记录表、隧道展示图以及其他有关检测记录资料。

3）特别检查

特别检查是在隧道遭遇自然灾害、发生交通事故或出现其他异常事件后，对遭受影响的结构立即进行的详细检查。通过特别检查,应及时掌握结构受损情况,为采取对策措施提供依据。

(1)应根据受异常事件影响的结构,决定采取的检查方法、工具和设备。

(2)特别检查的内容应按规定对受异常事件影响的结构或结构部位作重点检查,掌握其受损情况。

(3)特别检查应按定期检查的标准判定,当难以判明破损的原因、程度等情况时,应作专项检查。

(4)检查结果的记录,与定期检查相同。检查完成后,应提交特别检查报告,包括检查记录,评估异常事件的影响,给出判定结论,确定合理的对策措施。

4)专项检查

专项检查是根据定期检查和特别检查的结果,或者通过其他途径,判断需要进一步查明某些破损或病害的详细情况而进行的更深入的专门检测。通过专项检查,应完整掌握破损或病害的详细资料,为其是否实施处治以及采取何种处治措施等提供技术依据。

(1)专项检查宜委托具有相应检测资质的专业机构实施。

(2)检查的项目、内容及其要求,应根据定期检查或特别检查的结果有针对性地确定。

(3)检查人员应对有关的技术资料、档案进行调查,并对隧道周围的地质及地表环境等展开实地调查,以充分掌握相关的技术信息,寻找土建结构发展变化的原因,探索其规律,确保专项检查结果的准确性。

(4)检查的结果可按外荷载作用、材料劣化和渗漏水三种主要情况分别考虑,进行判定分类。

(5)专项检查的项目通常由定期检查或特别检查报告提出,并由此确定专项检查的内容和要求等,一般可按表4-1的内容选择实施。

专项检查项目表　　　　　　　表4-1

检查项目		检查内容
结构变形检查	道路线形、高程检查	道路中线位置、路面高度、缘石高度以及纵、横坡度等测量
	隧道横断面检查	隧道横断面测量,周壁位移测量(与相邻完好断面比较)
	净空变化检查	隧道内壁间距测量(自身变化测量)
裂缝检查	裂缝简易检查	裂缝的位置、宽度、长度、开展范围或程度等
	裂缝变形检查	裂缝的发展变化趋势及其速度;裂缝的方向及深度等
漏水检查	漏水简易调查	漏水的位置、水量、浑浊、冻结及原有防排水系统的状态等
	漏水检测	水温,pH值检查、导电度检测、水质化学分析
材质检查	衬砌强度检查	强度简易测定,钻孔取芯,各种强度试验等
衬砌及围岩状况检查	无损检查	无损检测衬砌厚度、空洞、裂缝和渗漏水等,以及围岩状况
	钻孔检查	钻孔测定衬砌厚度等、内窥镜观测衬砌及围岩内部状况
荷载状况检查	衬砌应力及拱背压力检查	衬砌不同部位的应力及其变化,拱背压力的分布及其变化

(6)检查完成后,应提交专项检查报告。报告的内容应包括:

①检查的主要经过,包括检查的组织实施、时间和主要工作过程等。

②所检查结构的技术状况,包括检查方法、试验与检测项目及内容、检测数据与结果分析以及对破损结构的技术评价等。

③对病害的成因、范围、程度等情况的分析,及其维修处治对策、技术以及所需资金等建议。

4.1.3 隧道病害检查的信息内容

《公路隧道养护技术规范》(JTG H12—2003)规定了公路隧道检查内容分为土建结构、机电设施和其他工程设施,如图4-1所示。

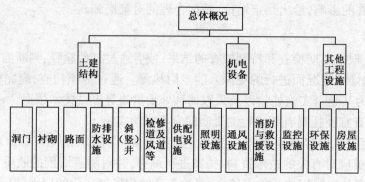

图4-1 公路隧道检查内容

公路隧道既是道路工程构造物又是地下工程结构。它涉及工程地质、结构力学、空气动力学、光学、自动控制和工程机械等多种学科,技术较为复杂。而且,公路隧道一般都处于崇山峻岭之中,无绕行可能,如果隧道内出现严重渗漏水、衬砌开裂或设施故障等情况,就会妨碍交通,进而使整个交通线完全处于中断状态,给公路交通造成恶劣影响。隧道主体结构为永久性建筑物,对公路隧道运营阶段的病害检测与治理应本着"预防为主、早期发现、及时维护、对症施治"的原则,要经常性地对隧道进行检查,及时发现问题,建立数据库,确定需要整治的技术指标,并采用有效措施整治,对整治完的隧道要制定质量验收标准。力争做到检测程序化,处治规范化,验收标准化。

1) 隧道总体检测内容

《公路隧道养护技术规范》(JTG H12—2003)已经对公路隧道结构检查的基本内容和采取的常规对策给出了明确的规定。隧道总体检测内容见表4-2。

隧道总体检测内容　　　　表4-2

内容		数量	具体要求	检测方法
隧道结构完损检测	渗漏检测	全隧道	调查渗漏路径和渗漏量,对渗漏严重、存在漏泥现象的部位,检查其结构背后空洞情况,并绘制渗漏展开图	目测,辅以红外热成像仪
	裂缝观测		调查整个隧道主要结构构件破损的形式、贯通情况、裂缝的宽度、长度、深度、部位和位置等信息,并绘制裂缝展开图	目测,辅以裂缝宽度检验规等
	锈蚀(面积损失)等观测		调查整个隧道的钢筋、连接螺栓、钢构件锈蚀情况包括锈蚀的范围和锈蚀的深度	目测,辅以卷尺、游标卡尺

续上表

内　容		数　量	具体要求	检测方法
隧道变形及位移测量	沉降测量		沿隧道内车道板两侧既有测点进行测量	水准仪、全站仪、GPS 等
	中线测量		沿隧道 50m 布置一侧点,测量中心偏差	
	断面形状收敛测量	>11	按国际隧协要求测量圆形(不少于 7 个)和矩形(不少于 4 个)隧道典型断面,具体位置参见附件 1	激光测距仪
环境质量检测	空气质量	>5	隧道内温度、湿度、CO、CO_2、SO_2、NO_2	室内实验/大气采样仪,分光光度计,风速仪,CO、CO_2 分析仪等
			风速,每个风井内测量三个高度 0.5m、1.5m、风机的进出口。隧道外测定一处风机的进出风口	
			测量悬浮颗粒物、挥发性化合物等,并标定样点位置	
	土壤、水质	>5	按隧道地质剖面图和渗漏水情况采样,测定水中阴离子含量(CL^{-1}、SO_4^{2-})	分光光度计,pH 计等
	漏泥成分	>5	依隧道漏泥情况,取样分析,主要测定阴离子含量(CL^{-1}、SO_4^{2-})	

2）土建结构的结构检查频率和内容

土建结构的结构检查工作分为日常检查、定期检查、特别检查和专项检查 4 类。表 4-3 概括了土建结构的结构检查频率和内容。

土建结构的结构检查频率和内容（交通部,2003）　　　表 4-3

检查名称	检查频率	检查内容	
日常检查	不少于 1 次/月,高速公路隧道不少于 1 次/周	洞口、洞门、衬砌、路面、检修道、排水设施、吊顶、内装	
定期检查	宜 1 次/年,高速公路隧道不少于 1 次/年	路洞口、洞门、衬砌、路面、检修道、排水系统、吊顶、内装	
特别检查	在隧道遭遇自然灾害、发生交通事故或出现其他异常事件后	针对受异常事件影响的结构或结构部位作重点检查	
专项检查	根据定期检查和特别检查的结果,或者通过其他途径,判断需要进一步查明某些破损或病害的详细情况时	外荷载作用	衬砌变形、移动、沉降
			衬砌裂缝
			衬砌起层、剥落
			衬砌突发性坍塌
		材料劣化	衬砌断面强度降低
			衬砌起层、剥落
			钢材腐蚀
		渗漏水	渗漏水
			结冰、砂土流出

日常检查是为了发现隧道结构的早期破损、显著病害或其他异常情况,日常检查原则上与道路巡回检查一并进行。《公路隧道养护技术规范》(JTG H12—2003)规定日常检查的频度

229

应不小于1次/月,高速公路隧道应不小于1次/周,特别是在雨季或冰冻季节更应增加日常检查的频度。检查的内容包括隧道衬砌的裂缝、错台、起层、剥落以及排水设施的破损、堵塞、积水和结冰等。

定期检查是按规定周期对隧道结构的基本状况进行全面检查,检查的目的是系统掌握隧道的基本技术状况,为制订养护工作计划提供依据,检查宜以徒步的目视检查为主,配备必要的检查工具或设备,检查的内容除了上述提及的结构病害外,还应扩展到运营的通风、照明、噪声、环保、路面抗滑系数等,检查的周期宜1次/年,高速公路隧道应不少于1次/年。检查宜安排在春季或秋季,定期检查完成后应提交定期检查报告以及隧道展开图和其他有关检测记录资料。

特别检查是在隧道遭遇地震、洪水等自然灾害,发生火灾、交通事故或出现其他异常事件后对隧道进行的检查,检查的目的是及时掌握隧道结构受损情况,特别检查难以判明破损原因和程度时应作专项检查。

专项检查是根据定期检查和特别检查的结果,或者通过其他途径判断,需要进一步查明某些破损或病害的详细情况而进行的更深入的专门检测,例如隧道火灾后的结构损伤评价检查,检查时要邀请一些有经验的专家并辅以专门的检查设备。通过专项检查,应完整掌握病害的详细资料,为其是否实施处治以及采取何种治理病害的措施等提供技术依据。

3)土建结构病害基本调查信息(表4-4)

公路隧道调查情况信息　　　　　　　　　　表4-4

周围环境信息	①隧道外降雨记录; ②洞内外气温(包括洞口两端与洞身中部,竖井记录等); ③隧道洞口风速风向测量记录; ④山体滑动观测记录; ⑤围岩压力量测记录等; ⑥洞内有害气体的测定数据
调查情况	调查和工务维修单位、调查时间、调查次数、调查频率
调查地点	调查里程桩号;具体位置:衬砌、洞门、顶板、内装饰板、排水设备、铺设路面、路面、路肩、中墙、施工缝等
调查方向	从进口到出口、从出口到进口
调查面	上行线左侧、上行线右侧、下行线左侧、下行线右侧; 调查示意图
隧道结构形式	单拱隧道、连拱隧道
调查内容	裂缝、渗漏水、衬砌(施工缝)错缝错台、衬砌剥落剥离、石灰析出、滞水、沉砂、路面冒浆、隧道底板隆起、蜂窝麻面、凹凸不平、材料劣化
病害描述	病害种类、产生部位、形态等

4) 土建结构病害信息(表4-5)

土建结构病害信息(郑立煌,2005)　　　　　表4-5

病害名称	病害具体信息
裂缝	绝对里程桩号、相对里程桩号、产生时间; 产生部位:拱顶、边墙、起拱线、道路中线等; 裂缝起始位置、终止位置、倾角(与水平向的角度); 水平距离、垂直距离、长度、宽度; 裂缝形态:连续性、交叉; 深度:贯通、深、浅、表层、不明; 裂缝表面的干湿度:干燥、湿润、有水; 裂缝内有无盐析、锈水、胶状物析出; 劣化程度:污染,无变化; 裂缝周围材料的风化剥离情况; 形态描述、裂缝二维展示图
渗漏水	绝对里程桩号、相对里程桩号; 产生部位:拱顶、边墙、起拱、道路中线等; 长度、宽度、渗漏区域; 衬砌渗漏水状态:干燥、湿润、滴水、涌水、漏水; 出水形式:点漏、缝漏、线漏、片漏; 渗漏水量、析出物、水压、水质对衬砌的侵蚀性、pH值、衬砌混凝土含水率、其他描述、渗漏水展示图(具体图例)
冻害	绝对里程桩号、相对里程桩号; 部位:拱顶、腰、边墙、起拱线; 冻害形式:冰柱、侧冰、挂冰、冰塞、冰湖、冰楔
衬砌剥离剥落	相对里程桩号、绝对里程桩号、部位、块体质量、周长; 剥落剥离砼的形状:规则(锥形,V形,层状等)、不规则; 特别注意由于冲击和钢筋锈蚀胀裂的剥落剥离的形状
衬砌错台错缝	有无压溃的可能; 相对里程桩号、绝对里程桩号; 部位:拱顶、拱腰、边墙、起拱线; 错台方向:内错、外错; 起始位置、终止位置、与水平向的角度、纵向错台长度、横向错台长度、宽度、深度
断面变形侵限	绝对里程桩号、相对里程桩号; 部位:拱顶、拱腰、边墙、起拱线; 水平位移、垂直位移、断面轴有无移动回转、断面净空有无缩小
路面损坏	绝对里程桩号、相对里程桩号、路面开裂损坏描述、路面是否冒浆
底板隆起、基底冒浆	绝对里程桩号、相对里程桩号、冒浆描述、基底有无下沉冒浆、有无底鼓;出水点的展示图
衬砌表观病害	绝对里程桩号、相对里程桩号; 部位:拱顶、拱腰、边墙、起拱线; 测定断面缺陷部分的尺寸:直径、长度、深度、面积、体积等。 表观病害形式: ①蜂窝、麻面:测量麻面的面积,体积以及长度;

续上表

病害名称	病害具体信息
衬砌表观病害	②孔洞、砼缺棱掉角、露筋(要检查是主筋还是箍筋); ③钢筋锈蚀、砼缝隙夹层; ④集料外露和酥松:由化学腐蚀和温度、湿度造成的缺陷。测定混凝土表面到外露集料面层的厚度。用钉子和刀刻画混凝土表面,测定酥松部分的深度,并对酥松是否仅限于水泥石部分;集料是否酥松;砂子和石子是否易于脱落;有无变色和附着物加以说明; ⑤砼强度偏低、均质性差、直曲墙歪斜凹凸、白花、保护层厚度不足
排水系统病害	绝对里程桩号,排水情况,排水设备有无毁损; 排水沟流量流速检查观测记录

5)土建结构病害专项检测信息(表4-6)

检测基本信息:检测日期、检测频率、下次检测时间、检测项目。

土建结构专项检测信息　　　　　　　　　　　　　　表4-6

检测项目	检测方法	检测内容
混凝土强度	回弹法	绝对里程桩号、相对断面里程、测区部位、测点编号、测点回弹值、测点混凝土强度值(MPa)、测点布置图
	超声法	绝对里程桩号、相对断面里程、测区部位、测点编号、超声声时值(cm)、测点声速值(cm/s)、修正后测点声速值(cm/s)、修正后测点强度值(MPa)、测点布置图
	超声回弹综合法	绝对里程桩号、相对里程桩号、衬砌断面图; 测线布置:拱顶测线、拱腰测线、边墙测线布置图; 测区回弹强度值(MPa)、测区平均碳化深度值(mm)、测区混凝土推定强度值(MPa)
	拉拔法	绝对里程桩号、相对里程桩号、测区、换算系数、混凝土换算强度(MPa)、拉拔示意图
衬砌厚度	钻芯法	绝对里程桩号、相对断面里程、测区部位、测点编号、衬砌设计厚度(cm)、钻芯边墙实测厚度(cm)、钻芯拱腰实测厚度、钻芯拱顶实测厚度
	超声法	绝对里程桩号、相对断面里程、测区部位、测点编号、衬砌设计厚度(cm)、超声实测厚度(cm)、测点编号位置示意图、备注
	地质雷达法	绝对里程桩号、相对里程桩号、衬砌断面图; 测线布置:拱顶测线、拱腰测线、边墙测线布置图、地质雷达边墙实测厚度(cm)、地质雷达拱腰实测厚度、地质雷达拱顶实测厚度、原始波形、处理后波形
衬砌内部质量	钻芯法	钻孔位置、岩芯长度、蜂窝段长度、试件状态; 钻孔柱状剖面图:工程名称、钻孔位置、钻孔编号、岩性、钻孔芯样文字描述
	地质雷达法	绝对里程桩号、相对里程桩号、断面位置;测线布置:拱顶测线、拱腰测线、边墙测线等;初期支护和围岩接触是否密贴;超挖回填不密实;二次衬砌和初期支护密贴程度和回填情况、混凝土浇筑质量(不密实)、衬砌中锚杆、钢拱架位置和数量、地下水的活动情况、围岩的工程类别、围岩中的破碎带、溶洞、曾有的坍塌冒顶等情况(施工时塌方位置及塌方处理情况)、隧道衬砌上有无空洞等

续上表

检测项目	检测方法	检测内容
衬砌内部质量	超声法	声波在衬砌中的传播速度、在相应等级混凝土中的传播速度、衬砌波谱
	红外线温度场照相技术	①衬砌和围岩间水在不同温度下的流动情况； ②衬砌背面地质条件的变化情况； ③衬砌缺陷情况； ④空洞情况
断面轮廓	激光断面仪	断面绝对里程、相对里程衬砌阶段、标准面积、测量面积、超挖面积、欠挖面积、最大超挖量、最小超挖量、最大欠挖量、是否侵入相应界限

6) 机电设施巡查养护内容

公路隧道机电设施主要指为隧道营运服务的相关机电设施,包括供配电设施、照明设施、通风设施、消防及救援设施、监控设施等(交通部,2003)。公路隧道机电设施是隧道的重要组成部分,是评判隧道使用性能的重要指标。因此,对隧道机电设施的养护应成为隧道养护的主要组成部分。隧道机电设施养护的好坏将直接关系到隧道行车、行人的方便和安全与否。我国现行公路隧道养护规范对隧道机电设施的主要检修内容作了详细的规定,具体见表4-7。

隧道机电设施的养护内容概况(交通部,2003)　　　表4-7

设施分类	设施名称	养护内容
供配电设施	高压断路器柜	断路器触头和真空泡、"五防"功能、穿墙套管、排气通道、二次端子、线圈、分合闸
	高压互感器与避雷器柜	高压互感器、避雷器
	高压计量柜	电流互感器、计量仪表
	高压隔离开关和负荷开关	触头、操动机构、高压熔断器
	电力变压器	全部变压器的使用性能
	电力电容器柜	电力电容器、接触器、控制器、仪表
	低压开关柜	断路器、接触器、熔断器、仪表、热继电器、互感器、二次回路及继电器、转换开关
	配电箱、插座箱、控制箱	断路器、接触器、熔断器、二次回路及继电器、转换开关、箱体、照明控制器、风机启动及控制柜
	电力电缆	全部电力电缆的正常使用性能
	电缆托架及支架	外表有无变形和断开、有无腐蚀、接地
	接地装置	有无腐蚀、接地电阻是否良好
	变电所铁构件	有无腐蚀
	直流电源、UPS电源	微机继电保护装置、箱体、电池组、充电机及浮充电机
	继电器屏	继电器、电流及电压继电器、时间继电器、中间继电器、直流冲击继电器
	自备发电设备	负荷运行30min以上、柴油发动机、发电机、接线、启动装置、燃料装置、润滑油装置、冷却塔方式冷却装置、散热器方式冷却装置、空气净化器或换气扇、减震装置、控制台、配线管、接地线

续上表

设施分类	设施名称	养护内容
照明设施	隧道灯具	全部照明灯具、各安装部位、密封性、检修孔和手孔、照度测试
	标志及信号灯	全部标志及信号灯是否正常
	洞外路灯	灯杆、基础、灯体
	照度计	全部照度计是否正常
	照明线路	全部照明线路是否正常
通风设施	轴流风机及离心风机	风机运转测试、减速机、润滑油冷却装置、气流调节装置、动翼和静翼及叶轮、导流叶片及异型管、驱动轴、电动机、消音器、其他
	射流风机	风机运转测试、各安装部位、叶片、电动机、其他
消防与救援设施	火灾报警器	火灾感应器、手动报警按钮
	消火栓及灭火器	全部的正常使用性检查
	自动阀	全部的正常使用性检查
	泵	全部的正常使用性检查
	电动机	全部的正常使用性检查
	配水管	全部的正常使用性检查
	横通道门	是否开关自如
	紧急停车带	有无障碍物
	水池	全部的正常使用性检查
	紧急电话	全部的正常使用性检查
	引导设施	有无污染、损伤
监控设施	烟雾浓度探测仪	感光单元、记录仪、监控单元
	CO检测仪	分析仪及自动校正装置、吸气装置、记录仪、采气口、监控单元
	交通量检测仪	检测单元、监控单元、记录仪
	车高仪	检测单元、控制单元
	电视监控设施	摄像机、安装部位、控制装置、传送装置、操作台、监视器、录像机
	播音设施	中波播音装置、扩音装置、操作平台、话筒、扩音器、空中线路
	可变信息板	全部的正常使用性检查
	计算机主控系统	全部的正常使用性检查
	中控室	温、湿度及清洁检查、地板抗静电检查

7) 其他工程设施巡查养护内容

其他工程设施包括环保设施、房屋设施等,应经常保持完好、齐全。表4-8概括了隧道其他工程设施养护的内容。

隧道其他工程设施的养护内容(交通部,2003)　　　　表4-8

设施名称	养护部位	具体要求
环保设施	洞口绿化、雕塑等	树木透光适度、通风良好、减少病虫害;草皮适时修剪,保持美观
	消音设施	每月清洗、擦拭;有损坏及时修复或更换
	污水处理设施	不渗漏;无沉积的泥砂、杂物
房屋设施	生产、生活用房的房屋	及时补渗、粉刷
	房屋所处环境	整洁、美观;排水畅通
	房屋的防雷接地装置	及时维修损坏、锈蚀
	房屋的防冻保温设施	每年维修保养

4.2　主体结构检查方法

常用隧道无损检测技术有超声回弹综合法、地质雷达法、隧道激光断面仪法、红外线现场照相法等。超声回弹综合法可以检测混凝土的动弹性模量、强度、厚度及缺陷等,该技术方法已经较为成熟。通常,在超声回弹法检测结果的基础上,还需采取钻孔取芯法对隧道衬砌厚度、强度进行验证。地质雷达法可检测施工材料性质的改变、结构异常(有空隙)、衬砌厚度的变化、衬砌的组成材料(如加强钢筋、拱形衬砌等)和围岩情况(衬砌与围岩间的空隙、泉眼以及组成材质的变化和异常情况),这种检测方法也已在国内外均得到了广泛的应用。隧道激光断面仪是建立在无合作目标激光测距技术和精密数字测角技术之上,利用极坐标测量、计算机和图像处理技术,能迅速得到隧道断面图,并与设计轮廓进行对比,从而可以快速判断隧道衬砌变形。红外现场照相法可以测定衬砌和围岩间水在不同温度下的流动、衬砌后面地质条件的改变以及衬砌缺陷、空洞,由于该方法依赖于温度梯度测量,因此最好在冬天温差较大时进行,在检测要求较高,需对干燥而细微的裂缝进行检测时,可采用多光谱分析法进行。混凝土结构的检测方法较多,下面按内容分别介绍。

4.2.1　渗漏水检查方法

1)检查内容

检查漏水的位置、数量、浑浊、冻结以及原有防(排)水设施的状况,主要包括以下内容:

(1)位置:检查漏水位置是否会阻碍车辆行驶和妨碍坑洞内各种设备的功能。特别是在冬季冰冻地区,行车道处的漏水由于结冰、堆冰等而妨碍车辆行驶;不规则暴露层表面湿润的漏水表明结构材质不良或存在裂缝,并对这些缺陷起促进作用。检查清楚后,将漏水位置和范围标记于隧道展示图上。

(2)漏水量:检查漏水流量、漏水状态以及排水沟内的水流状态等。根据漏水压力、流量等因素,将漏水状态分为4类,如图4-2所示。在漏水显著的情况下,可用秒表和计量容器等测定其流量。

(3)浑浊:漏水如果是浑浊的,需要检查砂土是否和漏水一起流出;如有,需测定每处砂土流出量(如水槽内堆积的沙土量)。降雨后出现漏水浑浊的隧道,有必要进行详细的检查。

(4) pH 值:漏水是助长衬砌材质劣化的原因之一,特别是当漏水显示出强酸性时,混凝土有严重劣化的危险,必须引起注意。检查时,一般使用 pH 试纸对漏水的酸碱度作简易测定。

(5) 原有防(排)水设施检查:检查原有防(排)水设施的设置及技术状况,其功能是否发挥正常,能否满足现在的防(排)水要求。

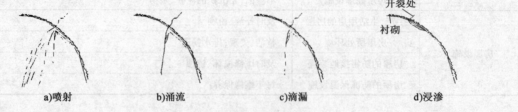

图 4-2　漏水状态的分类

2) 检查方法

对隧道渗漏水的调查,常规的方法是由检测人员(图 4-3、图 4-4)在渗漏现场对渗漏水范围、部位、出水形式、水量、水压及水质等进行检测并记录,并绘制展示图,可以与裂纹展示图一并绘制。

检测方法有目测法和人工检测法。

检测结果的表现形式有:隧道渗漏平面展开图(包括渗漏位置、渗漏类型、渗漏水现象);各渗漏点渗漏类型与是否为重复渗漏点检测成果表;渗漏点渗漏水量检测成果表;渗漏点照片资料。

图 4-3　隧道渗漏水现场调查(范围、部位)

图 4-4　隧道渗漏水现场调查(出水量)

渗漏水的检测最重要的环节就是对隧道渗漏水状态的判断。目前的隧道渗漏水通常划分为以下三种类型:湿渍、渗水和渗流。检测判断方法分别是:①湿渍现象一般在人工通风条件下可消失,即蒸发量大于渗入量的状态。检测时用干手触摸湿斑,无水分浸润感觉。用吸墨纸或报纸贴附,纸不变颜色。检测时,要用粉笔勾画出湿渍范围,然后用钢尺测量高度和宽度,计算面积,标示在展开图上;②渗水现象在加强人工通风的条件下也不会消失,即渗入量大于蒸发量的状态。检测时用干手触摸可感觉到水分浸润,手上会沾有水分。用吸墨纸或报纸贴附,纸会浸润变颜色。检测时,要用粉笔勾画出渗水范围,然后用钢尺测量高度和宽度,计算面积,标示在展开图上。③渗流现象的检查方法与渗水一样,只是流水量更大。

另外可利用红外线温度场照相技术测量出水点;多光谱分析量测离析的出墙体表面的湿

块和其他病害。

(1) 红外线温度场照相技术

红外线温度场照相技术测量的原理是：当隧道墙体发射出辐射热,红外线记录出墙体表面的温度分布情况时,表面温度反映了热在墙体表面的流动,它反过来又影响结构机理的中断,然后,在墙体表面的温度场的中断又反映出结构里面的异常。在应用于隧道时,红外线照相机或扫描器一般被安装在运动的支架上进行量测。这一技术在国内外已广泛应用于机车车辆的探伤检测中,由于该方法依赖于温度梯度,最好在冬天温差较大时进行。

红外线温度场照相技术在隧道工程中可以确定以下的衬砌情况：

①在衬砌和围岩间水在不同温度下的流动。

②衬砌背面地质条件的改变。

③衬砌缺陷。

④空洞。

同时,该技术在使用时也受到以下条件的限制：

①使用的基本前提条件是通过隧道墙体的热流应有固定的流动,在量测期间温度场应恒定以便评价隧道条件的改变,在隧道衬砌表面与围岩之间的温差应根据扫描器的精度保持在 $2 \sim 4 ℃$。

②隧道衬砌表面不应有任何覆盖物或设施,否则将会阻止辐射热的渗透,这是由于覆盖物的保温作用,改变了热在物体中的流动。

③若流水量有随时间变化时,将使检测的结果不够准确。

④红外线温度场照相技术没有地质雷达灵敏度高,需与其他技术结合使用。

(2) 多光谱分析量测

光谱分析是利用特种滤光镜来对隧道衬砌表面进行拍照,在需要量测的地方,用滤光镜拍照后,用多谱投影机来分析所拍的胶片,在彩色的背景下看黑白胶片,可见到细小的灰色阴影,让不同胶片重叠,可以看见细小的光色不同,从而看到离析的出墙体表面的湿块和其他病害,它可以分析出小到 0.3mm 的裂纹。

4.2.2 裂缝检查方法

根据《公路隧道养护技术规范》(JTG H12—2003)要求和以往隧道病害检测评估经验,隧道外观病害检测主要包括衬砌裂损、渗水、混凝土剥落等病害的类型、位置和特征参数,并根据检测结果进行评价。隧道衬砌表观病害主要用肉眼进行检查并绘制病害展布图,必要时利用裂缝探测仪对典型裂缝深度、宽度进行检测。隧道结构的裂缝是隧道损伤的表现形式之一,更为重要的是它容易引起渗漏水等一系列对隧道结构损伤的病害发生。

隧道结构裂缝的检测应包括以下内容：裂缝周围混凝土质量；裂缝分布位置；裂缝长度、宽度、深度；裂缝内有无异物和积水；荷载条件及周围环境条件,包括温度和湿度变化；开裂时间及开裂过程中变化。

裂缝长度与宽度的检测方法：目测法；仪器法；摄影法；光测法。

裂缝深度的检测方法有：深度丝法；单面平测法；双面斜测法；钻孔对测法。

检测成果的表现形式：裂缝分布位置的结构简图,裂缝长度和宽度的代表值；裂缝长度、宽度、深度的检测成果表;裂缝的照片资料。

现场裂缝调查主要以观察和简易测量为主,根据裂缝的形态特征分析裂缝的成因,为诊断隧道的健康状态提供依据。

裂缝的检查通过现状检测和长期观测来掌握和确定裂缝的变化状态。

4.2.2.1 衬砌裂缝现状检测方法

现状检测的主要内容:裂缝在隧道轴向的位置,横剖面上的部位,裂缝的倾角、长度和宽度、裂缝的展布形态、裂缝的渗漏水情况。对裂缝较多或裂缝形态较复杂的部位用数码相机拍照。

1)裂缝宽度与深度测量

裂缝宽度和深度是判断开裂程度的重要依据,隧道衬砌混凝土的外观缺陷检测包括:裂缝、蜂窝、麻面、平整度和几何轮廓等,裂缝检测采用刻度放大镜和塞尺。

(1)刻度放大镜:刻度放大镜也称为裂缝显微镜。操作方法是将物镜对准待观测裂缝,通过旋转显微镜侧面的旋钮可将图像聚焦,目镜可以读出裂缝的宽度。

目前,部分裂缝显微镜具有自动测读裂缝宽度的功能。具有很高的分辨率,显微镜连着一个在任何工作条件下都能提供清晰图像的可调光源。如 Wexham 裂缝显微镜(图 4-5),用来测试混凝土和其他材料中的裂缝宽度;目镜分度镜可以 360° 旋转,以达到与所测裂缝平行。量程为 4mm,被 0.2mm 的刻度格分割,0.2mm 刻度格又被 0.02mm 的小刻度分割。图 4-6 为衬砌错台示意图。

图 4-5 Wexham 裂缝显微镜(英国)

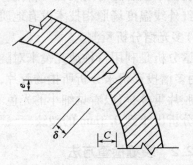

图 4-6 衬砌错台示意图

(2)塞尺:塞尺由标有厚度的数个薄钢片组成,可以量测裂缝的宽度和厚度。根据插入裂缝的钢片的厚度和深度,得出宽度较大的裂缝的宽度和深度。

(3)检查裂缝的深度或方向,可通过钻孔取芯的方法进行检查,如图 4-7 所示。

(4)超声法检测衬砌裂缝深度

超声波无损检测也应用于裂缝检查。根据超声波在衬砌混凝土中的传播速度,得出行程时间曲线;然后,超声波发射器位置固定,使接收器沿衬砌某一方向移动,根据裂缝位置处超声波传播时间的变化如延迟时间等,即可计算出裂缝深度,如图 4-8 所示。超声波检测方法简便易用,对检测结构无损害,应在结构检查中推广应用。

混凝土在施工和使用过程中所生成的缺陷有裂缝、孔洞、蜂窝和层状破坏。我国于 2000 年修定了《超声法检测混凝土缺陷技术规程》(CECS 21:2000)。超声探伤的基本依据为:

①低频超声遇到缺陷产生绕射现象。
②超声波在缺陷界面产生散射,抵达接收探头时能量明显衰减。
③超声脉冲各频率成分在遇到缺陷时衰减程度不同,接收波频谱与反射波频谱产生差异。
④超声波在缺陷处的波形转换和叠加造成接收波形畸变等。

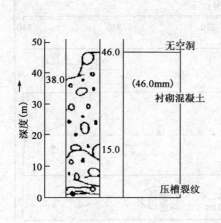

图 4-7 钻孔取芯结果示例

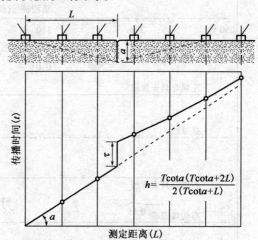

图 4-8 超声波探查裂缝深度示意图

T-超声波传播延迟时间;a-超声波传播曲线倾角;L-裂缝位置与超声波发射点的距离;h-裂缝深度

所以在探伤时所测量的物理量是声程、声时、衰减量、接收波形及其频谱。

我国北京、天津和湘潭等地生产数字式非金属超声仪,而到 20 世纪 90 年代已向智能式发展;国外美、英、意等国也生产数字式超声检测仪,芬兰生产有智能型。超声检测技术目前在混凝土结构检测方面已得到广泛的应用。

2)结果展示

根据调查结果,绘出展示图,展示图是以拱顶为中心线,两边展开,透视方式是从隧道内观察。沿隧道轴向标上桩号或洞身标号。横向对衬砌部位进行划分,使查出的病害能正确显示在展示图上,以方便比较。图 4-9、图 4-10 为隧道病害展示的实例。

隧道运营一定年限后,出现二次衬砌开裂是难免的。隧道表面病害是隧道工作安全状态的最真实记录,凡是出现开裂的地段,说明衬砌结构的应力水平已超过了弹性极限,进入非安全工作状态。将开裂、掉块和漏水等病害摄像记录汇编成病害图(图 4-10),可用于评价隧道病害的严重程度和原因分析。

3)现场人工调查法

目前,由运营部门不定期委托相关单位对停运后的现场进行病害人工调查,调查往往是在交通量少时进行(凌晨 1~5 点)。采用人工调查的方法,调查人员对隧道的病害进行近距离的现场测量和记录,常常需要起降装置的辅助,作业带有危险性。如图 4-11、图 4-12 所示。

常规的衬砌裂缝调查是由检测人员在现场进行裂纹分布、宽度、深度及性质做调查,用读数显微镜(图 4-13)、普通卷尺测裂纹的宽度(图 4-14),用声波仪检测裂缝深度。读数后记录并进行数据整理,记录格式见表 4-9,然后按一定比例绘制裂纹展示图,观察裂纹随时间的发展动态。

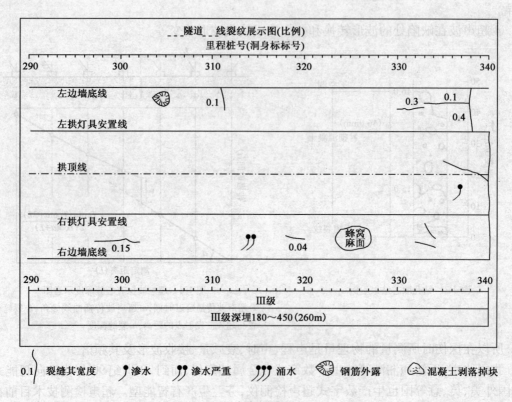

图 4-9 隧道病害展示

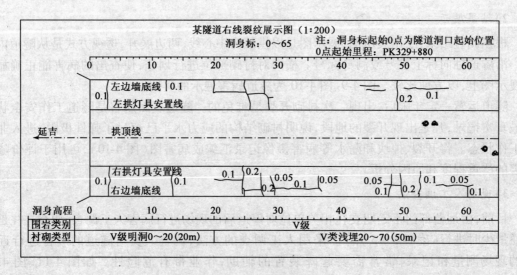

图 4-10 某隧道右线裂缝展示(0~65)

图 4-11 裂缝调查作业

图 4-12 裂缝调查现场测量

图 4-13 用读数显微镜测量

图 4-14 用普通卷尺测量

隧道裂缝调查记录表　　　　　　　　　　表 4-9

调查日期：_____
隧道名称：_____　　　上行线：_____　　　下行线：_____
调查面位置：上行线左侧,上行线右侧,下行线左侧,下行线右侧　　　编号：_____

序号	位置(m)	部位(m)	倾角(°)	长度(m)	深度(mm)	宽度(mm)	形态	渗漏水	备注

调查人员：_____

人工现场调查法通常时间长、效率低,并且消耗大量人力、物力,导致调查成本较高,且需在隧道停运的情况下(或半幅限行)进行,阻碍交通,影响隧道运营,并且调查作业过程中往往带有很大的危险性。

人工调查结果可靠性差,依赖于检测人员个人经验,具有一定的随机性和主观性。调查频度低,往往一年才进行一次。对隧道的整体变化动态难以掌握。

4) 基于机器视觉技术的调查方法

机器视觉技术就是研究开发一种隧道病害机器视觉识别系统,使其可以代替人工,实现定期快速的隧道病害调查。

简单地说,机器视觉系统就是用机器代替人眼来作各种测量和判断。其基本工作原理(图4-15)是通过图像摄取装置将被摄取目标转换成图像信号,传送给专用图像处理系统,对这些信号进行各种运算,进而控制现场的设备动作。

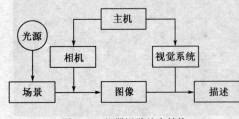

图4-15 机器视觉基本结构

系统安装在调查承载车5上,在A、B、C、D、E五个方向上各安装了一套照明系统1、高速成像系统2和激光测距系统3;光电测速系统4安装在承载车的侧下方。承载车在隧道内匀速行进,5个方向的成像系统高速地采集隧道的图像,测距模块和测速模块获取图像的空间位置信息。如图4-16、图4-17所示。

功能实现:

(1)基于激光测距和车辆测速的空间定位

调查系统必须获得成像的空间位置信息,车辆测速提供调查平台的里程数据,激光测距提供成像的距离,二者构成了系统的成像空间位置。

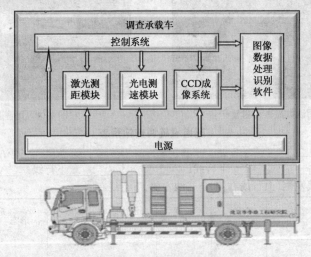

图4-16 系统的总体设计

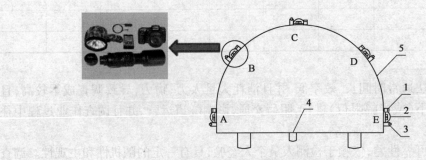

图4-17 系统的横断面布置

1-照明系统;2-成像系统;3-测距系统;4-光电测速系统;5-调查承载车

①车辆测速技术:利用非接触式光电测速传感器和高精度光电编码器实现高精度的测速,当然,有了速度,就可求出实际距离。

②无合作目标的激光测距:采用脉冲激光测距法,在没有反射棱镜的情况下,实现测距精度达到 1mm,测程达 100m。

(2)高清图像的快速采集、存储及传输

为获取隧道内部的高清图像,采用 CCD 快速成像技术,利用工业光源和高清工业 CCD 数字相机,实现高清图像的采集、存储和传输。

①CCD 传感器的高清成像:采用大尺寸彩色面阵 CCD,高成像分辨率(达 1300×1024),千兆网视频接口,采用帧存技术,提高帧频(达 40Hz)。

②高清晰快速存储:用大容量图像数据融合处理技术实现。

③成像照明:由于隧道内光线差,采用成熟工业光源技术,辅助成像。

(3)图像预处理、展开、拼接以及三维图像生成

获取隧道内部的高清图像后,对图像进行预处理、展开、拼接生成隧道内部三维图像。

①图像数据预处理:包括图像灰度级校正,图像二值化处理等。

②图像展开:根据成像的空间位置信息,将隧道图像进行展开,便于图像识别,如图 4-18 所示。

③多张图像拼接以及三维图像生成。

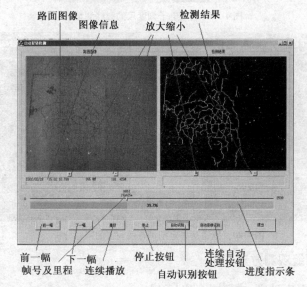

图 4-18　图像的空间定位与图像识别

(4)基于图像的隧道病害自动识别

隧道病害的自动识别,利用了经过预处理的隧道内部高清图像数据,通过提取病害的特征,采用相应的智能识别算法实现病害的自动识别。

①采用电子标尺技术测量病害的位置、长度和宽度,获得面积和衬砌侵限等信息,如图 4-19 所示。

②隧道病害样本特征值的提取技术研究,建立病害特征样本库。

③隧道病害模式识别算法研究,包括模糊识别算法,专家系统等。

(5)建立隧道病害定期调查体系以及病害的跟踪分析机制

①建立隧道病害快速统计、分类、归档和评价体系,并建立相应的指标对病害划分等级和评分,见图 4-20。

②建立隧道病害定期调查体系,并通过定期调查,建立隧道病害数据库,提供病害信息的查询和分析。

③建立病害的跟踪分析机制,随时跟踪病害的变化趋势和方向,并作专项检查和日常的随机巡查。

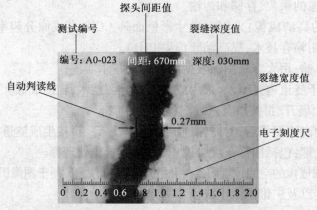

图 4-19　利用电子刻度尺的裂缝测量

图 4-20　隧道病害定期调查及病害的跟踪分析

4.2.2.2　衬砌裂缝观测方法

1)裂缝简易观察方法描述,有 4 种(图 4-21)

(1)砂浆扁饼:横跨裂缝涂以拌和砂浆(扁饼),观察裂缝有无新的发展(由于振动等原因,砂浆扁饼可能掉落,因此不宜设置在隧道拱部)。

图 4-21　裂缝简易检查方法

(2)标记:目测裂缝末端位置并标记,用油漆等标明检查日期。

(3)裂缝量测计:横跨裂缝设置机械式宽度量测计,测量裂缝宽度变化。

(4)标点：横跨裂缝设置标点，用卡尺测量其间距变化。

2）灰块测标观测

如图4-22所示，灰块测标用1∶3水泥砂浆抹在裂缝上，灰块尺寸可做成φ100mm，厚10mm圆块，或做成100mm×120mm×10mm的长方体，在灰块上写明日期，把裂缝编号、宽度、长度和深度等记入技术文件内。

裂缝如有发展，灰块裂开，裂缝的起止点也将超出原来色漆所标示的位置，此时可按上述方法重做。

灰块测标一般设在下列部位：裂缝起止端、裂缝最宽处、裂缝交合处、裂缝中部每3～5m设一块。

灰块测标是现场常用的方法，简便易作，但精度稍差。

3）钎钉测标观测

如图4-23所示，在裂缝两侧完好污工中埋入两个钎钉（其中一个为L形），两个钎钉的尖端相交于一点。钎钉测标观测能量测两侧裂缝扩张程度，还可以量测裂缝的错距。

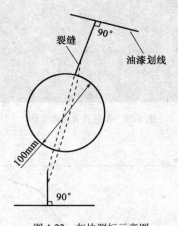

图4-22　灰块测标示意图

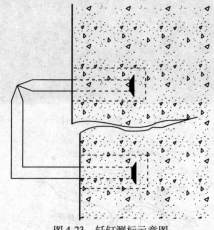

图4-23　钎钉测标示意图

4）金属板测标观测

金属板测标如图4-24所示。在裂纹两侧的完好污工中各埋入两个标钉，固定两块薄金属板，其中一块有刻度，另一块有指划零点。根据两块金属板相互移动的位置，可知裂纹扩张程度。这种观测方法可以累计读数，精度较灰块为高。

5）利用传感器进行监测

主要针对裂缝的发展变化进行连续观测，可采用电阻丝应变型的裂缝变形计进行测量，通常有测缝计、表面应变计、开裂位移计等。如图4-25～图4-27所示。由于季节的变化，裂缝宽度会随着混凝土的热胀冷缩而变化，因此宜连续测量一年以上，将检查结果按时间顺序记录整理（图4-28），掌握裂缝发展速度及其规律等。

检查时间和周期可参考以下：1次/月至设置后3个月内；1次/3个月至3个月后；当确认裂缝处于变化中时，可根据其发展变化程度适当增加检查次数；地震（4度以上震级）、暴雨后宜增加检查次数。时间：1至2年（以后监视即可）。

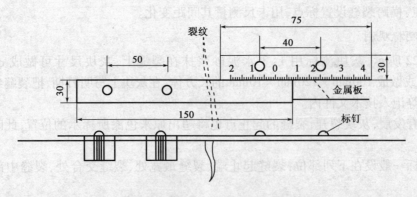

图 4-24 金属板测标示意图(尺寸单位:mm)

图 4-25 振弦式测缝计

图 4-26 振弦式表面应变计

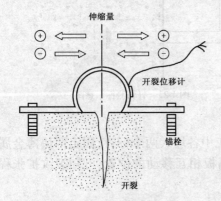

图 4-27 开裂位移计

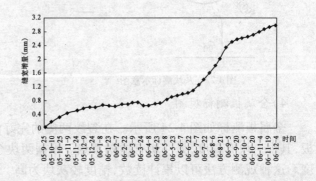

图 4-28 缝宽增量与时间关系图

4.2.3 衬砌裂损变形的观测方法

1) 衬砌局部(边墙或拱脚)变形观测

当边墙(或拱脚)发生变形时,可在边墙(或拱脚)变形部位埋设钎钉,钎钉上悬挂垂球,与埋设在隧道固定点对应(图4-29)。

用此法观测时,还应量测钎钉与固定点之间的垂距,以便求算角变位。

2）典型断面的变形监测

典型断面应能反映监控隧道的整体情况,能够综合反映隧道运营期间主体结构的受力状况。

(1) 监控断面的确定原则

①不同地质情况:岩性、围岩级别、地层年代。

②不同断面衬砌类型:隧道主体结构(标准断面、紧急停车带等)和大型附属结构物(联络横通道、斜竖井、地下变电所、风机房等)。

③复杂地质条件:特浅埋、岩溶、断层破碎带、施工中出现岩爆、大变形等。

④不同埋深:各断面间距布设涵盖不同埋深情况。

⑤监控断面布置左右线错开,使断面选择更具有代表性。

(2) 监测项目的确定

由于地质条件、施工技术复杂及造价、营运管理等方面的原因,在隧道使用过程中,随着年限的逐年增加,隧道结构的赋存条件将发生改变,衬砌质量逐渐劣化,特别是隧道内的初期支护,由于自身因素(锚杆的预应力逐渐损失、材料劣化)及地下水等有害物质的长期侵蚀,将部分或全部失去支护能力,在此过程中荷载将逐渐向二次衬砌转移,二次衬砌也由隧道建成之初的安全储备逐渐过渡为承载单元,隧道的最终安全状况也将由二次衬砌的安全状况得以具体体现。

其次,虽然目前关于隧道围岩变形量测的方法很多,但基本都停留在施工监测阶段。由于隧道建成后围岩被支护结构封闭,难于量测,因而隧道运营期间的结构健康监测以支护结构尤其是二次衬砌的变形或受力为主,通过量测支护结构的变形及受力状态,推测围岩与支护结构之间的相互作用关系,间接获得围岩的活动情况。

因此,隧道长期安全性监测的重点应放在隧道的主体支护结构——二次衬砌来判断隧道在营运期间的安全性状况。埋设的项目主要包括:初期支护与二次衬砌之间压力盒、渗压计、二次衬砌中混凝土应变计,以及少量锚杆轴力计和多点位移计。典型横断面上长期监控量测元器件的具体布置见图4-30。

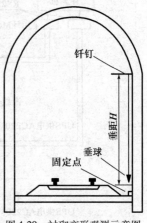

图4-29 衬砌变形观测示意图

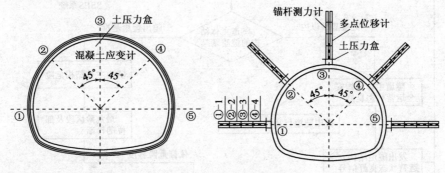

图4-30 典型断面传感器布置图

(3) 隧道结构健康监测系统

在选定的代表性断面处,为了方便运营管理过程中对主体结构的长期监测,最终组成隧道结构健康监测系统,如图4-31所示。隧道结构健康监测系统框图见图4-32。

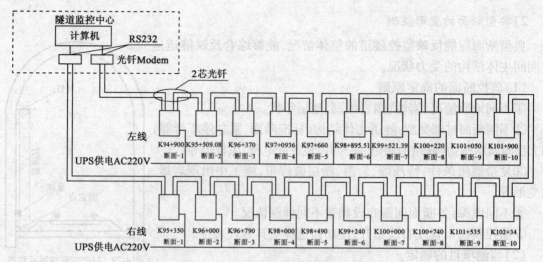

图 4-31 某高速公路隧道结构健康监测系统

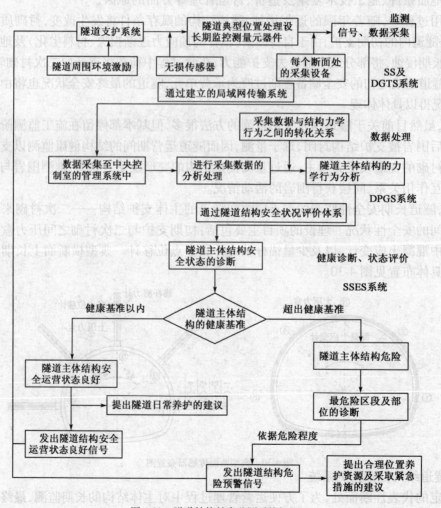

图 4-32 隧道结构健康监测系统框图

4.2.4 衬砌混凝土强度检测

结构材质检查主要是对衬砌混凝土强度进行检测,目的在于掌握衬砌混凝土材质的劣化和强度变化。

衬砌混凝土材质的状况,可通过目测或铁锤敲击等方法进行诊断,能在一定程度上了解其劣化的状况。

要准确掌握衬砌材料劣化状况,可取其试件进行检测试验,检测项目可参考表4-10 的内容进行。其中,试件可由衬砌钻孔取得;在强度试验中,试件的标准尺寸为 $W = 100mm$,$L = 200mm$,数量宜不少于 3 个。

衬砌混凝土强度的检测项目(交通部,2003)　　　　表4-10

检测项目	检测内容
单轴压缩试验	单轴压缩强度(σ_c)、静弹性模量(E_S)、静泊松比(μ_S)
超声波传播速度检测	P 波速度(V_P)、S 波速度(V_S)、动弹性模量(E_D)、动泊松比(μ_D)
单位体积质量试验	单位体积质量(γ_t)、含水率(W)
单轴拉伸试验	单轴拉伸强度(σ_t)

超声波传播速度与混凝土品质、强度的关系如无实测资料,可参考表4-11 进行推断。

超声波传播速度与混凝土品质、强度的关系(交通部,2003)　　　　表4-11

(Ⅰ)美国和加拿大		(Ⅱ)前苏联		
纵波速度(m/s)	品质	纵波速度(m/s)	品质	强度(kN/cm²)
4600 以上	优	4500 以上	卓越	400 以上
3700～4600	良	4000～4500	优良	400 左右
3100～3700	合格	3500～4000	良好	250 左右
2100～3100	不合格	3000～3500	合格	100 左右
2100 以下	恶劣	2000～3000	不合格	40 左右
		2000 以下	恶劣	

除隧道衬砌表观病害外,衬砌混凝土强度是了解隧道运营环境中的耐久性和劣化特征的重要内容,根据《超声回弹综合法检测混凝土强度技术规程》(CECS 02:2005)要求,每个断面检测 5 个测区,在每一测区的混凝土表面分别测量 3 个声速值及 16 个回弹值。

4.2.4.1 回弹法

1)现场混凝土回弹

按照《回弹法检测混凝土抗压强度技术规程》(JGJ/T 23—2011)、《超声回弹综合法检测混凝土强度技术规程》(CECS 02:2005)中规定的混凝土强度检测的具体要求进行检测。测点应在测区范围内均匀布置(图 4-33),但不得布置在气孔或外露石子上。相邻两测点的间距不宜小于 30mm,同一测点只允许弹击一次。

2)回弹法检测试验数据处理及分析

回弹法检测数据的处理是按照《回弹法检测混凝土抗压强度技术规程》的具体要求进行的,详见表4-12。

某车站回弹仪测试原始记录表   表 4-12

位置			测点回弹值								R_m	碳化深度平均值
车站	构件	测区	1	2	3	4	5	6	7	8		
西北角	顶板	1	34	33	33	33	34	33	36	36	34.1	1.5
	侧壁上	2	32	36	35	37	35	36	34	36	35.7	1.3
	侧壁上	3	32	35	34	38	36	36	33	34	35.7	1.1
	侧壁下	4	28	30	30	28	34	3	28	28	31.1	1.1
	侧壁下	5	29	35	33	32	32	35	33	30	32.4	1.3
测面状态		侧面、表面、底面、风干、潮湿、光洁、粗糙				测区示意图		1 2 3 4 / 5 6 7 8 / 9 10 11 12 / 13 14 15 16			回弹仪	型号 / 编号 / 率定值
测试角度		水平 向上 向下										

注：本表中测试角度一栏中，水平对应侧壁各测区，向上对应顶板测区。

（1）测区回弹代表值应从该测区的 16 个回弹值中剔除 3 个较大值和 3 个较小值，其余 10 个有效回弹值按公式（4-1）计算：

$$R = \frac{1}{10}\sum_{i=1}^{10} R_i \qquad (4\text{-}1)$$

式中：R——测区回弹代表值，取有效测试数据的平均值，精确至 0.1；

R_i——第 i 个测点的有效回弹值。

（2）非水平状态下测得的回弹值，按公式（4-2）修正：

图 4-33　某车站侧壁回弹测区

$$R_a = R + R_{a\alpha} \qquad (4\text{-}2)$$

式中：R_a——修正后的测区回弹代表值；

$R_{a\alpha}$——测试角度为 α 时的测区回弹修正值，精确至 0.1。

（3）钻芯法修正系数 η 按下式计算：

$$\eta = \frac{1}{n}\sum_{i=1}^{n} \frac{f_{\text{cor},i}}{f_{\text{cu},i}^c} \qquad (4\text{-}3)$$

式中 η——修正系数，精确至 0.01；

$f_{\text{cor},i}$——第 i 个混凝土芯样试件的抗压强度值，精确至 0.1MPa；

$f_{\text{cu},i}^c$——对应于第 i 个混凝土芯样部位回弹值和碳化深度值的混凝土强度换算值，按规程附录 A 采用。

综合以上某地铁既有线三个车站的数据，统计见表 4-13。

回弹法检测混凝土强度换算值汇总表   表 4-13

测区编号	1	2	3	4	5	6	7	8	9	10	11
$f_{\text{cu},i}^c$（N/mm²）	22.2	29.6	29.6	22.9	24.8	22.5	24.9	28.3	28.3	21.6	23.4

(4)按照规定,回弹法检测混凝土强度推定值应按下列公式计算:

$$\mu_{f_{cu}^c} = \frac{1}{n}\sum_{i=1}^{n} f_{cu,i}^c = 27.0(\text{N}/\text{mm}^2) \tag{4-4}$$

$$\sigma_{f_{cu}^c} = \sqrt{\frac{\sum_{i=1}^{n}(f_{cu,i}^c)^2 - n(\mu_{f_{cu}^c})^2}{n-1}} = 1.7(\text{N}/\text{mm}^2) \tag{4-5}$$

$$f_{cu,e}^c = \mu_{f_{cu}^c} - 1.645\sigma_{f_{cu}^c} = 24.2(\text{N}/\text{mm}^2) \tag{4-6}$$

$$f_{ck} = 0.88 f_{cu,e}^c = 21.3(\text{N}/\text{mm}^2) \tag{4-7}$$

$$f_c = \frac{f_{ck}}{1.4} = 15.2(\text{N}/\text{mm}^2) \tag{4-8}$$

式中:$\mu_{f_{cu}^c}$——混凝土立方体抗压强度换算均值;

$\sigma_{f_{cu}^c}$——混凝土立方体抗压强度换算均值标准差;

$f_{cu,e}^c$——混凝土立方体抗压强度推定值;混凝土强度推定值是指相应于强度换算值总体分布中保证率不低于95%的混凝土抗压强度值;

f_{ck}——混凝土轴心抗压强度标准值;

f_c——混凝土轴心抗压强度设计值;

0.88——强度修正系数;

1.4——混凝土材料分项系数。

4.2.4.2 超声波检测法

在混凝土中传播的超声波,其速度和频率反映了混凝土材料的性能、内部结构和组成情况,混凝土的弹性模量和密实度与波速和频率密切相关,即强度越高,其超声波的速度和频率也越高。所以,可通过测定混凝土声速来推定其强度。超声波检测仪主要用于衬砌强度检测。

1)超声波检测的具体方法

根据隧道不同区段衬砌强度的差异,布置多个测站,以便更客观地反映隧道的病害状况。同时为保证检测结果的可靠性,在同一测站中应布置不同的测点,然后取其平均值,这样可使检测结果更加合理。

超声波检测包含纵波速度、面波速度、频谱特征等三项内容,按不同的研究内容分别进行处理。具体的影响因素有:横向尺寸效应、温度和湿度、钢筋、集料、水灰比、龄期、缺陷和损伤等。

超声波探测按探头安放的位置不同可分为对测法、斜测法和平测法。如图4-34所示。

2)超声测试及声速值计算

采用平测对隧道衬砌表面进行超声波测试,关于平测的有关规定如下:

(1)当被测结构或构件不具备对测条件时,宜选取有代表性的部位,以测距=200mm、250mm、300mm、350mm、400mm、450mm、500mm 逐点测读相应声时值 t,用回归分析方法求出直线方程 $l = a + bt$。以回归系数 b 代替对测声速 v_d,求出正系数 λ($\lambda = v_d/v_p$,v_p 为平测声速),再进行修正。

(2) 平测时,修正后的混凝土中声速代表值按公式(4-9)计算:

$$v_a = \frac{\lambda}{3} \sum_{i=1}^{3} \frac{l_i}{t_i - t_0} \qquad (4-9)$$

式中:v_a——修正后的平测是混凝土中声速代表值(km/s);
　　　l_i——平测第i个测点的超声测距(mm);
　　　t_i——平测第i个测点的声时读数(us);
　　　λ——平测声速修正系数。

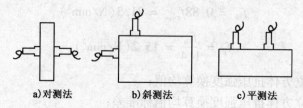

图4-34　超声波探测现场布置方法

3) 混凝土强度

混凝土强度是通过纵波、面波速度表征的。

纵波速度是根据两点记录初至波走时差与点距计算的。面波速度是由相关分析求取的。对于C15混凝土,正常纵波波速值在2300~2800m/s之间,C20为3000~4000m/s,低于这个指标,混凝土本身质量有问题。对C15混凝土,面波速度在600~800m/s范围内为正常。

工程应用中最关心混凝土弹性模量E和剪切模量μ的大小,并将其与标准模量E_0,μ_0相比较,将其比值称作混凝土完整系数K_p和K_r:

$$K_p = E/E_0 \qquad (4-10)$$

$$K_r = \mu/\mu_0 \qquad (4-11)$$

它表示混凝土的强度,如果混凝土强度与设计值接近,完整系数接近1。通常完整系数小于1,质量好时也可大于1。完整系数可以由波速测量直接计算:

$$K_p = \left[\frac{v_p}{v_{p0}}\right] \qquad (4-12)$$

$$K_r = \left[\frac{v_r}{v_{r0}}\right]^2 \qquad (4-13)$$

式中:v_p——测量的纵波速度;
　　　v_{p0}——混凝土的标准波速;
　　　v_r——测量的面波速度;
　　　v_{r0}——标准面波速度。

对于C15混凝土,标准纵波速值v_{p0}可取2800m/s。标准面波速度v_{r0}可取为800m/s。混凝土强度完整系数大于0.5时,可以认为强度合格,小于0.5时,强度偏低。

4) 波谱特征反映衬砌结构的完整性

波谱分析重点研究三个参量,一是主频高低;二是谱峰的多少;三是两点主频的相关程度。对于完整的混凝土结构体,一般表现为一个主峰,且频率较高,靠近激发点的记录主频略高于远点,两点波谱有很好的相关性,主频大致为 160Hz 和 150Hz。当结构出现裂纹时,哪怕是很小的裂纹,主频会明显降低,并且出现多个谱峰,两点波谱形态出现较大差异,失去相关性。完整的和有裂纹的衬砌的波谱特征见图 4-35a)。将近、远两点的实测主频按下式归一化,称为结构完整性系数 K_f,破裂衬砌多峰波谱绘于图 4-35b)中。

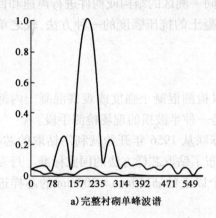 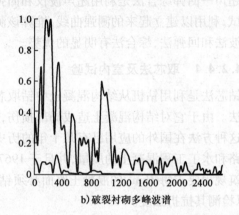

a) 完整衬砌单峰波谱　　　　　　b) 破裂衬砌多峰波谱

图 4-35　波谱特征与衬砌完整性

$$K_f = \left[\frac{f}{f_0}\right]^2 \tag{4-14}$$

式中:f——近点和远点记录的主频;

f_0——对应的近、远点归一化标准值。近点选 $f_0 = 160$Hz,远点选 $f_0 = 150$Hz。

这些标准值是依据大量实测资料选定的。结构完整系数值接近 1 时,表示结构完整,系数远小于 1 时结构破碎,有裂纹;系数远大于 1 时,衬砌有空洞,有声波共振。

4.2.4.3 超声—回弹综合法

20 世纪 90 年代初,超声波技术开始应用于隧道衬砌强度的检测。超声波法的声速取决于整个断面的动弹性,主要以密实性来反映构件的实际强度,超声波法可以反映出混凝土的密实性。但超声法检测强度较高的混凝土时,声速随强度变化而不敏感,由此可知,超声波法检测强度较高的混凝土相关性较差。

回弹法是通过回弹值反映混凝土表层硬度,通过表层硬度来推定混凝土强度的。这种方法操作简便,重复性强,仪器价格便宜,对衬砌不造成破坏。但是应用回弹法检测低强度混凝土时,混凝土受到回弹仪的冲击力容易产生塑性变形,如果表面弹性不足,易产生误差。当混凝土构件尺寸较大时,内外质量有差异,表面硬度和回弹值难以反映混凝土内部的实际强度。

超声—回弹综合法是超声法检测和回弹仪检测的综合。超声法检测是基于混凝土强度(F)与超声波在混凝土中传播速度(v)之间的存在关系进行的,混凝土强度越高,其声速越快。

回弹法测量混凝土强度是基于混凝土强度与混凝土表面硬度的相关性,混凝土表面硬度可由回弹锤反弹的高度即回弹值反映。超声—回弹综合法是对隧道衬砌进行声速和回弹值的测量,采用带波形显示器的低频超声波检测仪,并配置频率为 50 个 100kHz 的换能器,测量混凝土中超声波声速值,以及采用弹击锤冲击能量为 2.207 的混凝土回弹仪,测量回弹值。再根据测区混凝土中的声速代表值和回弹代表值,通过测强曲线换算所得该测区现龄期混凝土的抗压强度值。超声波声速可以反映混凝土内部强度信息,回弹值可以反映混凝土表面硬度,超声、回弹两种方法相互补充,能够全面反映混凝土的真实质量。

超声—回弹综合法是利用超声波仪和回弹仪对同一测区的结构或构件进行声速和回弹值的测试,利用以建立起来的测强曲线,推算该测区混凝土的抗压强度的一种方法,较之单一的超声波法和回弹法,综合法有明显的优势。

4.2.4.4 取芯法及室内试验

钻芯法是利用钻机从结构混凝土中钻取芯样,以检测混凝土强度或观察混凝土内部质量的方法。由于它对结构混凝土造成局部损伤,因此是一种半破损的现场检测手段。

这种方法在国外的应用已有几十年的历史,前苏联从 1956 年开始就利用钻取的芯样,评定道路和水工工程混凝土的质量,并且于 1967 年颁布了钻取芯样方法的国家标准。丹麦的道路建筑规程要求每 3km² 的混凝土路面必须钻取一个以上的 $\phi150mm \times 300mm$ 的芯样进行试验,以检测其抗折强度。

英国、美国、德国、比利时和澳大利亚等国分别制定了有钻取混凝土芯样进行强度试验的标准。国际标准化组织也提出了"硬化混凝土芯样的钻取检查和抗压试验"国际化标准草案(ISO/DIS7034)。

解放前,在我国就已经开始使用钻芯法检测混凝土路面的厚度,1948 年制定有"钻取混凝土试体长度之检验法"。解放后我国曾有一些单位利用地质钻探机,对水工工程,大型基桩或基础等结构钻取混凝土芯样进行抗压强度、抗折强度及内部缺陷的检验。但是作为一种现场检测混凝土抗压强度的专门技术的研究并使其标准化的工作,还是从 1980 年开始的,另一方面,在钻芯机、人造金刚石薄壁钻头、切割机及其配套使用的机具研制和生产方面也已取得了很大的进展,现在国内已可生产几十种型号的钻机,几十种规格的钻头可供选择和使用。

利用钻芯法检测混凝土抗压强度,无需进行某种物理量与强度之间的换算,普遍认为它是一种直观、可靠和准确的方法,但由于在检测时总是对结构混凝土造成局部损伤,而且成本较高,因此大量取芯样往往受到一定限制。近年来国内外都主张把钻芯法与其他非破损检测方法综合使用,一方面利用非破损法可以大量测试而不损伤结构的特点,另一方面有可利用钻芯法提高非破损测强精度,使二者相辅相成。

目前,由中国工程建设标准化委员会已批准发行了《钻芯法检测混凝土强度技术规程》(CECS 03:88),这一方法已在结构混凝土的质量检测中得到了普遍的应用,取得了明显的经济效益,达到了一个新的水平。

1) 钻芯法的应用及特点

用钻芯法检测混凝土的强度、裂缝、接缝、分层、孔洞或离析等缺陷,具有直观、精度高等特点,因而广泛应用于工业和民用建筑、水工大坝、桥梁、公路、机场跑道等混凝土结构或构筑物的质量检测。

在正常生产情况下,应按《混凝土结构工程施工及验收规范》的要求,制作立方体标准养护试块进行混凝土强度的评定和验收。只有在下列情况下才可以进行钻取芯样检测其强度,并作为处理混凝土质量事故的主要技术依据。

(1)对立方体试块的抗压强度产生怀疑。其一是试块强度很高,而结构混凝土的外观质量很差,其二是试块强度较低而结构外观质量较好或者是因为试块的形状、尺寸、养护等不符合要求,而影响了试验结果的准确性。

(2)混凝土结构因水泥、砂石质量较差或因施工、养护不良发生了质量事故。

(3)采用超声、回弹等非破损法检测混凝土强度时,其测试前提是混凝土的内外质量基本一致,否则会产生较大误差,因此在检测部位的表层与内部的质量有明显的差异、火灾、硬化期间遭受冻害的混凝土均可采用钻芯法检测其强度。

(4)使用多年的老混凝土结构,如需加固改造或因工艺流程的改变荷载发生了变化需要了解某些部位的混凝土强度。

(5)对施工有特殊要求的结构和构件,如机场跑道测厚度等。

用钻取的芯样除可进行抗压强度试验外,也可进行抗劈强度、抗冻性、抗渗性、吸水性及重度的测定。此外,并可检测混凝土的内部缺陷,如裂缝深度,孔洞和疏松大小及混凝土中粗集料的级配情况等。

试验表明,当混凝土的龄期过短或强度没有达到 10MPa 时,在钻芯过程中容易破坏砂浆与集料之间的黏结力,钻出的芯样表面变得比较粗糙,甚至很难取出完整芯样,因此在钻芯前,应根据混凝土的配合比,龄期等情况对混凝土强度予以预测,以保证钻芯工作是顺利进行和检测结果的准确性。

钻芯法检测混凝土质量除具有直观、可靠、精度高和应用广外,它也有一定的局限性:钻芯时对结构造成局部损伤,因而对于钻芯位置的选择及钻芯数量等均受到一定限制,而且它所代表的区域也是有限的;钻芯机及芯样加工配套机具比较笨重移动不够方便,测试成本也较高;钻芯后的孔洞需要修补,尤其当钻断钢筋时更增加了修补工作的困难。

2)钻芯机及检测方法

(1)钻芯机简单介绍

①钻芯机组成:混凝土钻孔取芯机应满足《混凝土钻孔取芯机技术条件》(GB 11818—89)。钻机主要由底座、立柱、减速箱、输出轴、进给箱、进给手柄、电动机(汽油机)和冷却系统等组成(图 4-36、图 4-37)。

②类型:混凝土钻芯机分轻便型、轻型、重型和超重型 4 类,主要技术参数见表 4-14。工作时将人造金刚石空心薄壁钻头安装在钻机输出轴上。配套设备一般有冲击钻、钢筋定位仪和芯样端部处理设备等。

③钻芯机的固定方式

钻取芯样时固定钻芯机的方法有配重法、真空吸附法、顶杆支撑法和膨胀锚栓法。但是从经济适用的角度,隧道混凝土取芯一般采用膨胀锚栓法。

不同类型混凝土钻芯机主要技术参数　　　　　　　　　　　表 4-14

钻芯机类型	钻孔直径(mm)	转速(r/min)	功率(kW)	机重(kg)	钻芯机高度(mm)
轻便型	12~75	600~2000	25	25	1040
轻型	25~200	300~900	89	89	1190
重型	200~450	250~500	120	120	1800
超重型	330~700	200	300	300	2400

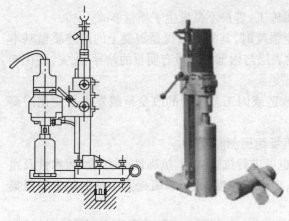

图 4-36　混凝土钻芯机构造图　　　　　　　　　图 4-37　现场取芯

(2) 检测方法

检测按《钻芯法检测混凝土强度技术规程》(CECS 03:2007)执行。

①钻机选取：钻芯法检测混凝土强度，以其直观准确而成为其他检测方法的校验依据。但钻芯法对构件的损伤较大检测成本高，因而难以大量使用。为了克服这些缺点，采用小直径芯样进行检测成为发展方向。目前最小的芯样直径可以达到 25mm。但小直径芯样的强度试验数据离散较大，需要通过增加检测数量才能达到标准芯样检验效果。常用的小直径芯样一般为 50~75mm。要求芯样直径为粗集料直径三倍。

②钻芯数量：取芯属半破损检测法，对结构的完整性有一定的影响，尤其对已经有一定破损的在役结构来说，取芯数量更应加以控制。《钻芯法检测混凝土强度技术规程》(CECS 03:2007)中规定，取芯数量同一批构件不得少于 3 个。根据以往的研究，最小子样数 n 与推定的最大误差有密切关系，一般以 $n \geq 5$ 为宜，取芯位置应在整个结构上均匀布置。

③芯样加工及测量：从钻孔中取出的芯样试件的尺寸一般不满足尺寸要求，必须进行切割加工和端面修补后，才能够进行抗压强度试验。芯样试件尺寸要求为：用直径和高度均为 100mm 的圆柱体标准试件。水泥砂浆补平层厚度不宜大于 5mm。其他控制指标有端面平整度、垂直度、直径偏差等。

④影响因素：由于钻芯法的测定值就是圆柱状芯样的抗压强度，即参考强度或现场强度。所以，钻芯法的关键问题是如何用适当的机具钻取合格的芯样。混凝土芯样的抗压强度除了受到钻机、锯切机等设备的质量和操作工艺的影响外，还受到芯样本身各种条件的影响。如芯样直径的大小、高径比、端面平整度、端面与轴线间的垂直度、芯样的湿度等。

另外,还有一个不可忽略的因素,即芯样中钢筋对抗压强度的影响。芯样在进行抗压试验时,其轴线方向承受压力,因此,不允许存在与轴线相互平行的钢筋,这一点在《钻芯法检测混凝土强度技术规程》(CECS 03:2007)中非常明确。但对于与轴线垂直的钢筋,各国有各自的标准规定。有关试验表明,当难于避开钢筋时,芯样最多只允许有两根直径大于10mm的钢筋存在,否则,将会影响到抗压强度。

由于钢筋直径小且数量少,影响程度被强度本身的变异性所掩盖。含有钢筋的芯样强度比不含钢筋的芯样强度稍高一点,影响并不显著。但当芯样中部存在钢筋,影响就会大些。另外,当芯样周边存在一小段钢筋时,由于钢筋与砂浆间的黏结力不如砂浆和粗集料间的黏结力强,降低芯样强度。

3)混凝土芯样的强度计算方法

(1)芯样试件抗压强度试验及强度计算

①试验:芯样试件抗压强度试验分潮湿状态和干燥状态两种。压力机精度不低于±2%。试件的破坏荷载为压力机全量程的20%~80%。加载速率一般控制在0.3~0.8MPa/s。

②计算:芯样试件抗压强度为试件破坏时的最大压力除以截面积。芯样试件的混凝土换算强度 $f^c_{cor,i}$ (MPa)按下式计算:

$$f^c_{cor,i} = \alpha \frac{4F}{\pi d^2} \tag{4-15}$$

式中:α——不同高(h)径芯样试件混凝土换算强度的修正系数;
  F——芯样试件抗压试验最大压力(N);
  d——芯样试件的平均直径(mm)。

(2)芯样抗压强度推定

①单个构件:单个构件取标准芯样试验抗压强度换算值的最小值为芯样抗压强度推定值。

②检验批混凝土抗压强度的推定:强度推定应给出抗压强度推定区间,并一般应以推定区间的上限作为推定值。推定区间的上、下限 $f_{cu,e1}$、$f_{cu,e2}$ 分别按下式计算:

$$f_{cu,e1} = f_{cor,m} - K_1 S \tag{4-16}$$

$$f_{cu,e2} = f_{cor,m} - K_2 S \tag{4-17}$$

式中:$f_{cor,m}$——芯样试件强度换算算术平均值(MPa);
  K_1、K_2——检验混凝土强度上下限推定系数(按规程附录取值);
  S——芯样试件强度换算值的标准差(MPa)。

当推定区间的置信度为0.9,上、下限值之差不宜大于5.0MPa和 $0.1f_{cor,m}$ 中的较大值。

4)既有地铁线混凝土测试

混凝土的抗压强度对钢筋混凝土承重结构来说,是一个非常重要的指标,也是对既有线混凝土进行性能检测的重要内容。

(1)现场取样(图4-38、图4-39)

样品数量根据项目的要求和实际情况,考虑到每个车站的施工时间不同,施工质量可能会有一定的不同,取样器材主要包括混凝土取芯机(两部)、发电机(一台)、钢尺(一把)、标签纸(若干)、样品袋(一个)、照相机(两台)等。

图 4-38 车站底板取样

图 4-39 车站侧壁上部取样

既有线混凝土芯样的强度检测主要试验设备采用压力实验机(NYL-2000D 型)。混凝土芯样在试验前使用磨平机进行了端面磨平,芯样平整度满足要求。所有芯样均无裂缝、接缝、分层等缺陷。芯样试件抗压时的含水状态为自然干燥状态。芯样破坏时均为顶端及底端出现竖向裂缝而破坏,芯样内含有钢筋的试件为顶部出现竖向裂缝而破坏。

图 4-40 芯样试压中

按照《钻芯法检测混凝土强度技术规程》的要求及规定,所取芯样中经端部补平后的芯样高度小于 $0.95d$(d 为芯样试件平均直径)及内部含有钢筋直径过大的芯样试件,不得用作抗压强度试验。本次所取部分芯样高径比不能满足上述要求,虽然也进行了抗压试验,但其结果要明显大于其他试件,所以在进行结果分析时没有考虑这些芯样的试验数据。芯样检测过程见图 4-40。

(2)混凝土强度试验结果分析

混凝土钻芯法检测是按照《钻芯法检测混凝土强度技术规程》(CECS 03:88)中的具体要求并结合既有线的实际情况进行的。

按照规定,当同时进行钻芯法和回弹法对混凝土强度进行检测时,回弹法结果必须要利用钻芯法检测结果进行修正;当所取混凝土芯样数量足够时,应以钻芯法检测结果为准。

4.2.4.5 混凝土碳化试验

混凝土的碳化深度是衡量混凝土耐久性的一个重要指标,它是反映混凝土内部质量与周围环境对结构影响的重要参数。

1)混凝土碳化机理

混凝土碳化是指水泥石中的水化产物与环境中的二氧化碳作用,生成碳酸钙或其他物质的现象,这是一个极其复杂的多相物理化学过程。

普通硅酸盐水泥混凝土中水泥熟料的主要矿物成分有硅酸三钙、硅酸二钙、铝酸三钙、铁铝酸四钙及石膏等,其水化产物为氢氧化钙(约占 25%)、水化硅酸钙(约占 60%)、水化铝酸钙、水化硫铝酸钙等,充分水化后,混凝土孔隙水溶液为氢氧化钙饱和溶液,其 pH 值约为 12~13,呈强碱性。在水泥水化过程中,由于化学收缩、自由水蒸发等多种原因,在混凝土内部存在大小不同的毛细管、空孔隙、气泡等,大气中的二氧化碳通过这些孔隙向混凝土内部扩散,并溶解于孔隙内的液相,在孔隙溶液中与水泥水化过程中产生的可碳化物质发生碳化反应,生成碳酸钙。

混凝土碳化的主要化学反应式如下:

$$CO_2 + H_2O \rightarrow H_2CO_3 \tag{4-18}$$

$$Ca(OH)_2 + H_2CO_3 \rightarrow CaCO_3 + 2H_2O \tag{4-19}$$

$$3CaO \cdot 2SiO_2 \cdot 3H_2O + 3H_2CO_3 \rightarrow 3CaCO_3 + 2SiO_2 + 6H_2O \tag{4-20}$$

$$2CaO \cdot SiO_2 \cdot 4H_2O + 2H_2CO_3 \rightarrow 2CaCO_3 + SiO_2 + 6H_2O \tag{4-21}$$

由于碳化反应的主要产物碳酸钙属非溶解性钙盐,比原反应物的体积膨胀约17%,因此,混凝土的凝胶孔隙和部分毛细孔隙将被碳化产物堵塞,使混凝土的密实度和强度有所提高,一定程度上阻碍了二氧化碳和氧气向混凝土内部的扩散。另一方面,混凝土碳化使混凝土的pH值降低,完全碳化混凝土的pH值约为8.5~9.0,使混凝土中的钢筋脱钝。

2) 混凝土碳化的影响因素

研究混凝土碳化的主要方法有快速碳化试验、长期暴露试验(长期观测试验)、实际建筑物碳化调查及基于扩散理论的理论分析方法。

混凝土碳化使环境中的二氧化碳向混凝土内部扩散,并与混凝土中的可碳化物质发生化学反应的过程,因此,很多学者应用扩散理论研究混凝土的碳化规律。并假设:

(1)混凝土中的二氧化碳浓度呈直线分布。

(2)混凝土表面二氧化碳浓度为C_{CO_2},未碳化区浓度为零。

(3)单位体积混凝土吸收二氧化碳的量为恒定值。

在此假设下,混凝土碳化过程遵循Fick第一扩散定律,由此得到理论上计算混凝土碳化深度的公式为:

$$x = \sqrt{\frac{2D_{CO_2}C_{CO_2}}{M_{CO_2}}}\sqrt{t} \tag{4-22}$$

式中:x——碳化深度;

D_{CO_2}——二氧化碳在混凝土中的有效扩散系数;

C_{CO_2}——混凝土表面二氧化碳浓度;

M_{CO_2}——单位体积混凝土吸收二氧化碳的量;

t——碳化时间。

国内外的大量碳化试验与碳化调查结果均表明,混凝土的碳化深度与碳化时间是平方根成正比,这与上述公式是一致的,并可改写为:

$$x = k\sqrt{t} \tag{4-23}$$

式中:k——碳化系数,是反映碳化速度快慢的综合参数。

从混凝土碳化机理和理论公式可以看出,混凝土的碳化速度主要取决于二氧化碳的扩散速度和二氧化碳与混凝土中可碳化物质的反应性。而二氧化碳气体的扩散速度则与混凝土本身的密实性、二氧化碳气体的浓度、环境温度及混凝土的含湿状态等因素有关,碳化反应则与混凝土中氧化钙的含量、水化物的形态及环境的温、湿度等因素有关,这些因素可以归结为与环境有关的外部因素和与混凝土本身有关的内部因素。

具体来说,影响碳化速度的环境因素主要是环境中 CO_2 的浓度、环境温度及环境湿度。而影响碳化速度的内部因素主要包括:混凝土水灰比、混凝土中的水泥品种、水泥用量、混凝土掺合料、混凝土抗压强度和混凝土施工质量及养护等因素,除此之外,混凝土表面的覆盖层对混凝土碳化有一定的延缓作用。

20 世纪 60 年代以来,国际上一些发达国家就开始重视混凝土结构的耐久性问题,对混凝土碳化进行了大量的试验研究及理论分析。国内在这方面起步较晚,从 20 世纪 80 年代开始研究混凝土碳化与钢筋锈蚀问题,通过快速碳化试验、长期暴露试验及实际工程调查,研究混凝土碳化的影响因素与碳化深度模型。经过 40 多年的研究,国内外对混凝土碳化机理与影响因素已经有了深刻的认识,并提出了很多种碳化深度的计算模型。而且各种计算模型的计算公式均可转化为式(4-22)。

而国内外所测得的各种混凝土结构碳化深度数据表明,地铁既有线混凝土结构的碳化系数要远远小于其他工程,其中原因主要为以下几点:

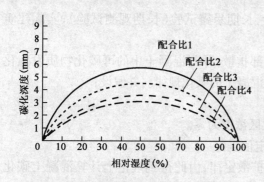

图 4-41 环境相对湿度对碳化深度的影响

(1)地铁工程中由于使用环境的原因,环境湿度较大。而环境湿度对混凝土碳化速度有很大影响。相对湿度的变化决定着混凝土孔隙水饱和度的大小,湿度较小时,混凝土处于较为干燥或含水率较低的状态,虽然 CO_2 气体的扩散速度较快,但由于碳化反应所需水分不足,故碳化速度较慢;湿度较高时,混凝土的含水率较高,阻碍了 CO_2 气体在混凝土中的扩散,故碳化速度也较慢。所以碳化速度与相对湿度的关系呈抛物线状,如图 4-41 所示。

(2)气体的扩散速度和碳化反应受温度影响较大,因此,随环境温度升高碳化速度加快。而地铁工程常年处于地下水位之下,环境温度要低于普通地上工程。

(3)水灰比及水泥用量是决定混凝土性能的重要参数,对混凝土碳化速度影响极大。众所周知,水灰比基本上决定了混凝土的孔结构,水灰比越大,混凝土内部的孔隙率就越大。由于 CO_2 扩散是在混凝土内部的气孔和毛细孔中进行的,因此,水灰比在一定程度上决定了 CO_2 在混凝土中的扩散速度,水灰比越大,混凝土碳化速度也就越快。

(4)混凝土强度高,密实性好,减少了 CO_2 在混凝土中的扩散路径,抗碳化性能增强。

3)碳化深度测试

将测区的混凝土表面的杂物清洁后,在各测区内进行回弹试验并进行记录。浓度为 1%的酚酞酒精溶液试剂,钢尺(一把),记录纸(若干)等。

在各测区分别凿出一个深度约为 15mm,直径 20mm 的浅坑,并清洁干净;将酚酞酒精试剂滴入浅坑内壁的边缘处,待已碳化与未碳化界线清楚时,测量三次,并记录其平均值(图 4-42)。

4.2.4.6 衬砌材料劣化

隧道衬砌混凝土材料劣化也是一种常见的衬砌病害，它包括隧道施工引起的混凝土材料不合格和隧道运营期间的材料劣化两类。根据衬砌材料劣化特征可知，病害形态复杂多样，该类病害包括混凝土材料表面碳化、蜂窝麻面、剥落剥离、钢筋锈蚀、盐害、冻害导致的混凝土局部膨胀蓬松软化等多种表现形式，这些不同亚病害类型表现出多种多样的表观特征和物理力学特征。图4-43是某隧道材料劣化病害的部分描述展开图。根据病害检测结果可知，病害区域形状一般不规则，不同位置病害深度和程度也不相同。

图4-42　某车站碳化深度试验

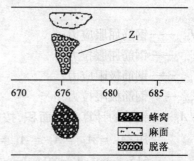

图4-43　隧道混凝土病害描述展开图

与裂缝类病害相比，劣化类病害除了具有复杂的几何外形外，还包括多种不同子类型的病害，为了病害的量化参数能准确描述病害的几何特征，也能准确地描述不同子类型病害的物理力学性质，建议用网格划分法描述衬砌表面劣化区域，并在劣化区域内部和边界设置关键点描述病害区域的方法。内部关键点分布在内部网格交叉线上，边界关键点分布在网格和边界区域的交点上。通过记录区域关键点，可以记录衬砌表面混凝土劣化区域，同时记录病害区域的三维特征通过内部关键点上混凝土劣化深度表征。如果病害劣化机理比较复杂，病害区域内不同深度材料劣化程度差异较大，则需要将病害区域混凝土分层，并记录内部关键点处不同分层处的材料劣化程度，这种网格划分记录材料劣化的方法如图4-44所示。

除了记录病害的几何特征，还应该记录不同几何区域内衬砌材料的力学属性，对于混凝土材料劣化，材料性能的劣化程度可用混凝土、钢筋的材料力学参数加以表征，结构计算中常用的混凝土材料参数包括弹性模量和极限强度。钢筋腐蚀等病害几何描述与参数选取可以利用类似的方法确定。

据上述的病害表征方法，可以按照图4-45对该类病害进行重建。其中网格布置密度可根据检测精度和分析需求进行设置，能比较准确地描述劣化特征。

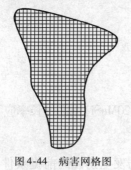

图4-44　病害网格图

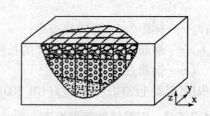

图4-45　病害三维特征

4.2.5 衬砌钢筋质量检测

4.2.5.1 钢筋抗拉强度、屈服强度检测数据及处理

钢筋屈服强度、抗拉强度检测数据详见表 4-15。其中钢筋屈服应力、抗拉应力按式(4-24)、式(4-25)计算:

$$f_{yk,i} = \frac{F_{yk,i}}{A_i} \qquad (4-24)$$

$$f_{ptk,i} = \frac{F_{ptk,i}}{A_i} \qquad (4-25)$$

式中:$f_{yk,i}$——钢筋屈服应力;
  $F_{yk,i}$——钢筋屈服拉力;
  $f_{ptk,i}$——钢筋极限应力;
  $F_{ptk,i}$——钢筋极限拉力;
  A_i——钢筋的计算截面面积,按《混凝土结构设计规范》(GB 50010—2002)附录 B 采用;$A_1 = A_2 = A_3 = A_5 = 201.1\text{mm}^2$;$A_4 = 314.2\text{mm}^2$;$A_6 = 113.1\text{mm}^2$;$A_7 = 615.8\text{mm}^2$;$A_8 = 804.2\text{mm}^2$;$A_9 = 254.5\text{mm}^2$。

钢筋极限拉力、屈服拉力检测数据　　　　　　　　表 4-15

钢筋编号		数据值(kN)				
A_1	屈服拉力	75		75		
	极限拉力	116.5	107		106.2	106.2
A_2	屈服拉力	76		76		78	75
	极限拉力	117	118	117	114	114.5	115
A_3	屈服拉力	74				
	极限拉力	112	110.5	109	106	

钢筋强度标准值计算:按《混凝土结构设计规范》(GB 50010—2002)4.2.2 条及《建筑结构可靠度设计统一标准》(GB 50068—2001)5.0.1~5.0.5 的规定,钢筋的强度标准值应根据屈服强度确定,并具有不小于 95% 的保证率。而且材料强度的概率分布采用正态分布。

4.2.5.2 钢筋伸长率计算

钢筋抗拉实验后,钢筋伸长率按式(4-26)计算:

$$\delta_5 = \frac{l_{5d} - 5d}{5d} \qquad (4-26)$$

式中:δ_5——标距为 $5d$ 时的伸长率;
  l_{5d}——钢筋拉伸后标距为 $5d$ 的长度;
  d——钢筋直径。

根据《混凝土结构设计规范》(GB 50010—2002),HRB335(20MnSi)钢筋伸长率应不小于 16%。

4.2.5.3 钢筋锈蚀程度检测

如前所述,混凝土碳化是一般大气环境下混凝土中钢筋发生锈蚀的前提条件。但是,混凝

土开裂或钢筋表面氯离子浓度超过临界值也可能导致钢筋的锈蚀。因此，钢筋的锈蚀程度在一定程度上可以反映整体结构的耐久性状况。

对于钢筋混凝土结构，可用截面损失率来表征钢筋锈蚀程度，截面损失率可采用取样检查法和裂缝观察法等方法确定。

取样检查法就是破开混凝土保护层，直接检查钢筋锈蚀情况，如剩余直径、剩余周长、腐蚀坑深度和长度或锈蚀产物的厚度等，根据量测结果就可以计算出钢筋截面的损失率。采用取样检查法时，宜选择构件上钢筋锈蚀比较严重的部位，如保护层被胀裂，剥落处，和保护层有空鼓现象等部位。量测钢筋剩余直径和剩余周长前，应将钢筋除锈，使钢筋露出金属的光泽。

裂缝观察法是根据混凝土裂缝的形状、分布及裂缝宽度等来判断钢筋的锈蚀程度，该方法的优点是不必凿出钢筋。钢筋锈蚀后会产生体积膨胀，造成混凝土出现顺筋裂缝，因此，通过观察混凝土构件表面有无顺筋裂缝和裂缝宽度可判定钢筋锈蚀程度。建研院结构所的调研和试验数据表明，钢筋截面损失率与裂缝宽度等指标有下述关系（邸小坛，周燕，1991）：

$$\lambda = 507 e^{0.007a} f_{cu}^{-0.09} d^{-1.76} \quad (0 \leq b < 0.2 \mathrm{mm}) \tag{4-27}$$

$$\lambda = 232 e^{0.008a} f_{cu}^{-0.567} d^{-1.08} \quad (0.2 \leq b < 0.4 \mathrm{mm}) \tag{4-28}$$

式中：λ——钢筋截面损失率(%)；

a——混凝土保护层厚度(mm)；

f_{cu}——混凝土立方体强度(MPa)；

d——钢筋直径(mm)；

b——锈蚀裂缝宽度(mm)。

目前，检测钢筋腐蚀状态的方法除了传统的破损检测方法之外，无损检测钢筋腐蚀量是许多国家正在探求的新技术。混凝土中钢筋的腐蚀量的非破损检测方法有分析法、物理法和电化学法三大类。分析法根据现场检测的钢筋直径、保护层厚度、混凝土强度、有害离子的侵入深度及其含量、纵向裂缝等数据，综合考虑构件所处的环境情况推断钢筋腐蚀程度；物理方法主要通过测定钢筋腐蚀引起电阻、电磁、热传导、声波传播等物理特性的变化来反应钢筋腐蚀情况，主要有电阻棒法、涡流探测法、射线法和红外热像法等；电化学方法通过测定钢筋混凝土腐蚀体系的电化学特性确定混凝土中钢筋腐蚀程度或速度。对既有钢筋混凝土结构中的钢筋腐蚀检测主要有以下几种方法。

(1)电位图技术：电位图技术是一项实用的非破坏性检测技术，不仅在混凝土修复过程中，在运行阶段也可给出腐蚀区信息，从而在腐蚀前期预测结构状况，评价腐蚀程度，还可检查维修效果。电位图技术的不足是，尽管从电位分布图可评价腐蚀状况，但不能直接得到腐蚀速率，另外，由于极化作用，测出的负电位值并不能直接反映混凝土结构的特征。

(2)电位梯度法：电位梯度法实际上是将电位图技术测得的电位分布数据进行理论处理，从而克服了电位图技术不能直接测出腐蚀速率的不足。采用带单片机的自动测量系统，则在绘出电位图的同时，可打印出腐蚀速率。但是，同电位图一样，当表层混凝土较厚或温度较低时，在表面测得的电位值偏正，使钝化区难以确定，影响数据的精度。

(3)交流阻抗法：交流阻抗测量可提供有关钢筋混凝土覆盖层的双电层电容、混凝土电阻、钢筋腐蚀速率及混凝土腐蚀机理等信息。另外，电阻抗谱还可求出混凝土腐蚀的临界浓度及其他环境条件。交流阻抗测量已成为实验室研究钢筋混凝土腐蚀的常用方法,但为了实施现场测量,必须考虑阻抗的空间分布问题。

(4)恒电流脉冲技术:在大范围的钢筋混凝土中用恒电流脉冲技术可获得腐蚀速率,评价混凝土中钢筋的腐蚀状况。尤其当混凝土较厚时,恒电流脉冲方法是一种较精确的原位快速无损检测方法,克服了电位图技术当极化大时误差较大及交流阻抗测量时间长等不足。但用恒电流脉冲方法测量混凝土中钢筋的腐蚀性只能用在钢筋与大地不能有电连接的条件下,一般适用于桥梁结构等情况。

钢筋样品性能检测试验设备主要有抗拉万能试验机300kN及1000kN各一台,日产数码直读应变仪(SDM-10A)一台,打点机一台,游标卡尺一把,应变片若干等。检测内容主要包括以下几项:

①钢筋抗拉强度、屈服强度检测。
②钢筋伸长率检测。
③钢筋弹性模量的检测。
④钢筋锈蚀程度检测。

4.2.6 隧道衬砌限界检测

检测隧道净空断面几何尺寸轮廓,包括净高、净宽。直线段每50m测量一个断面,曲线段测量断面适当加密。

1)目的与意义

非接触性检测方法在地下工程断面测量中有较为广泛的用途。地下工程断面的检测有多种方法,主要可分为接触性检测和非接触性检测,传统的接触性检测方法如支距法、极坐标法等,由于这些方法的准确性受人为因素影响很大,且测量环节多、累积误差大、资料整理工作量大、费时费力,会造成检测结果严重滞后施工进度,达不到即时性要求,或由于检测断面数量少,达不到检测标准的要求,因此这种低效率、精度差的方法给施工、检测带来很多困难。

激光断面检测法作为一种非接触性检测方法,具有安全、方便、准确、快速的特点,可用于检查地下结构的开挖断面、衬砌断面,若结合施工动态检测,可用于监测开挖后断面的收敛变形,以判断围岩的稳定性,以及衬砌厚度和平整度。

激光断面仪是建立在无合作目标激光测距技术和精密数字测角技术上的。极坐标测量法与计算机技术紧密结合,加上专门的图像处理软件,能迅速得到隧道断面图并与设计图进行对比,从而可以快速给出检测报告等文件。

2)测量原理与方法介绍

激光断面仪的基本原理是采用激光测距装置,以实现非接触性测量的方法,用步进马达装置和激光测距装置,对选定断面进行检测,并在控制器中记录每个测点与初始方向的夹角和距离。为使检测有可比性和便于操作,以隧道设计轴线为基准,在选定里程的轴线上测出中心桩高程,调校好激光断面仪,并测出中心桩到激光测距头旋转中心的高度,此时此旋转中心成为极坐标的圆心,按照与隧道轴线垂直的方向进行测量。

激光断面仪法的测量原理为极坐标法。如图 4-46 所示,以某物理方向(如水平方向)为起算方向,按一定间距(角度或距离)依次测定仪器旋转中心与实际衬砌轮廓线的交点之间的矢径(距离)及该矢径与水平方向的夹角,将这些矢径端点依次相连即可获得实际衬砌的轮廓线。用断面仪测量实际开挖面的轮廓线的优点在于不需要合作目标(反射棱镜),而且它的量测精度满足现代施工测量的要求。

用断面仪进行测量,断面仪可以放置于隧道中任何适合于测量的位置(任意位置),扫描断面的过程(测量记录)可以自动完成。图 4-47 为隧道典型断面检测结果图。

图 4-46 断面仪测量原理

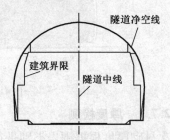
图 4-47 隧道典型断面检测结果图

3) 断面设置及测点分布

利用激光隧道限界检测仪在对隧道衬砌断面的施测中,为了保证测量精度和确定的测量断面,首先采用全站仪沿隧道中心线每间隔 100m 放设一个测站点,并精确测定和记录该点的平面坐标和高程。同时以该点为中心,垂直隧道中心线在隧道两侧分别放设一点,作为隧道限界检测仪测量该断面的定向点和校正点。断面量测测站点、断面的定向点和校正点如图 4-48 所示。

在隧道内纵向每隔 50~100m 布置一个断面进行测量,每个断面 60 个测点左右。在开挖过程中,对同一断面的多次检测、比较可计算出隧道的收敛位移。并且在同一里程位置进行开挖断面、初期支护和二次衬砌检测。

根据数据资料可分别计算出超挖的最大值和平均值、超欠挖面积等,根据《公路工程质量检验评定标准》的要求整理出相应的资料。资料处理完成后,采用相应的后处理软件,将三次数据进行处理,可计算出断面的初期支护和二次衬砌的厚度,可以对施工的实际结构的可靠度进行分析,如图 4-49 所示。

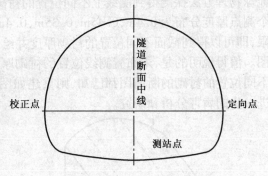
图 4-48 断面测量检测站点、定向点和校正点示意图

4.2.7 衬砌厚度及质量检测

《铁路隧道防排水技术规范》(TB 10119—2000)规定:混凝土防水,除了要求混凝土致密,孔隙率小,开放性孔隙少以外,还需具有一定的厚度。地下水从混凝土中渗透的距离增大,也就是使阻水截面加大,当混凝土内部的阻力大于外部水压时,地下水就只能渗透到混凝土中一定距离。因此混凝土衬砌必须有一定的厚度,才能抵抗地下压力水的渗透。考虑到现场施工的不利因素及钢筋混凝土中钢筋的引水作用,而把混凝土衬砌的最小厚度定为 30cm。

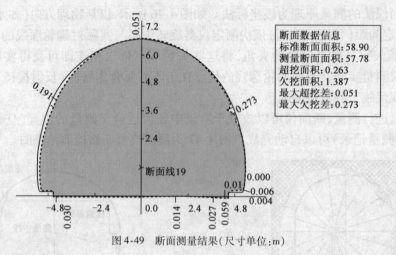

图4-49 断面测量结果(尺寸单位:m)

4.2.7.1 厚度检测

二次衬砌厚度根据围岩类别进行设计,一般情况下,拱顶是极易出现此类问题的部位。当然,隧道施工中,部分施工单位偷工减料或未按照设计进行施工,导致建成隧道厚度和结构承载力无法达到设计值,隧道厚度不足也是一种常见的隧道病害。

检查方法:①凿孔或钻孔:尺量;②断面仪测量:比较衬砌前后隧道断面轮廓线;③声波法;④地质雷达法。在运营隧道较常用的方法为地质雷达法。

1)地质雷达测试方法

衬砌厚度可通过地质雷达、声波等地球物理探测技术测出,探测隧道厚度时,一般先设计测线条数和测线位置,图4-50为某隧道地质雷达的侧线布置图。设计好测线位置后,可利用地球物理方法探测得到测线上不同位置的衬砌厚度,结合隧道轮廓仪等,可以测出某断面上5个测点厚度分布为0.4m,0.45m,0.35m,0.4m,0.4m,根据隧道衬砌界限图获得不同断面界限,即可以得到截面不同位置的衬砌厚度并绘制出如图4-51所示的衬砌断面形状的衬砌断面图。值得说明的是,未布置测线位置的衬砌厚度根据已知点厚度线性插值获得。如果测线上不同位置的衬砌的断面图都已知,则重建如图4-52所示的整条隧道衬砌几何图形,以便进行进一步的病害分析和研究。

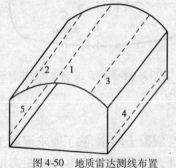

图4-50 地质雷达测线布置
1-拱顶测线;2、3-拱部测线;4、5-边墙测线

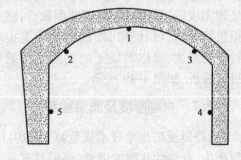

图4-51 衬砌断面二维重构

2)地质雷达衬砌厚度检测原理

地质雷达系统及衬砌厚度检测原理如图4-53所示。图上采用Ⅱ、Ⅲ级围岩条件下的隧道

衬砌模型，描述了地质雷达系统的工作方式，并给出了电磁波反射工作图示，用来说明和帮助理解衬砌厚度的检测原理。

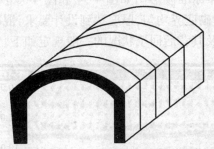

图 4-52 衬砌断面三维重构

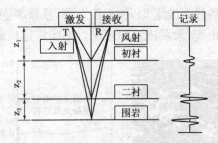

图 4-53 地质雷达检测衬砌厚度工作原理

反射天线 T 发射电磁波经反射被接收天线 R 接收，通过地质雷达反射图像的分析确定反射层，来测定反射波的双程走时 t，从而确定衬砌围岩界面距离，衬砌表面的距离即衬砌厚度。根据图 4-49，可得脉冲波旅行时间与衬砌厚度的关系式为：

$$t = \frac{\sqrt{4z^2 + x^2}}{v} \tag{4-29}$$

式中：z——反射层厚度，即衬砌厚度；

x——收发距，即接收与发射天线中心的距离，是与天线有关的定值；

v——电磁波在介质中的传播速度。

当电磁波在地下介质中的波速为已知时，可以根据精确测得的双程走时，由式(4-30)求得衬砌的厚度为：

$$z = \frac{\sqrt{t^2 v^2 - x^2}}{2} \tag{4-30}$$

v 值可以用宽角法直接测量，在要求精度不是很高的情况下，也可以根据式(4-29)及式(4-30)近似计算，一般来说 x 值远小于 tv 即取 $x = 0$ 可得衬砌厚度：

$$z = \frac{tc}{2\sqrt{\varepsilon_r}} \tag{4-31}$$

式中：ε_r——相对介电常数。

目前流行的几种地质雷达都是由主机、控制与显示和天线三部分组成。天线都采用发射和接受共体天线，为解决天线与隧道难于密贴带来的问题，又有空气耦合天线和非耦天线之分。

4.2.7.2 衬砌质量完好测试

1）敲击法

通过测量敲击声的强度、频率、音质等，判断结构有无异常情况。在衬砌厚度、拱背空洞、有无剥离以及混凝土劣化等检查中应用效果较好。

2）超声波法

通过测量超声波的反射行程时间，计算出衬砌厚度，并且根据其传播速度可推算混凝土的强度和劣化状态。

3）地质雷达法

初期支护和二次衬砌质量完好的实测雷达图像和标准波形图如图4-54和图4-55所示。图中各界面波组均一，相位一致，且频率变化不大。衬砌底界均匀，厚度达到设计要求，混凝土充填密实，未发现空洞现象。地质雷达检测衬砌厚度及其背后回填状况的一般规定如下。

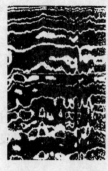 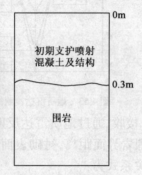 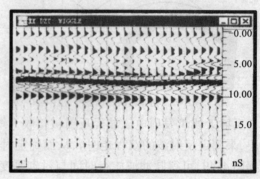

图4-54　初期支护喷射混凝土正常雷达图像　　　　图4-55　二次衬砌混凝土质量良好的雷达标准波形示意

(1)铁道部颁发的《铁路隧道衬砌质量无损检测规程》(TB 10223—2004)中规定了地质雷达法检测隧道工程质量的一些规定。其中关于检测工作的规定如下。

①检测时应检查主机、天线以及运行设备，使之处于正常的工作状态。

②测量时应确保天线与衬砌表面密贴(空气耦合天线除外)。

③检测天线应移动平稳、速度均匀，移动速度宜为3～5km/h。

④记录应包括记录测线号、方向、标记间隔以及天线类型等。

⑤当需要分段测量时，相邻测量段接头重复长度不应小于1m。

⑥应随时记录可能对测量产生电磁影响的物体(如渗水、电缆、铁架等)及其位置。

⑦应准确标记测量位置。

(2)天线频率的选择

频率高的天线发射雷达波主频高、分辨率高、精度较高、能量衰减较快、探测深度较浅；频率低的天线发射雷达波主频低、分辨率低、精度相对较低、能量衰减较慢、探测的深度较深。因此选用天线时，应当根据隧道混凝土厚度及检测要求确定天线的频率，检测深度与天线频率选择见表4-16。

检测深度与天线频率选择对照　　　　表4-16

探测深度(m)	天线频率(MHz)	探测目标
0.8～1	1000	喷射混凝土
2～3	500	模筑混凝土
5～20	200、100	衬砌背后围岩

(3)数据处理和解释可采用如下的流程，见图4-56。

(4)衬砌厚度应由下式确定：

$$z = \frac{0.3t}{2\sqrt{\varepsilon_r}} \quad 或 \quad z = \frac{1}{2}vt10^{-9} \tag{4-32}$$

式中：z——衬砌厚度(m)；

ε_r——相对介电常数；

t——双程旅行时间(ns);
v——电磁波速(m/s)。

4) 钻孔检查法

通过钻孔直接观察和测定衬砌厚度、空洞深度和墙背地质状况等,检查方法包括利用内窥镜插入钻孔观察结构内部状况、利用钻孔所取材料进行试验等。

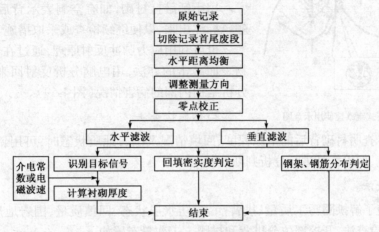

图 4-56　地质雷达数据处理流程

(1) 钻孔取芯:钻孔的位置和深度,因检查目的不同而异,图 4-57 为钻孔位置示意图和简易钻孔机示例。检查衬砌厚度、拱背空洞和地质状况时,深度一般为从衬砌表面到岩体内 1m;当为了计划处治对策,必须掌握隧道围岩的地质状况和进行有关物理试验时,钻孔深度可为 3~10m,此时需使用较大型的钻孔机械。

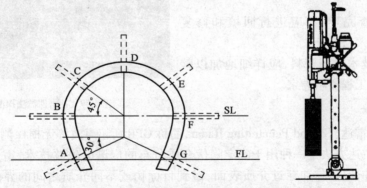

图 4-57　钻孔位置示意图和简易钻孔机示例

(2) 钻孔完成后,可将内窥式观察镜插入钻孔中,观察衬砌内部状况、衬砌背面空洞和围岩地质状况等,并可连接摄像机记录结构实际面貌。图 4-58 为内窥式观察镜使用示例。

4.2.8　衬砌背后空洞与密实性检测

对已发生病害的隧道,建立观测系统,进行跟踪量测,定期或不定期观测衬砌变形情况,详细记录重点(纹)的宽度和长度,以及所处的位置,分析其发展变化规律。裂纹加大变长的,说明病害在发展,应重视之,对变化较迅速的地方应及时采取有效的措施进行加固,阻止其继续发展,恶化。另外,要根据渗漏水情况,判断结构的安全度,以决定是否采取措施。

对裂缝进行观察仅能发现已开裂至衬砌表面的裂缝,而对衬砌内部的裂缝以及衬砌背后的空洞和回填不密实的情况,却无法及时发现。这往往是危及隧道结构安全,威胁行车安全的最大隐患。

1) 敲打检查法

用小锤敲打衬砌,如有空洞表示背后有空隙,应用颜色标注出来,以便继续检查或采取措施。

也可利用应力脉冲反射原理,通过在混凝土等结构物表面敲击的办法,用电脑分析反射回来的波形,从而分析结构内部的病害情况(图4-59)。

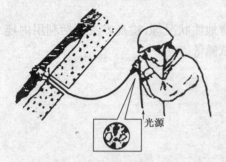

图4-58 内窥式观察镜使用示意图

2) 钻探检查法

如需进一步查明衬砌背后的空隙程度、回填情况及围岩地质状态时,可用钻机钻探,孔眼应与工作面垂直,取出样品进行分析判断。

3) 开挖检查法

为了更清楚了解拱圈污工质量、拱背病害、防水层状态、回填质量、围岩地质和地下水情况,可采用开挖检查法,开挖部位分拱背和拱腰。工作量布置如下:

(1) 拱背检查一般在拱顶每隔25m开挖一处,混凝土衬砌开挖孔为直径50~60cm的圆形孔,石料衬砌开挖孔为50~60cm正方形孔。

(2) 拱腰挖验一般从起拱线以下1.5m处开挖。

(3) 开挖检查完毕后,应进行回填和修复衬砌。

挖验的各种技术状态资料,应详细地加以整理分析,存入隧道工程资料卷宗。

图4-59 冲击回波法探测仪

4) 地质雷达法

近年来,地质雷达(Ground Penetrating Radar,简称 GPR)、超声波等无损探测方法引入隧道病害检测。探地雷达方法是一种用于确定隐伏介质分布的广谱电磁波技术,雷达系统向被探测物发射电磁脉冲,电磁脉冲穿过介质表面,碰到目标物或不同介质之间的界面而被反射回来。雷达系统通过所接收到的反射波进行叠加、滤波和以不同方式显示等一系列处理,精确地测出电磁脉冲传播到目标物并反射回来的时间,由此来确定目标物的深度和位置。电磁脉冲的传播时间取决于物体的导电性能。

(1) 地质雷达衬砌空洞检测原理

高频电磁波以宽频带(1MHz~1GHz)脉冲形式,通过发射天线被定向送入地下,经存在电性差异的地下层或目标体反射后返回地面,由接收天线接收,电磁波在介质中传播时,其路径的磁场强度与波形将随所通过介质的电磁波和几何形态而变化,所以通过对接收信号进行分析处理后可判断地下的结构或孔隙等情况。地质雷达的工作原理如图4-51所示。

电磁波在介质的折射和反射特征由折射系数 R 和反射系数 K 表示,对于非磁性介质,当电磁波垂直入射($\theta = 0$)时,可以用式(4-33)、式(4-34)表示。

$$R = \frac{\sqrt{\varepsilon_1} - \sqrt{\varepsilon_2}}{\sqrt{\varepsilon_1} + \sqrt{\varepsilon_2}} \tag{4-33}$$

$$T = \frac{2\sqrt{\varepsilon_1}}{\sqrt{\varepsilon_1} + \sqrt{\varepsilon_2}} \tag{4-34}$$

式中:ε_1、ε_2——分别为上下介质的介电常数。

由上式可知,对于非磁性介质,电磁波的反射特性仅与介质的介电常数有关。在隧道初期支护与围岩间、二次衬砌与初期的支护间以及衬砌内部,各层介质的介电常数有明显的差异,它们之间能形成良好的电磁波反射界面。地质雷达发射的电磁波脉冲向下传播遇到这些反射界面时,就会产生反射。当结构物发生破损,如出现空洞、裂缝、脱空等,在雷达资料中便会出现明显的特征反射,如脱空时将产生夹层反射,空洞会产生绕射等,当结构层因含水率增大时漏水;ε 介电常数将明显增大,在资料中就可以得到高含水性的反射。

因此,在隧道混凝土衬砌结构中,结构层划分、空洞、漏水等在雷达资料中都有明显的反映。

为了便于解释空洞的检测原理,隧道的检测模型采用Ⅱ、Ⅲ级围岩时,并不考虑初期支护,见图4-60。理想情况下,空洞缺陷在雷达图形中呈现抛物线形或双曲线形。

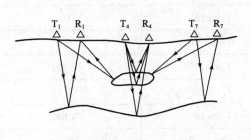 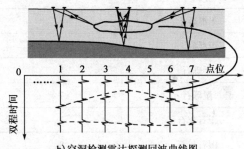

a) 空洞检测电磁波反射原理图　　　　b) 空洞检测雷达探测回波曲线图

图4-60　隧道衬砌背后空洞或不密实带原理图

图4-60a)为电磁波反射示意图,图中仅示出点位1、4、7处的电磁波反射情况。图4-60b)为空洞检测电磁波回波曲线图,图中横坐标是检测点位的标记,对于天线能匀速前进的检测,横坐标也可以表示为速度;纵坐标是雷达回波的双程走时,单位为ns:0~7点位的雷达回波曲线被称为数据道。每条数据道上波形的变化就蕴含着大量的检测对象的信息,雷达波的振幅大的位置对应的双程走时就是一个反射层的位置。图4-60b)能得到直达波直线、衬砌与围岩反射层曲线及空洞双曲线。

地质雷达并不只是探测天线正下方的目标,当地质雷达天线到达点位1时,地质雷达就能够接收到空洞反射回来的信号,设由空洞反射回来的电磁波行程为 $S1$,双程走时为 $T1$。同样我们可以假设点位2、3、4、5、6、7接收到的空洞反射回来的电磁波行程分别为 $S2$、$S3$、$S4$、$S5$、$S6$、$S7$,双程走时为 $T2$、$T3$、$T4$、$T5$、$T6$、$T7$。显然有:

$$S1 > S2 > S3 > S4 < S5 < S6 < S7 \tag{4-35}$$

其中 S4 最小，则有：

$$T1 > T2 > T3 > T4 < T5 < T6 < T7 \qquad (4-36)$$

其中 T4 最小。

所以在某一个介质中用地质雷达探测目标体时，雷达反射波图形中表现为抛物线形或者说是双曲线形。由于隧道结构系统是一个复杂的系统，其内部结构特性也十分复杂，实际检测过程中很难得到标准的双曲线形。

理论研究与试件的模拟试验证明，雷达电磁波在物体或介质中的转播速度随介质的相对介电常数的增大而降低。介质的介电常数不仅与介质本身的性质有关，而且与介质中含水率有关，即介质中含水率增加，介电常数值亦会增大，则电磁波在介质中的传播速度下降。又据波动理论中波速 v、波长 λ、频率 f 三者的关系（$\lambda = v/f$）可知，当雷达发射电磁波频率一定时，随介质波速的增加，雷达所接收到的反射波波长加大。反之，波长变小。可见，雷达波对水的反映甚为敏感。

(2) 地质雷达检测物性差异

对于不同的材质，电磁波的介电常数、传播速度和导电率见表4-17。

电磁波在不同材质中的介电常数和传播速度　　表4-17

材料	相对介电常数(E_n)	传播速度(m/s)	导电率(m/s)
空气	1	3×10^8	0
纯水	81	3.3×10^7	0.1~0.3
干混凝土	6	1.2×10^8	1
湿混凝土	12	0.86×10^8	5
干砾石	5	1.3×10^8	<0.001
湿砾石	7	1.1×10^8	1
干石灰石	7	1.1×10^8	<0.001
湿石灰石	8	1.06×10^8	25
饱和黏土	10	0.95×10^8	30
金属	1	3×10^8	$>10^8$

(3) 地质雷达对隧道衬砌及围岩的检测提供的主要信息：

① 隧道衬砌厚度，可设不同的测线，从而分别测出拱顶、拱腰、拱脚及边墙位置的衬砌厚度，必要时也可测出道床仰拱的厚度，同时还可沿隧道的横断面进行厚度探测。

② 隧道周围 2~3m 范围（根据需要可进行调整）内的围岩状况、钢筋及钢拱架、格栅钢架等分布，并可准确定位。

③ 隧道衬砌或围岩中排水盲沟的分布及堵塞或畅通情况、高寒地区的冻融情况。

④ 隧道围岩或衬砌中的裂隙水分布及赋水情况、初期支护与二次衬砌之间的密实状况以及衬砌间空洞的展布情况；在岩溶地区还可测出溶洞的位置和范围。

⑤ 隧道围岩超挖部分的位置、分布和回填情况，超挖空间回填的性质及空间的展布情况；

隧道欠挖情况可通过衬砌厚度反算得出。

⑥衬砌中的裂隙分布,尤其是衬砌深部不易为肉眼看出的裂隙分布和发展趋势;配合强度检测可对衬砌状况作出全面的评价。

虽然地质雷达的应用已经有了很大的发展,但应用地质雷达进行隧道衬砌的检测目前还存在许多不足之处,主要表现在:

①材料的性质影响检测的深度和使用的电磁波频率。

②当有水和黏土增加时,电磁波的变动增大。

③当检测钢筋加强衬砌时,检测缺陷将更困难,需要较高频率的雷达发射器。然而,频率越高,波长越短,穿透深度就越浅。

④难以确定二次衬砌表面位置。

⑤电磁波的传播速度会产生测量深度上的误差。

⑥电磁波在隧道衬砌中会发生散射、绕射从而影响测量精度。

⑦表层钢筋多次反射。

⑧衬砌厚度的确定及衬砌中缺陷的判释需进一步研究。

由于地质雷达具备无损、连续的对目标进行扫描,操作简便,后处理软件功能强大,对水平和垂直位置的探测精度高,检测速度快,能够在较短时间内完成隧道衬砌健康状态检测任务等优点,在公路隧道衬砌安全检测中,地质雷达被越来越广泛的应用。

(4) 检测方法

①天线频率 f 的选择

雷达天线根据探测目标,按下式计算天线中心频率 f:

$$f = \frac{150}{X\sqrt{\varepsilon}} \tag{4-37}$$

式中:X——空间分辨率(m);

ε——介质的相对介电常数。

②时窗 W 的选择

$$W = 1.3 \times \frac{2Z_{max}}{V} \tag{4-38}$$

式中:Z_{max}——探测深度(m);

V——介质中电磁波的传播速度(m/ns)。

③采样率的选择

采样率是记录反射波采样点之间的时间间隔,按尼奎斯特采样定率,采样速度至少要达到无线中心频率的 3 倍。为使记录波形更完整,取采样率为中心频率的 6 倍,采用连续测量工作方式。

④测线布置

为了能全面了解隧道衬砌的质量,根据试验结果和施工工艺的特点,隧道初期支护质量检测,一般选择沿隧道纵深方面布置 5 条纵向测线,其中拱顶 1 条,拱顶与边墙之间 2 条,边墙 2 条,并布置部分环行横测线。隧道二次衬砌质量检测一般选择 3 条纵测线,分别在拱顶及左、右侧墙各布设 1 条各项检测项目测点横断面布置见图 4-61。

(5) 隧道病害典型波谱特征

① 隧道混凝土衬砌为两层钢筋混凝土结构，混凝土内钢筋在雷达像象上呈双曲线形态。

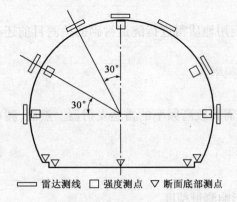

图 4-61 各项检测项目测点横断面布置

从图 4-62 中可以清晰分辨分阶段施工的混凝土层厚度及混凝土内钢筋的埋置分布。挂网喷混凝土是隧道开挖爆破后为防止碎石塌落所采用的安全措施，图 4-63 为挂网喷混凝土在雷达图像上的形态。

在隧道的施工中，因超挖回填不实遗存下的疏松地段，衬砌中常因振捣不实而造成的混凝土层内蜂窝，以及由其他原因而后产生的混凝土内裂缝等，都是水较易积存的空间与渗流的通道。通过雷达的透视扫描探测，在图像上可清晰地分辨出其积水的部位、状态、程度与轮廓。

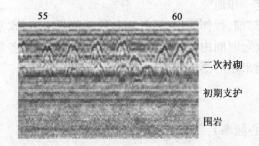

图 4-62 混凝土内钢筋检测雷达时间剖面图像

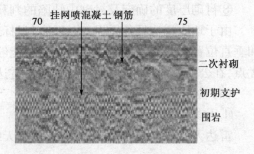

图 4-63 挂网喷混凝土检测雷达时间剖面图像

② 混凝土衬砌蜂窝欠实与脱空

混凝土层内的蜂窝欠实是由于混凝土振捣不实而形成的施工缺陷，表现在局部范围内混凝土层空隙度较大。脱空为初期支护与二次衬砌之间黏合不实，其间形成小范围的脱落或松散。这两类缺陷有的集中出现，有的亦单独出现，在图像与性质上相同，都是混凝土内积水的主要部位。混凝土层内蜂窝积水的雷达波反映出形态呈双曲线轮廓的强散射，反映该部位的介质细结构不均匀，其含水率高，造成与周围的介质电性有较大的差异。

③ 混凝土衬砌内裂缝

隧道混凝土衬砌内的裂缝是拱顶外层积水向洞内渗透、渗流的主要通道。混凝土层内的裂缝与渗水病害相关的主要有层间水平裂缝、竖向未贯通裂缝与混凝土层贯通裂缝三类。水平裂缝易积存水，且较易产生水的进出口各异；混凝土内未贯通裂缝，是混凝土内积水的隐患；混凝土层贯通裂缝则是水渗流的直接病因。

图 4-64 雷达图像反映的是模板接口施工贯通裂缝，表现为雷达波的高频多次强反射，说明裂缝规模较大，由混凝土层表面贯通整个混凝土层结构。

④ 空洞与回填疏松地段积水

图 4-65 为空洞与回填疏松部位积水的雷达图像。反映出初期支护混凝土层与围岩间有一强烈的雷达波反射波组，表明该部位围岩存有空洞和回填不实的疏松遗迹，因其孔隙度大，

积水已呈饱和状态。

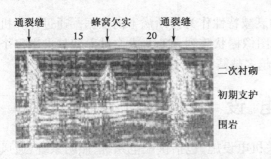

图 4-64　模板接口施工贯通裂缝雷达时间剖面图像

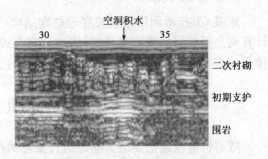

图 4-65　空洞积水雷达时间剖面图像

⑤围岩裂隙与混凝土结构外积水

隧道顶部围岩的裂隙颇为发育。裂隙部位多形成围岩岩块坍落或松散。在初期支护中若回填不实,喷锚不牢,则多形成混凝土结构外层的积水(图 4-66)。雷达图像反映出在裂隙部位层位不连续,雷达波呈散射;在积水地段,雷达波高频呈强吸收、频率变低(图 4-67)。

⑥脱空与漏水

 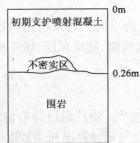

图 4-66　初期支护喷射混凝土不密实雷达图像

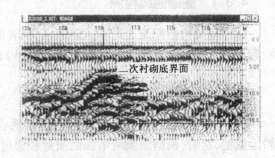

图 4-67　二次衬砌厚度不足雷达标准波形示意

脱空现象在隧道初砌施工中较为常见,且多出现于拱顶及左右边拱部位,一般可分为二次衬砌与隔水层间脱空、隔水层与初期支护间脱空、初期支护与围岩间脱空。如图 4-68 所示。

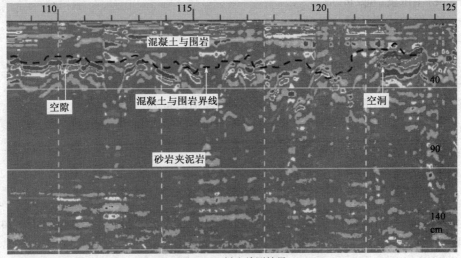

图 4-68　衬砌检测结果

5）地震 CT 技术

地震 CT 技术利用地震波穿透衬砌结构后的衰减特性作为诊断病害的依据。通过计算机计算列出受检层的吸收系数，并将之分布合成在图像栅状阵列，CT 的成像过程就是求出每个像素的衰减系数的过程。像素越小、探测器数目越多越精确，重建的图像就越清晰。

4.3 机电设施

隧道机电设施主要指为隧道运行服务的相关机电设施，包括供配电系统、照明系统、通风空调系统、给排水消防系统、中央计算机系统、监控系统（设备监控系统、交通监控系统、防灾报警监控系统、闭路电视监控系统、通信监控系统）消防及救援设施等。这里主要介绍通风、照明的检测方法。

车辆在行驶的过程中要满足安全行车的基本要求，首先必须有一定的能见度，这就需要照明；要满足舒适行车而不影响司乘人员的健康，这就需要通风。

4.3.1 隧道通风检测

隧道通风包括施工通风和运营通风，两者的目的不同。通风检测包括施工期间粉尘浓度检测、瓦斯检测；运营期间的 CO 检测、烟雾 VI 浓度检测、隧道风压、风速检测。

1）粉尘浓度检测

（1）检测方法：滤膜测尘法。

（2）检测原理：用抽气装置抽取一定量的含尘空气，使其通过装有滤膜的采样器，滤膜将粉尘截留，然后，根据滤膜所增加的质量和通过的空气量计算出粉尘浓度。

（3）主要器材：①滤膜；②采样器；③抽器装置。

$$G = \frac{W_2 - W_1}{QT} \tag{4-39}$$

式中：G——粉尘浓度（mg/m^3）；

W_1——采样前滤膜质量（mg）；

W_2——采样后滤膜质量（mg）；

Q——流量计读数（m^3/min）；

T——采样时间（min）。

两平行样品的偏差值小于 20% 时，方属合格，否则需重测。

2）瓦斯浓度检测

（1）催化型瓦斯测量仪（化学反应）。

（2）光干涉瓦斯检定器（物理反应）。

3）CO 浓度检测

CO 允许浓度规定：隧道内工作人员休息和控制室等人员长期停留的工作间为 24ppm；正常运营时为 150ppm，发生事故时短时间（15min）内为 250ppm。

（1）检知管：直径 4~6mm，长 150mm 左右的密封玻璃管；分为比色式、比长式。

(2) AT2 型 CO 测量仪。

原理:利用控制电位电化学原理来检测。

测量范围:0~50ppm;0~500ppm。

4)烟雾浓度的检测

不能直接测出烟雾浓度,只能通过测光透过率来求烟雾浓度。

$$\tau = \frac{E}{E_V} \tag{4-40}$$

式中:E、E_V——同一光源通过污染空气和洁净空气后的照度。

$$\tau = e^{-al} \tag{4-41}$$

$$a = -\frac{1}{L}\ln\tau \Rightarrow k = -\frac{1}{100}\ln\tau \tag{4-42}$$

5)隧道风压、风速检测

(1)静压、动压和全压

装在容器内的气体作用在容器壁的压力叫静压,用 P_{st} 表示,静压是单位体积气体所具有的内能。在隧道内以速度 $v(m/s)$ 流动的气体,除有内能外,还有对外做功的能力即动能。单位体积气体所具有的动能就是气体的动压,用 P_d 表示。流动气体的静压与动压的代数和称为气体的全压,用 P 表示。隧道通风中气体压力的测量分静压、动压和全压,它们可以用仪器直接测量。

皮托管是接收和传递压力的工具,与压差计相配合使用。如图 4-69 所示,皮托管由两根金属小圆管 1 和 2 构成,内管 1 和外管 2 同心套结成一整体,但互不相同。内管前开一小孔 4 与标有"+"的管角相通,孔 4 正对风流,内管就能接收测点的全压。外管前端不通,在前端不远处的管壁上开有 4~6 个小孔,孔 3 与标有"-"的脚管相通,当孔 4 正对风流时,外管孔 3 与风流垂直不受动压作用,只能接收静压。

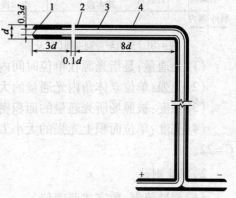

图 4-69 皮托管的构造
1-前孔;2-侧孔;3-内管;4-外管

绝对静压的测定:通常采用水银气压计和空盒气压计。

相对静压的测定:U 形压差计、单管倾斜压差计或补偿式微压计。

(2)风速检测

双向交通隧道风速不应大于 8m/s;单向交通隧道风速不宜大于 10m/s,特殊情况可取 12m/s;

①直接法:用风表测,风表分杯式(测大风速)、翼式(测小风速)。用风表测试,根据测试人员站位不同分为:

迎面法 $\qquad v = 1.14 v_s$

侧面法 $\qquad v = v_s(S-0.4)/S$

式中:v——实际风速;

v_s——实测风速。

②间接法:先测出动压

$$H_V = \frac{1}{2}\rho v^2 \tag{4-43}$$

$$v = \sqrt{\frac{2H_v}{\rho}} \tag{4-44}$$

4.3.2 隧道照明检测

按规范要求要检测入口段、过渡段和中间段,照明检测采用数字式照度计现场检测,通过公式推算出路面亮度和路面亮度总均匀度、路面纵向亮度均匀度。目前高等级公路上隧道照明设施是根据车速和驾驶人视觉的适应能力设计的。从安全和经济两方面考虑:隧道白天照明划分为入口段、过渡段、中间段、出口段,如图4-70所示。

在白天隧道出口段的照明亮度同入口段的照明亮度,应比隧道内基本照明亮度值高;在夜间则相反,应低于隧道内基本照明亮度值,当隧道外有路灯照明时,隧道内路面亮度值不得低于露天亮度值的两倍。

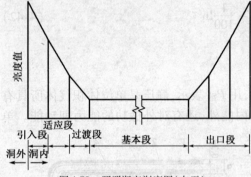

图4-70 照明渐变剃度图(白天)

1)有关照明的几个概念

(1)光通量:是指光源在单位时间内发出的能被人眼感知的光辐射能的大小(Lm)。

(2)光强:单位立体角内光通量的大小 $I = d\phi/dw(cd)$。

(3)照度:被照场所光通量的面积密度 $E = d\phi/dA(Lx)$。

(4)亮度:单位面积上光强的大小 $L = \rho E/\pi (cd/m^2)$(尼特);$L = E/C$;混凝土 $C = 13$;沥青 $C = 22$。

2)照度测试

(1)测试仪器:数字式照度仪。

(2)步骤:

①打开电源30min后再进行测试。

②测试分三次进行,每30min测一次,取平均值;

③测点的布置:横断面测点分别为路面中心、左1/4路面、左路缘、右1/4路面、右路缘,共5个点。在墙角以上1m到2m的地方上,补测一点作为背景亮度参考。如图4-72所示。在纵断面上,分别以两灯之间相邻区段作为一检测区域(图4-71)。在隧道轴线上侧线布置根据相邻灯具之间的距离适当调整,一般两测线之间的距离为1~2m。

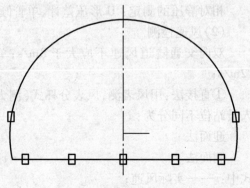

图4-71 横断面测点的布置

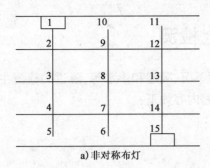
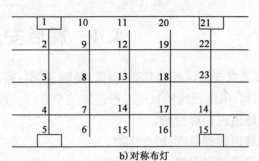

a) 非对称布灯   b) 对称布灯

图 4-72 纵断面测点布置

(3) 数据读取与处理

测试时,同一时刻从洞口同时向中间测,每一测点读取 3 次数据。

① 取三次读数平均值为测试值。

② 求该区域内的照度平均值,图 4-72 中 25 个测试值的平均值为路面平均照度(lx),再把路面平均照度转化为路面平均亮度,与设计值比较看是否满足规范要求;最后求出该区域内路面亮度总均匀度和路面中线亮度纵向均匀度,看是否符合规范要求。路面平均照度(lx)按式(4-46)计算。

$$E_{aV} = \frac{1}{n}\sum_{i=1}^{n} E_i \qquad (4-45)$$

式中:E_{av}——路面平均照度(lx);
  E_i——i 点的照度(lx);
  i——测试区域测点总数。

③ 路面照度的总均匀度

$$U_0 = L_{min}/L_{av} \qquad (4-46)$$

式中:U_0——路面照度的总均匀度;
  L_{av}——计算区域的平均亮度(cd/m^2);
  L_{min}——计算区域的最低亮度(cd/m^2)。

④ 路面照度的纵向均匀度

$$U_1 = L_{min}/L_{max} \qquad (4-47)$$

式中:L_{min}——路面中心的最小亮度;
  L_{max}——路面中心的最大亮度。

3) 隧道眩光

隧道眩光分为失能眩光,是生理上的过程;不舒适眩光,是心理上的过程。眩光等级 G 与主观上对不舒适感觉评价的相应关系如下。

$G = 1$:无法忍受;
$G = 2$:干扰;
$G = 5$:允许的极限;
$G = 7$:满意;
$G = 9$:无影响。

4.4 震后安全检测

地震通常会造成衬砌开裂、剥落、侵限、脱空;路面下沉、隆起和渗水等,隧道的检测主要包括土建结构、机电设施和其他工程设施三个方面。检测内容如下:

(1)隧道内轮廓检测。
(2)隧道衬砌厚度、脱空检测。
(3)隧道衬砌裂缝、渗漏水检查。
(4)隧道路面及机电设施检查。
(5)衬砌强度检测。
(6)隧道检测结果分析评定。

4.4.1 震后隧道健康状态检查项目及评估

地震后,应对隧道立即进行特别检查。调查检测的主要目的是确认隧道的安全性,掌握隧道震后现状,发现对隧道安全和功能有影响的变异,根据周围的变异程度,尽早采取对策,及时处理,确保隧道安全畅通。

震后隧道调查检测项目主要有洞口、洞门、衬砌、路面、检修道、排水系统、吊顶和内装,具体检查内容及判定参见《公路隧道养护技术规范》(JTJH12—2003),根据检查结果按表4-18的规定分为三类进行评估。

震后隧道检查结果的评估　　　　　　　　　　　　　　　　表4-18

隧道安全等级	评估分类	损害程度	损害状况	交通措施
无立即危险	S	无异常	通过肉眼观察,没有发现异常情况	正常通行
		轻微异常	肉眼能观察到轻微衬砌开裂等,但对交通没有影响(裂缝宽度小于3mm,裂缝长度小于5m)	
危险	B	异常	有衬砌剥落、衬砌错动开裂(裂缝宽度大于3mm,裂缝长度大于5m)、钢筋外露、伸缩缝及施工缝位移、渗漏水等,对交通有影响	管制通行
	A	异常显著	隧道洞口边坡滑塌、隧道主体有塌方、路面与路肩隆起或错动开裂、积水、长大隧道通风与照明设施损坏等	禁止通行

4.4.2 震后隧道工作状态检查方法

发生地震后,调查检测的主要目的是确认隧道的安全性,因此要求调查检测方法要快捷方便,针对性强,采取的诊断方法主要有以下两种:

(1)目视检查方法。在有充分照明的条件下,徒步近距离检查。调查内容项目参见《公路隧道养护技术规范》(JTJ H12—2003)。在调查检测过程中,除用肉眼仔细观察外,还应结合先进的光学仪器进行检测,如裂缝观测仪、全站仪、激光隧道断面仪及数码摄像机等,为判定隧道安全性提供准确的检测数据。

(2)敲击检查方法。依据目视检查结果,明确重点检查部位进行打击声检查,按清音和浊音判定是否需要敲落作业。进行打击声检查时,应根据开裂的状态和发展实施。

4.4.3 震后隧道安全状态诊断报告

(1)隧道病害展开图。依据目视检查结果,绘制隧道病害展开图,将敲击检查修订后提交。
(2)震后隧道诊断报告书。震后隧道工作状态诊断报告书格式参见表4-19。

震后隧道诊断报告书格式　　　　表4-19

震后诊断报告书		路线名称:	检查者:
		隧道名称:	
		检查日期:	
检查项目	洞门	洞内	状况描述
检查内容	开裂、错台、剥离、剥落、倾倒、下沉、钢筋露出、变色及其他	①衬砌:开裂、剥落、错台、剥离、施工缝错动、漏水、结冰等; ②内装板:变形、破损; ③顶板:变形、破损、漏水; ④路面及排水设备:滞水、结冰、沉沙、错台、开裂、路面和路肩变异	
位置	异常地点	异常状态	判定

4.4.4 震后隧道特殊调查、检测

隧道遭遇地震后,为及时掌握隧道结构受损情况,判断隧道是否满足使用功能和安全性,并为隧道维修加固设计提供依据和建议,除进行上述检查检测外,还应进行特殊的调查检测,特殊调查检测主要项目、方法和目的参见表4-20。

震后隧道特殊调查项目　　　　表4-20

项目	检测方法仪器	目的
地表	由踏勘观察	掌握全面地质状况
衬砌裂缝	目视观察、裂缝观测仪	掌握衬砌裂缝和发生漏水状况
钻孔取芯	有地表及洞内钻孔	掌握隧道周边地层状况、松弛范围和程度
衬砌厚度和空洞	地质雷达法、钻孔法	掌握衬砌厚度和衬砌背面空隙
衬砌强度	超声—回弹综合法、单轴抗压试验	掌握衬砌强度
内轮廓	全站仪、激光隧道断面仪	掌握隧道变形状况
其他	数码摄像机	对各种隧道病害进行拍照记录

当地震烈度达7度时,隧道可能因震害产生裂缝甚至坍塌封闭、中断行车,造成巨大经济损失。研究震后隧道工作状态诊断评估技术,及时确定隧道的安全性,以便采取合理的震后修补措施,确保隧道安全运营十分重要。

4.5 火灾发生后的检测

虽然火灾通常会对隧道衬砌结构造成较大的高温损伤，使隧道结构的安全性和适应性下降，但一般通过修复加固还是可以继续使用，只有在很少情况下（如衬砌结构产生较大的变形、管片钢筋严重压屈、坍塌等）拆除重建才比较经济。因此，对火灾后的隧道衬砌结构体系，应通过现场监测以及必要的计算分析和少量试验，对衬砌管片结构体系的损伤程度作出合理的评价，为制订相应修复策略和加固措施提供依据。

我国普通混凝土结构有关规范中规定了一些常规的结构监测方法，但它们大多不适用于火灾作用后的结构检测。国内外学者对火灾高温后混凝土结构的检测评估手段方面做了大量的研究工作，得出了一些行之有效的检测评估方法，这些方法一般均属于无损检测或半无损检测，见表4-21。

常用的火灾受损检测及分析方法　　　　表4-21

序号	方法名称	测试值	强度损失	受火温度	损伤程度和深度
1	回弹法	回弹值	√	√	
2	超声法	超声波速	√	√	√
3	超声回弹综合法	回弹值、超声波速	√	√	
4	表面特征观察法	敲击、观察	√	√	
5	钻芯取（小）样法	芯样抗压强度	√		
6	冲击钻入检测法	钻入时间、深度及阻力	√		
7	时间—温度曲线法	火灾情况、燃烧时间		√	
8	电镜分析法	显微特征		√	
9	烧损厚度检测法	烧疏层厚度			√
10	红外热像法	热像温升	√	√	
11	电化学法	混凝土内钢筋表面电势			√
12	射钉法	钢钉打入长度	√		
13	拔出法	拔出力	√		
14	热释光法	混凝土矿物热释光强度	√	√	
15	碳化实验法	碳化深度		√	√
16	残留物烧损特征推定法	残留物特征		√	
17	钢筋强度变化推定法	混凝土内钢筋强度变化	√		
18	热分析法	受热表现特征		√	
19	化学分析法	结合水和氯化物分析		√	
20	混凝土烧失量推定法	烧失量		√	
21	实耗可燃物理论计算法	火灾载荷		√	
22	色像分析法	混凝土表面色像分析		√	
23	地质雷达法	雷达波形图			√
24	震动波法	波速			√
25	钻芯切片法	吸水率和张拉应力			√

隧道火灾后检查指标主要有温度指标（火灾温度和燃烧时间）、损伤特征（衬砌表面颜色和烧伤区衬砌特征）、损伤深度、疏松深度和剥落深度。

损伤深度是指隧道火灾后混凝土强度降低的衬砌厚度。

疏松深度是隧道火灾后衬砌混凝土强度低于原衬砌混凝土强度50%的受损衬砌厚度（如对于CO_2混凝土火灾后强度低于10MPa的受损厚度）。

衬砌剥落深度指隧道火灾后衬砌表面混凝土剥落的深度。

隧道现场试验指标主要有衬砌混凝土残余强度比、衬砌混凝土声速比和衬砌结构残余支承能力。

衬砌混凝土残余强度，是表征火灾后隧道衬砌结构质量的一种定量指标。而混凝土残余抗压强度，是其火灾后力学性能中最重要、最基本的一项。常常作为基本参量确定受损混凝土的等级和质量，同时决定其他力学性能，如抗拉强度、弹性模量和峰值应变等的数值。在火灾高温状态下，这一特征依然成立。衬砌混凝土强度的现场测定有无损检测和破损检测两类方法。无损检测可分为机械、物理以及机械与物理综合三种方法。机械的检测方法有敲击法、撞击法、枪击法、回弹仪法等；物理的检测方法有共振法、超声波探测仪法等。如果无损检测法不能满足评估分级要求，在隧道现场可考虑采用取样做加载试验来测定受损混凝土的实际强度，即破损检测。这种检测方法的优点是既能做强度试验，又能做弹性模量与密度试验，测定结果比较符合实际情况，隧道火灾现场比较适合采用这种方法。衬砌混凝土残余强度比是指火灾后隧道衬砌表面深10cm范围的混凝土平均强度与受损前原强度的比值。

近年来，随着弹性波量测技术的发展，用弹性波参数来表征或推算判断混凝土的某些力学性能，如强度、匀质性、弹性模量等已被实践证明是可行的。

1）回弹法

可测内容：混凝土强度损失、受火温度。

利用遭受火灾的混凝土表面的硬度能够反映遭受火灾损伤程度。受火后的混凝土内外弹性模量和强度依据受火温度和持续时间，并随着混凝土的深度发生变化，因而需大量对比试验来建立火灾后混凝土强度、受火温度与回弹值的相关关系方程式，即检测曲线。但回弹法不适合于遭受火灾后出现剥落的混凝土结构，因为可能由于硬度的差异导致测试结果产生较大的变异性；通过回弹法检测得到的混凝土强度只能反应火损表层的混凝土强度，不能反映混凝土更深层次的强度损失。

2）超声法

可测内容：混凝土强度损失、受火温度、损伤程度和深度。

超声法是现场检测混凝土结构的重要方法，借助于检测曲线而推定混凝土高温损伤，它具有无破损、可重复、可测混凝土内部缺陷等优点。

在火灾高温作用下，混凝土由表层向内部逐渐疏松、开裂，破坏了混凝土的整体性，从而导致超声波在混凝土固体的传播速度下降。混凝土受火温度、受火时间不同，则其火损的程度不同。因此，根据混凝土超声波速的变化，可分析评定混凝土的火灾损伤程度。大量的研究表明，超声波速度对经不同温度作用后的混凝土性能十分敏感。

同回弹法一样，超声波检测要求混凝土表面有较好的平整性，当损伤严重的混凝土表面开裂剥落时，常常在探头的放置上给检测人员带来麻烦；含水率、测距、混凝土钢筋、受火温度、受火时间、集料及配合比、孔隙率等原因均影响测试结果。

3) 超声—回弹综合法

可测内容：混凝土强度损失、受火温度。

超声—回弹综合法是在超声法、回弹法各自原理的基础上，通过建立超声波传播速率和回弹法同混凝土抗压强度之间的相互联系，以声速和回弹值综合反映混凝土的强度损失和受火温度。它较单一的超声或回弹无损检测方法具有精度高、适用范围广等优点。

4) 表面特征观察法

可测内容：混凝土强度损失、受火温度。

表面特征观察法是根据火灾后混凝土表面颜色、裂纹、剥落等表面特征情况，辅以锤子敲打、铁杆凿击，听辨混凝土回声的清脆或沉闷与否，综合确定混凝土的强度和受火温度。表面特征法虽然方便快捷，简单易行，但主要靠经验估计，且表面颜色与混凝土内部损伤并无直接关系，在实测时只作参考。

5) 钻芯取(小)样法

可测内容：混凝土强度损失。

钻芯取样法是一种直观、可靠、精度较高的局部未破损现场检测方法。通过现场取样加工成试件进行室内试验，钻芯取样法能直接提供火灾后混凝土内部受损的详细资料，因而具有较高的可信度，是混凝土强度评定的主要依据。

6) 冲击钻入检测法

可测内容：混凝土强度损失。

冲击钻入检测法是采用一定能量的冲击钻以恒定等速钻入受损混凝土，测定钻进时间、钻进深度、钻入阻力等参数，这些参数与混凝土力学特性相关，再利用标定的测强曲线推算出混凝土的强度。它是一种快速的逐点试验评估方法，有很好的应用前景。

7) 电镜分析法

可测内容：受火温度。

电镜分析法是应用电子显微镜观察火灾前后混凝土材料相变、内部微观结构等物理现象的变化特征，来分析判断混凝土受火温度的方法。对于火灾后的混凝土，由于受到火灾高温的作用，混凝土在水化、碳化合矿物分解后又产生了许多新的物相，内部微观结构也发生了变化，经受高温后，混凝土宏观性能的变化是其内部微观变化的结果。不同的火灾温度，所产生的相变和微观结构变化亦不同。掌握这种相变和内部微观结构随经历火灾温度变化的规律，就可以应用电镜分析技术来判断火灾温度，亦可对火灾高温后混凝土所表现的宏观性能进行分析和判断。

实际测试诊断时，可在火灾区域选取不同烧伤程度的构件表面混凝土小块，用电子显微镜观察结构的显微特征与已掌握的火灾温度关系对火场温度作出判断。

8) 红外热像法

可测内容：混凝土强度损失、受火温度。

红外热像法是利用物体表面温度和辐射发射率的差异形成可见的热像图,从而检测物体表面结构状态和缺陷,并以此判断材料性质的一种无损检测方法。

红外辐射是由原子或分子的振动引起的,自然界中任何温度高于零度的物体都能辐射红外线,红外线辐射功率与物体表面温度密切相关,而其表面温度场的分布直接反映传热时材料的热工性质、内部结构及表面状况对热分布的影响。

红外热像仪就是把来自目标的红外辐射转变成可见的热图像,通过直观地分析物体表面的温度分布,推定物体表面的结构状态和缺陷,并以此判定材料性质和受损情况。混凝土材料遭受火灾高温作用后,将发生一系列的物理化学变化:诸如水泥石、集料的相变,裂纹增多,结构疏松多孔,水泥石—集料界面的开裂、脱节等。使混凝土由表及里逐渐疏松开裂。不同的受火温度、持续时间,将造成不同深度和程度的损伤,使混凝土导温系数发生变化,从而引起材料热传导性能的变化,导致红外辐射随受损情况的不同而异,并可形成不同特征的红外热图像。通过分析受火混凝土的热图像特征,即可评定火灾混凝土的受损情况。

9) 火灾发生后的调查内容

(1) 火灾前隧道状况调查。包括收集隧道的存档资料和运营记录以及调查隧道的水文地质状况、详细的设计图纸、设备情况、设备运行记录、通风状况、车辆运行情况和位置。

(2) 火灾现场初步调查。主要包括:起火时间、起火点位置、起火原因、初步判断、火的走向、主要燃烧物、火灾持续时间、火灾的燃烧程度、灭火方式、灾后残留物状态、过火区域、火灾时通风状况等。

(3) 火损区域划分。这一步骤应与火灾现场初步调查同时进行。观察记录衬砌结构表面的损坏状况,包括混凝土颜色、裂纹裂缝、爆裂剥落、疏松、钢筋外露、管片结构变形以及小锤敲击现象等。运用前述表面特征观察法、火损简单分级表,结合火损现象记录,划分火损区域。

(4) 结构安全性初步鉴定。对火损严重区域的衬砌结构进行初步安全鉴定,判断其是否仍处于破坏变形阶段,初步估计火损结构抗力能否满足承载力要求,是否会发生大块混凝土掉落甚至结构坍塌,做出是否暂时封闭现场以确保人员安全的决定。如能确定现场人员的安全保障后,可对灾后现场进行详细勘查。

(5) 火灾场景初步判断。根据起火时间、起火位置、起火时隧道运营状况以及灾后残留物状态确定火灾原因、持续时间和蔓延机理等,根据燃烧物情况计算火灾载荷,判断初步的火灾场景(最高温度、持续时间)。

(6) 检测分析未火损区域衬砌混凝土的数据。盾构法隧道其结构常用同一类型混凝土。发生火灾后,很容易找到与火损区域混凝土类型一致、工作状态相同的原型混凝土。对未火损区域的原型混凝土进行回弹、钻芯取样、超声、密度等试验,统计分析这些常温混凝土的检测数据,作为火损衬砌混凝土的相关检测试验的对比基础数据。这样,在火损区域的相关检测评估时,采用检测比值与检测目标的关系进行评估判断,可避免或减小其他复杂因素对检测结果的影响。

(7) 火灾现场详细勘查1——表面特征观测法评估受火温度。根据衬砌混凝土表面颜色、裂纹、爆裂疏松、小锤敲击等观测手段快速推定火损区域受火温度,初步得到火灾温度场分布。

(8) 火灾现场详细勘查2——回弹法检测混凝土强度损失和评估受火温度。

根据火损区域划分和火灾场景的初步判断,确定合理的回弹测试点分布,进行回弹法检测。根据试验归纳的火损混凝土表面硬度与回弹值的关系、回弹值(回弹比)与强度损失(强度比)的直接关系、回弹值(回弹比)与受火温度的间接关系,对检测数据进行分析,判断火损区域衬砌混凝土的强度损失,推定各部位最高受火温度。

(9)火灾现场详细勘查3——钻芯取样法检测混凝土强度损失和评估受火温度。根据火灾损伤现场情况和衬砌结构体系受力特征,确定合理的芯样钻取点分布图,采用专门的钻芯机钻取圆柱形芯样,适当加工后在试验机上测定火损后残余抗压强度,并通过强度(强度比)与受火温度的关系,推断芯样钻取点处的最高受火温度。

(10)火灾现场详细勘查4——超声法检测混凝土强度损失、火损深度和评估受火温度。选择能反映火损规律的测试点以及钻芯取样法钻取的样芯,根据试验归纳的超声波速(声速比)与强度(强度比)、受火温度的关系,采用对测法检测衬砌混凝土的强度损失和评估受火温度。利用超声法的损伤检测原理,采用平测法检测代表部位的混凝土火损深度。

(11)火灾现场详细勘查5——混凝土烧失量推定法评估受火温度。在火灾现场拣取合适的混凝土剥落块或在代表性部位钻取小块混凝土,进行体积、质量的测试,根据混凝土密度(密度比)与受火温度的关系,推定衬砌混凝土的受火温度。

(12)火灾现场详细勘查6——超声回弹综合法检测混凝土强度损失和评估受火温度。采用超声对测法和回弹法在相同部位的检测数据,利用试验结果分析超声波速(声速比)、回弹值(回弹比)与强度损失(强度比)、受火温度的关系进行衬砌混凝土强度、最高经历温度的判断。

(13)综合分析各方法的检测结果,给出火损衬砌混凝土的强度损失、损伤深度和受火温度的结论。

(14)根据检测结果修正火灾场景。

(15)利用修正后的火灾场景进行衬砌温度场数值模拟和高温残余承载力计算。给出衬砌结构火损情况的计算结果。

(16)根据强度损失检测结果和计算结果综合评定不同火损区域衬砌结构的受损程度。

(17)作出灾后检测评估报告。

10)火灾损伤程度评定程序

火灾损伤程度评定程序如图4-73所示。

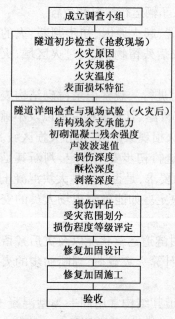

图4-73 火灾损伤评定程序图

火灾后混凝土结构的损伤情况相当复杂,如果仅靠单一的方法评定混凝土结构的火损状况有时不一定准确,为了提高火灾后混凝土检测评估结果的准确性,应采用多种方法进行检测,综合评定火灾后的混凝土受火温度和强度损失。

参考文献

[1] 中国工程建设标准化委员会标准. CECS 03:2007 钻芯法检测混凝土强度技术规程[S]. 北京:中国建筑工业出版社,2007.

[2] 中华人民共和国国家标准. GB 50010—2002 混凝土结构设计规范[S]. 北京:中国建筑工业出版社,2003.
[3] 中华人民共和国行业标准. JGJ/T 23—2001 回弹法检测混凝土抗压强度技术规程[S]. 北京:中国建筑工业出版社,2001.
[4] 中华人民共和国行业标准. TB10223—2004 J341—2004 铁路隧道衬砌质量无损检测规程[S]. 北京:中国铁道出版社.
[5] 李讯,何川,汪波,等. 营运期隧道结构健康监测与安全评价研究[J],现代隧道技术,2008(增刊):289-294.
[6] 林懂明. 铁路隧道病害的综合检测与治理[J]. 中国铁道科学,2003,24(1).
[7] 王薇,向延念. 无损检测及其在隧道病害检测中的应用[J]. 铁道工程学报,2001(3).
[8] 蔡建辉. 地质雷达在高等级公路隧道衬砌质量无损检测中的应用研究[J]. 公路交通技术,2002(增刊).
[9] 郭晓华. 天津市地铁既有线隧道结构现状评估及治理[D]. 天津:天津大学,2003.
[10] 梅志荣,韩跃. 隧道结构火灾损伤评定与修复加固措施的研究[J]. 世界隧道,1999(4).

5 隧道健康状态评价方法

隧道病害是危害公路隧道健康状态的主导因素,所以对公路隧道健康状态评价的基础就是对隧道病害的特征进行研究。关于隧道健康状态的几个概念描述如下。

(1)健康:指土木工程中的系统或结构实现其预期功能的能力状态。

(2)隧道病害:指物理、化学或人为因素引起的隧道衬砌、路面以及附属结构破坏或故障,导致隧道美观、结构承载、使用功能受到损坏或影响的现象。

(3)健康监测:结构或系统在其存在期间都会累积损伤。健康监测是指利用一定监测方式探得结构的内部信息,分析结构内在的各种特征,以用于了解结构因退化或损伤造成的变化。关键是结构退化到什么程度会危及其安全性能。因此,健康监测的一个目标就是在这个临界点到来之前提早检测出结构的损伤,这是一个实时在线监测过程。

(4)健康诊断:当结构或系统长时间使用,或是在受到自然的或人为的破坏后,测定其关键性能指标,检查出其是否受到损伤,若是受到损伤,损伤程度如何,损伤部位在哪,确定出能不能继续使用及其剩余寿命等。

(5)安全性评价:通过各种有效的测试手段,测试其当前的工作状态,并与其临界失效状态进行比较,评估其安全等级。与可靠性不同的是,可靠性为一种可能性,是一种概率;而安全性评估却能给出确定的安全等级。

我国现行公路隧道养护规范(交通部,2003)将隧道养护内容分为土建结构、机电设施和其他工程设施三部分进行规范,并按照病害对隧道的安全性能、使用性能可能造成的影响规定了各部分中的日常维护、病害检测、病害判定、病害处治等方面的内容。这为公路隧道运营中日常的养护以及管理提供了可行性依据,使得公路隧道的管理有法可依。规范对于公路隧道土建结构规定了结构检测内容,并制定了对于各类病害的判定标准,但这些标准都是以定性的手段对病害特征进行描述的。此外规范还没有涉及隧道衬砌结构各种病害对于隧道健康状态的综合影响评价。这些因素都使得公路隧道结构检测、结构健康度判定无法摆脱人工的干预,实现理论的普及应用。

隧道管理部门有责任改善现有隧道,以达到公路隧道安全标准的要求。他们首先要面对的问题是:现有隧道是否都达到了公路隧道安全标准的要求?若没有,哪些隧道存在重大缺陷?哪些安全措施能经济有效地提高隧道安全?这些安全措施中哪些措施的成本效益比最小? 从而确定执行的优先次序。

为此,隧道管理部门需要找到一个有效的方法来评估隧道安全。根据缺陷的严重程度来确定提高隧道安全的先后顺序,并确定改善隧道安全措施的优先次序。

所有的结构,无论是自然的还是人工的,在其存在期间都会累积损伤。对有病害隧道进行系统而全面的健康诊断,从而推定隧道病害的原因,科学评价隧道结构的健康状态,以便及时采取有效的整治措施,可以延缓隧道病害的进程,达到延长隧道使用寿命的目的,并可以取得巨大的经济效益。

以往,在对运营隧道进行安全性检查和健康诊断时,缺乏先进的方法,多根据肉眼观察和简单仪器检测的结果进行判断,这仅能对影响隧道工作性能的各因素进行定性分析,所以对隧道健康状态只能作出定性的判定,主观随意性较大,而且效率低、准确性差,容易造成人力、物力和财力的浪费。

1991 年,国际隧道协会地下结构维护与修复工作组开始研究隧道衬砌无损检测的适用技术(Haack 等,1995)。此后,包括中国在内的许多国家都在无损检测技术在隧道中的应用方面做了大量研究和实践工作,并在隧道健康诊断和维修养护工作中逐渐使用了无损检测方法。随着无损检测方法在隧道工程中的使用,隧道健康诊断得到了很大的发展。通过对隧道进行健康诊断,可以获得大量的数据。基于这些数据,隧道管理者可以判断隧道健康状态,决定采取何种对策。但如果没有建立恰当的隧道健康状态定量诊断方法和管理系统,那么就很难根据这些数据对隧道健康状态做出恰当的判断,而且大量的数据也会给数据管理带来困难。因此,随着隧道健康诊断的发展,建立隧道健康状态诊断方法和系统来管理这些数据和定量诊断隧道健康状态,就成了隧道健康诊断研究中的一个亟待解决的问题。

然而,由于隧道修建在地下岩土介质中,属于半隐蔽工程,与地面结构相比,地下结构的"隐蔽性"使我们无法迅速发现地下结构物的变异,增加了判断地下结构物变异的"隐蔽"原因的难度,而且地下结构除受到自然环境的影响外,还受到地下环境,如围岩和地下水条件变动等的影响,这些都使得隧道健康状态的诊断比地面结构更为困难,所以,针对我国公路隧道建设大规模新建时期出现的比较严重的隧道病害问题,研究公路隧道健康状态诊断方法和系统是极其迫切和必要的。

5.1 隧道病害诊断概述

隧道病害的发展有一个过程,如果能在隧道病害恶化之前发现,并及时采取整治措施,则可大大提高铁路运营隧道的安全性。因此,进行隧道的检测评价是非常必要的。

但传统的检测评价一般都是依靠经验,采取定性化的方法,随着技术的进步,仅仅采用定性化指标对隧道病害状况进行描述分析显然已不能满足目前的使用和养护要求。因为定性化的描述在实际的操作过程中很容易受人为因素的影响,比如对于某座病害隧道的判别,不同的工程技术人员可能会根据各自的经验得出差别较大的判别结果,这对于隧道的养护、维修和正常运营都会造成很大的影响。因此,采用一些仪器设备对病害隧道的状况进行科学的检测评价,得出定量化指标来评价隧道病害的实际状况是非常必要的。在目前,主要的检测手段有地质雷达和超声波等无损检测法。病害的影响计算与安全性验算方面国内外有许多学者做过详细的研究。

5.1.1 国内外研究现状

一些国家的公路建设及管理部门已经非常重视隧道安全性评估的研究工作,根据本地区的特点,在开展许多应用研究的基础上,已形成规章制度,建立了相应严格的章程。

5.1.1.1 隧道病害诊断管理现状

1)国外现状

(1)日本

2000年,日本公路协会通过多项有关公路隧道安全性评估和维护加固对策的专题研究,编写了《公路隧道维护管理便览》。它给出了日本公路隧道的具体检查和调查方法;给定了日本隧道健全度等级和变异的定性或定量判定准则及对策。为日本高速公路隧道的安全性评估提供了重要的指导作用。在对隧道健全度进行判定时,先根据变异判定标准判定出变异趋势,再根据判定结果对比隧道健全度等级,定性判定出隧道健全度,但没有对隧道健康状态进行定量评价。

日本从20世纪70年代以后,一直采用健全度的概念来评价隧道(包括水工隧洞)功能的"健全程度"。即:健全的隧道应能完成的功能,也就是指隧道在力学上、运营上都具有保证列车安全运行的功能。反过来说,健全度也具有剩余寿命的概念,健全度越大,剩余寿命越长(关宝树,1993)。

日本在1979年进行了一次铁路隧道普查,调查了全国3819座铁路隧道。7年之后,于1986年又进行了一次既有铁路隧道的抽查,调查了211座铁路隧道。根据两次调查结果,对铁路隧道病害现象和发生病害的原因进行了规范化的分类,制定了《铁道土木构造物等维持管理标准·同解说(隧道编)》(旧本铁路设施协会,2006),该标准包含了日本铁路隧道的变异检查方法、变异原因的推定方法、健全度的判定方法和变异整治措施。检查分为总体检查和个别检查,不同检查阶段采用不同的健全度判定标准。在总体检查阶段,判定标准主要是定性的,隧道健全度是按照判定标准各项中危险度最高的项目进行判定;在个体检查阶段,判定标准既有定性的,也有定量的。在判定隧道健全度时,先根据各变异的判定标准对变异检查结果进行判定,再根据变异判定结果对隧道健全度进行定性判定,没有给出定量评价隧道健康状态的方法。

(2)德国

德国公路署发布的《无损伤检测隧道内壳的规范》(RI-ZFP-TU)给出了合适测量法的提示,如何进行测量,如何描述结果以及如何评价结果,但该规范只给出了评判检测结果的方法,未给出如何通过检测结果来定量评判隧道安全性的方法。

德国铁路隧道设计、施工与养护规范(DS853)中的《人工建筑物的监控和检查规范》规定,每隔三年必须由联邦铁路局的专家对铁路隧道做一次检查,对新建隧道从第一次鉴定时起不超过25年的,准许每隔6年进行一次检查。检查包括隧道所有部位及其所属设备,尤其应注意早期情况的变化,以判断隧道的安全、运营和工作状态。为了检查隧道,联邦铁路局配备了自控隧道检测车,车上设有工作平台,在工作平台上能够检查隧道衬砌各个损坏和缺陷的部位。

确认的损坏和缺陷部位及情况都记录在隧道专用的登记卡片上,由检查者做出评价,损坏数码 1、2、3 被用来作为评价的尺度。检验人员可根据缺陷和损坏目录来确认缺陷和损坏的等级,而且必须给出有关维修的施工方案和实施期限的说明以及预算费用,德国铁路局已经制定了相关的程序来判释和处理数据。这实际上是给出了单个缺陷的判定方法,没有给出利用各种缺陷的检测结果来定量评价隧道健康状态的方法(吴成三,1993;冯晓燕,2002)。

德国交通、建设与住房部和德国公路署在无损伤评价公路隧道状况方面开展了许多工作。在此基础上,为了使无损伤检测方法应用于联邦公路隧道时标准化和确保公路隧道检测的统一性,德国公路署按公路建设一般通报的形式发布了《无损伤检测隧道内壳的规范》(RI-ZFP-TU),德国交通、建设和住房部以 ARS14/2001 的形式推广。该规范包括了合适测量法的提示,如何进行测量,以及如何评价和描述结果,但是该规范只是给出了对检测结果进行判定的方法,并未给出如何由各种检测结果来定量评价隧道健康状态的方法(Friebel, Krieger, 2002)。

(3) 法国

法国国营铁路公司(SNCF)在 20 世纪 80 年代制定了铁路隧道养护标准,标准中包含了铁路隧道的检查方法、状态评价方法、例行维护方法和实用的修补方法。该隧道养护标准主要是给出了铁路隧道检查和维修的方法,对铁路隧道健康状态的判定主要是参考检测数据进行定性判定,没有给出定量评价隧道健康状态的方法(Eraud, 1984)。

(4) 美国

在美国《铁路交通隧道和地下建筑物检查方法和程序》(Russen, Gilmore, 1997)中,介绍了对北美、欧洲和亚洲共 47 个运输中介机构的铁路隧道检查方法的调查,详细分析了其中 5 个调查方法。调查结果显示,在这些铁路交通隧道和地下建筑物检查方法和程序中,主要给出了铁路隧道的检查方法,很少给出检查结果的判定方法。即使给出了判定方法的,也只是定性的判定,对隧道健康状态的评价方法则未提及。

在美国《公路和铁路交通隧道检查手册》(FHWA, FTA, 2004)中,给出了隧道的检测方法和程序。该手册将一些隧道缺陷分为轻度的、中度的和严重的三个等级,并给出了其定量或定性的判定标准。根据联邦公路管理局的桥梁检测培训手册中的结构状态分级标准,该隧道手册建立了隧道结构的状态分级标准,将隧道结构单元的状态分为 0 到 9 共十级,该分级方法只是一种隧道健康状态的定性判定标准,手册中并未给出隧道健康状态的定量评价方法。

2007 年 EuroTest 机构进行安全检测评价的欧洲 51 条隧道中,有 8 条在奥地利、7 条在西班牙、7 条在德国、6 条在瑞士、5 条在挪威、4 条在法国、4 条在意大利、2 条在荷兰、2 条在瑞典、2 条为跨境隧道、比利时、捷克、英国、克罗地亚各 1 条。评价结果(表 5-1)表明,29 条隧道的综合安全等级属于好或很好,仅 7 条隧道安全状况很差。在众多接受评价的隧道中,奥地利的隧道安全状况普遍较好,其中 Herzogherg 隧道的安全性最好,每项考察指标的安全性能都达到"很好";意大利的 PaciZ 隧道安全性能最差,该隧道建于 1967 年,除隧道系统性"一般"外,其他指标都达到"很差"级别;与 EuroTest 机构建设初期(如 2000 年)的检测结果相比,2007 年隧道的安全性能整体有了明显的提高,这与隧道安全检测评价技术的发展与实施有很大的关系。

2007年欧洲51条公路隧道安全检测评价表　　　　表 5-1

隧道名称		基本数据				等级							
		隧道孔数	长度(km)	运营时间	重车比例	应急管理 8%	隧道系统 14%	照明及供电设施 8%	交通监控 17%	通信 11%	逃生救援路线 13%	防火体系 18%	通风 11%	综合等级
奥地利	Herzogberg	2	2.0	1982	17110/20.1	很好	很好	很好	很好	很好	很好	很好	很好	很好
	Schartnerkogel	2	1.3	1978	21993/16	很好	很好	很好	一般	很好	很好	很好	很好	很好
	Strengen	2	5.9	2006	8578/14	很好	很好	很好	一般	很好	很好	好	很好	好
	Langen	2	2.4	1991	9939/13.8	很好	很好	很好	一般	很好	很好	很好	很好	很好
	Rannersdorf	2	1.9	2006	38000/16	很好	很好	很好	一般	很好	很好	一般	很好	很好
	Niklasdorf	2	1.3	1986	20049/27.2	好	很好	很好	较差	很好	很好	好	好	好
	Trebesing	1	0.8	2006	22000/25	很好	很好	很好	一般	很好	好	好	好	好
	Dalaas	1	1.8	1979	10170/15.7	很好	好	很好	差	很好	一般	一般	好	好
比利时	Kennedy	2	0.7	1969	145000/30	很差	一般	很好	一般	很差	好	一般	一般	差
瑞士	Bruyeres	2	1.9	2001	20000/7	很好	很好	很好	很好	很好	很好	很好	很好	很好
	Spie	2	1.6	2002	61382/7.5	很好	很好	好	很好	很好	很好	很好	很好	很好
	Seelisberg	2	9.3	1980	20000/15.3	很好	好	很好	很好	很好	很好	很好	很好	很好
	Arisdorf	2	1.4	1970	50700/11	很好	好	很好	差	很好	很好	很好	很好	很好
	Mont Chemin	1	1.8	1993	10700/14	差	一般	很好	差	好	差	一般	一般	一般
	Mosi	1	1.1	1964	10150/6	很好	差	很好	很好	很好	很差	好	很差	差
捷克	Mrázovka	2	1.5	2004	45122/20	很好	很好	很好	很好	很好	很好	很好	很好	很好
德国	TiergartenSpree boge	2	2.4	2006	32000/5	很好	很好	很好	很好	很好	很好	很好	很好	很好
	Nollinger Berg	2	1.2	2002	20000/12	很好	很好	很好	好	很好	很好	很好	很好	很好
	Malberg	1	1.5	2006	8000/3.6	很好	一般	很好	很好	很好	很好	很好	很好	很好
	Burgholz	2	1.9	2006	40000/11	很好	很好	很好	一般	很好	很好	很好	很好	很好
	Hugenwald	1	1.1	1985	18566/5.6	一般	好	很好	差	很好	很差	好	一般	一般
	Staufer	1	1.0	1997	17920/16	差	一般	好	很差	差	好	一般	一般	一般
	Gernsbach	1	1.5	1997	100000/15	差	好	很好	很好	差	好	差	差	差
西班牙	Avenida de Portugal	2	1.3	2007	108500/2	很好	好	很好	很好	很好	好	很好	很好	很好
	Sartego	2	1.0	2004	15996/10.6	差	好	很好	一般	很好	差	很好	好	好
	Casares	2	1.0	2002	16515/13.1	一般	很好	很好	很好	很差	很好	很差	很好	一般
	Fabares	2	2.2	2003	14000/9	很差	很好	好	好	很好	好	好	好	一般
	I'olleria	2	1.0	1992/2002	22000/12	很好	很好	很好	差	很好	差	很好	很好	一般
	Joanet	1	1.4	1995	10880/25	差	一般	好	很好	很差	很好	很差	一般	一般
	Los Yèbenes	1	0.9	1997	5553/11	很差	差	很好	一般	很差	很差	很差	很差	很差

续上表

	隧道名称	基本数据				等级							
		隧道孔数	长度(km)	运营时间	重车比例	应急管理 8%	隧道系统 14%	照明及供电设施 8%	交通监控 17%	通信 11%	逃生救援路线 13%	防火体系 18%	通风 11%	综合等级
法国	Hurtières	2	1.2	1997	10260/34	很好	很好	很好	很好	很好	好	一般	很好	很好
	Fourvièr	2	1.9	1971	106000/	很好	好	很好	很好	很好	好	一般	很好	好
	St. Germain	2	1.2	1989	21631/29	一般	好	很好	好	很好	很差	一般	很好	好
	Monaco	1	1.6	1992	15200/5.6	好	一般	很好	很好	很好	很差	很好	很好	一般
英国	MerseyQueens way	1	3.2	1934	32000/0	好	很差	好	差	很好	一般	差	好	一般
克罗地亚	Brinje	2	1.5	2004	9043/7.1	很好	很好	很好	很好	很好	很好	很好	很好	很好
意大利	Colle Giardino	2	4.5	2003	12000/15	很差	很好	很好	好	很差	一般	差	很好	一般
	Colle Capretto	2	1.2	1974	10000/30	很差	一般	很好	很好	很好	很好	很好	很好	很差
	Serra Rotonda	2	1.3	1970	1250/35	很差	很好	很好	很好	很好	很好	很好	很好	很好
	Paci 2	2	1.1	1967	5000/40	很好	一般	很好	很好	很好	很好	很好	很好	很好
挪威	Granfoss	2	2.4	1992	29000/8	好	好	好	好	很好	一般	一般	好	好
	Relings	2	1.8	1998	27500/7	一般	很好	好	好	很好	好	差	一般	好
	Stromsås	1	3.8	2001	13500/11	一般	差	很好	好	一般	很好	很好	很好	好
	Hagan	1	2.6	2003	13500/8	差	好	好	好	好	很好	好	好	好
	Grua	1	1.4	1992	6750/13	一般	差	好	一般	好	好	好	好	好
荷兰	Benelux I	2	0.9	1967	80000/20	一般	一般	一般	很好	很好	好	好	好	好
	Velser	2	0.8	1957	60000/12	很差	一般	好	差	好	好	好	好	一般
瑞典	Lundby	2	2.1	1998	21700/20	很好	好	好	好	很好	很好	很好	很好	很好
	Ra Lānken	2	4.0	2004	80000/5	很好	好	好	好	很好	好	好	好	好
跨境隧道	Fréjus(F-I)	1	12.9	1980	4743/55	好	很差	好	好	很好	一般	好	好	好
	GroBer St. Bernhard(CH-I)	1	5.8	1964	1604/10.9	很好	好	很好	一般	很差	很好	好	好	一般

2) 国内现状

1996年，我国交通部发布了《公路养护技术规范》(JTG H10—2009)，该规范给出了公路隧道的检查、维修、加固以及保养方法，并未给出病害和公路隧道安全状态的判定方法。1997年，我国铁道部发布了《铁路桥隧建筑物劣化评定标准—隧道》，其采用劣化度的方法对隧道结构的功能状态进行评定。此评定标准列出了各种病害的劣化评定标准，但是对于隧道的劣化度只描绘出一个定性的评定标准，未定量评价隧道劣化程度。

从上面的分析可以看出，目前，许多国家和地区都已制定了隧道健康诊断标准，给出了隧道健康状态的判定标准和病害判定标准(定性的、定量的或定性与定量相结合的判定标准),但并未给出根据各项病害判定结果定量评价隧道健康状态的方法,有的只是给出了定性判定标准。所以,目前在进行隧道健康状态诊断时,尽管采用了多种调查和检测方法,得到了大量的数据,但是在评价隧道健康状态时,一种是根据隧道病害检测结果直接对隧道健康状态进行定性评价,如 Marold 等(1997)采用多种检测方法对纽约的一条引水隧洞进行了检测,但评价隧洞健康状态时,则是直接根据检测数据对隧洞健康状态进行定性判定;Ikuma(2005)通过分析隧道正截面变形和衬砌应变量测结果来评价日本青函隧道海底部分的健全度。另一种则是根据隧道病害检测结果并参考现有的隧道健康诊断标准进行定性判定,如 W. L. Wang 等(2001)根据 chi-chi 地震后山岭隧道病害的调查结果,比照隧道健康诊断标准对地震后隧道的损伤程度进行了定性评价;聂智平等(2003)根据现场调查和检测数据以及有病害隧道断面的力学分析结果,比照铁路隧道病害分类,对某公路隧道健康状态进行了定性判定;吴江滨等(2003)根据病害检测结果,结合《铁路桥隧建筑物劣化评定标准》对隧道健康状态进行评价。

这些都说明,由于目前的隧道健康诊断标准没有给出定量评价隧道健康状态的方法,所以对隧道健康状态的判定较多的还是以单纯的现象分析、经验类比、定性分析为依据的评价方法。

5.1.1.2 隧道病害诊断方法现状

隧道往往是数种病害共同存在,整个隧道的健康状态是由隧道病害之间的相互影响,以及隧道所有存在的病害类型所决定的,所以评价一条隧道的健康状态应该对隧道病害调查和检测数据的综合评价。在这个方面国内外主要有下列方法。

(1) 专家系统法

专家系统法就是依据专家的知识,模拟专家的推理来解决具体问题的软件。系统在隧道工程设计、施工和管理方面,都存在一些不确定性的因素,而理论研究还没有涉及的因素一般难以用数值计算来解决。使用专家系统,虽能以近似专家的水平来解决问题。但是这种方法需要采集大量同领域的专家经验知识,而采集专家个人经验的知识是比较困难的。

(2) 可靠性理论

可靠性理论就是将可靠度理论引入隧道安全性评估中。对于既有隧道结构,承受的荷载和抗力都是因时间而变化的。随着结构荷载的增加和劳损的累积,结构的可靠度逐渐降低,另外由于结构材质劣化等因素的影响,结构抗力呈衰减趋势,因此采用时变的可靠性计算方法,并考虑结构抗力衰减的影响,分析并计算隧道结构承载能力在剩余使用期内的失效概率。

(3) 理论分析结合现场调查的方法

此方法一般是隧道技术人员根据自己的丰富经验对隧道进行全面检测,给出文字描述的定性或定量检测结果,然后再依据此对隧道质量进行评分,目前在评分标准和方法上已有相关研究,这种评定技术正在逐渐成熟。

(4) 多层次模糊综合评判

隧道状态的好坏是模糊不定的,采用模糊数学的方法对隧道安全状态进行综合评判比依赖人工经验的定性方法更科学。对隧道状态进行综合评判,必须先确定影响因素,再对各种因素进行检测及分析它们对隧道状态的影响程度,并考虑彼此间的权重,然后用模糊综合评判的方法进行评判。

在隧道病害诊断评价方面,国内外许多学者和专家提出了一些建设性的意见,其方法主要包括定性的判断和基于隧道计算模型的诊断方法。近年来由于计算机的普遍应用,计算模拟手段的不断提高,对于隧道健康度的评价方法也逐步从传统的定性判断开始转为基于计算模型的诊断方法。

公路隧道健康数字化系统通过统一病害种类、定量化病害指标实现对隧道病害数据的信息化管理,这将极大降低隧道调查检测部门的工作量,同时将为隧道运营管理者优化资源、有效分配投资方案、科学管理决策提供强大的工具和依据,降低隧道维护成本、提高运营管理效率。从长远来看,隧道病害数字化系统的开发是隧道病害专家诊断的平台,对提高我国目前的隧道健康诊断技术水平有着深远的意义。

5.1.1.3 隧道健康管理系统现状

现象和原因之间肯定是有联系的,因此,如何根据病害现象推定病害原因是提高隧道维修养护管理工作水平的重要方面。因为只有掌握了发生病害的原因,才能有针对性地采取整治措施。针对隧道健康诊断方法的研究,国内外一些学者也开发了一些管理系统。

1) 国外

(1) 隧道检查和诊断专家系统(TIMES-1,日本)

日本国铁开发了推定病害原因的专家系统(Tunnel Inspeetion and Maintenanee Expert Systeml,即 TIMES-1),并在整个国铁内加以应用,取得了较好的技术经济效果。TIMES-1 是由日本铁道综合技术研究所内的主机和分散在各现场的微机终端构成的,主机的功能是从终端获得病害数据,推求隧道的病害原因,并将结果返回终端;终端的功能包括输入数据、解释用语、评价健全度及提示详细检查项目,没有必要推求病害原因时,终端可以单独使用。TIMES-1 的主要功能是推定病害原因,推定时,输入病害现象、环境条件、气象条件、结构形式等,就可推定病害原因。同时,根据病害的数字资料,可以对隧道的健全度进行大致的估计。

长崎大学的 MituhiroFUlll 于 2004 年根据日本道路协会的《公路隧道管养手册》(Mituhiro-Fujll,2004),基于 GIS 平台上开发的公路隧道病害管养系统。其功能主要有:

①调查检测部门的调查数据和隧道检测仪器自动量测的数据能通过远程计算机传送到该系统。

②研究人员能通过网络远程登录到该系统,获取一系列上述有关的数据和参数,在研究该隧道病害信息的基础上,给出适当的建议,并输送到数据库中。

③管理者能登录到该系统获得高效及时的管养信息,及时了解隧道病害情况,并能和调查检测部门进行快速的沟通反馈。

④通过输入一系列隧道参数,根据衬砌强度的时程变化,对裂缝的发展进行较为精确的控制预测。能给出一系列的警报信号和处理措施。

(2) 隧道管理系统(TMS,美国)

2001 年,美国 GalmettFleming 公司为美国联邦公路署和联邦交通署开发了隧道管理系统

(Tunnel Management System,简称 TMS)。TMS 软件的开发是用 Mierosoft Aecess 实现数据的存储,用 Mierosoft VisualBasic 作为程序语言。TMS 软件可以存储和管理与隧道各结构物的状态等级、结构物轮廓、结构物图像、缺陷视频资料、状态描述的文本资料、已经做过的修补情况、修补费用等有关的资料。根据对存储数据的比较,可以了解隧道缺陷的变化。通过对资料的分析,TMS 软件可以判定缺陷的等级和隧道健康状态等级,但对隧道健康状态只能作出定性的判定,没有建立定量化的判定方法。

2)国内

(1)铁路隧道变异诊断专家系统 TDD

关宝树(1993)根据铁路隧道维修养护的基本经验,汇集、提炼、发掘了我国专家和专业技术人员的知识和经验,于 1990 年开发研制了铁路隧道变异诊断专家系统 TDD(Tunnel Default Diagnosis,简称 TDD),并得到一定的应用。该系统根据铁路隧道病害的成因,结合层次分析法及模糊数学理论建立了铁路隧道健全度判定模型。主要的功能有:

①推定病害成因。这是 TDD 专家系统的主要功能,只需输入变异现象、环境条件、气象条件、结构形式等,就可推定病害成因。

②提示详细检查项目。详细检查是指细查病害成因,病害的发展性以及选择措施等所需的调查。

③判定结构物的健全度。结构物健全度是指结构物功能状态损伤到何种程度的一种模糊定量指标。本系统可根据全貌检查或个别检查的数据进行大致的分级。

④提示整治措施决策。提示采取措施的一般性原则,如措施的紧急性和必要性。

该专家系统对铁路隧道进行定量化判定,但是由于"隧道健全度定量化的判定"涉及诸如定量判定标准、检测手段等问题,该系统对健全度的判定基本上还是进行定性判定,只能做出大概的等级判定。

(2)公路隧道养护管理信息系统

福建省交通科学技术研究所、福建省公路局、同济大学、福建省南平市公路局于 2002 年联合研制了公路隧道养护管理信息系统(黄章树,2002),该系统实现了对隧道基本信息、病害信息、养护信息、维修信息的计算机管理,能给出养护报告。由于该系统是依据早期的《公路养护技术规范》(JTG H10—2009)研制的,而该规范中没有给出对隧道病害和隧道健康状态的判定方法,因此该系统只能根据对隧道常规检查结果的定性判断来衡量隧道是否出现病害,不能对隧道病害程度和隧道健康状态做出判定。

目前,已有的隧道健康状态诊断系统的功能主要是管理隧道信息、隧道调查和检测信息,推定隧道病害原因,判定病害程度。而在对隧道健康状态的判定方面,这些诊断系统要么就没有判定隧道健康状态的功能,要么也是一个简单的判定,给出一个定性的判定结果或大致的估计,基本上还是以定性判定为主,没有实现对隧道健康状态的定量判定。

综上所述,在对隧道健康状态诊断方法和系统的研究中,已有的隧道健康诊断标准只给出了隧道病害或隧道健康状态的判定标准,没有给出隧道健康状态的定量评价方法;已有的根据隧道计算模型的诊断方法还不能很好地综合考虑多种因素对隧道健康状态诊断结果的影响;已有的隧道健康状态综合评价方法在诊断指标的选取、指标体系的建立、指标的定量判定标准、指标权值的确定方法、评价模型的建立等方面都还有待于进一步研究;已有的隧道健康状态诊断系统的功能主要是管理隧道信息、隧道调查和检测信息,推定隧道病害原因,判定病害程度,对隧道健康状态的判定基本上是以定性为主。

5.1.2 隧道的健康等级

由于隧道健康状态是十分抽象的,难以具体操作,因此,为了能对隧道健康状态进行定量诊断,需要将隧道健康状态划分为若干可度量的等级,并对各等级加以说明。亦即构造一个健康等级的集合,并对集合中的每一个元素加以定义。隧道健康状态诊断指标体系如图 5-1 所示。

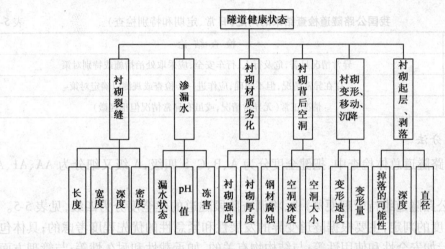

图 5-1 隧道健康状态诊断指标体系

隧道健康等级的划分与隧道结构的养护、维修和更换等功能息息相关,它反映了隧道结构在服役周期内所处的各个阶段,决定了隧道结构所需的相关养护对策信息,而且不同的健康状态能够通过一定的养护措施予以保持或提高。

隧道健康等级划分的多少,是一个实践性很强的问题,它涉及相应规范、已有方法、实践经验等多方面因素。若划分的健康等级数目过少将失于简略,则很可能在诊断结果中"淹没"某些重要信息。如果健康等级数目划分过多、过细,则又会使相邻等级间的指标相似太近,各等级区间界限不易确定,给操作者带来难度。各国对隧道健康等级的划分思路虽然基本相同,但在具体的划分上存在差别,而且即使在同一国家不同时期的规范或手册中对健康状态等级的划分也不同。

目前对于隧道健康等级如何合理划分问题研究的较少,已有的隧道健康等级划分方法有以下几种。

1)三级划分法

德国铁路隧道设计、施工与养护规范(DS853)中的《人工建筑物的监控和检查规范》规定,用损坏数码 1、2、3 作为隧道衬砌各个损坏和缺陷的评价尺度。

在日本《公路隧道维持管理便览》中,以车辆通行的安全性为重点将检查阶段(包括日常检查、定期检查、异常检查和临时检查)的隧道健全度分为三级,见表 5-2。

日本公路隧道健全度等级（检查阶段） 表 5-2

等　　级	判　定　内　容
A	变异显著，不能确保通行车辆的安全，应采取紧急措施
B	有变异，为研究是否需要补修和补强，需进行异常情况检查或标准调查
C	健全（无变异或轻微）

在我国《公路隧道养护技术规范》中，将土建结构的检查工作分为日常检查、定期检查和特别检查和专项检查四类，其中日常检查、定期检查和特别检查的结果分为三类判定，见表 5-3。

我国公路隧道检查结果的判定（日常、定期和特别检查） 表 5-3

分　　类	检　查　结　论
A	异常情况显著，危及行人、行车安全，应采取处治措施或特别对策
B	存在异常情况，但不明确，应作进一步检查或观测以确定对策
S	情况正常（无异常情况，或虽有异常情况但很轻微）

2）四级划分法

在日本铁路隧道总体检查中，把健全度分为 A、B、C、S 四级，A 级又细分为 AA、A1、A2 三级，见表 5-4。

在日本《公路隧道维持管理便览》中，将调查阶段隧道的健全度分为四级，见表 5-5。对于调查阶段健全度的判定，主要根据隧道变异的发展性和紧急性的优先程度考虑的；具体包括与利用者有关的，如安全性和使用性等；与结构物有关的，如承载性和耐久性等；与管理方面有关的，如维修管理等；变异的发展性和特征等。表 5-6 即给出了隧道健全度等级与判定因素的关系。

日本铁路隧道健全度等级 表 5-4

等级	对运行安全的影响	变异程度	措　　施
AA	危险	重大	立即采取
A1	迟早会造成威胁，有异常外力时危险	变异发展，功能继续降低	及早采取
A2	以后有危险	变异发展，功能会降低	必要时采取
B	如发展，变为 A 级	如发展，变为 A 级	监视（必要时采取）
C	现状时无影响	轻微	重点检查
S	无影响	无	

日本公路隧道健全度划分等级（调查阶段） 表 5-5

等　　级	判　定　内　容
3A	变异显著，对第三者、通行车辆有危险，应立即采取对策
2A	有变异，且在发展，早晚会对通行者、通行车辆造成威胁，应及早采取对策
A	有变异，将来对通行者、通行车辆会造成威胁，应重点监视，有计划地采取对策
B	无变异，或变异轻微，对通行者、通行车辆无影响，可进行监视

5 隧道健康状态评价方法

日本公路隧道判定健全度等级的因素(调查阶段)   表5-6

等级	判定因素				对策的紧急性
	对通行者、通行车辆	对结构物安全性的影响	对维修管理作业的影响	变异的程度	
3A	危险	重大	显著	重大	立即采取对策
2A	早晚有危险,异常时会危险	早晚变成重大	大	发展中,功能降低	及早采取对策
A	将来危险	将来重大	中等程度	发展中,功能可能降低	重点监视
B	无影响	无影响	几乎无影响	轻微	监视

在我国《公路隧道养护技术规范》中,将土建结构专项检查的结果分为四类判定,见表5-7。对于隧道检查阶段结果的判定,主要根据结构的破损程度、发展变化趋势和对交通安全、结构设施安全的影响等因素进行判定,见表5-8。

我国公路隧道专项检查结果的判定   表5-7

分类	检查结论
3A	结构存在严重破坏,已危及行人、行车安全,必须立即采取紧急对策
2A	结构存在较严重破坏,将会危及行人、行车安全,应尽早采取对策
1A	结构存在破坏,可能会危及行人、行车安全,应准备采取对策
B	结构存在轻微破损,现阶段对行人、行车不会有影响,但应进行监视或观测

我国公路隧道专项检查结果的判定因素   表5-8

分类	判定因素				对策
	破损程度	破损发展趋势	对行人、行车安全的影响	对结构、设施安全的影响	
3A	严重	迅速	危险	危险	立即采取紧急对策
2A	较重	较快	已有一定的威胁,比较危险	已有一定的威胁,比较危险	尽快采取对策
1A	一般	较慢	暂无,将来可能构成危险	暂无,将来可能构成危险	准备采取对策
B	轻微	无或趋于稳定	无或轻微	无或轻微	监视、观测

3)五级划分法

日本水工隧洞健全度判定时以断水为原则,将水工隧洞健全度分为五级(关宝树,1993),见表5-9。

在1997年颁布的我国铁路行业标准《铁路桥隧建筑物劣化评定标准—隧道》中,规定采用劣化度的方法判定铁路隧道结构物的功能状态,并将铁路隧道劣化等级分为五级,见表5-10。

日本水工隧洞健全度等级　　　　　　　　　　　　表 5-9

等　级	判 定 内 容	等　级	判 定 内 容
5级	改建	2级	今后需继续进行监视
4级	下次断水时改建	1级	进行一般检查即可
3级	再下次断水时改建		

我国铁路隧道劣化等级划分　　　　　　　　　　　表 5-10

劣 化 等 级		对结构功能及行车安全的影响	措　　施
A	AA(极严重)	结构功能严重劣化,危及行车安全	立即采取措施
	A1(严重)	结构功能严重劣化,进一步发展危及行车安全	尽快采取措施
B(较重)		劣化继续发展会升至 A 级	加强监视,必要时采取措施
C(中等)		影响较少	加强检查,正常维修
D(轻微)		无影响	正常保养及巡检

1999 年,日本建设省混凝土结构耐久性研究会提出了一个隧道劣化度判定标准,该标准实际上是一个基于衬砌混凝土剥落、剥离的判定标准,见表 5-11。

隧道劣化度判定标准　　　　　　　　　　　　　表 5-11

劣 化 度	判 定 标 准
Ⅰ	有明确的剥落、剥离的危险,需立即进行补修
Ⅱ	有多处可能发生剥落、剥离的部分,例如打击检查中发现多处有异常的地点等,需研究是否需要补修
Ⅲ	有可能发生剥落、剥离的部分,例如打击声检查中认为存在有异常的地点
Ⅳ	有可能存在与剥落、剥离有关的部分,例如出现开裂和施工缝,出现锯齿状变异等
Ⅴ	没有剥落、剥离的迹象,结构物健全

4) 十级划分法

美国《铁路交通隧道和地下建筑物检查方法和程序》和《公路和铁路交通隧道检查手册》将隧道检测中的结构单元状态分为 0 到 9 十级,见表 5-12,该分级方法来源于美国联邦公路局桥梁检查者培训手册中的一个分级方法。

美国隧道健康等级判定　　　　　　　　　　　　表 5-12

等级	判 定 内 容
9	新完成的结构
8	极好的状态——没有发现缺陷
7	良好的状态——不需修复,结构只有少量的缺陷
6	"5"和"7"两级之间
5	较好的状态——需少量的修复,但结构单元仍能正常工作,有轻度的、中度的和少量严重的缺陷,但没有显著的断面损失
4	"3"和"5"两级之间
3	较差的状态——需大量的修复,结构不能正常工作,存在严重的缺陷
2	严重的状态——立即进行大量的修复以保证结构物能为公路和铁路交通开放
1	危险状态——立即停止使用,并进行结构修复的可行性研究
0	危险状态——停止使用,在修复中

从上面可以看出，在隧道健康等级的划分方法中，三级划分法比较简单，但主要用于日常、定期和特别检查结果的判定。在五级划分法中，我国铁路隧道劣化度等级划分方法实际上是在日本铁路隧道四级划分法的基础上，将 A 级细分为两级，实际上也是一种四级划分法；日本建设省的隧道劣化度判定标准实际上是一个基于衬砌混凝土剥落、剥离的判定标准，如果用于对隧道健康状态的评价会有很大的局限性，不能判定其他缺陷检测结果。十级划分法则划分过细，确定各等级区间界限的难度较大。

总的发展趋势是随着无损检测技术手段的发展，隧道的健康等级也会随之越分越细，最终有望量化。

5.1.3 隧道安全评价流程

公路隧道健康诊断的业务流程可概括为：日常检查部门进行日常检查 > 日常检查部门发现问题 > 质量检测部门调查检测出现病害的隧道 > 设计部门和科研机构的专家进行病害成因分析，并由设计部门设计相应的治理方案 > 隧道运营管理部门作出决策，是否对病害隧道按维修加固方案进行维护，并请施工单位按既定治理方案施工，见图 5-2。

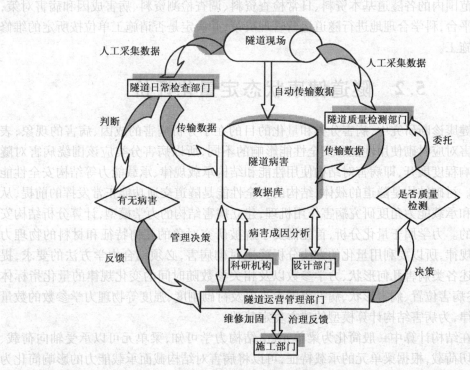

图 5-2　部门业务流程示意图（郑立煌，2005）

隧道健康诊断的业务流程对隧道病害数据管理系统的建立至关重要，现按不同的用户详细分析如下。

1）隧道日常检查部门

对所管公路隧道进行日常检查，采集相关数据，判断是否出现病害。

2）隧道质量检测部门

(1) 收集竣工后的设计资料、水文地质资料、周围环境资料、施工资料；

(2) 实地踏勘，通过现场调查检测采集隧道病害和结构现状信息，获得隧道病害的总体印象，初步分析病害原因；如原因未明，需进一步检测，则制订检测的详细方案；

(3) 分析处理调查检测数据，进行各类病害数据的统计和计算；

(4) 综合隧道基本信息和现场调查检测资料，编制调查检测报告。

3）设计部门

根据隧道质量检测部门提供的调查检测资料，分析病害原因，设计病害治理方案。

4）科研机构

根据隧道质量检测部门提供的调查检测资料，分析病害原因，提供专家建议，并从理论上深入研究隧道健康诊断和维修技术，从而为隧道病害专家诊断系统知识库的建立提供丰富的工程经验和知识。

5）隧道运营管理部门

根据管辖范围内的各隧道基本资料、日常检查资料、调查检测资料、病害成因和病害对策，建立一个数据平台，科学合理地进行隧道运营管理决策，并决定是否请施工单位按所定的维修加固方案进场施工。

5.2 隧道健康状态定量化评价

隧道病害健康诊断研究中，病害分类和量化的目的在于分析病害的成因、病害的现象，表现不同类型病害对应衬砌使用性能和安全性能影响的不同，所以病害分类应该围绕病害对隧道健康状况影响程度展开，即病害对结构使用性能和结构承载规律、承载能力等结构安全性能两个方面展开。衬砌结构是隧道的载体，结构的安全性能是隧道交通功能正常发挥的前提，从结构承载规律和承载能力角度研究病害作用机理，建立病害结构的力学模型，计算分析结构安全性能是必要的。力学属于量化分析，首先需要了解被研究对象的几何特征和材料的物理力学性质的变化规律，所以要利用量化的方法分析隧道衬砌病害，必须结合力学方法的要求，提出能够详细描述各类病害几何形状、力学参数以及相关参数随时间的变化规律的量化指标体系，以准确描述病害位置、病害形状、病害范围大小以及衬砌刚度、强度等物理力学参数的数量特征和变化规律，为病害结构计算模型的建立奠定基础。

隧道衬砌在结构计算中一般简化为梁单元，由结构力学可知，梁单元可以承受轴向荷载、弯曲荷载和剪切荷载，根据梁单元的承载特征，可以将病害对结构截面承载能力的影响简化为梁单元抗压、抗弯、抗剪刚度特征的影响。从结构受力角度来看，对病害分类标准应考虑到不同类型病害对结构抗弯、抗压、抗剪影响的不同，同时病害分类标准应同时考虑到病害几何特征及测量的难易。

5.2.1 诊断指标的选取原则

诊断指标是定量研究公路隧道健康状态的基础，选取的诊断指标是否恰当，将直接影响到最终的诊断结果是否合理、可靠。诊断指标选取的太多,会使得诊断指标数量庞大,可能造成指标间信息重复,相互间有干扰;诊断指标选取的太少,可能使所选取的指标缺乏足够的代表性,指标信息覆盖不全,会产生片面性,这都会影响诊断结果的准确性。因此,为了使所选取的诊断指标具有足够的代表性,更好地反映公路隧道的健康状态,在建立公路隧道健康状态诊断指标体系时,选取诊断指标应遵循一定的原则(陈晓剑,梁梁,1993;张琳琳,2003)。

(1)科学性原则

诊断指标必须概念明确,具有一定的科学内涵,能够反映公路隧道健康状态某一方面的特征。

(2)完备性原则

诊断指标应该尽可能全面、完整地反映公路隧道健康状态的重要特征和重要影响因素,使诊断结果准确可靠。

(3)简捷性原则

在实际的诊断工作中,诊断指标并非越多越好,关键在于诊断指标在诊断过程中所起作用的大小,一般原则是应以尽量少的主要指标运用于实际的诊断工作中。因此,在保证重要特征和影响因素不被遗漏的同时,应该尽可能选择主要的、有代表性的诊断指标,从而减少诊断指标的数量,便于计算和分析。

当然,在大多数情况下,要确定最优指标集往往很困难,甚至很难做到,只能尽可能做到简捷。

(4)独立性原则

各诊断指标应能相对独立地反映隧道健康状态某一方面的特征,各诊断指标之间应尽量排除兼容性。

(5)可操作性原则

诊断指标应能通过已有手段和方法进行度量,或能在诊断过程中通过经研究可获得的手段和方法进行度量。有些指标虽然很合适,但不容易得到或无法得到,就不切实可行,缺乏可操作性。

(6)层次性原则

将隧道健康状态诊断指标体系这个复杂问题分解为多个层次来考虑,形成一个包含多个子系统的多层次递阶分析系统,从而全面地对隧道健康状态进行逐步深入的研究。

5.2.2 诊断指标的选取

隧道的健康状态反映的就是隧道结构的损伤或破损状态,对隧道健康状态的诊断就是综合考虑隧道结构的各种损伤或破损状态的过程。隧道结构的破损状态可以用各种结构破损形态来综合反映,这些结构破损形态的情况可以通过隧道的现场调查和检测得到,因此,可以采用隧道的结构破损形态作为隧道健康状态诊断指标体系的候选指标。

隧道的结构破损形态主要包括渗漏水、衬砌裂损、冻害、腐蚀、洞口病害、道床病害、有害气体、照明病害等形态。

在我国,隧道养护技术起步较晚,养护经验不多,目前较为通行的对隧道健康状态的评价还停留在定性判定阶段。这使得隧道管理者在隧道病害诊断时无法避免主观性干扰,严重制约了隧道健康度评价和病害诊断的效率和精度。因此,建立定量化的隧道健康评价系统,实现电子技术在隧道健康评价领域充分利用,将有助于隧道管养的科学实施,使我国隧道管理技术水平上升到一个更科学的层次。

土建结构类病害定量评价方法是针对隧道结构病害的复杂性,考虑多种因素对隧道健康状态影响的一种方法。它既包括了对各类病害的单独评价,即各诊断指标的判定;也包括了对在各种病害综合影响下隧道土建结构健康度的整体评价。它的判定内容应该是定量化描述的隧道土建结构病害信息,它的判定手段应该是数学分析手段,它的判定目标应该是定量化描述的隧道结构健康程度。

隧道病害专家诊断系统以隧道土建结构健康状态的诊断结果为评价目标,先对隧道土建结构健康状态的影响因素进行深入分析,确定隧道土建结构健康状态的诊断指标,以此为基础,合理地构造隧道土建结构健康状态诊断指标体系,使待解问题层次化;然后根据组成指标体系的各诊断指标的特性,建立各诊断指标的判定标准,以实现对各诊断指标的判定;再根据隧道土建结构健康诊断的特点,采用一定的评价模型,以实现对隧道结构健康状态进行定量诊断的目的。图 5-3 为隧道结构健康状态诊断指标体系递阶层次结构图。

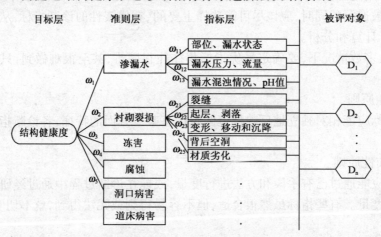

图 5-3　隧道结构健康状态诊断指标体系递阶层次结构图

如图所示,$\omega_i \omega_{ij}$ 为诊断指标的权,D_p 为被评对象,隧道结构健康状态诊断指标体系被分为三层。第一层为目标层,包含一个目标对象,即隧道结构健康状态。第二层为准则层,由可能影响隧道结构健康状态的因素组成。第三层为指标层,由可能影响准则层的各项指标组成:渗漏水包括部位、漏水状态、漏水压力、流量、混浊情况、pH 值等;衬砌裂损包括裂缝、起层、剥落、变形、移动和沉降、背后脱空、材质劣化等。当然根据情况还可将指标层进一步细化。

1) 渗漏水指标

渗漏水对隧道的影响可以用部位、漏水压力、漏水流量、漏水状态、漏水混浊情况、pH 值等指标来反映。

漏水状态直观地反映了渗漏水的程度,在分析漏水状态时,需要考虑漏水部位,因此,从独立性的角度考虑,可将漏水部位作为渗漏水的一个指标。

由于进行漏水状态分类时需要考虑漏水压力、漏水流量等指标,而且如何判定漏水压力和漏水流量还需要进一步研究，因此，从独立性和可操作性的角度考虑，可将漏水压力和漏水流量作为渗漏水的指标。

由于背后砂土流出可能会导致围岩松弛而成为外荷载引起病害，因此，需根据漏水是否透明、是否混浊来检查砂土是否和漏水一起流出，有砂土流出的地方需要测定每处砂土流出量（如水槽内堆积的砂土量）。降雨后出现漏水混浊的隧道，有必要进行详细的检查。但是由于漏水混浊情况度量的准确性不高，而且其危害性的评价也很困难，因此，从可操作性的角度考虑，可将漏水混浊情况作为渗漏水的指标。

漏水是加速衬砌材质劣化的原因之一，特别是当漏水显示出强酸性时，混凝土有严重劣化的危险。在隧道检查时，一般使用 pH 试纸对漏水的酸碱度作简易测定。

2）衬砌裂损指标

衬砌表观病害包括蜂窝、麻面、析出等病害。蜂窝是指混凝土局部酥软，砂浆少，石子多，石子之间出现空隙，形成蜂窝状孔洞；麻面是指混凝土表面局部缺浆，粗糙，或有许多小凹坑；析出是指衬砌裂缝发生渗水后，衬砌混凝土内的氢氧化钙被水溶解，渗流出混凝土表面，产生白色结晶物。

（1）衬砌裂缝

隧道衬砌裂缝一般是指隧道二次衬砌混凝土表面的可见裂缝，它是二次衬砌混凝土中的不连续面，这些薄弱部位是引起混凝土破坏的主要原因。一般取 0.05mm 为可见宏观裂缝的起始宽度，小于或等于 0.05mm 的裂缝为微观裂缝，即"无裂缝的混凝土"，它对隧道正常使用、承载无太大影响。衬砌裂缝对隧道稳定性的影响比较复杂，它涉及裂缝位置、长度、宽度、深度、发展性、密度、方向等诸多方面。

衬砌裂缝的长度和宽度直观地反映了衬砌裂缝的状态，是目前分析衬砌裂缝时最常用的指标之一。

衬砌裂缝按成因可分为变形裂缝和受力裂缝两大类。变形裂缝主要包括由温度效应、混凝土早期收缩、基础不均匀沉降等因素引起的裂缝（余桂生，司海峰，2003），变形裂缝一般不影响结构承载力，裂缝一旦出现，变形得到释放，自应力也就消失。对于已经运营相当长一段时间的已建隧道而言，由于混凝土收缩不均匀和徐变等引起的裂缝已基本完成，可不予考虑。受力裂缝预示结构承载力可能不足或存在其他严重问题，对已建公路隧道裂缝的评价，主要是进行受力裂缝的评价。为了考虑衬砌裂缝方向对衬砌裂缝的影响，在我国《公路隧道养护技术规范》中规定，根据衬砌裂缝的长度和宽度判定衬砌裂缝状态时，主要是以水平方向的裂缝或剪断裂缝为对象，对于横向裂缝，在判定时将判定结果相应地降低一个等级即可。因此，从独立性和简洁性的角度考虑，可将衬砌裂缝的方向作为衬砌裂缝的一个指标，而只是作为衬砌裂缝长度和宽度的辅助判定指标。

对于衬砌裂缝的密度，在我国《公路隧道养护技术规范》中规定，当宽度为 0.3~0.5mm 的裂缝，其分布密度大于 $200cm/m^2$ 时，可升高一个判定等级或者采用判定分类中较高的判定。因此，从独立性和简洁性的角度考虑，可将衬砌裂缝的密度作为衬砌裂缝的一个指标，而只是作为衬砌裂缝长度和宽度的辅助判定指标。

根据上面的分析，对于衬砌裂缝，采用衬砌裂缝的长度、宽度和深度作为指标，并且采用衬砌裂缝的发展性、方向和密度作为衬砌裂缝长度和宽度的辅助判定指标。

(2)衬砌起层、剥落

衬砌起层、剥落包括衬砌起层、剥落、剥离、鼓出等现象，剥落是指混凝土表面砂浆流失和粗骨料外露的现象，一般发生在混凝土表层品质较差的部位；剥离是指混凝土近似圆形和椭圆形的剥落，它与剥落的区别在于剥离是呈片块状流失，且流失面积较剥落大；鼓出发展到一定程度就是剥离。

衬砌起层、剥落可分为有可能发生的起层、剥落和已发生的起层、剥落，已发生的起层、剥落即为掉落。

对可能发生的起层、剥落，可用敲击法测量，根据敲击声的强度、频率、音质等可判断有无剥落的可能。对可能发生的起层、剥落，可以采用掉落的可能性作为指标，由于根据掉落的可能性判定可能发生的衬砌起层、剥落时，需要考虑掉落部位，因此，从独立性的角度考虑，可将部位作为一个指标。

对掉落，可采用掉落区域的深度、直径作为指标。

根据上面的分析，对于衬砌起层、剥落，采用掉落的可能性、深度、直径作为指标。

为了对隧道调查和检测结果进行判定和评价，同时也为了使指标体系中指标的诊断能和诊断结果相联系，需要建立各诊断指标的判定标准。判定标准是指对应于某一健康等级，各层诊断指标的值或状态应处于的变化区间或状态。判定标准包括定性的判定标准、定量的判定标准以及定性与定量相结合的判定标准。在给出了诊断指标的判定标准后，就可以使不同结果的诊断指标能与健康等级相对应，以实现对隧道健康状态的诊断。

(3)衬砌变形、移动和沉降

隧道横断面尺寸可用激光式横断面测量仪进行测量，它可以方便地处理测量数据、显示横断面形状并输出结果等，根据测量数据可以得到衬砌变形、移动和沉降的变形速度和变形量，变形速度可以反映衬砌横断面形状的变化过程，变形量则可以反映隧道净空的变化情况以及建筑限界是否满足要求。

根据上面的分析，对于衬砌变形、移动和沉降，采用衬砌变形、移动和沉降的变形速度和变形量作为指标。

(4)衬砌背后空洞

当衬砌背后有空洞时，二次衬砌的受力和围岩的应力状态会发生改变，二次衬砌上边缘容易发生开裂；空洞同时也是水的通道，如果有渗漏水发生，则渗漏水会沿着空洞和裂缝进入衬砌，引起渗漏、冻害、钢筋锈蚀等病害。另一方面，围岩会失去应有的支护而松弛、变形，导致失稳、脱落，严重时会发生突发性崩塌，如图5-4所示。图5-4a)表示隧道建成后，由于多方面原因，隧道上部出现了较大的空洞。空洞上部的岩块因某种原因与围岩分离并突然落下，就会冲击衬砌。当衬砌的强度充足时，岩块会停在衬砌上部，如图5-4b)所示。当衬砌的强度不足时，衬砌会被冲破，与岩块一起落到隧道内部，如图5-4c)所示。当上覆岩层较薄时，空洞可能会到达地表面，形成地表塌陷。衬砌背后空洞可以用空洞径向尺寸（深度）、空洞横向尺寸、空洞纵向尺寸等指标反映。

(5)衬砌材质劣化

衬砌材质劣化可以用劣化部位、衬砌强度、衬砌厚度、钢材腐蚀、衬砌混凝土碳化等指标反映。衬砌强度和衬砌厚度的变化可以直接反映衬砌材质的劣化情况。

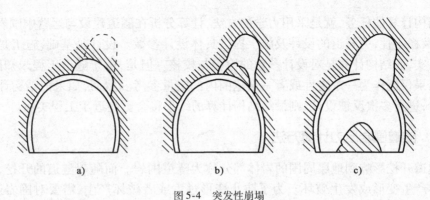

图 5-4 突发性崩塌

5.2.3 隧道结构健康状态评价步骤

由于隧道结构的工作条件十分复杂,其健康状态反映在诸多方面,因此,在隧道健康状态诊断时,应该综合考虑多种因素对隧道健康状态的影响。为此,按照研究综合评价问题的一般原理和步骤(图 5-5)对隧道健康状态诊断问题进行了研究。以隧道健康状态的诊断结果为评价目标,先对隧道健康状态的影响因素进行深入分析,确定隧道健康状态的诊断指标,以此为基础,合理地构造隧道健康状态诊断指标体系,使待解问题层次化;然后根据组成指标体系的各诊断指标的特性,建立各诊断指标的判定标准,以实现对各诊断指标的判定;再根据隧道健康状态诊断的特点,采用一定的方法,确定各诊断指标的权重;最后根据上述层次化的指标体系和指标判定标准,采用一定的评价模型,以实现对隧道健康状态进行定量诊断的目的。即对隧道健康状态诊断的研究可以分为诊断指标体系、诊断指标的判定标准、指标权重、评价模型等几个研究方面。所以,首先必须建立起一套比较完整的、科学合理的诊断指标体系。基于此,根据选取诊断指标体系中诊断指标的原则,对诊断指标体系的组成进行了比较系统的研究,从而建立了多项目、多层次的隧道健康状态诊断指标体系。

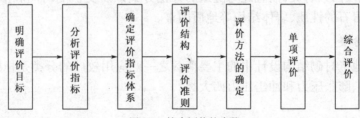

图 5-5 综合评价的步骤

5.3 隧道病害结构计算

隧道结构计算中的荷载结构法属于结构力学方法,荷载主要是指开挖洞室后由松动岩土的自重所产生的地层压力。当然,通常衬砌结构还受到其他荷载的作用。在分析过程中,首先要确定地层的压力,然后计算衬砌结构在地层压力及其他荷载作用下的内力分布,最后根据内力分布再进行衬砌结构的断面验算。可以看到,荷载结构法和计算地面结构时所采用的结构力学方法基本相同,主要差别是衬砌结构在变形过程中要受到周围介质的限制。

隧道结构计算的任务,就是采用力学的方法,计算分析在隧道建设与运营中围岩及衬砌的强度、刚度及稳定性,为隧道的设计及施工提供具体设计参数。设计是基础,施工是对设计方案的具体落实,而结构计算是对设计参数的检验与校核。但是,由于隧道工程未知因素太多,结构计算结果仅能作为一个定性或者一定范围内的定量参考。然而,如果把结构计算与施工量测相结合,进行多次反馈设计,则最终结构计算的结果将会更趋近于工程实际。

5.3.1 隧道围岩压力计算方法

由于隧道开挖影响到地层周围的岩体部分称为隧道围岩。而随着隧道的开挖,将引起隧道周围岩体产生变形或发生破坏。为了防止变形过大或者破坏产生,需要对围岩进行支护。这时,支护结构将受到变形岩体的挤压作用,同时还可能受到松散围岩中岩体的坠落、滑移、坍塌等所产生的岩体重力作用。通常把由岩体变形所产生的挤压力叫做形变压力;而把岩块坠落、滑移、坍塌等所产生的重力叫做松散压力。形变压力和松散压力统称为围岩压力。按作用方向不同,围岩压力又分为围岩垂直压力和围岩水平压力。在坚硬岩层中,围岩水平压力很小,在计算时可忽略不计;但在松软岩层中,围岩水平压力较大,计算时必须计入。通常围岩垂直压力是自上而下,然而对于隧道底部,围岩垂直压力是自下而上,并且在松软岩层和膨胀性岩层中,这种压力较大,应特别引起注意。

公路隧道有相当一部分埋深浅、跨度大,围岩多处于松动卸荷带,构造应力释放充分,多属于低应力地区。隧道断面常设计为圆拱或圆拱直墙式形状,开挖后围岩应力呈明显的不均匀分布,岩体结构面对围岩稳定性影响显著,在侧壁和洞顶常因结构面应力集中引起围岩的变形破坏。此外,由于设计车速快、车流量大、动荷载影响强烈,因此高速公路隧道对围岩有着极高的要求。

围岩稳定性是指隧道开挖后在无支护条件下围岩的自稳能力,主要体现在围岩的变形和破坏两个方面。大量工程实践表明,公路隧道围岩稳定性不仅与岩石的性质、岩体结构、地质构造、地下水等地质因素有关,而且还与隧道的开挖方案以及支护的时间和形式有关,其中起主要作用的还是岩石的性质、岩体结构等地质因素。

1)围岩压力分类

围岩压力是地下衬砌结构设计中的主要荷载之一。应用较广的分类是把围岩压力分为松动压力,变形压力、膨胀压力和冲击压力四大类。

(1)松动压力

由于开挖导致围岩松动或塌落的岩体以重力的形式直接作用在支护上的压力称为松动压力。这种压力表现为荷载的特有形式,即顶压大,侧压小。松动压力通常由下述三种情况形成:①在整体稳定的岩体中,可能出现个别松动掉块的岩石对支护造成的落石压力;②在松散软弱的岩体中,隧道顶部和两侧片帮冒落对支护造成的散体压力;③在节理发育的裂隙岩体中,围岩某些部位的岩体沿弱面发生剪切破坏或拉坏,形成了局部塌落松动压力。

造成松动压力因素很多,如围岩地质条件、岩体破碎程度、开挖施工方法、爆破作用、支护不及时、回填密实程度、洞形和支护形式等。而岩体破碎与临空面不利组合所构成的不稳定岩体也容易造成松动压力。

(2)变形压力

松动压力是以重力形式直接作用在支护上的,而变形压力则是由于围岩变形受到支护的抑制产生的。所以变形压力除与围岩应力有关外,还与支护时机和支护刚度密切相关。按其成因可进一步分为下述几种情况:

①弹性变形压力

当采用紧跟开挖面进行支护施工法时,由于存在着开挖面的"空间效应"而使支护受到一部分围岩的弹性变形作用,由此而形成变形压力称为弹性变形压力。

②塑性变形压力

由于围岩塑性变形(有时还包括一部分弹性变形)而使支护受到的压力称为塑性变形压力,这是最常见的一种围岩变形压力。

③流变压力

围岩产生显著的随时间增长而增加的变形或蠕变。压力是由岩体的蠕变变形引起的,有显著的时间效应,它能使围岩鼓出、闭合,甚至完全封闭。变形压力主要是围岩变形的根本所在,所以变形压力的大小,既决定于原岩应力的大小和岩体的力学性质,也决定于支护结构刚度和支护的时间。

(3)膨胀压力

含有某些膨胀矿物的岩体具有吸水膨胀崩解的特性,这种由于围岩膨胀变形引起的压力称为膨胀压力。围岩吸水膨胀、体积增大,既有物理性质,也有化学性质。膨胀压力与变形压力的根本区别在于围岩变形是由吸水膨胀引起的。从现象上看,它与流变压力有相似之处,但两者的机理完全不同,因此,对他们的处理方法也不尽相同。

岩体膨胀性,主要决定于其含蒙脱石、伊利石和高岭土的含量;同时,还依赖于外界水的渗入和地下水的活动特征。岩层中蒙脱石含量越高,有水源供给,膨胀性也就越显著。

(4)冲击压力

冲击压力又称岩爆,它是在工程开挖过程中,围岩积累了大量的弹性变形能。在外界扰动下突然释放所产生的压力。由于冲击压力是岩体能量的积累与释放,所以它与岩体弹性特性紧密相关。弹性模量较大的岩体在高地应力的作用下,易于积累大量的弹性变形能,一旦遇到适宜条件,就会突然猛烈地大量释放。根据地压分类以及形成的原因,松动压力可以近似地处理为作用在结构上的荷载。松动压力主要出现在两类岩层中:

①松散岩层。由于围岩质量低,自稳性差,开挖引起的二次应力导致部分围岩产生松动破坏。拱顶的松动岩体在自重的作用下发生冒落。在实施衬砌结构后,该岩体荷载作用在衬砌上,使衬砌结构产生内力和变形。因此,在松动岩层中的松动压力是由应力引起的,故称"应力控制型"破坏岩体。

②坚硬节理岩体。岩石中的断层、剪切错动带等结构面切割围岩成不同大小和形状各异的块体。在地应力不太高的环境中(如浅埋工程),潜在的滑移块体(又称关键块体或危石)也是在重力作用下发生冒落或滑移,因此产生作用在支护结构上的荷载。危石规模、塌滑方式受控于岩体节理面和软弱面与隧道临空面。因此,称此类岩体为"结构控制型"破坏岩体。坚硬节理岩体就可能产生这类松动压力。

影响围岩压力的因素有岩土的重力、岩体的结构、地下水的分布、隧道洞室的形状和尺寸以及初始地应力。在具体确定围岩压力时,常用的方法有三种:第一种方法是现场量测,这种方法虽然比较接近实际,但由于受量测设备、量测技术和经费等原因的限制,应用尚不广泛;第二种方法是理论估算,然而,由于影响围岩压力的因素太多,所以理论估算方法只有在少数简单情况下较为适用;第三种方法是工程类比法,这种方法以大量已建工程的统计资料为基础,通过数学回归等方法,按照围岩分类规则,分别提出适合不同具体情况的经验公式估计围岩压力,常用的方法有以下几种。

2)公路隧道规范理论计算公式

(1)浅埋和深埋隧道的分界:按荷载等效高度值,并结合地质条件、施工方法等因素综合判定。按荷载等效高度的判定公式为:

$$H_p = (2 \sim 2.5)h_q \tag{5-1}$$

式中:H_p——浅埋隧道分界深度(m);

h_q——荷载等效高度(m)。h_q 按下式计算:

$$h_q = \frac{q}{r} \tag{5-2}$$

式中:q——深埋隧道垂直均布压力(kN/m^2);$q = 0.45 \times 2^{s-1}\gamma\omega$,其中 γ 为围岩重度(kN/m^2)。在矿山法施工的条件下,Ⅳ~Ⅵ级围岩取:

$$H_p = 2.5h_q \tag{5-3}$$

Ⅰ~Ⅲ级围岩取

$$H_p = 2h_q \tag{5-4}$$

(2)对于深埋隧道的围岩压力,规范所述计算如下。

①垂直均布压力计算:

$$q = 0.45 \times 2^{s-1}\gamma\omega \tag{5-5}$$

式中:q——垂直均布压力(kN/m^2);

s——围岩级别;

γ——围岩容重(kN/m^3);

ω——宽度影响系数,$\omega = 1 + i(B - 5)$。其中 B 为坑道宽度,i 是 B 每增减 1m 时的围岩压力增减率,以 $B = 5m$ 的围岩垂直匀布压力为准,当 $B < 5m$ 时,取 $i = 0.2$;当 $B > 5m$ 时,取 $i = 0.1$。

②水平均布压力按《公路隧道设计规范》(JTG D70—2004)之表 6.2.3 规定确定:围岩水平均布压力见表 5-13。

围岩水平均布松动压力 e　　　　表 5-13

围岩级别	Ⅰ、Ⅱ	Ⅲ	Ⅳ	Ⅴ	Ⅵ
水平均布力	0	$<0.15q$	$(0.15 \sim 0.3)q$	$(0.3 \sim 0.5)q$	$(0.5 \sim 1.0)q$

(3)浅埋隧道荷载分下述两种情况分别计算:

①埋深(H)小于或等于等效荷载高度 h_q 时,荷载视为均布垂直压力。

$$q = \gamma H \tag{5-6}$$

式中:q——垂直均布压力(kN/m^2);

γ——隧道上覆围岩重度(kN/m^3);

H——隧道埋深,指坑顶至地面的距离(m)。

侧向压力 e 按均布考虑时其值为:

$$e = \gamma\left(H + \frac{1}{2H_t}\right)\tan^2\left(45° - \frac{\varphi_c}{2}\right) \quad (5-7)$$

式中:e——侧向均布压力(kN/m^2);

H_t——隧道高度(m);

φ_c——围岩计算摩擦角(°)。

②埋深大于 h_q:小于等于 H_p 时,为便于计算,假定土体中形成的破裂面是一条与水平成 β 角的斜直线,如图 5-6 所示。EFGH 岩土体下沉,带动两侧三棱土体(如图中 FDB 和 ECA 下沉,整个土体 ABDC 下沉时,又要受到未扰动岩土体的阻力;斜直线 AC 或 BD 是假定的破裂面,分析时考虑内聚力 c,并采用了计算摩擦角 φ,另一滑面 FH 或 EG 则并非破裂面,因此,滑面阻力要小于破裂面的阻力,若该滑面的摩擦角为 θ,则 θ 值应小于 φ 值,无实测资料时,θ 可按表 5-14 采用。

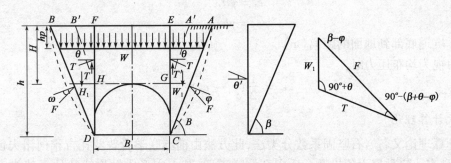

图 5-6 隧道规范计算图

各级围岩的 θ 值　　　　表 5-14

围岩级别	Ⅰ、Ⅱ、Ⅲ	Ⅳ	Ⅴ	Ⅵ
θ 值	0.9φ	$(0.7\sim0.9)\varphi$	$(0.5\sim0.7)\varphi$	$(0.3\sim0.5)\varphi$

由图 5-6 可见,隧道上覆岩体 EFHG 的重力为 W,两侧三棱岩体 FDB 或 ECA 的重力为 W_1,未扰动岩体整个滑动土体的阻力为 F,当 EFHG 下沉,两侧受到阻力 T 或 T',作用于 HG 面上的垂直压力总值 $Q_浅$ 为:

$$Q_浅 = W - 2T' = W - 2T\sin\theta \quad (5-8)$$

三棱体自重为:

$$W_1 = \frac{1}{2}\gamma h \frac{h}{\tan\beta} \quad (5-9)$$

式中:h——坑道底部到地面的距离(m);

β——破裂面与水平面的夹角(°)。

由图据正弦定理可得:

$$T = \frac{\sin(\beta - \varphi)}{\sin[90° - (\beta - \varphi + \theta)]}W_1 \quad (5-10)$$

浅埋隧道围岩压力为(图 5-7):

$$q_{浅} = \frac{Q_{浅}}{B_t} = \gamma H\left(1 - \frac{H}{B_t \lambda \tan\theta}\right)$$

其中侧压力系数：

$$\lambda = \frac{\tan\beta - \tan\varphi}{\tan\beta[1 + \tan\beta(\tan\varphi - \tan\theta) + \tan\varphi\tan\theta]}$$

$$\tan\beta = \tan\varphi + \sqrt{\frac{(\tan^2\varphi + 1)\tan\varphi}{\tan\varphi - \tan\theta}}$$

式中：$q_{浅}$——作用在支护结构上的均布荷载；

B_t——坑道宽度；

H——洞顶至地面距离，即埋深；

λ——侧压力系数；

γ——围岩重度。

作用于支护结构两侧的水平侧压力为：

$$e_1 = \gamma H \lambda$$
$$e_2 = \gamma h \lambda$$

式中：h——坑道底部到地面的距离(m)。

侧压力视为均布压力时：

$$e = \frac{1}{2}(e_1 + e_2) \tag{5-11}$$

3）普氏计算理论

普氏计算理论又名岩石坚固系数分类法，此方法由前苏联学者普罗托吉雅柯诺夫创立，普氏说明：在具有一定黏聚力的松散介质中开挖隧道后，其上方形成抛物线状的天然拱，这个平衡拱实质上也就是破坏范围，这范围中的围岩重就是隧道支护结构所要承受的荷载(图5-8)。

$$\sigma_z = \gamma h_1 \tag{5-12}$$

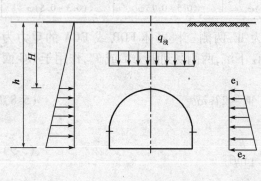

图5-7 浅埋隧道围岩压力计算图

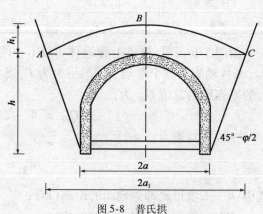

图5-8 普氏拱

水平压力：

$$\sigma_H^{①} = \gamma h_1 \tan^2\left(\frac{\pi}{4} - \frac{\varphi}{2}\right) \tag{5-13}$$

$$\sigma_H^{②} = \gamma(h_1 + h)\tan^2\left(\frac{\pi}{4} - \frac{\varphi}{2}\right) \tag{5-14}$$

式中：$\sigma_H^①$——洞室拱顶围岩水平压力；
$\sigma_H^②$——洞室拱底处围岩水平压力；
γ——围岩重度；
h_1——普氏压力拱的矢高；
h——隧道毛洞的高度；
φ——土的内摩擦角。

如图 5-12 所示，有 $h_1 = \dfrac{a_1}{f}$，其中：a_1 为普氏压力拱半跨宽度，即：

$$a_1 = a + h\tan\left(\dfrac{\pi}{4} - \dfrac{\varphi}{2}\right) \tag{5-15}$$

式中：f——岩石坚固性系数，有时也称其为岩石似摩擦系数；
a——隧道半宽；
h——隧道高度。普氏理论适用于较松散、破碎地层。

当普氏岩石坚固性系数 $f \leqslant 3 \sim 4$ 时：平衡拱跨度 $B_1 = B_t + 2H_t\tan\left(45° - \dfrac{\varphi}{2}\right)$；平衡拱高度 $f = 12hB$；垂直压力 $q = \gamma h$；作用在支护结构物上的侧压力也视为均匀分布，可按一般土力学原理：

$$e = \left(q + \dfrac{1}{2}\gamma H\right)\tan^2\left(45° - \dfrac{\varphi}{2}\right) \tag{5-16}$$

式中：H——坑道高度；
e——水平均布围岩压力（kN/m^3）；
φ——围岩的内摩擦角；
γ——围岩天然重度。

当侧壁不稳定时（$f \leqslant 3 \sim 4$），其深度 y 处的侧压力为：

$$e_y = (q + \gamma y)\tan^2\left(45 - \dfrac{\varphi}{2}\right) \tag{5-17}$$

式中：e_y——距拱顶 y 处侧压力大小；
q——垂直均布围岩压力；
y——由拱顶至计算截面的纵坐标。

4）太沙基理论

此理论于 1946 年提出，太沙基说明：太沙基也把隧道围岩视为散粒体，坑道开挖后，围岩下沉时由于侧向压力的作用，对下沉围岩将产生摩阻力，水平应力与垂直应力之比为 k，其所定义的衬砌上竖向压应力按下式计算（图 5-9）：

$$\sigma_z = \dfrac{\gamma a_1 - c}{k\tan\varphi}(1 - e^{-k\tan\varphi}) + Pe^{-kn\tan\varphi} \tag{5-18}$$

式中：c——岩石内聚力；
φ——内摩擦角；

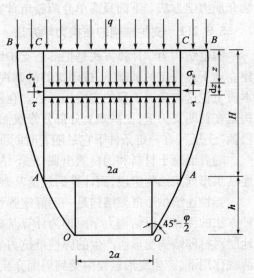

图 5-9 太沙基计算图示

γ——重度;

P——地面荷载;

n——相对埋深系数,即 $n = H/a_1$;

H——隧道埋深。

如果围岩为完全松散体,则有 $c=0$,式(5-18)蜕化为:

$$\sigma_z = \frac{\gamma a_1}{k\tan\varphi}(1 - e^{-kn\tan\varphi}) + Pe^{-kn\tan\varphi} \tag{5-19}$$

当无地面附加荷载时,则:

$$\sigma_z = \frac{\gamma a_1}{k\tan\varphi}(1 - e^{-k\tan\varphi}) \tag{5-20}$$

如果洞室埋得很深,可近似地认为 $n \to \infty$,则:

$$\sigma_z = \frac{\gamma a_1}{k\tan\varphi} \tag{5-21}$$

式中:k——围岩水平应力和垂直应力之比,即 $k = \sigma_H/\sigma_z$,其中,σ_H 为围岩水平应力。

太沙基根据实验结果得出,$k = 1.0 \sim 1.5$。如果取 $k = 1.0$,并以 f 代 $\tan\varphi$,由式(5-21)得:

$$\sigma_z = \frac{\gamma a_1}{f} = rh_1 \tag{5-22}$$

这和普氏理论中的垂直应力公式(5-12)完全一致。

5.3.2 支护结构计算方法

最初的隧道工程设计没有计算理论可遵循,完全依靠经验进行。经过不断探索改进和长期实践,地下结构的受力特点逐渐被人们认识,形成了将地下结构和地层变形统一的计算理论,其先后经历了从刚体力学到弹性力学,从弹性力学到粘弹性力学、弹塑性力学以至粘、弹、塑性力学这样几个阶段。弹性力学理论至今仍是地下结构计算的基本理论。而发展较晚的弹塑性力学以及粘、弹、塑性力学,由于其本身的复杂性,因而在具体应用过程中受到了一定的限制。按照计算理论的不同,隧道的计算方法可以分为三大部分:刚体力学法、结构力学方法、连续介质力学方法。下面只简单介绍隧道计算的结构力学方法。

5.3.2.1 支护结构的结构力学方法

隧道结构力学计算方法是把隧道支护结构在力学上和构造上作为拱形结构来处理,它是建立在下述假定的基础上:被砌筑的衬砌视为工程结构,岩体只是在其被开挖后视为荷载,从本质上说这与隧道工程的实质相矛盾。在隧道工程初期,这个假定理所当然。砌筑的拱形结构是在初期支护下,在拱架上分部分修筑而后加以回填,和岩体经常是不密贴的,并主动承受松弛"土压",在一定条件下它是随着时间而发展的,并时常是不可预料的,也是不对称的。

随着混凝土材料和钢材的出现,地下结构的建造和计算进入了一个新的阶段,即地下弹性连续拱形框架结构阶段,而计算的理论基础为线弹性结构力学。

弹性连续拱形框架结构是一超静定弹性结构系统,作用在结构上的荷载为地层压力。这种方法的优点是以结构力学原理为计算基础,因而仍在软弱土层设计中应用,缺点是没有考虑地层对衬砌结构变形所产生的弹性抵抗力。假定抗力的思想,是根据地下结构衬砌在主动外荷载作用下,产生变形过程中受到周围介质约束这一事实,将周围介质对衬砌结构变形的约束假设为某一形式的荷载—弹性抗力。

弹性抗力分布形式的假设和衬砌结构的变形相适应。最早在计算整体式隧道衬砌时,假设刚性墙受呈直线分布的弹性抗力。计算时,将整体结构的拱圈和边墙分别考虑,并将拱圈视为支承在固定支座上的无铰拱。其后在分析圆形衬砌结构时,假设侧向地层弹性抗力为梯形,抗力的幅值根据衬砌各点水平位移为零这一条件来确定。

在上述这两种线性弹性抗力假设中,均过高地估计了地层对衬砌结构的约束作用,使结构设计趋于不安全。因此通常设计时的安全系数高达 3.5~4.0。为了弥补上述假设的不足,针对拱形结构,提出了镰刀形抗力假设,并按局部变形理论认为弹性抗力与衬砌结构周边的地层变形成正比,该方法将拱形衬砌的拱圈和边墙整体考虑,将其简化为一直接支承在地层上的尖顶拱,然后用结构力学法计算其内力。由于这种假设是按结构的变形曲线假定弹性抗力的分布图式,并由变形协调条件来计算弹性抗力的大小,因而更为合理,三种假设如图 5-10 所示。

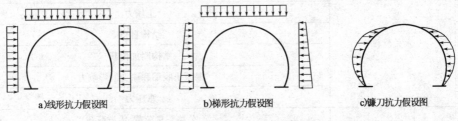

图 5-10　隧道结构力学计算三种假设

为了克服假定抗力法的任意性,逐步提出了将隧道边墙视为弹性地基梁的结构计算理论。此理论将隧道边墙看作是支承在侧面和基底地层上的双向弹性基梁,这样就可以直接计算在主动荷载作用下拱圈和边梁的内力。

弹性地基梁的理论又分为局部变形理论和共同变形理论两种。局部变形理论是建立在文克勒(Winkler)假设的基础上,即认为弹性地基(围岩)某点施加的外力只会引起该点的沉陷,而其他部分不发生变形,这种假设对软基上的弹性结构更为合理。共同变形理论认为弹性地基(围岩)上一点的外力,不仅引起该点沉陷,而且还会引起附近一定范围内的地基发生变形,如图 5-11 所示。由于共同变形理论以地层的物理力学特征为根据。并考虑了结构附近各部分地层变形的相互影响,因而比局部变形理论更准确。

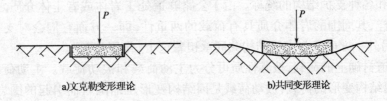

图 5-11　弹性地基梁的理论

5.3.2.2　平面问题处理

结构力学方法只能用于处理平面杆系问题。隧道结构体系从总体来说肯定是一个空间问题,要用结构力学方法进行计算,就必须对其进行简化处理。对于隧道而言,其长度较之横断面尺寸要大得多,而且,隧道结构特性以及作用于隧道结构的荷载沿隧道长度方向基本是不变的,所以可以认为隧道衬砌不会产生纵向位移,即 $\varepsilon_z = 0$,因此可以将它作为一个平面应变问题进行处理。在进行力学分析时,可沿隧道纵向取出单位长(1m)的一段作为研究对象进行计算。

5.3.2.3 支护结构荷载形式

《公路隧道设计规范》规定隧道结构荷载应根据隧道所处的地形、地质条件、埋深、结构特征和工作条件、施工方法、相邻隧道间距等因素确定。施工中如发现与实际不符,应及时修正。对于地质复杂的隧道,必要时应通过实地量测确定。同样对隧道结构上承受的荷载作出了一般的分类规定(表5-15)。

隧道荷载的分类　　　　　　　　表5-15

编号	荷载分类		荷载名称
1	永久荷载		围岩压力
2			土压力
3			结构自重
4			结构附加恒载
5			混凝土收缩和徐变的影响力
6			水压力
7	可变荷载	基本可变荷载	公路车辆荷载、人群荷载
8			立交公路车辆荷载及其所产生的冲击力、土压力
9			立交铁路列车活载及其所产生的冲击力、土压力
10		其他可变荷载	立交渡槽流水压力
11			温度变化的影响力
12			冻胀力
13			施工荷载
14	偶然荷载		落石冲击力
15			地震力

进行隧道结构计算,首先必须确定隧道结构所承受的荷载。这里的隧道结构,指所开挖的洞室周围介质和各种支护结构的统称。由于公路隧道处于岩体或者土体介质之中,因此和所有地下结构一样,其周围的岩体介质具有荷载的两重性,即一方面它们会对支护结构表现出"荷载作用",另外一方面又与支护结构共同承担着这个"作用荷载"。

作用在隧道衬砌上的荷载,按其性质可分为主动荷载和被动荷载。主动荷载是主动作用于结构,并引起结构变形的荷载;被动荷载是因结构变形压缩围岩而引起的围岩被动抵抗力,即弹性抗力,它对结构变形起限制作用。作用在隧道结构上的主动荷载可分为三类,即主要荷载、附加荷载、特殊荷载。

(1)主动荷载

①主动荷载就是长期作用的荷载,它包括地层压力、围岩弹性抗力、结构自重力、回填岩土重力、地下静水压力以及使用荷载。其中,地层压力是隧道衬砌结构所承受的主要静荷载,一般它和隧道的埋深以及岩土的相对密度成正比。弹性抗力是衬砌结构因变形受到的地层约束力,它的大小和衬砌结构的变形成正比关系。使用荷载是指隧道中附属设施的自重以及行驶

汽车的负重等,但此类荷载在隧道结构计算中所占的比重很小。

②附加荷载是指非经常作用的荷载,它包括施工荷载、灌浆压力、局部落石以及由温度变化或混凝土收缩所引起的温度应力和收缩应力。

③特殊荷载包括一些偶然发生的荷载,如炮弹的冲击力和爆炸时所产生的激波压力、地震产生的地震力、发生车祸时汽车对隧道结构的冲撞力等。在上述各荷载项中,地层压力是隧道结构所承受的固有荷载,但地层压力又有围岩压力和土压力之分。

(2)被动荷载

被动荷载是指围岩的弹性抗力。它只产生在被衬砌压缩的围岩周边上。目前隧道弹性抗力的计算主要采用局部变形理论,它是以温克勒尔(Z. Winkler)假定为基础的。该理论认为围岩的弹性抗力与围岩在该点的变形成正比,用公式表示即为:

$$\sigma_i = k\delta_i \tag{5-23}$$

式中:δ_i——围岩表面上任意一点 i 的压缩变形(m);

σ_i——围岩在同一点上所产生的弹性抗力(MPa);

k——比例系数,称为围岩的弹性抗力系数(MPa/m)。

该理论相当于把围岩简化为一系列彼此独立的弹簧,每个弹簧表示一个小岩柱,某一弹簧受到压缩时所产生的反作用力只与该弹簧有关,而与其他弹簧无关,如图5-12所示。虽然实际的弹性体变形是相互影响的,施加于一点的荷载会引起整个弹性体表面的变形,即共同变形,但温氏假定能反映衬砌应力-变形的主要因素,且计算简单适用,满足工程设计的需要。应当指出,弹性抗力系数并非常数,它取决于很多因素,如围岩的性质、衬砌的形状和尺寸,荷载类型等,但对于深埋隧道,可取为常数。

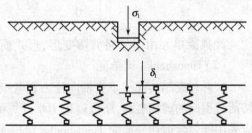

图5-12 局部变形示意图

(3)荷载的组合

对于一个特定的地下建筑结构,上述几种荷载不一定都存在,也不可能同时作用在某段衬砌上。设计时应根据实际可能出现的情况进行荷载组合。将有可能对同时作用在衬砌上的荷载进行编组,并取其最不利者作为设计荷载,求得最危险截面中产生的最大内力,作为选择截面时的依据。

设计中需要考虑哪几种组合,需要根据各种荷载可能出现的情况及其影响程度,以及所设计的地下结构安全等级的要求来定。一般来说,主洞室仅考虑主要荷载,包括围岩压力、回填土重、衬砌自重以及使用荷载等。有防护要求的部位,其荷载按有关规定考虑。与地震荷载组合时,可参考有关抗震设计的具体规定。

5.3.2.4 衬砌结构计算方法

荷载—结构法中除了要考虑隧道围岩压力与抗力大小和分布模式以外,还要同时考虑隧道衬砌结构的计算方法。考虑到应用的方便,荷载—结构方法中一般采用梁单元模拟隧道衬砌结构。

(1) 经典梁单元传统理论认为隧道结构是偏心受压构件,主要承受是轴向压力和弯曲荷载,而剪力影响可以忽略,我国隧道设计规范推荐荷载—结构方法中采用经典梁单元模拟衬砌结构。经典梁单元是基于 Kirchhoff 理论假定的,假设与轴线垂直的平面变形后仍是与轴线垂直的平截面。该假设导致剪力 Q 仅能引起梁单元弯矩,而不引起梁单元结构的剪切变形,即忽略了剪切变形能的影响,适用于高度 h 远小于长度 L 的梁,也称为 Euler-Bernoulli 梁,单元刚度矩阵为:

$$K^e = \begin{bmatrix} \frac{EA}{l} & & & & & \\ 0 & \frac{12EJ}{l^3} & & \text{Symmetric} & & \\ 0 & \frac{6EJ}{l^2} & \frac{4EJ}{l} & & & \\ -\frac{EA}{l} & 0 & 0 & \frac{EA}{l} & & \\ 0 & -\frac{12EJ}{l^3} & \frac{6EJ}{l^2} & 0 & \frac{12EJ}{l^3} & \\ 0 & \frac{6EJ}{l^2} & \frac{2EJ}{l} & 0 & -\frac{6EJ}{l^2} & \frac{4EJ}{l} \end{bmatrix} \quad (5-24)$$

经典梁单元由于忽略剪切变形,形式简单,计算方便,得到了广泛的应用。

(2) Timoshenko 梁单元

实际衬砌结构除了承受轴向压力和弯矩,同时也常常受到剪切荷载的作用,并存在大量由剪切荷载引起的剪切裂缝,所以隧道力学计算模型中应进一步考虑衬砌结构剪切变形的影响,此时应采用能包含剪切变形的 Timoshenko 梁单元模拟衬砌结构,Timoshenko 梁单元的刚度矩阵:

$$K^e = \begin{bmatrix} \frac{EA}{L} & & & & & \\ 0 & \frac{12EI}{l^3(1+\phi)} & & \text{Symmetric} & & \\ 0 & \frac{6EI}{l^2(1+\phi)} & \frac{(4+\phi)EI}{l(1+\phi)} & & & \\ -\frac{EA}{L} & 0 & 0 & \frac{EA}{L} & & \\ 0 & -\frac{12EI}{l^3(1+\phi)} & -\frac{6EI}{l^2(1+\phi)} & 0 & \frac{12EI}{l^3(1+\phi)} & \\ 0 & \frac{6EI}{l^2(1+\phi)} & \frac{(2-\phi)EI}{l(1+\phi)} & 0 & -\frac{6EI}{l^2(1+\phi)} & \frac{(4+\phi)EI}{l(1+\phi)} \end{bmatrix} \quad (5-25)$$

式中,$\phi = \frac{12EIk}{GA'l^2}, A' = \frac{A}{\lambda}$,$\lambda$ 是截面的剪切应力校正系数,即单元的剪切变形常数。

5.3.2.5 衬砌结构安全性验算方法

根据研究现状(刘庭金,朱合华,2004)可知,目前隧道病害研究多依赖经验方法,且病害结构计算研究工作都是结合隧道设计规范进行的,并进行了简单的定量分析。按照规范中的抗拉和抗压强度公式,对不利断面的结构承载情况进行了结构验算。刘庭金等利用对隧道衬砌压力进行监测,根据监测到的衬砌压力,利用荷载结构方法对衬砌结构计算,并利用隧道设计规范中规定的小偏心钢筋混凝土截面的强度验算公式(5-26)和公式(5-27)

对衬砌进行了断面强度验算,其中隧道的安全系数的定义方法与公式(5-57)相同。

$$KNe \leqslant 0.5R_a bh_0^2 + R_g A'_g(h_0 - a') \tag{5-26}$$

$$KNe' \leqslant 0.5R_a bh_0^2 + R_g A_g(h_0 - a) \tag{5-27}$$

上述的研究中,结构的安全性验算是基于隧道设计规范的素混凝土截面强度验算公式、矩形钢筋混凝土结构断面配筋公式进行的,按照素混凝土截面强度公式忽略了混凝土结构中的钢筋作用,一般认为计算结果是偏于安全。

1) 素混凝土矩形截面强度验算方法

根据衬砌结构截面的初始偏心矩大小,隧道设计规范中给出了砌体结构与素混凝土矩形截面的偏心受压和偏心受拉截面构件强度验算公式,如果初始偏心矩 $e(e = M/N)$ 小于0.2,则按照式(5-28)进行截面强度验算,否则按照(5-29)进行验算

$$KN \leqslant \varphi \alpha R_a bh \tag{5-28}$$

$$KN \leqslant \varphi \frac{1.75 R_l bh}{\frac{6e_0}{h} - 1} \tag{5-29}$$

如将式(5-28)和式(5-29)作为验算标准,即公式右端项可作为结构的极限承载能力 N_u,并将安全系数 K 定义为结构的极限承载能力 N_u 与实际结构轴力 N 的比值。

$$K = \frac{N_u}{N} \tag{5-30}$$

如果上式计算得到的安全系数 K 大于或等于隧道设计规范规定的安全系数 K_u,则认为结构是安全的,否则认为结构是危险的。

2) 矩形截面钢筋混凝土强度验算

隧道病害计算模型可以计算出衬砌构件截面承受弯矩 M、轴力 N 和剪切力 V,钢筋混凝土理论根据构件断面承载特征和破坏特征,将偏心受压构件划分成小偏心受压构件和大偏心受压构件。大偏心构件以受拉侧混凝土产生裂缝、受拉钢筋侧屈服为基本特征,小偏心构件以受压区混凝土被压碎,受压区钢筋屈服为基本特征,这两类结构断面安全性是按照以下的方法进行验算的,具体步骤如下:

(1) 利用计算得到的结构轴力 N、弯矩 M,计算结构的初始偏心矩 e_0:

$$e_0 = \frac{M}{N} \tag{5-31}$$

(2) 根据实际构件的特征,对初始偏心矩进行修正:

$$e_i = e_0 + e_a \tag{5-32}$$

(3) 当 $\eta e_i < 0.3h$ 时,则按照小偏心方法计算结构极限承载能力 N_u,对轴向力 N_u 作用点取矩,得:

$$\alpha f_c bx\left(\frac{x}{2} - e' - a'_s\right) - f'_y A'_s e' + \sigma_s A_s e = 0$$

如果计算受压高度 ξ 和界限破坏状态的受压高度 ξ_b 满足：

$$\xi \leqslant 1.6 - \xi_b \tag{5-33}$$

其中距离轴向远一侧钢筋应力 σ_s：

$$\sigma_s = \frac{\xi - 0.8}{\xi_b - 0.8} f_y \tag{5-34}$$

可以计算得到计算受压高度 ξ：

$$\xi = p_1 + \sqrt{p_1^2 + q_1}$$

式中：

$$p_1 = \frac{0.5h - \eta e_1}{h_0} + \frac{f_y A_s e}{(\xi_b - 0.8)\alpha_1 f_c bh^2} \tag{5-35}$$

$$q_1 = \frac{2 f'_y A'_s e'}{\alpha_1 f_c bh^2} - \frac{1.6 f_y A_s e}{(\xi_b - 0.8)\alpha_1 f_c bh^2} \tag{5-36}$$

$$e = \frac{h}{2} + \eta e_i - a_s \tag{5-37}$$

$$e' = \frac{h}{2} - \eta e_i - a_s \tag{5-38}$$

结构极限承载能力 N_u 按式(5-39)计算：

$$N_u = \alpha_1 f_c bh_0 \xi + f_y A_s - \frac{\xi - 0.8}{\xi_b - 0.8} f_y A_s \tag{5-39}$$

$$N_u = \frac{\alpha f_c bh\left(h_0 - \frac{h}{2}\right) + f_y A_s (h_0 - a_s)}{\frac{h}{2} - a_s - (e_0 - e_a)} \tag{5-40}$$

如果不能满足式(5-33)，则应按照(5-39)和(5-40)两式同时计算 N_u，并取计算值较小者。
此外尚应该对小偏心受压破坏构件按照轴心受压构件进行正截面承载力验算，即须同时满足式(5-41)：

$$N_u = f_c A + f_y A_s \tag{5-41}$$

（4）当 $\eta e_i > 0.3h$ 时，则按照大偏心受压破坏，对轴向力 N_u 作用点取矩得：

$$\alpha f_c bx\left(\frac{x}{2} + e - h_0\right) - f'_y A'_s e' + f'_y A'_s e' = 0 \tag{5-42}$$

可解得：

$$\xi = -\left(\frac{e}{h_0} - 1\right) + \sqrt{\left(\frac{e}{h_0} - 1\right)^2 + \frac{2(f_y A_s e - f'_y A'_s e')}{\alpha_1 f_c bh^2}} \tag{5-43}$$

$$e = \frac{h}{2} + \eta e_i - a_s$$

$$e' = \frac{h}{2} - \eta e_i - a_s$$

若 $2a_s < \xi < \xi_b$，则：

$$N_u = \alpha_1 f_c b h_0 \xi \tag{5-44}$$

若 $\xi > 2a_s$，则：

$$N_u = \frac{f_y A_s (h_0 - a_s)}{e'} \tag{5-45}$$

若 $\xi > \xi_b$，则应按照小偏心受压破坏进行验算，即按照步骤 3 重新计算。

可以计算出结构的设计极限承载力 N_u，则截面的安全系数 K_1 定义为：

$$K_1 = \frac{N_u}{N} \tag{5-46}$$

式中 N 为根据荷载结构法计算得到衬砌结构的轴力。

按照上述的方法可计算出混凝土矩形截面在偏心受压状态下，结构各断面的极限承载力 N 和安全系数 K_1，隧道衬砌结构承载状态比较复杂，结构存在多处反弯点。一般衬砌断面按照对称的方式进行配筋，通过简化断面的受力平衡方程，计算出断面的计算受压高度

$$\xi = \frac{N}{\alpha_1 f_c b h} \tag{5-47}$$

将计算受压高度与临界受压高度比较可确定截面的偏心情况，如 $\xi > \xi_b$，则截面为小偏心受力构件；如 $\xi < \xi_b$，则截面为大偏心。

(5) 实际隧道衬砌截面也承受剪切荷载，且存在不同程度的剪切裂缝。钢筋混凝土设计规范中，轴心受压构件给出了截面剪切强度公式：

$$V \leqslant \frac{1.75}{\lambda + 1.0} f_t b h_0 + f_{yv} \frac{A_{as}}{s} h_0 + 0.07N \tag{5-48}$$

截面的剪切力应该满足：

$$V \leqslant 0.25 \beta_c f_t b h_0 \tag{5-49}$$

隧道设计规范中对上述公式进行了修正，要求受弯截面的抗剪强度满足：

$$V \leqslant 0.3 f_t b h_0 \tag{5-50}$$

定义截面极限剪切承载力 V_s 为公式(5-49)的右端项，同样可以根据截面的极限剪切荷载定义结构的安全系数 K_2：

$$K_2 = \frac{V_s}{V} \tag{5-51}$$

比较式(5-46)和式(5-51)，取 K_1、K_2 两者之间小者为截面的最终安全系数。

5.3.3 基于荷载结构法的病害结构计算

隧道力学的主要任务是研究围岩作用下的隧道衬砌结构力学行为，隧道围岩与衬砌结构相互作用和衬砌结构力学性质是隧道力学的重点研究内容。早期地下工程数量和规模较小，力学学科发展的水平所限，地下结构力学本身尚未形成独立的学科，地下工程的建设完全依据经验。随着结构力学在地上建筑物和机械工程中得到成功应用，结构力学也被引入到了地下

结构力学中来,并开始用于指导地下结构的设计和施工。结构力学计算结构的承载情况时,需要明确结构的几何、力学性质和荷载信息,而隧道工程中衬砌结构的压力受地质、水文、气候等自然因素和施工工艺、施工方法等人为因素的影响,围岩压力的大小和分布模式离散性很大,并表现出复杂的规律,且难以直接测量。由于衬砌与围岩间压力分布规律和大小受到上述诸多因素影响,目前尚没有能够准确计算和评估隧道衬砌结构围岩压力的规律和大小的方法和公式,工程中一般采用近似的方法确定围岩压力的分布模式和大小。隧道工程师根据实际要求,将围岩与衬砌结构的相互作用情况简化为不同分布模式和不同大小的"围岩压力"和"围岩抗力",同时将衬砌结构简化为结构力学中的梁单元,这种近似计算地下结构的力学方法即所谓的荷载—结构方法。根据上述分析可知,衬砌结构的力学简化方法和围岩压力的模式和大小确定是荷载结构方法中的两个重点研究内容。

根据前述的围岩压力计算方法和衬砌结构计算方法,可建立如图 5-13 所示的照荷载—结构法计算模型,并可计算得到衬砌结构的内力图。值得指出的是,隧道对衬砌结构的约束作用通过弹簧或弹性链杆来模拟,围岩对衬砌结构的约束作用是压力作用,不可能产生拉力,计算过程中需要去掉产生拉力的弹簧或链杆,计算需要不断迭代直到弹簧压力全部为压力为止。

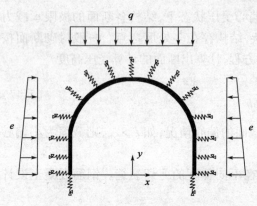

图 5-13　荷载—结构法计算模式示意图

在前述的荷载结构法的基础上,可建立病害模型以研究病害对隧道整体承载能力和结构安全性的影响。

荷载—结构方法中利用梁单元模拟衬砌结构承受轴向荷载、剪切荷载与弯曲荷载的能力,建立隧道病害结构计算模型时,应重点考虑病害存在对梁单元上述三种的承载能力的影响。根据病害分类方法和实际病害特征,这里建立了衬砌裂缝、厚度不足、材料劣化、衬砌背后空洞、附加荷载五类病害的计算模型。

1) 裂缝力学模型

衬砌结构发生裂缝时结构的承载能力和结构安全性是结构工程所关心的问题,研究者们利用有限元、无网格、离散元、流形方法等数值方法模拟混凝土裂缝的扩展过程,也有许多研究者建立了复杂的宏—微观本构模型和计算方法模拟发生裂缝后混凝土构件的力学行为和破坏过程,宏—微观本构模型和计算形式复杂,计算规模巨大,不便于工程实际的直接应用。

衬砌结构存在裂缝时(图 5-14)衬砌结构承受轴向荷载、剪切荷载和弯曲荷载的能力会发生变化,目前常用的混凝土裂缝力学行为的等效本构模型是弥散型裂缝模型(Smeared Crack Approach),该本构理论认为混凝土结构发生裂缝后,此时结构截面的承载能力发生变化,即结构截面承受压力、拉力、剪力的刚度发生变化,如果截面承受剪荷载,裂缝会逐渐弥合;如果裂缝承受拉伸荷载,裂缝会张开,结构截面的承载

图 5-14　结构裂缝示意图

能力也会发生变化,但结构截面承受压力、拉力、剪力的刚度发生变化程度与裂缝闭合时不同。对于平面应力问题,结构的增量应力应变关系为:

$$\begin{Bmatrix} d\sigma_n \\ d\sigma_t \\ d\tau_{nt} \end{Bmatrix} = [\overline{C_t}] \begin{Bmatrix} d\varepsilon_n \\ d\varepsilon_t \\ dr_{nt} \end{Bmatrix} \tag{5-52}$$

式中切向刚度矩阵 $[\overline{C_t}]$ 为:

$$[\overline{C_t}] = \begin{bmatrix} 0 & 0 & 0 \\ 0 & E & 0 \\ 0 & 0 & \beta G \end{bmatrix} \tag{5-53}$$

其中 β 是裂缝表面剪切应力传递系数,且满足 $0 \leq \beta \leq 1$。

根据裂缝类病害量化方法可知,表征裂缝特征的参数有裂缝位置深度、长度、宽度、间距(密度)等参数,由于病害结构计算模型研究水平所限,且荷载结构法属于二维模型,无法包含所有裂缝病害量化参数。

衬砌结构存在裂缝时与式(5-53)存在裂缝混凝土结构具有相同的力学性质,即衬砌结构作为梁单元只能承受压应力和部分剪应力,不能承受拉伸应力,且不同的承载状态下,衬砌的承载能力是不同的,即衬砌承载 A、A_s、I 也是结构的承载状态而变化的。通过上述分析,结合 Timoshenko 梁单元中刚度矩阵,可加上梁单元抗弯模量 I、正压力面积 A、剪力面积 A_s 三个重要参数满足:

$$A = \begin{cases} A - \beta_1 A_d & \sigma_{ax} < 0 \\ 0 & \sigma_{ax} \geq 0 \end{cases} \tag{5-54}$$

$$A_S = \begin{cases} A_S - \beta_1 A_d & \sigma_{ax} < 0 \\ A_S - A_d & \sigma_{ax} \geq 0 \end{cases} \tag{5-55}$$

$$I = \begin{cases} I - \beta_3 I_d & \sigma_{ax} < 0 \\ I - I_d & \sigma_{ax} \geq 0 \end{cases} \tag{5-56}$$

式中参数 A_d、I_d 是裂缝引起的承载面积和惯性矩的损失,可根据裂缝深度 d 计算;参数 β_1、β_2、β_3 是裂缝存在引起相应的承载能力下降系数,该系数与裂缝的承载状态相关,可通过试验确定,σ_{ax} 是衬砌结构轴向应力。

2) 厚度不足力学模型

除了裂缝病害,厚度不足也是隧道衬砌常见的病害。隧道衬砌厚度不足会造成结构承载能力降低,并引起隧道的安全事故。隧道厚度不足的计算模型处理比较简单,可简化为如图 5-15 所示衬砌结构设计厚度为 H,实际建成后隧道厚度为 h,即可简单将模型中梁单元的厚度按照实际衬砌结构的厚度进行计算,即:

图 5-15 结构厚度不足模型简化图

$$A = A_h \tag{5-57}$$

$$A_S = A_h \tag{5-58}$$

$$I = I_h \tag{5-59}$$

式中 A 和 I 是根据检测实际衬砌厚度 h 计算出的截面面积和惯性矩。

3) 衬砌背后空洞力学模型

根据隧道病害分类和量化方法,衬砌背后空洞包括施工过程中的施工回填不密实或空洞,也包括运营过程中地下水的冲刷引起的空洞,空洞可能导致衬砌构承载不均衡,引起应力集中,造成衬砌结构产生裂缝。由衬砌背后空洞病害量化参数可知,空洞几何参数包括空洞形状、深度、宽度等多个参数,荷载—结构法通过围岩压力和地层弹簧模拟围岩与衬砌结构的相互作用,可以利用荷载—结构方法模拟衬砌背后空洞的二维特征,即只能模拟衬砌空洞的宽度对结构特征的影响,衬砌背后空洞区域围岩和衬砌结构之间没有直接接触,即两者之间围岩压力也没有约束作用,所以假设衬砌背后空洞计算模型如图 5-16 所示,直接去掉衬砌背后空洞的围岩压力和弹性链杆的支撑。

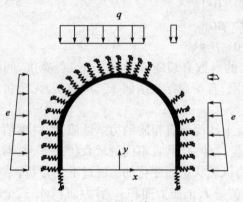

图 5-16 衬砌背后空洞计算模型

除了衬砌背后空洞,衬砌背后部分区域可能存在回填不密实,由于此时围岩压力无法准确确定,可假设围岩压力不变而围岩约束作用降低,将计算模型中弹性链杆的弹性刚度系数降低来模拟。

4) 材料劣化力学模型

隧道施工过程中施工建设部门未按照标准方法施工,导致建成隧道衬砌结构混凝土质量低劣,材料强度无法达到设计要求;隧道运营过程中,衬砌结构受到荷载、冻害、腐蚀性水、空气等周围不利因素的影响,衬砌混凝土结构可能发生劣化,导致衬砌材料的刚度和强度的降低,结构的承载能力下降。将上述两类原因引发的混凝土材料的刚度和强度的降低通称混凝土材料劣化类病害,该类病害对衬砌结构的安全性的影响可按照材料劣化病害计算模型计算分析。

材料劣化对结构的承载的影响可以从两方面加以考虑,一方面材料劣化会引起混凝土材料的强度低于设计强度,导致结构整体承载力不足;另一方面材料劣化引起结构刚度不足,材料刚度不足造成结构变形过大,结构承载状态发生变化,可能产生不利荷载。混凝土材料劣化可以采用损伤力学的方法进行模拟,但考虑到衬砌结构在周围环境侵蚀作用下,材料的损伤规律各异,难以建立统一的材料损伤演化规律,为了简便起见,可以利用简单的强度弱化方法模拟混凝土劣化后的力学性质。结合隧道结构承载和安全性计算要求,材料劣化病害计算模型的材料弹性模量 E 和材料抗拉强度 σ_{ti}、抗压强度 σ_{ci} 按照实际病害检测结果选取,即

$$E = E_i \tag{5-60}$$

$$\sigma_c = \sigma_{ci} \tag{5-61}$$

$$\sigma_t = \sigma_{ti} \tag{5-62}$$

式中：E_i、σ_{ti}、σ_{ci}——分别是病害检测得到的衬砌混凝土弹性模量、单轴抗拉强度和抗压强度。

5）附加荷载力学模型

从荷载结构方法的角度考虑，除了背后空洞外上述的病害都是隧道衬砌病害，即病害对衬砌结构的承载能力产生影响，导致隧道安全性降低。另外还有一些病害例如偏压、冻害，这些病害的存在使作用在衬砌结构上围岩压力的大小和分布模式发生改变，对结构的安全性能也会造成不利的影响。

寒区隧道可能会存在冻害作用，由于温度的降低，隧道背后的积水结冰，发生冻胀，从而使隧道衬砌受到巨大的冻胀力，冻胀现象过程中存在水分迁移、围岩和衬砌结构会发生复杂的物理力学性质变化，冻涨和融化过程的力学机理比较复杂，相关研究力学模型也不成熟。

部分隧道可能埋置有比较完备的监测设备，可以测量到二次衬砌结构与初期支护之间的压力。如果已知二次衬砌结构压力，可直接将此压力作为围岩压力进行计算，此时模型中不再需要施加围岩抗力约束衬砌变形。

5.3.4 基于地层结构法的病害结构计算

地层结构模型的计算理论即为地层结构法。其原理是将衬砌和地层视为整体，在满足变形协调条件的前提下分别计算衬砌与地层的内力，并据以验算地层的稳定性和进行构件截面设计。

与荷载结构法相比，地层结构法充分考虑了地下结构与周围地层的相互作用，结合具体的施工过程，可以充分模拟地下结构以及周围地层在每一个施工工况的结构内力以及周围地层的变形，更能符合工程实际。但是由于周围地层以及地层与结构互相作用的模拟的复杂性，地层结构法处于发展阶段，在很多工程应用中，仅作为一种辅助手段。不过随着今后的研究和发展，地层结构法将会得到广泛应用和发展。

5.3.4.1 厚度不足结构安全验算

（1）隧道衬砌厚度不足计算模型

地层—结构计算模型中可利用实体单元或梁单元模拟衬砌结构，并进一步分析结构的内力特征和安全系数。如果使用实体单元，计算结果为单元或节点的应力与位移，需要进一步计算结构内力，利用经典梁单元模拟衬砌结构，计算参数见表5-16，衬砌厚度不足的病害通过更改衬砌厚度 A、抗弯模量 EI，计算即可，厚度不足的结构安全性计算方法与正常结构的安全性计算方法相同。

材 料 参 数 表5-16

材料名称	弹性模量(Pa)	泊松比	比重(kg/m³)	黏聚力(Pa)	内摩擦角(°)
围岩	6.0×10^9	0.35	2300	0.2×10^6	27
混凝土	3.0×10^{10}	0.3	2000	—	—

如图5-17所示，平面问题中衬砌厚度不足病害的表征参数包括病害环向长度 W、病害程度 d、病害位置三个参数，要分析衬砌在病害时在时结构的安全性特征，应系统分析病害结构

安全系数与上述三个参数的关系。考虑到计算分析的简便性,这里将厚度不足环向宽度分为0.1m、0.3m、0.5m、1.0m、1.5m、2.0m、2.5m、3.0m、3.5m、4.0m、5.0m共11个等级;考虑到实际工程中衬砌厚度小于设计厚度1/3的情况也比较少见,结合工程中衬砌厚度不足的实际特征,将衬砌深度分为0.5m、0.4m、0.3m、0.2m共4个等级,空洞位置分为拱顶、拱腰、拱脚、边墙共4个区域,将该三个参数进行排列组合共计176个工况以分析不同参数组合对结构安全性的影响。

图 5-18 ~ 图 5-20 分别是拱顶、拱腰、边墙衬砌病害宽度为 1m 时病害程度与结构安全系数关系图,由图可知拱顶和拱腰发生病害时,只有病害的区域结构的截面安全系数降低,其余位置安全性没有受到影响;边墙发生病害时,除了病害发生区域的安全性受到影响,左侧仰拱的安全系数也有所降低。衬砌厚度为 0.5m、0.4m、0.2m 时,衬砌结构的安全系数变化规律与衬砌厚度为 0.3 时类似,图示的结构安全性变化规律普遍适用。

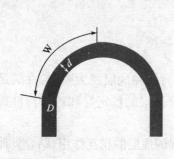

图 5-17 衬砌厚度不足病害示意图

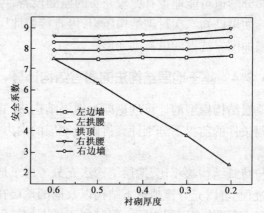

图 5-18 拱顶病害宽度与结构安全系数

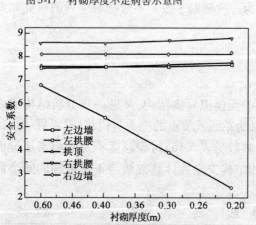

图 5-19 拱腰病害宽度与结构安全系数(宽 1m)

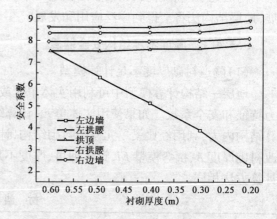

图 5-20 边墙病害宽度与结构安全系数

(2)衬砌厚度与结构安全系数关系

图 5-21 ~ 图 5-24 是拱顶、拱腰、拱脚、边墙四个区域衬砌不足厚度范围宽度为 0.1m、0.3m、0.5m、1.0m、1.5m、2.0m、2.5m、3.0m、3.5m、4.0m、5.0m 时病害程度与结构安全系数之间关系,由图可知衬砌结构不同区域产生病害时,结构的安全系数随衬砌厚度变薄而呈一致降

低。由图 5-21～图 5-23 可知,拱顶、拱腰、拱脚病害区域宽度不同时,病害程度与安全系数关系曲线接近平行,这说明病害宽度不同时,病害程度—结构安全系数曲线曲率相同,即衬砌厚度降低相同数量引起安全系数的降低量也是相同的;同时可以看出,衬砌结构的安全系数除了与衬砌厚度相关,与病害发生区域的宽度也有关系,一般看来,病害区域宽度越大,结构截面的安全系数也逐渐增大,但增大的幅度较小。

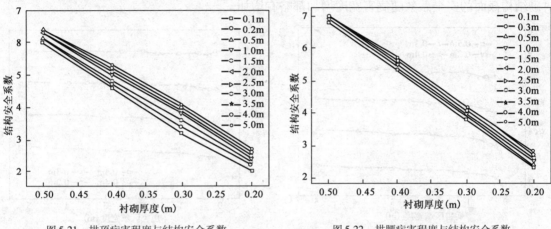

图 5-21　拱顶病害程度与结构安全系数　　　　图 5-22　拱腰病害程度与结构安全系数

由图 5-24 可知,边墙病害宽度不同时,病害程度与结构安全性亦呈现紧密关联,结构的安全系数随衬砌厚度变薄而降低,但病害程度与结构安全系数曲线不再平行,即说明病害区域宽度不同时,衬砌厚度与结构安全系数表现出复杂规律。但总体来看衬砌结构安全系数随病害程度增大而一致降低,但是厚度不足病害对周围截面安全系数影响较小,即病害影响范围较小。

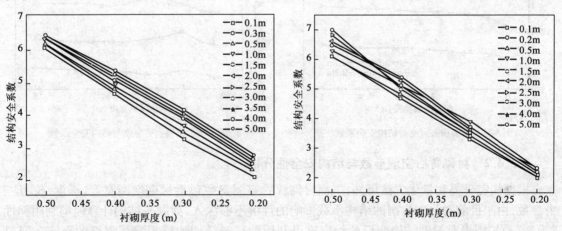

图 5-23　拱脚病害程度与结构安全系数　　　　图 5-24　边墙病害程度与结构安全系数

(3) 衬砌厚度区域宽度与结构安全系数关系分析

图 5-25～图 5-28 是拱顶、拱腰、拱脚、边墙四个区域衬砌厚度为 0.5m、0.4m、0.3m、0.2m 时病害宽度与截面安全系数关系图。由图可以看出衬砌的安全系数随病害区域宽度的增加而略微增加,其中拱顶、拱腰、拱脚区域发生病害时,病害区域宽度与截面安全系数之间变化规律

比较一致,即病害宽度小于1m时宽度增大,病害宽度与截面安全系数曲线斜率较大;衬砌宽度大于1m时,病害宽度与截面安全系数曲线斜率较小。边墙衬砌结构发生病害时,病害宽度与截面安全系数的变化规律与其他位置略微不同,衬砌厚度为0.2m、0.3m、0.4m时截面安全系数随宽度增加而先增加后减小,然后趋于稳定;衬砌厚度为0.5m时当病害宽度小于3m时截面安全系数随宽度增加而增加,衬砌宽度大于3m时截面安全系数不发生变化。总体来看,衬砌结构截面的安全系数随病害宽度增加都略有增加。

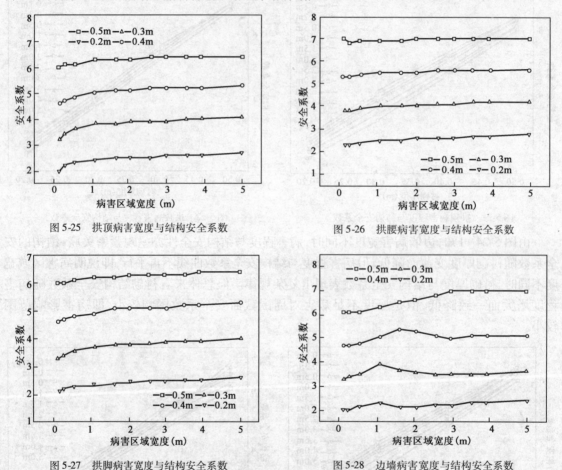

图5-25 拱顶病害宽度与结构安全系数

图5-26 拱腰病害宽度与结构安全系数

图5-27 拱脚病害宽度与结构安全系数

图5-28 边墙病害宽度与结构安全系数

5.3.4.2 衬砌背后空洞参数与结构安全性分析

根据病害分类和量化方法可知,平面衬砌背后空洞参数包括衬砌空洞宽度、深度、位置三个参数,由于目前对衬砌空洞的结构承载影响的理解不够深入,荷载—结构计算模型利用弹性"弹簧"模拟围岩对衬砌结构变形的约束难以利用荷载—结构法模拟空洞深度的影响。通过去掉空洞区域的围岩压力和围岩抗力的方法模拟空洞对结构承载的影响,这里仅能考虑空洞宽度和空洞位置对结构承载特征和安全系数的影响。

与衬砌厚度不足类似,衬砌空洞位置也可假设为拱顶、拱腰和边墙三个位置,空洞宽度假设为0.2m、0.5m、1.0m、2.0m、4.0m等五个等级,排列组合需计算15个工况以分析衬砌背后空洞对结构安全系数的影响。图5-29~图5-31是拱顶、拱腰、边墙存在病害时典型的衬砌结构弯矩图,可以看出病害位置会改变衬砌结构的承载状态。

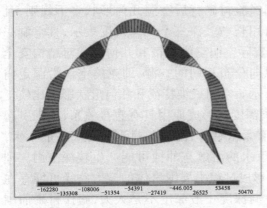

图 5-29　拱顶存在空洞时衬砌弯矩图

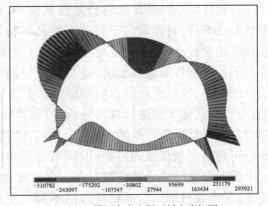

图 5-30　拱腰存在空洞时衬砌弯矩图

图 5-32 和图 5-33 是拱顶、拱腰和边墙存在不同宽度空洞时衬砌结构截面的安全系数图。根据计算结果可知,拱顶存在空洞时,由于竖直方向压力减小,围岩侧向压力导致拱顶承受与正常衬砌反向弯矩,拱顶承受荷载减小后,拱顶结构安全系数随空洞宽度增加反而增加,但同时拱腰和边墙脚弯矩大幅增加,可能导致衬砌拱腰弯矩增大,这说明拱顶存在衬砌空洞可能是导致衬砌拱腰产生纵向裂缝的原因;衬砌拱腰和边墙背后存在空洞时,衬砌结构承受荷载隧道空洞宽度的增加而增加,结构安全系数随空洞宽度的增加而减小,这由于衬砌拱腰和边墙背后存在空洞时,拱腰和边墙则无法对衬砌结构提供足够的约束,所以结构自身承受更多的荷载,结构安全系数随空洞的宽度降低。

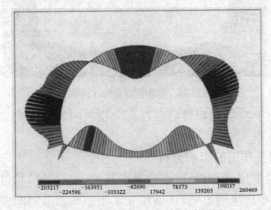

图 5-31　边墙存在空洞时衬砌弯矩图

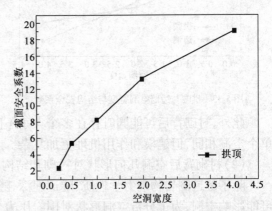

图 5-32　拱顶空洞宽度与结构安全系数关系

衬砌产生病害的原因不同,结构的配筋形式和力学性质也不尽相同,所以结构安全性验算方法也不尽相同。譬如衬砌背后存在空洞的结构,如衬砌结构本身未发生材料劣化或裂缝,则应按照原隧道衬砌设计断面强度验算方法验算结构的安全性;如果结构截面发生部分材料劣化或存在裂缝,则应该在素混凝土或钢筋混凝土截面强度验算方法的基础上考虑病害对结构安全性验算方法的影响。不同类型的病害结构安全性验算方法应根据具体病害特征和结构的力学机理确定。衬砌结构存在裂缝时,截面的安全性验算方法受到裂缝的影响,需要进行相应的修正。

（1）隧道衬砌背后空洞计算模型

衬砌背后空洞是常见的公路隧道病害，根据经验衬砌背后空洞几何形状多不规则，且形状复杂多样，衬砌背后空洞的三维几何特征可用长、宽、深三个几何尺度表示，且空洞一般深度相对较小，长度和宽度相对较大。考虑到实际空洞三维特征和几何形状对结构安全性影响的复杂性和建模要求，这里假设空洞沿纵向分布相同的空洞，即忽略空洞沿洞走向长度的影响，这里建立隧道空洞模型如图5-34所示。空洞三维特征和几何形状影响比较复杂，可针对具体工程进行具体分析，衬砌背后空洞深度与形成原因具有直接关系，施工引起的空洞主要是拱顶与拱腰的衬砌与围岩之间没有紧密贴合，围岩与衬砌间距离一般不大，所以可忽略空洞深度的影响；但运营过程中，地下水的溶解与冲蚀可能产生较深空洞。理论上讲两种空洞的承载机理存在一定不同，空洞形成过程中周围岩体的应力路径可能存在差异，并造成衬砌结构承载状态的不同。鉴于空洞深度一般深度不是太大，施作衬砌前围岩的已经充分变形并释放绝大部分荷载，为了简化问题，这里忽略应力路径影响，即忽略空洞成因的影响，在图5-34所示的计算程序的基础上继续挖去衬砌后围岩模拟空洞作用影响。

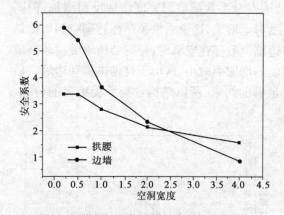

图5-33 拱腰与边墙空洞宽度与结构安全系数

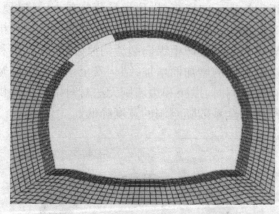

图5-34 衬砌背后空洞计算模型

此外，衬砌背后可能同时存在多个大小不同的空洞，衬砌背后存在多个空洞时计算方法与单个空洞相同，但建模和作用机理更加复杂。

（2）衬砌背后空洞几何形状对衬砌和结构相互作用的影响分析

除了隧道围岩物理力学性质、隧道埋深、隧道宽度、应力释放系数等参数外，空洞的形状也可能影响空洞，为了分析空洞形状对围岩压力分布规律的影响，这里建立了矩形和圆弧形两种几何形状的空洞模型，如图5-35所示，以分析不同几何形状空洞时衬砌和围岩接触压力的变化规律。

图5-36是衬砌结构背后无空洞时围岩和衬砌之间的接触压力，图5-37和图5-38分别是衬砌背后空洞为矩形和圆弧形时围岩与衬砌结构之间压力分布图，图5-39是按照图5-40所示的单元编号方式的衬砌围岩压力对比图。

根据计算结果可知，与衬砌背后不存在空洞时围岩接触压力分布规律相比，存在矩形空洞和弧形空洞时衬砌围岩接触压力的分布规律发生重新分布，且当空洞几何形状不同围岩压力分布规律有所变化，但是两种形状空洞围岩压力分布规律的大小和分布规律非常类似，且两种形状空洞计算结果围岩压力最大值的相对误差小于2%，即空洞形状对衬砌围岩压力大小、分布规律的影响较小，即计算模型可以忽略空洞形状的影响。

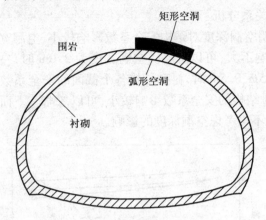

图 5-35　矩形空洞和圆弧形空洞示意图

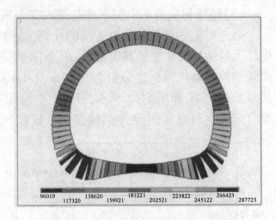

图 5-36　无空洞时围岩与衬砌接触压力分布图

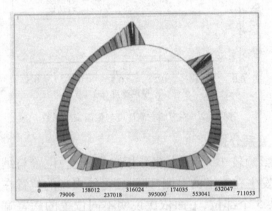

图 5-37　衬砌矩形空洞衬砌围岩压力分

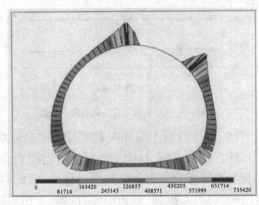

图 5-38　圆形空洞衬砌围岩压力分布图

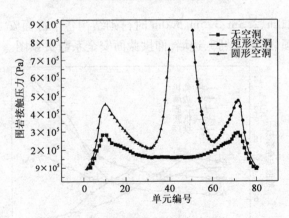

图 5-39　衬砌接触压力分布对比图

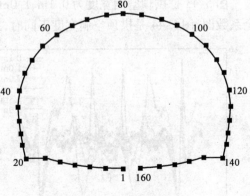

图 5-40　衬砌结构节点编号

结合工程中空洞的实际特征，这里将空洞环向宽度分为 0.15m、0.3m、0.5m、1.0m、1.5m、2.0m、2.5m、3.0m、3.5m、4.0m、5.0m 共 11 个等级，空洞深度分为 0.05m、0.10m、0.25m、0.50m 共 4 个等级，空洞位置分为拱顶、拱腰、拱脚、边墙、边墙脚共 5 个区域，将该三个参数进行排列组合可知,共计算220个工况。通过对上述220个工况的进行计算和对比分析,可以研究病害参数对衬砌结构安全性的影响规律。

(3)隧道衬砌背后空洞深度与结构安全系数关系分析

通过对上述简化的模型工况的计算,结果表明空洞深度对结构安全系数影响较小,空洞宽度较大时结构安全系数略有降低,但总体来讲影响不大,可以忽略。空洞宽度为2.0m时,左拱腰与左边墙空洞深度分别为0.05m、0.1m、0.25m、0.5m时,衬砌结构各个截面的安全系数关系如图5-41和图5-42所示,可看出空洞深度对结构的安全系数影响较小,可以忽略。下面综合分析空洞宽度、位置对结构安全系数影响时,不再考虑空洞深度的影响。

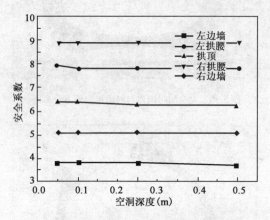

图5-41　左拱腰空洞深度与截面安全系数　　　图5-42　左边墙空洞深度与截面安全系数

(4)衬砌背后空洞环向宽度与结构安全系数关系分析

计算结果表明,衬砌空洞深度对结构安全性影响较小,下面主要分析空洞宽度、位置与结构安全性的影响。根据结构的对称性,假设空洞发生在隧道的左侧,即衬砌可能出现的位置在隧道的拱顶、左拱腰、左边墙、左拱脚、左边墙脚共5个部位,下面依次说明不同位置的病害宽度与结构安全系数的计算结果。

图5-43是拱顶空洞宽度为0.1m、1.0m、2.0m、2.5m、3.5m、5.0m时衬砌结构各个截面安全系数图,图5-44是拱顶空洞宽度不同时,拱顶、拱腰、拱脚、边墙、仰拱截面安全系数关系图。

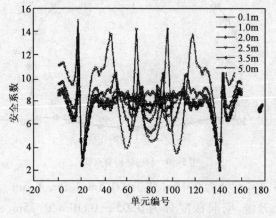
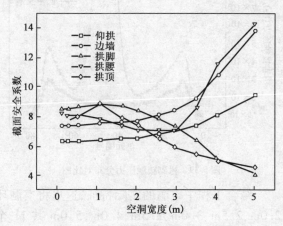

图5-43　拱顶空洞与各个截面安全系数　　　图5-44　拱顶空洞宽度与截面安全系数

由图 5-43 可以看出,拱顶区域产生空洞时,拱顶和拱腰下半部分至拱脚区域安全系数发生不同程度下降,而仰拱、边墙、拱腰上边部分等区域安全系数有所增加;由图 5-44 可知,空洞宽度增加到 5m 时,拱顶处安全系数从 7.8 降到 4.8,拱腰下半部分区域安全系数从 7.4 降低到 2.6。总体来看,拱顶产生空洞时,拱脚、拱顶和拱腰中下部分的安全系数降低程度较大,可能威胁到衬砌结构的安全,且对拱腰的危害比对拱顶更为严重,其余部位影响相对较小。总的来看,拱顶发生病害对拱腰的危害性最大。

图 5-45 是拱腰空洞宽度为 0.1m、1.0m、2.0m、2.5m、3.5m、5.0m 时衬砌各个截面安全系数变化规律图,图 5-46 是拱腰空洞宽度不同时,拱顶、拱腰、拱脚、边墙、仰拱截面安全系数关系变化图。由图 5-49 可知,随着拱腰处空洞宽度增加与该截面衬砌结构安全系数逐渐减小,左拱腰区域产生空洞时,左边墙上部、左拱脚、左拱腰中上部、拱顶以及右侧拱腰中上部区域的安全系数将减小,且拱顶右侧的安全系数降低幅度最大;由图 5-46 可知,无空洞时拱腰截面安全系数为 8.5,空洞为 4m 时截面的安全系数降为 3.9,拱顶右侧区域安全系数则从 8.0 降低到 2.9,降低幅度最大;而仰拱、左边墙、左拱腰中下部、拱顶左侧、右拱腰中下部、右边墙等区域结构的安全系数有所增加。总体来看,左拱腰产生空洞时对拱顶右侧的安全性危害最大。此外对比图 5-43 与图 5-45 可以看出,随着空洞位置向左下侧移动,受到影响截面位置也逐渐向左下侧移动,且安全系数降低的程度较拱顶更为严重。

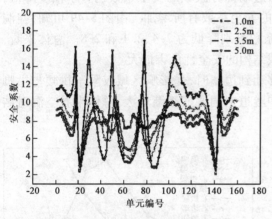
图 5-45 拱腰空洞与不同截面安全系数

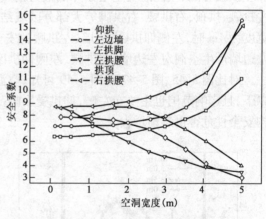
图 5-46 拱腰空洞宽度与截面安全系数

图 5-47 是左拱脚空洞宽度与衬砌结构各截面安全系数关系图,图 5-48 是左拱脚产生不同宽度空洞时衬砌各截面安全系数图。由图 5-47 可以看出,左拱腰产生空洞时,只有左侧仰拱、拱脚、拱腰等少数区域结构的安全系数有所降低,左拱脚区域截面的安全系数随空洞宽度变化反应最为敏感,截面安全系数随着空洞宽度的增加而明显降低;随着左拱脚宽度的增大,衬砌右侧结构的安全系数都明显增加,结构的安全性也有所增加。由图 5-46 可知,空洞宽度增加到 4m 时,左侧仰拱和左拱腰的安全系数分别降低到 4.7 和 4.0,左边墙与左拱脚之间区域截面的安全系数降为 2.6。总体来看,左拱脚衬砌背后产生空洞对而左边墙和左拱脚之间区域衬砌结构的安全性危害最大。此外,对比图 5-43、图 5-45 和图 5-47 可以看出,空洞位置移到拱脚后,拱顶与右侧衬砌安全系数都没有降低,而左侧仰拱的安全系数有所降低,即受影响区域和位置进一步向左侧移动,病害的危害程度逐渐增大。

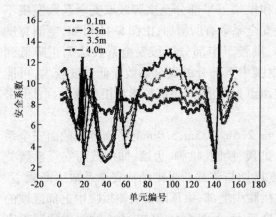

图 5-47 拱脚空洞宽度与各个截面安全系数

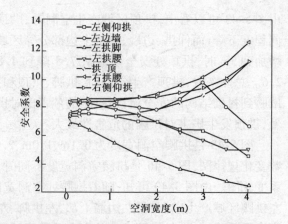

图 5-48 拱脚空洞宽度与不同截面安全系数

图 5-49 是左边墙产生空洞时衬砌结构各截面安全系数关系图，图 5-50 是左边墙存在时空洞宽度与拱顶、左右拱腰、左右边墙以及仰拱左右侧截面安全系数变化关系图。由图 5-49 可以看出，随着空洞宽度增加，边墙截面衬砌结构安全系数逐渐减小，截面的安全系数变化规律与拱脚截面极为类似，仰拱、左右边墙、左拱脚等区域结构的安全系数有所降低，其中左边墙和左拱腰、仰拱左侧的安全系数降低最为剧烈；右边墙部分区域的安全系数也有小幅度降低，左拱腰、拱顶、右拱腰、右拱脚等大部分区域结构的安全系数有所增加。由图 5-49 可知，空洞宽度为 4m 时，左侧仰拱、左边墙、左拱腰的安全系数分别降低为 2.4、2.4 和 2.8。总体来看，左边墙产生空洞对左边墙、左拱腰、左侧仰拱区域结构的安全性危害最大。

对比图 5-45、图 5-47 和图 5-49 可知，空洞移动到边墙时，受影响区域仅限于拱腰与拱脚以下，且影响范围也主要在左侧，仰拱受影响范围隧道空洞宽度逐渐增大，总体来看空洞对结构安全性危害也逐渐增大。

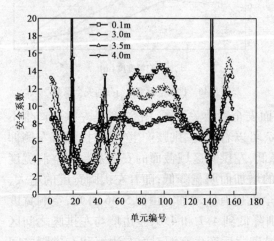

图 5-49 边墙空洞与各个截面安全系数

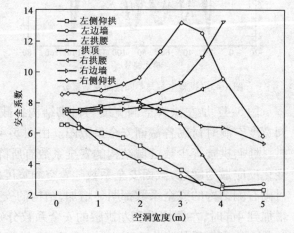

图 5-50 边墙空洞宽度与不同截面安全系数

图 5-51 是左边墙墙脚空洞宽度与衬砌结构各截面安全系数关系图，图 5-52 是左边墙墙脚空洞宽度与各个衬砌截面安全系数关系图。对比图 5-49 和图 5-51 可以看出，左边墙墙角与左边墙空洞宽度对边墙、拱腰、拱顶的影响基本一致，仅受影响截面的位置稍微发生移动。

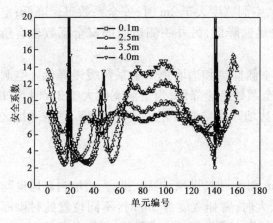
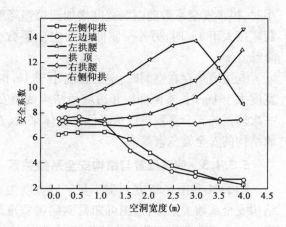

图 5-51　边墙脚空洞与各截面安全系数　　　图 5-52　边墙脚空洞宽度与截面安全系数

图 5-53 是拱顶、拱腰、拱脚、边墙和边墙脚产生空洞时病害宽度与该截面安全系数关系图,可以看出各个截面的安全系数普遍表现出随空洞的增加而降低的趋势,但病害位置还是对截面安全系数变化规律产生了一定的影响。拱顶产生病害时,截面安全系数先随空洞宽度增加而增加,空洞宽度达到 1m 时,截面安全系数随空洞宽度增加而降低;边墙脚产生病害时,截面安全系数先随空洞宽度增加而降低,空洞宽度达到 2m 时,截面安全系数随空洞宽度增加而增加。总体来看,除了拱顶和边墙脚,不同截面产生衬砌背后空洞时,截面安全系数随空洞宽度增加而降低的速率基本相同,即空洞宽度增加对各个截面安全系数降低的程度基本相同,背后空洞截面的安全系数与初始截面安全系数也有较大关系。

综合计算结果,可以得出隧道衬砌背后空洞对衬砌结构安全系数的影响规律:

(1)空洞深度小于 0.5m 时,可看出空洞深度对结构的安全系数影响较小。

(2)空洞宽度和截面安全系数关系与空洞发生位置相关。

①拱顶存在空洞时,空洞宽度小于 2m 时结构的安全系数影响较小;空洞宽度大于 2m 时,拱顶和拱腰结构的安全系数迅速降低,其余位置出现空洞安全系数增加。总体来看,拱顶发生病害对拱腰的危害性最大。

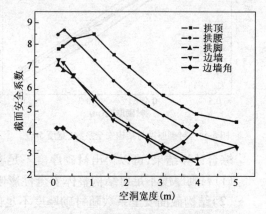

图 5-53　空洞宽度与截面安全系数关系图

②拱腰存在空洞时,拱顶和本侧拱腰的安全系数随空洞的宽度迅速降低。拱腰空洞宽度小于 2m 时,拱顶和拱脚安全系数变化较小;空洞宽度大于 2m 时,拱顶和拱脚安全系数迅速降低。总的来看,拱腰产生空洞对拱顶和边墙危害最大。

③拱脚存在空洞时,拱脚的安全系数随空洞宽度增加而降低,而本侧仰拱和拱腰的安全系数也随空洞宽度缓慢降低,当空洞宽度大于 3m 时,本侧边墙安全系数也迅速降低。总的来看,拱脚发生病害对拱腰和边墙危害最大。

④边墙存在空洞时,边墙和本侧仰拱安全系数随空洞宽度增加而迅速降低。空洞宽度较

小时,拱腰安全系数随空洞宽度增加而缓慢降低,空洞宽度大于2m时,安全系数迅速降低;空洞宽度大于3m时,另外一侧仰拱的安全系数也迅速降低,另外一侧边墙的安全系数也有所降低。

⑤边墙角存在空洞时,空洞宽度小于1m时本侧仰拱和边墙角安全系数缓慢降低。空洞宽度大于1m时,本侧仰拱和边墙角结构截面安全系数迅速降低;当空洞宽度大于3m时另外一次仰拱的安全系数也迅速降低。总体来看,左边墙产生空洞对左边墙、左拱腰、左侧仰拱区域结构的安全性危害最大。

5.3.4.3 病害位置与结构安全系数关系

图 5-54 和图 5-55 是衬砌不足区域宽度为 1m 和 5m 时,拱顶、拱腰、拱脚、边墙衬砌厚度与结构安全系数关系图,由图可知衬砌病害宽度较大时,譬如宽度为 5m 时,不同位置的衬砌厚度—安全系数曲线变化规律并不相同,其中边墙的安全系数降低速度最快,拱腰的降低速度次之,拱顶和拱脚的降低速度较慢;而病害宽度区域较小时譬如宽度为 1m 时,拱腰的衬砌厚度—安全系数曲线的降低速度最快,拱顶、拱脚和边墙的降低速度则较慢。对比图 5-54 和图 5-55可知,衬砌厚度—安全系数关系不仅与病害区域宽度有关,还与病害位置有关,具体规律和原因尚需进一步研究。

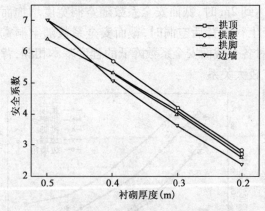

图 5-54　衬砌厚度与结构安全系数(宽度 5m)　　　图 5-55　衬砌厚度与结构安全系数(宽度 1m)

综合计算结果,可以得出衬砌厚度不足参数对结构截面安全系数影响:

(1)衬砌厚度不足对结构整体安全性影响较小,仅发生病害局部截面安全系数有所降低。

(2)结构截面安全系数随衬砌厚度不足区域宽度增加而稍微增加。衬砌结构厚度不足的宽度区域较小时,则结构整体刚度和荷载分布基本不变,发生病害截面的安全系数降低较大;结构厚度不足的宽度区域较大时,衬砌整体刚度降低,结构产生较大变形,部分围岩压力由围岩分担,发生病害截面的安全系数降低程度反而较小。

(3)除了衬砌厚度和病害区域宽度,不同位置发生相同程度病害时,结构的安全系数降低的程度比较接近。

5.3.4.4 隧道衬砌材料劣化验算

(1)混凝土材料劣化研究

混凝土材料劣化的特征、成因在前面章节已有比较详细的论述,从力学角度来看,一般采用混凝土损伤力学理论来研究混凝土材料劣化。损伤力学理论最早是1958年Kachanov用于研究金属蠕变破裂时间而提出来的,并认为材料的损伤状态可以利用连续性变量表示,早期主要应用于金属材料的研究,后来也应用于混凝土的断裂分析与研究。从模型研究的尺度来看,损伤力学主要包括宏观唯象损伤力学和微细观损伤力学;从研究方法来看研究一般分为确定性研究方法和随机损伤研究方法。到80年代后损伤理论在混凝土中也发展了较多的损伤模型,较为典型的研究结果有Papa模型、Marzars模型等宏观连续介质损伤力学模型,Carol模型、Swoboda模型等细观损伤力学模型,而在随机损伤力学模型范畴内,则存在Carmerliet&Hens模型、Woo&Li模型等宏观随机损伤力学模型,Krajcinovic模型、Breysse模型等随机细观损伤力学模型。利用损伤力学分析结构承载与损伤时首先应选择合适的损伤变量,并建立损伤演化方程以及考虑损伤本构关系,然后根据初始条件和边界条件来求解材料的各点应力、应变和损伤值。值得注意的是目前多数损伤演化方程是与材料的变形、应变、应力等力学量紧密关联的,即损伤是由受力引发并演化的,而衬砌结构混凝土材料赋存在围岩中,可能会受到荷载、温度、地下水腐蚀与冲刷、火灾、冻融和干湿交替作用等不利环境因素共同作用,不同因素引发的混凝土材料的劣化模式和劣化程度也各不相同,混凝土劣化成因多种多样,损伤程度与荷载、变形缺乏一一对应的关系,难以找出统一的方法描述混凝土损伤演化模式、损伤程度的方法,所以难以将损伤力学应用于隧道病害结构计算模型。

实际隧道病害检测时混凝土材质检查一般采用回弹法、声波法或超声回弹方法等无损检测方法,测定混凝土抗压强度、波速,混凝土的弹性模量、抗拉强度的测量需要对隧道钻孔取芯,然后对取芯试样进行常规力学试验获得。

但隧道检测时由于条件所限,有时难以测得混凝土弹性模量和混凝土强度,需要利用经验公式计算获得。传统理论认为正常混凝土材料的强度越大,弹性模量也就越高,根据经验混凝土弹性模量和抗压强度近似成比例关系,且服从经验公式:

$$E = \frac{10^6}{2.2 + \frac{330}{f_c}} \tag{5-63}$$

或服从:

$$E = \frac{10^6}{2.3 + \frac{275}{f_c}} \tag{5-64}$$

对于高强混凝土:

$$E = 10^3 f_c^{1/3} \tag{5-65}$$

式中:f_c——为抗压强度;

E——混凝土弹性模量。

如无混凝土弹性模量数据,也可根据经验利用接触法等无损检测方法检测衬砌混凝土的弹性模量,并利用上述经验公式计算获得混凝土强度。值得指出的是,上述经验公式是利用正常混凝土获得的经验公式,发生材料劣化的混凝土经验公式需要进一步研究。

综合上述分析可知,隧道混凝土材料劣化多种多样、成因各异,研究时应具体问题具体分析，具体检测混凝土材料劣化原因、程度以及相应的材料力学参数需要根据现场检测和室内试验分析确定。无法直接获取的材料参数可利用声波、接触等方法间接获取，也可利用经验公式近似得到。

（2）衬砌结构材料劣化结构计算模型

隧道养护规范对衬砌材质劣化等破损的检查，主要从结构物的功能和行车安全性的角度进行基本判定，因此以衬砌混凝土的强度要求和混凝土剥落的有无作为判定因素。钢筋混凝土结构物的劣化还应从钢材腐蚀的角度进行附加判定。隧道养护规范对衬砌断面强度的变化以有效衬砌厚度和设计衬砌厚度之比来表示。所谓有效厚度，是指混凝土强度不小于设计标准强度的衬砌厚度，当不了解设计标准强度时，可取 150kgf/c 时为标准。例如设计衬砌厚度为 60cm，实际衬砌厚度为 60cm，其中低于设计标准强度的部分厚度为 20cm，有效厚度就为 40cm，则衬砌劣化程度就是 40/60，尚有 2/3 以上部分是符合设计要求的。实际衬砌有效厚度必须确保 30cm，如小于 30cm 即可考虑判定为 1A/2A 分类，然后再考虑其他有关因素综合判定。

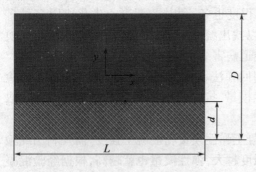

图 5-56　混凝土材料劣化模型简化图

衬砌结构在周围环境因素的作用下，混凝土的劣化模式是不尽相同的，龄期相对较短的混凝土一般仅混凝土表层区域发生材料劣化，此时衬砌结构可简化为如图 5-56 所示的病害示意图，实际衬砌厚度为 D，混凝土弹性模量和泊松比分别为 E、v，发生材料劣化混凝土厚度为 d，混凝土弹性模量和泊松比分别为 E'、v'，龄期较长的混凝土受到不利因素作用时间较长，则可能全部混凝土发生材料劣化，即厚度 D 的范围内所有混凝土都产生了材料劣化。

衬砌表面局部发生劣化时，如图 5-56 所示，假设发生劣化混凝土区域厚度为 d，按照复合材料力学的方法，假设两层材料交界面无相对的滑移，按照轴向拉伸刚度等效原理，则存在：

$$EA' = E'd + E(D - d) \tag{5-66}$$

即：

$$A' = \frac{E'}{E}d + (D - d) \tag{5-67}$$

根据抗弯模量等效以及抗弯模量的平行移轴定理可得：

$$EI' = E_t\left[I_1 + \frac{(D-d)^2}{4}\right] + E\left(I_2 + \frac{d^2}{4}\right) \tag{5-68}$$

即：

$$I' = \frac{E_1}{E}\left[I_1 + \frac{(D-d)^2}{4}\right] + \left(I_2 + \frac{d^2}{4}\right) \tag{5-69}$$

同样可以利用等效方法计算得等效剪切面积：

$$GA'_s = G_1 d_1 + G(D-d) \tag{5-70}$$

即：

$$A'_s = \frac{G_1}{G}d + (D-d) \tag{5-71}$$

由弹性力学中弹性模量与剪切模量关系可知：

$$G = \frac{E}{2(1+\mu)} \tag{5-72}$$

$$G_1 = \frac{E_1}{2(1+\mu_1)} \tag{5-73}$$

得到等效剪切面积：

$$A'_s = \frac{E_1(1+\mu)}{E(1+\mu_1)}d + (D-d) \tag{5-74}$$

如果忽略材料劣化时泊松比的影响，等效剪切面积为：

$$A'_s = \frac{E_1}{E}d + (D-d) \tag{5-75}$$

可以看出忽略材料劣化对泊松比影响，等效剪切面积与等效拉伸面积相同。龄期较长的混凝土材料或条件所限无法检测混凝土内部弹模，可假设不同深度混凝土劣化均匀，则可直接按照隧道病害检测到的混凝土弹模作为计算模型参数。综合上述分析可知，衬砌结构表层混凝土发生材料劣化可按照等效厚度的方法对结构的参数进行折减，具体方法为将式(5-66)代入式(5-75)进行计算；衬砌混凝土全部材料发生劣化，直接利用检测混凝土强度计算即可。这里衬砌材料劣化结构模型是基于弹性等效的基础上建立的。

5.4 综合评判方法

评价指标是隧道安全性评价递阶分析系统的基础，要对隧道安全性做出评价，首先必须对所拟定的安全性评估指标特性的"优"、"劣"状况做出评价。评价指标特性的"优"、"劣"的概念较为模糊抽象，实际难以操作。因此，需要对评价指标特性的"优"、"劣"做出能进行定量描述的处理，也就是需要将评价指标特性划分为若干个可度量的安全等级，并对每个等级加以说明，即构造一个评价指标及安全等级的集合，然后对集合中的每个元素加以定义。对评价指标特性和最终评价目标的安全等级数量划分目前尚未形成公认准则。评价指标特性和最终评价目标安全性等级数量划分的多少，是涉及相应规范、已有方法、实践经验及人类心理活动等多方面因素的问题。若等级数量划分得过少，将不利于隧道安全性态状况真实合理的反映；若等级数量划分得过多，又会加大确定等级间界限的难度和加大计算工作量。

5.4.1 层次分析法综合评判

5.4.1.1 层次分析法简介

层次分析法(Analytic Hierarchy Process，简称 AHP)是美国运筹学家 Saaty 教授于 20 世纪

80年代提出的一种实用的多方案或多目标的决策方法。其主要特征是,合理地将定性与定量的决策结合起来,按照思维、心理的规律把决策过程层次化、数量化。

层次分析法应用步骤大致如下:

(1)建立层次结构模型。在深入分析实际问题的基础上,将有关的各个因素按照不同属性自上而下地分解成若干层次,同一层的诸因素从属于上一层的因素或对上层因素有影响,同时又支配下一层的因素或受到下层因素的作用。最上层为目标层,最下层为方案或对象层,中间可以有一个或几个层次,通常为准则或指标层。

(2)构造成对比较矩阵。从层次结构模型的第2层开始,对于从属于(或影响)上一层每个因素的同一层诸因素,用两两比较法和1~9比较尺度构造成对比较矩阵,直到最下层。

(3)计算权向量并做一致性检验。对于每一个成对比较矩阵计算最大特征根及对应特征向量做一致性检验。若检验通过,特征向量(归一化后)即为权向量;若不通过,需重新构造成对比较矩阵。

(4)计算组合权向量并做组合一致性检验。计算最下层对目标的组合权向量,并根据公式做组合一致性检验,若检验通过,则可按照组合权向量表示的结果进行决策,否则需要重新考虑模型或重新构造一致性比率较大的成对比较矩阵。

层次分析法(AHP)适用于比质比价的评价过程,这是由其基本特点决定的:AHP方法可以合理地确定评价指标体系中的权重体系,避免通常方法确定权重的不合理性;AHP方法在对评选结果进行分析处理时,可以对评价人员的评判结果的逻辑性、合理性进行辨别和筛选,从而保持原始评判的准确性;AHP方法通过计算机编程计算,可以提高评判过程的效率,保证评判精度的提高,减少人为主观因素的干扰。

评价的主要步骤大体上可分为四步:第一步,确定评价指标体系;第二步,确定评价项目的权重;第三步,单项评价;第四步,加权综合评分。

5.4.1.2 确定隧道健康状态指标体系

(1)确定评价指标项目的原则

确定评价指标项目时要考虑以下四个方面的原则:一是可比性原则,即不同的评价对象对某一评价指标而言是可比的;二是系统性原则,即评价内容要尽可能完整,不能遗漏或忽略;三是可测性原则,即按照评价指标所规定的内容,可以通过直接测量或给予基本符合实际的估计;四是相对独立性原则,即每一指标既有独立存在的价值,又有独立的内容。

(2)设置健康状态评价指标项目应该考虑的因素

影响运营隧道健康状态的因素众多,根据科学性、简洁性、独立性、层次性和可操作性等原则,综合考虑相关的规范规定,从运营隧道健康诊断研究的需要出发,将隧道病害分为衬砌裂缝、衬砌位移或变形、厚度不足、强度不足、背后空洞、钢筋锈蚀、道床病害、有害气体、照明不足等内容,建立运营隧道健康状态综合评判指标体系(表5-17)。

目标层为运营隧道健康状态 A;准则层因素集 $A = (A_1, A_2, A_3, A_4, A_5, A_6, A_7, A_8, A_9)$,其中 A_i 为准则层第 i 个子因素集;指标层因素集 $A_i = (A_{i1}, A_{i2}, L, A_{in})$,$i = 1, 2, \cdots, L \cdots, 9$,其中 A_{in} 为准则层第 i 个子因素集中的第 n 个因素。

运营隧道健康状态综合评判指标体系　　　　表 5-17

目标层	准则层	指标层	目标层	准则层	指标层
运营隧道健康状态 A	衬砌裂缝 A_1	裂缝长度 A_{11}	运营隧道健康状态 A	钢筋锈蚀 A_6	钢筋力学性质蜕变 A_{61}
		裂缝宽度 A_{12}			锈蚀截面减少量 A_{62}
		裂缝状态 A_{13}		道床病害 A_7	整体道床破损 A_{71}
	衬砌位移或变形 A_2	变形速度 A_{21}			仰拱或底板裂损 A_{72}
		净空不足 A_{22}			基底翻浆冒泥 A_{73}
	厚度不足 A_3	区域 A_{31}		有害气体 A_8	粉尘浓度与设计比 A_{81}
		与设计比 A_{32}			烟雾浓度与设计比 A_{82}
	强度不足 A_4	区域 A_{41}		照明不足 A_9	照度与设计比 A_{91}
		与设计比 A_{42}			光强与设计比 A_{92}
	背后空洞 A_5	空洞长度 A_{51}			
		空洞深度 A_{52}			

5.4.1.3　确定评价指标的权重

由于各个评判因素在运营隧道健康状态综合评判中的重要程度不同,要对运营隧道健康状态进行综合评判,需要确定各层次中的评判因素的权重。

(1)权重的确定原则

隧道衬砌状态评估的原则是:量化标准,单因评判,大值优先,总体评价。

①量化标准。

通过分析厚度及接触条件两因素变化对于隧道衬砌状态的影响规律,并结合有关技术规范、规程,以厚度变化、接触条件变化对于衬砌状态影响程度的大小为衡量尺度来建立定量化的评判标准。

②单因评判。

对于影响衬砌状态的每个因素,均进行单因素的逐个分析,确定其影响权重。

③大值优先。

大值优先中的这个大值也可理解为一个阈因子。即首先找出各个影响因素中的极大值,并将之与权重进行比较,则可据此直接确定隧道衬砌的状态。

④总体评价。

在通过大值检测后,若未超过定义的阈因子,则可综合分析各个影响因素,并依据定量标准及权重确定从而实现对于隧道衬砌状态的综合评定。

(2)各评判因素权重确定方法

首先,由评价人员对某评价指标的重要性进行两两比较,得到比较判断矩阵 A:

$$a_{ij} = \begin{Bmatrix} a_{11} & a_{12} & a_{13} & a_{14} \\ a_{21} & a_{22} & a_{23} & a_{24} \\ a_{31} & a_{32} & a_{33} & a_{34} \\ a_{41} & a_{42} & a_{43} & a_{44} \end{Bmatrix} \tag{5-76}$$

矩阵中 a_{ij} 数值根据表 5-18 对应关系确定。

a_{ij} 数值含义　　　　　　　　　　　　　　　　　表 5-18

标　度	含　义
1	表示两个因素相比,具有相同重要性
3	表示两个因素相比,前者比后者稍重要
5	表示两个因素相比,前者比后者明显重要
7	表示两个因素相比,前者比后者强烈重要
9	表示两个因素相比,前者比后者极端重要
2,4,6,8	表示上述相邻判断的中间值
倒数	若因素 i 与因素 j 的重要性之比为 a_{ij},那么因素 j 与因素 i 重要性之比为 $a_{ji}=1/a_{ij}$

然后,计算判断矩阵特征根 λ,并进行一致性检验,步骤如下：
① 计算一致性指标 CI

$$CI = \frac{\lambda_{\max} - n}{n - 1} \tag{5-77}$$

② 查找相应的平均随机一致性指标 RI。对 $n=1\sim9$,Saaty 给出了 RI 的值,见表 5-19。

一致性指标 RI　　　　　　　　　　　　　　　　　表 5-19

n	1	2	3	4	5	6	7	8	9
RI	0	0	0.58	0.90	1.12	1.24	1.32	1.41	1.45

③ 计算一致性比例 CR

$$CR = \frac{CI}{RI} \tag{5-78}$$

当 $CR \leq 0.10$ 时,认为判断矩阵的一致性是可以接受的,可以进行下一步的权重计算,否则应对判断矩阵作适当修正。

判断矩阵 A 的权重计算方法有两种,即几何平均法(根法)和规范列平均法(和法)。

a. 几何平均法(根法)：计算判断矩阵 A 各行乘积;计算乘积的 n 次方根;对向量进行归一化处理;该向量即为所求权重向量。

b. 规范列平均法(和法)：计算判断矩阵 A 各行各个元素的和;将 A 的各行元素的和进行归一化;该向量即为所求权重向量。

权重计算过程见表 5-20。

权重计算过程　　　　　　　　　　　　　　　　　表 5-20

A	A_1	A_2	A_3	A_1	根法			和法	
					乘积 x_1	求 n 次方 y_1	归一化 w_1	求和 y_1	归一化 w_1
A_1	1	a_{12}	a_{13}	a_{11}	$a_{12}+a_{13}+a_{11}$	$\sqrt[4]{x_1}$	y_1/S_1	$a_{12}+a_{13}+a_{11}+1$	y_1/S_2
A_2	a_{21}	1	a_{23}	a_{21}	$a_{21}+a_{23}+a_{21}$	$\sqrt[4]{x_2}$	y_2/S_1	$a_{21}+a_{23}+a_{21}+1$	y_2/S_2
A_3	a_{31}	a_{32}	1	a_{31}	$a_{31}+a_{32}+a_{31}$	$\sqrt[4]{x_3}$	y_3/S_1	$a_{31}+a_{32}+a_{31}+1$	y_3/S_2
A_1	a_{11}	a_{12}	a_{13}	1	$a_{11}+a_{12}+a_{13}$	$\sqrt[4]{x_1}$	y_1/S_1	$a_{11}+a_{12}+a_{13}+1$	y_1/S_2
求和							$S_1=\sum_{j=1}^{4}y_j$		$S_2=\sum_{j=1}^{4}y_j$

对 M 个评价人员权重矩阵取平均,得到最终的权重矩阵 $W(w_1,w_2,w_3,w_4)$,即得到权重体系(表 5-21)。

权 重 体 系 表 5-21

评价人员	评 价 指 标								
	衬砌裂缝	衬砌位移或变形	厚度不足	强度不足	背后空洞	钢筋锈蚀	道床病害	有害气体	照明不足
E_1	w_{11}	w_{12}	w_{13}	w_{14}	…	…	…	…	…
E_2	w_{21}	w_{22}	w_{23}	w_{24}	…	…	…	…	…
…	…	…	…	…	…	…	…	…	…
E_M	w_{M1}	w_{M2}	w_{M3}	w_{M4}	…	…	…	…	…
均值	w_1	w_2	w_3	w_4	…	…	…	…	…

其中:

$$w_j = \frac{\sum_{k=1}^{M} w_{kj}}{M} \quad (j = 1,2,3,4) \tag{5-79}$$

另外,如果涉及两个层次以上的评价指标体系,为了获得层次目标中每一指标或测评对象对于总目标的相对权重(即相对重要程度),必须进行各层次的综合计算,设对某一评价对象的某一评价指标而言,各层次评价的相对权重为 $W_i, W_{ij}, W_{ijk}, W_{ijkl}$,则该评价指标的相对权重为:

$$w(i) = W_i W_{ij} W_{ijk} W_{ijkl} \tag{5-80}$$

如某评价指标权重过小,则可以考虑将该指标项目取消。

5.4.1.4 单项评价

目前对于隧道病害的评定指标包括定量指标和定性指标,各评判指标的评判标准参考我国铁路隧道和公路隧道中的有关规定。

(1)定量指标的评价

定量指标可以分为三类,越大越优型、越小越优型和越中越优型(表 5-22)。

定量指标评价矩阵 表 5-22

某运营隧道	定 量 指 标			
	A_1	A_2	…	A_i
C_1	x_{11}	x_{12}	…	x_{1i}
C_2	x_{21}	x_{22}	…	x_{2i}
…	…	…	…	…
C_k	x_{k1}	x_{k2}	…	x_{ki}

假设定量指标值 x_{ij} 均为非负值,为确定单个指标的评价矩阵,消除各评价指标的量纲效应,需对指标值 x_{ij} 进行标准化处理。为了尽可能保持各评价指标值的变化信息,对越大越优型指标的标准化处理公式取为:

$$u_{ij} = x_{ij}/[\max(x_{ij}) + \min(x_{ij})] \tag{5-81}$$

对越小越优型指标的标准化处理公式取为：

$$u_{ij} = [\max(x_{ij}) + \min(x_{ij}) - x_{ij}]/[\max(x_{ij}) + \min(x_{ij})] \tag{5-82}$$

对越中越优型指标的标准化处理公式取为：

$$u_{ij} = x_{ij}/[\max(x_{ij}) + \min(x_{ij})] \quad \min(x_{ij}) \leq x_{ij} < \mathrm{mid}(x_{ij}) \tag{5-83}$$

$$u_{ij} = [\max(x_{ij}) + \min(x_{ij}) - x_{ij}]/[\max(x_{ij}) + \min(x_{ij})] \quad \mathrm{mid}(x_{ij}) \leq x_{ij} < \max(x_{ij})$$
$$\tag{5-84}$$

式中：$\max(x_{ij})$、$\min(x_{ij})$、$\mathrm{mid}(x_{ij})$ 分别为对于第 j 个指标隧道健康状态 C_1 到 C_k 的最大值、最小值和中间最适值；u_{ij} 为标准化后的评价指标值。

标准化定量指标值经过归一化后，得到矩阵 U（表 5-23）。

矩 阵 U 表 5-23

某运营隧道	定量指标			
	A_1	A_2	…	A_i
C_1	u_{11}	u_{12}	…	u_{1i}
C_2	u_{21}	u_{22}	…	u_{2i}
…	…	…	…	…
C_k	u_{k1}	u_{k2}	…	u_{ki}

（2）定性指标的评价

定性指标评价步骤与"（二）确定权重体系"基本相同，如评价人员 E_j 对某运营隧道的因素两两对比，得到比较矩阵（表 5-24）。

比 较 矩 阵 A   表 5-24

A	A_1	A_2	…	A_k
A_1	1	a_{12}	…	a_{14}
A_2	a_{21}	1	…	a_{24}
…	…	…	…	…
A_k	a_{k1}	a_{k2}	…	1

经过计算得到该评价人员对 i 个隧道健康状态评价因素的评价结果，同样，评价人员依次对各项定性指标两两比较隧道健康状态，得到比较矩阵并计算得到评价结果矩阵 V_j（表 5-25）。

评价结果矩阵 V_j 表 5-25

评价人员 E_j	定性指标			
某运营隧道	A_1	A_2	…	A_i
C_1	v_{j11}	v_{j12}	…	v_{j1i}
C_2	v_{j21}	v_{j22}	…	v_{j2i}
…	…	…	…	…
C_k	v_{jk1}	v_{jk2}	…	v_{jki}

同样,得到其余评价人员定性指标评价结果矩阵 $V_1 \sim V_M$。对 M 个评价人员评价结果取平均,则得到最终评价结果矩阵 V(表 5-26)。

最终评价结果矩阵 V 表 5-26

某运营隧道	定 性 指 标			
	A_1	A_2	…	A_i
C_1	v_{11}	v_{12}	…	v_{1i}
C_2	v_{21}	v_{22}	…	v_{2i}
…	…	…	…	…
C_k	v_{k1}	v_{k2}	…	v_{ki}

其中:

$$v_{m1} = \frac{\sum_{k=1}^{M} v_{km1}}{M} \quad (5-85)$$

5.4.1.5 加权综合评价

经过前面的计算,得到最终评价结果 $Z = (U, V)$,经过加权计算得到 $P = Z \times W$,即得到最终评价结果 $P = (p_1, p_2, \cdots, p_m)$ 作为健康状态的参考(表 5-27)。

最终评价结果 P   表 5-27

某运营隧道	衬砌裂缝	衬砌位移或变形	厚度不足	强度不足	背后空洞	钢筋锈蚀	道床病害	有害气体	照明不足	加权平均
	w_1	w_2	w_3	w_4	…	…	…	…	…	
C_1	z_{11}	z_{12}	z_{13}	z_{14}	…	…	…	…	…	p_1
C_2	z_{21}	z_{22}	z_{23}	z_{24}	…	…	…	…	…	p_2
…	…	…	…	…	…	…	…	…	…	…
C_k	z_{k1}	z_{k2}	z_{k3}	z_{k4}	…	…	…	…	…	p_k

其中 $p_j = \sum_{i=1}^{4} z_{ij} \times w_i$,$z_{ij}$ 表示某运营隧道 i 在评价指标 j 的评价结果,$z_{ij} = u_{ij}$ 或者 $z_{ij} = v_{ij}$。

通过对运营隧道健康等级的量化处理,来表达运营隧道的健康状态。目前国内外对隧道健康等级的划分较多的采用四级划分。设健康等级为:

$$V = \{v_1, v_2, v_3, v_4\} \quad (5-86)$$

式中:v_1, v_2, v_3, v_4 分别代表健康等级轻微、较严重、严重、极严重。

5.4.2 模糊综合评判

5.4.2.1 模糊综合评价法简介

模糊综合评价法(Fuzzy Comprehensive Evaluation Method)是一种基于模糊数学的综合评价方法。该综合评价法根据模糊数学的隶属度理论把定性评价转化为定量评价,即用模糊数学对受到多种因素制约的事物或对象做出一个总体的评价。它具有结果清晰,系统性强的特点,能较好地解决模糊的、难以量化的问题,适合各种非确定性问题的解决。

模糊方法是20世纪60年代美国科学家扎德教授创立的,是针对现实中大量的经济现象具有模糊性而设计的一种评判模型和方法,在应用实践中得到有关专家不断推演。该方法既有严格的定量刻划,也有对难以定量分析的模糊现象进行主观上的定性描述,把定性描述和定量分析紧密地结合起来。模糊综合评价是对受多种因素影响的事物做出全面评价的一种十分有效的多因素决策方法,其特点为评价结果不是绝对地肯定或否定,而是以一个模糊集合来表示。

(1)模糊集的定义

设在论域 X 上给定了映射 u,定义 u 有如下关系

$$u: X \to [0,1] \tag{5-87}$$

则 u 确定了 X 上的一个模糊集,记为 $A \in \bar{\omega}(X)$,u 称为模糊时间 A 的隶属函数,记为 $u_A(x)$。对 $x_0 \in X, u_A(x_0)$ 称为元素 x_0 关于 A 的隶属度,它表示元素 x_0 属于模糊时间 A 的程度。

模糊集合完全由其隶属函数所刻画 $u_A(x)$ 的大小反映了 u 对于模糊集合的从属程度。$u_A(x)$ 的值越接近于1,表示 u 从属 A 的程度越高;$u_A(x)$ 的值越接近于0,表示 u 从属 A 的程度越低。

(2)模糊集的表示法

定义在论域 X 上的模糊集 A 的具体表示方法有下面几种:当论域 X 为有限集 $\{x_1, x_2, L, x_n\}$ 时,通常有如下三种方式:

①Zadeh 表示法

$$A = \frac{u_A(x_1)}{x_1} + \frac{u_A(x_2)}{x_2} + L \frac{u_A(x_n)}{x_n} = \sum \frac{u_A(x_i)}{x_i} \tag{5-88}$$

其中:$\sum \frac{u_A(x_i)}{x_i}$ 并不表示分数,而是表示论域 X 中的元素 x_i 与其隶属于 A 的隶属度之间的对应关系,符号"+"也不表示求和,而是表示模糊集在论域 X 上的整体。

②序偶表示法

该方法讲模糊集 A 用论域种的元素 x_i 与其隶属度 $u_A(x_i)$ 构成的序偶表示,即:

$$A = \{(x_1, u_A(x_1)), (x_2, u_A(x_2)), L, (x_i, u_A(x_i))\} \tag{5-89}$$

③向量表示法

$$A = \{(x_1, u_A(x_1)), (x_2, u_A(x_2)), L, (x_i, u_A(x_i))\} \tag{5-90}$$

当论域 X 为连续论域时,Zadeh 表示法如下:

$$A = \int_x \frac{u_A(x)}{x} \tag{5-91}$$

同样,$\frac{u_A(x)}{x}$ 也不表示分数,而表示论域上的元素 x 与其隶属度 $u_A(x)$ 之间的对应关系,"$\int$"号既不表示积分,也不表示求和,而是表示论域 X 上的元素 x 与隶属度 $u_A(x)$ 对应关系的一个总括。

5.4.2.2 模糊综合评判原理

模糊综合评判原理中,假设采用 n 个因素(或指标)描述某事物,记因素(或指标)集为:

$$U = \{u_1, u_2, L, u_s\} \tag{5-92}$$

所有可能出现的评语有 p 个，记评判集为：

$$V = \{v_1, v_2, L, v_p\} \tag{5-93}$$

模糊综合评判的步骤如下（韩立岩，王培庄，1989）。
①单因素评价。给出模糊值映射：

$$f: U \to (V) f(u_i) = (r_{i1}, r_{i2}, L, r_{im}) \in v, i = 1, 2, L \cdots n \tag{5-94}$$

其中 $f(u_i)$ 是关于因素 u_i 的评语模糊向量；r_{ij} 是关于 u_i 具有评语 v_j 的程度。
②由 f 导出 U 到 V 的模糊关系式——综合评判矩阵。

$$R = R_f = (r_{ij})_{n \times m} \tag{5-95}$$

③综合评价。对于因素集 U 上的模糊向量

$$a = (a_1, a_2, L, a_n) \tag{5-96}$$

通过 R 变换为评判集 V 上的模糊集

$$b = aR = (b_1, b_2, L, b_m) \tag{5-97}$$

实际上是依式(5-98)对各个因素进行权重分配。

$$a = (a_1, a_2, L \, a_n) \tag{5-98}$$

对隧道安全性进行综合评判，必须确定影响状态的各种因素，对各种因素进行检测，分析它们对安全性的影响程度，同时考虑它们彼此的重要性，然后模糊综合评判对隧道的安全性评估。

多级模糊评价基本思想（关宝树，2006）是利用模糊线性代换原理和最大隶属度原则。考虑与被评价事物相关的各个因素，对其作出合理的综合评价。当被评价的系统较为复杂或是影响因素较多时，仅由一级模糊评价模型进行评价往往比较粗糙，不能很好地反映事物的本质，为使评价结果更为合理、准确，引入多级模糊综合评价模型。当因素集 U 的元素越多时，而每个因素的重要程度的基数也就相应越小，这时系统中事物之间的优劣次序难以区分，从而得不到有意义的评价结果。

因此在这种情形下，可以把因素集 U 中的元素按照各种属性分成几类，先对每一类作综合评价，再对评价结果进行"类"元素的高层次的综合评价。

具体步骤如下：

①确定对象集，因素集和评语集；②确定权重集；③建立各因素（指标）的评分隶属函数和综合评价矩阵 R；④计算每个对象的综合评价结果；⑤向量的归一化处理；⑥模糊分析结果。

5.4.2.3 二级综合评判的步骤

众所周知，对系统进行健康评价并非指标越多越好，关键在于评价指标是否能反映或尽可能反映实际情况，一般原则为选取尽可能少的关键指标用于实际评价中。在构建安全评价指标体系时，将单个隧道衬砌分成等长度的小段，对每一小段进行多因素评价，因此在获取体系中的指标值时，也是以小段为单位，通过定性与定量相结合来获取。充分了解隧道健康系统的构成、隧道结构物的特征及形态、隧道所处的围岩状况以及周边环境的现实状况，以及现有的检测和调查方法。以便对隧道进行定量的健康评价，构建隧道健康系统评价指标体系框架，如图 5-57 所示。

1) 指标分类

将指标集 $U = \{u_1, u_2, L, u_s,\}$ 按某种属性分为 s 类，即：

$$U_i = \{u_{i1}, u_{i2}, L, u_{is},\}, i = 1, 2, L, s \quad (5\text{-}99)$$

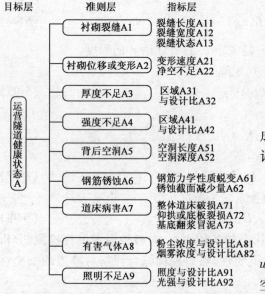

图 5-57 隧道健康系统评价指标体系

它们满足条件：

$$n_1 + n_2 + L + n_s = n \quad (5\text{-}100)$$

$$U_1 \cup U_2 \cup L \cup U_s = U \quad (5\text{-}101)$$

$$(\forall i,j)(i \neq j \Rightarrow A_i I \ A_j = \phi) \quad (5\text{-}102)$$

因素集是以影响对象的各种因素为元素所组成的一个普通集合。对运营隧道而言，隧道健康评价因素类：

$$U = \{U_1, U_2, U_3, U_4, U_5, U_6, U_7, U_8, U_9\} \quad (5\text{-}103)$$

其中 u_1 代表衬砌开裂；u_2 衬砌位移或变形；u_3 代表厚度不足；u_4 代表强度不足；u_5 代表背后空洞；u_6 代表钢筋锈蚀；u_7 代表道床病害；u_8 代表有害气体；u_9 代表照明不足。

确定隧道健康评价指标：

$$U_1 = \{U_{11}, U_{12}, U_{13}\} \quad (5\text{-}104)$$

其中 U_{11} 代表衬砌裂缝长度；U_{12} 代表衬砌裂缝宽度；U_{13} 裂缝状态。

$$U_2 = \{U_{21}, U_{22}\} \quad (5\text{-}105)$$

其中 U_{21} 代表变形速度；U_{22} 净空不足。

$$U_3 = \{U_{31}, U_{32}\} \quad (5\text{-}106)$$

其中 U_{31} 代表区域；U_{32} 代表与设计比。

$$U_4 = \{U_{41}, U_{42}\} \quad (5\text{-}107)$$

其中 U_{41} 代表区域；U_{42} 与设计比。

$$U_5 = \{U_{51}, U_{52}\} \quad (5\text{-}108)$$

其中 U_{51} 代表空洞长度；U_{52} 空洞深度。

$$U_6 = \{U_{61}, U_{62}\} \quad (5\text{-}109)$$

其中 U_{61} 代表钢筋力学性质蜕变；U_{62} 锈蚀截面减少量。

$$U_7 = \{U_{71}, U_{72}, U_{73}\} \quad (5\text{-}110)$$

其中 U_{71} 代表整体道床破损；U_{72} 代表仰拱或底板裂损；U_{73} 代表基底翻浆冒泥。

$$U_8 = \{U_{81}, U_{82}\} \quad (5\text{-}111)$$

其中 U_{81} 代表粉尘浓度与设计比；U_{82} 代表烟雾浓度与设计比。

$$U_9 = \{U_{91}, U_{92}\} \quad (5\text{-}112)$$

其中 U_{91} 代表照度与设计比;U_{92} 代表光强与设计比。

2)建立评判集

$$V = \{v_1, v_2, L, v_p\} \tag{5-113}$$

目前国内外对隧道健康等级的划分较多的采用四级划分。

令 $V = \{v_1, v_2, v_3, v_4\}$ (5-114)

式中 v_1, v_2, v_3, v_4 分别代表健康等级轻微、较严重、严重、极严重。

3)建立权重集

(1)指标类权重集

设第 i 类指标 U_i 的权数为 $a_i(i=1,2,L,s)$,则指标类权重集为

$$A = \{a_1, a_2, L, a_s\} \tag{5-115}$$

各因素的重要程度一般各不相同,即拥有不同的权重。权重集 $A\{A_1, A_2, A_3, A_4, A_5\}$ 即表示各风险因素 $\{U_1, U_2, U_3, U_4, U_5\}$ 对隧道运营的影响程度。

(2)评价指标权重集

设第 i 类中的第 j 个指标 u_{ij} 的权数为 a_{ij},则指标权重集为:

$$Ai = \{a_{i1}, a_{i2}, L, a_{is}\} \tag{5-116}$$

由于因素集 U 为两级,所以还应确定第二级权重集,即 $\{A_{11}, A_{12}\}$ 表示风险因素 $\{U_{11}, U_{12}\}$ 对 U_1 的相应权重。U_2、U_3、U_4、U_5 依此类推。

4)一级综合评判

对每一类的各个指标进行综合评判,设一级模糊综合评判的单因素评判矩阵为:

$$R_i = \begin{bmatrix} r_{11}^{(i)} & r_{12}^{(i)} & L & r_{12}^{(i)} \\ r_{21}^{(i)} & r_{22}^{(i)} & L & r_{2p}^{(i)} \\ M & & & M \\ r_{ni1}^{(i)} & r_{ni2}^{(i)} & L & r_{nip}^{(i)} \end{bmatrix} \tag{5-117}$$

第 i 类指标的模糊综合评判为:

$$B_i = A_i oTR_i$$

$$= (a_{i1}, a_{i2}, L, a_{iui})oT \begin{bmatrix} r_{11}^{(i)} & r_{12}^{(i)} & L & r_{12}^{(i)} \\ r_{21}^{(i)} & r_{22}^{(i)} & L & r_{2p}^{(i)} \\ M & & & M \\ r_{ni1}^{(i)} & r_{ni2}^{(i)} & L & r_{nip}^{(i)} \end{bmatrix} \tag{5-118}$$

$$= (b_{i1}, b_{i2}, L, b_{iui})$$

任意指标层单因素的隶属向量 $r_i = (r_{i1} \quad r_{i2} \quad L \quad r_{im})$,根据指标层单因素的隶属度向量,可以建立一级模糊综合评判的隶属度矩阵 R_i。由一级模糊综合评判的隶属度矩阵及其相应的指标权重,可得 U_i 的模糊综合评判集 $B_i = W_i \times R_i$,其中 B_i 为一级模糊综合评判结果向量,R_i 为准则层单因素隶属矩阵。

5）二级综合评判

二级模糊综合评判的单指标评判矩阵，即为一级模糊综合评判矩阵：

$$R = \begin{bmatrix} B_1 \\ B_2 \\ M \\ B_s \end{bmatrix} \quad (5-119)$$

于是二级模糊综合评判为：

$$B = A \; oTR = \begin{bmatrix} A_1 & oTR_1 \\ A_2 & oTR_2 \\ & M \\ A_S & oTR_S \end{bmatrix} = (b_1, b_2, L, b_p) \quad (5-120)$$

将一级模糊综合评判的结果作为准则层单因素的隶属向量，可组成二级模糊综合评判的隶属度矩阵 $R = (B_1^T \; B_2^T \; L \; B_7^T)^T$。由二级模糊综合评判的隶属度矩阵及其相应的指标权重，可得 U 的模糊综合评判集 $B = W \times R$，其中 B 为二级模糊综合评判结果向量，R 为准则层隶属矩阵。

5.5 评价报告内容

5.5.1 定期评价的内容及要求

1）隧道概况

2）检测评价目的及依据

（1）检测评价目的

①全面检测隧道的各种病害，评价隧道工程的健康程度。

②评定现有隧道的实际工作状况，为隧道的使用及维修加固提供科学依据。

（2）检测评估依据

隧道检测主要依据现行国家技术标准、部颁标准及相关技术规范、规程进行。

3）调查与资料收集

（1）原有技术资料调查

（2）水文、地质调查

要进行病害原因调查，首先要对隧址处的工程地质和水文地质进行调查，包括设计勘测资料、施工所遇地质情况以及竣工资料等，必要时还需进行补充钻探勘测。水是诱发隧道病害的重要因素，因此应特别注重地下（地表）水的水质、水量以及水对围岩、结构等影响的调查分析。

在对地质资料进行分析时，应特别注意围岩中是否夹有泥岩、千枚岩、泥质页岩、碳质页岩等膨胀性岩层，因为很多隧道产生病害的一个重要原因就是因为施工中对存在此类岩层的围岩未采取有效工程措施。如某铁路线，凡是Ⅳ级围岩以上直墙隧道边墙的开裂都是因围岩中夹有遇水膨胀性岩层造成的。基底的翻浆冒泥也是因为对Ⅳ级以上围岩未考虑存在遇水软化的岩层，因此设计中未考虑仰拱及深排水措施。

4）施工情况调查

首先，应调查基本的施工情况，如开挖方式（全断面、台阶法、分步开挖）、支护形式（矿山法、新奥法，二次衬砌是一次性施作还是先拱后墙或先墙后拱）。其次，是调查锚杆数量和质量、注浆配比和注浆量、水泥生产厂家及质量、粗细骨料检验报告、混凝土的配合比及其养护和强度、隧道监测资料等情况。再次，应对塌方（塌方规模、处理方式）及变更（原因、方案、处理方式）等情况进行重点调查，调查资料应以设计文件、施工记录及监理签认单为准，同时可以参考当时的各种会议纪要、通知及竣工文件。

5）隧道施工质量调查

仅靠地质调查、查阅施工记录，还无法掌握施工质量情况，因此，需采取必要的检测手段对施工质量普查，主要包括混凝土强度及完整性、衬砌厚度及背后空洞、回填情况及隧道净空等。

（1）衬砌厚度及背后空洞

检测方法有无损、有损或无损与有损相结合。有损检测主要采取钻孔或开天窗，目前较常用的无损检测主要用地质雷达，当然采用地质雷达进行普查过程中也需钻取一定数量芯样进行校验。

（2）衬砌强度

强度检测可以回弹法或超声回弹综合法进行普查，同时辅以钻芯试验进行修正，或直接用钻芯方法推定混凝土强度。

（3）衬砌完整性

根据超声仪检测声波在衬砌中的传播速度与声波在相应等级混凝土中传播速度的标准值相比较来判断衬砌混凝土强度的完整性。因为完整衬砌与有裂缝衬砌波谱不一样，因此衬砌结构的完整性主要根据波谱特征进行判断。

（4）断面净空检测

用激光断面仪检测隧道净空，对各测点与设计轮廓或行车限界进行比较，判断是否侵限。

6）裂缝调查

裂纹的分布和形态的调查对判断隧道病害的成因起着关键性的作用。裂纹调查项目应包括裂纹分布、宽度、深度及性质，根据调查结果，按一定比例绘制裂纹展示图。

（1）裂纹的宽度可用读数显微镜（一般其刻度为0.02mm）检测。

（2）深度可用声波仪检测（也可用比较直观的钻芯法）。

（3）裂纹性质分为张拉、受压、受剪三种，张拉裂纹为外大内小，受压裂纹为外小内宽，裂纹附近有不规则的鱼鳞状，受剪裂纹用手触摸有错台情况。

（4）观察裂纹随时间的发展动态。

目前也可采取摄影方法进行裂纹调查，但此法只能显示裂纹的宏观表象，微观表象很难反映。

7）渗漏水调查

应调查渗漏水范围（里程）、部位、出水形式、水量、水压及水质，并绘制展示图，可以与裂纹展示图一并绘制。

8）路面或基底调查

首先应绘制路面或基底下沉、翻浆冒泥（出泥、出水点）的展示图，采取钻芯法查明基底的围岩性质，绘制钻芯柱状图，同时查明常年地下水位。

9）地下水

调查地下水流向、补给及含水层分布。若衬砌出现被腐蚀现象，应进行地下水的化验；有时边沟的水可能不具有腐蚀性，这时应在腐蚀地段进行钻孔，提取围岩裂隙水进行化验。

5.5.2 外观检测

隧道病害普查采用分区分块的形式进行。按每 5m 划分为一个区段，用钢尺测量并标记。在每个区段内按左边墙、左拱部、右拱部、右边墙四块进行普查。裂缝宽度的测量采用 JC-10 读数显微镜。参考公路隧道资料，将裂纹缝宽按大小分为四级：毛裂纹，缝宽 $\delta \leqslant 0.3$mm；小裂纹 0.3mm$<\delta \leqslant 2$mm；中裂缝 2mm$<\delta \leqslant 20$mm；大裂缝 $\delta > 20$mm。隧道衬砌表面裂缝按裂纹的走势分为纵向裂纹、斜向裂纹和环向裂纹。

将漏水情况按水量大小分为：润水（衬砌表面仅有浸润，无明显的水迹）；渗水（衬砌表面有明显的水迹，水往外渗，但不成滴）；滴水（衬砌表面形成明显的水珠往外滴，但不成线）；漏水（在衬砌表面有明显的出水点，水从出水点涌出，形成水流）。

隧道衬砌表面掉块现象严重，将表面掉块作为一个检测子项，测量掉块范围及深度。外观检测可分为：主体结构、附属设施和其他设施（路面等）外观检测。

5.5.3 结构检测

（1）隧道建筑限界与衬砌内轮廓：采用了激光断面仪对隧道的轮廓进行了抽检。

（2）隧道路线的几何线形。

（3）隧道的防排水，设计中对隧道的防排水基本上未采取专项措施，完全靠衬砌混凝土堵水，边沟排水。

（4）隧道病害普查。

（5）二次衬砌厚度检测。

（6）衬砌厚度及完整性检测。

（7）二次衬砌混凝土强度检测：采用回弹仪对拱顶二次衬砌强度进行了检测采用钻芯法检测。

（8）路面及附属设施病害：雷达探测。

5.5.4 通风照明检测

对通风、照明设施按照规范要求进行相应检测。

5.5.5 隧道技术状况分析评定

（1）评定方法及标准

根据《公路隧道养护技术规范》（JTG H12—2003）、《铁路桥隧建筑物大修维修规则》（1999），对隧道的检测为隧道养护的专项检查，检测结果按规范要求分外荷载作用、材料劣化和渗漏水等主要情况分别考虑进行判定分类。

（2）技术状况分析

通过现场检测和查阅相关设计和竣工资料，访问当年参与隧道建设、设计和施工的相关专家，综合各方面意见对隧道当前出现的各种病害做出分析，确认隧道现有病害的发生原因和危险程度。

5.5.6 衬砌病害原因分析

隧道病害产生的原因，既包括地质条件，也包括设计、施工原因。主要原因如下。

1）选线不当引起的病害

若选线不当，可能使隧道形成先天的不足，埋下了安全隐患（表5-28）。由于选线不当造成的隧道病害，往往比根除由于施工质量形成的病害更难，要消除（减少）由选线引起的病害，只有把地质工作做好，严格按设计规范要求进行隧道位置的选择。

隧道选线与可能出现的病害 表5-28

隧道位置		可能出现的情况
不良地质	滑坡和错落	可能引起隧道整体滑移；若浅层，有可能造成隧道偏压或剪断隧道衬砌等
	堆积土、填土	若属堆积土、填土，易使隧道处于不稳定状态，且隧道基底的承载力也可能不足，会造成衬砌结构变形；若隧道埋深较浅，易引起偏压，造成隧道衬砌开裂、剪断等
	危岩、落石和崩塌	若洞口设在此地段，会造成施工时的危险和影响运营安全
	泥石流	洞口设在此地段，若产生泥石流，便失去修建隧道的意义
	采空区	易引起隧道施工中的坍塌或塌方，甚至引起隧道整体下沉
	有害气体	有害气体有突出危险，造成施工困难，若产生爆炸，易造成人员伤亡
选线原则	早进晚出，宁长勿短	为了取得围岩稳定性的有利条件，宁愿隧道长些，当然，有时由于线路位置原因，隧道难以避开不良地质地段，可采取相应的工程措施。但对于某些特殊的长大隧道工程，选线时，应将地质情况作为一个重要因素来考虑

2）设计不合理可能预留的隧道病害

隧道作为地下工程，其设计理念与地面工程不同，应该采取动态设计理念，动态设计是新奥法施工的精髓所在。通常意义上的设计仅作为初步设计或"预设计"，真正的设计应根据施工中出现的情况进行设计调整。由于我国体制原因，凡在施工中出现的设计参数调整都属于设计变更，手续非常复杂，有些业主甚至认为这是承包商的一种市场操作方式，诚然确实有些情况如此，而多数情况确实是地质情况变化了，不采取相应的调整措施，很难保证隧道施工及以后的运营安全。

目前,无论是在铁路隧道,还是在公路隧道施工中,对设计参数的调整或变更多数仅依据围岩级别,少数也有根据监测的动态数据参数进行的。一般来说,出现目前意义上的设计变更,通常是在出现了大的塌方、变形、断层、涌水、溶洞、煤系地层(或瓦斯)等情况,在隧道施工中离实现真正意义上的动态设计还有一定的距离,因此,难免由于设计上的缺陷增加了隧道病害出现的可能性。

(1)设计断面形式不合理,如铁路隧道Ⅲ、Ⅱ、Ⅰ级围岩一般采用直墙断面、不设仰拱,若有膨胀性夹层或遇水易软化的围岩,对直墙隧道,边墙很可能出现开裂现象,同时可能造成边墙基底承载力不足,产生不均匀沉降,出现裂纹(裂缝)或错台。

(2)初期支护能力不足,造成坍塌或残余变形过大,使二次衬砌承受较大的围岩压力。

(3)二次衬砌安全储备不足,如有些隧道施工中出现了比较大的塌方,二次衬砌仍采用素混凝土,造成运营后素混凝土出现裂缝。

(4)排水设计不合理,如对具有膨胀性、遇水软化的围岩,应设置仰拱和深排水沟,事实上多数出现基底下沉、翻浆冒泥病害的隧道均存在基底积水、排水不畅等情况。

(5)未充分考虑混凝土的防腐蚀性,这主要由于对地下水的腐蚀性调查不清楚造成的。

(6)整个隧道没有相关设计文件(含水文、地质资料)与施工图,施工主要依靠少量技术人员按净空尺寸要求自主完成。

3)施工不当遗留的病害

施工不当所涉及的面很广(如施工方法不当等),主要指:如果施工管理不善或监理、业主的监管力度不够,可能会出现的主要质量问题。

(1)施工中的偷工减料,造成塌方,而对塌方处理不彻底,预留不密实、脱空等缺陷。

(2)施工中的偷工减料,如锚杆数量、质量不符合要求,造成初期支护安全储备减弱,预留安全隐患。

(3)所选防水材料不合格(不合理)或防水板的铺设存有缺陷,造成隧道渗漏水。

(4)由于欠挖或变形过大,造成二次衬砌厚度不足。

(5)所选水泥不合格或混凝土配比不合理,造成二次衬砌混凝土强度不能满足设计要求。

(6)混凝土集料不合格,造成强度不足或不能满足设计的特殊要求,若采用人工机制砂、石,除对集料进行力学试验外,还应进行各种成分含量分析。

(7)在石灰岩地区特别应注意地下水,尤其是裂隙水的水质化验,检验地下水是否具有腐蚀性,边沟的水没有腐蚀性,裂隙水未必不具有腐蚀性。

(8)在遇水软化的围岩条件下,隧底浮渣未清理干净就浇注仰拱或铺垫层,易造成隧底下沉、翻浆冒泥。

(9)由于超挖或塌方,没有按规范认真做好回填或压注浆工作,即回填不密实或存在空洞,造成初期支护与围岩之间有较大范围的空隙,尤其是拱部。

(10)施工队伍整体素质不高,施工过程中对技术人员设计意图理解不透,对衬砌作用考虑不全,大部分地段有用片石或块石砌体代替衬砌混凝土的情况,甚至有不对围岩进行开挖来代替衬砌混凝土的情况。

(11)隧道超欠挖严重,部分围岩侵入衬砌,衬砌未能形成整体受力。衬砌混凝土本身不密实,强度低,衬砌材料疏松、劣化,衬砌与围岩黏接强度降低,衬砌部分脱落,掉块现象严重。

（12）进出口两端明洞上地表未采取措施排除地表水、拦截地下水，甚至在出洞口上部地表形成洼地；洞身开挖后未对地下水采取导流措施，就直接进行衬砌混凝土施工。

4）隧道质量检测

要消除或尽量减少施工不当引起的隧道病害，比较有效的方法是引入第三方、采用先进的仪器设备，对影响结构体系受力的关键的施工质量进行施工过程跟踪检测。

（1）开挖轮廓线控制

开挖时出现过量欠挖就不能保证初期支护、二次衬砌厚度，出现过量超挖，若处理不好会出现初期支护背后空洞或回填不密实；无论是过量超挖，还是过量欠挖，若处理不好，均可能造成二次衬砌断面不圆顺，使结构成为偏心受压构件。铁路隧道设计规范对轴向力的偏心距有明确规定，当然，人们很难知晓轴向力的作用线，只有严格按规范要求施工，控制开挖轮廓线。要控制好开挖轮廓，除施工单位本身加强施工控制、监理加强监督力度外，可以引进第三方进行断面检测，加强质量监督。

（2）初期支护质量检测

初期支护质量检测项目主要有：锚杆长度、抗拔力、饱满度；小导管长度、注浆量（依靠监理检查注浆纪录）；初期支护厚度及背后空洞；钢拱架（格栅）数量、接头安装质量；喷混凝土厚度、黏聚力；初期支护净空断面。

（3）二次衬砌质量检测

目前无论铁路部门，还是公路部门都加强了对二次衬砌厚度、背后空洞及密实情况的施工跟追检测，有些高速公路还对隧道净空和衬砌强度进行了竣工前的检测。

（4）围岩变形监测检查

对于新奥法施工、复合式衬砌的隧道，一般认为二次衬砌仅承受围岩压力的20%～30%，围岩压力主要由初期支护与围岩承受，若二次衬砌施作时机不合理，则可能承受过大围岩压力，易出现裂纹（裂缝）。作为监理或建设方应加强对监测工作的检测，或可以通过招投标方式由第三方专业队伍进行全面的现场监测，以指导施工全过程。

5）维护不当引起的病害

维护不当主要指未能及时发现、及时处理，或处理措施不合理，使得小的缺陷发展成病害。

（1）洞外排水系统遭破坏，未及时修复，可能增加隧道渗漏水的可能性。

（2）洞内水沟被堵，造成基底积水，可能使基底围岩软化，产生翻浆冒泥。

（3）对出现的小的裂纹（缝）、小（少）的渗漏水重视不够，或预见不足，未能采取有效措施，遏制其发展。

（4）对已出现病害的隧道，或病害原因分析不清楚，或处理措施不当，或处理不彻底，使病害得于继续发展，形成更大的病害或形成危害。

5.5.7 综合评定

结合隧道现场检测资料分析各项数据，对照相应的隧道养护技术规范评定标准，对隧道当前技术状态评定分级，按规范专项检查结果判定标准要求，应采取紧急对策措施，对隧道进行维修加固。

5.5.8 隧道结构安全的风险评估(杨萍,2011)

1)结构安全概率等级划分标准

隧道的病害形式众多,各国的隧道管理者为了对这些病害进行检测、治理,进行了大量的统计分析,也制定了许多的相关的规范、标准,并分析了引起这些病害的原因,主要是由于漏水、冻害,其次是材料老化、偏压和衬砌背后缺陷,其中衬砌背后缺陷占约7%。这里采用的各种等级标准是参考规范、标准以及隧道工程风险评估的相关标准进行制定的。

根据有关实例的统计,可将各种风险发生的概率分级,见表5-29。

结构安全风险发生概率等级 表5-29

概率等级	区间概率	风险等级描述
一级	<0.0005	很不可能
二级	0.0005~0.005	不可能
三级	0.005~0.05	偶然
四级	0.05~0.3	可能
五级	>0.3	很可能

2)结构损失后果等级划分标准

为了确定缺陷对衬砌结构安全的影响,需要对不同尺寸、不同位置的缺陷进行分析,为此,建立了一个衬砌背后存在缺陷的二维圆形隧道模型,在不同位置设置了大小不同的缺陷,围岩模型采用平面应变单元,衬砌采用梁单元模拟,缺陷利用单元的生死来进行模拟,建立的模型示意图如图5-58所示。

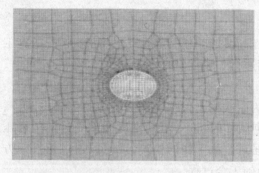

图5-58 有限元模型示意图

模型建立之后,通过杀死不同数量的单元,模拟不同尺寸的缺陷,通过计算分析这些缺陷对衬砌结构的轴力和弯矩的影响。图5-59~图5-61是部分模拟结果示意图。

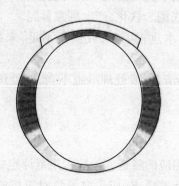
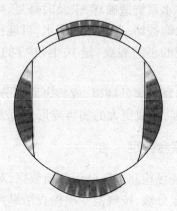

图5-59 没有缺陷时衬砌轴力、弯矩结果

从模拟结果可以发现,拱顶产生缺陷时,衬砌内部的轴力和弯矩的变化是相当大的,尤其是拱顶的弯矩值,当拱顶衬砌背后缺陷达到一定大小的时候,弯矩的符号发生了变化,这也就意味着本来应该承受压力的混凝土在产生缺陷之后承受的是拉力了,如果混凝土中没有配钢筋的话,那么衬砌极易产生裂缝,产生裂缝后,渗漏水、钢筋锈蚀等一系列的病害都会随之而来。而使弯矩发生变化时缺陷的大小约为45°,因此,进行风险等级划分时,以45°作为缺陷大小的分界线。

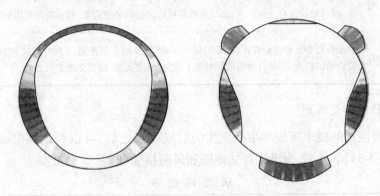

图 5-60 顶部右侧产生 60°缺陷时衬砌轴力、弯矩

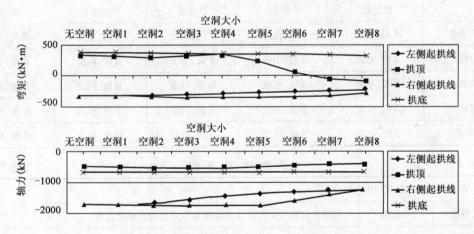

图 5-61 顶部产生缺陷时衬砌轴力、弯矩变化曲线

根据相关规范、标准的描述,并结合衬砌背后缺陷对结构的各种影响,可以将隧道结构的损伤后果等级进行划分,其中拱顶损伤后果等级见表 5-30。

结构拱顶损伤后果分级标准 表 5-30

概率等级	后果描述	影 响 描 述
一级	轻微的	衬砌背后没有或只有少量小缺陷(0°<缺陷尺寸<15°),对结构无影响或影响轻微。结构保持完好或轻微损坏
二级	一般的	衬砌背后有少量尺寸较小的缺陷(15°<缺陷尺寸<30°),有轻微渗漏等病害出现。结构有细微裂缝产生,但不影响正常使用

续上表

概率等级	后果描述	影 响 描 述
三级	严重的	衬砌背后有个别尺寸较大缺陷(30°<缺陷尺寸<45°),渗漏现象较严重,(寒冷地区)冬季有冻害现象发生。结构出现较大裂缝,对正常运营有影响
四级	很严重的	衬砌背后有较大的缺陷群存在(45°<缺陷尺寸<60°),渗漏现象严重,(寒冷地区)冻害也比较严重,围岩松动区有一定扩大,岩块有跌落可能。结构裂缝明显,对正常运营影响严重
五级	灾难性的	衬砌背后有大型缺陷群存在(缺陷尺寸>60°),渗漏十分严重,(寒冷地区)冻害也十分严重。围岩松动区扩大,岩块开始跌落到衬砌上,结构出现破坏,隧道无法正常运营

3)风险评估及接受准则

确定了风险因素的概率等级和事故发生的后果等级之后,可以利用风险矩阵等方法对风险进行评估,表 5-31、表 5-32 为风险评估矩阵和风险接受准则。

风 险 评 估 表   表 5-31

概 率 等 级	后 果 等 级				
	轻微的	一般的	严重的	很严重的	灾难性的
很不可能	Ⅰ级,低度	Ⅰ级,低度	Ⅱ级,中度	Ⅱ级,中度	Ⅲ级,高度
不可能	Ⅱ级,低度	Ⅱ级,中度	Ⅱ级,中度	Ⅲ级,高度	Ⅲ级,高度
偶然	Ⅱ级,中度	Ⅱ级,中度	Ⅲ级,高度	Ⅲ级,高度	Ⅳ级,极高
可能	Ⅱ级,中度	Ⅲ级,高度	Ⅲ级,高度	Ⅳ级,极高	Ⅳ级,极高
很可能	Ⅲ级,高度	Ⅲ级,高度	Ⅳ级,极高	Ⅳ级,极高	Ⅳ级,极高

风 险 接 受 准 则   表 5-32

风险等级	接受准则	处 理 措 施
Ⅰ级,低度	可忽略	衬砌背后缺陷风险较小,不需采取风险处理措施和监测
Ⅱ级,中度	可接受	缺陷风险需引起注意,不需采取风险处理措施,但需予以监测
Ⅲ级,高度	不期望	缺陷风险较大,必须采取风险处理措施降低风险并加强监测,且满足降低风险的成本不高于缺陷风险发生后的损失
Ⅳ级,极高	不可接受	缺陷风险很大,必须高度重视并规避,否则要不惜代价将缺陷风险至少降低到不期望的程度

5.5.9 隧道安全性评估及建议

根据调查、检测、评价及安全性验算结果进行风险评估,同时提出处治措施及建议。

参 考 文 献

[1] 刘海京.公路隧道健康诊断计算模型研究[D].上海:同济大学,2007.
[2] 洪平,刘鹏举.层次分析法在铁路运营隧道健康状态综合评判中的应用[J].现代隧道技术,2011,48(1).
[3] 黄波,吴江敏.运营隧道状态的综合评判[J].世界隧道,2000(1).
[4] 许蓓.运营隧道结构安全性评估研究[D].南昌:南昌航空大学,2010.
[5] 蓝宗建.混凝土结构设计原理.南京:东南大学出版社,2002.
[6] 杨萍.公路隧道衬砌背后缺陷风险评估研究[J].中国安全科学学报,2011,27(1).

6 隧道健康诊断的评价标准

准确的病害信息是病害成因分析、安全性能分析以及病害健康诊断的可靠性保证,如同中医里的"望闻问切",隧道病害研究需要借助不同检查和测量仪器与方法,检测不同类型病害表观形态、出现位置、发展趋势等基本信息。检查的结果需转换成评价指标层的相应数据,这些数据的大小与隧道的具体关系,对隧道的影响程度都需要依托隧道健康状态的评价标准。

6.1 隧道健康诊断结果判定

6.1.1 隧道健康判定标准现状

1) 国外

国外隧道建设起步早,建设时间长,特别是日本、法国、美国、英国、德国、澳大利亚等国,积累了丰富的隧道管养经验,也制定了一套隧道管养技术标准来保障隧道运营管理和养护维修工作的规范化,确保隧道的安全正常运营。

比如,日本早在19世纪七八十年代就隧道养护维修等工作提出了健全度的概念,让人逐渐重视隧道的整体性结构。法国在1980年后就制定了《铁路隧道养护标准》,提出了铁路隧道的检查方法、隧道状态评价方法、隧道例行维护方法和实用的修补方法。德国联邦铁路局出台了《铁路隧道设计、施工与养护规范》,德国公路署制订了《无损伤检测隧道内壳的规范》。美国在这方面也出台了很多规范,例如《美国隧道养护维修手册》、《美国高速公路和铁路隧道检查手册》、《铁路交通隧道和地下建筑物检查方法和程序》等,对美国国内的高速公路隧道、铁路隧道的检查方法、检查程序和养护维修等工作进行了详细的规定,以保证隧道养护维修质量。

国外隧道养护管理技术标准不完全统计如表6-1所示。

2) 国内

1997年铁道部编制发布了《铁路桥隧建筑物劣化评定标准》(TB/T 2820.2),该标准首次对铁路隧道衬砌结构裂损、衬砌结构漏水、衬砌冻害及衬砌材料劣化的类型、等级和评定方法做了标准化规定。该标准将衬砌各种劣化划分为 AA(极严重)、A1(严重)、B(较重)、C(中等)和 D(轻微)5 个等级。

国外隧道养护管理技术标准不完全统计表 表6-1

年代	国家	制定公司	名称	内容
1970 年后	日本		健全度的概念	
1980 年后	法国	国有铁路公司(SNCF)	铁路隧道养护标准	铁路隧道的检查方法、状态评价方法、例行维护方法和实用的修补方法
1997	美国		《铁路交通隧道和地下建筑物检查方法和程序》	
2000	日本	日本公路协会	《公路隧道维持管理便览》	公路隧道检查方法、调查方法、隧道健全度等级、变异的定性或定量判定标准及某处治对策
2001	德国	联邦铁路局	铁路隧道设计、施工与养护规范(DS 853)	
2001	德国	德国公路署	《无损伤检测隧道内壳的规范》(ARS 14/2001)	
2003	美国		关于使用特里博洛桥隧设施运输危险品的管理规定	
2004	美国		美国隧道养护维修规手册	
2005	美国		美国高速公路和铁路隧道检查手册	
2006	日本	日本铁路设施协会	《铁道土木构造物等维持管理标准·同解说(隧道篇)》	铁路隧道的变异检查方法、变异原因的推定方法、健全度的判定方法和变异整治措施
2007	欧盟		隧道安全指南	
2007	英国		公路隧道安全法规	
2007	澳大利亚		悉尼隧道污染物检测标准	

2004 年铁道部又发布了铁运函[2004]174 号文《铁路运营隧道衬砌安全等级评定暂行规定》,专门针对铁路隧道衬砌病害,包括衬砌厚度、衬砌混凝土强度、衬砌背后密实度等质量安全问题进行了量化评定,其同样划分 5 个等级。

《铁路隧道衬砌质量无损检测规程》(TB 10223—2004)提出的配套检测方法,在对铁路隧道衬砌准确检测的基础之上,可以对隧道的安全等级做出更加合理、科学的判定。

国内铁路及城市轨道交通的主要技术标准及规程见表 6-2。

国内公路及城市隧道的主要技术标准及规程见表 6-3。

国内铁路及城市轨道交通的主要技术标准及规程 表 6-2

序号	名称	发布单位	发布时间	主要内容
1	铁路技术管理规程	铁道部	1992	规定了铁路各部门、各单位从事运输生产时,必须遵循的基本原则、工作方法、作业程序和相互关系,确定了铁路运输设备在设计新建、保养维修、验收交接和使用管理方面的基本要求和标准;明确了铁路工作人员的主要职责和必须具备的基本条件
2	铁路工务技术手册——隧道	铁道部	1997	以怎样认识隧道病害,研究分析产生病害的原因,以及如何预防整治病害为中心内容,总结了我国隧道多年养护维修和大修的经验,介绍了各种隧道病害的防治措施、施工方法和管理制度
3	铁路桥隧建筑物劣化评定标准	铁道部	1998	本标准提出了系列标准桥隧建筑物劣化的具体项目及结果评定标准
4	铁路桥隧建筑物大修维修规则	铁道部	1999	1.总则;2.基本技术要求;3.技术标准;4.检查;5.维修管理;6.大修管理;7.附则;8.附录
5	第十篇铁路工程桥涵、隧道养护与维修	吉林科技出版社	2003	1.桥涵、隧道养护概述;2.桥隧的养护;3.常见桥隧病害的维修;4.桥隧养护维修验收标准
6	铁路运营隧道衬砌安全等级评定暂行规定	铁道部	2004	1.总则;2.基本要求;3.隧道衬砌状态分类;4.隧道衬砌缺陷及病害的量化指标;5.隧道衬砌安全等级评定;6.本规定用词说明;7.编制说明
7	城市轨道交通设施养护维修技术规范	北京市地方标准	2010	本标准规定了城市轨道交通中的线路、区间隧道、桥梁、车站、车辆段及区间附属构筑物、路基和涵洞的养护维修准则。本标准适用于城市轨道交通设施的养护维修

国内公路及城市隧道的主要技术标准及规程 表 6-3

序号	名称	发布单位	发布时间	主要内容
1	公路隧道养护技术规范	交通部	2003	1.总则;2.土建结构(包括一般规定,清洁维护,结构检查,保养维修,病害处治);3.机电设施(包括一般规定,供配电设备,照明设施,通风设施,消防与救援设施,监控设施);4.其他工程设施(包括一般规定,环保设施,房屋设施);5.安全管理 6.附录 7.条文说明
2	公路养护技术规范(隧道部分)	交通部	2009	1.一般规定;2.隧道检查;3.隧道养护;4.隧道防护与排水;5.隧道附属设施;6.隧道安全管理;7.附录(包括隧道检查及判定表和隧道附属设施检修表)
3	上海市隧道养护技术规程	上海市市政工程管理局	2005	1.总则;2.术语;3.检查与检测;4.主体结构;5.路面;6.附属设施;7.防渗堵漏;8.保洁;9.养护作业安全及突发事件处置;10.文档管理;11.附录 1 条文说明
4	杭州城市隧道养护规程	杭州市人民政府	2006	1.总则;2.一般规定;3.土建结构;4.机电设施;5.其他工程设施;6.安全管理;7.附则

续上表

序号	名称	发布单位	发布时间	主要内容
5	高速公路运营管理手册（隧道篇）	北京市首都公路发展集团有限公司	2011	1.隧道养护管理基本制度；2.隧道土建结构检查与评定配套实施细则；3.隧道机电设施检修配套实施细则；4.隧道监测与评估配套实施细则

6.1.2 结果判定

1）铁路隧道状态评定

为了切实掌握并改善桥隧设备的技术状态，合理安排大维修及更新改造计划，按照《铁路桥隧建筑物大修维修规则》(2000 年)要求，每年应结合秋季设备大检查，对每座桥隧建筑物按项目进行一次状态评定。每座桥隧建筑物凡有表 6-4 所列失格项目之一时，即评为"失格"设备。病害项目的失格标准分为两个级别，凡属一般大修及综合维修应该整治的为 I 级，属重点大修或更新改造解决的为 II 级。

隧道建筑物状形评定标准 表 6-4

病害项目	单位	失格标准类别	级别	附注
1.严重漏水及严寒地区渗水	处/m	（1）拱部滴水、边墙淌水、隧底冒水、有冻害地区的隧道渗水 （2）局部滴水、淌水、渗水及洞内外排水沟严重损坏	II I	包括季节性漏水，滴水不成线者不计
2.仰拱变形损坏	处/m	裂缝、错牙、变形、下沉	II	经整治已稳定者不计
3.衬砌严重腐蚀裂损	处/m	严重腐蚀、裂缝、错牙、变形	II	腐蚀深度在 10mm，面积在 0.3m^2 及以上为严重风化腐蚀
4.坍方落石	处/m	洞内落石、衬砌掉块、洞门仰坡有坍方落石，危及行车安全	II 或 I	洞门仰坡小量坍方落石危及行车安全为 I，其余为 II
5.整体道床损坏	m	道床下沉、下凸、变形损坏翻浆	II	经整治已稳定，轨距、水平无变化者不计
6.限界不足	座	隧道限界不能满足第 2.2.2 条规定	II	
7.通风不良	座	（1）有害气体浓度超过容许值，未设通风装置 （2）设有通风设备不能正常使用	I 或 II	未设通风装置为 II，有通风设备使用不正常为 I
8.照明不良	座	（1）未按规定设置照明 （2）没有照明设备不能正常使用	II I	

为了便于桥隧劣化状态进行评定，铁道部制定了隧道等《铁路桥隧建筑物劣化评定标准》，将劣化程度进行分级，即 AA(极严重)、A1(严重)、B(较重)、C(中等)、D(轻微)等级，如表 6-5 所示。

隧道状态劣化等级划分　　　　　　　　　　　　　　表 6-5

劣化等级		对结构功能和行车安全的影响	措　施
A	AA(极严重)	结构功能严重劣化,危及行车安全	立即采取措施
	A1(严重)	结构功能严重劣化,进一步发展危及行车安全	尽快采取措施
B(较重)		劣化继续发展会升至 A 级	加强监视,必要时采取措施
C(中等)		影响较少	加强检查,正常维修
D(轻微)		无影响	正常保养及巡检

评定时以每座隧道为单位,对照《铁路桥隧建筑物劣化评定标准》的规定,分别评定其等级,以劣化程度最严重的一项的等级,判定为该座设备的劣化等级,并采取相应措施,合理安排整修计划。

2)公路隧道结果判定

我国于 2003 发布了《公路隧道养护技术规范》(JTG H12),该规范借鉴了国外公路隧道养护的经验和技术,对隧道养护工作的计划安排、土建结构的清洁维护、破损检查、保养维修和病害处治、机电设施的养护维修以及环境保护等方面均作了明确规定。

该规范将公路隧道结构破损划分为 3A(严重)、2A(较重)、1A(一般)、B(轻微)及 S(正常)5 个等级。公路隧道的土建结构检查工作分为日常检查、定期检查、特别检查和专项检查四类。

(1)日常检查以定性判断为主,检查内容及判定标准宜按表 6-6 执行。

日常检查内容及判定表　　　　　　　　　　　　　　表 6-6

项目名称	检查内容	判定	
		B	A
洞口	边(仰)坡有无危石、积水、积雪;洞口有无挂冰;边沟有无淤塞;构造物有无开裂、倾斜、沉陷等	存在落石、积水、积雪隐患;洞口局部挂冰;构造物局部开裂、倾斜、沉陷,有妨碍交通的可能	坡顶落石、积水漫流或积雪崩塌;洞口挂冰掉落路面;构造物因开裂、倾斜或沉陷而致剥落或失稳;边沟淤塞,已妨碍交通
洞门	结构开裂、倾斜、沉陷、错台、起层、剥落;渗漏水(挂冰)	侧墙出现起层、剥落;存在渗漏水或结冰,尚未妨碍交通	拱部及其附近部位出现剥落;存在喷水或挂冰等,已妨碍交通
衬砌	结构裂缝、错台、起层、剥落	衬砌起层,且侧壁出现剥落状况,尚未妨碍交通,将来可能构成危险	衬砌起层,且拱部出现剥落状况,已妨碍交通,并有继续恶化的可能
	(施工缝)渗漏水	存在渗漏水,尚未妨碍交通	大面积渗漏水,已妨碍交通
	挂冰、冰柱	存在结冰现象,尚未妨碍交通	拱部挂冰,形成冰柱,已妨碍交通
路面	落物、油污;滞水或结冰;路面拱起、坑洞、开裂、错台等	存在落物、滞水、裂缝等,尚未妨碍交通	拱部落物,存在大面积路面滞水、结冰或裂缝,已妨碍交通
检修道	结构破损;盖板缺损;栏杆变形、损坏	栏杆变形、损坏;道板缺损;结构破损,尚未妨碍交通	栏杆局部毁坏或侵入建筑限界;道路结构破损,已妨碍交通

6 隧道健康诊断的评价标准

续上表

项目名称	检 查 内 容	判 定 B	判 定 A
排水设施	破损、堵塞、积水、结冰	存在破损、积水或结冰,尚未妨碍交通	沟管堵塞,积水漫流,结冰,设施破损严重,已妨碍交通
吊顶	变形、破损、漏水(挂冰)	存在破损、漏水,尚未妨碍交通	破损严重,或从吊顶板漏水严重,已妨碍交通
内装	脏污、变形、破损	存在破损,尚未妨碍交通	破损严重,已妨碍交通

(2) 定期检查的内容及判定标准宜按表 6-7 执行,应根据隧道的实际情况进行选择。

定期检查内容及判定表　　　　表 6-7

项目名称	检 查 内 容	判 定 B	判 定 A
洞口	山体有无滑坡、岩石有无崩塌的征兆;边坡、碎落台、护坡道等有无缺口、冲沟、潜流涌水、沉陷、塌落等	存在滑坡、崩塌的初步迹象,尚不危及交通	山体开裂、滑动,岩体开裂、失稳、已危及交通
洞口	护坡、挡土墙有无裂缝、断缝、倾斜、鼓肚、滑动、下沉或表面风化、泄水孔堵塞、墙后积水、周围地基错台、空隙等	存在此类异常情况,尚不妨碍交通	挡土墙、护坡等产生开裂、变形、位移等,可能对交通构成威胁
洞门	墙身有无开裂、裂缝	墙身存在轻微开裂,尚不妨碍交通	由于开裂,衬砌存在剥落的可能,对交通构成威胁
洞门	衬砌有无起层、剥落	存在起层、剥落,不妨碍交通	在隧道顶部发现起层、剥落,有可能妨碍交通
洞门	结构有无倾斜、沉陷、断裂	墙身存在轻微的倾斜或下沉等,尚不妨碍交通	通过肉眼观察,即可发现墙身有明显的倾斜、下沉等,或洞门与洞身连接处有明显的环向裂缝,有外倾的趋势,对交通构成了威胁
洞门	混凝土钢筋有无外露	存在轻微的外露现象,尚不妨碍交通	混凝土保护层剥落,钢筋外露,受到锈蚀,对交通安全构成威胁
衬砌	衬砌有无裂缝、剥落	在拱顶或拱腰部位,存在裂缝且数量较多,尚不妨碍交通	衬砌开裂严重,混凝土被分割形成块状,存在掉落的可能,对交通构成威胁
衬砌	衬砌表层有无起层、剥落	存在起层,并有压碎现象,尚不妨碍交通	衬砌严重起层、剥落,对交通构成威胁
衬砌	墙身施工缝有无开裂、错位	存在这类异常现象,尚不妨碍交通	接缝开口、错位、错台等引起止水板或施工缝砂浆掉落,发展下去可能妨碍交通

续上表

项目名称	检查内容	判定 B	判定 A
衬砌	洞顶有无渗漏水、挂冰	存在漏水,未妨碍交通,但影响隧道内设备的安全	衬砌大规模漏水、结冰,已妨碍交通
路面	路面上有无塌(散)落物、油污、滞水、结冰或堆冰等;路面有无拱起、沉陷、错台、开裂、溜滑	存在此类异常情况,尚不妨碍交通	路面出现严重的拱起、沉陷、错台、裂缝、溜滑,以及漫水、结冰或堆冰等,已妨碍交通
检修道	道路有无毁坏、盖板有无缺损;栏杆有无变形、锈蚀、破损等	道路局部破损,栏杆有锈蚀,尚未妨碍交通	道板毁坏,碎物散落,栏杆破损变形,可能侵入限界,已妨碍交通
排水系统	结构有无破损,中央窨井盖、边沟盖板等是否完好,沟管有无开裂漏水;排水沟(管)、积水井等有无淤积堵塞、沉沙、滞水、结冰等	存在沉沙、积水,尚不妨碍交通	由于结构破损或泥沙阻塞等原因,积水井、排水管(沟)等淤积、滞水,已妨碍交通
吊顶	吊顶板有无变形、破损;吊杆是否完好等;有无漏水(挂冰)	存在此类异常情况,尚不妨碍交通	存在严重的变形、破损、漏水,已妨碍交通
内装	表面有无脏污、缺损;装饰板有无变形、破损等	存在此类异常情况,尚不妨碍交通	存在严重的污染、变形、破损,已妨碍交通

(3)日常检查、定期检查和特别检查的结果,宜按表6-8的规定分为三类判定。

日常、定期和特别检查结果的判定(交通部,2003)　　　表6-8

判定分类	检查结论
S	情况正常(无异常情况,或虽有异常情况但很轻微)
B	存在异常情况,但不明确,应作进一步检查或观测以确定对策
A	异常情况显著,危及行人、行车安全,应采取处治措施或特别对策

(4)专项检查的结果,宜按表6-9的规定分为四类判定。

专项检查结果的判定(交通部,2003)　　　表6-9

判定分类	检查结论
B	结构存在轻微破损,现阶段对行人、行车不会有影响,但应进行监测或观测
1A	结构存在破坏,可能会危及行人、行车安全,应准备采取对策措施
2A	结构存在较严重破坏,将会危及行人、行车安全,应尽早采取对策措施
3A	结构存在严重破坏,已危及行人、行车安全,必须立即采取紧急对策措施

6.2 渗漏水的判定标准

隧道漏水和涌水对隧道稳定、洞内设施、行车安全、地面建筑和隧道周围水环境产生诸多不良影响甚至威胁。

在我国铁路隧道养护工作中,根据漏水程度将渗漏水定性地分为润湿、渗水、滴水、漏水、射水、涌水六级。在日本《铁道土木构造物等维持管理标准·同解说(隧道编)》、日本《公路隧道维持管理便览》中,根据漏水状态和部位来判定渗漏水对隧道的影响,其中,根据漏水压力、流量等因素将隧道漏水状态定性地分为浸渗、滴漏、涌流、喷射四级,这种四级漏水状态实际上是前面六级漏水状态的一种精简。在美国《铁路交通隧道和地下建筑物检查方法和程序》中,将渗漏水定性地分为轻度、中度和严重三个等级。在美国《公路和铁路交通隧道检查手册》中,对这个标准进行了量化,即轻度(混凝土表面潮湿但无滴水)、中度(流量小于30滴/秒)、严重(流量大于30滴/秒)。

1)铁路隧道

根据《铁路隧道设计规范》(TB 10003—2005)及工务有关规则的要求做到:①拱部不滴水,边墙不淌水,安装设备之孔眼不渗水;②隧底不涌水,道床不积水;③在有冻害地段的隧道,拱部和边墙基本上不渗水,衬砌背后不积水;④碎石道床无翻浆冒泥,整体道床基床稳定;⑤消除侵蚀性水对衬砌的腐蚀。

根据《铁路桥隧建筑物劣化评定标准》渗漏水对隧道功能影响程度的等级可分为 A、B、C、D 四等级,A 级又可分为 AA 和 A1 两等。如说明表 6-10 所示。

渗漏水对隧道功能影响程度的评定(铁道部,1998) 表6-10

漏水或涌水的危害等级		隧 道 状 态
A	AA(极严重)	水突然涌入隧道,淹没轨道,危及行车安全;电力牵引区段,拱部漏水直接传至接触网
	A1(严重)	隧底冒水、拱部滴水成线,严寒地区边墙淌水,造成严重翻浆冒泥、道床下沉,不能保持正常轨道的几何尺寸,危害正常运行
B(较重)		隧道滴水、淌水、渗水等引起洞内局部道床翻浆冒泥
C(中等)		漏水使基床状态恶化,钢轨腐蚀,养护周期缩短,继续发展将来会升至 B 级
D(轻微)		有漏水,但对列车运行及旅客安全无大威胁,并且不影响隧道的使用功能

渗漏水对隧道功能影响程度等级评定的方法如下:

(1)评定等级时,按病害基准中最严重的一项评定。

(2)漏水、涌水的评定方法可用肉眼观察。

①检查漏水的位置,该部对列车运行、洞内设备功能的影响程度。

②检查各漏水处的漏水状态(可分为渗水、滴水、淌水、涌水四种)。

③线路上有无翻浆冒泥现象、钢轨及扣件有无锈蚀现象、排水设备是否良好等。另外可用量具及跑表量测漏水区,用道尺或轨检车检查轨道几何状态。

(3)判定漏水对衬砌有无侵蚀作用的主要方法是对水进行化学测试,测出水的 pH 值。

2)公路隧道

渗漏水是隧道中最常见的病害。隧道受漏水、涌水规模以及隧道结构、牵引类型、地质条件等因素的影响。在日本《公路隧道维持管理便览》和我国《公路隧道养护技术规范》中,都给出了渗漏水的定性判定标准,两个判定标准基本相同,只在表述上略有区别。从实用性的角度考虑,采用表 6-11 作为漏水状态的判定标准。

公路隧道渗漏水的定性判定标准   表6-11

判 定	状 况	渗 漏 水 状 态
3A	喷水	从衬砌裂缝等处喷射水流,严重影响行车安全
2A	流水	从衬砌裂缝等处涌水,影响行车安全
1A	滴水	从衬砌裂缝等处漏水,不久可能会影响行车安全
B	渗润	从衬砌裂缝等处渗水,几乎不影响行车安全

根据水量、水压的大小不同,隧道渗漏水的状况描述:

(1)渗润:衬砌表面呈湿润状态,并像冒汗一样出现水珠。

(2)滴水:拱部漏水成为水滴,不断下滴。

(3)流水:漏水呈明显水流从裂隙中流出或拱部滴水成线。

(4)喷(涌)水:水从衬砌裂隙中喷出。

从裂缝或施工缝的漏水,一般无需采取紧急措施的居多。当漏水与冻害或盐害以及其他结合时,可能会促使衬砌材质劣化、混凝土腐蚀等,对此需引起注意。判定时可参考表6-12执行。

渗漏水的判定标准   表6-12

结构	主要异况	漏水程度				是否影响行车		判定
		喷射	涌流	滴漏	浸渗	是	否	
拱部	漏水	√				√		3A
			√			√		2A
				√		√		1A
					√		√	B
	挂冰					√		2A
							√	B
侧墙	漏水	√						2A
			√			√		1A
				√		√		1A
					√		√	B
	冰柱					√		2A
							√	B
路面	砂土流出					√		2A/3A
							√	B
	积水					√		2A/3A
							√	B
	结冰					√		2A/3A
							√	B

注:此表主要根据漏水是否妨碍车辆行驶进行判定。例如漏水喷出妨碍车辆行驶,就可判定为3A。

漏水范围扩大和漏水量增加可能与拱背岩体松动和降水量增加有关,前者可能由于岩体松动,产生新的水流通路,使漏水范围扩大;后者可能由于降水量增加,渗入地下,使地下水量增大而致。

路面积水不仅影响车辆行驶,积水渗入路基会降低其强度,破坏铺砌部分。在寒冷地区,积水结冰,严重影响行车。因此,应经常保持排水畅通。

对于渗漏水、结冰、砂土流出等形态的破损,其判定可按表6-13执行。

渗漏水所致的结构破损的判定基准(交通运输部,2003)　　　　　　　表6-13

异常情况 判定	渗漏水	结冰、砂土流出
B	从衬砌裂缝等处渗水,几乎不影响行车安全	有渗漏水,但现在几乎没有影响
1A	从衬砌裂缝等处漏水,不久可能会影响行车安全	由于排水不良,铺砌层可能积水
2A	从衬砌裂缝等处涌水,影响行车安全	由于排水不良,铺砌层积水
3A	从衬砌裂缝等处喷射水流,严重影响行车安全	在寒冷地区,由于漏水等,形成挂冰、冰柱,侵入规定限界;砂土等伴随漏水流出,铺砌层可能发生浸没和沉降

注:此表主要根据漏水是否妨碍车辆行驶进行判定。例如漏水喷出妨碍车辆行驶,就可判定为3A。

3)基于地下工程防水等级的判定标准

在《地下工程防水技术规范》(GB 50108—2001)中,采用定性描述和定量相结合的方法将隧道防水等级分为四级,如表6-14所示。不同防水等级的适用范围见表6-15。其中对电气化铁路隧道、寒冷地区铁路隧道防水要求达到二级,非电气铁路隧道要求达到三级。

地下工程防水等级标准　　　　　　　表6-14

防水等级	标　准
四级	有漏水点,不得有线流和漏泥沙; 整个工程平均漏水量不大于$2L/(m^2 \cdot d)$;任意$100m^2$防水面积的平均漏水量不大于$4L/(m^2 \cdot d)$
三级	有少量漏水点,不得有线流和漏泥沙; 任意$100m^2$防水面积上的漏水点数不超过7处,单个漏水点的最大漏水量不大于2.5Ld,单个湿渍的最大面积不大于$0.3m^2$
二级	不允许漏水,结构表面可有少量湿渍 工业与民用建筑:总湿渍面积不应大于总防水面积(包括顶板、墙面、地面)的1/1 000;任意$100m^2$防水面积上的湿渍不超过1处,单个湿渍的最大面积不大于$0.1m^2$ 其他地下工程:总湿渍面积不应大于总防水面积的6/1 000;任意$100m^2$防水面积上的湿渍不超过4处,单个湿渍的最大面积不大于$0.2m^2$
一级	不允许渗水,结构表面无湿渍

杨新安等(2003)介绍了一种国外的隧道防水分级方法,该方法按最大允许渗漏量将隧道防水等级定量地分为七级,即一级(肉眼看不出)、二级($1L/d/m^2$)、三级($3L/d/m^2$)、四级

（13L/d/m²）、五级（30L/d/m²）、六级（100L/d/m²）和七级（不限制）。

可以看出，目前对隧道漏水状态还是以定性判定为主，尽管地下工程防水标准以定量的形式给出了防水等级，但由于地下工程防水要求比隧道渗漏水更严格，因此还不能应用于隧道渗漏水判定。

不同防水等级的适用范围　　　　　　　　　　　　　　表 6-15

防水等级	适用范围
一级	人员长期停留的场所；因有少量湿渍会使物品变质、失效的储物场所及严重影响设备正常运转和危及工程安全运营的部位；极重要的备战工程
二级	人员经常活动的场所；在有少量湿渍的情况下不会使物品变质、失效的贮物场所及基本不影响设备正常运转和工程安全运转的部位、重要的备战工程
三级	人员临时活动的场所；一般备战工程
四级	对渗漏水无严格要求的工程

6.3　衬砌裂损的判定标准

6.3.1　衬砌变形

衬砌变形主要是指衬砌发生收敛变形，造成隧道净空减小，或侵占预留加固的空间，主要有横向变形和纵向变形两种，其中横向变形是主要的形式。横向变形是指衬砌由于受力原因而引起拱轴形状的改变。衬砌的变形用变形量和变形速度大小来描述。

6.3.1.1　基于变形量的判定标准

在日本《公路隧道维持管理便览》和我国《公路隧道养护技术规范》（JTG H12—2003）中，给出了衬砌变形、移动、沉降的定性判定标准，这两个标准基本相同，只是在表述上略有区别。为此，衬砌变形、移动、沉降的定性判定标准采用我国的标准，如表 6-16 所示。

运营隧道衬砌变形、移动、沉降的定性判定标准（交通部，2003）　　　表 6-16

判定	描述
3A	出现变形、位移、沉降，结构物应有的功能明显下降
2A	出现变形、位移、沉降，估计近期内结构物功能会下降
1A	出现变形、位移，但发展缓慢
B	虽存在变形、位移、沉降，但已停止发展，已无可能再发生异常情况

对于隧道变形，主要是由于外力作用引起的，采用变形量与隧道内轮廓到建筑限界的距离（简称内限距）之比 S 作为判定指标，基于衬砌变形量的隧道结构安全等级划分如表 6-17 所示。

隧道衬砌变形率的分级　　　　　　　　　　　　　　表 6-17

判定	3A	2A	1A	B
变形量与内限距之比 S	$S>3/4$	$1/2 \leqslant S \leqslant 3/4$	$1/4 \leqslant S \leqslant 1/2$	$S<1/4$

6.3.1.2 基于变形速度的判定标准

衬砌的变形、移动、下沉的发展,一般说是逐渐变化的,在地震、滑坡、暴雨等条件下,发展是激烈的。在寒冷地区,因冻结力产生的变异是反复变动和发展的。所以,基于变形等量测结果判定隧道健康状态时,需要有一定的时间。如果判定有加速度的趋势时,应提高判定级别。

洞口附近的覆盖层厚度(<40m)较薄,结构的变形、移动、沉降即使不大,也可能导致斜坡不稳、拱背产生空洞和漏水增加等,检查时需充分注意。当断面变形时,一般是路面、边沟等处首先发生变化,因此检查时需特别留意这些地方。对于隧道净空等的变化,如果变形呈现加速进行,宜将判定升高1个等级;对于因山体滑移等而导致衬砌移动,应判定为2A/3A,以采取紧急对策措施。

从隧道断面形状来看,一般来说,单线断面对侧向地压的变形是敏感的;相反,对垂直荷载的增大,双线断面是敏感的。

1) 公路隧道的变形判定标准

日本《公路隧道维持管理便览》和我国《公路隧道养护技术规范》中的判定标准类似于日本铁路隧道的判定标准,实际上是对日本铁路隧道判定标准的补充完善。基于变形速度的判定标准采用我国的标准,见表6-18。

隧道变形的分级标准(交通部,2003)   表6-18

结 构	结构变形速率 v(mm/年)				判 断
	$v>10$	$10 \geqslant v>3$	$3 \geqslant v>1$	$1>v$	
衬砌	√				3A
		√			2A
			√		1A
				√	B

注:"√"表示相应情况下宜采取的判定分类。

2) 铁路隧道的变形判定标准

我国《铁路桥隧建筑物劣化评定标准——隧道》中给出的变形判定标准也类似于日本铁路隧道,但分为五级,增加了定性描述的两级,其他同日本铁路隧道,如表6-19所示。

我国铁路隧道的变形判定标准   表6-19

判 定		变 形 或 移 动
A	AA	滑坡滑动使衬砌移动加速;衬砌变形、移动、下沉发展迅速,威胁行车安全
	A1	变形或移动速度 $v>10$mm/年
B		变形或移动速度为 $3\sim10$mm/年,而且有新的变形出现
C		有变形,但速度 $v<3$mm/年
D		有变形,但不发展,而且对使用无影响

6.3.2 衬砌开裂

6.3.2.1 衬砌裂缝的判定

1) 裂缝宽度与分级

裂缝开裂宽度在缝口处沿垂直裂面方向量取,缝宽 δ 按大小分为四级:见表6-20。

裂缝宽度(δ)等级   表6-20

毛裂缝	$\delta \leq 0.3$mm
小裂缝	0.3mm$\leq \delta \leq 2$mm
中裂缝	2mm$< \delta \leq 20$mm
大裂缝	$\delta > 20$mm

2) 裂缝错距分级

衬砌出现错牙,用裂缝错距表示。错距沿垂直方向和水平方向量取,前者叫垂直错距,后者叫水平错距,依错距大小分为三个级别。见表6-21。

裂缝错距分级   表6-21

错距分类	垂直错距(mm)	水平错距(mm)
小错距	$\varepsilon < 2$	$C \leq 2$
中错距	$2 < \varepsilon < 20$	$2 < C < 20$
大错距	$\varepsilon \geq 20$	$C \geq 20$

3) 裂缝宽度影响程度分级

根据衬砌裂缝的宽度判定。在我国《铁路工务技术手册——隧道》(吉林铁路局工务处,1980)中,按衬砌裂缝的宽度将衬砌裂缝定量地分为四级,如表6-22所示。在美国《铁路交通隧道和地下建筑物检查方法和程序》中,将衬砌裂缝定性地分为轻微、中等、严重三级。在美国《公路和铁路交通隧道检查手册》中,对非预应力混凝土衬砌,按衬砌裂缝宽度将衬砌裂缝定量地分为三级,如表6-22所示;对预应力混凝土衬砌,衬砌裂缝宽度超过0.1mm时就认为是严重,不超过0.1mm是中等。我国《铁路隧道设计规范》规定,钢筋混凝土衬砌结构构件,按荷载基本组合所求得的最大裂缝宽度不应大于0.2mm(铁道部,2002)。衬砌裂缝宽度判定分级标准见表6-22。

衬砌裂缝宽度判定标准   表6-22

标准	裂缝宽度 b(mm)			
	大	中	小	毛
1.铁路工务技术手册	$b > 20$	$2 \sim 20$	$0.3 \sim 2$	$0.3 \geq b$
2.美国隧道手册	严重	中等	轻微	
	$b > 3.2$	$0.8 \sim 3.2$	$0.8 \geq b$	
3.铁路隧道设计规范	严重影响	较大影响	较小影响	轻微影响
	$b \geq 0.5$	$0.3 \sim 0.5$	$0.2 \sim 0.3$	$0.2 > b$

6.3.2.2 裂缝长度、宽度、深度分级判定

衬砌结构裂缝成因不同,几何形态复杂多变,衬砌裂缝的特征描述参数包括:裂缝的起始位置、展布形态、张开状态、宽度、深度、长度、是否贯通、相对错动距离,其中前两个参数是隧道裂缝的统一特征参数,可以通过若干个关键点的坐标进行表征;后5个参数可以是裂缝的统一特征,也可以与不同关键点的状态表征对应,这取决于裂缝的状态均匀程度和精度要求,即如果在裂缝不同位置上,裂缝的深度、宽度大小比较接近,可将该参量作为裂缝的统一特征,否则需要记录裂缝不同关键点的参数,分别进行描述。如果需要分析裂缝的开展情况,还需要记录关键点处的量化参数随时间变化规律。

对于隧道裂缝,按其发展方向,一般分为纵向、斜向裂缝及环向裂缝,其中以纵向裂缝危害最大,占裂缝总长度的比例也最大,按裂缝的发展部位,一般分为拱顶、拱腰、拱脚和边墙4个部位,其中以拱腰部位纵向裂缝最为集中,应重点设防。

如表6-23,其评价指标主要考虑裂缝宽度 δ、裂缝长度 L 和裂缝深度,其中裂缝深度以其占结构厚度的比例 K 表示。

隧道裂缝分级　　　　　　　　　　表6-23

等级	评价指标与标准		
	裂缝长度 L(m)	裂缝宽度 δ(mm)	裂缝深度 K
A	$L \geq 5$	$\delta \geq 2.5$	$K \geq 1/2$
B	$2.5 \leq L < 5$	$0.5 \leq \delta < 2.5$	$1/3 \leq K < 1/2$
C	$1 \leq L < 2.5$	$0.2 \leq \delta < 0.5$	$1/4 \leq K < 1/3$
D	$L < 1$	$\delta < 0.2$	$K < 1/4$

注:A 严重影响;B 较大影响;C 较小影响;D 轻微影响。

6.3.2.3 裂缝病害的定性判定标准

在日本《公路隧道维持管理便览》和我国《公路隧道养护技术规范》(JTG H12—2003)中,都给出了衬砌裂缝的定性判定标准,两个判定标准基本相同,只在表述上略有区别。为此,衬砌裂缝的定性判定标准采用我国的标准,如表6-24 所示。

公路隧道衬砌裂缝的定性判定标准　　　　　　　　表6-24

判定	3A	2A	1A	B
裂缝状态	裂缝密集,出现剪切裂缝,并且发展速度快	裂缝密集,出现剪切裂缝,并且发展速度较快	存在裂缝,有一定发展趋势	存在裂缝,但无发展趋势

6.3.2.4 基于衬砌裂缝长度和宽度的判定标准

在日本《铁道土木构造物等维持管理标准同解说(隧道编)》中,给出了根据衬砌裂缝的长度和宽度对衬砌裂缝进行定量判定分级的标准,如表6-25 所示。在日本《公路隧道维持管理便览》和我国《公路隧道养护技术规范》(JTG H12—2003)中,也都给出了根据衬砌裂缝长度和宽度对衬砌裂缝进行定量判定的标准,两个标准基本相同。判定时,首先根据衬砌裂缝有无

发展情况将衬砌裂缝分为存在开展的裂缝和无法确定是否存在开展的裂缝两类,然后根据衬砌裂缝的长度和宽度给出了这两种情况下的衬砌裂缝判定标准,如表6-26和表6-27所示,其中,表中的裂缝是以水平方向的裂缝或剪断裂缝为主要对象的,对于横向裂缝,可将判定分级相应降低1个等级即可。对宽度为0.3~0.5以上的裂缝,其分布密度大于$200cm/m^2$时,可提高1个判定等级或者采用判定等级中较高的等级。在我国《铁路桥隧建筑物劣化评定标准——隧道》中,则采用定量和定性相结合的方法将衬砌裂缝分为五级,定量时综合考虑了衬砌裂缝的长度和宽度,如表6-28所示。

日本铁路隧道衬砌裂缝判定标准　　　　　表6-25

裂缝宽度 b(mm) \ 裂缝长度 l(m)	>10m	5~10m	<5m
>5mm	AA~A1	A1	A1
3~5mm	A1	A1	A2

注:AA级代表危险,A1级代表迟早有危险,A2级代表以后有危险。

当衬砌裂缝存在开展时的判定标准　　　　　表6-26

裂缝宽度 b(mm) \ 裂缝长度 l(m)	$l>5$	$5 \geqslant l$
$b>3$	2A/3A	1A/2A
$3 \geqslant b$	1A	1A

当无法确定衬砌裂缝是否存在开展时的判定标准　　　　　表6-27

裂缝宽度 b(mm) \ 裂缝长度 l(m)	$l>10$	$10 \geqslant l>5$	$5 \geqslant l$
$b>5$	2A/3A	1A/2A	1A/2A
$5 \geqslant b>3$	2A	1A/2A	1A
$3 \geqslant b$	1A/B	1A/B	1A/B

我国铁路隧道衬砌裂缝的判定标准　　　　　表6-28

判　定		裂　缝　状　态
A	AA(极严重)	长度$l>10m$,宽度$b>5mm$,且变形继续发展,拱部开裂呈块状,有可能掉落
	A1(严重)	l为5~10m,$a>bmm$;开裂使衬砌呈块状,在外力作用下有可能崩塌和剥落
B(较重)		$l<5m$且$5mm \geqslant b \geqslant 3mm$;裂缝有发展,但速度不快
C(中等)		$l<5m$且$b<3mm$
D(轻微)		一般龟裂或无发展状态

6.3.2.5　基于衬砌裂缝深度的判定标准

对衬砌裂缝深度的判定,目前还鲜有研究,在我国《公路隧道养护技术规范》(JTG H12—2003)中,只是给出了衬砌裂缝深度的检测方法,尚未给出判定标准。

由于二次衬砌开裂后的隧道衬砌承载安全系数f的值随裂缝深度与衬砌厚度比值k的增大而减小;从安全性的角度考虑,采用了如表6-29所示的基于衬砌裂缝深度的判定标准。

基于衬砌裂缝深度的判定标准　　　　　　　　　　　表6-29

判定	3A	2A	1A	B
k（裂缝深度/衬砌厚度）	$k<1/3$	$1/3 \leq k < 1/2$	$1/2 \leq k \leq 2/3$	$k>2/3$

6.3.2.6 基于发展性开裂的判定基准

隧道衬砌主要为混凝土结构，从力学上分析混凝土中裂缝发展的简单过程分为6个阶段，见表6-30。

基于力学分析的隧道衬砌裂缝发展过程（宋瑞刚，2010）　　　表6-30

阶　段	附加应力与极限应力比	衬砌裂缝发展状态描述	衬砌裂损评估
Ⅰ	0	多集料与水泥浆体界面的粘结裂缝，构造裂缝	初始状态
Ⅱ	0.3	构造裂缝尚未扩散，无新裂缝	正常工作状态
Ⅲ	0.5	在粗集料与水泥体界面上引发出了新的裂缝，在水灰比较大的情况下还可观察到粘结裂缝已扩展到基材中，同时基材中出现少量砂浆裂缝	正常工作状态
Ⅳ	0.7	黏结裂缝继续扩展，并大量向基材中延伸，砂浆裂缝不断增多，并开始将临近的黏结裂缝连接起来成为连续裂缝	病害初级阶段
Ⅴ	0.9	黏结裂缝及砂浆裂缝迅速增加，首先相互联结成连续裂缝，试件侧面的混凝土开始剥落	病害加剧发展阶段
Ⅵ	1.0	形成许多贯通裂缝，混凝土达到其强度极限	极限状态

有发展性的开裂的大致判定基准见表6-31。无发展性的开裂的判定基准见表6-32。表中的开裂是以水平方向或剪切开裂为主要对象的。横断方向的开裂，可按降1级进行判定。同时，0.3～0.5mm以上的开裂，密度超过200cm/m²时，要提高1级进行判定或采用分级中较高的级别判定。

当裂缝存在开展时的判定标准　　　　　　　　　　　表6-31

结　构	裂缝宽度 b（mm）		裂缝长度 l（m）		判　定
	$b>3$	$b \leq 3$	$l>5$	$l \leq 5$	
衬砌	√		√		2A/3A
	√			√	1A/2A
		√	√		1A
		√		√	B

当无法确定裂缝是否存在开展时的判定标准　　　　表 6-32

结　构	裂缝宽度 b(mm)			裂缝长度 l(m)			判　定
	$b>5$	$5 \geq b > 3$	$3 \geq b$	$l>10$	$10 \geq l > 5$	$5>l$	
衬砌	√			√			2A/3A
	√				√		1A/2A
	√					√	1A/2A
		√		√			2A
		√			√		1A/2A
		√				√	1A
			√	√	√	√	B/1A

此外，当裂缝众多时，宜将宽度最大的裂缝作为主要检查对象。

6.3.2.7 衬砌起层、剥落的判定标准

在日本《公路隧道维持管理便览》和我国《公路隧道养护技术规范》中，给出了衬砌起层、剥落的定性判定标准，这两个标准基本相同，只是在表述上略有区别。

1）衬砌起层、剥落的分级基准

衬砌的拱和墙间施工缝的起层或产生错台的开裂以及不均匀下沉时，是衬砌承载力降低的前兆，要充分注意。开裂宽度大而且密集的附近或伴随错台的开裂都属于异常状态。要研究在这种情况下是否有突发性崩塌的可能。此外，长度在 10m 以上，错台在 5mm 以上时，应提高判定级别。

在日本《公路隧道维持管理便览》和我国《公路隧道养护技术规范》中，给出了基于衬砌掉落可能性的判定标准，这两个标准是相同的，如表 6-33 所示。衬砌起层、剥落的定性判定标准见表 6-34。

衬砌起层、剥落的判定标准　　　　表 6-33

结　构	部　位	掉落的可能性		判　定
		有	无	
衬砌	拱部	√		3A
			√	B
	侧墙	√		2A
			√	B

对于混凝土衬砌的起层、剥落，如果可能落下，在拱部判为 3A，在侧墙判为 2A；对于防水砂浆等材料的掉落，由于剥落层较薄，可降低 1 个判定等级。

6 隧道健康诊断的评价标准

衬砌起层、剥落的定性判定标准　　　　表 6-34

破损原因 判定	外荷载作用所致	衬砌劣化所致
3A	由于拱顶裂缝密集,衬砌开裂,致起层、剥落,混凝土块可能掉下	由于拱顶部位的材料劣化,导致混凝土起层、剥落,混凝土可能掉落或已掉落
2A	侧墙处裂缝密集,衬砌压裂,导致起层、剥落,侧墙混凝土有可能掉下	由于侧墙部位材料劣化,导致混凝土起层、剥落,混凝土可能掉落或已掉落
1A	—	—
B	—	难以确定起层、剥落

2) 基于衬砌起层、剥落深度和直径的判定标准

在日本《铁道土木构造物等维持管理标准·同解说(隧道篇)》中,根据落下的块体大小将剥落、剥离分为三级,如表 6-35 所示,在判定时还应根据预计频率和线区列车密度来修正等级。由于防止漏水、砂浆的材料劣化而产生的剥落、剥离,因为比较薄,可降低一个判定等级。

日本铁路隧道衬砌剥落的判定标准　　　　表 6-35

判定	AA	A_1	A_2
落下的块体大小	大于砖块	接近砖块	接近集料

日本铁路隧道和公路隧道采用衬砌有效厚度(有效厚度指抗压强度大于 15MPa 的部分)与设计厚度的比值作为衬砌材质劣化程度的分级指标,见表 6-36。铁路隧道采用定量与定性相结合的方法将衬砌材料劣化程度分为五级,还综合考虑了衬砌强度等因素。

日本隧道衬砌剥落的分级　　　　表 6-36

判定	有效厚度/设计厚度		
	<1/2	1/2~2/3	>2/3
铁路隧道	AA	A1	B
公路隧道	2A	A	B

在美国《铁路交通隧道和地下建筑物检查方法和程序》中,将隧道衬砌的剥落定性地分为轻微的、中等的、严重的三个等级,在美国《公路和铁路交通隧道检查手册》中,将这个定性判定等级进行了定量化,对于表面砂浆和集料的剥落采用表 6-37 所示的判定标准,对于混凝土的剥落采用表 6-38 所示的判定标准。同时,根据鼓出后产生的孔洞的直径将鼓出分为轻微、中等、严重三个等级,如表 6-39 所示,当直径大于 75mm 时,鼓出就是剥离。

表面砂浆和集料剥落的判定标准　　　　表 6-37

判定	表面砂浆和粗骨料的剥落
严重	砂浆流失深度大于 25mm,表面砂浆、粗集料、集料间的砂浆均流失
中等	表面砂浆流失深度达 6~25mm,部分粗集料间的砂浆已流失
轻微	表面砂浆流失深度小于 6mm,可见到粗集料

混凝土剥落的判定标准　　　　　　　　　　　　　表 6-38

判定	混凝土的剥落
严重	剥落深度大于 25mm，剥落直径大于 150mm，且剥落处都有钢筋外露
中等	剥落深度为 12~25mm，或剥落直径接近 150mm
轻微	剥落深度小于 12mm，或剥落直径为 75~150mm

鼓出的判定标准　　　　　　　　　　　　　　　表 6-39

判定	鼓出后产生的孔洞的直径
严重	50mm ~75mm
中等	10mm ~50mm
轻微	≤10mm

从上面可以看出，日本铁路隧道的剥落判定标准比较粗糙，美国《公路和铁路交通隧道检查手册》中的剥落判定标准更细一些。为此，以美国隧道检查手册中的剥落判定标准为基础来建立基于剥落深度、直径的判定标准，如表 6-40 和表 6-41 所示。

基于衬砌剥落深度的判定标准　　　　　　　　　　　表 6-40

判定	3A	2A	1A	B
剥落的深度 I_b(mm)	$I_b > 25$	$25 \geqslant I_b > 12$	$12 \geqslant I_b \geqslant 6$	$6 > I_b$

基于衬砌剥落直径的判定标准　　　　　　　　　　　表 6-41

判定	3A	2A	1A	B
剥落的直径 D(mm)	$D > 150$	$150 \geqslant D > 75$	$75 \geqslant D \geqslant 50$	$50 > D$

6.3.2.8　外荷载作用而导致结构破损的判定标准

由外荷载作用而导致的结构破损，以衬砌变形、移动、沉降、裂缝、起层、剥落以及突发性的坍塌等为主要表现形态，其判定可按表 6-42 执行。

外荷载作用所致结构破损的判定基准　　　　　　　　　表 6-42

判定＼异常情况	衬砌变形、移动、沉降	衬砌裂缝	衬砌起层、剥落	衬砌突发性坍塌
B	虽存在变形、位移、沉降，但已停止发展，已无可能再发生异常情况	存在裂缝，但无发展趋势	—	—
1A	出现变形、位移、沉降，但发展缓慢	存在裂缝，有一定发展趋势	—	衬砌侧面存在空隙，估计今后由于地下水的作用，空隙会扩大
2A	出现变形、位移、沉降，估计近期内结构物功能会下降	裂缝密集，出现剪切性裂缝，发展速度较快	侧墙处裂缝密集，衬砌压裂，导致起层、剥落，侧墙混凝土有可能掉下	拱部背面存在大的空洞，上部落石可能掉落至拱背
3A	出现变形、位移、沉降，结构物应有的功能明显下降	裂缝密集，出现剪切性裂缝，并且发展速度快	由于拱顶裂缝密集，衬砌开裂，导致起层、剥落，混凝土块可能掉下	衬砌拱部背面存在大的空洞，且衬砌有效厚度很薄，空腔上部可能掉落至拱背

6.3.2.9 衬砌裂损劣化评定等级

衬砌裂损劣化的等级分为 A、B、C、D 等四级,如表 6-43 所示。

衬砌裂损劣化评定等级(铁道部,1998) 表 6-43

裂损等级		裂损类型 变形或移动	开裂、错动	压溃
A	AA(极严重)	滑坡滑动使衬砌移动加剧;衬砌变形、移动、下沉发展迅速、威胁行车安全	开裂、错台长度 $L>10m$,宽度 $\delta>5mm$,且变形继续发展;拱部开裂呈块状,有可能掉落	拱顶压溃范围 $>3m^2$;或衬砌剥落最大厚度大于衬砌厚度的 1/4,发生时会危及行车安全
A	A1(严重)	变形或移动速度 $v>10mm/$年	开裂、错台长度为 $10m \geq L \geq 5m$,但开裂或错台值 $\delta>5mm$;开裂或错台使衬砌呈块状,在外力作用下有可能崩塌和剥落	压溃范围为 $1m^2 \leq S \leq 3m^2$;或有可能掉块
B(较重)		变形或移动速度在 $10mm/$年$\geq v \geq 3mm/$年,而且有新的变形出现	开裂或错台长度 $L<5m$,且宽度 $5mm \geq \delta \geq 3$ mm;裂缝有发展,但速度不快	剥落规模极小,但可能对列车造成威胁;拱顶压溃范围 $S<1m^2$,剥落块体厚度大于 3cm
C(中等)		有变形,但速度 $v<3mm/$年	开裂或错台值长度 $L<5m$ 且宽度 $\delta<3mm$	压溃范围很小
D(轻微)		有变形,但不发展,而且对使用无影响	一般龟裂或无发展状态	个别地方被压溃

6.3.3 衬砌缺陷

隧道衬砌状态评估指标主要包括两方面的检测内容:隧道衬砌厚度的变化情况,其中包括隧道衬砌厚度不足的部位以及厚度不足的程度(实测厚度/设计厚度)等指标;隧道衬砌后的接触情况,包括衬砌后非密实接触存在的部位及非密实接触段的尺寸大小等指标。

在不同的围岩类别条件下,隧道衬砌厚度发生变化的部位及其变化程度以及由于衬砌后空洞大小和部位不同而引起的衬砌内部拉应力集中程度、剪应力集中程度是不同的。

6.3.3.1 基于衬砌厚度的判定标准

在日本《铁道土木构造物等维持管理标准同解说(隧道编)》、日本《公路隧道维持管理便览》和我国《公路隧道养护技术规范》(JTG H12—2003)中,都采用有效衬砌厚度和设计衬砌厚度之比来表示衬砌断面强度的变化,如表 6-44 和表 6-45 所示(其中,中国和日本公路隧道的判定标准相同)。所谓有效衬砌厚度,是指混凝土强度不小于设计标准强度的衬砌的厚度,当不了解设计标准强度时,可取 $150kg/cm^2$ 为标准。在我国《铁路桥隧建筑物劣化评定标准——隧道》中，采用定量与定性相结合的方法将衬砌材料劣化程度分为五级。公路隧道和日本铁路隧道的判定标准是全量化的判定标准，而且公路隧道的判定标准更简便。因此，以我国公路隧道的判定标准为基础来建立衬砌强度和厚度的判定标准。

日本铁路隧道衬砌强度判定标准　　　　　　　　　　　　　　表6-44

有效厚度/设计厚度、有效厚度	判　定
有效厚度/设计厚度<1/3，有效厚度<250mm	A2/AA
1/3≤有效厚度/设计厚度<2/3	B/A2

注：当劣化范围是极小部分时，可降低一级。

在我国《公路隧道养护技术规范》(JTG H12—2003)中，采用有效厚度与设计厚度之比作为衬砌劣化的一个方面。对衬砌材质劣化等破损的检查，主要从结构物的功能和行车安全性的角度进行基本判定。因此，以衬砌混凝土的强度要求和混凝土剥落的有无作为判定因素。对于钢筋混凝土结构物等，还应从钢材腐蚀的角度进行附加判定。对于衬砌混凝土的起层、剥落，从确保行车安全的角度看，其判定标准与外荷载作用时的判定标准一致。材质劣化的速度，除火灾等异常情况外，与外荷载作用产生的变化相比，一般比较缓慢，通过采取适当的措施，有可能防止或抑制劣化的发展。判定时可参考表6-42执行。

衬砌断面强度的变化以有效衬砌厚度和设计衬砌厚度之比来表示。所谓有效厚度，是指混凝土强度不小于设计标准强度的衬砌的厚度，当不了解设计标准强度时，可取$150kgf/cm^2$为标准。例如，设计衬砌厚度为50cm，实际衬砌厚度为60cm，其中低于设计标准强度的部分厚度为20cm，有效厚度就为40cm，则衬砌劣化程度就是40/50，尚有2/3以上部分是符合设计要求的。实际的衬砌有效厚度必须确保30cm，如小于30cm即可考虑判定为1A/2A分类，再考虑其他有关因素综合判定。

衬砌断面强度降低、起层和剥落的判定标准（交通部，2003）　　　　表6-45

结构	主要原因	起层和剥落的可能性		劣化程度			判定
				有效厚度/设计厚度			
		有	无	<1/2	1/2~2/3	>2/3	
拱部	劣化，冻害，设计或施工不当等	√					3A
			√				B
				√			2A
					√		1A
						√	B
侧墙		√					2A
			√				B
				√			2A
					√		1A
						√	B

基于衬砌厚度（喷射混凝土）的合格条件判断，在进行钻孔检查时，针对喷射混凝土衬砌有如下要求：

(1) 60%以上不小于设计厚度。
(2) 平均厚度不得小于设计厚度。
(3) 最小厚度不应小于设计厚度的一半。

6.3.3.2 衬砌背后空洞的判定标准

隧道工程中隧道衬砌与围岩之间的"背后空洞"与隧道施工过程中回填不密实有关,也可能与隧道运营过程中的水文地质情况有关。

衬砌背后空洞可能导致应力集中,影响结构的安全性。隧道衬砌背后空洞可利用地质雷达测出,如测得隧道衬砌某区域存在比较显著的空洞区域,则可利用与材料劣化类病害类似的描述方法,在附近区域布置多条测线,根据每条测线上空洞起始位置,即可测量得到空洞存在区域范围。

1) 基于衬砌背后空洞深度的判定标准

衬砌背后空洞深度的定量化判定标准见表6-46。

基于空洞深度的判定标准 表6-46

判定	3A	2A	1A	B
空洞深度 l_k (mm)	$l_k > 500$	$500 \geq l_k > 100$	$100 \geq l_k > 0$	0

注:当拱背存在高30cm以上的空洞且有效衬砌厚度小于30cm时,可判定为2A/3A级。

2) 基于衬砌背后空洞大小的判定标准

衬砌背后存在空洞不仅是围岩松弛,土压增加的原因,也阻碍了被动土压的产生,是造成衬砌强度降低的原因之一,衬砌承载力大小和衬砌背后空洞大小与其所处位置有紧密关系,基于衬砌背后空洞大小的隧道结构安全等级划分如表6-47所示。

隧道衬砌背后空洞的分级 表6-47

判定	3A	2A	1A	B
空洞直径(mm)	>500	200~500	100~200	<100

3) 衬砌背后空洞的定性判定标准

衬砌拱部背后有30cm以上的空洞,有效衬砌厚度在30cm以下,背后岩块有掉落的可能时,会产生突发性的崩塌。确认有此情况的场合,应判定为3A~2A级。

在日本《公路隧道维持管理便览》和我国《公路隧道养护技术规范》(JTG H12—2003)中,从突发性崩塌的角度给出了衬砌背后空洞的定性判定标准,两个判定标准基本相同,只在表述上略有区别。为此,衬砌背后空洞的定性判定标准采用我国的标准,如表6-48所示。

衬砌背后空洞的定性判定标准 表6-48

判 定	衬 砌 背 后 空 洞
3A	衬砌拱部背面存在较大的空洞,且衬砌有效厚度很薄,空腔上部可能掉落至拱背
2A	拱部背面存在大的空洞,上部落石可能掉落至拱背
1A	衬砌侧面存在空隙,估计今后由于地下水的作用,空隙会扩大
B	—

6.3.3.3 基于净空侵限的判定标准

在隧道建筑限界内，不得有任何部件侵入，因此对于隧道轮廓变形量的判定，采用变形量与隧道内轮廓到建筑限界的距离（简称内限距）之比作为判定指标，建立的判定标准如表 6-49 所示，表中 s 表示变形量与内限距之比。

基于变形量的判定标准   表 6-49

判定	3A	2A	1A	B
s	$s \geqslant 3/4$	$3/4 > s \geqslant 1/2$	$1/2 > s \geqslant 1/4$	$1/4 > s$

对运营隧道净空侵限的总体要求：
（1）车行道宽度：±10mm。
（2）净总宽：不小于设计。
（3）净高：不小于设计。
（4）轴线偏位：20mm。
（5）路线中心线与隧道中心线衔接：20mm。
（6）边坡仰坡：不大于设计值。

6.3.4 衬砌材质劣化的判定标准

衬砌的剥离的判定基准和大致标准应根据确保通行者和车辆的安全的观点决定，与外力产生的变异是同样的。材质劣化的发展速度，除火灾事故外，与外力的变异比较，发展一般是比较缓慢的。只要采取适当的对策就能够控制，防止劣化的发展。但在其他因素的影响下，劣化也有加速发展的情况。因此，在判定时，要考虑复数因子的影响。对钢筋混凝土结构开裂的发生，最好参考钢筋混凝土结构的有关判定进行综合判定。

6.3.4.1 衬砌材料劣化评定等级

公路隧道材质劣化引起的变异的判定基准见表 6-50。

材料劣化所致结构破损的判定基准（交通部，2003）   表 6-50

判定 \ 异常情况	衬砌断面强度降低	衬砌起层、剥落	钢材腐蚀
B	存在材料劣化情况，但对断面强度几乎没有影响	难以确定起层、剥落	表面局部腐蚀
1A	由于材料劣化等原因，断面强度有所下降，结构物功能可能受到损害	—	孔蚀或钢材表面全部生锈、腐蚀
2A	由于材料劣化等原因，断面强度有相当程度的下降，结构物功能受到一定的损害	由于侧墙部位材料劣化，导致混凝土起层、剥落，混凝土块可能掉落或已有掉落	由于腐蚀，钢材断面明显减小，结构物功能受到损害
3A	由于材料劣化等原因，断面强度明显下降，结构物功能损害明显	由于拱顶部位的材料劣化，导致混凝土起层、剥落，混凝土块可能掉落或已有掉落	—

铁路隧道衬砌裂损劣化等级和判断标准见表6-51。

衬砌材料劣化等级评定（铁道部，1998） 表6-51

衬砌材料劣化等级	衬砌材料劣化类型	混凝土衬砌腐蚀	砌块衬砌腐蚀
A	AA（极严重）	衬砌材料劣化严重，经常发生剥落，危及行车安全；初砌厚度为原设计厚度的3/5，混凝土强度大大下降	拱部接缝劣化严重，拱部衬砌有可能掉落大块体（与砌块大小一样）
A	A1（严重）	(1)衬砌材料劣化，稍有外力或振动，即会崩塌或剥落，对行车产生重大影响；(2)腐蚀深度10mm，面积达0.3m²；(3)衬砌有效厚度为设计厚度的2/3左右	接缝开裂，其深度大于10cm，砌块错落大于1cm
	B（较重）	衬砌剥落，材质劣化，衬砌厚度减少，混凝土强度有一定的降低	接缝开裂，但深度小于10cm或砌块有剥落，但剥落体在40mm以下
	C（中等）	衬砌有剥落，材质劣化，但发展较慢	接缝开裂，但深度不大，或砌块有风化剥落，但块体很小
	D（轻微）	衬砌有起毛或麻面蜂窝现象，但不严重	砌块有轻微风化

6.3.4.2 基于衬砌强度的判定标准

在日本《公路隧道维持管理便览》和我国《公路隧道养护技术规范》（JTG H12—2003）中，都给出了衬砌断面强度降低的定性判定标准，两个判定标准基本相同，只在表述上略有区别。为此，衬砌断面强度降低的定性判定标准采用我国的标准，如表6-52所示。

衬砌强度定性判定标准 表6-52

判　定	衬　砌　断　面　强　度　降　低
3A	由于材料劣化等原因，断面强度明显下降，结构物功能损害明显
2A	由于材料劣化等原因，断面强度有相当程度的下降，结构物功能受到一定的损害
1A	由于材料劣化等原因，断面强度有所下降，结构物功能可能受到损害
B	存在材料劣化情况，但对断面强度几乎没有影响

6.3.4.3 钢筋保护层厚度的确定标准

钢筋混凝土保护层厚度的确定，除在结构上应保证钢筋与混凝土共同作用外，在耐久性方面，还应有效地保护钢筋，使在预计使用年限内，不致因为受到各种自然因素的客观影响而发生钢筋锈蚀的危害。

《钢筋混凝土结构设计规范》提出保护层最小厚度取值参见说明表6-53。

(1)国家基本建设委员会建筑科学研究院主编的《建筑设计资料集》规定：
①迎水面钢筋保护层厚度≥35mm；
②在有侵蚀性环境水时保护层厚度应≥50mm。
(2)日本钢筋混凝土工程施工规范的规定见说明表6-54。

混凝土保护层最小厚度　　　　　　　　　　　表6-53

条　件	构件名称	混凝土强度等级		
		C20	C25、C30	≥C35
室内	墙	15mm		
	梁	25mm		
室外潮湿环境	墙	35mm	25mm	15mm
	梁	45mm	35mm	25mm

注：要求较高的重要结构和处于侵蚀性环境中或直接与土壤接触的结构，保护层最小厚度应适当增加

钢筋保护层厚度最小值　　　　　　　　　　　表6-54

接触土的部位	柱、梁、楼板承重墙	普通混凝土	轻质混凝土
		40mm	50mm
	基础、挡土墙	60mm	70mm

（3）香港建筑法规（1976年版香港法律123章38节115条）钢筋保护层最小厚度规定：

①和土地直接接触的钢筋混凝土其保护层最小厚度为75mm。

②凡钢筋混凝土（钢筋混凝土桩除外）先在模壳里浇灌，使用时可能与土地相接触，其保护层最小厚度为5cm。

③钢筋混凝土桩的全部钢筋（包括箍筋），其保护层最小厚度为40mm。

④在海上工程或者混凝土处于腐蚀性特别严重的环境中，建筑事务主管可以增加保护层厚度。

（4）德国对钢筋混凝土保护层的规定（DIN1045）见说明表6-55。

（5）考虑到实践中还存在施工误差，故明确规定迎水面钢筋保护层厚度不应小于5cm。

混凝土钢筋保护层　　　　　　　　　　　表6-55

钢筋直径（mm）	混凝土保护层（mm）	钢筋直径（mm）	混凝土保护层（mm）
≤12	10	25	25
14、16、18	15	≥28	30
20、22	20		

6.4　冻　　害

在我国《铁路桥隧建筑物劣化评定标准——隧道》中，将冻害对隧道功能的影响程度定性地分为AA、A1、B、C、D五级，如表6-56。具体评定时：当评定等级的基准中有多项，在评定时以最严重的一项作为基准；在评定冻害对隧道功能影响程度时，主要是用肉眼观察及量具测定。

冻害对隧道功能影响程度的等级评定(铁道部,1998)　　表 6-56

冻害等级		隧道状态
A	AA(极严重)	冻溜、冰柱、冰锥等不断发展,侵入限界,危及行车安全;接触网及电力、通讯、信号的架线上挂冰,危及行车安全和洞内作业人员安全;道床结冰(丘状冰锥),覆盖轨面,严重影响行车
	A1(严重)	避车洞结冰不能使用,严重影响洞内作业人员的安全;冰楔和围岩冰胀的反复作用使衬砌变形、开裂并构成纵横交错的裂缝
B(较重)		冻融使衬砌破坏比较严重;冻融使道床翻浆冒泥、轨道几何尺寸恶化
C(中等)		冻害造成衬砌变形、开裂,但裂缝未形成纵横交错,冻融使衬砌破坏,但不十分严重;冻害使洞内排水设备破坏;冻融使线路的养护周期缩短
D(轻微)		有冻害,但对行车安全无影响,对隧道使用功能影响轻微

在日本《公路隧道维持管理便览》和我国《公路隧道养护技术规范》(JTG H12—2003)中,对冻害的判定都是定性的,判定标准也基本相同,如表 6-57 所示。

基于冻害的判定标准(交通运输部,2003)　　表 6-57

判定	2A	B
是否影响行车	是	否

6.5 衬砌腐蚀

6.5.1 渗漏水 pH 值对隧道衬砌腐蚀的影响程度定量分级

在我国《铁路工务技术手册隧道》(修订本)中,将侵蚀性环境水对隧道衬砌混凝土的侵蚀程度定量地分为三级,如表 6-58 所示。在日本《铁道土木构造物等维持管理标准·同解说(隧道编)》、日本《公路隧道维持管理便览》、我国《铁路桥隧建筑物劣化评定标准—隧道》和我国《公路隧道养护技术规范》(JTG H12—2003)中,将渗漏水 pH 值对隧道衬砌腐蚀的影响程度定量地分为四级,铁路隧道判定标准如下表 6-59 所示,公路隧道判定标准如下表 6-60 所示。

环境水对混凝土酸性侵蚀的判定标准　　表 6-58

侵蚀程度	强侵蚀	中等侵蚀	弱侵蚀
pH 值	6.5~5.5	5.4~4.5	<4.5

pH 值与隧道衬砌腐蚀程度分级(铁道部,1998)　　表 6-59

腐蚀等级		pH 值	对混凝土的作用
A	AA(极严重)		
	A1(严重)	<4.0	水泥被溶解,混凝土可能崩裂
B(较重)		4.1~5.0	短期内混凝土表面凸凹不平
C(中等)		5.1~6.0	混凝土表面容易变酥、起毛
D(轻微)		6.1~7.9	视混凝土表面有轻微腐蚀现象

漏水 pH 值的判定(交通部,2003)　　　　　　　　　表 6-60

pH 值	对混凝土的作用	判定结果
4.0 以下	水泥溶解崩溃	危险
4.1~5.0	在较短时间内表面凹凸不平	危险
5.1~6.0	表面易损坏	注意
6.1~7.9	在混凝土使用初期要注意	较安全
8.0 以上	—	安全

环境水对混凝土衬砌侵蚀的标准,化学性腐蚀按程度不同,分为弱侵蚀、中等侵蚀和强侵蚀三种。环境水对混凝土衬砌侵蚀的判定标准如表 6-61 所示。

环境水对混凝土衬砌侵蚀类型及侵蚀程度判定标准　　　表 6-61

侵蚀类型	侵蚀程度		
	弱侵蚀	中等侵蚀	强侵蚀
硫酸盐侵蚀(SO_4^{2-},mg/L)	250~1 000	1 001~4 000	>4 000
镁盐侵蚀(Mg^{2+},mg/L)	1 001~2 000	2 001~7 500	>7 500
酸性侵蚀(pH 值)	6.5~5.5	5.4~4.5	<4.5
盐类结晶性侵蚀(g/L)	10~15	16~30	>30
溶出性侵蚀(HCO_3^-,mg/L)	0.7~1.5	<0.7	不作规定

6.5.2　基于钢材腐蚀的判定标准

在日本《公路隧道维持管理便览》和我国《公路隧道养护技术规范》(JTG H12—2003)中,都只是给出了钢材腐蚀的定性判定标准,两个判定标准基本相同,如下表 6-62 所示。

衬砌钢材腐蚀的判定标准(交通部,2003)　　　　　　　表 6-62

主要原因	腐蚀程度	判定
盐害、渗漏水、酸(碱)化等	表面或小面积的腐蚀	B
	浅孔蚀或钢筋全周生锈	1A
	钢材断面减小程度明显,钢结构功能受损	2A

基于截面损失率的钢筋锈蚀判定标准见表 6-63,这是根据我国《公路旧桥承载能力鉴定方法(试行)》中钢筋锈蚀等级评定标准建立的。

基于钢筋锈蚀的判定标准　　　　　　　　　　　表 6-63

判定	3A	2A	1A	B
截面损失率(%)	>25	10~25	3~10	0~3

6.6 基底翻浆冒泥

冯晓燕(2002)从定性的角度将隧道(铁路)基底翻浆冒泥的影响程度分为四级:
一级:基底未发生冒水、翻浆冒泥和沉陷。
二级:基底出现微小裂缝,有水冒出,但未冒出泥浆。
三级:底板开裂,有水和泥浆冒出,泥浆超过道渣底面,但未超过枕木底面。
四级:泥浆升至枕木以上,无论是否淹过轨道。

6.7 隧道通风照明相关标准

按照《铁路隧道运营通风设计规范》(TB 10068—2000)和《公路隧道通风照明设计规范》(JTJ 026.1—1999)的设计要求,运营隧道通风照明的相关标准如下。

6.7.1 通风相关标准

1)铁路隧道

(1)蒸汽和内燃机车牵引地段,隧道内应保持良好的通风。运营隧道内空气中的有害气体容许浓度应符合铁道部颁发的卫生标准:列车通过隧道 15min 以内,一氧化碳浓度在 $30mg/m^3$ 以下,氮氧化物(换算成 NO_2)浓度在 $10mg/m^3$ 以下。

(2)湿度应小于 80%,温度应低于 28℃;臭氧浓度应小于 $0.3mg/m^3$,含有 10% 以下游离二氧化硅的粉尘浓度应小于 $10mg/m^3$。

(3)自然通风条件不良的隧道,经过空气化验或通风试验,不能在规定时间内达到容许卫生标准时,应设置机械通风。机械通风洞内风速不应大于 $8m/s$。

(4)机械通风方式宜采用射流通风或帘幕通风。通风设备宜设在洞外。当必须设在洞内时,设备应具有防潮、防腐蚀功能。

(5)机械通风设备必须经常保持良好状态和正常运行。工务段应配设专职通风司机及机电检修人员,负责通风机的使用和检修。

(6)采用射流通风时,射流风机安装应牢固可靠,启动灵活,便于维修。采用有帘幕式通风时,帘幕结构应轻便、有效,启闭灵活和具有完善的安全设施及信号联锁装置,并与行车部门协商建立使用制度。

(7)为减少有害气体对工人健康的影响,通风不良的隧道应在避车洞处安设防烟门,并根据环卫规定,采取劳保措施及定期对巡守和维修人员进行体格检查。

(8)隧道内为自然通风设置的通风并两端衔接必须圆颐,边墙面必须平滑,外口应有防护设施。如有妨碍空气流通的地方,应予整修。

(9)新建或改建隧道设置机械通风时,验交前必须进行通风试验,其试验结果作为隧道交接验收资料移交。

2) 公路隧道

(1) 风速:单向交通的隧道设计风速不宜大于 10m/s,特殊情况可取 12m/s;双向交通的隧道设计风速不应大于 8m/s;人车混合通行的隧道设计风速不应大于 7m/s。

(2) 噪音:风机产生的噪声及隧道中废气的集中排放均应符合环保的有关规定。

(3) CO 设计浓度。

① 采用全横向通风方式与半横向通风方式时,CO 设计浓度可按表 6-64 取值;采用纵向通风方式时,CO 设计浓度可按表 6-64 所列各值提高 50ppm 取值。

CO 设计浓度 δ 表 6-64

隧道长度(m)	≤1000	≥3000
δ(ppm)	250	200

注:隧道长度为 1 000~3 000m 时,可按插入法取值。

② 交通阻滞(隧道内各车道均以怠速行驶,平均车速为 10km/h)时,阻滞段的平均 CO 设计浓度可取 300ppm,经历时间不超过 20min。阻滞段的计算长度不宜大于 1km。

③ 人车混合通行的隧道,长度不宜超过 2 000m,其 CO 设计浓度应按表 6-65 取值。

CO 设计浓度 δ 表 6-65

隧道长度(m)	≤1000	≥2000
δ(ppm)	150	100

注:隧道长度为 1 000m~2 000m 时,可按插入法取值。

(4) 烟雾设计浓度。

① 采用钠灯光源时,烟雾设计浓度应按表 6-66 取值;采用荧光灯光源时,烟雾设计浓度应提高一级。

烟雾设计浓度 K 表 6-66

计算行车速度(km/h)	100	80	60	40
$K(m^{-1})$	0.0065	0.0070	0.0075	0.0090

② 当烟雾浓度达到 $0.012m^{-1}$ 时,应按采取交通管制等措施考虑。

③ 隧道内进行养护维修时,应按现场实际烟雾浓度不大于 $0.003\ 5m^{-1}$ 考虑。

6.7.2 照明相关标准

1) 铁路隧道

(1) 隧道照明设施按其设置方式和功能作用分为固定照明和移动式照明。其设计及安装应符合《铁路隧道照明设施与供电技术条件》(TB/T 2275-1991)的要求。

① 固定式照明设施包括:高压引入线及变电设备;低压线路及接头配件,配电、稳压控制设备及配电房以及灯具、插座(插座箱)、接地装置及固定件等。

② 移动式照明设施包括:高压引入线及变电设备(或发电机);低压电缆,插座(固定插座箱或便携式插座箱)和作业照明灯具等。

(2) 长度大于 1 000m 的隧道应设固定式照明设施,长度等于或小于 1 000m 并大于 500m

的曲线隧道应设置移动式照明设施。电源符合照明设置条件的隧道应配备轻型发电机及相应移动式照明设施。

(3)隧道照明安装及照度应符合以下要求：

①固定指示照明灯具安装高度一般距轨面 4m 左右，单线隧道安装在同一侧，双线隧道安装在两侧，间距为 30m。

②固定指示照明灯具及配件应具有防潮、防腐、防震动的"三防"性能，并满足《铁路隧道固定式照明灯具技术条件》(TB/T 2796—97)的要求。

③洞内所有照明设备，都应安装在基本建筑限界以外。

④固定指示照明最小照度在任何情况下不得小于 1lx，作业照明最小照度不小于 15lx。

(4)工务段应配有电工人员，经常保养、定期检修隧道照明设备，使其经常保持完好状态。

2)公路隧道

公路隧道内基本照明及夜间照明标准见表 6-67、表 6-68。

区段照明长度及路面最低亮度　　　　　　　　　　　表 6-67

设计车速 (km/h)	引入段		适应段		过渡段		入口照明区间总长度 (m)
	距离 (m)	亮度 (cd/m²)	距离 (m)	亮度 (cd/m²)	距离 (m)	亮度 (cd/m²)	
80	40	80	40	80－46	40	46－4.5	120
60	25	50	30	50－30	30	30－2.3	85
40	15	30	20	30－20	20	20－1.5	55
20 及以下	1.0		1.0		1.0		

注：1. 上表是以隧道口部环境亮度为 4 000cd/m² 为基本亮度拟定的，如果洞外亮度大于或小于 4 000cd/m²，表值应乘以系数 k_0，$k_0 = \dfrac{洞外环境亮度}{4\,000}$。

2. 当洞口设有减速措施时，可以考虑缩短或取代引入段。

3. 当设计速度超过 80km/h 时，应专门研究。

基本照明及夜间照明亮度　　　　　　　　　　　表 6-68

设计车速 (km/h)	路面平均亮度 (cd/m²)	换算平均亮度	
		混凝土路面	沥青路面
80	4.5	60	100
60	2.3	30	50
40	1.2	20	35
20 及以下	1.0	15	20

注：1. 平均照度换算系数：13(混凝土路面)；22(沥青路面)。

2. 当设计车速超过 80km/h 时，应做专门研究。

6.8　震害损伤分级

地震作用下隧道结构的破坏程度同隧道埋深、震级、震中距、强震持续时间、隧道结构的抗震性能以及隧道通过地地质条件等密切相关。隧道受损等级可分为三级：

A级包括(1)无损害,即通过目视观察,没有可确认的异常状况;(2)损害轻微,此时有轻微可见的衬砌龟裂等,对交通没有影响(龟裂宽度<5mm,龟裂长度<5m)。

B级为中等规模损害,此时有衬砌剥落、衬砌错动开裂(龟裂宽度>3mm,龟裂长度>5m)、钢筋外露、伸缩缝及施工缝位移、渗漏水等对交通有影响。

C级为大规模损害,此时隧道洞口边坡坍滑、隧道主体冒落、路面与路肩隆起或错动开裂、积水、长大隧道通风与照明设施损坏等造成无法正常通行。

6.9 火灾损伤评定标准

隧道火灾损伤评定是灾后隧道修复加固技术改造的基本依据,是保证火灾后隧道安全使用的关键,同时也是隧道管理的重要组成部分。隧道火灾受损评定,包括隧道火灾后检查和隧道现场试验两个方面。隧道检查系指对受火灾隧道各部分的技术状态进行详细的调查研究,借以评估隧道火灾后的现状,为隧道的使用及维修加固提供必要的依据。

隧道现场试验是指通过火灾后隧道现场试验,量测与隧道结构性能的参数,如强度、变形、沉降、隆起、应变、裂缝、剥落等,从而分析得出其结构的强度、刚度、耐火抗裂性能及整体稳定性,据以评估火灾后隧道的支护承载能力。

梅志荣(1999年)在总结国内外大量隧道火灾实例的基础上,并参考地面建筑物火灾损伤评估标准及损伤程度分类,根据调查统计和试验分析结果而建立起来的分级评定方法(表6-69)。主要分级指标分为隧道火灾后检查和隧道现场试验两大类。

隧道衬砌结构火灾损伤评定分级建议表(梅志荣,1999年)　　　　表6-69

损伤程度	损伤指标特征									
	损伤深度(cm)	酥松深度(cm)	剥落深度(cm)	衬砌混凝土残余强度比	结构残余支撑能力(%)	混凝土衬砌声速比	温度指标		表面特征	
							火灾温度(℃)	燃烧时间(h)	混凝土表面颜色	烧伤区混凝土特征
轻度损伤(Ⅰ)	3~6	2~4	基本无	>0.7	>85	>0.8	400 500 600	5~14 1~8 0~3	烟熏黑色	表层混凝土有轻微损伤,整体结构基本无破坏。烧伤区混凝土组织结构基本保持原状

续上表

损伤程度	损伤指标特征									
	损伤深度(cm)	酥松深度(cm)	剥落深度(cm)	衬砌混凝土残余强度比	结构残余支撑能力(%)	混凝土衬砌声速比	温度指标		表面特征	
							火灾温度(℃)	燃烧时间(h)	混凝土表面颜色	烧伤区混凝土特征
中度损伤（Ⅱ）	6~12	4~7	0~3	0.5~0.7	70~85	0.5~0.8	600 700 800 900	3~19 0~19 0~11 0~1	混凝土烟熏黑色，略带浅红	裹层混凝土剥落和烧酥，烧损的混凝土组织结构发生变化，呈绪红色。结构表面有局部0.5~2mm裂纹
严重损伤（Ⅲ）	12~20	7~12	3~7	0.36~0.5	55~70	0.3~0.5	900 1000 1100 1200	1~35 0~26 0~16 0~6	灰白色略带浅红色	表层混凝土剥落和烧酥层较为严重，有2~3cm厚的烧酥层。混凝土组织结构发生了显著变化。结构表面有部分0.5~2mm裂纹
极度损伤（Ⅳ）	20~30	12~30	7~15	0.2~0.36	40~55	0.1~0.3	1200 1300 1400 1500	6~49 0~39 0~30 0~20	灰白色	表层混凝土剥落和烧酥层较为严重，烧酥层厚大于4cm，混凝土组织结构发生了变质。结构表面有部分>2mm裂纹
破坏（Ⅴ）	>30	>20	>15	<0.2	<40	<0.1	1200 1300 1400 1500	>49 >39 >30 >30	灰白色	大量破坏性贯穿裂纹，混凝土烧酥，结构局部失稳

国内外在这方面都积累了大量经验。因此,在表6-69中我们给出衬砌混凝土受损前后的声波比值作为隧道火灾损伤分级评定的主要参数之一。衬砌混凝土受损前的波速值可参考国内外已有成果或在隧道中未受火损的衬砌上取样测试。从现场和室内试验情况来看,声波波速与混凝土损伤程度存在着较好的一致性。在具体应用中,可参考试块抗压强度比与声速比之曲线关系。应该指出,波速值仅仅是确定衬砌火灾损伤分级的一个指标,在确定时应当考虑其他因素加以综合判断。

表6-69中隧道结构残余能力是一个火灾损伤分级评定的不确定性分级因素,可依据广泛的隧道检查和现场试验,按下式取值:

$$P = P_0 \times K_1 \times K_2 \times K_3 \times K_4$$

式中:P_0——原设计隧道支承能力;

K_1——残余支承能力系数,依据结构受损,材料老化程度而定;

K_2——表示隧道结构烧损表层特征的系数;

K_3——表示隧道实际运营情况的系数;

K_4——表示隧隧道建造使用年限情况的系数。

上述各系数由隧道火灾现场评估专家根据受灾隧道具体情况决定。不难看出,隧道结构残余支承能力评估包含许多不确定性因素,不可能采用某种完善的数学模型进行精确定量的描述,但可采用人工智能技术(如专家系统 Expert System)进行处理。一般来说,隧道火灾事故属重大交通事故,在事故处理过程中,现场云集各路方面的专家,这些专家工程经验丰富,知识结构全面,判断能力强,因此专家知识的采集容易,可信度较大,专家系统较易建立。目前,实用的评估专家系统仍在研究发展中。

参 考 文 献

[1] 中华人民共和国行业标准. JTG H12—2003 公路隧道养护技术规范[S]. 北京:人民交通出版社,2003.

[2] 中华人民共和国行业标准. TB/T 2820.2—1999 铁路桥隧建筑物劣化评定标准[S],北京:人民交通出版社,1998.

[3] 中华人民共和国行业标准. 铁路运营隧道衬砌安全等级评定暂行规定,2004.

[4] 罗泽文. 公路隧道结构健康诊断与病害处治研究[J]. 湖南交通科技,2009,35(4).

[5] 宋瑞刚,张顶立,伍冬,等. 隧道衬砌结构裂损机理及定量评估[J]. 北京交通大学学报,2010,34(4).

[6] 交通部. 隧道工程试验检测技术[M]. 北京:人民交通出版社,2004.

[7] 罗鑫. 公路隧道健康诊断方法及系统的研究[D]. 上海:同济大学,2004.

[8] 中华人民共和国行业标准. TB 10068—2000 铁路隧道运营通风设计规范[S]. 北京:中国铁道出版社,2000.

[9] 中华人民共和国行业标准. JTJ 026.1—199 公路隧道通风照明设计规范. 北京:人民交通出版社,2000.

[10] 中华人民共和国铁道部,铁路桥隧建筑物大修维修规则. 2000.

[11] 梅志荣,韩跃. 隧道结构火灾损伤评定与修复加固措施的研究[J]. 世界隧道,1999(4).

7 隧道养护与加固方法

隧道结构物在建成后，在合适的设计、施工和维修管理条件下，应具有良好的承载性、耐久性和满足耐久性要求的使用寿命。但隧道结构物由于其自身的特殊性，在施工及运营过程中将受到诸如地质条件、地形条件、气候条件和设计、施工、运营过程中各种因素等的影响，致使其在长期的使用过程中出现了各种各样的病害。隧道病害不但使隧道结构的稳定性受到一定程度的破坏，安全可靠性降低，影响了隧道作为快速安全交通通道的使用功能，同时未达到隧道结构设计基准期就急需大修，花费了大量的资金，这显然与建设隧道的初衷相违背。

隧道应建立"早期发现、及时维护"的理念。也就是要构筑一个把设计、施工、运营、维修管理结合到一起的长期监控及隧道健康度评价体系，对长期监控中实时采集的数据进行分析研究，及时了解隧道工程在运营期间主体结构的受力状态，在病害产生的早期及时发现并作出相应的预警机制，并对隧道结构物的健康状态以及使用寿命进行评估，研究是否采取相应的措施和对策，以延长结构物的寿命，提高结构物的服务功能。图7-1反映了早期发现隧道产生变异后及时维护加固的重要性。

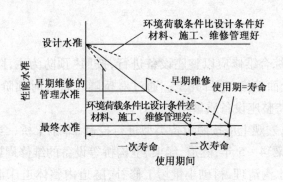

图7-1 结构物劣化曲线

因此，不管是新建还是既有结构物，都要消除"免维修或不能维修"的误解，在隧道建设过程中建立起对主体结构进行长期监控并及时反馈结构物安全状态的一套监测系统，通过对隧道使用过程中主体结构的受力、变形状况进行监测获得的实测数据，评估隧道结构运营期各阶段的安全等级以指导运营，并进一步研究"自然条件—病害现象—隧道结构功能状态"之间的因果关系,为未来的维护加固提供有力的科学依据。

人们早已认识到隧道病害对运营的严重威胁,只是限于条件,目前对高速公路病害隧道的治理,由于受行车条件的限制,大都处于治表为主的状况,修修补补,一段时间后旧病复发的很多。隧道病害的防治原则:

(1)病害防治应尽量不中断运营或尽量减少对运营的影响;

(2)摸清病害产生的原因,根据围岩地质等具体因素,选择合理的整治;

(3)病害整治时宜尽量利用既有的临时设施,如便道、房屋、水池等,以降低病害整治费。

7.1 隧道养护与维修要求

隧道养护与维修不论铁路隧道还是公路隧道都有相应的机构和具体操作要求。按照《铁路桥隧建筑物大修维修规则》、《公路隧道养护技术规范》的具体要求,介绍如下。

7.1.1 铁路隧道养护

1)维修组织

(1)桥隧设备的维修管理工作由工务段负责,实行"检修分开"的管理方式。工务段应根据管辖桥隧建筑物的数量,设立桥隧检查工区、桥隧机械化维修工区(或工队)和桥隧车间,在工务段的统一安排下,负责桥隧设备的检查、维修和段办桥隧大修工程。有长大隧道或隧道较多的工务段,还应设置隧道通风及照明工区。

(2)桥隧工区、工队和特大桥隧工区,可视管辖设备情况,配备相应的交通运输工具、动力机械和专用作业机具,以利检查保养和实现主要作业项目机械化,其机具配备标准按铁工务[1991]93号《桥隧维修机具装备规则》办理。

(3)桥隧建筑物维修工作实行综合维修和经常保养相结合的方式,以保证设备状态完好,确保行车安全。

2)综合维修

(1)桥隧建筑物的综合维修应以整座设备进行,按照"预防为主,防治结合,有病治病,治病除根"的原则,做到全面整修,项目齐全。通过对桥隧设备适时预阶性的修理和病害整治,恢复各部件的功能,保持整座设备质量均衡完好。

(2)综合维修周期,宏观上应按照设备类型进行控制,即钢梁桥(含混合桥钢梁)2~3年、圬工桥(含混合桥圬工梁)4~5年,隧道、涵渠、框构桥等设备的维修周期视技术状态而定。隧道漏水的小量整治,排水沟清理,衬砌小量圬工修补,隧道内整体道床混凝土修理,隧道通风、照明设施修理。

(3)综合维修作业质量验收:综合维修作业质量评定分为优良、合格、不合格三个等级。全部项目一次验收达到合格及以上,主要项目均达优良即评为"优良";全部项目达到合格及以上,可评为"合格",否则为"不合格"。若出现不合格处所,经返修复验合格,只能评为"合格"验收标准见表7-1。

隧道大维修(整修加固)作业验收标准　　　　表 7-1

工作项目	质量标准 优良	质量标准 合格	附注
1.整修隧道	(1)整治滴水后无滴水; (2)煤烟清扫无堆积; (3)排水沟无渗漏、积水; (4)圬工裂损修补符合圬工修补要求; (5)洞门、避车洞及指示箭头刷白清晰; (6)通风照明设施整修完好,使用正常	(1)有少量积水; (2)同左; (3)局部淤积不影响排水; (4)同左; (5)同左; (6)同左	
2.加固更换模注混凝土衬砌	(1)限界及各部尺寸与设计相符,向内无偏差; (2)圬工质量参照圬工梁拱墩台标准; (3)墙顶封口处与拱脚底面接合无浮渣,并用同等级较干的砂浆捣实接合平整	(1)同左; (2)同左; (3)经修理后达到要求	
3.锚喷混凝土(或钢筋混凝土)衬砌	(1)混凝土配合比、速凝剂掺量符合要求; (2)受喷面无浮渣,并经高压风、水清洗; (3)试块的抗压强度等级平均值不低于 C25; (4)喷射厚度所有检查断面上全部检查孔处喷射混凝土的厚度 80%以上应不小于设计厚度,网喷最小厚度不小于 6cm 素喷最小厚度不小于 4cm; (5)喷射混凝土与围岩或受喷面应紧密黏接,用锤敲击无空声; (6)锚杆材质、尺寸和间距符合设计要求; (7)钢筋网与受喷面的空隙应不小于 3cm; (8)无裂缝、露筋、漏水	(1)同左; (2)同左; (3)任意一组试块抗压强度平均值,最低不得低于设计等级的 85%; (4)局部厚度不符合规定,经补喷后达到要求; (5)个别有空声,经补修后达到要求; (6)锚杆锚固力不低于设计要求; (7)同左; (8)有个别裂缝缝漏筋,补修后达到要求,非寒冷和严寒地区有个别面积漏水	(1)检查施工记录; (2)观察、检查; (3)隧道每 30 延米取一组试块,检查试验报告单; (4)凿孔测量厚度单线每 30 延米,双线每 20 延米至少检查一个断面,检查锚固力试验报告,每 300 根至少做 3 根试验,检查隐蔽记录
4.翻修整体道床	(1)混凝土道床:道床基底无风化、虚碴软土、杂物和地下水等,钢筋布置和道床混凝土强度符合设计要求;道床混凝土与支承垫块联牢,无松动,混凝土无裂缝、蜂窝、露石;道床顶面平整,排水坡向正确,道床面高程误差不大于设计±10mm,表面整洁无脏物; (2)整体道床与弹性道床之间的过渡段,其平面布置、结构尺寸符合设计要求; (3)伸缩缝设置数量和位置符合要求	(1)同左,个别块松动或混凝土微小蜂窝、露石、经修补后达到要求。个别部位有超限,经修补后达到要求; (2)同左; (3)同左	

续上表

工作项目	质量标准		附注
	优良	合格	
5.整治漏水	整治后无漏水	(1)同左	
6.翻修增设排水沟	(1)水沟位置、断面、深度符合设计要求； (2)水沟盖板齐全，平稳无损坏； (3)沟底坡符合要求，排水顺畅，不积水	(1)同左； (2)同左； (3)个别处所有轻微积水	
7.照明大修或增设	(1)配电及电缆、灯具、照度符合设计要求； (2)电缆、灯具等安装牢固无松动； (3)保安全设施齐全	(1)同左； (2)同左； (3)同左	
8.通风设备大修或增设	(1)通风机及附属设备符合设计要求，运转正常； (2)风道表面平整，通顺； (3)各部件联结牢固，启闭灵活	(1)同左； (2)同左； (3)同左	

3) 经常保养

(1) 通过对桥隧建筑物的经常检查保养，及时发现和消灭超限处所和临近超限处所，保持桥隧设备状态经常均衡完好，确保行车安全平稳。

(2) 保养工作范围：隧道清除烟灰、煤渣、结冰，清理危石及衬砌掉块，疏通排水沟、补充水沟盖板等。

(3) 桥隧建筑物保养质量评定工作：每次评定的情况，均应填写《隧道建筑物保养质量评定记录表》，以备抽查。隧道建筑物保养质量评定标准见表7-2。

隧道建筑物保养质量评定标准 表7-2

保养标准	扣分条件	单位	扣分
1.隧道排水沟畅通，盖板完好	排水沟有杂草、淤泥、碎石影响排水；	m	5
	排水沟盖板缺少、损坏；	块	5
2.避车洞标志清晰	避车洞刷白标志及侧壁指示箭头不清晰；	处	5
3.洞内煤烟无堆积	煤烟堆积；	m	5
4.洞内积冰无侵限	积冰侵限。	处	10

注：项目超过允许百分数时，扣分包括百分数在内。

4) 隧道巡守

(1) 隧道巡守设置：全长在1000m及以上至2000m的隧道，设巡守工3.5人(昼夜)；全长在2000m以上的隧道，设巡守工7人(分两个巡回区，昼夜)。其他隧道，如位于城镇附近行人特别繁忙，或结构特别复杂、地位重要以及有严重病害需要经常观测的隧道，设巡守。设有机械通风或固定指示照明的隧道,应设昼夜巡守。

(2)桥隧巡守工担负着长大桥隧经常检查和保证安全的重要职责,应严格执行下列制度:

①巡回检查制度。按工务段规定的巡回图巡回检查桥隧建筑物各部及两端各30 m范围内线路的状态。监视列车通过建筑物情况,及时发现和处理列车坠物、掉火等不安全因素。将发现的病害及处理结果记入《桥隧巡守工交接班记录簿》内。

②病害观测制度。按照上级规定,对桥隧的病害进行定期观测,填写《桥隧病害观测记录簿》。

③交接班制度。实行日夜连续巡守的桥隧,应执行交接班制度。交接班时,交接班人应会同检查建筑物一遍,并填写《桥隧巡守工交接班记录簿》。接班者未按时到位,值班巡守工不能离开工作岗位。

④汇报制度。a.发现有危及行车安全的处所,应即采取保证行车安全的措施,并报告车站和工长。b.洪水期间每日应定时向工务段调度汇报水位及洪水通过桥梁的情况。c.每月定期向工长汇报行车及人身安全、桥(隧)病害变化、小补修工作等情况。

7.1.2 铁路隧道大修管理

1)大修工作范围

桥隧大修按照设备状态劣化程度、工程性质、工程量大小和复杂情况,可分为周期大修、重点大修和一般大修等。周期大修是指整孔桥面更换、整孔钢梁(或钢塔架)重新涂装等工程;中桥以上更换梁跨、扩孔、墩台大修、基础加固、复杂的钢梁加固、增设或更换隧道衬砌及需要便线施工的工程等列为重点大修工程;其他病害整治和大修列为一般大修工程。隧道大修指:

(1)加固、更换、增设衬砌或扩大限界。

(2)加固洞门及增设仰坡、翼墙等防护设备。

(3)加固、增设或接长明洞。

(4)成段翻修或增设铺底、仰拱或整体道床。

(5)整治漏水,改善和增设排水设备。

(6)修理或更新隧道照明及机械通风。

2)检查验收

(1)桥隧大修施工单位应建立严格的检查制度,做好施工检查工作。

(2)为保证大修工程质量,应做好质量检查监督工作。

(3)大修验收以每件为单位,工程项目较多,工作量较大的工程,亦可分项或分孔(个)进行验收,但全部工程竣工后,须再进行一次总的质量评定。

(4)桥隧大修工程的质量,以每件工程综合评定。分为"优良"、"合格"、"不合格"三个等级。

优良:全部工作项目的质量,一次验收达到合格及以上,其中主要工作项目的质量全部达到优良。

合格:全部工作项目的质量达到合格及以上。

不合格:任何一项工作项目的质量未达到合格。

若不合格项目返工整修,经复验达到合格及以上,只能评为"合格"。

7.1.3 公路隧道保养维修

按照《公路隧道养护技术规范》(JTG H12—2003)要求。

(1)土建结构的保养维修工作主要包括经常性或预防性的保养和轻微破损部分的维修等内容,以恢复和保持结构的良好使用状态。

(2)当日常检查的判定结果为 A 时,应及时对土建结构进行保养和维修。

①洞口。及时清除洞口边仰坡上的危石、浮土,冬季应清除积雪和挂冰,保持洞口边沟和边仰坡上截(排)水沟的完好、畅通,修复洞口挡土墙、护坡、排水设施和减光设施等结构物的轻微损坏,维护洞口花草树木的完好。

②洞身。无衬砌隧道出现的碎裂、松动岩石和危石,应本着少清除多稳固的原则,加以处理;围岩的渗漏水,应开设泄水孔接引水管,将水导入边沟排出;冬季应及时清除洞顶挂冰。

有衬砌隧道出现的衬砌起层或剥离,应及时加以清除或加固;对衬砌的渗漏水,可将水流引入边沟排出;冬季应及时清除洞顶挂冰等。

③路面。及时清除隧道内外路面上的塌(散)落物,及时修复、更换损坏的井盖或其他设施的盖板;当路面出现渗漏水时,应及时处理,将水引入边沟排出,防止路面积水或结冰;冬季应及时清除洞口处积石。

④人行和车行横洞。横洞内严禁存放任何非救援用物品,及时清除散落杂物,修复轻微破损结构,定期保养横洞门,确保横洞清洁、畅通。

⑤斜(竖)井。及时清除井内可能损伤通风设施或影响通风效果的异物;维护井内排水设施的完好,保持水沟(管)的畅通;对井内的检查通道或设施进行保养,防止其锈蚀或损坏。

⑥风道。清理送(排)风口的网罩,清除堵塞网眼的杂物;定期保养风道板吊杆,防止其锈蚀或损坏;及时修复风口或风道的破损,更换损坏的风道板。

⑦排水设施。维护隧道内外排水设施的完好,发现破损及时修复;排水管堵塞时,可用高压水或压缩空气疏通。

⑧吊顶和内装。吊顶和内装应保持完好和整洁美观,如有破损、缺失应及时修补恢复,不能修复的应及时更新。

⑨人行道或检修道。维护人行道或检修道的完好和畅通,道板如有破损或缺失,应及时进行修复和补充;定期保养人行道或检修道护栏,防止其锈蚀、损坏。

(3)寒冷地区隧道的防冻保温设施应做好保养维护,如有损坏及时维修,确保其正常使用功能。

(4)洞口设有防雪设施的隧道,应做好防雪设施的保养维护,并在大雪降临前完成设施的维修加固。

(5)隧道的交通标志应保持外观完整、清晰、醒目,保持位置、高度和角度适当,确保交通信息传递无误。

①及时清洗标志牌面的脏污,清除遮挡标志的障碍。

②及时修补变形、破损的标牌,修复弯曲、倾斜的支柱,紧固松动的连接构件。

③对锈蚀损坏、老化失效的标志,应及时更换,缺失的应及时补充。

（6）隧道的交通标线应保持完整、清洁和醒目。

①及时清洗脏污的标线,对破损严重和脱落的标线应及时补画。

②清除突起路标的脏污和杂物,及时紧固松动的路标,发现损坏或丢失的,应及时修复或补换。

7.1.4 公路隧道病害处治

（1）病害处治应根据结构检查结果,针对病害产生原因,按照安全、经济、合理的原则确定方案。处治方案可由一种或多种处治方法组成,处治方法可按表7-3选用。

病害处治方案选择表　　　　　　　　　　　　　　　　　表7-3

处治方法	病害原因 外力引起的变化							材料劣化	渗漏水	其他			病害现象特征	预期效果
	松弛压力	偏压	地层滑坡	膨胀性土压	承载力不足	静水压	冻胀力			衬砌背面空隙	衬砌厚度不足	无仰拱		
衬砌背面注浆	★	★	★	★	★	★			○	★			衬砌裂纹、剥离、剥落	衬砌与岩体紧密结合,荷载作用均匀,衬砌和围岩稳定
防护网								★					①衬砌裂纹、剥离、剥落;②衬砌材料劣化	防止衬砌局部劣化
喷射混凝土	○	☆		☆	☆	○	○	☆			☆		①衬砌裂纹、剥离、剥落;②衬砌材料劣化	防止衬砌局部劣化
锚杆加固	☆	★	☆	★	★	○	☆	○			☆	★	①拱部混凝土和侧壁混凝土裂纹、侧壁混凝土挤出;②路面裂缝,路基膨胀	①岩体改善后岩体稳定性提高,防止松弛压力扩大;②通过施加预应力,提高承受膨胀性土压和偏压的强度
排水止水	○	○	☆	○	○	★	★		★				①衬砌裂纹或施工缝漏水增加;②随衬砌内漏水流出大量砂土	①防止衬砌劣化,保持美观;②恢复排水系统功能,降低水压

续上表

处治方法	病害原因											病害现象特征	预期效果
	外力引起的变化						材料劣化	渗漏水	其他				
	松弛压力	偏压	地层滑坡	膨胀性土压	承载力不足	静水压	冻胀力			衬砌背面空隙	衬砌厚度不足	无仰拱		
套拱	○	☆	☆	☆	☆	○	○	☆			★		①衬砌裂纹、剥离、剥落；②衬砌材质劣化	由于衬砌厚度增加，衬砌抗剪强度得到提高
绝热层							★						①拱部混凝土和侧壁混凝土裂缝，侧壁混凝土挤出；②随季节变化而变动	①由于解冻，防止衬砌劣化；②防止冻胀压力的产生
滑坡整治		☆	★										①衬砌裂缝、净空宽度缩小；②路面裂缝，路基膨胀	防止岩层滑坡
围岩压浆	○	○			○	○			○	☆	☆	☆	①拱部混凝土和侧壁混凝土裂缝，侧壁混凝土挤出；②路面裂缝，路基膨胀	周边岩体改善，提高了岩体的抗剪强度和黏结力
灌浆锚固	☆	★	★	★	★					○		★	①拱部混凝土和侧壁混凝土裂缝，侧壁混凝土挤出；②路面裂缝，路基膨胀	由于施加预应力，提高膨胀性岩层、偏压岩层的强度
增设仰拱		★	☆	★	★	○	☆					★	①拱部混凝土和侧壁混凝土裂缝，侧壁混凝土挤出；②路面裂缝，路基膨胀	提高对膨胀围岩压力和偏压围岩压力的抵抗力

续上表

处治方法	病害原因												病害现象特征	预期效果
	外力引起的变化							材料劣化	渗漏水	其他				
	松弛压力	偏压	地层滑坡	膨胀性土压	承载力不足	静水压	冻胀力			衬砌背面空隙	衬砌厚度不足	无仰拱		
更换衬砌	☆	☆	☆	☆	☆	○	○	★	☆	☆	★	★	①拱部混凝土和侧壁混凝土裂缝,侧壁混凝土挤出;②路面裂缝,路基膨胀	更换衬砌,提高耐久性

注:1. 符号说明:★—对病害处置非常有效的方法;☆—对病害处置较有效的方法;○—对病害处置有些效果的方法。
2. 松弛压力中包括突发性崩溃的情况。

(2)采用衬砌背面注浆方法处治病害,应符合下列要求:

①应根据专项检查结果,确定空隙部位,合理布置注浆孔。

②注浆压力应小于0.5MPa,在注浆过程中应加强监测。当发生衬砌变形或排水系统堵塞等异常情况时,可降低注浆压力或采用间歇注浆,直到停止注浆。

③注浆效果检查可采取钻孔取芯、超声波或雷达检测等方法。

(3)采用防护网方法处治病害,应符合下列要求:

①防护网必须选用耐火的材料。

②施工前应凿除衬砌剥离劣化部分。

③防护网可用锚栓固定在衬砌表面上,应固定牢固。

(4)采用喷射混凝土方法处治病害,应符合下列要求:

①喷射混凝土的种类主要有:素混凝土、钢筋网喷射水泥砂浆、钢筋网喷射混凝土和钢纤维喷射混凝土等,应根据病害程度和施工条件等因素进行选择。

②喷射混凝土必须有足够的强度和附着率,其配合比应通过实验确定,喷射机的工作风压,应满足喷头处的压力在0.1MPa左右。

③当采用钢筋网喷射混凝土时,钢筋网必须有恰当的保护层厚度。

④喷射混凝土终凝2h后应喷水养护,养护时间应不少于7d;当隧道内相对湿度大于85%时,可采用自然养护,寒冷地区的养护应按相关规范进行。

⑤当喷射混凝土作业完成后,应对喷射混凝土层进行检测,强度指标应达到设计要求。其强度指标及检测方法可按表7-4执行。

锚喷支护实测项目　　　　　　　　　　　表 7-4

序　号	检查项目	规定值或允许偏差	检查方法和频率
1	混凝土强度（MPa）	在合格标准内	喷射混凝土抗压强度系指在喷射混凝土板件上，切割制取边长为 10cm 的立方体试件，在标准养护条件下养护 28d，用标准试验方法测得的极限抗压强度，乘以 0.95 的系数
2	锚杆拔力（kN）	28d 拔力平均值≥设计值，最小拔力≥0.9 设计值	按锚杆数 1% 做拔力试验且不小于 3 根
3	喷层厚度（mm）	平均厚度≥设计厚；检查点的 60%≥设计厚；最小厚度≥0.5 设计厚，且≥60	每 10m 检查 1 个断面，每断面从拱顶中线起每 2m 检查 1 点，用凿孔或激光断面仪、光带摄影法确定厚度

（5）采用锚杆加固方法处治病害，应符合下列要求：

①锚杆的长度和间距应根据病害原因和地质情况确定。

②当采用水泥砂浆锚杆时：注浆开始或中途停止超过 30min，应用水或稀水泥浆润滑注浆罐及其管路；杆体插入后，若孔口无砂浆溢出，应及时补注。

③当采用自进式锚杆时：安装前，应检查锚杆中孔和钻头的水孔是否畅通，若有异物堵塞，应及时清理；锚杆灌浆料宜采用纯水泥浆，地质条件差时可灌入聚氨脂、硅树脂。

④锚杆质量的检查可按要求做锚杆拔力试验。

（6）采用排水、止水方法处治病害，应符合下列要求：

①当隧道局部出现涌水病害时，宜采用外置排水管和开槽埋管的排水法处治。其施工应注意以下事项：

a. 水管的位置、间距应根据涌水量的大小和位置等情况确定。

b. 水管不得堵塞，管道材料应具有抗老化性和足够强度。

c. 当采用开槽埋管法时，衬砌表面可用氯丁橡胶等材料覆盖。

d. 当采用外置排水管时，可用固定装置将 U 形排水管固定在衬砌表面，将水引入管内排出。

e. 外置排水管的设置不得侵入建筑限界，并严禁在设置机电设施的地方开凿排水沟槽。

f. 设置外置排水管应尽量减少对隧道外观的破坏。

②当地下水沿衬砌裂纹、施工缝以滴水形式漏出时，宜采用向衬砌内注浆的止水法。其施工应注意以下规定：

a. 衬砌内注浆宜采用水泥浆液、超细水泥浆液、自流平水泥浆液、化学浆液。

b. 注浆时采用低压低速注浆，化学注浆压力宜为 0.2~0.4MPa，水泥浆注浆压力宜为 0.4~0.8MPa。

c. 注浆后待缝内浆液初凝而不外流时,方可拆下注浆嘴并进行封口抹平。

d. 衬砌裂缝的注浆施工质量检验可采用渗漏水量测,必要时采用钻孔取芯、压水(或空气)等方法检查。

③当漏水量小且呈表面渗透状时,可设置防水板进行处治。施工时应注意以下要求:

a. 防水板材料应具有耐热和耐油性,一般有聚乙烯(PE)、乙烯醋酸共聚体(EVA)、橡塑、橡胶板等。

b. 防水板不得侵入建筑限界。

c. 施工前应清除粉尘并保护好电缆等设施。

d. 防水板的搭接处理应牢固,不漏水。

e. 有裂纹需要检查的部位,可在防水板上设置检查观察窗。

④当地下水特别发育并有稳定来源时,可采取在隧道内设置排水孔、水平钻孔、加深排水沟和深井降水等措施。施工时应注意以下规定:

a. 应采用过滤性良好的材料,防止排水孔堵塞。

b. 应根据地下水位,确定排水沟加深的深度。

c. 排水孔和排水沟之间应有管道联系。

d. 排水钻孔的位置,必须根据围岩的地质条件和地下水的状况决定。

(7)采用套拱加固方法处治病害,应符合下列要求:

①套拱设计不得侵入建筑限界。

②为确保衬砌与套拱结合牢固,施工前应凿除衬砌劣化部分,衬砌内面应涂抹界面剂,并设置联系钢筋。

③当套拱厚度较大时,可在套拱与衬砌之间设置防水层。

④当隧道净空无富余时,可在衬砌的裂纹处贴碳素纤维,提高衬砌承载能力。

(8)采用设置绝热层方法处治病害,应符合下列要求:

①应选用导热系数小和耐高温的绝热材料。

②绝热层的厚度和延长幅度应根据气象数据、岩体和绝热材料的性质确定。

(9)采用滑坡整治方法处治病害,应符合下列要求:

①洞口段边仰坡出现裂缝,可用黏土等填实,必要时可采用锚杆加固。

②滑动面以上地层厚度不大时,可在滑动面下端设置抗滑锚固桩。

③对洞顶山体进行保护性开挖,减轻下滑力。

④在滑动面下方修筑挡土墙,进行保护性填土,土方应夯实不积水。

(10)采用围岩注浆方法处治病害,应符合下列要求:

①围岩注浆压力应比静水压力大 $0.5\sim1.5$ MPa。

②注浆材料宜采用水泥浆液、超细水泥浆液、自流平水泥浆液等。

③围岩注浆可采取钻孔取芯法对注浆效果进行检查,必要时进行压(抽)水试验,当检查孔的吸水量大于 1.0L/min 时,必须进行补充注浆。

④注浆结束后,应将注浆孔及检查孔封填密实。

(11)采用增设仰拱方法处治病害,应符合下列要求:

①仰拱的厚度可根据围岩情况确定。

②应使用拱架模板浇筑仰拱混凝土。
(12)采用更换衬砌方法处治病害,应符合下列要求:
①衬砌的内轮廓线必须与原衬砌内轮廓线一致。
②施工前应收集衬砌背面空洞和围岩垮塌资料,必要时可用超声波进行检测。
③拆除衬砌时,应根据围岩的地质情况及时进行支撑。
④施工时,在不影响通行的情况下,可采用简易施工台车。

7.1.5 公路隧道养护相关信息

1)公路隧道基本信息

公路隧道基本信息包括隧道的工程概况、水文地质、周围环境、设计和施工数据、损毁和维修记录等多方面的信息。这些信息涵盖了公路隧道自拟建之日起至今的所有信息。表7-5是公路隧道基本信息内容。

公路隧道基本信息 表7-5

工程概况	工程背景信息	所在省份、市(县)乡镇名称、公路名称、公路等级、隧道名称、隧道等级、设计车道数、起始桩号、终止桩号、总长度、结构形式(单拱、连拱)、建造时间、改建时间、竣工时间、开发建设单位、设计单位、施工单位、监理单位、管养单位、设计变更时间、变更金额、地理位置图
	隧道概况信息	隧道名称、净宽、洞内纵坡坡度、最低点高程、砌体材料、洞口构造、路面铺设、洞内照明、洞内通风、电讯设施、隧道进洞口彩照、出洞口彩照;进洞门立面图、出口洞门立面图等。还有以下技术图纸: ①隧道纵断面图:包括拱顶线、起拱线、路面线(表明坡度)、排水沟底线、辅助坑道的位置等。如有条件,应注明地质情况。 ②隧道横断面图:包括直线、曲线、及内轮廓有变化段落的隧道内轮廓和衬砌厚度示意图及辅助坑道的位置。 ③隧道平面图:线路和隧道的平面位置、曲线要素及隧道的方位等。 ④其他有关隧道的技术图纸
工程水文地质和周围环境信息	工程水文地质	隧道所在区间、设计围岩类别、施工(变更)围岩类别;岩层地质:砂质岩、变质岩、风化页岩、土砂、膨胀性岩层(泥岩、千枚岩、泥质页岩、碳质页岩等);钻探勘测信息、成组节理的产状、土层物理力学参数、岩层直剪抗剪强度指标、变形指标、岩体承载力评价、主要断层的位置和产状;隧道纵剖面地层数据;地表地形及排水设备示意图 地下水:常年地下水位、地下水流向、补给情况、含水层分布情况、水量以及水对围岩、结构等影响、边沟地下水的化验描述、腐蚀地段钻孔描述、围岩裂隙水化验
	周围环境信息	气温、气候条件、风向、是否处于崩塌滑坡地带、山坡有无挖方、隧道是否与坡面平行、正上方有无坝或水池等、有无近接施工、有无采矿区

续上表

设计和施工信息	几何参数设计	对应区间、具体断面的绝对里程桩号、相对里程桩号、设计围岩类别（Ⅰ~Ⅳ）、边墙形状（直、曲）、有无仰拱；隧道几何特征：高度、净宽、中墙厚度、平面线形等；进洞门型式、出洞门型式、洞身型式（S_1、S_2等）、对应的几何断面图
	设计依据	对应区间、断面绝对里程桩号、相对里程桩号、设计围岩类别、衬砌类型、上覆土层厚度；抗震设计资料：地震设防烈度、地表最大加速度、设计地表加速度、土壤液化机率、设计水平地震力、设计垂直地震力、水平加速度系数、设计抗震等级；围压强度比、承载力大小、围岩含水率、埋深、有无断层
	支护参数设计	1. 初期支护支护设计参数包括：初期支护喷层厚度、初期支护水泥强度等级、初期支护设计混凝土强度等级、有无钢拱架、钢拱架间距、钢筋网布置、锚杆直径、锚杆长度、锚杆布置； 2. 二次衬砌支护设计参数包括：边墙二次衬砌设计厚度、拱腰二次衬砌设计厚度、拱顶强度等级设计厚度、中墙衬砌厚度、二次衬砌水泥强度等级、二次衬砌设计混凝土强度等级、二次衬砌钢筋等级、二次衬砌配筋图； 3. 仰拱支护设计参数包括：仰拱厚度、水泥标号、仰拱设计混凝土强度等级、仰拱钢筋等级、仰拱配筋图
	隧道施工信息	所在区间、断面绝对里程桩号、断面相对里程桩号；开挖方法：矿山法、新奥法；开挖方式：全断面、台阶法、分步开挖、先拱后堵、先墙后拱；锚杆数量和质量、注浆配比和注浆量、水泥生产厂家及质量、粗细集料质量、混凝土的配合比、混凝土强度、喷射混凝土厚度、模筑混凝土强度、有无回填压浆、有无隔热层、模板有无早期脱模
隧道损毁、维修信息	损毁情况	1. 隧道损毁情况：损毁区间、隧道施工过程中发生的情况描述（如坍方、突泥涌水）、处理措施描述（如变更方案）。 2. 损毁原因： （1）不良地质情况记录：岩溶、滑坡、崩塌与岩堆、泥石流、积雪、雪崩、风沙、采空区、水库坍岸、强震区、地震液化、涎流冰； （2）特殊性岩土：黄土、冻土、膨胀性岩土、盐渍土、软土； （3）施工工艺记录、施工质量问题记录； （4）衬砌背后回填记录； （5）行车荷载情况、交通量、设计荷载及目前运转荷载等资料
	维修情况	维修部位、维修时间、维修方法、维修数量、经济损失、维修费用

2）公路隧道养护相关信息

公路隧道养护相关信息可划分为公路隧道基本信息、土建结构日常检查信息、土建结构病害调查信息、土建结构专项检查信息、机电设施养护信息。公路隧道养护相关信息表见表7-6。

公路隧道养护相关信息 表7-6

相关信息	内容
1. 公路隧道基本信息	工程概况、水文地质、周围环境、设计和施工数据、损毁和维修记录
2. 土建结构日常检查信息	常规检查信息、定期检查信息、特殊检查信息
3. 土建结构病害调查信息	裂缝信息、渗漏水信息、错台信息、底板隆起冒浆信息、路面损坏信息、其他
4. 土建结构专项检查信息	厚度检测信息、强度检测信息、衬砌内部质量检测信息、轮廓检测信息、其他
5. 机电设施养护信息	日常检修信息、经常性检修信息、定期检修信息、分解性检修信息、应急检查信息

3) 土建结构的养护内容

隧道的土建结构主要是指隧道的各类土木建筑工程结构物,如洞门、衬砌、路面、防排水设施、斜(竖)井、检修道及风道等构筑物(交通运输部,2003)。这些构筑物在隧道的运营使用过程中会出现脏污、病害等情况,这些情况的发生都会影响到隧道的使用性能,严重的还会危及到隧道的安全使用。所以对隧道土建结构的清洁维护、结构检查、保养维修和病害处治是养护的主要工作。表7-7概括了土建结构类养护工作的主要内容。

隧道土建结构的养护内容 表7-7

阶段类型	具体养护内容	
清洁维护	对隧道内路面定期进行清洁	
	对隧道的顶板和内装定期进行清洁	
	对隧道的排水设施定期进行清洁和疏通	
	对隧道的标志、标线定期进行清洁维护,保持清晰、醒目	
结构检查	日常检查	专项检查
	定期检查	
	特别检查	
保养维修	对土建结构的保养和维修	洞门(端墙式、翼墙式、环框式、速光棚式、柱式、拱形明洞等)
		洞身(整体式模筑混凝土、装配式、锚喷支护、复合式衬砌等)
		路面
		人行和车行横洞
		斜(竖)井
		风道
		排水设施
		吊顶和内装
		人行道或检修道
	对寒冷地区隧道的防冻保温设施的保养维护	
	对洞口设有防雪设施的隧道的防雪设施的保养和维护	
	隧道交通标志的保养和维护	及时清污、清障
		及时修补、紧固
		及时更换、补充
	隧道交通标线的保养和维护	及时清污、补画
		及时修复、补换

4）隧道的基本性能和采取的对策

《公路隧道养护技术规范》(JTG H12—2003)给出了公路隧道检查和病害治理的基本原则见表7-8。

隧道的基本性能和采取的对策　　　　　表7-8

隧道的性能	对策		
	介于建设时和现状之间的性能	建设时的性能	比建设时更高的性能
耐久性能	补修	补修、补强	补修、补强
安全性能		补强	补强
使用性能		恢复使用性、补强	提高功能性、补强
与第三者影响有关的性能	补修	补修	
美景、美观		修景	修景

7.2 隧道渗漏水整治

隧道防排水应采取"防、截、排、堵结合,因地制宜,综合治理"的原则,达到防水可靠、经济合理的目的。

防治要求对地表水和地下水做妥善处理,洞内外应有完整的防排水设施,以保证设备的正常使用和行车安全。

截水截住水源减少流向隧道的水量。主要是在洞外和衬砌外靠水源侧周围,开挖截水沟,修建截水洞,或做好地面天然沟溪防渗漏的铺砌工程。

排水为疏导隧道周围的水和排出隧道内的水所采取的措施。"以排为主",就是首先考虑水的出路。这也常是养护部门所考虑的措施。主要是利用沟、管、槽及钻孔等排水。为排出较大的水量可设泄水洞,或利用施工时的平行导坑排水。衬砌的排水措施,是通过衬砌背后的纵向、横向和竖向排水暗槽、盲沟、集水、钻孔,将地下水导入隧道内两侧或中心设置的排水沟把水引出洞外。"以排为主"能经济而有效地解决排水问题。对于颗粒易流失的围岩,不宜采用集中疏导排水,要采取放入筛管等措施,防止围岩细颗粒因流失而引起围岩、地表坍陷及影响基床与路基的稳定。

堵水为封堵漏水,堵塞衬砌背后水路或衬砌渗漏部位水路所采取的治水措施。特别是拱部漏水应优先采取堵水措施,铺设外防水层,涂抹水泥砂浆、乳化沥青等防水涂料,向衬砌中灌注防水浆液封堵孔隙,向衬砌背后注浆团结围岩和加固衬砌。注浆常用水泥系,水泥—水玻璃系,化学材料系等材料。

防水为防止隧道渗水和漏水可采取下述措施,防止大面积渗漏:①采用防水混凝土,以调整混凝土配合比和掺外加剂等方法,来提高自身密实度和抗渗性。②设置内、外贴式防水层。防水层所用材料有水泥类、合成树脂类、合成橡胶类、沥青类等。内贴式防水层常用喷射法筑成,有喷射砂浆,或混凝土防水层,喷射乳化沥青胶防水层,喷涂M1500水泥密封剂防水层等;外贴式防水层常采用上述防水材料制成的薄板。喷射法的优点,施工机械化程度高,工效快,不受基面凹凸不平的影响,连续性好。改建或更换隧道衬砌时,亦可采用复合衬砌(即在外侧喷混凝土支护与内侧模筑混凝土,中间加塑料防水板)。

防止局部缝隙渗漏:构筑中的衬砌施工缝、伸缩缝、沉降缝,一般用①橡胶、塑料止水带;②沥青木板油膏、沥青麻筋、油毡防水层;③氯丁胶片防水层等作主要隔水层。隧道的渗漏缝隙,可用速凝止水材料,如超早强水泥(日本的止水水泥)等堵塞,然后再敷以聚氯乙烯胶泥条或掺有高分子材料的水泥(如聚氨酯水泥)等。衬砌有较集中的漏水点时,可在临近漏水点5~10cm处,钻孔注浆,布孔按梅花形,间距1~2m,采用超细早强水泥或化学浆液注入。

7.2.1 隧道渗漏水整治要求

《铁路隧道防排水技术规范》(TB 10119—2000)对隧道防排水提出了具体要求。

7.2.1.1 渗漏水整治

(1)既有隧道的渗漏水整治,应针对其病害情况,因地制宜地采取排、堵、截、防等措施综合治理。

(2)对集中水流或可集中引排的水流,应采取疏导措施。

(3)对成片或大面积渗漏水,除在集中出水点设槽、管引排外,宜在施工基面设置防水层。

(4)拱部衬砌裂损严重,采用注浆措施整治时,若衬砌不能承受注浆压力,应先采取加强衬砌措施。

(5)既有隧道及其渗漏水整治应收集下列资料:

①隧道现状调查

a. 应调查既有隧道的线路条件、围岩级别、衬砌类型、道床形式、防水和排水设施现状(地表截、排水系统,隧道及辅助坑道内防水和排水设施,漏水或与其有关的病害,历年整治情况等)。

b. 对渗漏水病害严重的地段,应进一步了解工程地质和水文地质特征,如岩性、地质构造、岩层节理裂隙发育程度、渗透系数、含水层分布、地下水流向及补给情况等。

c. 渗漏水病害地段衬砌裂损、轨道道床等病害现状及历年整治效果。

②隧道现场测绘

a. 洞内渗漏水范围(里程)、部位、出水形式、水量、水压及水质等。

b. 渗漏水地段应根据收集的资料绘制洞身渗漏水病害展示图,渗漏水地段的衬砌裂损严重或尚有其他病害需要整治者可一并填绘。

c. 根据调查及测绘资料,对渗漏水病害状况作分段详细描述(漏水病害形式、漏水病害发生原因分析),进行劣化评定,提出整治措施意见。

(6)既有线隧道改建及其渗漏水整治资料,应通过向运营单位收集竣工文件、历年病害整治及大修记录图表等资料,向养护部门访问调查和现场测绘三方面进行。

7.2.1.2 引排治水

(1)衬砌背后为Ⅱ~Ⅲ级围岩,属含水地层且含水量丰富,洞内渗漏水呈涌水、流淌现象较普遍时,宜对围岩采用钻孔集水,将汇集的地下水经竖向排水槽、滤水管道或盲管(沟)引入水沟排除。

(2)衬砌施工缝、变形缝、蜂窝、洞穴、孔眼等处漏水、宜在出水处适当部位设置泄水孔或导水管引排。排水通道(V 形、U 形槽或圆形带孔滤水管等)应与泄水孔或导水管相通,表面应以防水材料封闭并与衬砌壁面齐平。

(3)当局部地段衬砌因裂损、变形、地下水侵蚀或其他病害影响结构安全使用而采用喷锚、增设套拱等措施时,宜对漏水部位先行整治,可在施工基面凿槽埋设导水管并用铁丝包矿渣棉(或人造透水材料)的引水通路引排。

(4)当隧道渗漏水病害严重,经查明与地表径流或地下潜流有明显联系或有其他复杂情况时,应采用泄水洞或相应的工程措施进行处理。

7.2.1.3 注浆治水

(1)衬砌背后岩体裂隙水发育,根据岩性、节理裂隙、构造、漏水量、水压等条件,宜采用衬砌背后围岩注浆,浆液可采用水泥浆、水泥砂浆或其他耐久性浆液等。

(2)衬砌背后因空隙引起的积水或漏水病害,应根据穴陷大小、塌方部位及处理情况、既有引排水设施现状等,结合拱背回填加固要求,采用回填注浆,减少渗漏。

(3)局部衬砌不密实、裂损、孔洞或施工缝等处漏水,可采用衬砌内注浆,以提高衬砌抗渗能力。注浆材料宜选用水泥浆液或其他耐久性浆液。

(4)对衬砌或围岩采取注浆措施时,在注浆前,应对注浆压力影响范围内各种缝隙进行嵌缝,防止漏浆,对滴水、冒水处缝隙应予堵漏。

7.2.1.4 检验和验收

(1)隧道结构防水施工,下列项目应进行中间检验,并符合本章有关规定:
①材料规格、品种及质量。
②混凝土配合比、坍落度、搅拌时间、混凝土灌注、抗压和抗渗试件试验。
③盲管(沟)的设置,防水板的铺设与搭接缝。
④防水层涂料配制及涂布,卷材及涂膜防水层铺贴及喷涂,施工缝与变形缝处防水施工。
(2)隧道结构防水竣工验收应符合下列规定:
①混凝土抗压强度和抗渗压力应符合设计要求。
②防水层连接紧密,无渗漏水现象。
③防水层接缝严密,涂膜防水层厚度符合设计要求,各层之间和防水层与基层面之间接合紧密,无裂缝、损伤、气泡、脱层或滑动等现象。
④地表水处理结果。
(3)工程竣工验收应提供下列资料:
①原材料质量合格证。
②试验报告和质量评定记录。
③混凝土冬期施工记录。
④隐蔽工程验收记录。
⑤图纸会审记录、变更设计记录。
⑥防水层铺贴记录。
⑦开竣工报告。

⑧竣工图。

7.2.2 渗漏水整治技术

造成建筑物渗漏的原因是多方面的,据建设部有关资料表明,材料质量不符合要求造成的渗漏占26%;设计不合理造成的渗漏占22%;施工有误造成的渗漏占46%;管理不善造成的渗漏占6%。由此表明,综合治理原则可以归纳为材料是基础,设计是前提,施工是关键,管理是保证。

隧道及地下工程渗漏水形式主要表现为三种形式,即点的渗漏、缝的渗漏和面的渗漏,根据渗漏快慢又可分为慢渗、快渗、漏水和涌水。因此,要根据具体情况具体对待的原则处理。下面这些具体的治理技术基本上具体工程实践中运用过,效果良好。

衬砌结构渗漏水可分为"点状"渗漏水、"线状"渗漏水和大面积渗漏水。一般来说,对于"点状"的漏水,主要采用直接封堵法和注浆堵水法,当渗漏水点比较密集时可以采取埋管引排或是凿槽引排。对于线状渗漏水一般可以采取排水法和堵水法,比如沟槽树状排水、导管排水、注浆堵水、填缝堵水等方法。大面积衬砌结构渗漏堵漏原则是大漏变小漏,线漏变点漏,片漏变孔漏,使渗漏水汇集一点或数点,最后集中堵塞渗漏点。大面积渗漏的堵漏水法,视渗漏的情况及水质对衬砌有无侵蚀作用等,可采用抹砂浆法、喷浆法、压浆法、防水层法等。

7.2.2.1 防水材料选择

选择合理的防水材料包括两个方面的内涵,即防水材料功能要求和类型的确定以及防水材料的技术性能。

建筑物和构筑物的防水是依靠具有防水性能的材料来实现的,防水材料质量的优劣直接关系到防水工程的质量。可以说,材料是防水工程的基础。

在进行防水工程施工时,所采用的防水材料必须符合国家或行业的质量标准,并应满足设计要求,不同的防水作法,对其使用的材料的防水功能要求也不同。

1)对于隧道及地下工程的防水材料的要求

(1)具有抗水渗透和耐酸碱性能。

(2)对外界温度和外力具有一定的适应性,即材料的拉伸强度要高,断裂伸长率要大,能承受温度变化以及各种外力与基层伸缩、开裂所引起的变形。

(3)具有良好的整体不透水性,即既能保证自身的黏结性,又能承受地下水的不断侵蚀及较大的水压。

2)选材原则

选择防水材料还应根据结构内渗漏部位的不同、渗漏形式的不同以及渗漏的严重程度,选用不同类型的材料进行治理。

(1)涂刷类防水材料

当需治理的渗漏部位其结构面不够规整,渗漏不太严重,或二次防水加强,应当考虑使用涂刷类防水材料。如SWF混凝土密封剂,XYPEX(赛柏斯)浓缩剂。

(2)嵌缝类防水材料

当需治理的渗漏部位有变形要求时,如变形缝处渗漏,应当考虑使用嵌缝类防水材料,这类材料宜选择遇水膨胀、有弹性和黏结性、有变形能力的嵌缝密封膏类材料。如遇水膨胀腻子条。

(3) 防水抹面材料

渗漏部位的结构面规整,且无特殊要求,这时可考虑使用防水抹面材料,这类材料可选择各种类型防水剂、防水砂浆、防水胶等喷抹类材料,如纤维防水砂浆。

(4) 注浆堵漏材料

对集中漏水孔,其漏水量超过60mL/min,或漏水量在30~60mL/min之间的大面积渗漏,应考虑采用注浆封堵的方法。从经济、环境及污染的角度考虑,应选用水泥水玻璃类材料。当集中漏水孔的漏水量在30~60mL/min,只需作瞬时的水处理以便使用其他方法治理时,可考虑使用速凝水泥浆或聚氨酯类暂时堵水,如TZS-Ⅱ水溶性聚氨酯堵漏剂。

7.2.2.2 点渗漏治理

对点渗漏的处理,有表面封堵、浅孔注浆和埋管引排三种办法。表面封堵用于衬砌表面有渗漏痕迹、范围小或当前无渗漏的部位。浅孔注浆用于表面有湿渍或渗漏轻微流淌的部位。埋管引排则用于当前有明显渗漏,且渗漏量较大,出水点位于变形缝、施工缝或边墙上。

1) 表面封堵(图 7-2)

(1) 材料

遇水膨胀腻子条,杜拉纤维防水砂浆。

(2) 施工工艺

①将待修补点表面凿毛,使修补处下陷1cm,并以出水孔为轴,凿直径3cm,深2cm的锥形孔穴。

②用钢丝刷除去表面浮碴,并用水清洗干净。

③用遇水膨胀腻子条填充锥形孔穴。

④用杜拉纤维防水砂浆抹面。

⑤涂刷2遍SWF混凝土密封胶。

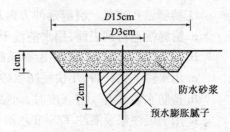

图 7-2 表面封堵示意图

2) 注浆堵漏(对集束流动的渗漏点)

(1) 材料

TZS-Ⅱ水溶性聚氨酯和无水丙酮,缠了麻绳的注浆管(管长10cm,管内径为5mm,外径7mm)。

(2) 施工工艺

①在渗水孔位置将衬砌表面凿毛。

②用电钻钻眼,钻孔直径为22mm,孔深为12~15cm。

③用钢丝刷刷除表面浮碴,并用水清洗钻孔。

④用快硬纤维防水砂浆固定注浆管。

⑤用手压泵灌TZS-Ⅱ水溶性聚氨酯与丙酮的混合液。TZS-Ⅱ水溶性聚氨酯与无水丙酮的重量比为5:1,注浆压力0.6MPa。注浆过程要求缓慢进行,以使浆液充分挤入渗漏部位。

⑥注浆结束后用小木条将注浆管尾堵住,以免浆液外流,一周后将注浆管外露部分用气割枪割除,并用快硬防水砂浆抹平表面。

⑦涂刷2遍SWF混凝土密封胶。

（3）埋管引排

埋管引排的施工工艺与缝渗漏治理的暗埋PVC管的施工工艺基本一样，只是针对渗漏部位不同而已。

7.2.2.3 缝渗漏治理

隧道的渗漏缝可分为循环施工缝、变形缝和衬砌受力后出现的乱向裂缝。治理技术主要有：

（1）裂缝的渗漏治理技术是化学注浆和XYPEX（赛柏斯）堵漏。

（2）循环施工缝的渗漏治理技术是铝槽外排和PVC管外排。

（3）变形缝的渗漏治理技术是暗埋PVC管排水法，其治理技术及施工工艺叙述如下：

1）裂缝渗漏治理

（1）化学注浆

此法用于治理渗漏水较严重的裂缝，且裂缝宽度及延伸性较大。根据钻孔方式的不同可分为骑缝钻孔注浆法和斜缝钻孔注浆法。注浆材料为TZS-Ⅱ水溶性聚氨酯堵漏剂和缠了麻绳的注浆管（管长10cm，管内径为5mm，外径7mm）。

①骑缝钻孔注浆。裂缝延伸方向基本与衬砌表面垂直时应用。施工工艺如下：

a. 沿缝凿毛衬砌表面，用水清洗干净，并观察裂缝走向。

b. 间隔30~40cm，用电钻沿缝钻眼，孔深12~15cm，孔径22mm。

c. 用水清洗钻孔后，用快硬防水砂浆固定注浆管，并抹压缝的表面。

d. 待防水砂浆有一定强度时，向钻孔注水清洗裂缝。

e. 用手压注浆泵灌注TZS-Ⅱ水溶性聚氨酯与丙酮的混合液，注浆过程应缓慢进行，注浆顺序为由下而上（针对拱部和墙部的竖向裂缝），注浆压力0.6MPa。

f. 一周后用气割枪割除注浆管外露部分，并用防水砂浆抹平表面。

g. 刷2遍SWF混凝土密封胶或XYPEX浓缩剂灰浆。

②斜缝钻孔注浆

裂缝延伸方向与衬砌表面有一定角度时应用。它的施工工艺与骑缝钻孔注浆法基本一致，只是注浆孔的布置不一样，如图7-3所示。

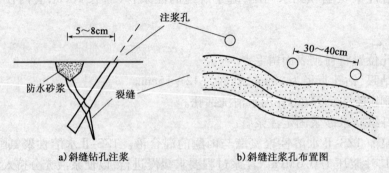

a) 斜缝钻孔注浆　　　　b) 斜缝注浆孔布置图

图7-3　斜缝钻孔注浆示意图

（2）XYPEX（赛柏斯）堵漏

此法一般用于治理渗漏水不严重的裂缝。

①XYPEX 浓缩剂灰浆的调制。用于涂刷时按体积比为 5 份料 2 份水调和;用于抹面时按体积比为 6 份料 1 份水调和,一次不宜调多,要在 20 分钟内用完,混合物变稠时要频繁搅动,中间不能加水。

②XYPEX 堵漏的混凝土基面条件及气候 AXYPEX 不能在雨中或环境温度低于 4℃时使用;混凝土基面要湿润,但不能有明水,并且基面应当粗糙、干净。

③施工工艺。

a. 沿缝凿 25mm 宽,30~50mm 深的 U 形槽。

b. 用钢丝刷除掉浮碴,并用水浸湿基面。

c. 用毛刷在槽内和沿槽口的两侧宽 100mm 处涂刷一层 5 份料 2 份水调和的 XYPEX 灰浆。

d. 当灰浆涂层干燥约 10min,但仍然有粘着性的时候用 XYPEX 浓缩剂 6 份料 1 份水调和的干面团填满槽并与表面齐平。

e. 稍微用水洒湿填缝的表面,然后在所修复的区域上再涂一道 XYPEX 灰浆。

f. 养护。在两天内、定期喷雾水养护。

2) 施工缝渗漏治理

对于线状的"三缝"部位的渗漏水,主要是采用剔槽,加设排水盲沟,外加弹性密封材料封堵的方法。目前,常用的密封材料有改性沥青密封膏,聚硫、硅酮、聚氨酯密封胶和各种定型橡胶或膨胀橡胶止水条等。

对于施工缝的渗漏治理,提出了"先引水、后排水"的治理原则,即用铝膜将缝内水引至铝槽或 PVC 管,再排至两侧边沟内。

(1) 铝槽外排法(图 7-4)

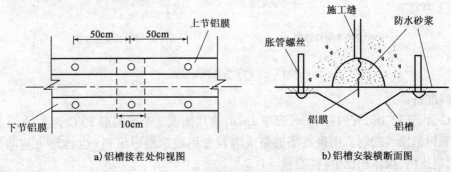

图 7-4 铝槽外排示意图

①材料准备:

a. 制作铝槽。用自制的模具将铝材压制成 V 字形,尺寸如图 7-4a) 所示,每条铝槽长 4~5m。

b. 铝膜。铝膜卷材宽 48mm,厚 0.2mm,用剪子剪成长 40cm 一条,并人为将其打皱,如图 7-5 右图所示。

②施工工艺:

a. 凿 U 形槽，宽 4cm，深 3cm。
b. 用钢丝刷刷除浮碴，并用水冲洗干净。
c. 敷设铝膜舌片。用砂浆固定铝膜，抹砂浆时应尽量抹压槽的两侧，并抹至与衬砌表面齐平。还应尽量将打皱的铝膜插至槽的底部。
d. 安装铝槽。铝槽的安装顺序是先拱顶后两侧，接茬部位是下节压上节，接茬长度为10cm，用冲击钻沿铝槽两翼间隔 50cm 钻眼，然后用胀管螺丝固定铝槽。
e. 铝槽两侧与衬砌表面接缝处抹压纤维防水砂浆，目的是为了防止水从铝槽两翼与衬砌表面之间的缝隙溢出。
f. 在铝槽两侧所抹的防水砂浆上刷 2 遍 SWF 混凝土密封胶或 XYPEX 浓缩剂灰浆。

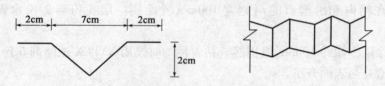

图 7-5　铝槽横断面尺寸与打皱的铝膜

（2）PVC 管外排法（图 7-6）

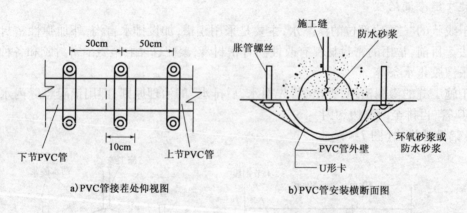

图 7-6　PVC 管外排示意图

① 材料准备：
a. PVC 管，管长 4m，管内径 7cm，管厚 2mm，将其锯成 2 个半圆形 PVC 管。
b. 环氧树脂涂料配制。用聚氨酯道路嵌缝胶专用底涂料甲组料（也称环氧树脂）和乙组料配制，配制比例，按体积比甲料：乙料 = 1:2。

② 施工工艺：
第 a～c 步与铝槽外排法一致。
d. 安装 PVC 管。用"U"形卡和胀管螺丝固定，间距为 50cm。安装顺序是先拱顶后两侧，接茬处是下节压上节，接茬长度为 10cm。
e. 在 PVC 管壁两侧及衬砌表面涂刷一层环氧树脂。
f. 待环氧树脂刷层有一定粘结强度时，抹压纤维防水砂浆以堵塞 PVC 管两侧与衬砌表面之间的缝隙，以防止水从此缝隙溢出。

g. 在纤维防水砂浆表面涂刷 2 遍 SWF 混凝土密封胶或 XYPEX 浓缩剂灰浆。

3) 变形缝渗漏治理

为了适应结构变形的需要,对变形缝的渗漏治理采用暗埋 PVC 管排水法,是属于一种刚柔堵排相结合的治理技术。这种方法从外观上来看,比外排法要美观,受外界环境的影响小,防渗漏效果较显著,但施工工艺较复杂。暗埋 PVC 管排水法(图 7-7)。

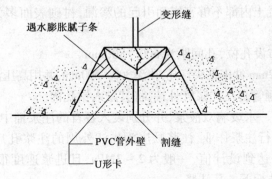

图 7-7 暗埋 PVC 管排水法

(1) 材料准备

PVC 管(长 4.0m,管内径 5cm,管壁厚 2mm,将其锯成半圆形 PVC 管)、U 形卡、胀管螺丝、环氧树脂涂料配制。

(2) 施工工艺

① 凿梯形槽,槽上底宽 5cm,下底宽 6cm,高 4cm。

② 用钢丝刷刷除浮碴,并用水清洗干净。

③ 用砂浆敷设铝膜舌片。

④ 安装 PVC 管。安装顺序是先拱顶后两侧。接茬部位是下节压上节,接茬长度 15cm,用 U 形卡和胀管螺丝固定 PVC 管,间距 50cm。

⑤ 在 PVC 管外壁及槽的两侧涂刷一层环氧树脂。

⑥ 待环氧树脂涂层有一定黏结强度时,在 PVC 管两侧挤压一层遇水膨胀腻子条,然后抹纤维防水砂浆,抹至与衬砌混凝土表面齐平。

⑦ 待纤维防水砂浆有一定强度后,沿变形缝割缝。

⑧ 涂刷 2 遍 SWF 混凝土密封剂或 XYPEX 浓缩剂灰浆。

7.2.2.4 面渗漏治理

面渗漏处治方案有两种,即表面涂刷和浅孔注浆。

1) 表面涂刷

表面涂刷用于处理拱顶和墙面的轻度慢渗或湿渍。

(1) 涂刷材料:XYPEX(赛柏斯)浓缩剂。

(2) 施工工艺:

① 基面处理:凿平、打毛、用高压清洗机冲洗基面。

② 渗漏严重处应进行浅孔注浆。

③刷浆:稍微用水湿润填缝表面,然后再修复区域(缝的两侧各 20cm 宽范围)在个涂一道粉水体积比为 5∶2 的 XYPEX(赛柏斯)浓缩剂灰浆和一层 XYPEX(赛柏斯)增效剂,要求两层均不小于 $0.6 ks/m^2$;

④养护:待涂层初凝后用喷雾水养护 2~3d,每天定期喷 3~5 次。

2) 浅孔注浆

浅孔注浆用于因混凝土内部不够密实而引起的渗漏,衬砌表面多为蜂窝麻面状。其施工工艺如下:

(1) 布孔,按梅花状布设孔位,孔间距为 600~800mm。

(2) 钻孔,用直径中 42mm 冲击钻头打孔,孔深 300~500mm,并用高压清洗机将钻孔清洗干净。

(3) 安装注浆管,将砸管套在注浆管外端,将其敲入钻孔内。

(4) 按比例配制水泥—水玻璃双液浆,并分别装入各自的注浆桶中。

(5) 用双液注浆泵进行注浆作业,注浆顺序为先注外周的注浆孔后注内部的注浆孔并依次推进;当一孔注浆压力达到设计值,一般为 2~3MPa,且进浆速度很慢时,继续注 2~3min 后,即可停止注浆,然后进行下一孔注浆。

(6) 注浆结束一周后,用气割枪割除注浆管外露部分,然后在表面涂刷 2 遍 SWF 混凝土密封胶或 XYPEX(赛柏斯)浓缩剂灰浆。

综上所述,在大面积渗漏处往往有局部渗漏较严重的点渗和线渗,因此治理时往往需几种措施结合运用。

3) 裂缝嵌补

裂缝嵌补是指在衬砌裂缝内充填入嵌补材料修补裂缝,从而达到增强衬砌混凝土承载能力的目的。裂缝嵌补一般适用于原衬砌混凝土还具备使用功能,衬砌裂缝分布较少的情况。裂缝嵌补一般包括水泥砂浆嵌补和环氧树脂嵌补。

(1) 水泥砂浆嵌补

对于裂缝宽度在 5mm 以下的裂缝,可沿裂缝延伸范围凿成楔形槽(槽宽不小于 5cm,槽深接近裂缝深度,并不小于 5cm),冲洗干净后,用 10 号防水水泥砂浆或膨胀水泥砂浆嵌补(图 7-8)。当裂缝宽度较大时,也可用混凝土修补。即沿裂缝凿槽宽 20~30cm,冲洗干净并预先湿润后,填补 C25 干硬性混凝土。对于有错台的裂缝,缝内可插入 $\phi 8$ 的钢筋网进行加强。

(2) 环氧树脂嵌补

沿衬砌裂缝延伸范围内少量凿除,冲洗干净并风干后用环氧树脂砂浆嵌补裂缝,也可用环氧树脂浆液对裂缝压注加固。其中环氧树脂砂浆适用于嵌补宽度不小于 5mm 的裂缝,

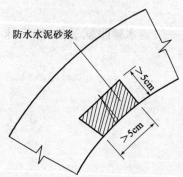

图 7-8 裂缝嵌补剖面图

而环氧树脂浆液适用于压注宽度小于 5mm 的裂缝。

7.2.2.5 隧道涌水、涌泥、涌砂治理

隧道日涌水量上万立方米的大型涌水(突水)灾害多发生在岩溶地质带,断层破碎带、节理裂隙密集带也时有发生。中国有 30 余座穿越岩溶地质带的长隧道(隧道长 3~10km),尤其

是在西南、中南岩溶发达的地区,铁路长隧道的运营过程中,很难避免岩溶涌水、涌泥、涌砂等严重灾害,以致造成运营线路被掩埋,使正常铁路运营中断。

涌水岩溶长隧道涌(突)水特征:

(1)涌水量大,水压高。襄渝线大巴山隧道运营期间,旱季为 15 000m³,雨季为 27 000m³;盘西支线平关隧道运营期间,旱季为 200m³,雨季为 7 500m³。贵昆线梅花山隧道曾因雨季暗河水位暴涨而导致洞内高压射水,边墙倒塌,中断行车 7d。

(2)突发性强,涌水点集中。

(3)涌水量变化极不稳定,受降雨影响明显。

(4)涌水往往同时涌砂。涌泥较之单纯涌水危害性更大。衡广复线大瑶山隧道运营后也曾多次发生涌水、涌泥、涌砂灾害中断行车。

(5)涌砂主要是指涌水、携带泥沙物质量大于10%,并以含砂为主的涌水灾害。贵昆线倮纳隧道,曾因连降大雨地下水压过大,隧底压裂、鼓起、冒砂、掩埋隧道 30 余米,厚度达 1m 多,运营中断。

通过对大瑶山等岩溶水害的治理,已取得了不少成功的经验,如注浆堵水;截流盲沟、截水墙、截水洞截水;潜孔排水,泄水洞及平行导坑排水;高压注浆及化学注浆等涌泥处理技术;以及加强隧道衬砌结构,使其能承受高水压的作用等,为中国铁路建设和隧道治水防灾提供了行之有效的对策。

隧道水害的防治工作,重点应放在勘测、设计、施工阶段,特别是施工中要尽力处理水患,若留给运营将很难整治。

7.2.2.6 渗漏水引排技术

地下水在高速公路隧道病害成因中是最活跃、最具破坏力的因素,隧道渗漏水病害治理难度最大,其治理效果能够综合反映隧道整治质量。

1)洞外截流引排使水远离隧道

对地表水丰富的浅埋隧道,当地表沟谷坑洼积水、渗水对隧道有影响时,用疏导积水、填平沟谷、砌沟排水等措施,使洞顶地表形成良好的排水系统,避免流入或渗入隧道。

对地下水丰富、隧道内无排水沟或排水沟深度不足而导致隧底积水的,应采取措施增设水沟,将单侧沟改为双侧沟、加深侧沟或采取设置密井暗管加深水沟等措施。

增设或疏通平行导洞。对于长大隧道,仅靠隧道内排水沟不能将流入隧道的地表水及地下水排出时,往往引起水漫道床,中断行车。这是一般都采用增设或疏通平行导洞的方法。

增设防寒泄水洞是整治寒冷地区隧道水害的有效方法。泄水洞设在最大冻结线以下,以竖向排水沟与衬砌背后相连,并在泄水洞边墙及洞顶向围岩打潜水孔,以利疏排围岩中的裂隙水。

2)洞内凿槽埋管引排至侧沟边沟

对于从衬砌表面(主要在"三缝"部位)渗漏出来的地下水,必须配合采用引排技术(引水管、泄水管、引水渡槽等方式)治理。衬砌混凝土渗漏水集中后凿槽加设塑料半圆管用防水砂浆抹平,将水引入隧道侧沟排出。

凿槽堵漏处治设计如图 7-9 所示,先沿裂缝凿宽约 6cm,深约 5cm 的沟槽,用水冲洗干净后,然后沿裂缝每隔0.5~0.8m设置1根注浆钢管,注浆管前端分叉劈开对准渗水裂缝,再用堵漏料填充沟槽并固定注浆管,待堵漏料达到一定强度后,通过注浆管压注高分子丙凝浆液。

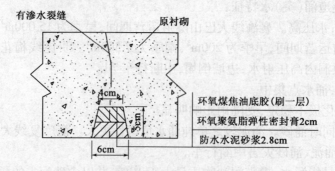

图7-9 凿槽堵漏设计图

凿槽引排是在衬砌裂缝渗漏水集中处(包括施工缝处),采用凿槽埋管(软式透水管)方式将水引至排水沟如图7-10所示。凿槽须有足够的宽度和深度,透水管须完全嵌入,并在其上采用防水砂浆等进行封堵。

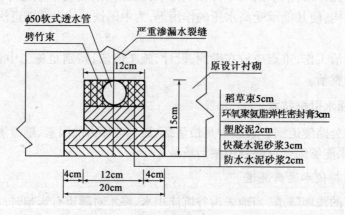

图7-10 凿槽引排设计图

7.3 衬砌裂损的整治

隧道衬砌是承受地层压力、防止围岩变形坍落的工程主体建筑物。地层压力的大小,主要取决于工程地质和水文地质条件和围岩的物理力学特性,同时与施工方法、支护衬砌是否及时和工程质量的好坏等因素有关。由于形变压力、松动压力作用、地层沿隧道纵向分布及力学性态的不均匀作用、温度和收缩应力作用、围岩膨胀性或冻胀性压力作用、腐蚀性介质作用、施工中人为因素、运营车辆的循环荷载作用等,使隧道衬砌结构物产生裂缝和变形,影响隧道的正常使用,统称为隧道衬砌裂损病害。

7.3.1 整治原则

防治衬砌裂损病害首先要消灭已有的衬砌裂损带来的对结构及运营的一切危害,并防止

裂损再加大。其次是采用以稳固围岩为主,稳固围岩与加固衬砌相结合的综合治理措施。衬砌裂损的防治原则:

(1)加强观测,掌握裂缝变形情况和地质资料,查清病因,对不同裂损地段,采用不同的工程措施。

(2)对渗漏水、腐蚀等病害,一并综合进行整治,贯彻彻底整治的原则。

(3)合理安排施工慢行封锁计划,尽量减少对正常运营的干扰。

(4)精心测量,保证加固后的隧道净空满足隧道限界要求,确保锚喷加固衬砌、拱背压浆等项整治措施的施工质量。

7.3.2 衬砌裂缝处治

隧道承载力模型试验证明,开裂的衬砌仍然具有一定的承载能力。即便是严重裂损错台,并局部侵限的衬砌,在钢拱架的临时支护下,可采用凿除其侵限部分,加强网喷的办法来恢复和提高承载能力。所以,换拱、换边墙,一般情况下不宜采用。只有在衬砌严重变形、其断面大部分侵入建筑限界,必须拆除扩大限界的情况下,才采用更换衬砌的整治方法。

(1)干燥收缩裂缝治理。在刚发现初期立即加强覆盖并洒水养护,及时正确调整和严格控制混凝土配比,降低单位用水量,提高混凝土抗裂度。裂缝不严重时可不作专门处理。

(2)偏压引起开裂的治理。在查明偏压引起开裂后,立即采取地表卸压,力求达到受力平衡状态。在中墙受偏压产生裂缝时,应立即加强防偏压支撑,或采用回填方式处治。

(3)不良地基引起的裂缝。在地基不良时,则采用小导管或中空锚杆注水泥浆加固地基。

(4)爆破外力等作用引起的裂缝。由外力作用使未完全固化的混凝土开裂,或模板台车装拆不当引起混凝土开裂,应在施工过程中,严格检查和加强预防措施,避免混凝土的意外损伤。

(5)小裂缝,又无渗水,可用水泥浆嵌补,或先凿槽后再用1:1水泥砂浆或环氧树脂砂浆涂抹。为防止砂浆固结收缩,可在制备砂浆时加入10%~17%微膨胀剂。

(6)裂损严重,拱圈有多道裂缝,部分失去承载能力,原则上拆除重建,一般用锚网喷或喷射早强钢纤维混凝土。

(7)开裂严重,但拱圈基本形状无较大变形时,可采用素喷或网喷混凝土整治。对严重裂损变形的隧道衬砌,以往作为临时的加固措施和施工安全防护措施,常使用钢拱架支护,当隧道净空足够时,可在衬砌内边架设;净空不富裕时,采用凿槽嵌入衬砌内。作为永久性加固措施,在净空富裕时,过去常采用在隧道内增设钢筋混凝土套拱加固;当衬砌严重裂损变形侵入隧道建筑限界地段,则采用更换衬砌的办法整治。但套拱与更换衬砌的办法,都具有施工进度慢、劳动强度大、工程费用高、行车干扰大等缺点。特别是爆破拆除旧衬砌时,不可避免地要对围岩产生再一次扰动,导致地层压力进一步增大,塌方断道事故时有发生,不仅增加工程处理困难,而且严重干扰正常运营。

研究试验结果,对既有线模筑混凝土隧道衬砌三心圆尖拱式断面,常见的"马鞍形"不利荷载组合(即拱腰承受较大的地层压力,而拱顶空载情况),在采用钢筋网喷射混凝土加固裂损衬砌的同时,还需要对拱背空隙压浆回填,以增加拱顶抗力,改善衬砌结构外部的受力条件,这也是提高既有隧道衬砌结构承载能力的重要措施。

喷射早强钢纤维混凝土,具有早期强度特别高,抗裂、抗渗、抗震、抗硫酸盐腐蚀性能好等优点,特别适用于运营铁路桥隧建筑物抢修工程、抗震加固和电气化前隧道拱顶裂损、漏水的综合整治;对运营隧道裂损、腐蚀病害的综合整治也是适用技术。

钢筋混凝土结构或构件出现裂缝,有的会破坏结构整体性,降低构件刚度,影响结构承载力;有的虽对承载能力无多大影响,但裂缝如不及时进行修补,将会导致钢筋锈蚀,进一步加剧裂缝的发展,降低耐久性或发生渗漏,影响使用。

综观国内外隧道裂缝的治理技术,主要有拆除重建法、锚固注浆法、挂网喷浆法、套衬补强法、骑缝注浆法、凿槽嵌补法、直接涂抹法等。

除严格要求不允许出现宏观裂缝的隧道以外,裂缝宽度在 0.2mm(有严格防水要求时为 0.1mm 以下)不会对隧道的承载能力、正常使用和安全带来危害,可考虑暂不处理,但应注意观察,必要时进行处理。李治国、张玉军(2003 年)综合国内外隧道二次衬砌裂缝的治理技术,提出 7 种具体的治理方法,见表 7-9。

隧道二次衬砌裂缝治理方法 表 7-9

裂缝宽度(mm)	治理技术	适用范围	施工方法	注意事项
$W \geq 0.5$	拆除重建法	裂缝宽度较大,数量较多,结构破坏严重,二次衬砌基本丧失了承载能力,不能正常使用	架设临时支撑;逐段拆除原结构;施作临时支护;施作新的二次衬砌结构	防止隧道坍塌,掉块,减小爆破震动对二次衬砌的影响
	锚固注浆法	裂缝宽度较大,但数量较少,对隧道的承载能力和稳定性影响较小,对隧道正常使用影响较大	在裂缝两侧钻孔;安装中自锚杆;注浆,安装垫板;防水砂浆找平	防止突然掉块;严格控制注浆压力;注意行车安全
	挂网喷浆法	围岩较好,岩石强度较高,裂缝宽度和数量较小,对隧道承载能力和稳定性影响较小,对隧道正常使用影响小	凿除局部破坏部位;打钎钉,挂钢筋网;喷混凝土,钢纤维混凝土;防水砂浆找平	防止突然掉块;注意喷浆均匀性和强度达到设计要求
$0.3 \leq W < 0.5$	套衬补强法	围岩较差,岩石软弱破碎,裂缝数量和宽度较小,对隧道承载能力和稳定性影响较小,对正常使用影响不大	将裂缝严重部位进行锚固注浆;原衬砌凿毛;钢筋混凝土套衬	套衬应和边墙基础紧密相连;套衬拱部应灌浆回填
$0.2(0.1) \leq W < 0.3$	骑缝注浆法	裂缝有明显剪切错动和渗漏水迹象,且裂缝范围较小,数量较少,大部分为环向裂缝	沿裂缝布孔,水集中引排;埋管注浆,先堵小水,后堵大水;割管,防水砂浆找平	选好钻孔参数和注浆材料;严控注浆顺序和压力
	凿槽嵌补法	裂缝无明显的剪切错动和渗漏水迹象,且裂缝范围较小,数量较少,大部分为环向裂缝	沿裂缝凿倒梯形槽;刷净浮尘,涂刷底胶;嵌入高强粘和材料;防水砂浆找平	正确选择嵌缝;严格施工工艺
$W < 0.2(0.1)$	直接涂抹法	裂缝无明显的剪切错动和渗漏水迹象,不影响结构安全和正常使用	使基面粗糙、干净;分层喷射或涂抹结晶、渗透性混合料;加强养护,防止淋、晒	注意基面清理;重视材料配比;严格施工工艺,满足养护条件

7.3.2.1 裂缝的种类

混凝土裂缝形成的原因非常复杂,往往是多种不利因素综合作用的结果。据有关统计,施工不规范造成的混凝土裂缝占80%左右,材料质量差或配合比不合理产生的裂缝占15%左右。混凝土结构裂缝的表现形态多种多样,按裂缝的产生机理可分为以下几种类型:

(1) 塑性收缩裂缝

这类裂缝主要是由于混凝土早期养护不好,混凝土浇筑后表面没有及时覆盖,受风吹日晒,表面游离水分蒸发过快,产生急剧的体积收缩,而此时混凝土强度很低,不能抵抗这种变形应力而导致开裂。也可能是由于混凝土水灰比过大,模板、垫层过于干燥,使用收缩率较大的水泥,水泥用量过大也会导致这类裂缝的出现。

(2) 沉降收缩裂缝

混凝土浇灌振捣后,粗集料下沉,水泥浆上升,挤出部分水分和空气,表面呈现泌水,而形成竖向体积缩小沉落,这种沉落直到混凝土硬化时才停止。集料沉落过程若受钢筋、预埋件、模板、大的粗集料以及先期凝固混凝土的局部阻碍或约束,或混凝土本身各部分沉落不同就会产生沉降收缩裂缝。

(3) 温度裂缝

表面温度裂缝大多数是由于温差过大引起的。混凝土结构,特别是大体积混凝土基础浇灌后,在硬化期间水泥释放出的大量水化热不容易散发,内部温度不断上升,到达较高温度,而混凝土表面散热较快,使混凝土表面和内部温差较大。

如果施工中注意不够而过早拆除模板;或冬季施工,过早除掉保温层;或受到寒潮袭击,均将导致混凝土表面温度急剧变化而产生较大的降温收缩,此时表面受到内部混凝土的约束,将产生很大的拉应力,而混凝土早期抗拉强度和弹性模量很低,因而使表面出现裂缝。

(4) 干燥收缩裂缝

混凝土收缩由两部分组成。一是湿度收缩,即混凝土中多余水分蒸发,体积减少而产生收缩,这种收缩占总收缩量的80%~90%;二是混凝土的自收缩,即水泥水化作用,使形成的水泥骨架不断紧密,造成体积减小。混凝土收缩值一般为0.2%~0.4%,钢筋混凝土为0.15%~0.2%,收缩量随时间增长而不断加大,初期收缩较快,而后日趋缓慢。

收缩裂缝除和养护有关外,还和振捣、混凝土原材料收缩量等有关。混凝土振捣过度,表面形成水泥含量较多的砂浆层,则收缩量大,容易出现裂缝。采用含泥量较大的粉砂配制的混凝土,也会加大收缩,也容易产生收缩裂缝。

(5) 碳化收缩裂缝

混凝土水泥浆中的氢氧化钙与空气中的二氧化碳作用,生成碳酸钙,引起表面体积收缩,受到结构内部未碳化混凝土的约束而导致表面发生龟裂。在空气相对湿度低的干燥环境中最为显著。另外在密闭不通风的地方,使用火炉加热保温,产生大量二氧化碳,常会使混凝土表面加快碳化,产生这类裂缝。

(6) 化学反应裂缝

化学反应裂缝包含钢筋锈蚀膨胀裂缝、水泥杆菌腐蚀裂缝和碱集料反应裂缝等几种类型。钢筋锈蚀膨胀裂缝是由于混凝土内掺有氯化物外加剂,或以海砂作骨料,或用海水拌制混凝土,使钢筋产生电化学腐蚀,钢筋由于腐蚀产生膨胀压而使混凝土产生裂缝。

(7) 沉陷裂缝

房屋承受的荷载都要通过基础传到地基上去,地基受荷后的压缩变形使房屋产生沉降。

当房屋建造在软土、填土、古河道以及不均匀地基土上或地基虽相当均匀,但荷载差别过大、结构刚度差别悬殊时都会使地基产生不均匀沉降,造成结构应力集中而导致出现裂缝。此外当模板刚度不足,或模板支撑间距过大或底部支撑在松软土上泡水;混凝土未达到一定强度就过早拆模,也会导致不均匀沉降裂缝出现。

(8) 膨胀裂缝

由于水泥中含游离氧化钙或氧化镁,或集料中混入镁砂、白云石、废镁砖块等水解引起不均匀膨胀所致。

(9) 凝缩裂缝

混凝土表面过度的抹平压光使水泥和细集料过多地浮到表面,形成含水率很大的砂浆层,它比下层混凝土有较大的干缩性能,水分蒸发后,产生凝缩而出现裂缝。

7.3.2.2 表面修补法

适用于对承载能力没有影响的表面裂缝及深进裂缝的处理,亦适用于大面积裂缝防渗、防漏的处理。其中包括表面涂抹水泥砂浆法、表面涂抹环氧胶泥法、表面凿槽嵌补法、表面粘贴环氧玻璃布法、表面贴条法、扒钉铆合法等。

1) 表面涂抹水泥砂浆法

如衬砌混凝土裂缝宽度在 0.2~0.5mm 之间,且无明显的剪切滑移、渗水迹象,对结构的强度、刚度、稳定性会产生一定的影响,但不影响结构安全和正常使用,可采用直接涂抹法进行处理。

具体施工步骤如下:

(1) 用凿除、喷砂、酸洗、钢丝刷洗、高压水或风冲等方法,清理裂缝周围的基面。

(2) 将涂抹材料的各组分按比例调和、搅匀。

(3) 用抹子、滚筒、尼龙刷、专用喷枪等工具将混合料涂刷或喷射到基面上,涂刷时应注意来回用力,以保证凹凸处都能涂上,喷涂时,喷嘴距涂层要近些,以保证灰浆能喷射进表面微孔或微裂隙中;一次涂刷厚度不宜超过 0.2mm,且混合料应在规定时间用完。

(4) 当需涂第二层时,一定要等第一层初凝后并呈潮湿状态时进行,如太干则应喷洒些水,对基面润湿。

(5) 在夏季露天施工时,如温度超过 30℃,建议在早、晚进行,以防止涂抹材料过快干燥失水;如在冬季施工,温度低于 5℃时,应采用防冻措施,对于凹陷处,涂料堆积不宜过厚,否则会引起开裂。

(6) 涂抹后必须加强养护,涂层初凝后宜用喷雾式方式来养护,防止洒水时涂层破坏。同时防护过程中应避免雨淋、霜冻、日晒、风吹、污水冲刷及 5℃以下的低温。露天施工用湿草袋覆盖较好,如果使用塑料膜作为保护层,必须注意架开,以保证涂层的"呼吸"及通风。

2) 表面涂抹环氧胶泥法

隧道衬砌混凝土表面常出现一些没有扩展性的细微裂缝,这种裂缝是稳定的,一般可自愈,不会影响结构的使用和耐久性。从美观考虑,可先清洗干净裂缝表面,然后涂刷环氧树脂浆液两至三遍,最后用刮抹料、调色料处理混凝土表面,使其颜色与周围衬砌混凝土颜色一致。

环氧树脂浆液配比,环氧树脂:501 稀释剂:二甲苯:乙二胺 = 1:0.2:0.35:0.08。

刮抹料配比,水泥：细砂：水 = 1∶2∶0.35。
调色料配比,水泥：白水泥：107 胶 = 5∶3∶1。
施工时应经试验确定。

3）表面凿槽嵌补法

如衬砌混凝土裂缝宽度在 0.5～1.0mm 之间,且无明显的错动和渗水迹象,可采用凿槽嵌补法修补,具体施工步骤如下：

（1）用小扁凿沿裂缝凿开一道沟槽,槽宽 2～5cm,槽深根据裂缝深度确定,最大深度不得超过三分之二衬砌厚度,用钢丝刷清除缝内浮渣,并用高压风或吸尘器吹或吸干净缝内灰尘,保证缝内无水、干燥。

（2）在缝的两侧面和底面涂刷底胶,底胶厚度宜为 0.3mm 左右,用涂刷方法铺匀。

（3）用配制好的接缝材料进行填缝,并捣固密实。目前嵌缝的主要材料有聚合物水泥砂浆、聚氨酯类和沥青胶泥类等,对于基面潮湿的裂缝,宜用水溶性材料。

（4）用防水砂浆或其他材料将裂缝表面抹平,并进行合理的养护。

（5）如裂缝有明显错动迹象,除采用凿槽嵌缝外,还应进行锚固注浆（图 7-3）。

4）表面黏贴环氧玻璃布法

粘贴玻璃布一般采用无碱玻璃纤维织成,它比有碱玻璃纤维的耐水性好,强度高。玻璃布粘贴的胶黏剂多为环氧基液,必须对玻璃布进行除油蜡的处理,使环氧基液能浸入玻璃纤维内,提高黏结效果。除蜡时将玻璃布放在烘烤炉上加温到 190～250℃,烘烤后将玻璃布放在浓度为 2%～3% 的碱水中煮沸约 30min,然后取出用清水洗净,放在烘箱内烘干或晾干。

玻璃布粘贴前要将混凝土面凿毛,并冲洗干净,使表面无油污灰尘,若表面不平整,可先用环氧砂浆抹平。粘贴时,先在粘贴面上均匀刷一层环氧基液（不能有气泡产生）,然后展开,拉直玻璃布,放置并抹平使之紧贴在混凝土面上,再用刷子或其他工具在玻璃布面上刷一遍,使环氧基液浸透玻璃布并溢出,接着又在玻璃布上刷环氧基液。按同样方法粘贴第二层玻璃布,但上层玻璃布应比下层玻璃布稍宽 1～2cm,以便压边。

5）表面贴条（防护板）法

防护板适用于开裂处和部分混凝土施工缝处,适用于由于局部的材料劣化,在比较狭小的范围内衬砌块有可能掉落的场合或设置拱架或内衬净空没有富裕的场合。

防护板是在比较狭小的范围的衬砌表面用锚栓等固定 L 形钢、平钢和钢板等以防止剥落的方法。由于与既有衬砌一体化,而在某种程度上使衬砌的承载力得到加强。一般用于紧急补强和补修。

采用 L 形钢时,要充分考虑补强部位、补强范围,以决定构件长度、安装距离等,其应用原则如下：

（1）把劣化部分用平钢和型钢补强。

（2）使用兼有导水功能的半透明 FRP（玻璃纤塑料）预制板。

（3）用钢板与衬砌成为一体,在一定程度上可增加衬砌的强度。

尤其是锚杆加强,适用于开裂等集中、劣化和剥落特别显著的地方。对于明显地段的混凝土结构物,可采用钢板补强的方法。

钢板补强黏贴法是用环氧基液黏结剂涂敷在整个钢板上,然后将其压贴于待修补的裂缝位置上的方法。钢板黏接的施工顺序如下图 7-11 所示。

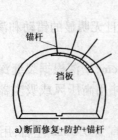 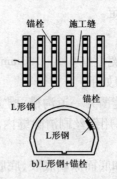

a) 断面修复+防护+锚杆　　　　b) L形钢+锚栓

图 7-11　防护板施工状况

（1）对钢板进行表面处治,即按所需要的尺寸切断好钢板,用打磨机研磨,使钢板表面露出钢的肌体;对混凝土表面进行修凿,使其平整。

（2）用丙酮或二甲苯擦洗修补部位的混凝土表面及钢板面,以便去除黏结面的油脂和灰尘。

（3）在钢板和混凝土黏贴面上均匀地涂刷环氧基液黏结剂。

（4）压贴钢板,用方木、角钢和固定螺栓等均匀地加上压力进行压贴。

（5）养生到所要求的时间,拆除压贴用的方木、角钢等支架材料。

（6）在钢板表面上再涂刷养护涂料,如铅丹或其他防锈油漆等。

6）扒钉铆合法

在裂缝两侧打孔(孔深50mm),扒钉两端插入孔内,灌注环氧树脂砂浆锚固。扒钉采用光面$\phi6$的光面钢筋,长度为 120～300mm,间距 100～200mm,在靠近裂缝的端部缩小,见图 7-12。具体参数可根据现场情况具体确定。图 7-13 是凿槽、贴条、扒钉铆合综合处理的示意图。

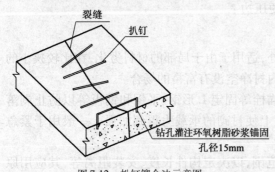 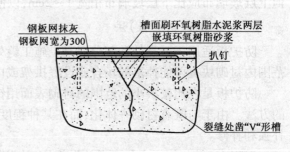

图 7-12　扒钉铆合法示意图　　　　图 7-13　凿槽、贴条、扒钉铆合综合处理

7.3.2.3　压浆修补法

压浆修补法是用压浆泵将修补用胶浆压入构件的裂缝中,胶浆凝结、硬化后起到补强和恢复结构构件整体性的作用。这种方法适用于对结构整体性有影响,或有防水、防渗要求的裂缝修补。常用的灌浆材料有水泥和化学材料,可按裂缝的性质、宽度、施工条件等具体情况选用。其中包括水泥灌浆法、化学灌浆法等。

如衬砌混凝土裂缝宽度在 0.2~0.5mm 之间,且无明显的错动迹象,但有渗水现象发生,可采用直接注浆法修补,具体施工步骤如下:

(1) 沿裂缝用电锤钻孔,孔直径 8~20mm,间距 30~50cm,深度 10~20cm。
(2) 安装注浆管,并用防水材料将注浆管周围封堵严密。
(3) 采用速凝、早强、耐久性好的超细颗粒材料或化学浆材进行注浆,注浆流量应控制在每分钟 50mL 以内,注浆终压应控制在 0.1~0.3MPa。
(4) 注浆后,将外露的注浆管头割除,并用防水砂浆抹平顺。
(5) 注浆过程中,应注意观察裂缝宽度变化,防止压力过高,造成裂缝扩展。
(6) 如裂缝有明显的剪切滑移迹象,除采用埋管注浆法外,还应进行锚固注浆。

7.3.2.4 拱部挂网、喷锚

衬砌开裂的原因不外乎两种,一是由于未能预料的外力作用造成开裂;二是由于先期的施工方法的不适当造成衬砌混凝土表面开裂。对于未能预料的外力作用引起的衬砌混凝土开裂,必须首先消除外力影响然后再来处理裂缝。而对于其他原因引起的衬砌开裂,应在围岩稳定后裂缝不再发展的情况下,根据裂缝的部位和开裂程度分别采取如下图 7-14 所示进行整治措施。

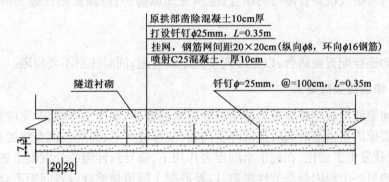

图 7-14 拱部挂网、喷锚断面示意图(尺寸单位:cm)

(1) 拱部较长范围纵横向交错裂缝,裂缝纵向长度大于采取打设系统中空注浆锚杆、凿除表面混凝土、挂网、喷射混凝土的整治办法。对于设计为复合式衬砌的隧道,为防止锚杆打穿防水板,造成隧道漏水,建议只采用凿除表面混凝土、打设钎钉、挂网、喷射混凝土的整治办法,如图 7-14 所示。

(2) 拱部小范围纵横向裂缝裂缝长度小于采用沿裂缝两侧打设中空注浆锚杆、凿除表面混凝土、挂网、喷射混凝土的整治办法,锚杆布置如图 7-15 所示。挂网喷锚处置衬砌裂缝断面见图 7-16。

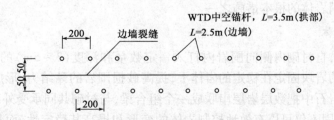

图 7-15 拱部、墙部裂缝加固示意图(尺寸单位:cm)

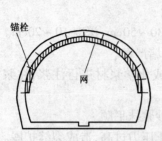 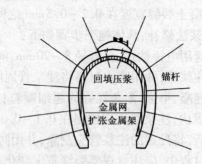

图 7-16 挂网喷锚处置衬砌裂缝断面图

挂网喷锚在设计、施工上应注意以下事项：

(1) 使用材料

应选择网目细、重量轻，不给衬砌增加负担的金属网；网必须具有耐火性能；网应对漏水具有耐腐蚀性和耐久性(例如使用镀锌的金属制品)。

(2) 前处理

施工范围内对电气设备有障碍的场合，应预先加以防护；应除去附在施工面上的煤烟、尘土及劣化部分。

(3) 施工

金属网等的锚栓配置要适合，以免因列车风压而卷起；同时注意不要侵限。

7.3.2.5 伸缩缝失效处治

隧道结构伸缩缝失效主要表现为伸缩缝处防水层破坏，混凝土开裂，严重时伴有渗漏水现象。失效的主要原因是由于两端隧道沉降不均匀，变形过大等；另外在既有线的设备拆除过程中，由于结构荷载发生了变化，在地下水的浮力作用下，而导致伸缩缝处混凝土被拉裂；伸缩缝处混凝土开裂的另一个原因是季节性温差，以及混凝土隧道伸缩缝设置间距不合理，或者混凝土后期养护不好等，混凝土收缩过大将伸缩缝处的混凝土及防水层拉裂。在既有线工程中，伸缩缝失效的部位不多，但病害程度较重。对其的治理应首先控制隧道两端沉降，待沉降稳定后，对裂缝进行修复。修复方法参见裂缝修补法。

7.3.3 稳固岩体的工程措施

1) 治水稳固岩体

地下水的浸泡与活动对各种围岩的稳定性削弱最大。通过疏干围岩含水，并采取相应治水、引排措施是稳固岩体的根本措施之一。

2) 锚杆加固岩体

对较好的岩体，自衬砌内侧向围岩内打入一定数量和深度(3~5m)的金属锚杆、砂浆锚杆，可以把不稳定的岩块固定在稳定的岩体上，提高破损围岩的黏结力，形成一定厚度的承载拱；在水平层状的岩石中把数层岩层串联成一个组合梁，与衬砌共同承受外荷载。对松散破损的岩体采用锚杆加固不仅可以有效地控制岩体的变形和提高其稳定性，而且可以使岩体对衬砌的压力大小和分布图形产生有利的转化。

锚固注浆法:如隧道围岩为Ⅰ、Ⅱ、Ⅲ级,对于宽度在1.0~5.0mm,且密度较小的混凝土裂缝。主要采用锚固注浆法进行修补。

锚固注浆法主要是将带有裂缝的混凝土块体通过锚杆进行加固,固定在稳定的岩体上,以限制裂缝进一步发展,同时为了增加锚杆抗拔力,建议使用中空螺纹锚杆,并进行灌浆。锚杆注浆法的主要施工步骤为:

(1)搭高作业台架,进行测量放线,标出锚杆孔位,锚杆间距应控制在1.0~3.0mm为宜,且距孔口最近的裂缝不宜小于50cm,钻孔宜成梅花形布置,拱部间距应小一些,边墙可大一些。

(2)宜用YT-28风枪或锚杆机钻孔,开孔位置偏差不宜大于5cm,垂直度偏差应大于1.5%。

(3)钻孔完成后,应用高压风、水将钻孔内岩粉吹、洗干净。

(4)安装锚杆,锚杆外表面宜带有螺纹,直径不宜小于22mm,长度3~6m为宜。

(5)在孔口附近,安装止浆塞和排气管,进行压水或压入稀浆试验,检查止浆塞是否漏水,如漏水应进行处理。

(6)利用注浆泵通过杆体进行注浆,注浆材料一般情况下采用普通水泥浆或水泥砂浆;如地层孔隙率太小,难以注入时,可注超细水泥浆;如地层中水量较大,可注入水泥—水玻璃双液浆或化学浆液。

(7)排气孔出浆后,且注浆压力达到0.3~0.5MPa时,可结束注浆。

(8)待砂浆达到一定强度后,锚杆末端应安装垫板并用螺丝帽上紧,如设计为预应力锚杆,则在上螺帽以前应进行张拉,达到设计拉拔力后进行锚固。

3)注浆加固岩体

通过向破损松动的岩体压入水泥浆液和其他化学浆液(如铬木素、聚氨酯等)加固围岩,疏散地下水对围岩的浸泡与渗入衬砌,使衬砌背后形成一个1~4m厚的人工固结圈,就能有效地稳固岩体,防止地下水的渗入,甚至使作用在衬砌上的地层压力大小和分布图形产生有利的转化,有利于衬砌结构的受力和防水。

4)支挡加固岩体

对靠山、沿河偏压隧道或滑坡地带,除治水稳固山体外,尚可采取支挡措施,包括设支挡墙、锚固沉井、锚固钻(挖)孔桩等来预防山体失稳与滑坡,这种工程措施只能用于洞外防治。

5)回填与换填

如果衬砌外周围存在着各种大小的空隙(如超挖而没有回填等),不仅使地层压力分布图形产生不利影响,而且使得衬砌结构失去周边的有利支撑条件,不能使衬砌的承载能力得到更大的发挥。此时应采取回填措施,用砂浆或混凝土将围岩空隙回填密实。如果隧底存在厚度不大的软弱不稳定的岩体或有不稳定的充填物,可以采取换填办法处理。

7.3.4 衬砌更换与加固

整治衬砌裂损病害,首先要消灭已有的衬砌裂损对结构及运营的一切危害,并防止裂损扩大。其次是采取以稳固围岩为主,稳固岩体与加固衬砌相结合的综合治理措施。稳固围岩的工程措施有：治水稳固岩体、锚杆加固岩体、注浆加固岩体、支挡加固岩体、衬砌背后空洞压浆、回填和换填等。衬砌更换与加固的方法有：压浆加固、嵌补加固、喷锚加固、套拱加固、更换衬砌等。

已裂损的衬砌一般均有相当大的支护潜力，可以充分利用，仅在没有加固条件或经济上不合理的情况下，或者根据长远技术改造规划的要求才采用更换衬砌的办法。加固工程的主要方法如下：

7.3.4.1 嵌补加固

对已呈稳定、暂不发展的裂隙，如果不能采取压浆加固者可以采取嵌补，即将裂缝修凿剔深，在缝口处用水泥浆、环氧树脂砂浆或环氧树脂混凝土进行嵌补。对发展较快的裂损，为确保安全，可以采取钢拱架临时加固，只加固拱部时用上部拱架加固，拱架脚可以嵌入墙顶或支撑于埋在墙顶的牛腿上，并加纵向连接。如果要全断面加固则可用长腿钢拱架。为了增加纵向抗弯能力，支撑纵向应加强连接，如果隧道内部净空条件不足，钢拱架可以部分或全部嵌入被加固的圬工体内，并在钢拱架之间再加纵向连接，然后灌注混凝土，做成薄套拱形。此法在衬砌厚度太薄或衬砌严重破损碎裂时不能采用。

利用树脂类材料将碳纤维粘贴到衬砌混凝土表面，形成复合材料（Carbon Fiber Reinforced Plastics）CFRP，它通过与混凝土之间的协同工作，使衬砌结构达到封闭裂纹、加固补强及改善其受力性能的目的。实验表明，通过黏结树脂（通常为环氧树脂）将纤维布粘贴于需补强的结构物表面能够显著地增大结构的刚度、屈服载荷和极限承载能力。碳纤维材料具有耐腐蚀、高强度、轻质量和非磁性的特点。该方法具有轻质高强、耐腐蚀性及耐久性好、施工速度快、适用面广、不影响外形美观等优点，尤其是在加固过程中能保证隧道的正常使用，减少不必要的经济损失。当衬砌需要提高较大承载力时，可以采用粘贴多层碳纤维布进行加固，也可以采用碳纤维板进行加固。

7.3.4.2 喷锚加固

裂损衬砌的所有内鼓变形和内向移动的裂损部位，采用（预应力）锚杆加固岩体是有效的，此时锚杆既可沿内缘张裂纹的走向两边布置，做局部加固，也可做全断面加固，将衬砌与岩体嵌固在一起，形成一个均匀压缩带，以增强围岩的稳定性，提高支护结构的承载能力。采用此法时应检查衬砌厚度、背后超挖回填及围岩整体性情况。锚杆的设置应在衬砌的背后压浆后两个星期进行。锚杆的锚固段应设在稳定围岩中。对于衬砌上的裂纹及时嵌填。喷混凝土可以使所有已裂损的圬工块体紧密结合，阻止这些块体的松动，同时在喷射压力作用下嵌入裂缝内一定深度，使裂缝重新闭合，增强裂损衬砌的整体性，较大幅度的提供裂损衬砌的承载能力，达到加固的目的。必要时也可以在喷层中加入钢筋网，用于防止收缩裂纹，提高加固结构的整体性和抗震、抗冲切能力。喷锚加固是较为常用的加固衬砌裂损的措施。

(1)锚杆支护技术

锚杆具有悬吊作用、组合梁作用、紧固作用及均匀压缩拱作用，在隧道结构产生病害部位安设锚杆，可有效提高围岩的整体承载能力，将已产生裂纹的衬砌混凝土与已加固的围岩结合在一起，阻止衬砌结构的进一步破坏。

利用锚杆的悬吊、组合梁、减跨、挤压加固作用，将已产生病害的衬砌结构与已加固的围岩体连为一体,增加衬砌结构的承载能力,抑制衬砌变形的发展。锚杆加固设计时应查明衬砌实际厚度及拱背超挖回填情况,锚杆有效长度一般应穿过回填材料到达围岩体内一定深度。另外,在设置锚杆前,应先对衬砌背后空洞或松散体进行注浆充填。

(2)喷射混凝土加固

相关试验研究表明,用喷射混凝土对裂损衬砌进行加固,不仅恢复了衬砌的整体性,而且承载能力比原来未裂损的衬砌有不同程度的提高。

采用素喷对轻微裂损衬砌拱加固后,拱的极限承载能力比原来衬砌拱提高将近1倍;采用网喷对临近失稳的衬砌拱加固后,拱的极限承载能力可比原来衬砌拱提高1.3倍左右。

7.3.4.3 套拱加固

当原衬砌虽裂损比较严重,但仍有一定的承载能力,而且净空断面存在缩小的可能时,可考虑采用套拱方案进行处治。采用套拱方案有两方面的优点,一是能较大地提高衬砌结构承载能力;二是能重新设置防排水系统,对渗漏水进行彻底的处治。套拱厚度根据病害严重程度确定,一般为20~35cm,套拱一般采用钢筋混凝土,套拱与原衬砌之间应用 $\phi16$ ~ $\phi20$mm 钢筋钎钉连接,钎钉须埋入原衬砌内20cm左右,套拱混凝土浇筑前,须对原衬砌侵限部分进行凿除和表面进行凿毛清洗。

如果混凝土质量差,厚度不够,或受机车煤烟侵蚀,掉块剥落严重,并且拱顶净空有富余时,可对衬砌拱部加筑套拱或全断面加筑套拱。如果隧道内净空条件不足,可以采用落道套拱的办法。套拱与原衬砌间用 $\phi16$mm~18mm 的钢筋钎钉锚接,钎钉埋入原拱20cm左右作为钢筋的生根处。套拱中的主筋也可用钢拱架、格栅来代替,其间距为50~80cm,纵向用拉杆焊接。套拱用强度等级不低于C20的混凝土灌注,其厚度为20~30cm。套拱拆模后要进行压浆,以填充其背后空隙,使新旧拱圈连成整体。当拱部灌注混凝土难度较大时,可以采用喷混凝土、网喷混凝土和喷钢纤维混凝土进行加固。事实上,套拱加固已日益被喷锚加固所代替。

1)套衬技术

病害治理中如衬砌产生的裂缝不密集,尚不足以危及隧道结构安全,经加固后仍有较强的承载能力,而且存在净空断面缩小的余地,在安设锚杆、注浆加固的基础上,可以考虑施作套衬。套衬就是在既有衬砌内表面再灌注一定厚度的混凝土,与既有衬砌共同承担围岩压力。套衬可以有效地阻止既有衬砌进一步裂损变形,同时可起到防水的作用。

2)套衬补强法

套衬补强即在原隧道衬砌外侧再施作一道混凝土或钢筋混凝土衬砌,由于套衬不宜太薄,故对于净空要求不太严格的隧道才能这样做,而对于净空不允许减小的隧道则不能这样做。

如隧道围岩为Ⅳ、Ⅴ、Ⅵ级,对于宽度在1.0~5.0mm,且密度较大、但无明显错动迹象的混凝土裂缝,主要采用套衬补强法。套衬补强后,由于增加了混凝土厚度,改变了衬砌截面中性轴的位置,提高了衬砌的强度、刚度和整体性,故隧道稳定性得到加强。套衬补强的主要施工步骤为:

(1)将原衬砌表面凿毛、冲净,并在边墙部位施作单排或双排植筋钻孔,钻孔直径不宜小于22cm,孔距以20cm左右为宜。

(2)在原衬砌表面上涂刷界面剂或黏结剂,以加强新旧混凝土的黏结。

(3)工作台架就位,按设计要求绑扎钢筋。

(4)模板架设,灌注混凝土,混凝土宜用细石混凝土,标号不宜低于C25,厚度不宜小于20cm。

(5)待混凝土达到设计强度的70%以上时,可拆模、养护。

(6)由于套衬混凝土厚度较薄,一般情况下,拱部混凝土很难灌注密实,建议待混凝土达到设计强度后,进行回填灌浆,灌浆宜采用水泥砂浆,压力应控制在0.3~0.5MPa。

7.3.4.4 更换衬砌

拱部衬砌破坏严重,已丧失承载能力,用其他防治补强手段难以保证结构稳定,或者衬砌严重侵入限界,采用其他防治措施有困难时,可采用全拱更换,彻底根除病害。

1)结构抽换技术

如果隧道衬砌结构裂缝交错分布,密度较大,并伴有片块剥落,严重错台,侵入净空限界,使原衬砌失去使用功能,则应考虑拆除旧的衬砌结构,重新施作新的衬砌。结构抽换过程中,必须采取如下措施,保证施工和隧道结构安全。

(1)架设钢架支撑,抑制结构变形发展。

(2)注浆加固围岩,并利用注浆管悬吊既有裂损衬砌。

(3)运用静态破碎及控制爆破技术拆除既有裂损混凝土,并严格控制开挖进尺。

(4)及时进行初期支护并加强监控量测。

2)换拱

当衬砌结构承载能力严重不足,采用其他加固措施无法满足要求,而套拱方案又由于建筑限界的制约行不通时,可采用换拱方案进行彻底处治。换拱是指拆除旧的衬砌结构,重新施作新的衬砌。换拱的范围可以是全断面,也可以是局部。换拱因须拆除原衬砌结构,在拆除过程中,易发生坍塌等事故,因此,必须采取以下措施保证施工和结构的安全:

(1)先对围岩进行注浆加固,并利用注浆管悬吊既有病害衬砌。

(2)运用静态破碎及控制爆破技术拆除原有衬砌混凝土,并严格控制拆除长度。

(3)及时架设钢拱架,抑制结构变形发展。

(4)及时施做初期支护并加强监控量测。

3)换边墙

如二次衬砌混凝土拱、墙出现局部拉裂、压溃、掉块或出现宽度在5.0~10mm的裂缝,可采用局部凿除补强法,根据围岩稳定或原初期支护破坏情况,可打锚杆、挂网、喷射混凝土,具体做法如下:

(1)采用机械凿除或静态破碎的方法拆除局部裂损、压溃部位,并用高压风或高压水将岩面或原初期支护表面冲刷干净。

(2)在凿除部位打锚杆,挂单层或双层钢筋网(如喷素混凝土),根据围岩稳定情况,决定锚杆长度,锚杆尽量锚固在完好岩层上。

(3)根据围岩或原初期支护稳定情况采用干喷法或湿喷法,喷射素混凝土或钢纤维混凝土,如喷射厚度较大,应分多次喷射,每次喷射厚度边墙不宜超过5cm。拱部不宜超过5cm。

为了提高混凝土的防水性能,最好掺入防水剂、抗裂剂等混凝土外加剂,以改善喷射混凝土的防水效果。

(4)当喷射面距离原衬砌内表面 3～5cm 时,用防水砂浆涂抹,以增强防水能力。对于受拉破坏的部位,尽量喷射钢纤维混凝土,由于钢纤维在混凝土中纵横交错均匀分布,大大提高了喷层的抗拉、抗压、抗弯强度和耐久性及喷层与岩层的黏结力,减少了喷层收缩裂纹的产生,提高了喷层的抗渗性,增强了防水效果。

根据挪威、加拿大等国测试,钢纤维喷射混凝土的抗压强度一般可达到 60～70MPa,最高达 100MPa,单轴抗拉强度 4～5MPa,抗弯强度 8～10MPa,黏结力提高 50%,耐久性增大 5～10 倍,抗冲击能力提高 8～3 倍。这些指标均已超过钢筋网素喷混凝土,而且它还能够提供比后者更高的承载能力,成本增加不多,特别适用于松软、破碎、大变形和承受动载作用的围岩和产生拉、压或剪切破坏的隧道二次衬砌修补。

4)拆除重建法

如隧道二次衬砌拱、墙的某一段或某一局部混凝土上出现多条纵向、环向或斜向裂缝,相互交叉,将衬砌分成大大小小的块体,且主要裂缝的宽度在 10mm 以上,很可能造成混凝土局部坍塌、掉块,可采用拆除重建法进行整治。

拆除重建法即拆除隧道既有的二次衬砌结构,施作新的素混凝土或钢筋混凝土结构,具体做法如下:

(1)作好铁路或公路要点计划或交通管制切断高压电源,并建立严密的防护、警戒体系,以保证作业安全,条件允许时,尽量关闭交通进行整治。

(2)在严重破碎地段,设置型钢护拱,以防止结构突然恶化,危及行车或施工安全。

(3)将作业台架或活动作业平台车移在拆除部位附近,进行既有衬砌拆除作业。拆除应采用控制爆破、静态破碎和机械凿除相结合的方法,分段、分片拆除,每循环拆除长度不宜超过 1.5m,同一循环中应分成 4～6 片拆除。如采用控制爆破时,应合理控制总炸药用量及单段最大起爆药量及堵塞方式,以减小飞石或爆破震动对既有衬砌的影响。

(4)对于采用复合式衬砌的隧道,拆除后,如原初期支护已破坏或围岩稳定性较差,应立即进行喷锚作业;以防止围岩失稳和落石危及行车和施工安全。

如原支护结构较好,且围岩比较稳定,不会发生落石,可初喷 3～5cm 后,继续进行拆除作业;如围岩稳定性较差,应按设计图纸完成喷锚支护后,再往前进行喷锚作业。

(5)在拆除过程中,应加强对原衬砌结构和新的支护结构的量测工作,及时掌握病害发展情况及围岩和新的支护结构稳定信息,以便调整病害整治方案,修正设计和施工参数。

(6)通过监控测量,确认初期支护基本稳定后,可进行二次衬砌作业。如在通车的情况下进行二次衬砌混凝土灌注,应将台架固定牢固,防止上下跑模。

(7)二次衬砌混凝土达到设计强度后,应进行回填灌浆,保证工部充填密实。

7.3.4.5 注浆加固

压浆可以填充拱背(墙背)空隙,约束衬砌变形,固结稳定衬砌背后松散围岩,填充衬砌裂缝孔隙,因此对衬砌背后空洞采用压浆是惯用的方法。

1) 开裂压注

衬砌裂损发展非常缓慢或者已呈稳定时，可以进行衬砌内压浆，一般以压环氧树脂浆为主，并选择在无水季节施工。开裂压注适用于有可能块状化的开裂地点。一般来说，开裂压注是向开裂处压注注浆材料，使因开裂而降低的刚性得到某种程度恢复。在素混凝土衬砌的场合，即使发生开裂通常认为结构体是十分安全的。因此，开裂压注的目的是用压注注浆材料确保衬砌的一体性，要注意这与钢筋混凝土结构的目的是不同的。压浆填充拱背空隙，是改善衬砌受力状态，提高衬砌承载能力的一项必要措施。隧道压浆耗费水泥量较大，为了节省水泥和投资，可选用水泥粉煤灰砂浆、水泥沸石粉砂浆、水泥粘土砂浆等可灌性好、抗渗性、耐腐蚀性较好的廉价材料。

(1) 开裂压注的方法

①手动式压注法。手动式压注方法是在开裂处安设压注管，采用泵进行压注。该方法比较简单，但掌握压注量比较困难。

②自动式压法。压浆可以填充拱背(墙背)空隙，约束衬砌变形，固结稳定衬砌背后松散围岩，填充衬砌裂缝孔隙，因此对衬砌背后空洞采用压浆是惯用的方法。自动式压注方法是利用橡胶、弹簧、空气压力等，用一定压力(低压)把树脂压入。该方法能够压注微细的开裂(例如0.02mm，见图7-17)，压注量的管理是通过压注器具进行的，比较容易。

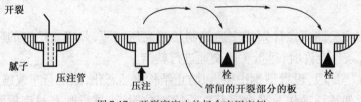

图7-17 开裂宽度小的场合应用实例

③机械式压注方法。机械式压注方法是在开裂处安设压注管，用自动混合机进行压注。因为是机械压注，能够采用比较高的压注压力，但掌握压注量也比较困难，而且压注材料易于泄漏。

④其他方法。把压注材料按配比进行混合搅拌，并充填到压注机具中(自动压注的场合)，进行压注。

(2) 施工步骤

一般来说，开裂压注的施工步骤如下：沿开裂5m左右的宽度，用器具把灰尘等除去；将压注管安设在开裂部位的中心；开裂部位安设板材并进行养生；把压注材料按配比进行混合搅拌并充填到压注机具中(自动压注的场合)，进行压注、养生、拆除压注机具、压注管等，并整干表面。低压自动压注方法，一般压注压力约40MPa，一次压注量约40~60mL。见图7-18。

(3) 注意事项

在设计、施工上应注意以下事项：注浆材料一般有无机和有机两种，各有特色。游离石灰和钢筋混凝土衬砌出现锈迹地点，也可能出现附着不良情况，要加以注意。施工时也可能从背后流出，要对压注压力和压注量进行充分的管理。有机系注浆材料从与混凝土的附着性和耐碱性来看，环氧树脂、聚脂树脂是比较好的。同时也能够压注到微细开裂中，但要注意根据衬砌表面的干湿状态选择注浆材料。无机系注浆材料，因为黏度低，用低压力进行注浆即可能获得所要求附着力。

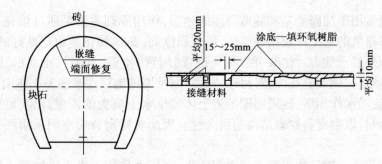

图 7-18　嵌缝施工方法

2）拱背注浆

衬砌背后压浆加固主要是针对衬砌的外鼓和整体侧移。在拱后压浆增加拱的约束可以提高衬砌刚度和稳定性。一般可以局部应用，主要在发生外鼓变形的部位使用。如果衬砌同时存在外鼓与内鼓部位，首先采取临时措施控制内鼓继续变形，然后在外鼓变形的部位压浆加固之后再对内鼓采取加固措施，最好再对全断面进行整体加固。

压浆填充拱背空隙是改善衬砌受力状态，提高衬砌承载能力的一项必要措施。对于结构破坏严重或拱背存在空隙或空洞的路段进行注浆充填，一方面使衬砌与围岩紧密结合，荷载作用均匀，增强围岩弹性抗力，改善衬砌结构的约束条件，起到约束围岩进一步松弛的作用；另一方面能充填围岩孔隙，起到止水的作用。

拱背注浆设计一般采用长 2.5~4.5m 的 ϕ42mm 小导管径向注浆（见图 7-19），环向和纵向间距根据围岩空隙情况确定，一般为 1.0~3.0m，呈梅花型布置，注浆材料分为水泥单液浆、水泥—水玻璃双液浆、水泥砂浆等。

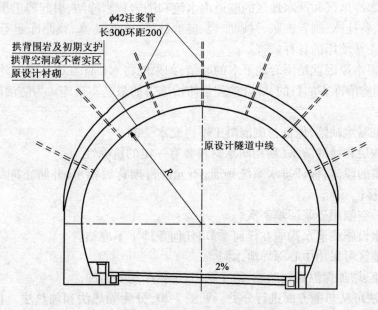

图 7-19　拱背注浆加固断面图

3）背后空洞注浆

注浆技术通常用于加固地基和隧道周围的地层，作用原理主要是通过填充、渗透、挤压和黏结作用使原来松散的岩土体胶结成整体，形成强度高、防渗和化学稳定性好的固结体，可提高地基和围岩地层的承载力。注浆可以填充拱背（墙背）空隙，约束衬砌变形，固结稳定衬砌背后松散围岩，填充衬砌裂缝孔隙，对衬砌背后空洞及周围地层注浆的另一作用是可阻塞渗水通道，可防止在流动水作用下，隧道周围的岩土体发生水土流失的现象，以及可减少地下水中侵蚀性介质的含量，以利提高衬砌结构的耐久性。因此对衬砌背后空洞采用注浆是比较常用的方法。

用于注浆的浆液一般是纯水泥浆或水泥砂浆，在压力作用下进入松散岩土体中的裂隙或孔隙，形成不规则的脉状结石，进而形成网状骨架，使岩土体胶结成整体，同时使其渗透性降低。注浆一般由劈裂注浆和超前导管注浆。劈裂注浆的机理是在注浆压力作用下，向注浆孔压入浆液，以便克服初始地应力和抗拉强度，使地层在垂直于小主应力的平面上发生劈裂，由浆液充填裂缝。在密实度均匀的土体中，浆液将均匀扩散，从而将扩散半径范围内的土体压密并胶结在一起，同时将扩散半径外一定范围内的土体压密，由此形成加固带。

浆液配比及注浆压力是控制注浆效果的关键因素。浆液的配制应考虑注浆对象的可塑性及裂隙的特性。如岩体注浆主要是对破碎岩体的裂隙进行注浆，要求能产生黏结力，以达到稳定围岩和堵塞水流通道的目的；土体注浆则要求浆液在土体内均匀扩散，在注浆孔周围满足设计扩散半径的要求，因而二者应采用不同特性的浆液。注浆压力是控制浆液流动和扩散的主要因素，是浆液流动、充填、压密注浆对象的动力，因而大小应根据注浆对象和浆液浓度确定。

7.4 冻害的整治

隧道冻害是寒冷地区和严寒地区的隧道内水流和围岩积水冻结，引起隧道拱部挂冰、边墙结冰、洞内网线设备挂冰、围岩冻胀、衬砌胀裂、隧底冰锥、水沟冰塞、线路冻起等，影响到安全运营和建筑物的正常使用的各种病害。

隧道冻害的根本原因就是围岩地下水的冻结，如果能将水排除在冻结圈以外，杜绝水进入冻结圈，就能达到防治冻害的目的，综合治理是防治冻害的最基本措施。为防治冻害而采取的治水措施主要是：

（1）消灭衬砌漏水缺陷，保证衬砌混凝土不再充水受冻；

（2）加强结构层和接缝防水（所用防水材料要有一定的抗冻性）；

（3）对有冻害的段落，保证排水系统畅通，不允许衬砌背后积水，并防止冻结圈外的地下水向冻结圈内迁移；

（4）衬砌背后空隙用砂浆回填密实。

（5）保证排水设施或泄水沟应在任何季节，任何条件下不冻结。

（6）在严寒地区可采用中心深埋泄水洞。

（7）更换土壤、增加保温材料防冻、防止融坍、加强结构等措施。

防止冻害方法可从热能方面进行分类。见图7-20，分为隔热法和加热法。目前一般采用隔热法。加热法正在试验研究中。

隔热法是在隧道衬砌表面或初期支护与二次衬砌之间设隔热材料,使围岩的热量在冬季不逸出隧道衬砌,并保持隔热材料的表面在冰点以上,从而防止冻害的发生。

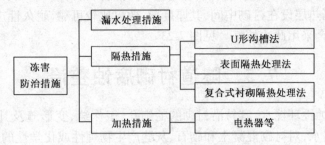

图 7-20　冻害防治措施分类(关宝树译)

1) U 形沟槽法

适用于发生线状漏水、寒冷程度较小的既有隧道。

在接缝、开裂等漏水处、冻结处挖 U 形沟槽,插入隔热材料或张挂在衬砌表面,防止冻结,形成线状导水孔道,见图 7-21。

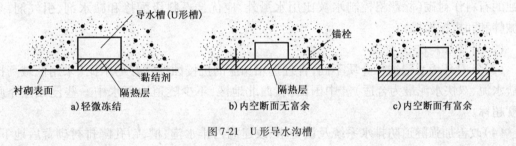

图 7-21　U 形导水沟槽

2) 表面隔热处理法

此法在既有隧道冻害整治中是最常用的一种方法。一般是由防止漏水的导水层、隔热层及防止火灾的防火层等三层构成。构成隔热层的隔热材料多为泡沫聚氮乙烯和泡沫聚氯苯烯,泡沫尿烷等。见图 7-22。

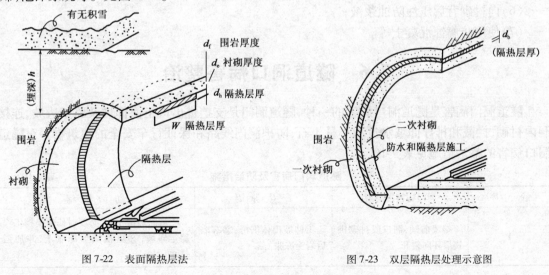

图 7-22　表面隔热层法　　　　　　图 7-23　双层隔热层处理示意图

3）双层衬砌隔热处理法

在喷混凝土面上铺设防水板后，再喷射泡烷等隔热材料，再修筑二次衬砌的方法。与表面处理方法比较，因隔热层设在衬砌中间，其厚度薄，效果比较可靠，耐久性也好，故在冻胀力大、材料易于劣化的场合采用此法较好。见图7-23。

7.5 隧道衬砌腐蚀整治

衬砌背后的腐蚀性环境水，容易沿衬砌的毛细孔、工作缝、变形缝及其他孔洞渗流到衬砌内侧，成为隧道渗漏水，对衬砌混凝土和砌石、灰缝产生物理性或化学性的侵蚀作用，造成衬砌腐蚀。隧道衬砌腐蚀分为物理性侵蚀和化学性腐蚀两类。隧道衬砌腐蚀使混凝土变酥松，强度下降，降低隧道衬砌的承载能力，还会导致钢轨及扣件腐蚀，缩短使用寿命，危及行车安全。

产生侵蚀的三个要素是，第一，腐蚀介质的存在；第二，易腐蚀物质的存在；第三，地下水的存在具有活动性。针对侵蚀产生的原因和条件，对隧道侵蚀采取的防治措施主要有：

（1）提高混凝土的密实性和衬砌的整体性；如采用防腐蚀混凝土，或以防水砂浆砌筑不受侵蚀的石料作衬砌（除严格控制水灰比用水量外，应优选石料级配掺和减水剂、引气剂，采用机械拌和机械振捣）；

（2）外掺加料法；

（3）针对环境水侵蚀性介质不同，合理选用相应的抗侵蚀性较好的水泥（采用低碱高抗硫酸盐水泥、双快水泥最为合适）。中国西南、西北地区，不少隧道地下水中一些侵蚀性介质的浓度超标。

（4）改善加强隧道防排水系统及设备增、改建洞内排水沟、槽，钻孔降排衬砌背后地下水；使用密实的与混凝土不起化学反应的材料在衬砌外表面做隔离防水层；

（5）提高衬砌的防水防侵蚀能力，综合考虑衬砌加固（如拱背压浆，喷射混凝土补强堵漏，设内外贴式防水层作为防蚀层，除水泥外，尚可采用阳离子乳化沥青乳胶、EM-海泊沥青乳胶）；采用与侵蚀性环境水不起化学反应的天然石料砌筑衬砌；

（6）向衬砌背后压注防蚀浆液；

（7）使用防腐蚀混凝土等。

7.6 隧道洞口病害整治

隧道洞门病害是隧道洞口病害的一种，隧道洞门是支挡进出口正面仰坡及路堑边坡，连接洞内衬砌，拦截和排导仰坡水流和小量土石，防护洞门线路和保证行车安全的建筑物。对隧道洞口病害的整治措施见表7-10。

隧道洞门病害及防治措施　　　　　　　　　表7-10

顺序	洞门病害类型	产生原因	防治措施
1	端墙前倾，洞口段衬砌拱丧墙环向裂开	①仰坡山体坍滑；②端墙后岩土冻胀	①清除坍滑土体，必要时修建支挡工程稳定仰坡；②更换墙后冻胀土，并加强排水

续上表

顺 序	洞门病害类型	产生原因	防治措施
2	端墙及洞口段衬砌纵裂	洞口段为土质地基,地表水下渗软化基底,衬砌下沉	①加固地基,如压浆;②封闭基面,防止地表水下渗;③网喷加固裂损衬砌
3	崩塌落石	隧道洞口在陡峻的山坡下,危石多	①修建支挡墙或喷锚加固危岩;②接长明洞防护
4	洪水或泥石流淹埋洞口	洞口附近有泥石流沟通过,无可靠防护措施	①修建栏挡和排导工程;②接长明洞防护
5	斜交洞口衬砌压裂	山体两侧不均匀围岩压力挤压	①斜交洞口衬砌加固;②改斜交口为正交洞口

7.7 道床病害整治

隧道整体道床是在坚实的地基上或仰拱上构筑的混凝土或钢筋混凝土整体轨下基础。这类轨下基础是一种少维修的新型轨道基础。

整体道床的优越性在长大隧道内修整体道床线路,优越性明显:①结构简单,便于就地取材现场建造。②地基稳固的整体道床,线路稳定平顺,能最大限度减少维修工作量。③改变了传统的维修作业内容,只需进行扣件保养和清扫,免除道砟线路大维修作业中清筛、捣固等繁重劳动。特别在通风照明不良,行驶内燃、蒸汽机车、有害气体和粉尘浓度较大的长大隧道中,对改善养路工人的工作环境更有意义。整治措施如下:

(1)增设能疏干基底的降排水设备。常用密井暗管式侧沟,侧向支撑强,一般不需加深隧道边墙基础,排水效果好,挖沟断面小,施工方便,便于维修清理;适用于各种岩质条件和直墙、曲墙衬砌地段,可深埋在仰拱下。平面布置分为双侧沟、单侧沟和中心暗沟(中心暗沟,施工中对边墙稳定影响较小,严寒地区可作为深埋防冻水沟;亦可作为曲墙衬砌地段的排水通道)。

(2)翻修破损的整体道床的施工方法(遇膨胀性围岩加仰拱)有横向轨束梁法、轨下支墩法、纵向横向轨束梁法、基底换填加固法、基底压浆加固法等。

多年的运营经验证明,隧道整体道床工程质量的好坏,关键是基底的处理和整体道床的排水及防水设备的完善,这也是预防和整治既有隧道整体道床产生下沉裂损病害的基础;排水结构形式,以密井暗管式深侧沟降排地下水效果最好,并对隧道浅基边墙稳定有利,且便于施工和维修,技术经济效果较好;对破损的整体道床,采用横向轨束梁法或轨下支墩法,翻修改建为钢筋混凝土板式整体道床,较为安全可靠。

中国铁路从成昆线开始在隧道内大量应用整体道床,至1999年底,已在100多座隧道内修建了整体道床,总长300km以上。总的运营状态是好的,实现了线路少维修的效果,深受现场欢迎。少数整体道床由于设计和施工质量的原因,出现了病害,绝大多数经过整治可继续使用,个别的整体道床病害严重,整治无效,管理部门不得不改铺碎石道床(如襄渝线大巴山隧道)、预应力混凝土宽枕(如青藏线关角隧道)。

现已交付运营的西康线秦岭特长隧道(长 18.45km)内,设计采用了完善的防排水系统,无缝线路及改进型弹性整体道床结构及施工新技术。科研部门对改进型弹性整体道床的结构形式、道床弹性材料、施工方案及弹性可调式扣件,进行了认真研究,并进行了室内及现场试铺试验。从施工工艺、施工方法来确保整体道床施工质量的可靠性。用橡胶靴套(或 PC 嵌缝胶)将支承块与周围的混凝土道床隔离,便于支承块破损后更换,支承块底下另设弹性垫层以减少动载冲击力,同时采用少维修、大调量(可调垂直及水平方向)弹性好的新型可调式弹性扣件,以大幅度地减少维修工作量和提高线路质量。

(3)隧底破损合理的整治办法就是拆除仰拱重做和重新铺设水沟底混凝土。对于公路隧道,可逐段分边开挖重做;对于铁路隧道,为不影响行车,则需进行扣轨施工。纵向扣轨为 P43 钢轨,长度 12.5m,三根一束,每组四束,分别用 M20U 形螺栓加垫铁固定在枕木上方,见图 7-24、图 7-25。扣轨在施工段(每段 5m)两端用混凝土支墩支垫;长枕既作为轨道枕木,又作为施工的横向抬梁。为防止扣轨段轨道发生横向移动,轨道两侧设木撑加固,仰拱可分段间隔施工。根据病害具体情况,仰拱及铺底可改为钢筋混凝土或钢轨混凝土。

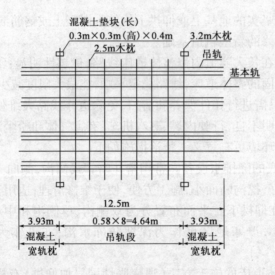

图 7-24 扣轨平面示意图

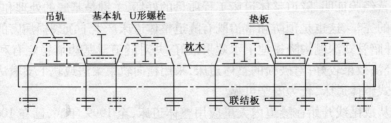

图 7-25 扣轨横断面示意图

（4）嵌轨加固

当衬砌结构承载力不足，并受断面内空限界的限制而无法采用套拱等加固措施时，可采用镶嵌钢轨或工字钢拱架进行加固。镶嵌拱架间距不宜过小，以免凿槽过密影响原有衬砌的完整性，间距以 50~120cm 为宜。钢拱架纵向应设置连接钢筋，使之形成一整体，共同受力。

（5）底板的稳定处理

底板既是传力结构又是受力报告，底板不稳定直接影响仰拱的稳定性。易风化、泥化的泥质岩类隧底、排水不良、铺底容易损坏，产生翻浆冒泥等病害是运营线较常见的一些病害。此类问题一般采用改建加深侧沟或增建深侧沟、更换铺底方法来整治。如果为黏土质泥岩或为由膨胀特性的页岩时，宜增设仰拱，以防止边墙下沉、内移和隧底隆起。加深排水沟、疏干地下水可消除底板软化，对已软化的底板也可采取置换或注浆加固。

参 考 文 献

[1] 铁路桥隧建筑物大修维修规则,铁运[1999]146 号部令发布,2000.
[2] 中华人民共和国行业标准.JTG H12—2003　公路隧道养护技术规范[S].北京:人民交通出版社,2003.
[3] 刘会迎.公路隧道病害成因机理及防治措施研究[D].成都:西南交通大学,2007.
[4] 侯建斌,夏永旭.公路隧道的养护及病害防治[J].公路交通科技,2006.
[5] 吴梦军,张永兴,刘新荣,等.公路隧道病害处治技术研究[J].地下空间与工程学报,2007,3(5).
[6] 杨新安,黄宏伟.隧道病害与防治[M].上海:同济大学出版社,2003.
[7] 李治国,张玉军.开裂隧道承载能力分析及治理技术[J].隧道建设,2003,23(4).
[8] 郭卫社,何君茹.浅谈铁路隧道病害防治[J].隧道建设,2003,23(3).

8 运营隧道全寿命分析

现在隧道的设计使用年限一般为 100 年,这就对其耐久性提出了更高的要求。对已建隧道衬砌的耐久性作出评估及对拟建混凝土衬砌进行耐久性设计和预测,是隧道衬砌耐久性研究的重要内容。对已建隧道衬砌耐久性预测和评估是指对现有的隧道通过适当的方法评价其现有的工作状态,确定衬砌安全系数(或可靠度指标),评价隧道是否满足设计的要求,并最终预测今后安全系数降低情况,给出大致的使用年限;对拟建隧道衬砌耐久性预测则是在对拟建隧址处进行详细的工程地质与水文地质调查基础上,根据已有的经验和相关的材料劣化及钢筋锈蚀模型,预测隧道衬砌在设计基准期内的安全系数的降低情况。

地下结构是一个广泛的工程领域,在使用过程中,这些结构物由于自然条件的变化,而发生各种变异现象,会大大缩短结构物的使用寿命。因此,研究自然条件—变异现象—结构物剩余寿命之间的因果关系,并对结构物的剩余寿命作出科学的评定,已成为各国在地下工程研究领域中一项重要的课题。这也是隧道及地下工程结构耐久性设计和诊断技术研究的重要课题之一。

地下结构物,绝大多数是混凝土或钢筋混凝土结构,因此,在讨论地下结构物的剩余寿命评定问题时,就必须先研究和掌握有关混凝土结构物寿命的基本概念和其在寿命设计、诊断中的一些基本观念和手段。

8.1 混凝土结构物的寿命设计的基本观念

结构物的寿命设计或耐久性设计就是把过去以结构物具有足够承载力作为重点的承载力极限状态的设计改变为以混凝土结构耐久性或寿命为重点的耐久性设计。这时所指耐久性设计的基本概念是结构物在设计耐用期间内,受到劣化外力作用(环境条件的变化等),而劣化状态在该期间内以控制在容许水准之下为目标。同时,考虑经济性来设定材料规格、设计基准和施工工艺,并决定相应的养护维修管理的基准。

耐久性设计的根本就是确定设计耐用年限。耐用年限有物理耐用年限、经济耐用年限、功能耐用年限、社会耐用年限之分。

物理耐用年限:因腐蚀造成的材料劣化、损伤、磨耗、疲劳等,使结构的使用性和承载能力不能满足一定规范的期限。

经济耐用年限:根据维修管理的成本与新建结构比较,在经济上不合算的期限。

功能耐用年限:由于技术革新、需求的急剧变化等,要求与当初功能不同的功能,而结构不能满足新功能要求的期限。

社会耐用年限:由于另外工程引起的环境变化和新工程的出现,使结构不能继续使用的寿命。

一般所说的设计耐用年限是指物理和经济耐用年限。

在设定设计耐用年限的同时,要视年数预计劣化外力。作为劣化外力主要有活荷载、地震的影响、风荷载、雪荷载等。

此外,还有气温、湿度、日射、碳化、冻害等,这些外力视耐用年限的长短,要改变其数值。劣化作用,大体上分为物理的作用和化学的作用两类。

其次,要根据这些劣化外力,预计劣化的机理并反映到耐久性设计中去。

在设定设计耐用年限和劣化外力的同时,要设定容许水准。容许水准要根据承载性、使用性、美观等观点来决定。设定耐用年限和劣化外力后,要具体设定材料、施工、设计的规格。设计规格决定形状、开裂限制、构件和配筋的设计、钢筋保护层的厚度、装修材料等。材料规格决定混凝土的种类、品质、使用材料、配比等。施工规格是决定混凝土的制造、施工、运送、灌注、捣固、养护等的基准。

8.2 隧道结构寿命分析

工程实践表明,由于耐久性导致混凝土结构使用寿命缩短的损失巨大。统计资料表明,1996年美国混凝土工程总造价6万亿美元,每年用于混凝土工程维修和重建费用约3000亿美元,2001年仅修复由于耐久性劣化而损坏的桥梁就耗资910亿美元。英国每年用于修复钢筋混凝土结构的费用达200亿英镑。日本每年用于混凝土房屋维修的费用为400亿日元。正因为如此,欧美发达国家对混凝土结构耐久性造成的经济损失十分关注,开始在建设初期就对其周期寿命总造价进行评估,提出了混凝土结构全寿命经济分析法LCA(MaageH. Rose,2003)(Life-cycle assessment of concrete),代替了定性经验方法。

8.2.1 寿命组成

Henrisen(1991年)细化和改进了K. Tuutti(2000年)结构耐久性两阶段寿命模型,见图8-1。

结构寿命以第一次维修时间为准,包括初始锈蚀阶段和锈胀开裂阶段,见式(8-1)。

$$T_r = T_i + T_p \quad (8-1)$$

式中:T_r——第一次维修时间;
T_i——混凝土钢筋开始锈蚀时间;
T_p——钢筋开始锈蚀到保护层锈胀开裂时间。

8.2.2 开始锈蚀时间

大量研究表明,氯离子在混凝土中的扩散可用 Fick 第二扩散定律模拟,该扩散定律偏微分方程为:

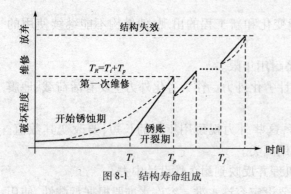

图 8-1 结构寿命组成

$$\frac{dC_t(x,t)}{dt} = D_a \frac{d^2 C_t(x,t)}{d^2 x} \quad (8-2)$$

式中:$C_t(x,t)$——混凝土中氯离子含量;
D_a——扩散系数;
x——混凝土深度;
t——时间。

偏微分方程的解为:

$$C_t(x,t) = C_0 + (C_s - C_0)\left\{1 - \mathrm{erf}\left(\frac{x}{2\sqrt{D_a t}}\right)\right\} \quad (8-3)$$

$$\mathrm{erf}(u) = \frac{2}{\sqrt{\pi}} \int_0^u e^{-t^2} dt \quad (8-4)$$

$$\mathrm{erf}^{-1}(u) = 1 - \frac{2}{\sqrt{\pi}} \int_0^u e^{-t^2} dt \quad (8-5)$$

式中:$\mathrm{erf}(u)$——误差函数;
$\mathrm{erf}^{-1}(u)$——误差反函数;
C_s——表面氯离子浓度;
C_0——初始氯离子浓度。

只要确定了临界氯离子浓度 C_{cr},依据公式(8-3)可求解任意时刻 t 的钢筋表面混凝土氯离子浓度,从而推算钢筋开始锈蚀时间。

8.2.3 临界氯离子含量

大量的试验研究及工程实践表明,只有当混凝土结构中的氯离子含量达到一定界限时,混凝土中的钢筋才发生锈蚀,这个浓度称为临界氯离子含量 Ccr。很多学者对临界氯离子含量 Ccr 进行了试验研究,提出了不同看法。CadyP. D.(1991 年)、WeyersR. E.(1983 年)建议钢筋锈蚀临界氯离子含量值在 0.024% ~ 0.048%(占水泥用量)之间。Glass and Buenfeld(1995 年)在大量文献调研的基础上提出临界氯离子含量值在 0.17% ~ 2.5% 之间,他们建议欧洲普遍环境下采用 0.4%,比较恶劣的环境下采用 0.2%。R. Browne(1976 年)提出了氯离子含量与钢筋锈蚀危险性对应关系建议值,见表 8-1。

表 8-1 锈蚀危险性与总氯离子含量

Cl⁻含量占水泥量(%)	Cl⁻含量占混凝土量(%)	锈蚀危险性(定性判断)
>2.0	>0.36	肯定锈蚀
1.0~2.0	0.18~0.36	很可能锈蚀
0.4~1.0	0.07~0.18	可能锈蚀
<0.4	<0.07	可忽略锈蚀

8.2.4 锈胀开裂时间

由于问题的复杂性,对于确定第二阶段的寿命锈胀开裂时间 T_p,目前还存在比较大的困难。

虽然有许多学者对此进行了研究,但是仍然没有建立一个被普遍接受的锈胀开裂时间 T_p 预测模型。

对于这个问题,大多数工程应用中采用假定值,即在大量工程调查和统计的基础上确定一个经验值。这样做的基础是大量工程调查样本的统计值,虽然缺少理论依据,但是给工程应用带来了方便。北美国家计算程序 life-365(M. A. Ehlen,2005)假定从钢筋开始锈蚀到混凝土保护层开裂的寿命取定值为 $T_p = 6a$。

8.2.5 LCA 经济评估方法

结构全寿命经济分析法从设计、管理、建设和运营的各个环节来寻求措施以满足结构全寿命周期的总投资最小。美国联邦公路局(FHWA)于 1994 年发布《关于实施全寿命经济分析法的政策声明》,指明在公路行业强制实施全寿命经济分析法(LCA)。世界上已有 20 多个国家和地区采用了 LCA 法,包括我国台湾地区。

结构全寿命经济分析法在结构安全可靠约束条件下,使项目全寿命的效益期望值最大,即建立最优化目标函数为:

$$\text{Min}\{E[\text{LCA}(T)]\} \tag{8-6}$$

全寿命经济分析法考虑如下两部分投资费用:

第一部分包括建设时的设计、施工费用;第二部分包括所有的维修费用。全寿命经济分析法估算分析计算基本公式为:

$$P_w = c\left(\frac{1+i}{1+r}\right)^t \tag{8-7}$$

式中:P_w——工程造价现值;
  c——使用时间 t 对应的投资;
  i——通货膨胀率;
  r——工程折现率;
  t——工程使用年限。

8.2.6 耐久性措施经济评估

常用的防止氯盐腐蚀的结构耐久性的保证措施有:混凝土添加硅灰、添加钢筋阻锈剂、采用还氧涂层钢筋和采用表面涂层。为了验证不同工程措施对全寿命周期造价的影响,唐孟雄等(2010年)编制如下试验计算方案,见表8-2,进行了具体的计算、分析,采用life-365程序进行全寿命经济评估。

计 算 方 案 设 计　　　　　　　　　表8-2

方案编号	耐 久 性 工 程 措 施		
1	普通	—	—
2	普通	—	表面涂层
3	混凝土掺硅灰	—	表面涂层
4	混凝土掺硅灰	钢筋阻锈剂	—
5	环氧涂层钢筋	—	表面涂层

分析表明:普通钢筋混凝土全寿命单位面积造价为211.69美元,掺入硅灰和钢筋阻锈剂的防护措施全寿命周期单位面积总费用仅为134.21美元。掺入硅灰和钢筋阻锈剂的防护措施具有显著的经济效益,可在工程中推广应用。

8.3 混凝土结构耐用年限的预测方法

预测混凝土结构的耐用年限,目前采用的方法是沿用对某些制成品的预测方法,来确保结构物的耐久性和可靠性。

在预测材料、构件、结构的耐用年限时,可采用代表劣化程度的指标和记述劣化环境的指标。根据时间变化的耐久性指标,从定式化的观点,预测模式可概括地分为线性、非线性以及组合三类。

8.3.1 线性模式

1) 线性模式

具有损伤和受害概念的指标,视外力的作用而增加时的预测模式,定义为线性模式。主要用于预测钢材和混凝土在某些方面变动荷载下的疲劳寿命,一般可用式(8-8)表示:

$$dR = \sum A_i \times dG_i \tag{8-8}$$

式中:A_i——作用变数 G_i 的影响度。

2) 线性扩展模式

指标按时间和位置定义的线性模式,适用于盐分、水分、氧等的分析。其代表性公式为:

$$C(\delta R/\delta t) = Q(t) \cdot \mathrm{div}(K \times \mathrm{grad}R) \tag{8-9}$$

$$K = (K1, K2, K3)$$

8.3.2 非线性模式

1) 增值型模式

指标的变化率决定于指标本身,而且,随指标的增加变化率呈加速类型的模式,定义为增值模式。表达式为:

$$dR = F(R \times G_i) \tag{8-10}$$

函数 F 具有 $dF/dR > 0$ 的区域。

2) 收敛型模式

指标的变化率决定于指标本身,但变化率逐渐降低,此模式称为收敛型模式。表达式与(8-10)相同,但函数具有 $dF/dR < 0$ 的区域。

8.3.3 组合型模式

材料、构件、结构的耐久性和时间有关的功能,可用复数的指标进行综合评价,结构物水准的耐久性评价,特别是机械等,都属于此范畴。

1) 由独立指标组合的模式

因大体积混凝土热应力引起的开裂指标 R,可由发生的主拉应力与开裂强度比值 f_t 的最大值来定义。

$$R = f_t(温度应力的时间变化)/\delta_t(温度应力) \tag{8-11}$$

2) 由相关指标组合的模式

钢筋的腐蚀速度,不仅与腐蚀量有关,而且也与钢筋处的氧含量、温度、水分、氯离子含量等钢筋的腐蚀环境有关。因此,钢筋的腐蚀也要用复合模式来评价。

根据有关资料,对混凝土结构的耐久性设计,具有重要意义的项目主要有如下几点:

(1) 劣化极限状态的设定。
(2) 耐用年限的选定或决定。
(3) 各种原因的劣化及复式劣化的预测。
(4) 进行维修补修时的劣化预测。
(5) 与结构设计的协调。

8.3.4 基于经验的预测法

此方法是根据试验室和大量现场试验结果与以往经验的积累,对使用寿命做半定量的预测。该方法几乎完全依赖于经验,但也包含一定的科学推理。如果隧道的环境条件恶劣、使用寿命较长或者是遇到新情况而又缺乏经验,这种方法就不可靠。

8.3.5 基于类比的预测方法

此方法通过比较在相似条件下以相似质量的混凝土建造的隧道,经适当的折减预测隧道的耐久性。这类方法的缺点主要是目前很多混凝土中有添加剂和其他材料,又如为延长使用寿命而进行的保护性处理,混凝土和钢筋表面涂层等使用的历史相对较短,而很多早期建造的混凝土衬砌并未经过类似处理。而且混凝土材料本身也发生了变化,使其相关特性也发生了变化。

因此,即使有相似的使用条件,将过去的经验直接用来做比较也会有问题。

8.3.6 快速试验的预测方法

混凝土耐久性试验多采用加速试验,即模拟相当或更为严酷的环境条件,通过试验数据和数据间的相互关系,得出人工环境条件下的劣化机理,并建立相应的数学模型。其缺点主要是缺乏使用状态下的长期数据。

8.3.7 随机方法

随机方法依赖于可靠度方法或者统计与确定性模型相结合的方法来预测结构可能的失效时间。这种方法前提是认为使用寿命受设计标准、材料性能、使用环境等诸多因素影响。

8.3.8 数学模型的预测方法

数学模型方法预测的可靠程度与模型的合理性以及材料与环境参数的选取有关。现已发展了不同劣化过程的模型用于结构寿命的预测,很多模型也可以用于隧道衬砌寿命的预测,这些模型主要考虑不同的侵蚀介质,如化学侵蚀、碳化等。

在工程实际研究时,通过对结构物在使用过程中自然条件—变异现象—结构物剩余寿命之间的因果关系的研究,对结构物的剩余寿命作出了科学的评定。并在对决定地下结构物的剩余寿命的两个基本条件,即结构物建成时的基准寿命和在使用过程中环境条件的影响重点研究的基础上得出如下结论:

(1)对地下结构物来说,结构物的基准寿命不能简单地由设计基准寿命来决定。考虑到隧道因施工而产生的超欠挖,使隧道轮廓与设计轮廓差异较大,从而使衬砌截面厚度与设计厚度差异也较大。这造成结构物的寿命与建成时"实态"寿命差异较大。因此,在评价结构物的基准寿命时,应该以其建成时的寿命为基准寿命。

(2)对地下结构物来说,环境条件的影响,主要来自三个方面:
①材料老化。
②水的影响。
③承载条件的变化。

(3)维修理论的初步应用研究表明:把维修理论引进结构物的设计中来,对降低结构的成本具有重要意义。结构物在使用过程中,必然受到环境条件变化的影响,而减少和控制环境条件影响的基本方法是在使用过程中建立起日常的维修管理体制,进行日常维修管理。

8.4 隧道衬砌破坏标准的确定

以上每种方法均有各自的优缺点,其中最有利用价值的是数学模型并应用随机概念的加速试验方法。

对已建隧道衬砌进行耐久性预测和评估比拟建结构的预测要相对容易,评估的方法与拟建结构基本相同,但后者可通过对隧道衬砌现有状态及周围工程地质和水文地质情况的实际调查获得更多、更明确的数据。对已建隧道衬砌进行耐久性评估,最终必须搞清三个最本质的问题:第一,隧道衬砌耐久性现状;第二,混凝土目前和将来的劣化速率;第三,影响结构未来使用寿命的因素。

在根据隧道的重要性及相关原则确定衬砌的失效标准后,对隧道衬砌耐久性进行的预测可分为两类:

(1)按混凝土材料的状态进行预测。

(2)按钢筋的锈蚀状态进行预测。

按混凝土材料的状态预测素混凝土和钢筋混凝土隧道衬砌的耐久性时,应主要通过分析混凝土材料性能的变化对其做评价。对钢筋混凝土隧道衬砌的耐久性进行预测时,应充分考虑混凝土材料的劣化对钢筋锈蚀的影响。

对于已经建成的隧道,耐久性评估是预测的基础。与耐久性预测相仿,对隧道衬砌的耐久性进行评估时,也应对混凝土材料和钢筋的锈蚀状态分别进行评估,而且评估方法也基本相同。但由于结构物已经建成,与预测相比,耐久性评估将有较多的确定性特征,通常都可通过现场调查和试验获得资料。

在对隧道衬砌的耐久性进行评估时,首先应选择最危险断面、最危险截面的质量及其他与耐久性相关的特性进行分析研究。此外,在进行耐久性评估时,应根据该隧道施工验收时的竣工资料,按规范对其进行安全性检算,得出隧道衬砌的安全系数,以便将其与由对隧道衬砌进行现场实测获得的资料对比。

按目前采用的《公路隧道设计规范》(JTG D70—2004),用于评价隧道衬砌安全性的指标是安全系数。安全系数可通过对隧道衬砌计算荷载效应及其承载力得到。上述方法可用于确定衬砌的无锈工作时间与带锈工作时间,但在确定寿命终结时间时必须事先确定判断衬砌是否破坏的标准。

8.5 安全度的检算

现行的《公路隧道设计规范》(JTG D70—2004)采用安全系数作为评价衬砌安全度的指标,具有直观明了、计算简单等优点,但其计算过程采用的是容许应力法,存在许多缺点。由于目前公路隧道衬砌按概率极限状态建立设计方法的研究尚处于初始阶段,以及对于隧道衬砌这类耐久性影响因素众多,经验在耐久性预测和评估过程中又起着重要作用,同时预测误差又较大的结构,采用安全系数作为结构破坏的标准似乎更具有实用性。因此,建议在进行衬砌强度计算时采用近似半概率半经验的方法,并采用安全系数作为结构破坏的评价指标。

可靠性理论运用于工程实践以来,取得了巨大的成就,对结构的设计做出了很大的贡献,但运用于隧道工程却比较晚。现在随着地下工程的发展及人们对结构可靠性要求的提高,可靠性理论已经成功地运用于隧道及地下工程实践,提高了隧道及地下工程的可靠性。同时要寻求防止隧道衬砌劣化的方法,以提高隧道结构的耐久性,使其更好地服务于人。

8.6 隧道衬砌耐久性的影响因素

8.6.1 钢筋锈蚀的影响

钢筋锈蚀是影响混凝土结构耐久性的关键因素。目前大部分新建公路隧道和部分铁路隧道采用钢筋混凝土衬砌作为受力结构,由此使钢筋锈蚀成为影响隧道衬砌耐久性的控制因素。

8.6.1.1 混凝土中钢筋锈蚀模型

混凝土碳化至钢筋表面导致钝化膜破坏,钢筋则发生锈蚀,锈蚀过程属于电化学反应过程。锈蚀物的产生将阻碍铁离子的扩散,锈蚀速度随时间的增长而减慢,具有一定的非线性。但在一般大气条件下,锈蚀后的钢筋直径、名义抗拉强度标准值与锈蚀时间的关系简化为(邸小坛,周燕,1996年):

$$D(t) = D_0[1 - \omega(t - t_c)] \tag{8-12}$$

$$t_c = \left(\frac{c}{k}\right)^2 \tag{8-13}$$

$$\omega = 0.01\beta_1\beta_2\beta_3\left[\frac{4.18}{f_{cuk}} - 0.073\right](1.85 - 0.04c)\left[\frac{5.18}{D_0} + 0.13\right] \tag{8-14}$$

$$f_{sk}(t) = f_{yk}[0.986 - 1.1992\omega(t - t_c)] \tag{8-15}$$

式中:$D(t)$——锈蚀开始后 t 年的钢筋直径(mm);
D_0——锈蚀前钢筋的直径(mm);
t_c——混凝土碳化到钢筋表面的时间;
β_1——混凝土成型养护系数;
β_2——水泥品种影响系数;
β_3——环境条件系数;
c——钢筋混凝土保护层厚度(mm);
$f_{sk}(t)$——锈蚀开始后 t 年的抗拉强度标准值(MPa);
f_{yk}——锈蚀前钢筋的抗拉强度标准值(MPa)。

8.6.1.2 钢筋锈蚀的机理

混凝土中钢筋的锈蚀是在存在氧和水的条件下发生的一种特定的电化学腐蚀。正常条件下,浇筑混凝土时,由水泥水化析出的氢氧化钙和少量钾、钠氢氧化物呈强碱性,pH 值约为 12.5~13.2。在这种介质中,钢筋由初始电化学腐蚀使阳极极化到钝化电位时,会在表面迅速形成一层非常致密的钝化膜(厚 0.2~1um,主要由 $Fe_3O_3 \cdot nH_2O$ 组成),使钢筋难以继续进行阳极反应。这时即使氧气向钢筋表面迅速扩散,仍可有效地抑制钢筋锈蚀。但当混凝土中钢筋表面的钝化膜被破坏后,钢筋将发生锈蚀,其反应式为:

阳极反应 $\qquad\qquad\qquad Fe \rightarrow Fe^{+2} + 2e \tag{8-16}$

阴极反应 $\qquad\qquad\qquad O_2 + 2H_2O + 4e \rightarrow 4OH^- \tag{8-17}$

两式合并后可写成 $\qquad 2Fe + 2H_2O + 4e \rightarrow 2Fe(OH)_2$

次生反应
$$4Fe(OH)_2 + O_2 + 2H_2O \Longrightarrow 4Fe(OH)_3 \quad (8-18)$$
$$Fe(OH)_3 \Longrightarrow FeO(OH) + H_2O$$
$$6Fe(OH)_2 + O_2 \Longrightarrow 2Fe_3O_4 + 6H_2O$$

可见 $Fe(OH)_2$ 被溶解在孔隙液中后,将生成 $Fe(OH)_3$。若继续失水,即生成水化氧化物 $FeO(OH)$(红锈),其中氧化不完全者则成为 Fe_2O_3(黑锈),由此使钢筋表面出现锈蚀层。

钢筋锈蚀可产生两个后果:一是钢筋的有效面积减少,使混凝土结构的承载力降低,可靠性下降;二是铁锈呈多孔状,其体积胀大为原体积的 2~4 倍,由此产生的膨胀力将使混凝土保护层开裂和剥落,进而加速钢筋锈蚀和导致结构破坏。即使钢筋锈蚀率较低,混凝土对钢筋的握裹力也将由此大大降低,使结构物的承载能力有一定程度的降低,影响使用寿命。

实验研究表明,当混凝土孔隙液的 pH 值 <11.5 时,钢筋表面的钝化膜就处于不稳定状态;当 pH 值 <9.88 时,钝化膜就会完全被破坏。导致钢筋表面钝化膜破坏的原因主要有两种:一是含有二氧化碳的空气渗入混凝土内部,使混凝土保护层碳化(中性化);二是氯离子渗入混凝土。混凝土中性化反应可使孔隙液的 pH 值降为 8.5~9.0,当碳化深度到达钢筋表面时,钝化膜就会被破坏,从而失去对钢筋的保护作用,使钢筋开始锈蚀。此外,地下水中常含有的酸类及部分盐类都可使混凝土中性化,破坏钢筋表面的钝化膜。

8.6.1.3 混凝土碳化对钢筋锈蚀的影响

混凝土碳化是指混凝土中含有的 $Ca(OH)_2$ 与 CO_2 起作用生成 $CaCO_3$,使其出现成分、组织、性能发生变化,使用机能下降的现象。

混凝土碳化对混凝土本身的耐久性可能无害,但却常是钢筋锈蚀的主要原因。因为混凝土碳化的结果,使混凝土的碱性降低(中性化),钢筋表面的钝化膜因失去碱性的保护而被破坏,由此引起钢筋锈蚀和降低结构的耐久性。与此同时,混凝土中性化也会引起其他水化产物的分解。已有研究表明,水泥石中各水化产物的稳定存在都要求其周围环境具有一定的碱性,见表 8-3。

水泥石中各水化产物稳定存在的 pH 值 表 8-3

成分	pH 值	成分	pH 值
水化硅酸钙	10.40	水化硫铝酸钙	10.17
水化铝酸钙	11.43	氢氧化钙	12.23

混凝土碳化反应的基本过程主要是:
(1) CO_2 在混凝土气相中扩散。
(2) CO_2 溶于混凝土孔隙液,并离解为 H^+、HCO_3^- 和 CO_3^{2-} 离子。
(3) 混凝土中的 $Ca(OH)_2$ 溶于孔隙液,并离解为 Ca^{2+} 和 OH^-。
(4) 发生化学反应 $Ca^{2+} + 2OH^- + 2H^+ + CO_3^{2-} \rightarrow 2H_2O + CaCO_3 \downarrow$。$CO_2$ 在混凝土气相中扩散主要是在已碳化的混凝土中扩散,碳化后的混凝土中,部分孔隙已被 $CaCO_3$ 填充,周围 $Ca(OH)_2$ 的含量减少,因此 CO_2 通过时消耗很少,浓度几乎没有变化。到达碳化前锋面后,则将与未碳化区混凝土中的 $Ca(OH)_2$ 起反应。

由反应过程可见,碳化将降低混凝土材料孔隙液的碱度,从而导致钢筋表面钝化膜被破坏,失去对钢筋的保护作用。与此同时,碳化过程将显著加剧混凝土材料的收缩变形,导致构件出现裂缝和结构发生破坏。对混凝土构件的力学特性,碳化放出的水分有助于水泥进一步发生水化作用,而且生成的 $CaCO_3$ 可填充水泥石内部的孔隙,使混凝土的抗压强度增加;同时,由碳化产生的收缩变形将使混凝土表面的碳化层经受拉应力,由此产生微裂缝,从而使混凝土的抗拉、抗折强度降低。因此,混凝土碳化对衬砌的耐久性有很大的影响。

水灰比是影响混凝土材料强度和耐久性的主要因素。水灰比小的混凝土密实性好、孔隙率低,能有效地阻止 CO_2 向混凝土内部扩散。而且,水灰比小的混凝土中孔隙液含量相对少,溶解的 CO_2 量也相应减少,从而延缓混凝土中性化的时间,使其抗碳化性能相应提高。混凝土的碳化通常是一个缓慢的过程。大量室内试验和现场观测均表明,混凝土材料的碳化速度取决于其渗透性和大气中所含 CO_2 的浓度,并大体符合 Fick 扩散定律。

混凝土构件表面碳化的深度与混凝土材料的水灰比、水泥的品种与用量、环境条件、碳化龄期及施工质量等密切相关。

环境条件中,温度、湿度和 CO_2 浓度等对混凝土构件的碳化深度均有一定的影响。其中影响最大的首推湿度。由反应过程可知混凝土碳化是液相反应, CO_2 和 $Ca(OH)_2$ 起反应需要适宜的湿度。一般说来,处于干燥状态的混凝土(如相对湿度始终低于25%)很难碳化,湿度过大时混凝土孔隙将为水填充,通过扩散进入混凝土孔隙的 CO_2 量将很有限,碳化也难进行。适宜于混凝土碳化的空气相对湿度为45%~75%。研究表明,环境相对湿度为90%、70%、50%时,碳化速度的平均比率约为0.6:1:1.4。湿度相同时,温度越高,碳化越快。这类影响可分为两个方面:

①温度升高,气体的扩散能力增强, CO_2 扩散速度加快;

②温度升高时湿度减少,可有更多的自由孔隙空间供气体扩散。此外,研究表明混凝土碳化的速度与所处环境中的 CO_2 浓度的平方根成正比。

水泥品种对混凝土碳化也有较大的影响。碳化反应是混凝土中的 $CO_2(OH)_2$ 与 CO_2 的反应,故在水泥用量、水灰比相同的条件下,水泥中的 CaO 含量越高,硬化后水泥中生成的 $Ca(OH)_2$ 量将越多,所以采用普通硅酸水泥时混凝土的碳化速度将慢于采用活性混合材水泥的混凝土。各种水泥混凝土的碳化速度见表8-4。显而易见,选择抗碳化性能较好的硅酸盐水泥或普通硅酸盐水泥,将有利于减慢混凝土碳化的过程。

各种水泥混凝土碳化速度比率　　　　　　表8-4

水泥品种	河砂 — 河砂砾		
	无外加剂	掺引气剂	掺减水剂
普通硅酸盐水泥	1	0.6	0.4
早强硅酸盐水泥	0.6	0.4	0.2
矿渣水泥(掺量30%~40%)	1.4	0.8	0.6
矿渣水泥(掺量60%左右)	2.2	1.3	0.9
混合水泥	1.7	1.0	0.8
掺粉煤灰水泥	1.8	1.1	0.7

在混凝土用水量不变时,水泥用量增大,导致水灰比降低,混凝土硬化后的自由水量减少,混凝土的密实度增加,使混凝土的抗碳化能力增强。

施工质量好,能提高混凝土的抗碳化能力,施工中良好的振捣能赶走混凝土内部的气泡,提高混凝土的密实度,使混凝土的抗碳化能力增强。同时施工时注意保证钢筋混凝土保护层的厚度和截面的有效尺寸,对于延缓混凝土中钢筋的锈蚀,保证结构的耐久性十分关键。

8.6.1.4 氯化物侵入对钢筋锈蚀的影响

在影响钢筋混凝土结构使用寿命的因素中,氯化物类属最危险的侵蚀介质。氯离子是极强的阳极活化剂,在含有一定浓度氯离子的地层中修建隧道时,氯离子将成为引起钢筋锈蚀的最主要因素。

氯离子引起钢筋锈蚀,使工程结构遭到破坏,是混凝土耐久性研究的重要课题。这类课题已经引起各国学者的广泛关注,并已进行了大量的试验研究。例如 Grlffin 和 Henry 证明,随着 NaCl 浓度的增大,钢筋锈蚀速度将加快,但在达到最大锈蚀速度后,锈蚀速度将随 NaCl 浓度的增大而减小。锈蚀速度减小起因与氧的溶解与扩散减少有关,导致维持锈蚀过程的供氧量不足。另一方面,混凝土中湿度不同也会引起供氧量的变化。

目前对氯离子影响混凝土材料耐久性的机理,认识上还存在分歧。有人认为是氯离子易渗入钝化膜,有人认为是迁移较慢的氯离子优先于氧和 OH^- 被钢筋吸附。而基于一些实验事实,也有人认为可能是氯离子首先在表层被吸附,然后通过钝化膜的表面缺陷穿透到膜中,在钝化膜内层形成 $FeCl_2$,从而使钝化膜局部溶解。一般说来,高浓度氯离子在钢筋表面大面积扩散,可使钢筋大面积腐蚀,然而,通常发现氯离子对钢筋的腐蚀却是点蚀。这是由于该处钝化膜被突破后形成很小的阳极,混凝土和钢筋表面为成为阴极,这种特殊的腐蚀单元使钢筋迅速融解引起深坑,导致钢筋断面和结构的承载力大幅减少。在这一电化学腐蚀过程中,氯离子不被消耗,而仅形成腐蚀的中间产物如 $FeCl_2$。随后发生水解,氯离子又被释放,同时产生自由的扩散,使阳极的 pH 值降低。在阴极区,因为 OH^- 增加,pH 值可能升高,因此条件更加适宜于腐蚀。

氯离子引起钢筋锈蚀的化学反应过程见图 8-2。由图可见在阳极反应区,在氯离子作用下铁将开始离子化,并经过下述化学反应产生铁锈(氢氧化亚铁):

$$Fe + 2Cl^- \rightarrow Fe^{2+} + 2Cl^- + 2e$$

$$Fe^{2+} + 2Cl^- + 2e + 2H_2O \rightarrow Fe(OH)_2 + 2H^+ + 2Cl^-$$

在阴极反应区,存在的水和氧气得到电子后可产生氢氧根离子,并与铁离子作用生成铁锈(氢氧化亚铁),化学反应式为:

$$2O_2 + H_2O + 2e \rightarrow 2OH^- \quad 2OH^- + Fe^{2+} \rightarrow Fe(OH)_2$$

影响氯离子侵入混凝土的因素有水泥品种、水灰比和养护龄期等。可见与碳化相似,混凝土的渗透性是氯离子侵入的控制因素。就混凝土材料而言,除强度外,降低其渗透性是提高结构耐久性的关键。

应予指出,在隧道衬砌与围岩接触的一侧,氯离子破坏钝化膜后,钢筋是否锈蚀将取决于氧气的供应,锈蚀速度也主要取决于氧气的供应量。

氯离子在混凝土中的运输,通常是含氯离子溶液的渗透和毛细作用,以及自由氯离子扩散的复合作用。何种机理起主导作用取决于环境条件和衬砌混凝土自身的湿度等。

渗透一般在海工隧道或地下水较发育的隧道中易于起作用而在海底隧道风井的潮位变化

区,则容易发现干湿变化对氯离子的运输有较大的影响。在潮湿阶段,环境水将被吸收(主要是毛细作用)到混凝土的外表层,而在干燥阶段,水将被蒸发而盐类被留在混凝土中,由此使盐类浓度增加。因此在这一部位,氯离子浓度将可能高于环境氯离子的浓度,产生较大的危害。而且即使周围环境中的氯离子浓度低于钢筋混凝土的允许临界浓度,在海工结构物的浪溅区和潮位变化区,混凝土孔隙液中的氯离子浓度仍可能很高,甚至超过临界浓度,对钢筋产生腐蚀,因此对其应加强防腐措施。

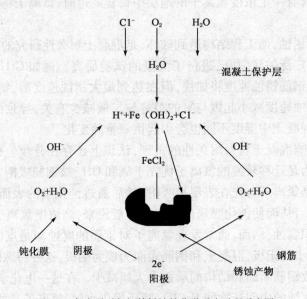

图 8-2　氯离子引起钢筋锈蚀的化学反应过程示意图

8.6.1.5　散杂电流对钢筋锈蚀的影响

散杂电流是不遵循正常途径流动的电流。当混凝土结构处于散杂电流场中时,这类电流能大大加速钢筋的锈蚀。

与钢筋锈蚀的电化学腐蚀机理相仿,在直流电作用下,阳极的铁可被电解($Fe \rightarrow Fe^{2+} + 2e$),并可生成化合物。其电解过程符合法拉第定律。

在电解质溶液中移动 1mol 电子所需的电量为:

$$Q_0 = NA \times e = 96485.3 (库仑) \tag{8-19}$$

式中,$NA = 6.0225 \times 10^{23}$ 为阿伏加德罗常数;$e = 1.602 \times 10^{-19}$(库仑)为一个电子的电量。

设电解质离子的分子量为 M,化合价为 n,重量为 W(克),则离子运动时所带的电量为 nWQ_0/M。

散杂电流的强度为 I(安培),流过阳极钢筋的时间为 t(秒),则散杂电流的电量为 It,并等于电解质离子所带的电量,即有关系式:

$$It = n\frac{W}{M}Q_0 \tag{8-20}$$

由此可得被腐蚀的铁的质量为:

$$W = \frac{MIt}{nQ_0} \tag{8-21}$$

铁的原子量为 $M=56.89$，化合价为 $n=2$，故当电流强度为 1A 时，1 年时间内被腐蚀的铁的质量为：

$$W = \frac{MIt}{nQ_0} = \frac{56.89 \times 1 \times (1 \times 365 \times 24 \times 3600)}{2 \times 96485.3} = 9297.2g \approx 9.3kg$$

可见，每 1A 阳极电流可使钢筋在一年内腐蚀 9.3kg。

隧道内部湿度较大，电气设备漏电时将产生散杂电流。尤其是裸露的预埋铁件，在潮湿环境中可构成宏观电偶的阳极，如果与钢筋接触，则将导致钢筋局部锈蚀。有效地防止漏电是使许多钢筋免于电腐蚀破坏的唯一方法。在隧道的工程实践中，这类因素的影响通常可采取加强通风和对铁件施作涂层等予以防止。

如果仍无法消除，则应考虑采取阴极保护方法来防止钢筋锈蚀。

8.6.2 冻害的影响

在负温度地区，冻害防治是隧道衬砌耐久性研究的重要内容。冻害一般对长大隧道内部的影响并不明显，但对洞口建筑、短隧道和其他混凝土构筑物则影响较大。众所周知，隧道环境一般湿度较大，处于水饱和状态下的衬砌混凝土受冻时，内部孔隙中的水将在冰冻过程中产生膨胀力，使混凝土结构产生微裂缝损伤，并在多次冻融循环作用下逐步积累扩展，造成衬砌内部开裂与表面剥落，由此导致混凝土受力变形性能下降。其下降速度与幅度决定着衬砌混凝土抗冻性的好坏。

混凝土的抗冻性与其孔隙结构、水饱和程度、受冻龄期及混凝土强度等因素有关，其中孔隙结构是最主要因素。混凝土结构中的孔隙有凝胶孔、毛细孔和非毛细孔等，而混凝土的孔隙结构及强度又主要取决于混凝土的水灰比、含气量和水泥品种，以下分别作讨论。

（1）水灰比直接影响混凝土的孔隙率及孔结构。水灰比增大时，混凝土的抗冻性将降低，因为水泥水化后剩余的可结冰的水将增多，混凝土内的开孔总体积将增加，平均孔径将增大，不仅易于形成连通的毛细孔体系，而且受冻后极易产生较大的膨胀压力，反复冻融循环后混凝土结构易于遭受破坏。一般情况下，水灰比减小，孔隙体积也减小，水泥水化后剩余的可结冰的水少，混凝土的抗冻性将较好。因此，对抗冻性要求较高的混凝土必须严格控制水灰比，必要时还应加入引气剂。

（2）含气量常是影响混凝土抗冻性的主要因素，通过"引气"减小孔隙体积则是混凝土结构物防止冻害的主要手段。尤其是加入引气剂可形成微细气孔，对提高混凝土的抗冻性尤为重要。因为这些封闭的微小气泡互不连通，并均匀稳定地分布于混凝土中，孔隙中的自由水冻结时气泡可被压缩，从而大大减小由冰冻给孔隙带来的膨胀压力，而且溶解时这些气泡又可恢复原状，因而空隙内的自由水反复冻融也不致对孔壁产生很大的压力。可见只要引气量合适，普通混凝土也可具有很好的抗冻性。

研究表明，对于混凝土的抗冻性，最佳含气量约为 5%～6%。除含气量外，气孔在砂浆中分布均匀对提高混凝土的抗冻性也很重要。通常可用气泡间距衡量其分布的均匀性，鲍尔氏（Powers）则建议，气泡间距应不超出 0.25mm。即所谓的气泡间距准则。

（3）混凝土的抗冻性与孔隙的饱水程度紧密相关。水结成冰时体积将增大 9%，故有关系式：

$$(1+9\%)V_水 = V_冰 \tag{8-22}$$

式中：$V_水$——混凝土孔隙中可冰冻水的体积；

$V_冰$——可冰冻水结冰后的体积。

由式(8-22)可见，混凝土含水率小于孔隙体积的91.7%时，将不产生冻结膨胀压力，该值常被称为极限饱水度。显然，混凝土的水饱和度与其密实度和抗渗性关系密切。在混凝土完全饱水状态下，其冻结膨胀压力最大。

(4)混凝土的抗冻性与龄期有关，并随龄期的增长而提高。因为龄期越长水泥水化越充分，可供冻胀的水分相对减少，而且随着龄期的增长混凝土强度提高，抵抗膨胀的能力也越强。

(5)混凝土的抗冻性随水泥活性增高而提高。因混合水泥需水量大，故采用普通硅酸盐水泥拌制的混凝土的抗冻性将优于采用混合水泥拌制的混凝土。

(6)隧道衬砌的抗冻性还与周围地层地下水的发育状况及围岩裂隙的分布有关。

一般隧道湿度较大，衬砌混凝土的饱水度较高，受冻时容易产生冻胀破坏。此外，由于衬砌混凝土表层的含水率通常大于内部的含水率，且表层温度均低于内部，所以冻害往往由表层开始逐步发展。

衬砌经多次冻融循环后，其内部结构将变得疏松，微裂缝将扩张，由此促进混凝土碳化及侵蚀性物质的入侵，加剧衬砌混凝土老化的进程，使其耐久性大大降低。因此提高隧道衬砌混凝土的抗冻性对延长隧道的使用寿命有积极的作用。

几十年来，国内外在混凝土抗冻性研究方面做了大量工作，而根据我国的实际情况研究出既能满足抗冻性要求又经济合理的水泥、混凝土配合比及相应的工艺措施，是今后努力的方向。

8.6.3 结构受力状态的影响

混凝土结构的耐久性与混凝土材料的渗透性关系密切，而其受力状态则能影响材料的渗透性。在拉应力区，材料的渗透性将明显提高，混凝土易于碳化，氯化物等侵蚀性物质也易于通过受拉区混凝土到达钢筋，从而引起钢筋锈蚀。

此外，在隧道运营过程中，隧道的实际受力状态与其设计时所考虑的情况可能会不一致，或者隧道的地质条件发生变化使得其受力状态改变，都会导致隧道发生衬砌裂损的情况，也会影响隧道的可靠性和耐久性。

8.6.3.1 松弛地压引起的隧道衬砌破坏

松弛地压是指围岩自然松弛，不能支持其自重而作用在衬砌上的荷载，以垂直压力为主。

1)松弛地压的发生机制

隧道开挖时产生的围岩松弛会逐年发展，是由于围岩自重、列车振动引起的现象，典型的因素主要有以下几点：

(1)因风化使节理面结合强度降低。

(2)因砂质围岩中细颗粒成分流失使黏结力降低。

(3)衬砌背后空隙促进围岩松弛，使衬砌发生弯曲应力，虽不损害拱部的功能，承载力显著降低。

(4) 施工衬砌厚度不足。

(5) 衬砌劣化,砌块衬砌接缝材料劣化。

2) 隧道破坏的形态

(1) 当松弛地压沿隧道纵向连续作用时,松弛围岩的重量主要作用在拱部,拱顶附近是主动区域,破坏形式主要表现为拱顶处沿隧道纵向张开性开裂,在拱的两肩处产生斜向开裂和龟甲状的开裂。

(2) 松弛地压在有限区域作用时,衬砌会产生椭圆形、半月形等复杂形状的开裂,并伴随有错台。

(3) 另外松弛地压还有可能引起突发性崩塌,一般由衬砌背后存在空洞的情况下,空洞上部岩块的突然掉落所引发。

8.6.3.2 偏压、坡面蠕动引起的隧道破坏

作用在衬砌上的地压显著不对称的状态叫做偏压状态。坡面蠕动指没有滑坡面的缓慢的坡面移动。

1) 偏压、坡面蠕动发生的原因

(1) 地形原因:洞顶覆盖层较薄、地面横坡较陡、围岩类别较低时,隧道将承受偏压,多见于斜交洞门段及傍山浅埋段。一般在Ⅵ和Ⅴ级围岩中,以地形引起的偏压为主。

(2) 地质原因:岩体在具有倾斜节理切割、洞身有倾角较陡的软弱结构面、软弱夹层断裂带、强风化带、软岩滑坡体时,隧道将受到偏压或坡面蠕动作用。其压力分布主要与以下因素有关:

①隧道围岩的工程地质条件如滑坡、错落、岩堆、岩溶、断层、褶皱等不良地质,与隧道的位置有关,往往产生显著的偏压;

②隧道围岩裂隙、节理或层理即弱面的产状与隧道轴线的组合关系;

③开挖隧道洞室对围岩扰动范围过大,引起控制性弱面的强度降低及作用在弱面上的法向力变小等,从而使围岩不稳定引起滑动,产生偏压。

(3) 设计施工原因:设计时没有考虑到偏压或坡面蠕动的作用,使得衬砌结构发生破坏;施工方法不当引起开挖断面局部坍塌,从而改变了围岩压力的相对稳定,造成应力集中而引起隧道偏压。

2) 偏压、坡面蠕动造成隧道破坏的形式

主动土压作用侧的拱肩产生纵向的开口开裂,被动土压侧的拱肩产生龟裂状的开裂和斜向开裂,从拱顶到拱肩断面上抬的部分,易产生局部的压溃。偏压作用的端部附近会产生斜向开裂和环状开裂。拱和墙的接缝处会产生错台。

8.6.3.3 滑坡引起的隧道破坏

构成斜坡的地表表层因地下水等而产生的滑动现象或随之产生的移动现象称为滑坡。即沿滑面的黏土,由于地下水的作用而强度降低,产生了沿滑面的滑动。当隧道与滑面处于不同的位置关系时,隧道有着不同的破坏特征。

(1)当隧道位于滑体中时,隧道的破坏特征具体表现为:整体外移,纵向弯曲,边墙互相错动、抬升,隧道断面向斜上方抬起,拱部产生局部压溃,多横裂而鲜见纵裂,线路外移、抬升或沉降等。

(2)当隧道位于滑带附近时,隧道以衬砌破损开裂为主,整体位移为次,可分为作用于边墙、拱部、底部三种情况。

①当滑带作用于边墙时,拱顶压裂掉块,山侧边墙倾斜,侵入限界,拱部及边墙纵裂延伸长,且多见错台,拱脚错位,山侧变形较严重;隧道宏观以整体倾状为主。

②当滑带作用于拱部时,主要以拱部变形为主,山侧变形较严重,以压碎、掉块为特征。

③当滑带位于隧道底部以下时,则出现底鼓现象。

(3)当隧道位于滑坡中后部时,隧道变形开裂剧烈,往往形成突发性压溃破坏。

8.6.3.4　膨胀性土压引起的隧道破坏

膨胀性土压指使隧道净空缩小,而挤出的围岩产生作用于衬砌和支护结构上的土压,其一般特征是围岩的位移和土压随时间长期增长,引起衬砌和支护结构破损,是很大的土压。膨胀性土压可能引发的破坏现象有:

边墙挤出,边墙或拱肩产生复杂的水平开裂,有接缝时会产生错台,拱背后有空洞时,衬砌会上抬,产生局部压溃。若拱顶有被动反力作用,不会产生上抬,而在拱的两肩因剪力产生水平开裂,同时会出现错台。无仰拱时,易产生路肩变异和底鼓现象。

8.6.3.5　承载力不足引起的隧道破坏

隧道边墙底脚处承载力不足,会造成隧道沿纵向或横向的不均匀下沉。

(1)承载力不足的原因:

①土压增大导致承载力不足。

②围岩劣化造成承载力不足。

③塑性区扩展到边墙正下方,造成承载力不足。

④围岩含水率上升,造成承载力不足。

⑤寒冷地区,围岩冻结、解冻时,承载力急剧下降。

⑥边墙底部支持面积不足、边墙基础深度不足、排水条件不良等造成承载力不足。

(2)隧道破坏的形态沿纵向时,隧道边墙的接地部发生垂直开裂,并逐次产生环形开裂,下沉区间和不下沉区间的边界部在拱的上部产生垂直开裂,逐次形成环形开裂。当沿横向产生不均匀下沉时,多随隧道轴的回转产生斜向开裂。当洞口部承载力不足时,洞门端墙将前倾,洞口部的拱部产生环状开裂,路面也产生开裂。

8.6.3.6　地层下沉引起的隧道破坏

地层下沉多是由地下空洞的存在造成的。地下空洞的形成有的是自然现象,有的是人为现象。自然现象是由于伴随地下水流出而使地层流失,形成地下空洞;人为现象是由于地下采矿和新设隧道在下部交叉造成的。

地层下沉会使隧道在纵断方向发生屈折的状态,环向开裂很显著,施工缝以外的部分也会不规则地发生。另外隧道周围的结构物也多会受到下沉的危害。

在对隧道衬砌进行可靠性研究时,有必要对其受力特点进行分析,以免因过度的应变、偏压及超载造成衬砌内力分布不合理,由此影响结构整体受力的合理性,使隧道过早出现裂缝,从而影响其耐久性。

8.6.4 化学物质的影响

在地下修建的隧道,常受到化学物质的侵蚀,对其耐久性也产生一定的影响。

衬砌混凝土受这些化学物质侵蚀不仅取决于侵蚀介质的化学性质和混凝土的物理化学性质,而且还取决于接触面积、侵蚀液的流速和压力以及隧道衬砌的受力状态等。除去氯化物和二氧化碳,比较典型的侵蚀性化学物质为软水、盐类和一般酸等,对混凝土的耐久性均有较大影响。

雨水、雪水等含重碳酸盐甚少的水称为软水。隧道围岩中的地下水常为软水,在混凝土中渗透时可溶物质 $Ca(OH)_2$ 将被溶解,使其丧失机械强度,并使结构遭受破坏。软水的侵蚀又叫溶出性侵蚀。

软水(溶出性侵蚀)、盐类及酸类对混凝土的侵蚀都能诱发混凝土材料劣化,由此加速钢筋的锈蚀和缩短结构物的使用寿命。同时它们也是构成素混凝土隧道衬砌破坏的主要外界因素。目前对这些因素的影响开展定量分析和对策技术的研究尚少,工程实践中宜通过加强勘察和合理选线予以防止,如无法避免,则应进行专项研究采取整治措施。此外,根据产生腐蚀的原因,可采取下列防治措施。

(1)根据侵蚀环境的特点,合理选用水泥品种。例如采用水化产物中氢氧化钙含量较少的水泥,可提高对软水等侵蚀作用的抵抗能力;为抵抗硫酸盐的腐蚀,可采用铝酸三钙含量低于5%的抗硫酸盐水泥。此外,可通过掺入适当的活性材料,提高硅酸盐水泥对多种介质的抗腐蚀性。

(2)提高混凝土的密实度。硅酸盐水泥水化需水量约为水泥重量的23%左右,而实际用水量约为水泥重量的40%~70%,多余的水所占的体积最终可形成连通的孔隙,腐蚀介质就容易透入混凝土内部,从而加速混凝土的腐蚀。实际工程中宜适当控制水灰比,同时采取各种措施,如合理设计混凝土配合比,仔细选择集料,掺加外加剂,以及改善施工方法等,提高混凝土的抗腐蚀能力。

(3)选择适当的集料。集料是混凝土材料的主要成分,所占比例可高达80%以上。因此,集料的优劣对混凝土的抗蚀性有很大的影响。在一般条件下,采用火成岩集料较石灰石、白云石为好,因为碳酸盐很容易受到酸类介质的腐蚀。钙盐在酸液中可溶时,则集料的破坏有可能比水泥石还早。因此在施作混凝土结构时,针对不同的侵蚀条件选择适当的集料,能有效地提高结构物的抗蚀性。

8.6.5 环境因素的影响

环境因素方面,对公路隧道要考虑汽车尾气对衬砌耐久性的影响。

汽车尾气主要由 CO、NO_x、HC、少量的 SO_2 以及铅化物等组成。目前对汽车尾气对混凝土耐久性的影响开展的专项研究尚少,但单从化学角度分析,这些物质大多很难与衬砌混凝土起反应。一般说来,在湿度比较大的情况下,其中部分气体可与混凝土发生缓慢反应,生成硝酸盐、硫酸盐和硅酸盐等,但因隧道中这些气体的含量很低,加之隧道通风能进一步减少其含量,因而尾气很难对混凝土衬砌的腐蚀发生较大的影响。

我国幅员辽阔,各地建成的隧道在投入运营后,使用环境将差异较大。以下以水底隧道和山岭隧道为例,讨论隧道的环境特点对其耐久性的影响。

水底隧道位于水下,穿越江河时周围介质常为饱和含水地层,地下水组分中侵蚀性物质含量极低,一般不会对混凝土衬砌的耐久性起很大的作用。对这类隧道,钢筋锈蚀主要由混凝土碳化引起,将设计基准期设定为100年时,主要应考虑混凝土碳化的程度随龄期而增长的影响。此外,对这类隧道应注意环境水对衬砌耐久性的综合影响。

水底隧道穿越海峡时,周围地层中地下水的组分将有可能因海水侵入地层而含有侵蚀性盐类,由此影响衬砌混凝土的耐久性。与此同时,经由通风系统进入隧道的气流也将因风井靠近海岸而可能含有氯离子和酸根离子,由此加速钢筋锈蚀和缩短混凝土衬砌的使用寿命。对上述因素,前者宜主要采取工程措施(如对地层注浆)堵塞海水渗流通道予以防止,后者则可借助提高进风口高度予以克服或控制其影响程度。采取以上措施后,海底隧道的环境条件即可视为与一般水底隧道相同。然而应予指出,风井本身常将直接经受海水的侵蚀,由此构成进行耐久性研究的重点。

山岭隧道可分为越岭隧道和旁山隧道两类。其中越岭隧道多为长大隧道,穿越地段一般地形陡峻,沿线工程地质和水文地质条件变化较多,隧道衬砌可能会因地下水含有氯盐和硫酸盐而受到侵蚀,影响混凝土结构的耐久性。如在我国青海地区建造隧道时,常需通过盐碱地层,由此使混凝土衬砌受到盐类的侵蚀等。

旁山隧道一般埋深较浅,地层受风化作用的影响较大,而含侵蚀性盐类的可能性则相对较小。

显而易见,山岭隧道的围岩地层含有侵蚀性盐类时,衬砌混凝土在与围岩的接触面上将易于受到侵蚀,使其耐久性显著降低。对这类情况似宜主要通过合理选线予以防止,无法避开时则应对在这类条件下提高衬砌混凝土耐久性的措施开展专题研究。

应予指出,隧道衬砌在与周围介质的接触面上通气条件较差,氧气和二氧化碳都不易进入,因而这一部位的混凝土基本不会受碳化作用的影响。而在隧道内部,衬砌的环境条件将与大气条件下的混凝土结构物基本相同,并始终受到类似大气条件的碳化作用的影响,故进行耐久性研究时必须考虑这类因素的效应。

8.6.6 混凝土自身性质的影响

(1)碱—集料反应造成混凝土开裂、反应物析出、构件错动和移动等。素混凝土中龟裂状的开裂及钢筋混凝土中沿钢筋的开裂较多出现,这些裂纹对结构承载力的影响不大,因此由碱集料反应引起的衬砌病害并不多见。

碱—集料反应(Alkali-Aggregate Reaction,简称为AAR)是指在水泥中的碱与混凝土集料中的碱活性成分发生化学反应,生成碱的硅酸盐凝胶并进而产生膨胀破坏的一种现象。这类反应主要有以下三类:

①碱—硅酸反应。碱与集料中的活性二氧化硅发生反应,生成碱的硅酸盐凝胶,其化学反应式为:

$$SiO_2 \cdot nH_2O + 2ROH \rightarrow R_2SiO_3 \cdot (n+1)H_2O \tag{8-23}$$

式中,R 表示 Na 或 K。

②碱—碳酸盐反应。碱与泥质石灰、石质白云石反应,反应过程可表示为:

$$CaMg(CO_3)_2 + 2ROH \rightarrow Mg(OH)_2 + CaCO_3 + R_2CO_3 \tag{8-24}$$

③碱—硅酸盐(较少)反应。

其中最常见的是第一类反应。碱—集料反应的后果,是混凝土产生体积膨胀和引起开裂。目前对反应机理的研究较多,但观点很不统一,而对膨胀开裂过程的研究则才刚开始。

碱—集料反应的影响因素包括水泥中碱的含量与存在形式,单位体积混凝土中水泥的用量、温度、集料中活性组分的性质、数量及分布状态(集料的粒径)和活性大小、混凝土的含水率以及环境条件等。可见碱—集料反应具有区域性特征,各地的水泥性能不同,集料组分也不一样,温度、湿度和环境介质更有地区性差异,因此研究碱—集料反应应该结合各地的实际情况。

碱—集料反应虽然十分复杂,影响因素众多,但发生这类反应必须具备三个条件:

a. 混凝土中含有一定量可溶性碱。

b. 集料具有碱活性成分。

c. 要有一定的湿度。

工程实践中,可根据上述碱—集料反应的发生条件对其采取预防措施。

碱—集料反应对混凝土材料的物理性能(抗渗性等)、力学性能(强度、弹性模量、抗冲击性、韧性、延性等等)和耐久性能(抗碳化、抗冻性、抗化学侵蚀等等)均有不同程度的负面影响,而且这类反应一般要 10~20 年才能完成,因此有必要把握和预测其对结构的影响程度和趋势,以保证结构的可靠性。

(2)混凝土温度应力、干燥收缩、组成材料的稳定性不良所引起的开裂,这种裂纹在隧道横断方向较多发生。一般温度应力裂缝在混凝土灌注后 1~2 周、干燥收缩裂缝在混凝土灌注后 10 天以后较多发生。

(3)由于施工技术的限制,隧道混凝土可能会存在强度不足(降低)、衬砌背后存在空洞、回填不密实、衬砌混凝土厚度不足等缺陷。这些缺陷在外界各种因素的影响下继续发展,就会进一步引起隧道发生开裂变形等各种形式的破坏。

参 考 文 献

[1] 唐亮. 隧道病害调查分析及衬砌结构的风险分析与控制研究[D]. 杭州:浙江大学,2008.

[2] Maage H Rose, George A. Matzkanin. Improved Access to Corrosion Research Will Reduce Total Owner ship Costs[J]. TheAMPTIACQuarterly,2003,4(7):67-88.

[3] Henrisen. Concretedurabilityfiftyyear'sprogress[A]. Proceeding of 2nd International Conference on Concrete Durability[C]. ACISP126-1,1991:P1-33.

[4] K Tuutti. Effect of cement type and different additions on service life[J]. Concrete,2000,2(3):1285-1296.

[5] MehtaPK. Concrete in themarine environment[M]. BarkingU. K. Elsevier Applied Science,1991.

[6] CadyPD,WeyersRE. Chlori depenetration and deterioration of concrete bridge decks[J]. Cement,Concrete and Aggregates,1983,5(2):81-87.

[7] R. Browne. Influence of chlorideinre inforced concrete[C]. Chloride corrosion of steel in concrete[A]. Asymposium presented at the Seventy-ninth Annual meeting American society for testing and materials, Chicago, July, 1976:21-29.

[8] Glass G K and Buenfeld N R Chloride threshold levels for corrosion induced deterioration of steelinconcrete[R], 1995:429-440.

[9] 唐孟雄,陈晓斌.氯盐腐蚀城市隧道结构耐久性分析及经济评估[J].广州建筑,2010,38(1).

[10] 唐协,陈华群.隧道衬砌碳化可靠度分析和维修方案比选[J].西华大学学报·自然科学版,2007,26(2).

[11] M A Ehlen. The life-365 V2.0 program and manual[R]. Concrete corrosion inhibitors association and Silicafume association, Consortium Ⅱ, 2005: 22-30.

9 隧道病害预防

隧道投入运营后,一旦出现病害,整治成本高、难度大,施工与运营相互干扰。因此,隧道病害重在预防,提高工程地质、水文地质勘测水平和质量,根据隧道实际条件采用先进可靠的预防病害的设计,这是做好隧道病害防治的基础和关键。随着人的认识水平的提高,病害防治观念和原则会进一步深化、完善,通过修订的技术规范、规则,最终反映在隧道病害预防的设计上。所以,加强隧道病害防治理论研究非常重要。

隧道病害防治受技术和经济水平控制,并不是成本越高、越保险越好,而要和隧道结构特点、功能和设防等级相适应,综合考虑技术、经济及环境因素,确保隧道技术质量、经济合理,并具有可持续性。

隧道病害防治是一项系统工程,要求业主、设计、施工、材料供应、运营等单位紧密配合,既要求设计在业主的支持下,采用先进可靠的预防技术和优化设计,又要求施工在现场监理的严格监督和密切配合下,严格施工工艺,保证设计意图的实现。

隧道病害和灾害的监测、预警对防治十分重要,探地雷达应用于隧道病害检测已取得良好效果,类似的无损检测技术、自动化预警系统、信息化预警系统、信息技术在未来隧道病害和灾害防治中能够发挥更重要的作用,促使运营隧道的管理实现现代化和信息化。

我国已成为拥有隧道数量和长度最多的国家,同时也是隧道病害最严重的国家之一,隧道病害防治的工作任重道远。

9.1 隧道渗漏水预防技术

隧道水害是常见的隧道病害之一,而且与衬砌腐蚀、寒冷地区的隧道冻害等其他隧道病害紧密相关,因此,做好隧道水害的预防和整治工作,对于降低隧道施工和运营的风险、提高隧道的安全性和耐久性具有重要的作用。

隧道水害要进行综合整治,要在设计、施工、运营三阶段配合治理。首先是设计人员要重视建筑和结构上的防排水要求,充分了解工程地质和水文地质,对围岩地下水源、水量、流向、水质等情况摸清,及时采用新技术、新材料和新的防水施工措施;其次,施工阶段能够保证施工质量,并且水害治理得好,就会减轻运营中养护维修的任务,否则会留下隐患,加重运营阶段的水害。

我国现行《地下工程防水技术规范》(GB 50108—2008)对地下工程的防水提出了总的治理原则,即"防、排、截、堵相结合,因地制宜,综合治理",采用多种防水办法相结合来防水,使之既能自成体系,又能相互配合,形成一个完整的隧道治水体系。

9.1.1 铁路隧道防排水技术规范要求

9.1.1.1 防水一般规定

(1)隧道防水应充分利用混凝土自防水能力,其抗渗等级不得低于P6,并根据需要可采用防水混凝土或设防水层及其他防水措施。

(2)隧道地表沟谷和坑洼的积水、渗水对隧道有影响时,宜采用疏导、勾补、铺砌和填平等措施,废弃的坑洞、钻孔等应填实封闭,防止地表水下渗。

(3)隧道附近水库、池沼、溪流、井泉的水,当有可能渗入隧道、影响农田灌溉及生活用水时,应采取措施处理。

(4)围岩破碎、渗水、易坍塌地段宜采用注浆防水;在注浆地段,应采取防止堵塞排水设施的措施。

(5)在初期支护与二次衬砌之间宜设置防水板或设系统盲管(沟)。

(6)施工缝、变形缝应采用可靠的堵、排、防水措施。

(7)侵蚀性地下水应针对其侵蚀类型,采用抗侵蚀性混凝土,压注抗侵蚀浆液或敷设防水、防蚀层。

(8)隧道电气化区段接触网支架、照明灯具支架等孔眼,应作防水处理。

(9)隧道衬砌结构中的埋设件宜预埋。

9.1.1.2 防水混凝土

(1)隧道工程防水混凝土的抗渗等级不得小于P8。

(2)隧道工程防水混凝土结构应符合下列规定:
①衬砌厚度不应小于30cm。
②迎水面主筋保护层厚度不应小于5cm。
③表面裂缝宽度不得大于0.2cm,并不得贯通。

(3)隧道工程防水混凝土的水泥用量不得少于320kg/m^3;当掺用活性粉细料时,不得少于280kg/m^3。

(4)隧道工程防水混凝土除应符合上述规定外,尚应符合《铁路混凝土工程施工技术指南》(TZ 210—2005)的有关规定。

9.1.1.3 注浆防水

(1)在选择注浆防水方案时,应根据工程地质和水文地质条件按下列规定进行:
①在工程开挖前,预计涌水量大的软弱地层地段宜采用超前预注浆。
②开挖后有大面积渗漏水或大股涌水时,宜采用支护前围岩注浆。
③衬砌(支护)后渗漏水严重的地段或充填衬砌背后的空隙地段,宜采用回填注浆。

④衬砌后或回填注浆后仍有渗漏水时,宜采用衬砌内注浆或衬砌后围岩注浆。

(2)注浆应符合下列规定:

①超前预注浆后的漏水量应小于设计允许值,浆液固结体达到设计强度后,方可开挖。

②回填注浆应在衬砌混凝土达到设计强度的70%后进行。

③衬砌后围岩注浆应在回填注浆浆液固结体达到70%强度后进行。

(3)在注浆施工期间及工程结束后,应对水源取样检查。当有污染时,应及时采取相应措施。

(4)注浆材料宜符合下列要求:

①具有良好的可灌性。

②凝胶时间可根据需要调节。

③固化时收缩小,与岩石、混凝土、土壤等有一定的黏结力。

④固结后有一定的抗压、抗拉强度和抗渗性、耐久性。

⑤稳定性好。

⑥当地下水有侵蚀性时应具有相应的耐侵蚀性。

⑦无毒或低毒,对环境污染小。

⑧注浆工艺简单,操作方便、安全。

(5)注浆材料的选择可根据隧道围岩工程地质和水文地质情况、注浆目的、注浆工艺和设备等因素,并结合经济性,按以下原则综合考虑:

①超前预注浆和支护前围岩注浆,宜用水泥浆液、水泥—水玻璃浆液,必要时可用化学浆液。

②衬砌背后围岩注浆,可用水泥砂浆、水泥浆液、化学浆液。

③回填注浆宜选用水泥浆液、水泥砂浆或掺有石灰、黏土、粉煤灰的水泥浆液。

④衬砌内注浆宜选用水泥浆液、特种水泥浆和超细水泥浆、化学浆液。

(6)水泥类浆液宜选用强度不低于42.5级的普通硅酸盐水泥,其他浆液材料应符合有关规定。浆液的配合比,必须经现场试验后确定。

(7)超前预注浆钻孔的布置,应根据岩层裂隙状态、地下水情况、设备能力,浆液有效扩散距离、钻孔偏斜率和对注浆效果的要求等综合分析后,确定注浆孔数、布孔方式及钻孔角度。

(8)超前预注浆段的长度,应根据水文地质条件确定;掘进时必须保留止水岩盘的厚度,该厚度宜为毛洞高度(直径)的0.5~1倍。

(9)衬砌前围岩注浆的布孔,应符合下列规定:

①应在水量较大处布孔。

②大面积渗漏,布孔宜密,钻孔宜浅。

③裂隙渗漏,布孔宜疏,钻孔宜深。

④大股涌水,布孔应在水流上游,且从涌水点四周由远到近布设。

(10)回填注浆的孔径不宜小于40mm,间距宜为2~5m,可按梅花形排列。压浆检查孔宜深入岩壁20~30cm。

(11)衬砌背后围岩注浆钻孔深入围岩不应小于1m,孔径不宜小于40mm,孔距可根据渗漏水的情况确定。

(12)衬砌内注浆钻孔应根据衬砌渗漏水情况布置,孔深不应大于衬砌厚度的2/3,并不得小于15cm。

(13)岩石地层或衬砌内注浆前应将钻孔冲洗干净,并进行压水试验。压水试验宜在吸水量稳定后结束。

(14)回填注浆时,对岩石破碎、渗漏水量较大的地段,宜在衬砌与围岩间采用定量重复注浆法分段形成隔水墙。

(15)回填注浆和衬砌背后围岩注浆的施工顺序应符合下列要求:
①沿工程轴线由低到高,由下往上,从少水处到多水处。
②在多水地段,先两头,后中间。
③对竖井由上往下分段注浆,在本段内从下往上注浆。

(16)注浆过程中当发生围岩和衬砌变形、堵塞排水系统、串浆、危及地面建筑物等异常情况时,可采取下列措施:
①降低注浆压力或采用间隙注浆,直到停止注浆。
②改变注浆材料或缩短浆液凝胶时间。
③调整注浆实施方案。

(17)岩石地层超前预注浆的压力应比静水压力大0.5~1.5MPa,回填注浆压力应小于0.5MPa。

(18)单孔注浆结束的条件,应符合下列规定:
①超前预注浆各孔段均达到设计终压并稳定10min,且进浆速度为开始进浆速度的1/4。
②衬砌(支护)背后围岩注浆及回填注浆达到设计终压。
③其他各类注浆应满足设计要求。

(19)注浆结束,待浆液凝固后,必须在分析资料的基础上,采取钻孔取芯法对注浆效果进行检查,必要时进行压(抽)水试验。当检查孔的吸水量大于1.0L/(min·m)时,必须进行补充注浆。注浆钻孔及检查孔应封填密实。

(20)衬砌背后采用压注水泥砂浆防水时,应按下列要求进行:
①需要压浆地段,衬砌背后宜用干砌片石回填密实,并每隔20m左右用1m厚浆砌片石或混凝土灌注阻浆隔墙,分段进行压浆。
②压浆孔的排列宜为梅花形,孔距不宜大于2m。
③压浆顺序应从少水处向多水处逐孔压注,直到出水口。
④必要时可进行检查压浆,检查压浆可在第一次压浆后5~7d进行。
⑤第一次压浆压力宜为0.3~0.5MPa,检查压浆可适当加大压力,但不宜大于1.2MPa。

(21)衬砌内压注超细水泥或化学浆液时,应符合下列规定:
①拱部的水应以堵为主,起拱线附近和墙部的水可集中引至侧沟排出。
②压浆孔的间距可采用1~2m;孔深宜为衬砌厚度的2/3,但不得小于15cm,并不得穿透衬砌以防跑浆。
③拱部若有缝隙成股漏水,应先封堵,再进行压浆。
④压浆压力应为1.2~2.0MPa。

(22)隧道经压浆防水后,拱部仍有轻微的渗水或成片潮湿不能满足电化要求时,可采用

喷涂防水层整治。其施工应符合下列要求:

①敷设防水层前,衬砌表面应清除污垢,并按采用的浆液特性进行处理;

②化学浆液喷涂防水层可采用氯丁乳胶、防水硅化砂浆、环氧树脂、阳离子乳化沥青等,不适于在潮湿环境下施工,喷涂困难和有较大毒性的涂料不宜选用。

③防水层需多层涂抹时,每层应黏结紧密,厚度均匀,并注意各层涂抹时间的合理间歇。

④当衬砌已呈现开裂且有扩大可能时,防水层间宜加玻璃纤维布1~2层。

⑤采用硅化砂浆时,应反复压抹密实,其表面应用1~2cm厚的1:1水泥砂浆作保护层。

9.1.2 提高复合衬砌防水夹层的完整性

(1)选择性能优良的防水层材料

选择性能优良的防水层材料是保证防水夹层完整性的物质基础。目前公路隧道中使用的防水夹层一般由防水板和垫层组成。对于防水板材料,要求选择拉伸强度大于25MPa、断裂伸长率超过500%、低温弯折性能在-30~40℃不脆裂的材料,目前在隧道防水工程中应用较广且已被证实满足防水要求的防水板有ECB、EVA和LDPE等。防水层中的垫层主要起保护防水板以及过滤水和排水的作用,这就要求垫层材料具有较好的应力应变性能、较高的韧性和较好的渗透性,并且耐腐蚀、耐老化,目前工程上常用300~400g/m² 的无纺土工布作为防水板的垫层。

(2)对防水板的施工宜采用无钉铺设和双缝热焊施工工艺

防水板的铺设工艺有两种,即钉铺设法和无钉铺设法。由于有钉铺设法在形式上已破坏了防水板的完整性,因此目前这种方法在工程中已被逐渐淘汰,而由无钉铺设法所取代。无钉铺设法将防水板与固定垫层的塑料垫片热合在一起,基本上保证了防水板的完整性和密闭性。另外,防水板在铺设过程中按材料规格一幅一幅进行,故还存在防水板搭接问题。以前对防水板的搭接采用单焊缝的方法,由于这种方法对焊缝的质量很难找到科学的检测方法,因此也就无法保证防水板的搭接质量。随着技术的发展,目前防水板间已采用一种轻型的自动爬行式热焊机进行焊接,接缝为双焊缝,中间留出了空腔以便充气检查焊缝的质量,即便发现焊缝质量未达要求亦有简单易行的补焊方法,这样也就确实保证了防水板的搭接质量。

(3)提高隧道初期支护的质量

公路隧道施工中仅对喷射混凝土表面的宏观平整度作了要求,而对喷射混凝土表面的细观粗糙度未提具体指标,这对于保证隧道运营期间防水层的完好性是不够的。试验发现喷射混凝土表面粗糙程度对防水层的完好性影响很大,而且压剪组合较之单向压缩对防水层更具有破坏性。由试验可知,减小作用在防水层上的压应力和剪应力是防止防水层破坏的重要途径。具体做法:一是加强初期支护,增加围岩的自承能力,减小初期支护对二次衬砌的压力;二是使喷射混凝土表面在宏观和细观上尽可能平整。由于碎石棱角锋利,极易刺破或划破防水层,因此碎石一般不宜作设有防水层的复合衬砌的喷射混凝土粗集料。如果工程当地无小卵石来源,而必须用碎石作喷射混凝土粗集料时,建议在防水层铺设前,喷射薄层砂浆作为原喷射混凝土的罩面。

9.1.3 增强隧道接缝防水

(1)对弹性密封膏作缓膨胀处理

在施工过程中,由于施工用水以及洞内湿度较高等原因导致弹性密封膏在下一阶段的混凝土还未浇筑前就预先膨胀,失去了其后期的膨胀止水功能。解决这个问题的方法通常是对弹性密封膏作缓膨胀处理,使其膨胀速率明显下降,从而为其后期膨胀提供一定的空间,有利于增加弹性密封膏与混凝土基面之间的密实性。目前为达到此目的通常采用两种方法,一是在弹性密封膏表面涂刷缓膨胀剂形成一层隔离膜,缓膨胀剂一般选用酯类隔离剂,这类材料一旦在混凝土碱性作用下产生皂化反应,致使隔离膜破裂;二是在生产弹性密封膏的过程中,加入缓膨胀成分,制成具有缓膨胀功能的弹性密封膏。

(2)中埋式止水带接茬处的正确处理

对于止水带来说,接茬处是其防水的薄弱环节。除了对止水带接茬处应打磨整形并可靠胶合外,在施工中应尽量将接茬处设置在隧道的边墙或拱脚上下排水坡度较大处,使水流能够尽快顺畅地通过接茬部位。另外,还应注意接茬的搭接关系,即应遵循"上外下内"的原则。

9.1.4 提高隧道混凝土自防水能力

(1)合理配制防水混凝土

为了能够合理地配制防水混凝土,就应充分认识以下两点:第一,应注意混凝土标号和抗渗等级的匹配问题。例如,由于设计要求,某工点混凝土要求为 C25 和 S12,其实这两个要求是不相匹配的,为了达到 S12 使得混凝土配合比中水泥的用量增加,这势必会导致混凝土收缩裂缝的增多,即使混凝土的抗渗指标再高也不能达到防水要求;第二,目前隧道工程中应用较多的是外加剂型防水混凝土,由于外加剂与当地的水泥及其他原料之间有相互适应的问题,因此应对外加剂型防水混凝土中所选外加剂与混凝土配合比进行试验,并确认合格后才能将其投入使用。

(2)控制混凝土的配合比、入模温度并加强混凝土的养护工作,目前工程中使用的混凝土有商品混凝土和自拌混凝土。由于商品混凝土的运输距离和交通的影响,考虑到混凝土坍落度的损失,通常水灰比偏大,而且搅拌站为了自身的荣誉,水泥用量往往较高,这就使衬砌混凝土的收缩裂缝增多。而采用自拌混凝土就没有上述缺点,可以严格按规范操作,有利于控制混凝土的配合比。

另外,在高温、炎热季节,由于白天温度高,昼夜温差大,因此混凝土的浇筑应尽量安排在夜间进行,并且要准备足够的场地堆放原材料,并采取浇水、加蓬等措施,降低原材料的温度从而降低混凝土的入模温度,这一做法对减少混凝土因温差而产生的裂缝有很大的好处。最后,应加强混凝土的养护工作,这样可以减少混凝土因水分过早蒸发而产生的细小干缩裂缝。

9.1.5 渗漏水引排

尽管不同专业从材料和构造方面实施防水的做法还不统一,多种多样,但隧道防水技术主要有三种类型:一是从围岩、结构和附加防水层着手以防为主的水密型防水;二是从疏水、泄水着手以排为主的泄水型或引流自排型防水;三是防排结合的混合型防水。当考虑用排水法来

防水时,可分以下几个步骤来实施:

(1)预先排水。在开挖后的衬砌前,为便于施工对围岩进行排水,将大量的地下水引出汇集到纵向排水管沟内。衬砌背后未进行注浆防水的隧道,也可采用这种方法作为永久防水。

(2)围岩排水槽。可在衬砌施工前、后,起补充预排水作用(由其当围岩中地下水以扩散方式渗透时),或分流渗入衬砌拱腹内的地下水,减轻衬砌中的渗透压。

(3)采用衬砌排水沟槽。沿衬砌接缝或垂直于接缝均可设置一些沟槽,沟槽可采用不同的断面。我国《公路工程技术标准》(JTG B 01—2003)对隧道内的排水做法规定了最小排水坡度。对于有仰拱的隧道或需要设置深埋水沟的隧道,为了避免过深的墙基深度或过低的仰拱底开挖高程,要求设置中心排水管。为了保证在混凝土衬砌上无静水压力,规定在混凝土拱两侧的根部,以及在混凝土衬砌和防水薄膜外部要设置外排水管,将渗流水导出隧道。排水法防水通常与其他防水方法结合使用,很少单独使用在隧道工程中。

渗漏水引排的方法还有很多,比如埋入式引排导水法和外贴式引排导水法。埋入式引排导水法是将混凝土衬砌的漏水缝隙凿成"⊥"形,埋入半圆形塑料或金属片泡沫塑料条等,造成暗埋的引水通路,将水排入落水系统,外贴式引排导水法,多用于地下工程的拱顶裂缝渗漏水,该法是在水平的渗漏水缝隙下面,安装不锈钢导水槽,将水引入排水系统,见图9-1。

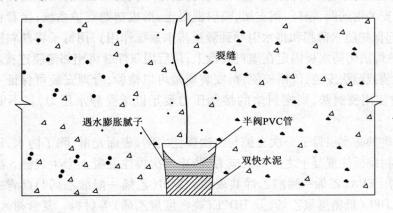

图9-1 引排衬砌裂缝渗漏水断面图

对于施工及地质勘测留下的钻孔、坑道、洞穴,要做好排水处理或封填,对断层破坏带、陷穴、漏斗等,如有较大的径流进入,宜作截水沟或回填,若无明显径流,但造成隧道漏水的,应采取封闭措施如换填、注浆等。

当隧道衬砌周围地下水有明显集中的来水通路,导致地下水流量很大,可采取泄水洞、钻孔截水、拦截暗河、防渗帷幕截水等地下截水设施截断水源。对地下水丰富,隧道内无排水沟或排水沟深度不足而导致隧道积水的,应增设水沟,加深水沟。当长大隧道仅靠隧道内排水沟不能将流入隧道的地表水及地下水排出时,可以考虑增设或疏通平行导洞。

通过调整配合比、掺外加剂、掺和料方式配置抗渗等级应比设计要求提高一级的抗渗混凝土,提高混凝土的密实度,并加强对抗渗混凝土的养护,防止混凝土开裂,保护隧道防水和防冻的最后一道防线。

对于已产生裂纹的衬砌混凝土,也可以采用锚杆支护技术。锚杆具有的紧固作用及均匀压缩拱作用见图9-2,可有效提高围岩的整体承载能力,将已产生裂纹的衬砌混凝土与已加固的围岩结合在一起,阻止衬砌结构的进一步破坏来防治渗,如衬砌产生的裂缝不密集,尚不足以危及隧道结构安全,经加固后仍有较强的承载能力,而且存在净空断面缩小的余地,在安设锚杆、注浆加固的基础上,可以考虑使用套衬技术,就是在既有衬砌内表面再灌注一定厚度的混凝土,与既有衬砌共同承担围岩压力,套衬可以有效地阻止既有衬砌进一步裂损变形,进而起到防水渗漏的作用。

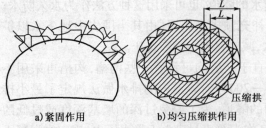

图 9-2　锚杆的紧固作用和均匀压缩拱作用示意图

如果隧道衬砌结构裂缝交错分布,密度较大,并伴有片块剥落,严重错台,侵入净空限界,使原衬砌失去使用功能,则应考虑拆除旧的衬砌结构,重新施作新的衬砌,即采用结构抽换技术。

9.1.6　复合式衬砌防水

隧道复合式衬砌是新奥法施工隧道的基本形式。新奥法被应用于国内外大量的隧道工程,具有先进合理、防水可靠的优点。这种复合衬砌由一次支护、二次模注混凝土以及防水层组成。通常先安装钢筋网、锚杆、钢支架,喷射混凝土,形成初期支护系统;接着在喷层上铺土工合成材料(起保护防水薄膜和将水引导到隧道排水系统作用),用钉子将塑料圆盘钉入喷层固定;然后用热焊法将防水板固定在塑料圆盘上;最后用双焊缝将相邻薄膜连接起来。这种做法便于干法安装或湿法安装,价格较便宜,安装质量可以检验,合理安装可保证不透水。如果在拼装衬砌中使用密封垫,则密封垫的接触压力要足以承受静水压力,且不能妨碍衬砌的安装。

复合式衬砌的防水层设于一次支护与二次模注之间,表面光滑,除了防水,还能减少喷射混凝土与二次衬砌模注混凝土之间约束应力,防止二次模注混凝土产生裂缝。隧道复合式衬砌防水层常采用 EVA(乙烯—醋酸乙烯共聚物)、ECB(乙烯—醋酸乙烯与沥青共聚物)、PVC(聚氯乙烯)、LDPE(低密度聚乙烯)及 HDPE(高密度聚乙烯)等材料。复合衬砌通常与排水、注浆等辅助做法结合来综合防水。

9.1.7　单一衬砌防水

单喷混凝土单一衬砌隧道与复合式衬砌隧道的区别在于,它的一次支护和二次支护都采用喷射混凝土的方法,这两层混凝土分别称作外喷层和内喷层。单一衬砌防水做法可以分为外防水和内防水两种做法。外防水的做法为在外喷层和内喷层之间铺设防水层;内防水的做法为在内喷层里铺设防水层。

9.1.8　二次衬砌防水

利用二次衬砌防水是盾构法隧道的一种防水技术,有些做法还在管片与二次衬砌之间增加防水板。在盾构法隧道内侧,增加二次衬砌,使隧道内的水分和氧气与一次衬砌隔绝,这样不但可以防水,而且可以对一次衬砌接头的金属构件和螺栓起防腐作用。

通常防水的对策是使用防水密封材料,目前的施工技术很难做到在管片接头处不漏水,因此防水等级要求较高的工程,通常要进行二次衬砌防水处理,且增加防水板。二次衬砌能充分利用混凝土自身的密实性以及结构刚度来提高衬砌本身的抗渗性能,设计时采用较高抗渗等级的防水混凝土。

9.1.9 注浆防水

注浆能起到提高隧道围岩整体性、改善衬砌承受围岩压力、水压力的作用,它属于隧道介质防水,其有效性可以通过注浆后达到的渗透性来评价。常用的注浆有化学注浆和微细粒水泥浆液。注浆可用于已建成的隧道而不需拆除衬砌,而且也是施工期涌水的有效预防措施。在实际应用中,注浆防水主要用于盾构隧道防水及填缝堵漏。而且注浆本身作为防水层也能发挥很大的防水作用。如果采用具有长期稳定性的防水材料,则注浆防水可获得永久性的防水作用。另外,注浆也用于隧道变形缝的处理。

目前注浆防水仍存在以下缺点:①费用高;②该方法难于控制,尤其是操作进程难于计量;③很难做到完全不透水。因此,我国通常把注浆作为隧道防水的一种辅助措施。

9.1.10 防排水质量管理

(1)人的因素是防排水工程质量的决定性因素。首先应加强作业人员的质量意识和质量标准的培训。只有一次把工程做好,才是最节约的做法。

(2)施工缝对应。目前的铁路隧道施工质量验收标准、铁路隧道工程施工技术指南和设计文件上对仰拱、仰拱填充和二次衬砌的施工缝留置是否对应均未作规定。施工缝留置时,仰拱施工缝应与二次衬砌施工缝相对应,因此,仰拱施工节段长度可以二次衬砌节段长度的1/2 或等于二次衬砌的施工阶段长度。

仰拱填充混凝土施工缝必须与仰拱施工缝留置位置对应。这样做的好处有:

①一旦发生渗漏水,比较容易判定问题部位,容易整治;

②可防止仰拱填充出现裂缝。

当然,这样做也会给施工带来不便,仰拱每次开挖长度不一定正好和二次衬砌节段长度对应。仰拱填充作业条件好,每次浇筑节段长度会比仰拱节段长,对应施工缝施工会降低工效。

(3)中埋式止水带定位。要彻底解决这个问题,必须在衬砌模板台车上想办法。常规的模板台车没有配套的端模,因此,在设计模板台车时,应对端模进行配套设计,使其起到固定止水带并保持其位置的作用。这样,不仅可以解决止水带的定位问题,也可以解决止水带两端混凝土漏浆问题,切实保证止水带的止水效果。

(4)二次衬砌拱部不密实。对此宜进行专题研究,了解空洞位置与混凝土输送管口的相对位置关系,在空洞易发部位预留出气孔或注浆孔,而不是被动地进行打孔注浆。

(5)加强重要工序过程监控。如盲沟铺设、泄水孔留置、防水板焊接、挂设和修补等工序,加强防排水措施的系统性检查,使设计措施能够真正发挥防排水作用。

(6)加强相关工序的质量监控。如对超挖回填部位严格检查,使其按标准施工,不用完工后回填注浆;对初期支护表面平整度和外露锚杆头处理进行严格检查,防止防水板挂设过紧和戳破等问题的发生。

9.2 衬砌裂损的预防技术

衬砌裂损的预防包括未裂损混凝土怎样防治裂损发生,已裂损混凝土怎样控制裂损部位的增加、范围的扩大及其危害程度的加剧。整治衬砌裂损病害首先要消除已有的衬砌裂损带来的对结构及其运营的一切危害,并防止再加大裂损。衬砌裂损的预防以施工过程控制为主。

9.2.1 勘察设计措施

隧道衬砌裂损的预防措施主要有以下两个方面:
(1)加强地质勘探工作,为隧道衬砌结构设计提供尽可能准确的工程地质与水文地质资料;
(2)对不良地质地段衬砌,应贯彻"宁强勿弱、宁曲勿直、加强衬砌过渡段、宁长勿短"的设计原则,保证工程安全。

9.2.2 施工控制措施

9.2.2.1 严格控制原材料进场的质量和技术标准

1)水泥

施工现场多使用普通硅酸盐水泥,但应尽量减少单位水泥用量。不同品牌、不同规格、不同批次的水泥不能混用。

2)碎石

根据泵送管路的内径,尽可能选用较大粒径的碎石。严格控制含泥量≤1%,针、片状物含量≤15%,粒径以5~31.5mm为宜,最大不超过40mm。

3)砂

采用级配良好的中砂,细度模数应为3.0~2.3,粒径小于0.315mm的颗粒含量所占比例宜为15%~20%,严格控制含泥量在3%以内。为方便混凝土的运输、泵送和浇筑,砂率取35%~45%。

4)水

最好选用饮用水。当采用其他水源时,应按国家现行《混凝土用水标准》(JGJ 63—2006)的规定进行检验,pH值应大于4。水灰比越大,混凝土的干燥收缩越大。严格控制泵送混凝土的用水量是减少裂缝的根本措施。施工中水灰比在0.45~0.55,混凝土入泵坍落度控制在12cm±2cm。

5)掺和料

推广掺加粉煤灰和膨胀剂的双掺技术,等量替代水泥,以减少水泥用量。对强度等级C25以下的混凝土,粉煤灰掺量一般为水泥用量的10%~15%,膨胀剂掺量为水泥用量的8%~12%,具体掺量需经试验确定。
(1)粉煤灰比表面积小,需水量低,不仅能有效降低混凝土的干燥收缩值,还可以改善混凝土的流动性、黏聚性和保水性。在水泥中掺入原状或磨细粉煤灰后，可以降低混凝土中水泥的水化热，推迟水化热峰值的出现，减少绝热条件下的温升，有利于控制温度裂缝的产生。

（2）掺加适量的膨胀剂可以补偿混凝土的收缩，增加密实度，提高混凝土防渗抗裂能力。

6）外加剂

高效减水剂能够有效减少拌和用水，降低水化热，延缓水化热释放速度，从而减少温度裂缝，但掺量过多，会引起混凝土的膨胀和开裂。施工时必须慎重选择外加剂的品种和掺量。

9.2.2.2 严格控制混凝土施工工艺

（1）提高钻眼技术水平，优化钻爆参数，提高光面爆破效果，加强隧道开挖断面检测，严格控制超欠挖，为衬砌施工创造良好的条件。

（2）二次衬砌施作时间，应在围岩和初期支护变形基本稳定时进行。当围岩变形较大、流变特性明显，需提前进行二次衬砌时，必须对初期支护或衬砌结构进行加强。

（3）混凝土的拌和：

①严格按施工配料单计量，定期检查校正计量装置。加强砂石料含水率检测，及时调整拌合用水量。

②控制混凝土的入模温度。夏季施工时，当气温高于32℃时，砂石料、搅拌机应搭设遮阳棚，用冷水冲洗碎石降温。尽量安排在夜间浇筑混凝土。

（4）混凝土的灌注：

①混凝土在运输和泵送过程中严禁加水。

②适当放慢灌注速度，两侧边墙对称分层灌注，到墙、拱交界处停1~1.5h，待边墙混凝土下沉稳定后，再灌注拱部混凝土。

③混凝土灌注过程中必须振捣，提高混凝土的密实度和均质性，减少内部微裂缝和气孔，提高抗裂性。

（5）混凝土的脱模、养护：

①混凝土拆模时的强度必须符合设计或规范要求，未经试验人员同意严禁提前脱模，脱模时不得损伤混凝土。

②传统的混凝土洒水养护方法，增加了隧道内的文明施工难度，洒水也不均匀，使混凝土早期强度得不到保证。建议使用喷涂混凝土养护液的方法进行养护。

9.3 隧道冻害预防

寒冷地区公路隧道冻害发生的原因可以总结为两个基本因素，即低温和适量的水。下面将从这两个因素出发，提出寒冷地区公路隧道冻害的若干预防技术。防冻措施要点是将水排除在冻结圈之外，以防发生冻害。

（1）完善隧道防排水设施。

（2）在严寒地区应设置深埋渗水沟、防寒泄水洞，在寒冷地区应设置浅埋保温侧沟。

（3）加强衬砌结构，如采用防水混凝土曲墙加仰拱衬砌、防水钢筋混凝土衬砌、网喷混凝土加固,应加设抗冻胀锚杆增大衬砌抵抗侧压力的能力。

(4)改良土壤,压浆固结岩石土(消除冻胀性),细粒土更换为粗粒土或保温隔热层(换土厚为冻深1.0倍以上)。

(5)保温防冻解冻,如在衬砌与围岩间加设保温层(加气混凝土等),洞口设防寒帘幕(可用厚帆布缝成帘幕,与信号机联锁,自动开闭,为安全计备有手动开闭,以保持长隧道中部气温有效果),排水沟采暖防冻(在洞口段上下层水沟间铺设暖气管道冬季供热),泄水洞夏季通热风解冻(机械送热风融化泄水洞内结冰)。

(6)其他防冰措施(作为临时紧急处理:采用电热防冻,红外线融冰,向侧沟注投氯化钠、氯化钙等降低水的冰点防冻)。

9.3.1 提高衬砌混凝土的抗渗抗冻能力

1)寒冷地区隧道衬砌宜采用引气剂防水混凝土

引气剂防水混凝土是在混凝土拌和物中掺入微量引气剂配制而成的防水混凝土。在混凝土拌和物中加入引气剂后,将产生大量密闭、稳定和均匀的微小气泡,从而使毛细管变得细小、曲折、分散,减少渗水通道。由于引气剂防水混凝土中适宜的气泡组织提高了混凝土的抗渗能力,使水不易渗入,从而降低混凝土冻胀破坏的可能。更主要的是混凝土中引入了无数微小的密闭气孔,提高了混凝土的变形能力,降低由于冻融交替作用所产生的体积变化和内应力,提高了混凝土抗冻胀破坏能力。目前常用的引气剂有松香酸钠和松香内聚物等。

2)减小混凝土衬砌背后的积水量和水压

减小混凝土衬砌背后的积水量和水压是一种间接提高混凝土抗渗抗冻能力的技术,具体做法有以下几个方面:

(1)在隧道围岩地下水丰富区段,采用局部注浆的方法,其目的是浆液将凝固成为固体材料填满节理从而防止水在裂隙中的流通,可使大量地下水保持在免于冻结的岩石深处。

(2)寒区隧道渗漏与冻害往往发生在春融期,其主要原因之一是隧道排水系统排水不畅导致衬砌背后水压增大。因此,寒区隧道如果不采取保温或供热技术,那么应根据热传导理论计算出围岩的最大冻深,并将中心排水管置于最大冻深线以下,纵向排水管也应设置在免于冻结的范围之外或选择适当的位置使之与上部衬砌壁后同步冻融。

除以上两点外,要提高寒区隧道衬砌混凝土的抗渗抗冻能力,还应从保证混凝土的施工质量入手,这就应采取各种措施,尽量避免意外中断混凝土的浇筑,防止出现混凝土浇筑过程中的局部漏浆现象,不留振捣死角。

9.3.2 采取保温或供热技术

9.3.2.1 在衬砌表面或背后设置保温层

日本对寒区隧道设置保温层的技术取得了较成功的经验,下面介绍日本初山别隧道和兰发华隧道中设置保温层的具体施作方法。初山别隧道采用了在衬砌表面设置保温层的方法,其施工过程如下:由厂家在合成树脂防水片的表面喷涂一层35mm厚的发泡聚氨酯树脂,做成隔热材料,再用螺栓安装在混凝土衬砌表面,接缝部位是在现场按隔热板安装法进行喷射发泡绝热材料,然后在表面喷2mm厚防火层。兰发华隧道采用了在复合衬砌之间设置保温层的方法,隧道初期支护完成后,安装喷有30mm厚发泡聚氨酯树脂的防水片,安装方法同初山别隧道一样,接着修砌二次衬砌。以上两种方法在施工过程中均进行过测试,结果表明这两种方法都取得了很好的保温效果。

目前国内在高原寒冷地区大阪山(青海省)公路隧道中首次采用了在衬砌表面设置保温层技术。保温层由5cm厚PU硬质聚氨酯泡沫塑料层和3cm厚FBT防火保温层组成。PU保温层的施工采用了两种方法:

(1)直接在二次衬砌表面喷洒发泡剂发泡成型。该方法要求通风条件好,结构自身表面干燥,温度达10℃以上的环境,这是因为发泡过程中有少量有毒气体产生,结构物表面潮湿、温度低,会影响其附着力。此种方法的优点是工序少、速度快,适用于在夏季隧道进出口段施工。

(2)型材安装。此方法工序多、速度较慢,宜用于洞内通风条件差或混凝土表面水汽较多的区段,保温型材由厂家制成,在衬砌表面安装时采用2cm宽金属环向加固,间距为1~1.5m;接着,在PU保温层表面施作FBT防火保温层。FBT原材料是粉状物,施工时掺入适量水,搅拌成糊状,用模子将其抹在PU保温层表面,主要起保温阻燃作用。

9.3.2.2 采取供热防冻技术

与非寒区隧道相比,寒区隧道的防排水难点在于春融期排水通道封冻。

我国西北地区的一些隧道在冬季以向隧道供热的方式来避免衬砌背后排水通道的封冻,并取得了一定的防水效果。但这种供热方式是向洞内供热,将整个衬砌加热至一个较高的温度,从而保证隧道的正常排水。这种供热方式耗能大,设备投入高,管理不便。文献认为,在采用供热防冻方案的前提下,应从春融期防水层两侧的排水问题入手,采用某种加热方式直接向防水层局部供热或向环向排水管供热。这种供热方式的优点在于仅在春融期供热,能耗小,管理也比较方便。

值得说明的是,寒区公路隧道往往由于渗漏进一步引发冻害问题,因此要防止寒区隧道冻害问题首先应该采取各种技术保证隧道的不渗不漏,这也有助于提高防治技术的防冻抗冻效果。

9.3.3 其他防冻技术

1)国外公路隧道防冻技术

日本是一个多山多水的国家,公路隧道工程量很大,截至1990年4月,已有6705座公路隧道投放使用。近几年,发现公路隧道由于衬砌的开裂及变形使用状况逐渐恶化。其中渗漏水隧道约占隧道总数的59%,在严寒地区由渗漏水发展成的冻害也尤为严重。为此,日本曾对预防隧道冰柱和渗漏水的措施及设计方法进行了大量的研究。日本主要采用两种方法预防隧道冰柱,即表面绝热处理和双层绝热衬砌。

(1)表面绝热处理

所谓表面绝热处理是在隧道衬砌表面铺设一层防水板或喷涂绝热层。在Ranpoke试验隧道内,分别对经过表面绝热处理的隧道围岩温度和无表面绝热处理的隧道围岩温度进行了量测。

量测结果表明,在冬季无表面绝热处理的部分衬砌背后围岩冻深可达93cm。而有绝热层部分衬砌由于绝热材料的保护,衬砌的日平均温度始终保持在0℃以上,从而不会引起冻胀破裂。

(2)双层绝热衬砌

表面绝热处理已发展到采用双层绝热衬砌,此项技术不仅应用于既有隧道,而且还应用于采用新奥法施工的新隧道。具体的施作方法是:在外衬砌(或喷混凝土)完成后,铺设防水板或喷涂绝热材料,完成内衬砌。同样,双层绝热衬砌在 Ranpoke 试验隧道内作了模拟试验,外衬砌厚25cm,内衬砌厚35cm,绝热层厚30mm。试验隧道结果表明,无预防冰柱的部分衬砌背后围岩冻结深度达到84cm,而在设置预防冰柱工程的部分,其最大冻深仅在绝热体上出现,这充分体现了铺设绝热材料对保持围岩温度起到了有效的作用。

2)国内公路隧道防冻技术

在寒冷地区,冰冻对公路隧道已构成极大危害,然而国内工程界对隧道冻害的研究还较少。可以说,我国对隧道冻害的研究是隧道工程研究的一个薄弱环节。

目前国内在公路隧道的设计中,采取的防冻措施主要有以下几种措施。

(1)二次衬砌后加设保温层

目前修建的公路隧道衬砌常为复合式衬砌。在非严寒地区,初期衬砌完成后,一般用较厚的 PE 泡沫或土工布作防水板的垫层。而在严寒地区,为了保证围岩温度即使在冬季也能保持在0℃以上,防止出现二次衬砌背后积水结冰,故将防水板的垫层加厚,其材料仍为 PE 泡沫等,形成厚度较大的保温层,减小二次衬砌与围岩间的热交换,从而保持围岩的温度。

(2)防寒排水洞

这种方法最早在铁路隧道中采用。在地下水丰富的严寒地区,早期铁路隧道无防水措施,冰冻对行车安全影响极大,为降低地下水位,使地下水避开隧道而从隧道下部排出,在隧道底部设置防寒排水洞,以减小对正洞的冻害。近些年来此法已被某些公路隧道引用,排水洞在公路隧道下方,垂直距离由当地冻深决定,断面形式一般呈直墙拱顶型。但是,由于防寒排水洞对当地生态环境及隧道结构将会产生一定的影响,同时也增加了工程量,因此其使用效果及工程效益尚有待日后检验。

(3)防寒保温门

青海省大阪山公路隧道地处严寒地区,年平均气温-3.1℃。无论隧道衬砌层是否铺设隔热保温层,其围岩都要形成多年冻结圈。为解决这个问题,经过试验研究,在隧道进出口设置保温门,经估算,防冷冻的效率高达80%,围岩不会形成多年冻结圈。但防寒保温门一个明显的缺点是受季节性和车流量的影响较大,一般它只适用于偏远地区,冬季车辆远远少于夏令期,而且需用经济杠杆调节车流时间,力争集中在白天。由于防寒保温门受到以上一些因素的限制,因此其推广价值还不是很高。

由于国内缺少冰冻对隧道结构影响的理论分析和现场试验成果,不少隧道的防冻设计带有很大盲目性,有些措施可能不仅无助于防冻问题的解决,反而可能给隧道的正常运营带来新的问题。

9.4 隧道衬砌腐蚀防治技术

隧道衬砌防腐蚀措施,应首先从搞好勘测设计着手,掌握隧道工程地质和水文地质资料,查明环境水含侵蚀性介质的来源和成分,在正确判定其对衬砌混凝土侵蚀的程度的基础上,因地制宜地采取防治措施。

产生腐蚀的三个要素是:第一,腐蚀介质的存在;第二,易腐蚀物质的存在;第三,地下水的存在且具有活动性。针对隧道腐蚀产生的原因和条件,目前,对隧道侵蚀采取的防治措施主要有以下几种。

(1) 提高衬砌的密实度和整体性

这是提高混凝土抗侵蚀性能最主要的,也是最重要的措施。因为不管是混凝土或砌块、砂浆遭受化学侵蚀,还是冻融交替或是干湿交替作用,甚至几种情况同时存在的最不利情况,共同的必要条件是衬砌的透水性。由于水及其中侵蚀介质能渗透到衬砌内部,才会发生一系列物理、化学变化,致使衬砌混凝土或砌块、灰缝产生腐蚀损坏。如果在修建隧道衬砌时,采用了防水混凝土(或防水砂浆等不受侵蚀的石料)作衬砌,提高了衬砌的密实度和整体性,外界侵蚀性水就不易渗入混凝土内部,从而阻止了环境水的侵蚀速度,就可以提高衬砌的耐久性,降低侵蚀的影响。

一般用集料级配法和掺外加剂法配制防水混凝土,来提高隧道衬砌的密实性和防水性,由于隧道衬砌是现场浇筑,在有地下水活动地段,往往很难保证防水混凝土的质量,从而影响防水性,因此要采取相应措施。

(2) 外掺加料法

由于腐蚀主要是由于混凝土中游离的 $Ca(OH)_2$ 等引起的,可以采取降低混凝土中 $Ca(OH)_2$ 浓度的措施来达到抗侵蚀的目的。比如,参加粉煤灰可以除去游离的 $Ca(OH)_2$,且给予铝相应不活泼性。也可以掺加硅粉,但由于硅粉颗粒细,施工时污染严重,对环境有害,影响其使用。

(3) 选用耐侵蚀水泥

合理选用水泥品种,尽量改善混凝土受侵蚀的内因(如:对抗硫酸盐侵蚀的水泥要限制铝酸三钙 C3A 含量不大于 5%,在严寒地区不宜选用火山灰质水泥等),但目前尚没有完全可以消除腐蚀的水泥品种。从合理选择水泥品种与优选粗细集料及级配、掺外加剂、减少用水量等多项措施结合起来,最大限度地提高衬砌的抗蚀性和密实度,配制成防腐蚀混凝土,效果就更好。

目前隧道工程常用的防腐蚀水泥有抗硫酸盐水泥、高抗硫酸盐水泥、低碱高抗硫酸盐水泥、矾土水泥、石膏矿渣水泥等。

(4) 加强衬砌外排水措施

将侵蚀性环境水排离隧道周围,减少侵蚀性地下水与衬砌的接触。目前,在地下水丰富地区,用泄水导洞法将地下水引至导洞内,减少地下水对主体隧道的影响,一般泄水导洞应根据地下水的活动规律和流向,设在主洞的上游,拦截住地下水。地下水不发育地区,在隧道背后做盲沟,将地下水排入盲沟,从而减少对隧道衬砌的腐蚀。

(5) 使用密实的与混凝土不起化学作用的材料,在衬砌外表面做隔离防水层,国内常用的防水卷材有 EVA、ECB、PE、PVC 等,这些材料的耐酸碱性能稳定,作为隔离防水层,效果理想。

(6) 采用与侵蚀性环境水不起化学反应的天然石料砌筑衬砌,这种方法使用地质条件较好的隧道。

(7) 向衬砌背后压注防蚀浆液这种方法一般适用于隧道。目前,常用材料有阳离子乳化沥青、沥青水泥浆液等沥青类的乳液以及高抗硫酸盐、抗硫酸盐水泥类浆液。

在衬砌表面涂抹防水防蚀涂料,常用的有阳离子乳化沥青胶乳涂料、编制乙烯共聚涂料,近几年又使用了焦油聚氨酯涂料、RG 防水涂料等等。

(8) 防腐蚀混凝土

防腐蚀混凝土是针对环境水侵蚀性介质不同,选用相应抗侵蚀性能较好的水泥品种,通过调整配合比、掺减水剂、引气剂,并采用机械拌和、机械振捣生产的一种密实性和整体性较高的抗腐蚀的防水混凝土。

《铁路混凝土》(TB/T 3275—2011)规定了耐腐蚀混凝土的等级划分及相应的防护允许值。

对寒冷和严寒地区受冻部位的隧道耐腐蚀混凝土,宜选用 1 或 2 级。温和地区设计耐腐蚀混凝土的等级,应通过环境水检验。按相应的侵蚀性介质的允许值来确定。

在配制混凝土时,合理选择水泥品种,尽量改善混凝土受侵蚀的内因。目前隧道工程中常用的防腐蚀水泥有抗硫酸盐水泥、高抗硫酸盐水泥、低碱高抗硫酸盐水泥、矾土水泥、石膏矿渣水泥等。

防腐蚀混凝土是针对环境水侵蚀介质不同,选用相应抗侵蚀性能较好的水泥品种,通过调整配合比、掺减水剂、引气剂,并采用机械拌和、机械振捣生产的一种密实性和整体性较好的抗腐蚀的防水混凝土。

提高混凝土的密实性和整体性,是提高混凝土抗侵蚀能力最重要的措施,因为混凝土内部结构均匀密实,外界侵蚀性环境水就不容易渗入混凝土内部,$Ca(OH)_2$ 也不易被水析出。

防腐蚀混凝土的制作,除了严格控制水灰比和最小水泥用量及对水泥类型进行选择之外,还应满足以下要求:

① 抗硫酸盐水泥的矿物成分:

$3CaO \cdot Al_2O_3$ 即 C_3A 应 $\leq 5\%$;

$3CaO \cdot SiO_2$ 即 C_3S 应 $\leq 50\%$;

$4CaO \cdot Al_2O_3 \cdot Fe_2O_3 + C_3A$ 应 $\leq 22\%$。

② 防腐蚀混凝土原材料。防腐蚀混凝土用的各种材料应按《铁路混凝土及砌石工程施工规范》(TB 10210—2001)第二章执行。粗集料应符合规范对大于或等于 C28 混凝土的规定,最大粒径 $\leq 60mm$;最低耐冻循环次数不得低于 10 次(硫酸钠法)。应选用坚硬洁净的中(粗)砂;特细砂不得配制防腐蚀混凝土。

③ 施工与养护。防腐蚀混凝土必须采用拌和机振捣。养护:使用 AP、BP、CP 类水泥,不得少于 14d;使用 AS、BS、CS 类水泥,不得少于 21d。

④ 防腐蚀混凝土结构外露面边缘、棱角、沟槽应为圆弧形;钢筋混凝土钢筋的保护层不得小于 5cm。

对既有隧道的普通混凝土衬砌,产生腐蚀病害,应查明病害原因,结合隧道裂损、漏水病害,综合考虑衬砌加固和改善防、排水条件。对于拱部质量较差的衬砌(有裂损、漏水、厚度不足和腐蚀等病害),一般应同时考虑衬砌背后压浆后,对衬砌圬工仍存在的局部渗漏且采用排堵结合整治,并采用喷射混凝土补强堵漏。成昆线既有隧道裂损、漏水、腐蚀病害综合整治取得了大量的成功经验证明:压浆与喷射混凝土,是综合整治隧道裂损、漏水、腐蚀三种病害的有效措施。对不需要补强的大面积渗漏水地段,也可采用喷射阳离子乳化沥青乳胶或喷射防水砂浆,做成内贴式防水、防蚀层。在凿毛冲洗干净的污工面上,喷射混凝土和防水砂浆,均具有黏结性好、密实度高、质量耐久可靠突出优点,应优先考虑采用。

9.5 衬砌老化的预防

衬砌混凝土老化是隧道衬砌结构可靠度降低、风险增大的重要原因之一。在环境条件良好的情况下,隧道衬砌一般均能保持良好的工作性能,达到较长的耐久性年限,但因隧道处于地下,未知因素较多,在工程勘查设计阶段不可能详细了解,故在隧道建成后仍可能存在潜在的破坏因素。因此要保证隧道衬砌有足够的可靠性,必须采取措施防治衬砌老化,以延长使用寿命,满足设计要求。在存在较强的侵蚀性介质的条件下,尤其应该加以重视。

衬砌老化的防治应以对其所处环境进行深入研究为基础,分析可能遭受的不利因素,结合已有工程结构的防护的经验,并根据前述相关的劣化机理和设计使用年限有针对性地进行研究,提出防治措施。随着研究工作的深入,防治结构老化的方法已越来越多,根据隧道的特点,衬砌老化的防治大体包括提高衬砌的密实度和整体性、选用耐腐蚀材料、混凝土表面涂层、混凝土保护层、钢筋的保护、隧道衬砌的阴极保护及其他如通风除湿等措施。

9.5.1 提高衬砌的密实度和整体性

提高衬砌的密实度和整体性,是提高混凝土抗侵蚀性能,防止混凝土老化的非常重要的措施。因为不管是混凝土或砌块、砂浆遭受化学侵蚀,还是冻融交替或者干湿交替作用,甚至多种条件同时存在时,其共同的必要条件是衬砌的透水性。只有侵蚀性介质渗透到衬砌内部,才会发生一系列物理、化学变化,导致衬砌混凝土的侵蚀劣化。如果在修建隧道衬砌时采用防水混凝土,提高衬砌的密实度和整体性,外界侵蚀性水就不易渗入混凝土内部,从而阻止了环境水的侵蚀速度,就提高了衬砌的耐久性,减缓衬砌的老化速度。

防水混凝土一般是通过掺加外加剂或高分子聚合物材料并调整水泥、砂、石及水的配合比,抑制混凝土孔隙率,改善孔结构,来增加原材料界面的密实性,提高隧道衬砌的密实度和整体性。

1)防水混凝土种类

(1)普通防水混凝土

依靠调整配合比的方法,改变混凝土内部孔隙特征,堵塞渗漏水通道。采取的措施是降低水灰比,控制石子最大粒径,选择合适的水泥用量、砂率,并且加强早期养护。一般条件下,水灰比不大于0.55,砂率宜为35%~40%,灰砂比宜为1:1.5~1:2.5,水泥用量不得少于

320kg/m³,石子粒径小于 40mm。

(2)外加剂防水混凝土

主要依靠掺入少量有机或无机物外加剂以改善混凝土的和易性,并最终达到提高混凝土密实度和抗渗性、降低孔隙率的目的。常用的外加剂有引气剂(掺量 0.5/万~1.5/万,以引气剂干物质计算)、减水剂(掺量 0.5%~1.5%)、氯化聚铁(掺量 3%)和三乙醇胺(掺量 0.05%,加 0.5%氯化钠)。

(3)膨胀性防水混凝土

指以膨胀剂、减水剂或膨胀水泥胶结料配制而成的防水混凝土,主要是通过解决混凝土的收缩开裂而达到防水目的。常用膨胀剂有 U 形膨胀剂、铝酸钙膨胀剂等,其掺量一般为水泥重量的 10%~15%,膨胀率达 0.05%~0.10%。目前国内生产的膨胀水泥主要有明矾石膨胀水泥、石膏矾土膨胀水泥、低热微膨胀水泥。

根据施工工艺来看,防水混凝土又分为普通工艺防水混凝土和泵送工艺防水混凝土。目前,重点大型工程常采取外加剂防水混凝土泵送工艺。

2)防水混凝土裂缝

从国内外大量的试验资料、工程实例来看,防水混凝土衬砌,特别是大体积、全断面、快速机械化连续灌注的隧道衬砌,不可避免地出现裂缝。其开裂的主要原因是:水泥水化热引起的体积膨胀与降温后的收缩、沉缩及干缩引起的变形。

因此在施工时要采取一定的措施来防止防水混凝土裂缝的产生,主要有:

(1)降低水化热法

为降低因水泥用量大、拌和温度高引起的混凝土内部温升,以往曾采用掺加粉煤灰以降低水泥用量,采用低水化热水泥,添加膨胀剂以减少混凝土收缩。夏季采用降温措施降低混凝土的拌和温度等措施,能收到一定的效果。

(2)分散应力法

分散应力法即将全断面整体衬砌改为分部(先墙后拱)衬砌,这样,一方面可以使水化热散失一部分,另一方面使原隧道一次整体浇筑时的超静定结构变为分部浇筑的拱墙衬砌,使其有沉缩变形的余地。然而该方法虽然消除了混凝土裂缝,但在拱墙接触处却形成了水平施工缝,需做专门防水处理。同时,该方法亦不适应于机械化快速施工。

(3)消除约束法

消除约束法就是消除一次支护表面对二次衬砌的约束力。大量实践证明,对隧道衬砌来说,外部约束(即一次支护表面对二次衬砌的约束)是主要的,消除约束法就是在初期支护与二次衬砌之间设隔离层,以消除外部约束应力。

防水混凝土在新建和改建隧道衬砌、对既有严重裂损变形衬砌拆除重建等工程中都可加以运用,以改善隧道衬砌的密实度和整体性。

9.5.2 混凝土材料的保护

对隧道衬砌,防治混凝土材料老化的主要方法是在表面设置涂层。

混凝土材料的劣化多源于外部介质的侵入,如各种气体和离子等。对衬砌混凝土采用表面涂覆技术施做涂层,常可用于防止水、氯离子、氧气和二氧化碳等侵蚀性介质进入混凝土,从而对混凝土结构物的防腐蚀形成第一道防线。

涂覆技术的采用与混凝土表面的性质密切相关。研究表明与内部相比较，混凝土的最外层质量最低，孔隙率几乎是内部的 2 倍，平均孔径约为 25μm，内部约为 10~4μm，相差 150000 倍，水泥含量高出 50%，含气量上升 50%，水灰比则是内部的 3.2~6.1 倍。因此对混凝土表面施做涂层，对提高混凝土的防腐蚀能力常有很大的作用。

混凝土表面涂层可分为浸入型和隔离型两类：

(1) 浸入型涂层

浸入型涂层的涂料一般是黏度很低的无色的液体。这类涂料类属憎水剂。将其涂于干燥的混凝土的表面后，可依毛细作用将其吸入混凝土表层，与混凝土中的氢氧化钙发生反应，并由生成物填充部分毛细孔，使孔变细和孔壁憎水化。浸入型涂料不能在混凝土表面形成隔离层，也不能完全填充孔隙，因而不影响混凝土的透气性、透水蒸气性和透水性，故其作用主要是因存在憎水基而显著降低混凝土的吸水性，使水和溶于水的侵蚀性物质(如氯盐)不易进入混凝土，从而达到保护内部混凝土和钢筋的目的。

试验表明混凝土的水灰比越低，毛细孔越细，混凝土的渗透性越低，憎水剂的浸入就越深，憎水效果也越好。这类涂层不在表面成膜，对混凝土的外观没有影响。如果将其作为隔离型涂料的底料，将可大大提高隔离型涂层与底质混凝土的黏结力。

(2) 隔离型涂层

隔离型涂层涂于混凝土表面后，将在混凝土与外界的接触面上形成隔离层，从而达到保护混凝土和钢筋的目的。施做这类涂层时，应采取措施确保涂层与混凝土间具有良好的黏结力。

目前用于混凝土表面涂层的聚合物种类较多，如氯化橡胶，聚氨酯和环氧树脂等。这些聚合物各有优缺点，使用时应根据实际情况选用。

涂料的种类众多，通常应根据涂覆目的和混凝土表面状况选用。如主要为防止氯离子侵入混凝土，则环氧、有机玻璃或聚氨酯涂层将优于其他涂料。环境条件过于潮湿时，湿度可能会影响涂层与混凝土的黏着力。此外，施做涂层时应注意根据实际情况规定工艺要求，以保证质量。

涂层对混凝土提供保护的期限常取决于涂层自身的耐久性。涂层一般本身的耐久性并不高，因此对混凝土施做涂层通常只是一定程度上延缓了混凝土的老化和钢筋的锈蚀，而不是根本的防治措施。故在采用表面涂层时，宜采取其他防护措施作为后续手段。

9.5.3 钢筋的保护

混凝土结构中对钢筋实施保护，防止钢筋锈蚀以延长结构使用寿命的方法较多，常见方法有对混凝土保护层规定最小厚度，对钢筋实施阴极保护，对钢筋表面施做涂层(镀层)以及在混凝土材料中掺加钢筋阻锈剂等。

1) 钢筋混凝土保护层

由以上分析可知，增强混凝土衬砌耐久性的主要途径，是采取措施避免混凝土材料遭受侵蚀和混凝土中的钢筋锈蚀。鉴于几乎所有的侵蚀性物质都须通过保护层才能进入混凝土内部，因而对混凝土保护层确保其施工质量和使其厚度值满足大于最小厚度值的要求，是防止混凝土老化和钢筋锈蚀的最直接、最有效的方法。

一般说来，使隧道衬砌在设计基准期内可安全使用的关键，是使保护层厚度达到可使钢筋在设计基准期内免于锈蚀的要求。保护层越厚，混凝土的抗腐蚀性常越好，钢筋锈蚀的时间也会推迟，但受拉区混凝土开裂时表面裂缝将越宽，使各种侵蚀性物质易于通过裂缝进入混凝土，加速混凝土材料劣化和钢筋的锈蚀，因此也不宜太厚。

混凝土保护层厚度的确定一般也受多种因素的影响。相同条件下，通常混凝土强度越高，抵抗外界物质侵蚀的能力就越强；而水灰比又会对保护层的渗透性产生较大的影响，由此影响其抗蚀性。

现行《混凝土结构设计规范》（GB 50010—2010）中，钢筋保护层最小厚度一般以构造要求的形式规定。因为影响钢筋锈蚀的关键因素是混凝土材料的碳化速度和氯离子的扩散速度，可以针对这两类因素的影响程度进行定量分析来确定设计衬砌保护层的最小厚度。此外，影响混凝土保护层功能有效性的因素很多，估算保护层厚度时尚应考虑各种因素的综合影响。对隧道衬砌，在确定混凝土保护层的最小厚度时，可先按混凝土碳化和侵蚀性离子扩散分别计算设计基准期内所需的混凝土保护层最小厚度，然后将其中的大值选为混凝土衬砌的最小保护层厚度。多种侵蚀介质同时存在时，对其联合作用的影响则需专项研究，通过试验并结合以往的经验进行确定。根据相关的研究和规范，表9-1和表9-2给出了设计基准期为50年和100年的隧道衬砌混凝土保护层最小厚度。

设计基准期为50年时衬砌混凝土保护层最小厚度 表9-1

构建厚度 (mm)	保护层最小厚度（mm)	
	非侵蚀性环境	侵蚀性环境
<150	10	15
150~300	30	35
310~500	35	40
>500	40	50

设计基准期为100年时衬砌混凝土保护层最小厚度 表9-2

构建厚度 (mm)	保护层最小厚度（mm)	
	非侵蚀性环境	侵蚀性环境
<150	15	20
150~300	40	45
310~500	50	55
>500	55	70

2）隧道衬砌的阴极保护

阴极保护是根据钢筋锈蚀的电化学机理，对钢筋锈蚀采取的一种防腐方法，并已经有上百年的应用历史。近20年来，对于钢筋已经局部去钝化并已开始锈蚀的钢筋混凝土结构，仅在北美就有近600座实施了阴极保护，其中多数效果较好。

混凝土中钢筋的腐蚀是电化学腐蚀。混凝土碳化或氯离子侵入都将使钢筋去钝化成为阳极区，使铁因失去电子而受到腐蚀，而阴极没有电子损失，因而不会腐蚀。因此，如能使混凝土中的钢筋无法放出电子,钢筋就不会锈蚀。

$$\text{钢筋锈蚀时阳极的反应式为}: Fe \rightarrow Fe^{2+} + 2e \tag{9-1}$$

由式可见铁发生锈蚀的原因,主要是铁不断失去电子而得不到供应,使反应可持续自向右进行,如果在上式的右边充负电,则当电量达到一定程度时,反应式将自右向左进行,使式(9-1)变为:

$$Fe \leftarrow Fe^{2+} + 2e + 负电 \tag{9-2}$$

从而使钢筋免于锈蚀。为了达到上述目的还必须对另一极充正电,充正电的一极作为阳极将被腐蚀,而充负电的钢筋则得到了保护。

阴极保护通常有两种方法:外加电流的阴极保护法和牺牲阳极的阴极保护法。前者将直流电源的正极与难溶性阳极(如铸铁)相接,负极则与被保护的钢筋相连,并将阴极和阳极均置于连续的电解质中,形成闭合回路。牺牲阳极的方法是采用比铁更活泼的金属或合金作为阳极,以自己被腐蚀为代价保护钢筋。电解质液为混凝土中的孔隙液,孔隙液中含有盐类使其具有导电性。

以上两种方式各有利弊,使用时可依据实际情况选用。对于隧道衬砌,两种方式均可采用。从上述原理可以看出,如果持续保护时间较长,将可提高阴极区的碱度,故使钢筋更能处于钝化状态,同时电化学反应还会造成氯离子可从阴极区迁走,故在已经遭受氯离子侵蚀的钢筋混凝土结构中,实施阴极保护是非常有效的防腐方法。在国内,对钢筋混凝土结构采用阴极保护技术为数还不多,但在地下工程中已有应用实例(如地下预应力混凝土管道)。

在制定阴极保护准则方面,目前国内外尚无统一标准。一般认为将混凝土中钢筋的自然电位负向推移 $300 \sim 500\text{mV}$,即能有效地保护钢筋,但目前用得最多的准则是美国腐蚀工程师学会(NACE)制定的"电位衰减100mV"。其做法是将正在运营的阴极保护突然断电,并测量钢筋电位随时间的衰减量,如果4h衰减量不小于100mV,则可认为阴极保护装置合理。

为使阴极保护系统有效地工作,在对隧道衬砌进行阴极保护设计时必须注意以下几点:

(1)应避免衬砌中任何与钢筋接触的铁件或金属制品在混凝土表面出露,且当在衬砌内有预埋铁件时,应该使预埋件与钢筋网连接,以避免出现散杂电流。

预埋件裸露部分应涂防锈绝缘层,并须避免与阳极系统的接触,以免发生短路,使其失去作用。

(2)被保护的钢筋网应具有电连续性,否则在钢筋网中将产生电压降,影响阴极保护效果,甚至局部产生散杂电流。

(3)应避免阴极保护系统断路或电阻过大,即须确保阳极—混凝土—阴极(钢筋)之间电流通道顺畅。这主要取决于混凝土中孔隙液含量和孔隙液中溶解盐的浓度。

(4)应避免发生过保护现象。实施阴极保护过程中,如果施加的阳极电流得不到适当控制,则有可能发生电流不均匀现象,使钢筋局部或整体电位低于 -1100mV,导致钢筋表面原来带正电的氢离子放电并析出氢原子,其中部分可渗入钢筋形成氢分子,从而体积膨胀,并使钢筋变脆,可能发生氢脆破坏(氢脆是实施阴极保护时,可能引起的一种最重要的不利影响)。而且产生的氢气可使筋与混凝土之间的握裹力下降,影响衬砌的承载力。

可见,对于实施阴极保护的隧道应进行定期检测,使钢以确保阴极保护系统的有效性和安全性。

3) 钢筋的表面涂层

防止钢筋锈蚀对提高钢筋混凝土结构的耐久性有重要的意义。鉴于钢筋锈蚀主要是钢筋脱钝后水和氧气作用的结果，人们认识到如果能把钢筋与侵蚀性介质隔绝，则钢筋就可免于锈蚀。因此，对钢筋进行防锈处理越来越受到重视，而对钢筋施做表面涂层则是措施之二。

电镀是一类常用的工艺。镀层能将腐蚀介质与钢筋分开，如果镀层电位较低（如锌），则又能在钢筋腐蚀时起牺牲阳极的作用。镀锌能把混凝土与圆钢的黏结强度提高30%~50%，但对变形钢筋的黏结力并无影响。在中性化混凝土中，镀层对减缓钢筋的腐蚀速度十分有效，但必须认真处理好接头，因为接头部位并无镀层保护。在有氯离子侵蚀的情况下，镀锌钢筋去钝化的临界氯离子浓度将比普通钢筋高2.5倍以上。不过，应予指出，尽管镀层效果较好，但仍不能对钢筋提供长期可靠的保护。

1960年涂层技术在美国出现后，采用涂层防止和推迟钢筋锈蚀的方法引人注目。方法要点是在钢筋表面涂刷或喷涂有机涂料（如环氧树脂）等，由此在钢筋表面形成保护层。国外学者经过30多年的研究，认为采用涂层钢筋是比较行之有效的保护钢筋的方法，尤其是环氧涂层钢筋。环氧涂层钢筋是将普通钢筋通过除锈、清洗、打毛、加热后，用电子喷射法将环氧树脂喷涂于钢筋表面，经固化、冷却后再进行微孔处理。与其他材料涂层钢筋相比较，这类涂层钢筋防腐性能相对较好，但是环氧涂层圆钢筋与混凝土的黏结力较差，而对变形钢筋几乎没有什么影响，而且环氧涂层钢筋混凝土结构的裂缝稍宽等。

对涂层施做的工艺要求目前还没有统一的标准。美国材料试验协会提出了钢筋涂层一致性原则，其对涂层厚度提出的要求是：95%的厚度应在150~250μm，200μm为其最佳值，100%应该在130~300μm。厚度小于200um时可能会产生针孔，高于200um则弯曲性能又会被减小。涂层只允许有极少的针孔和裂缝。美国标准要求每1m长的钢筋涂层针孔数不得超过6个，还规定在以后的加工操作过程中造成的损伤面积小于65mm时，可不必修补。

对各类隧道衬砌均可采用钢筋表面涂层的方法来防止钢筋锈蚀，延长结构的耐久性年限，但是在施做钢筋表面涂层时应与其他防护措施进行比选。环氧涂层钢筋的涂覆质量正在不断改进，但仍难免存在缺陷。在恶劣的环境中这种单一的保护措施未必能满足耐久性的要求，因而一些学者提出环氧涂层钢筋与其他保护措施联合使用以产生叠加效应。例如有人通过试验，表明环氧涂层钢筋与混凝土中掺亚硝酸钙阻锈剂联合保护，具有良好的叠加效果。

4) 钢筋阻锈剂

钢筋锈蚀为电化学反应，其阳极与阴极反应均发生在钢筋与电解质的界面上，如能控制其中一个，就能阻止钢筋锈蚀。在电解质溶液中掺加少量外加剂，可达到上述目的。这种用于阻止钢筋锈蚀的外加剂就是阻锈剂。

钢筋阻锈剂按作用机理可分为阴极型、阳极型和混合型。作用原理分别为：

(1) 阳极型：在钢筋腐蚀的电化学过程中，凡能阻止或减缓阳极过程的物质均被称作阳极型阻锈剂。其中有的能够在钢筋表面形成或修复钝化膜。常用的阳极型钢筋阻锈剂是亚硝酸盐。氯离子破坏钝化膜的过程，是氯离子争夺阳极反应物 Fe^{2+}，形成易溶于水的 $FeCl_2$，向混凝土孔隙液中迁移，放出 Fe^{2+} 后形成 $Fe(OH)_2$，同时释放氯离子和形成氢离子，使钢筋进一步腐蚀，而亚硝酸根却能优先于氯离子与 Fe^{2+} 反应，重新形成稳定的钝化膜。其反应过程为：

$$Fe^{2+} + OH^- + NO_2^- \rightarrow NO\uparrow + FeOOH（稳定钝化膜）$$

可见亚硝酸的阻锈剂效果取决于$[Cl^-]/[NO_2^-]$值（混凝土的渗透性）。这类阻锈剂的缺点，是会产生局部腐蚀，进而加速腐蚀，因此需要与其他种类的阻锈剂联合使用。

(2) 阴极型：通过吸附或成膜，能够阻止或减缓氧在阴极的去极化过程的阻锈剂，如某些磷酸盐以及一些有机化合物等。这类物质单独使用时，效能不如阳极型明显。

(3) 混合型：是将阴极型、阳极型、提高电阻型、降低氧的作用等多种物质合理配搭而成的阻锈剂。这类阻锈剂目前正在发展。除含阳极型、阴极型成分外，其特点是还立足于改善混凝土对钢筋的保护能力，如可使混凝土密实性提高，减少介质的渗透，提高电化学电池的欧姆电阻等。在我国，冶金部建筑科学研究总院 1985 年左右研制出混合型钢筋阻锈剂 RI 系列，已经在很多工程中应用，并于 1991 年颁布了国家行业标准。

在结构混凝土中加入钢筋阻锈剂能起两方面的作用：一方面是可推迟钢筋开始生锈的时间，另一方面是可减缓钢筋腐蚀发展的速度。其作用实质，是改变钢筋周围混凝土的环境，以便即使是在有大量腐蚀介质（如氯离子）进入的情况下，也能使钢筋不发生锈蚀。在严酷的腐蚀环境中常掺用钢筋阻锈剂，可帮助达到满足设计年限的要求，特别是在存在高浓度氯离子的条件下。阻锈剂掺入量越大，能容许的氯离子含量也越高。在海洋环境中采用适量的阻锈剂后，至少使钢筋出现锈蚀的时间大大推迟。

钢筋阻锈剂是提高混凝土对钢筋保护能力有效的辅助措施，其功能、效力与混凝土自身质量紧密相关。美国有明文规定：必须保证混凝土具有良好质量，才能充分发挥钢筋阻锈剂的有效性。在酸性环境中不宜使用钢筋阻锈剂。

对于在盐渍土、盐碱地建造的侵蚀较严重的隧道，受海洋气候影响或衬砌为预制管片拼装式的隧道，需加强防护时均可考虑使用阻锈剂。与其他的辅助防护措施相比钢筋阻锈剂经济效果最优，与环氧涂层和阴极保护相比，采用钢筋阻锈剂费用最少，与混凝土表面涂层相比，采用钢筋阻锈剂施工简单、方便，并可节省劳动力。

9.5.4 通风除湿

隧道在运营过程中，交通车辆、电器设备、抛弃的废弃物等释放出多种有害气体，同时隧道通常是内部空间狭窄的线形结构，自然通风条件较差，洞内温度、湿度一般比洞外高。而且由于经常有车辆和人员通过，洞内二氧化碳的含量也比自然条件下高很多，因而对隧道常有必要借助设置通风机械加强通风。

隧道通风的作用原理，是通过向隧道内注入新鲜空气，稀释洞内由汽车排放的废气和烟雾，使隧道内的空气质量和烟雾透过率能保证司乘人员的身体健康和行车安全。从隧道衬砌耐久性方面考虑，通风可降低隧道内空气的湿度和二氧化碳及其他有害气体的浓度，以延缓衬砌混凝土老化和钢筋锈蚀的进程，有助于达到提高衬砌结构耐久性的目的。

衬砌混凝土的碳化速度与隧道内的温度、湿度及二氧化碳浓度密切相关。相对湿度低于 40% 时混凝土很难碳化，且温度越高混凝土碳化的速度越快，适当加强通风则可降低隧道内的湿度和温度，并能稀释洞内二氧化碳的浓度，有利于延缓混凝土碳化的进程。

隧道内的散杂电流多因洞内湿度过大，电路系统保护不当引起，良好的通风条件能使洞内处于较干燥状态，减少产生散杂电流的机会，对防止钢筋锈蚀可起到积极的作用。同时如果隧道内湿度较大，容易带来其他侵蚀性离子或化合物，对隧道衬砌的耐久性产生不良影响，这也可通过加强通风得以克服。可见对于衬砌混凝土老化和钢筋锈蚀，通风除湿措施都能起到良好的抑制作用。

目前隧道的通风方式主要有三种，即纵向通风、横向通风和半横向通风。纵向通风可借助设置竖井或射流诱导式风机实现。前者采用安装在竖井中的轴流风机进行排风或送风；后者在隧道内将多组射流风机按一定间距串接，利用射流的诱导效应和增压效应，在隧道内形成气流。中距离隧道大都采用纵向通风。横向式通风在隧道内设置专用送、排风管道，沿风道均匀设置风口，送入、排出等量空气。这种通风方式适用于长大隧道，且安全可靠，但投资和日常运营费用高。

半横向式通风通常在隧道内仅设送风道，同时利用车道作为排风道。与横向式通风相比，半横向式通风减少了投入和日常使用费用。自然通风属于纵向通风，气流靠隧道两端的温差、大气压力差及车辆行驶时的活塞效应形成。隧道较短时可采用自然通风。

9.5.5 衬砌老化防治的其他措施

防治衬砌老化还有许多措施，比如：

(1) 向衬砌背后压注防腐蚀浆液，常用的材料有阳离子乳化沥青、沥青水泥浆液等沥青类的乳液，高抗硫酸盐、抗硫酸盐水泥类浆液，可根据隧道所处的具体环境采取相应的措施。

(2) 采用与侵蚀性环境水不起化学反应的天然石料砌筑衬砌，这种方法适用于地质条件较好的隧道。

(3) 加强衬砌外排水措施，将侵蚀性环境水排离隧道周围，减少与衬砌的接触。

9.6 隧道洞口病害预防

对隧道洞口病害的预防措施：

(1) 在山区铁路修建隧道，设计应坚持"早进晚出"的方针，不给运营维修部门留下隐患。

(2) 在山区铁路峡谷地段，经常发生崩塌、落石、滑坡等不良地质现象时，线路不宜修建短隧道群通过，应该将线路内移，选用长隧道方案。

(3) 线路跨越自然沟谷时，切莫并沟减涵，宜桥不宜涵。在桥隧相连，两座隧道相距较近时，不宜留槽口，应采用明洞上设渡槽连接，让落石或山沟泥石流从洞顶通过。

(4) 严禁在隧道地界内开荒种地，破坏植被。

9.7 道床病害预防

道床病害预防措施如下：

(1) 新建或改建的施工中，清基不彻底，又有地下水浸蚀的病害，可增建或改建加深排水沟，防止地表水漫流下渗，使整体道床基底和顶面干燥，以防止基底面软化和淘空。

(2) 对Ⅰ、Ⅱ、Ⅲ级围岩地基，必须采用曲墙仰拱衬砌；对膨胀性、冻胀性围岩、断层破碎带地段松软地基，必要时采用钢筋混凝土仰拱加强；对Ⅳ级围岩或软岩地基，不设仰拱，须彻底清基并采用双侧深沟和布设钢筋网的板式整体道床。

9.8 隧道震害的预防

对于处在地震区的隧道,地震作用是可能引发隧道风险、造成隧道破坏的重要因素之一,做好震害的预防和整治工作具有非常重要的意义。为防止和减轻隧道震害,须以综合治理、预防为主的指导思想,贯穿到选线、设计、施工和维护保养各阶段。

对于处在高地震烈度地区的隧道,隧道震害的预防至关重要。因此一定要做好隧道的抗震设计,同时在施工过程中要严格控制质量,采取相应的抗震措施,使得隧道能够具有较好的抗震能力。而如果对于既有隧道存在易遭受地震灾害的情况,则需要进行抗震加固。

目前地面结构的抗震研究已达到实用阶段,各国已经制定了各种地面结构物的抗震设计规范,但是对于隧道和地下结构的震害机制和抗震设计理论的认识仍很有限,隧道和地下结构的抗震设计仍较粗糙。因此对于地震地区的隧道,在设计时要多了解震害的形式与规律,了解当地地震的特点,结合规范、经验和其他国家先进的设计方法,尽最大可能做好隧道的抗震设计,保证隧道的安全性。

9.8.1 隧道抗震设防启示

(1)山岭隧道洞口边坡在强震作用下的稳定性直接关系到隧道运营安全,是地震中极易产生崩滑、掩埋洞口、毁坏洞门、中断交通的关键控制因素。因此,强震区山岭隧道建设中必须高度重视洞口边坡稳定性评价和防护设计,加大边坡防护力度,将边坡防护、洞口明洞和洞门结构作为一个系统进行综合设计,在条件允许的情况下尽可能采用削竹式洞门这种抗震性能较好的洞门结构。

(2)在强震区建设隧道应尽最大可能避免隧道直接穿越活动断裂,隧道穿越活动断裂带的次级断层时必须要加强抗震设防措施,在次级断裂带两侧一定范围内二次衬砌应采用钢筋混凝土结构。

(3)强震区隧道洞口段覆盖层与基岩接触带受地震面波和剪切波的作用大,极易产生剪张性环向破裂,因此,该部位应加强初期支护和二次衬砌。初期支护应采用改善围岩力学性质且让其渐变的措施,二衬应采用钢筋混凝土结构。

(4)强震区的高地应力隧道中,软弱围岩段在强震作用下容易产生坍方、二衬坍落、仰拱隆起等严重震害,今后应进一步加强对软弱围岩震害机制及抗震支护措施的研究。

(5)在强震作用下,围岩地层由软岩到硬岩的过渡地带、围岩质量突变地带等,其地层震动以及位移、应力响应有较大不同,隧道结构易遭受破坏。这些部位也应采用改善围岩力学性质且让其渐变的措施进行处理。

(6)隧道断面发生突变处、两洞相交部位和紧急停车带等是抗震的薄弱环节,应加强抗震设防措施。

隧道较地面结构有着天然良好的抗震性能,但在一定地震强度和隧道工程在特定地质条件下,隧道结构可能遭受破坏。20世纪初,Dowding C. H. 等统计了美国加州、阿拉斯加和日本等地71座岩石地基中隧洞工程受地震波动影响的事例,其中42例有不同程度的震害,发生裂缝直至坍塌封闭。1948年阿什哈巴德地震,1966年塔什干地震,1976年加兹里地震,1985年墨西哥地震，1994年美国加州北岭地震及1995年阪神地震等，都不同程度地对地下工程造成了破坏。

我国是地震多发地区，西部地区很多更是位于强震地带，我国现有的上千座铁路、公路隧道恰位于此；而且，在西部大开发的政策下，更多的隧道工程仍将不可避免地修建在强震区。如何分析地震区已有隧道的稳定性能，为其抗震加固提供科学依据，对拟建隧道选址、设计、施工，保证其抗震稳定性，成为人们共同关注的问题。

9.8.2 隧道常规的减震方法和措施

减轻隧道的地震灾害主要有两种途径，即改变结构本身和设置减震装置。改变结构本身即通过改变隧道结构本身的性能（刚度、质量、阻尼、强度），如调整隧道地下结构的刚度，使之易于追随地层的变形，从而减小地下结构的响应。设置减震装置是指通过在隧道中设置特殊构造来降低地震时的结构内力。一般主要是在隧道结构与地层之间、纵向衬砌与衬砌之间设置减震层或减震缝，使地层的变形难以传递到隧道结构，从而使结构的地震响应减弱。下面详述这两种途径的减震方法。

1) 改变地下结构的性能

主要是通过改变隧道衬砌的刚度、质量、强度、阻尼等动力特性来减轻其地震响应，该方法主要有以下几种可能的途径：

(1) 减轻衬砌质量

采用轻集料混凝土，减轻衬砌质量，从而减少结构的地震响应。轻集料混凝土的强度一般较低，需在其中添加钢纤维等以提高强度，如陶粒混凝土、陶粒钢纤维混凝土就属于这种材料。

(2) 增加衬砌材料强度和阻尼

①采用钢纤维混凝土，提高混凝土延性、抗折性、抗拉性和韧性，使衬砌结构在地震中大量吸能耗能，减轻地震响应。

②采用聚合物混凝土，增加混凝土的柔韧性、弹性和阻尼，使地下结构吸收地震能量，减轻地震响应。

③在衬砌中添加大阻尼材料，使其成为大阻尼复合结构，也可以得到好的减震效果。一般增加阻尼有两种方法：一种方法是在衬砌结构表面或内部增加阻尼，通过结构的拉伸或剪切来耗能减震。另一种方法是在结构接头部位设置减振装置。在地震中，这些减振装置耗能减震，从而避免结构进入非弹性状态或发生损坏。

(3) 调整衬砌结构刚度

①采用刚性结构。大大增加衬砌结构的刚度，做成"刚性结构"。由于衬砌结构的变形受围岩变形控制，而围岩主要是受剪切变形作用，其变形规律是上部大、下部小。因此，当采用刚性结构时，必然使衬砌结构承受更大荷载。同时为了增加地下结构的刚性，必然要增加材料用量，工程费也用随之加大。可见，采用刚性结构并不经济，且破坏危险性也较大。然而，目前我国铁路、公路隧道的抗震设计主要还是通过提高衬砌刚度来实现，其设计思想的合理性还有待探讨。

②采用柔性结构。即大大减少地下结构的刚度，做成"柔性结构"。这样做能有效减少衬砌结构的加速度响应，减少地震荷载，但同时位移会加大，在静载或地震荷载作用下可能显得

刚度不足,影响隧道正常使用。目前,隧道设计中喷混凝土衬砌、锚杆、钢纤维喷混凝土支护等都属于该类结构。在这种支护作用下,结构和围岩的联系更加紧密,其变形将完全受控于围岩。在软弱围岩情况下,围岩地震变形较大,则该类支护结构与围岩间的动压力将会增大,支护结构本身的位移、加速度也将增大,此时,结构的耐震性将受到威胁,因此这类结构也有待进一步研究。

③采用延性结构。适当控制衬砌结构的刚度,使结构某些构件在地震时进入非弹性状态,并且具有较大的延性以耗散地震能量,减轻地震响应,使地下结构"裂而不倒"。这种方法在很多情况下是很有效的。但也存在诸多局限,比如接头进入非弹性状态,将使衬砌结构变形加大,使内部附属设置严重损坏;另外,若遭遇超过设计烈度的地震时,接头构件发生非弹性变形甚至损坏,震后修复非常困难。

有关隧道及地下结构减震,一直都有"刚""柔"之争。一般柔性结构和延性结构的抗震性能要优于刚性结构,但柔性结构和延性结构产生的位移都较大,限制了这两种结构在工程中的应用。

2)设置减震装置

这属于隔震技术的范畴。隔震技术是近年来发展起来的一种新技术,并且在地面结构抗震工程中取得了显著效果。它采用的是一种特殊的措施来隔离地震对上部结构的影响,地震能量直接由基础的隔震支座和耗能装置所吸收,使建筑物在地震时只产生很小的振动。地下结构由于周边被岩土体所包围,其受力状态不同于地面结构,其变形要受到岩土体约束,它本身不仅是结构物的振源,而且还是结构物的附加荷载。因此,地下结构的减震方法不同于地面结构。

减震模式的基本构思是:在衬砌的外周边和围岩之间设减震装置,使原有衬砌—围岩系统变为衬砌—减震层—围岩系统,其目的是通过减震层将衬砌与围岩介质隔开,从而减小和改变地震对结构的作用强度和方式,以便达到减小结构振动的目的。减震层不但要能割断周围地层对衬砌的约束力,而且还能吸收衬砌与地层之间反复循环的动应变或相对动位移。此外,减震层应具有充分的弹性,保证在一次地震塑性化后,下一次地震时能再发挥作用。

常用减震装置主要包括减震器、板式减震层、压注式减震层等。减震器一般由提供刚度的弹簧和提供阻尼的橡胶材料组成,主要有承压式减震器、承剪式减震器之分。对于板式减震层,是将减震材料制成板材,以便于现场施工。对于压注式减震层是新近开发出来的减震材料,包括沥青系、氨基甲酸乙酯系、橡胶系、硅树脂系等。这些材料平时是液状,与硬化添加剂一起压注到围岩与衬砌之间的间隙内,硬化后就形成减震层,这种减震材料具有较高的剪切变形性能、耐久性好、施工性好、不易产生有害物质。

到目前为止,有关隧道及地下结构的减震技术研究还很不充分,距离实际应用还有较大差距,需要进一步深入研究。

9.8.3 需要进行抗震加固的隧道及加固方法

在高地震烈度区,既有隧道存在易遭受震害的情况,需要进行抗震加固。根据各国地下结构的震害分析,提高地下结构抗震能力可以从以下方面采取措施:

(1)将地下结构建于均匀、稳定地基中,远离断层,避免过分靠近山坡坡面,避免山坡不稳定地段,尽量避免饱和沙土地基而减少地震液化。

(2)在相同条件下,尽量选取埋深较大的线路,远离风化岩层区。

(3)区间隧道转角处的交角不宜太小,应加强出入口处的抗震性能。

(4)在施工条件允许的情况下,尽量采用暗挖法施工。即使使用明挖法,也要注意回填土的性质与地基土类型相似。

(5)在结构中柱和梁或顶板的节点处,应尽量采用弹性节点,而不应采用刚性节点,这样可以减小中柱承受的外力。前苏联在修建塔什干地铁时,采用了中柱顶端与横梁活动连接的方式便是实例。

应对以下情况隧道进行抗震加固:

(1)有滑坡危险的不安全边坡下:使边坡稳定,设仰拱,新设抵抗偏压的加厚边墙混凝土,拱架保护工程,内衬补强,锚杆加固工程。

(2)表面有岩石滑下危害的洞口:延长洞口,新增衬砌,进行防护。

(3)有泥石流危险的洞口:治理山坡,驻防砂堤。

(4)有山体崩毁、流沙历史的区间以及随喷水而有泥沙流出的区间:围岩注浆及排水。

(5)衬砌背后有空洞:回填注浆。

9.8.4 提高隧道抗震性能的措施

由于目前对隧道的地震作用机理了解较少,从理论分析和数值计算角度进行抗震设计尚无成熟方法,因而依据以往经验采取适当抗震措施,就成为隧道抗震设计的主要手段之一。

(1)地质方面:地铁选线时要考虑将之置于均匀、稳定地层中,远离断层、风化带及液化区;条件许可时尽量增加隧洞的埋深,以减轻震害。

(2)结构方面:一般应采用对称结构,避免截面尺寸变化过大,结构中的结点应尽量用弹性结点,区间隧道转弯处交角不应过大,加强出口处的抗震设防;沿隧洞纵向隔一定距离设置抗震缝,以减轻变形的累加,减轻震害;采用抗震性能好的材料作为支护材料,如锚杆、钢纤维混凝土等。

(3)施工方面,选取尽量少扰动围岩的施工方法。如南昆铁路为抗震考虑就采用了中壁分割法开挖隧道,有条件可以选用 TBM 施工。

(4)采用锚喷支护作为第一层柔性支护,在用钢筋混凝土作为第三层支护,而中间则用柔性防水材料填充,既填充了二次衬砌与围岩的间隙,减轻了支护结构的不均匀性,增加了结构的整体性,又起到了吸收地震波的作用,减轻了结构的受力。但是这种复合支护的隔震、减震性能还待深入的研究。

(5)在隧道选线时不可避免穿过断层时,对隧道抗震十分不利,可采用在断层处"超挖"隧道,即使是地震引起了较大的位移,隧道仍然有足够的直径使它达到应有的功能。该方法的一个成功的例子是旧金山的梅湾区快速运煤系统的伯克利希尔浙隧道采用的方法。这种"超挖"的方法,还在洛杉矶新建地下铁道 Valley 地段施工中,当其双向 5145m 的混凝土衬砌隧道与 Hollywood 活动断层相交时采用。

9.8.5 隧道震灾防治对策

国内外调查资料表明,高烈度地震区的衬砌刚度过大,有加大地震损坏的可能。因此震区的隧道衬砌要有一定的柔度,重点加强初期支护而不应过分加大二次衬砌厚度,建议隧道衬砌结构应多采用曲墙带仰拱的型式,并注意变形缝的设置间距应根据围岩状况而定。

(1)在地震区,特别是强震区修建隧道时,应就隧址选择、设计原则和修建方法作出合理的对策。

(2)在高地震烈度区,隧道位置应尽量避开构造带,特别是活动断层带。无法避开时,隧道应正交或大角度穿过构造带。

(3)隧道洞口宜采用"早进晚出",避开高危斜坡,严格控制仰坡刷坡高度;位于陡崖落石易发生段的洞口,应接长明洞。

(4)洞口浅埋段、断层破碎带、软硬岩地层接触带、岩溶发育段、震灾易发地段也是抗震防护的重点地段。

隧道施工中隧道初期支护和衬砌背后不密实将严重影响隧道的抗震能力。因为若衬砌背填不密实,会造成围岩对衬砌变形的约束力差,同时也会因衬砌背后岩石的松动、坍塌诱发松散压力,加剧初期支护或衬砌的变形、破坏。

地震后,对已建和在建隧道初期支护或衬砌破坏、洞口边坡变形等灾害应根据调查和检测的实际情况,及时采取对策措施予以修复。

对震后变形的边、仰坡,除应清除滑塌体外,还应对已变形结构进行拆除,重新按破坏变形分区、分段处理。一般应适当增加锚杆(锚索)的长度和数量,做好全程注浆加固工作。

9.9 隧道火灾的预防

(1)隧道所使用的材料耐火极限应为 1.5~2h。通风系统应选用光滑的不燃材料如石棉一类的材料做内衬。隧道内的灯具、电话箱和灭火器箱体等亦应用不燃材料制成。电缆应用阻燃电缆或耐火电缆,各类电气线路均应穿管保护。

(2)比较长的隧道应划分防火分区。风井与隧道之间所有相通的门均应做成甲级防火门,耐火极限 1.2h。相通的孔洞宜用不燃材料堵塞。电缆隧道用耐火极限 1.5h 的石棉板、硅酸钙板等横向隔断(间距 100m)。双孔隧道两孔之间的联络隧道应采用防火门隔断。

(3)隧道内应设置固定的水喷淋灭火系统和火灾自动报警系统,并配备各类便携式灭火器。

(4)隧道内电视监控系统应能观察隧道两端入口处附近地面及隧道内全线或任一部分的情况。监视器屏幕位置应与隧道纵断面一一对应。同时,应设置报警显示板,方便驾驶员处理紧急情况。

(5)设置疏散避难设施,如避难通道、隧道两侧的诱导路、定点急救避难场所等,对于双孔隧道,可把联络通道作为避难设施。同时,还应设置带蓄电池的事故照明灯、紧急广播、灯箱式、疏散诱导标志等。

(6)隧道应有横向和纵向两种通风方式。必要时可采用半横向加纵向通风方式,短距离的隧道则用自然通风,或机械排风、自然进风方式,或机械进风、自然排风等方式。

(7)还应设置其他消防设施,如消防进攻道路的设计、截流沟或可燃液体疏导沟的设置等。

(8)加强隧道消防管理和铁路管理,如不得随意超车停车、限制载有易燃易爆物及其他危险品的车辆进入隧道等,还应经常检查隧道的防火安全工作。

参 考 文 献

[1] 刘会迎.公路隧道病害成因机理及防治措施研究[D].成都:西南交通大学,2007.
[2] 杨立伟.隧道施工中病害的控制与防治措施[J].建材技术与应用,2010.
[3] 唐亮.隧道病害调查分析及衬砌结构的风险分析与控制研究[D].杭州:浙江大学,2008.
[4] 刘春和.铁路隧道防排水工程病害整治[J].铁道建筑,2010.(5).
[5] 许增会,刘刚.地震区隧道稳定性分析方法[J].公路,2004(10).
[6] 刘奇祥.隧道地震灾害的防治对策[J].公路交通技术,2011(3).